# 世界の国々

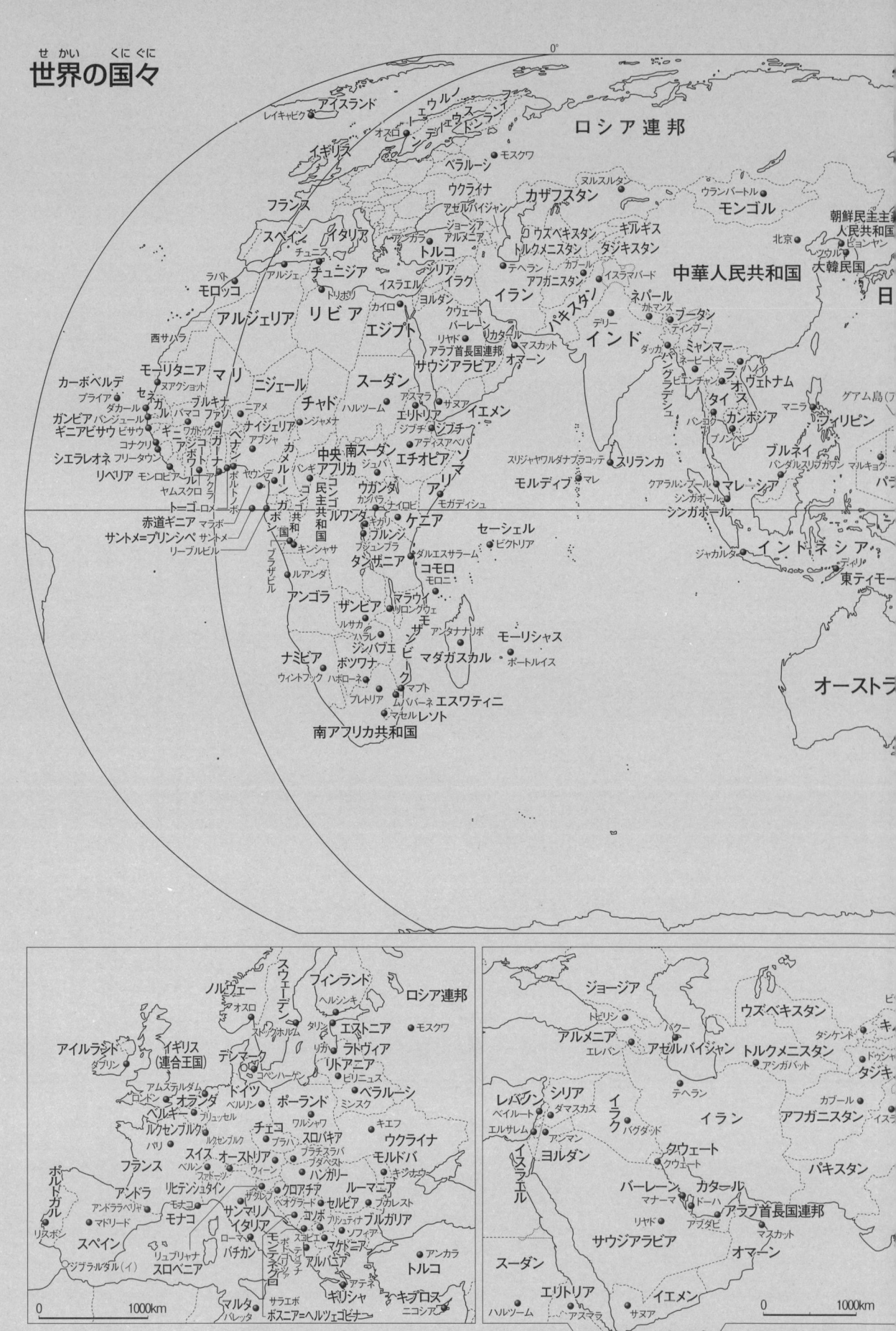

## 世界の国々（地球図）

ロシア連邦
アイスランド
レイキャビク
イギリス
オスロ
ノルウェー
スウェーデン
フィンランド
ヘルシンキ
エストニア
モスクワ
フランス
スペイン
イタリア
チュニス
ウクライナ
ベラルーシ
カザフスタン
ヌルスルタン
ウランバートル
モンゴル
北京
中華人民共和国
朝鮮民主主義人民共和国
ピョンヤン
ソウル
大韓民国
日本
ラバト
モロッコ
アルジェ
チュニジア
トリポリ
リビア
カイロ
エジプト
トルコ
シリア
イスラエル
イラク
ヨルダン
クウェート
バーレーン
カタール
アラブ首長国連邦
サウジアラビア
マスカット
オマーン
イラン
テヘラン
アフガニスタン
カブール
イスラマバード
パキスタン
デリー
インド
ネパール
カトマンズ
ブータン
ティンプー
ミャンマー
ネーピードー
ラオス
ヴィエンチャン
ヴェトナム
タイ
バンコク
カンボジア
プノンペン
マニラ
フィリピン
ブルネイ
バンダルスリブガワン
マレーシア
クアラルンプール
シンガポール
ジャカルタ
インドネシア
東ティモール
ディリ
グアム島(ア)
西サハラ
モーリタニア
ヌアクショット
マリ
ニジェール
ニアメ
チャド
ンジャメナ
スーダン
ハルツーム
エリトリア
アスマラ
ジブチ
イエメン
サヌア
アディスアベバ
エチオピア
ソマリア
モガディシュ
カーボベルデ
プライア
セネガル
ダカール
ガンビア
バンジュール
ギニアビサウ
ビサウ
ギニア
コナクリ
シエラレオネ
フリータウン
リベリア
モンロビア
ブルキナファソ
ワガドゥグー
ナイジェリア
アブジャ
ベナン
ポルトノボ
トーゴ
ロメ
ガーナ
アクラ
コートジボワール
ヤムスクロ
中央アフリカ
バンギ
カメルーン
ヤウンデ
赤道ギニア
マラボ
サントメ=プリンシペ
サントメ
リーブルビル
ガボン
コンゴ
ブラザビル
コンゴ民主共和国
キンシャサ
南スーダン
ジュバ
ウガンダ
カンパラ
ケニア
ナイロビ
ルワンダ
キガリ
ブルンジ
ブジュンブラ
タンザニア
ダルエスサラーム
セーシェル
ビクトリア
コモロ
モロニ
アンゴラ
ルアンダ
ザンビア
ルサカ
マラウイ
リロングウェ
モザンビーク
マプト
ジンバブエ
ハラレ
ボツワナ
ハボローネ
ナミビア
ウィントフック
南アフリカ共和国
プレトリア
マダガスカル
アンタナナリボ
モーリシャス
ポートルイス
エスワティニ
ムババーネ
レソト
マセル
オーストラ

## 左下拡大図（ヨーロッパ）

アイルランド
ダブリン
イギリス(連合王国)
ロンドン
ノルウェー
オスロ
スウェーデン
ストックホルム
フィンランド
ヘルシンキ
ロシア連邦
モスクワ
デンマーク
コペンハーゲン
エストニア
タリン
ラトヴィア
リガ
リトアニア
ビリニュス
ベラルーシ
ミンスク
オランダ
アムステルダム
ベルギー
ブリュッセル
ルクセンブルク
ドイツ
ベルリン
ポーランド
ワルシャワ
ウクライナ
キエフ
フランス
パリ
スイス
ベルン
リヒテンシュタイン
ファドゥーツ
オーストリア
ウィーン
チェコ
プラハ
スロバキア
ブラチスラバ
ハンガリー
ブダペスト
モルドバ
キシナウ
ルーマニア
ブカレスト
ポルトガル
リスボン
スペイン
マドリード
アンドラ
アンドララベリャ
モナコ
サンマリノ
イタリア
ローマ
バチカン
スロベニア
リュブリャナ
クロアチア
ザグレブ
ボスニア=ヘルツェゴビナ
サラエボ
セルビア
ベオグラード
モンテネグロ
コソボ
プリシュティナ
北マケドニア
スコピエ
アルバニア
ティラナ
ブルガリア
ソフィア
ギリシャ
アテネ
トルコ
アンカラ
キプロス
ニコシア
マルタ
バレッタ
ジブラルタル(イ)

## 右下拡大図（西アジア）

ジョージア
トビリシ
アルメニア
エレバン
アゼルバイジャン
バクー
ウズベキスタン
タシケント
トルクメニスタン
アシガバット
タジキスタン
ドゥシャンベ
キルギス
レバノン
ベイルート
シリア
ダマスカス
イラク
バグダッド
イラン
テヘラン
アフガニスタン
カブール
パキスタン
イスラエル
エルサレム
ヨルダン
アンマン
クウェート
バーレーン
マナーマ
カタール
ドーハ
アラブ首長国連邦
アブダビ
サウジアラビア
リヤド
オマーン
マスカット
スーダン
ハルツーム
エリトリア
アスマラ
イエメン
サヌア
ジブチ

0    1000km

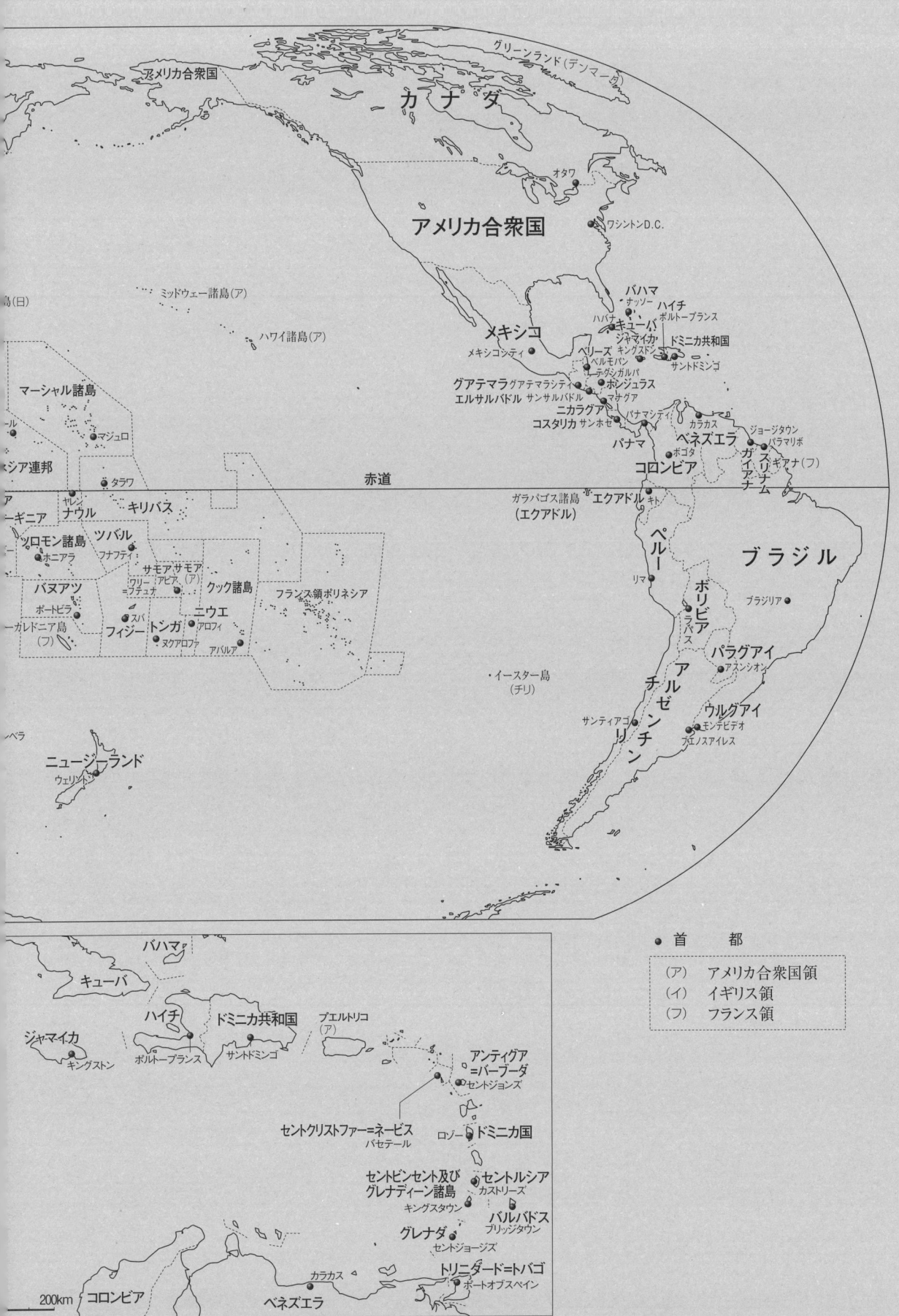

グリーンランド(デンマーク)

カ　ナ　ダ

アメリカ合衆国

オタワ

ワシントンD.C.

ミッドウェー諸島(ア)

ハワイ諸島(ア)

マーシャル諸島

マジュロ

ア連邦

タラワ

ヤレン

ナウル

キリバス

赤道

ミクロネシア

ニューギニア

ソロモン諸島

ホニアラ

ツバル

フナフティ

バヌアツ

ポートビラ

ーカレドニア島
(フ)

フィジー

スバ

サモア サモア
アピア (ア)
ウォリー
=フテュナ

トンガ

ヌクアロファ

ニウエ

アロフィ

クック諸島

アバルア

フランス領ポリネシア

・イースター島
(チリ)

ニュージーランド

ウェリントン

ベラ

メキシコ

メキシコシティ

バハマ

ナッソー

ハバナ キューバ

ジャマイカ

キングストン

ハイチ

ポルトープランス

ドミニカ共和国

サントドミンゴ

ベリーズ

ベルモパン

グアテマラ グアテマラシティ

テグシガルパ

エルサルバドル サンサルバドル

ホンジュラス

マナグア

ニカラグア

コスタリカ サンホセ

パナマシティ

パナマ

カラカス

ベネズエラ

ボゴタ

コロンビア

ジョージタウン

パラマリボ

ガイアナ

スリナム

ギアナ(フ)

ガラパゴス諸島
(エクアドル)

エクアドル キト

ペルー

リマ

ボリビア

ラパス

ブラジル

ブラジリア

パラグアイ

アスンシオン

アルゼンチン

ウルグアイ

モンテビデオ

サンティアゴ

チリ

ブエノスアイレス

首　都

(ア)　アメリカ合衆国領

(イ)　イギリス領

(フ)　フランス領

バハマ

キューバ

ジャマイカ

キングストン

ハイチ

ポルトープランス

ドミニカ共和国

サントドミンゴ

プエルトリコ
(ア)

アンティグア
=バーブーダ

セントジョンズ

セントクリストファー=ネービス
バセテール

ロソー ドミニカ国

セントビンセント及び
グレナディーン諸島

キングスタウン

セントルシア

カストリーズ

バルバドス

ブリッジタウン

グレナダ

セントジョージズ

トリニダード=トバゴ

ポートオブスペイン

カラカス

200km コロンビア

ベネズエラ

# 日本の都道府県

| 番号 | 都道府県 | 都道府県庁所在地 | 番号 | 都道府県 | 都道府県庁所在地 |
|---|---|---|---|---|---|
| ① | 北海道 | 札幌市 | ⑬ | 東京都 | 新宿区 |
| ② | 青森県 | 青森市 | ⑭ | 神奈川県 | 横浜市 |
| ③ | 岩手県 | 盛岡市 | ⑮ | 新潟県 | 新潟市 |
| ④ | 宮城県 | 仙台市 | ⑯ | 富山県 | 富山市 |
| ⑤ | 秋田県 | 秋田市 | ⑰ | 石川県 | 金沢市 |
| ⑥ | 山形県 | 山形市 | ⑱ | 福井県 | 福井市 |
| ⑦ | 福島県 | 福島市 | ⑲ | 山梨県 | 甲府市 |
| ⑧ | 茨城県 | 水戸市 | ⑳ | 長野県 | 長野市 |
| ⑨ | 栃木県 | 宇都宮市 | ㉑ | 岐阜県 | 岐阜市 |
| ⑩ | 群馬県 | 前橋市 | ㉒ | 静岡県 | 静岡市 |
| ⑪ | 埼玉県 | さいたま市 | ㉓ | 愛知県 | 名古屋市 |
| ⑫ | 千葉県 | 千葉市 | ㉔ | 三重県 | 津市 |

● …都道府県庁所在地

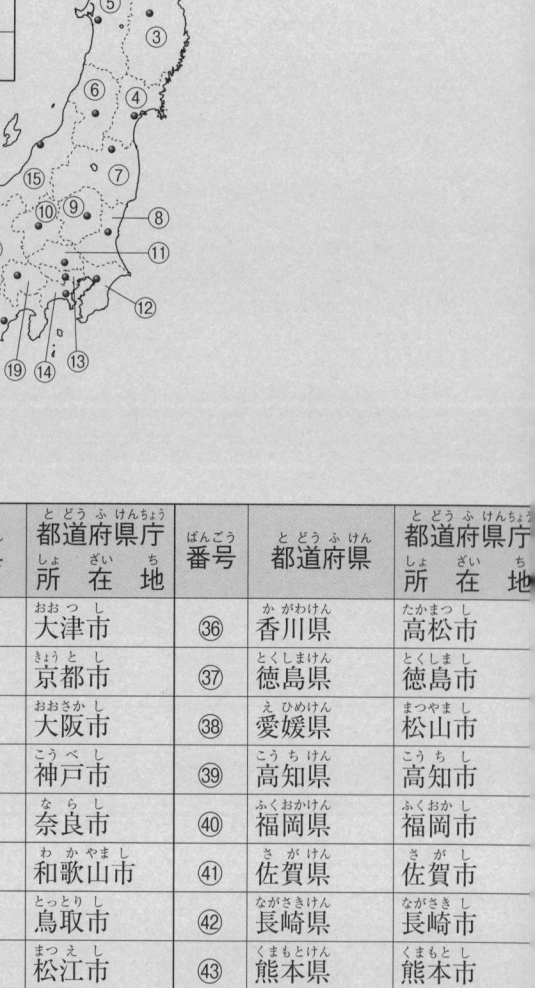

| 番号 | 都道府県 | 都道府県庁所在地 | 番号 | 都道府県 | 都道府県庁所在地 |
|---|---|---|---|---|---|
| ㉕ | 滋賀県 | 大津市 | ㊱ | 香川県 | 高松市 |
| ㉖ | 京都府 | 京都市 | ㊲ | 徳島県 | 徳島市 |
| ㉗ | 大阪府 | 大阪市 | ㊳ | 愛媛県 | 松山市 |
| ㉘ | 兵庫県 | 神戸市 | ㊴ | 高知県 | 高知市 |
| ㉙ | 奈良県 | 奈良市 | ㊵ | 福岡県 | 福岡市 |
| ㉚ | 和歌山県 | 和歌山市 | ㊶ | 佐賀県 | 佐賀市 |
| ㉛ | 鳥取県 | 鳥取市 | ㊷ | 長崎県 | 長崎市 |
| ㉜ | 島根県 | 松江市 | ㊸ | 熊本県 | 熊本市 |
| ㉝ | 岡山県 | 岡山市 | ㊹ | 大分県 | 大分市 |
| ㉞ | 広島県 | 広島市 | ㊺ | 宮崎県 | 宮崎市 |
| ㉟ | 山口県 | 山口市 | ㊻ | 鹿児島県 | 鹿児島市 |
| | | | ㊼ | 沖縄県 | 那覇市 |

일본유학시험 대비 개념서

하이레벨

# 종합과목

개정 제2판
Japan and the World

이사지 야스나리 지음
(도쿄일본어교육센터 강사)

지리

역사

현대의 경제

현대의 정치

현대의 국제사회

현대의 사회

글로벌 인재육성, 1984년설립
(주)해외교육사업단

# 머리말

## 종합과목이란

"종합과목이란 무엇을 공부하는 것일까?" 아마도 수험생 여러분은 이러한 의문을 가질 것입니다. 종합과목은 수험생 여러분이 일본의 대학에서 공부하는 데에 필요한 기본적인 지식 및 세계와 일본의 다양한 문제에 대해 생각하는 힘을 기르기 위한 것입니다. 그러기 위해서는 지리, 역사, 경제, 정치, 국제사회, 현대의 사회와 같은 넓은 분야의 학습이 필요합니다.

## 어떻게 학습하면 좋은가

실제 이와 같이 많은 것을 학습하기는 매우 어렵습니다. 어디서부터 무엇을 공부하면 좋을지 알기 어렵습니다. 이 책은 그러한 걱정을 덜기 위해 만들어졌습니다. 이 책은 종합과목의 출제범위(실러버스)와 일본유학시험이 시작된 2002년부터 2018년 현재까지 출제된 과거문제를 연구하여 작성되었습니다. 시험에 자주 출제된 내용을 중점적으로 다루어 효율적인 학습이 가능케 하고 시험에서도 고득점이 가능하도록 하였습니다. 그런데, 키워드를 외우는 것만으로는 좋은 성적을 얻기는 쉽지 않습니다. 키워드의 의미는 물론 내용을 확실히 이해하는 것이 필요합니다. 그러기 위해서는 일본어 능력을 높이는 것도 중요합니다.

❶**흥미로운 곳부터 시작한다.** 첫 페이지부터 순서대로 학습할 필요는 없습니다. 먼저 여러분이 흥미롭게 생각하는 부분부터 시작하는 것도 좋습니다. 그렇게 하면 쉽게 학습할 수 있습니다.

❷**반복하여 읽는다.** 문장을 한번 읽는 것만으로는 이해하기가 어렵습니다. 일본어 연습이라고 생각하고 이해가 될 때까지 몇 번이라도 반복하여 읽읍시다.

❸**그래프・도표・지도에도 주목한다.** 그래프나 도표, 지도에도 주목합시다. 실제 시험문제에서도 그래프나 도표, 지도가 많이 사용되고 있습니다. 본문을 읽으면서 그래프나 도표의 의미를 생각하는 것이 중요합니다. 국가나 도시의 위치도 지도에서 확인하도록 하십시오.

❹**한국어 번역본을 참고한다.** 이 책의 별책으로 본문에 대한 한국어 번역본을 첨부하고 있습니다. 종합과목을 공부하려고 이 책을 손에 드는 순간, 일본어로 된 문장을 읽고 이해하기에 자신감을 상실하는 수험생도 있을 것입니다. 그런 수험생을 위해 한국어 번역본을 별책으로 마련하였습니다. 일본어 능력이 부족한 경우에는 한국어 번역본으로 먼저 개념을 이해하고 학습해 보시기 바랍니다.

❺**마지막으로 모의시험 문제에 도전한다.** 이 책으로 학습을 마치면 본 시험과 같은 모의시험 문제에 도전해 보십시오. 여기서 틀리는 문제가 있으면 그 부분은 확실하게 체크해 보십시오. 또한 시중 서점에서「일본유학시험 기출문제집」이 판매되고 있으므로 그것도 풀어 보시기 바랍니다. 학습→테스트→학습→테스트를 반복하면 확실하게 실력 향상이 될 것입니다.

## 개정 제2판에 대해서

일본의 고등학교에서 가르치는 수업 목표와 교육 내용이 개정되었기에 그에 맞게 일본유학시험의「종합과목」에서 출제되는 내용(실러버스)도 일부 개정되었고 2016년도 시험 출제부터 개정 후의 실러버스가 적용되고 있습니다.

일본유학시험 종합과목 실러버스 개정 일람

| | | 새로 추가된 항목 | 항목을 세분화한 것과 항목명을 변경한 것 |
|---|---|---|---|
| 정치·경제·사회 | 현대의 사회 | 사회 보장, 지역 사회의 변모, 식료 문제, 에너지 문제, 환경 문제, 지속 가능한 사회 | 없음 |
| | 현대의 경제 | 소비자, 노동 문제 | 시장 경제, 가격 메커니즘, 정부의 역할과 경제 정책, 무역, 외환 환율, 국제 수지 |
| | 현대의 정치 | 의회제 민주주의, 지방 자치, 새로운 인권 | 일본국 헌법, 기본적 인권과 법의 지배, 국회, 내각, 재판소 |
| | 현대의 국제사회 | 국제 관계와 국제법, 일본의 국제 공헌 | 인종, 에스니시티, 민족 문제 |
| 지리 | 현대사회의 특색과 제반과제의 지리적 고찰 | 세계의 생활, 문화, 종교, 자연 환경과 재해, 빙재 | 도시, 촌락, 일본의 국토와 환경 |
| 역사 | 근대의 성립과 세계의 일체화 | 없음 | 없음 |
| | 20세기의 세계와 일본 | 일본의 전후사 | 없음 |

상기 내용에 맞추어 이 책도 2017년 4월에 개정하였습니다. 이번 2019년 제2판에서는 통계 데이터와 내용을 갱신하였고 모의시험 문제도 1회분에서 2회분으로 늘렸습니다.

그리고 이 책의 일본어판에는 기출문제가 별책에 일부 수록되어 있었으나, 일본유학시험 출제 기관인 JASSO(일본학생지원기구)가 기출문제를 공개하여 시중에서「일본유학시험 기출문제집」으로 발행되고 있으므로 한국어판에서는 그 부분은 생략하였습니다.

이 책으로 공부하는 수험생 여러분이 종합과목에서 고득점을 실현하시기를 바랍니다.

2020년 7월
(주)해외교육사업단

# 이 책을 이용하시는 분에게

**①책의 구성**

이 책은 Ⅰ지리, Ⅱ역사, Ⅲ현대의 경제, Ⅳ현대의 정치, Ⅴ현대의 국제사회, Ⅵ현대의 사회라는 6개의 분야로 되어있고 모두 44장입니다. 종합과목의 시험문제는 이 책의 목차에 소개된 범위에서만 출제된다는 점을 이해하시면 조금은 안심이 되실 수 있을 것입니다.

별책에는 본문에 대한 한국어 번역본과 모의시험 문제 2회분이 수록되어 있습니다.

**②적색 글씨 키워드는 중요**

중요한 키워드는 적색 글씨로 되어 있습니다. 부록의 「암기용 셀로판지」를 겹치면 적색 부분은 보이지 않으므로 복습에 사용해 주십시오. 앞 뒤의 문장으로부터 어떤 키워드가 들어 가는지를 생각해 보십시오.

**③참조 페이지도 체크**

같은 키워드가 여러 분야에 나올 수도 있습니다. 여러 곳에 나온 다는 것은 그만큼 중요한 키워드이며, 관련하여 학습함으로써 내용을 확실하게 이해할 수가 있습니다. 본문 중에 (☞ p.203)과 같은 참조 페이지가 제시되어 있습니다. 책의 말미에 있는 색인도 이용해 보십시오.

**④박스 내용도 중요**

박스 속에 설명하는 내용은 본문 중의 설명에는 들어가지 않은 중요한 내용을 추가로 설명하고 있습니다.

**⑤주요 키워드 리스트**

주요 키워드 리스트는 페이지 순서 및 가나 순서로, 두 종류를 해외교육사업단 홈페이지에서 다운로드 받을 수 있습니다. HED의 홈페이지 QR 코드로 접속해 주십시오.

**⑥반복 학습이 중요**

설명은 이해 될 때까지 몇 번이라도 반복하여 읽읍시다. 목차 (p.6~P.10)에는 장 별로 체크 박스가 있습니다. 학습이 끝나면 ☑처럼 체크를 하십시오

**⑦한국어 번역본 이용**

일본어 능력이 중급 이하인 분은 별책의 한국어 번역본을 이용하여 학습해 보시기 바랍니다. 일부 내용은 이미 한국의 고등학교 교과과정에서 학습한 내용이기도 합니다만, 한국어로 읽으면 이해가 빠르고 쉽게 외울수도 있으므로 부담없이 종합과목의 공부를 시작할 수가 있습니다.

# 1 民主主義の基本原理

## ❶ 国家

### 政治と国家

▶ **政治の役割**　政治の役割とは、①国民の安全を守り、平和の実現をはかること、②教育・文化の向上や産業の育成、社会福祉といった公共の利益を充実させることである。こうした役割を果たす政治の場が、国家や地方公共団体（地方自治体）(☞ p.203) である。

▶ **政治権力**　政治には、政策を実行するために人々を従わせる政治権力が必要である。そのために国の基本法である憲法やさまざまな法律がある。警察や軍隊、裁判などで従わせるのは最後の手段でなければならない。

### 国家の三要素

　国家は、主権（国家の政治のあり方を決め、それを実行することができる力）、領域（主権の及ぶ範囲）、国民の 3 つの要素からなる。主権が国民にあることを国民主権という。また、領域は領土・領海・領空からなる。

| | |
|---|---|
| 領土 | 領域の中の陸地部分 |
| 領海 | 領土から12海里<br>（1 海里＝1852m） |
| 領空 | 領土・領海の上空 |

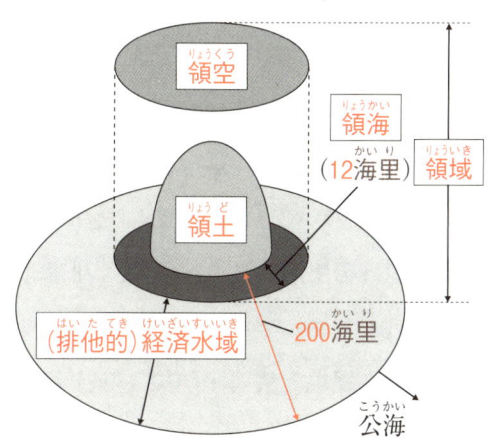

『（排他的）経済水域（ＥＥＺ）』
　沿岸国が漁業資源や資源開発などについての権利をもつ水域のこと。国連海洋法条約によって、海岸線から200海里（約370km）までとされている（ただし、領海は除く）。

# 目次 目 次 목 차

# I

## ちり
地理

# ① 地球儀と地図

## ❶ 地球のすがた

### 地球の大きさと表面

地球の半径は約6400kmで、赤道の周囲は約4万kmである。

地球の表面積は約5億km²（平方キロメートル）で、陸地が30%、海洋が70%を占めている。陸地の3分の2が北半球に分布している。

### 地球上の位置－緯度と経度

赤道と平行な横の線を緯線、北極と南極を結ぶ縦の線を経線という。

緯線は赤道を0度として南北をそれぞれ90度に分けている。これを緯度といい、北を北緯、南を南緯とよぶ。

経線はイギリス・ロンドンの旧グリニッジ天文台を通る線（本初子午線）を0度として東西をそれぞれ180度に分けている。これを経度といい、東を東経、西を西経とよぶ。

＊緯度60度で全周は約2万kmになる。

緯度と経度の組み合わせで、地球上の位置を表すことができる。

**Ex.** 日本の位置：北緯約20～46度、東経約122～154度

## ❷ 標準時と時差 Point

地球は1日24時間かけて西から東へ自転しているので、経度15度で1時間の時差が生まれる（360度÷24時間＝15度/1時間）。また、東の方が西よりも時間が早く進む。

世界の国々では、0度の本初子午線を基準に15度ごとの経線に合わせた標準時が設定されている。ロシアでは9、アメリカでは4（アラスカ・ハワイを加えて6）、オーストラリアでは3つの標準時がある。

つまり、時差とは世界各地の標準時の差のことである。

『時差の求め方』
①東経同士、西経同士にある２地点（A・B）の時差＝（Aの経度－Bの経度）÷15
　**Ex.** 東京（東経135度）とロンドン（０度）➡135÷15＝９時間
②東経と西経にある２地点（A・B）の時差＝（Aの経度＋Bの経度）÷15
　**Ex.** 東京（東経135度）とニューヨーク（西経75度）➡210÷15＝14時間

　また、ほぼ180度の経線にそって日付変更線が引かれているため、日付変更線を東から西へ越えるときは日付を１日進め、西から東へ越えるときは日付を１日遅らせることになる。

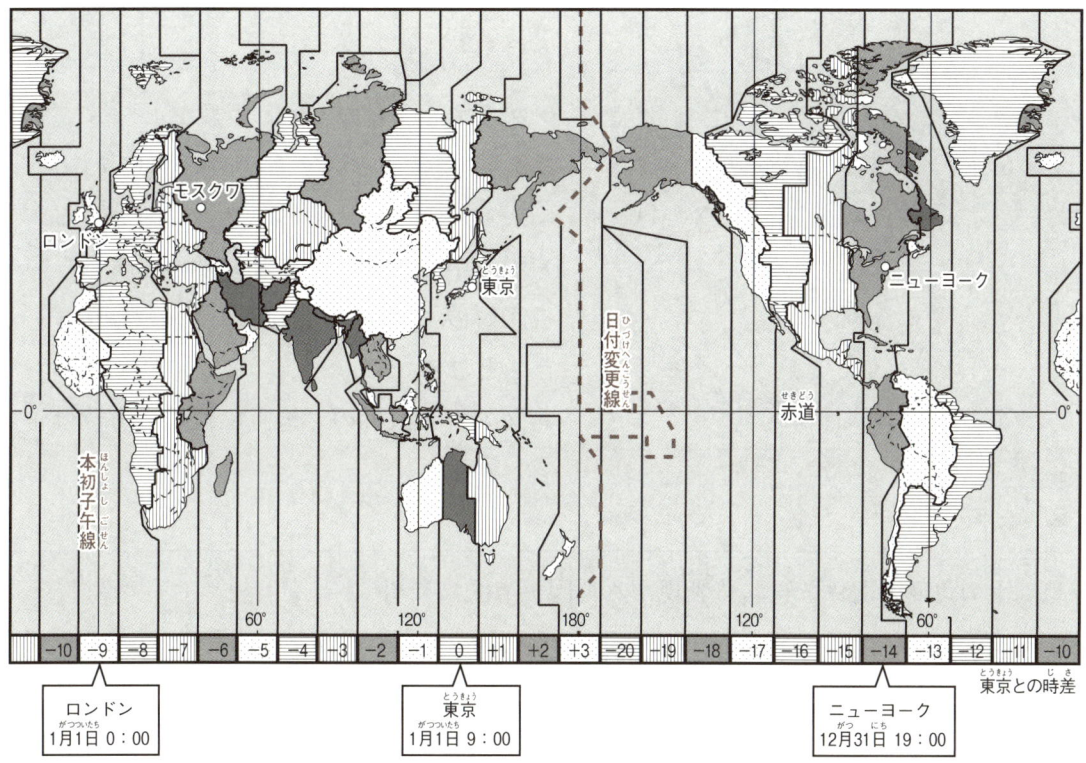

東京との時差

| ロンドン | 東京 | ニューヨーク |
|---|---|---|
| 1月1日 0：00 | 1月1日 9：00 | 12月31日 19：00 |

『サマータイム』
　イギリスやアメリカなど高緯度の国々では、昼の時間が長い夏の間だけ標準時を１時間進めるサマータイムを採用している。

## ❸ 距離と方位

### さまざまな地図の特徴と使われ方

　地図は地球の表面を写し取って作成する。これを地図投影法（図法）という。しかし、球面を平面にするため、距離・方位（方向）・面積・角度のすべてを正しく表すことは

できない。そのため、目的に合わせてさまざまな地図が作成されている。

面積を正しく表現する地図…分布図・統計図に利用

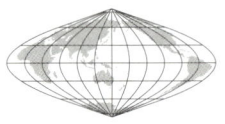
サンソン図法

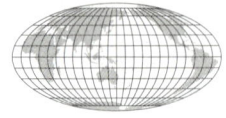
モルワイデ図法

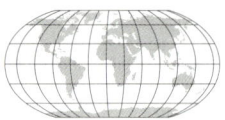
エケルト図法

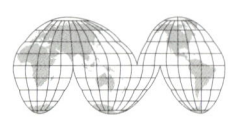
ホモロサイン
（グード）図法

距離・方向を正しく表現する地図…航空図に利用

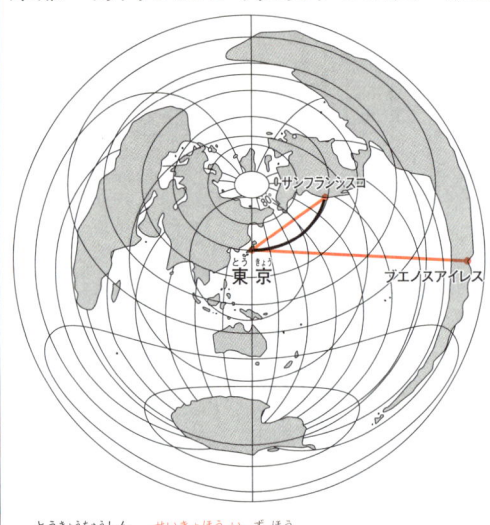

▲東京中心の正距方位図法

🕊️**Point**

正距方位図法

▶ 図の中心からの方位と距離が正しい。

**Ex.** サンフランシスコ：東京の北東に位置する。

ブエノスアイレス：東京の真東に位置する。

▶ 図の中心から結んだ2地点の直線は最短距離（大圏コース）となる。曲線は等角コースとなる。

▶ 図の中心以外の2地点の距離・方位は正しくない。

地球上の角度の関係を正しく表現する地図…海図に利用

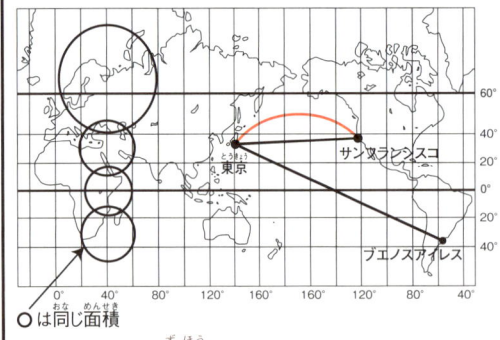

○は同じ面積

▲メルカトル図法

🕊️**Point**

メルカトル図法

▶ 2地点を結ぶ最短距離（大圏コース）は曲線で表される。直線は等角コースとなる。

▶ 緯度60度で、赤道に対して距離は2倍、面積は4倍に拡大される。

『大圏コース（航路）と等角コース（航路）』
　大圏コースとは、地球上の2つの地点の間の最短距離となるコースのこと。等角コースとは、地球上の1地点と他の1地点とを結ぶ際に、経線に対して一定の角度で交わるコースのこと。

## ④ 空中写真と衛星画像

### 空中写真

　航空機から地表面を撮った写真（空中写真）は、地形図や土地利用図作成の重要な資料となり、国土開発・環境保全・防災計画などに活用されている。

### 衛星画像

　人工衛星からの観測データを画像化したもので、気象観測・資源探査・地球環境の監視などに活用されている。

## ⑤ 地理情報

　地図には、地形図のような土地の高低や土地利用などの情報が得られる一般図と、気候や人口分布などの統計地図のような主題図がある。

　また、人工衛星から出される電波をもとに位置を知る全地球測位システム（GPS）や、地理情報を収集・整理・分析・表示する地理情報システム（GIS）の作成もすすめられている。

---

『地形図』

　地形図とは、道路・鉄道など、土地の様子を実際の距離を縮めて表した地図のことで、2万5千分の1、5万分の1、20万分の1などがある。

　5万分の1の地形図の場合、1kmは地図上では2cmになる。

# ② 世界の地理的環境

## ❶ 世界の地形

### 地形の形成

地形をつくる力を営力といい、内的営力と外的営力がある。

内的営力とは、地球の内部から起伏を大きくする地殻運動と火山活動のことである。地殻運動には山をつくる造山運動と、陸をつくる造陸運動がある。

外的営力とは、地球の外部から起伏を平らにする風化・侵食・堆積などの作用のことである。

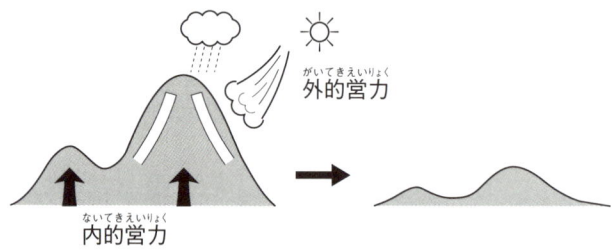

外的営力

内的営力

### 大地形の分類

内的営力によってつくられた大規模な地形を大地形という。世界の陸地は、山地をつくる造山運動を受けた時期によって大きく３つに分けられる。

▶ 安定陸塊　長い間、地殻運動を受けていない地球上で最も古い安定した地域。長年の侵食で平原や高原となっているところが多い。

▶ 古期造山帯　安定陸塊ほど侵食を受けた期間が長くないため、低くなだらかな山地になっているところが多い。

▶ 新期造山帯　今でも造山運動が続いているため、けわしい山脈になっている。火山や地震も多い。（環太平洋造山帯、アルプス・ヒマラヤ造山帯）

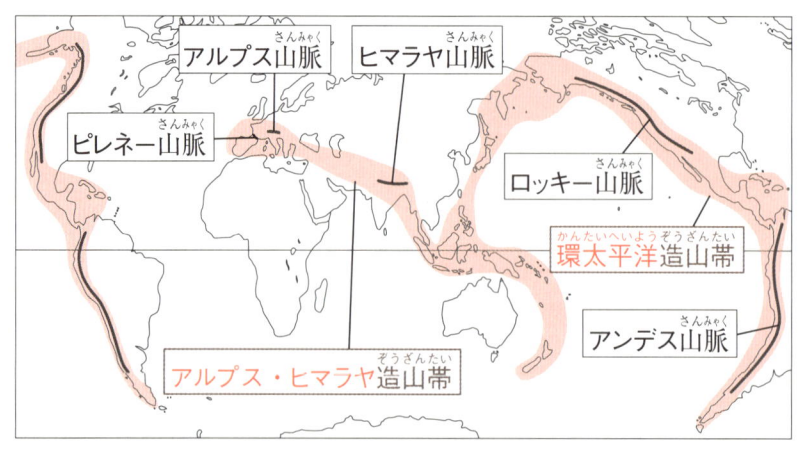

アルプス山脈　ヒマラヤ山脈

ピレネー山脈

ロッキー山脈

環太平洋造山帯

アンデス山脈

アルプス・ヒマラヤ造山帯

## さまざまな小地形

外的営力によってつくられた地形を小地形という。小地形には、平野地形や海岸地形などがある。

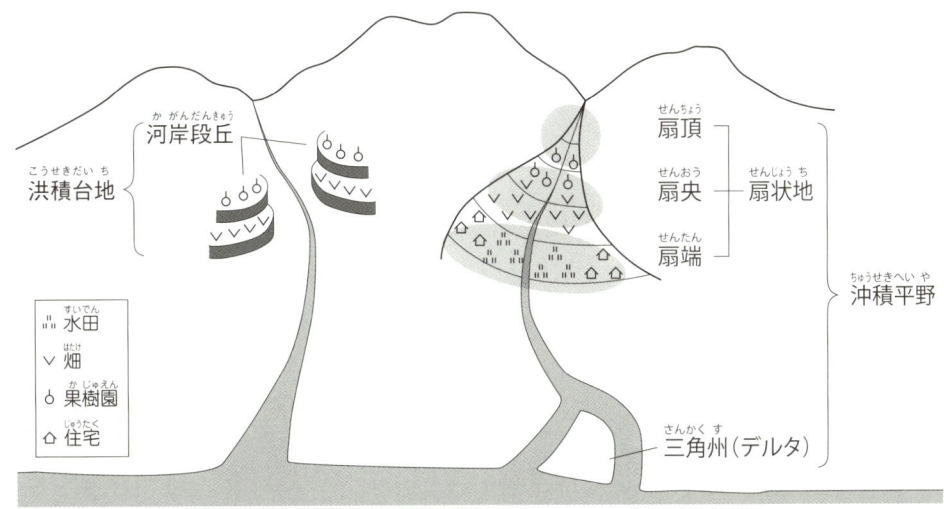

河岸段丘

洪積台地

扇頂

扇央　扇状地

扇端

沖積平野

水田
畑
果樹園
住宅

三角州（デルタ）

▶ **平野の地形**　川の堆積作用によってつくられた平野を沖積平野という。沖積平野には、扇状地や三角州（デルタ）が見られる。

| | |
|---|---|
| **扇状地** | 川が山から平地に出るところに見られる扇形の地形。<br>川の上流から、順に扇頂・扇央・扇端に分けられる。扇央は畑や果樹園などに利用され、扇端には水田や住宅地がある。 |
| **三角州（デルタ）** | 川が海などに出る河口近くに見られる三角形の地形。<br>主に水田に利用される。 |

古い平野や扇状地などが盛り上がってできた洪積台地には、川の流路にそって発達する階段状の地形である河岸段丘が見られる。段丘面は水が得にくいため、畑や果樹園などに利用される。

▶ **海岸の地形**　海岸は、陸地が盛り上がったり海面が下がったりしてできる離水海岸と、陸地が沈んだり海面が上がったりしてできる沈水海岸に分けられる。

代表的な沈水海岸には、ノコギリ状の海岸線をもつリアス海岸（東北太平洋側の三陸海岸など）（☞ p. 57・64）や、氷河の侵食によって断面がUの形になったU字谷に海水が入り込んでできたフィヨルド（ノルウェーの大西洋岸・チリ南部など）（☞ p. 25）がある。いずれも水深が深いので港として利用されている。

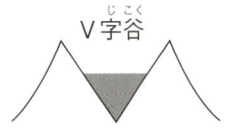

V字谷

▲リアス海岸の断面図

U字谷

▲フィヨルドの断面図

# ❷ 世界の気候 Point

## 気候

気候とは、長期間の大気の平均状態を示したもので、気候を構成する要素には気温・風・降水量などがある。

▶ 気温　気温は、赤道に近い低緯度ほど高温、高緯度ほど低温になる。また、標高が高い所ほど低温になる（高度100mにつき約0.55℃ずつ下がる）。

▶ 風　風とは大気の移動であり、気圧の高いところから低いところへ流れる。

一年を通してほぼ一定方向に吹く風を恒常風といい、貿易風・偏西風などがある。このうち偏西風は、北緯・南緯30〜60度付近の上空を西から東へ流れる風で、北半球の大陸西岸やニュージーランド・チリ南部などで発達する。

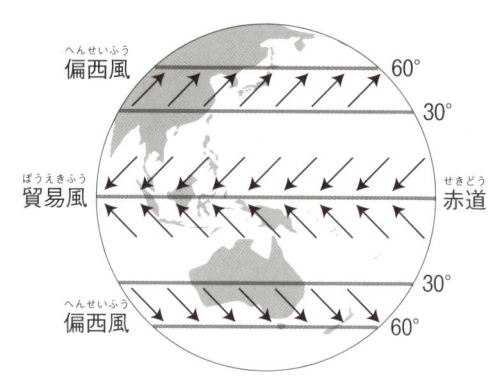

▲ 大気の大循環

また、季節によって決まった方向に吹く風を季節風（モンスーン）といい、夏は海から陸に、冬は陸から海に吹く。日本では、夏に南東風、冬に北西風となる。

このほか、熱帯の海洋上で発生し高緯度へ流れる暴風（北太平洋で発生するのを台風、カリブ海やメキシコ湾など北大西洋で発生するのをハリケーン、インド洋で発生するのをサイクロンという）や、フェーンなど限られた地域に吹く地方風（局地風）がある。

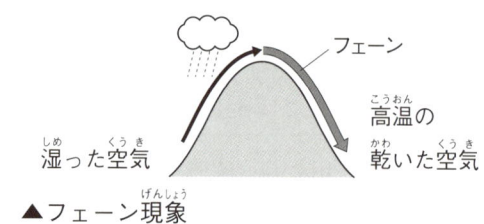

▲ フェーン現象

▶ 降水量　降水量とは、雨・雪などが降った量のことで、赤道近くが最も多く、高緯度地方になるほど少なくなる。また内陸部ほど乾燥していて少ない。

---

『エルニーニョとラニーニャ現象』

南アメリカのペルーとエクアドルの沿岸から南東太平洋の赤道近くにかけて、海面水温が平年より1〜2℃高くなる現象をエルニーニョ現象といい、世界中の気候に影響を及ぼす。その逆に1〜2℃低くなる現象をラニーニャ現象という。

## ケッペンの気候区分 🔖Point

　ドイツの気候学者であるケッペンは、気温と降水量から植物分布を基礎に世界の気候を熱帯（A）・乾燥帯（B）・温帯（C）・冷帯（D）・寒帯（E）に分けた。

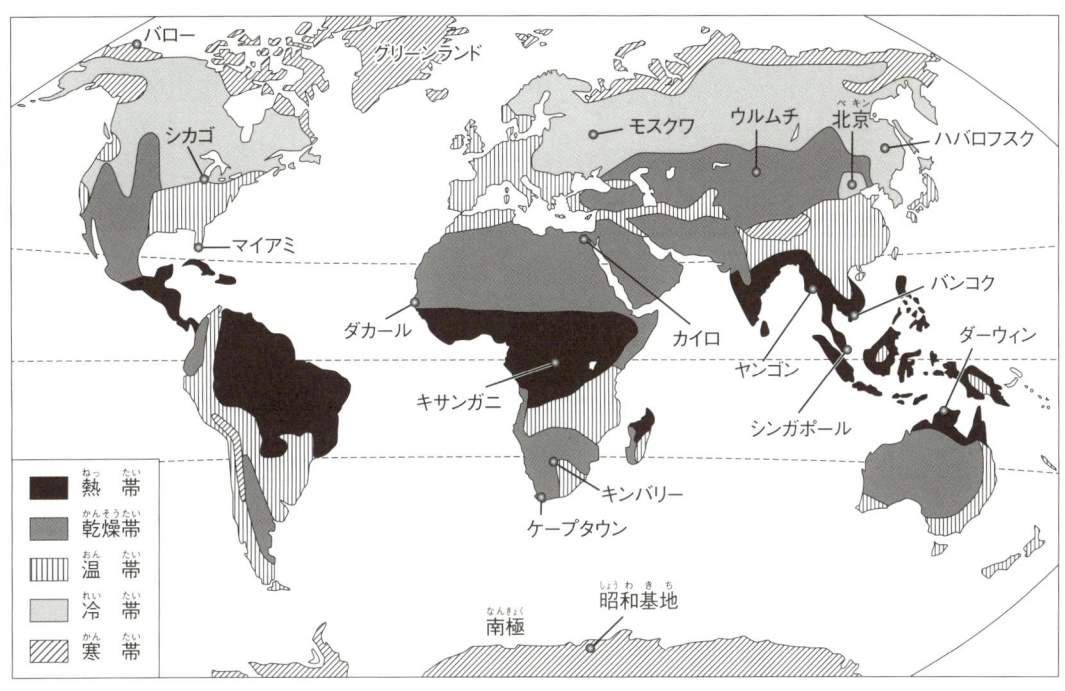

▶ **熱帯（A）**　赤道近くの低緯度地域に分布し、1年中高温で四季の変化がない。

| | | |
|---|---|---|
| **熱帯雨林気候**<br>（Ａｆ） | 1年中高温で雨が多く、**スコール**（激しい雨）がある。 | |
| | シンガポール、<br>キサンガニ（コンゴ民主共和国） | |
| **熱帯モンスーン気候**<br>（Ａｍ） | 夏は雨季、冬は弱い乾季となる。 | |
| | ヤンゴン（ミャンマー）、<br>マイアミ（アメリカ） | |
| **サバナ気候**<br>（Ａｗ） | 夏は雨季、冬は乾季となり、**サバナ**（熱帯草原）が広がる。 | |
| | バンコク（タイ）、<br>ダーウィン（オーストラリア） | |

▶ 乾燥帯（B）　南北の緯度25度近くに分布し、降水量が少なく、1年の蒸発量が降水量より多く、1日の気温の差が大きい。

| 砂漠気候<br>（BW） | 雨はほとんどなく、砂漠が広がり、植物はほとんど見られない。 | 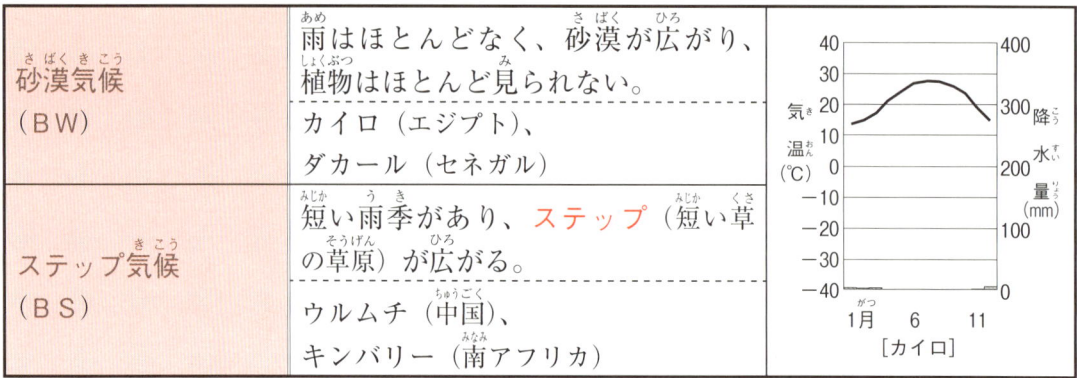 |
| | カイロ（エジプト）、<br>ダカール（セネガル） | |
| ステップ気候<br>（BS） | 短い雨季があり、ステップ（短い草の草原）が広がる。 | |
| | ウルムチ（中国）、<br>キンバリー（南アフリカ） | |

[カイロ]

▶ 温帯（C）　熱帯と冷帯との間に分布し、温暖で（最も寒い月の平均気温が−3℃から18℃未満）、四季の区別がはっきりしている。

| 温暖湿潤気候<br>（Cfa） | 季節風の影響で夏は高温で雨が多く、冬は低温で乾燥する。 |
| | 東京、ニューヨーク（アメリカ）、シドニー（オーストラリア） |
| 西岸海洋性気候<br>（Cfb） | 偏西風の影響で夏は涼しく、冬は温暖。気温・降水量とも季節による変化が小さい。 |
| | ロンドン（イギリス）、パリ（フランス）、メルボルン（オーストラリア） |
| 温暖冬季少雨気候<br>（Cw） | 夏は高温で雨が多く、冬は温暖で乾燥する。 |
| | チンタオ（中国）、香港、ハノイ（ヴェトナム） |
| 地中海性気候<br>（Cs） | 夏は高温で雨が少なく、冬は温暖で雨が多い。 |
| | ローマ（イタリア）、アテネ（ギリシャ）、サンフランシスコ（アメリカ）、ケープタウン（南アフリカ） |

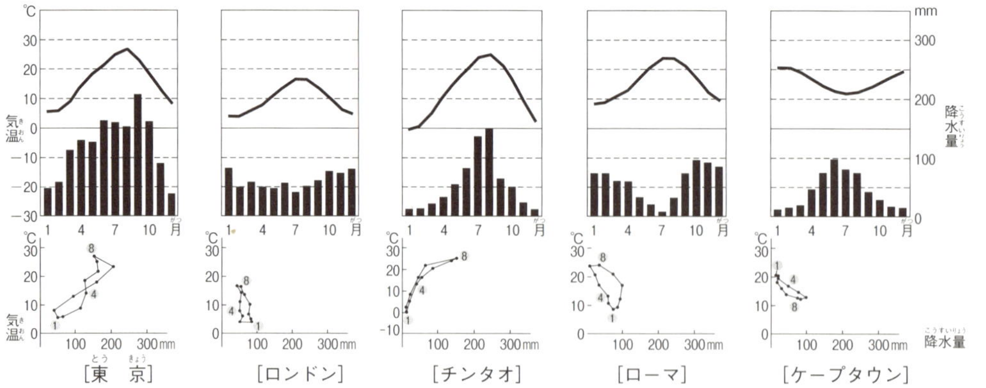

[東京]　[ロンドン]　[チンタオ]　[ローマ]　[ケープタウン]

＊各月ごとに、縦軸に平均気温、横軸に平均降水量をとり、月の順に点を結んだグラフをハイサーグラフという。

Point　北半球の気温は1月に低く7月に高いが、南半球は逆になる。

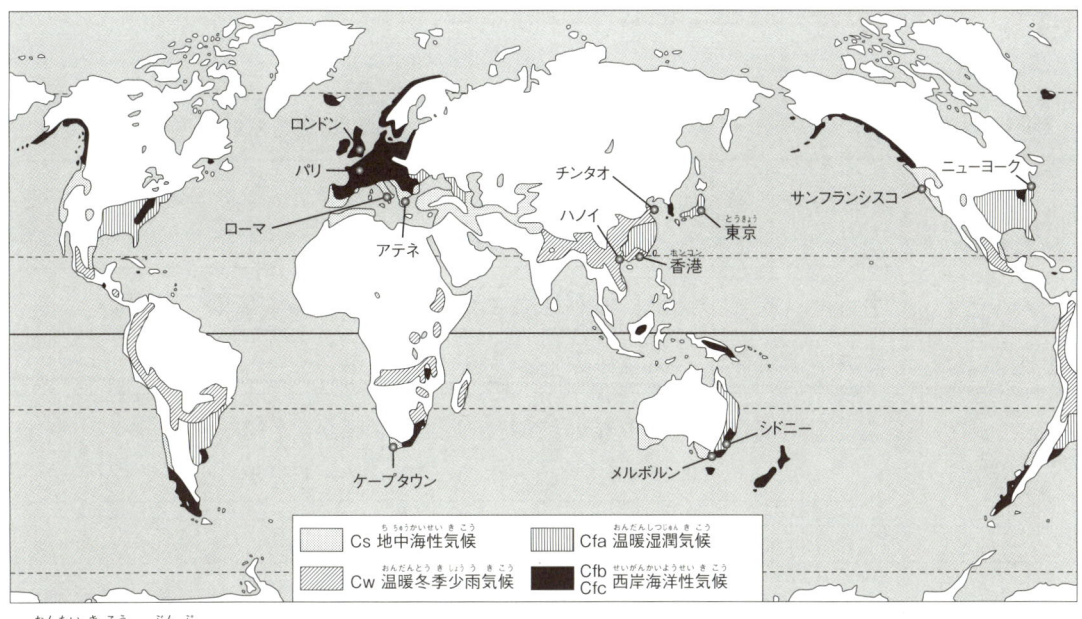

▲温帯気候の分布

▶ 冷帯（亜寒帯）（D）　北半球の温帯と寒帯の間に分布し、夏と冬の気温の差が大きい。

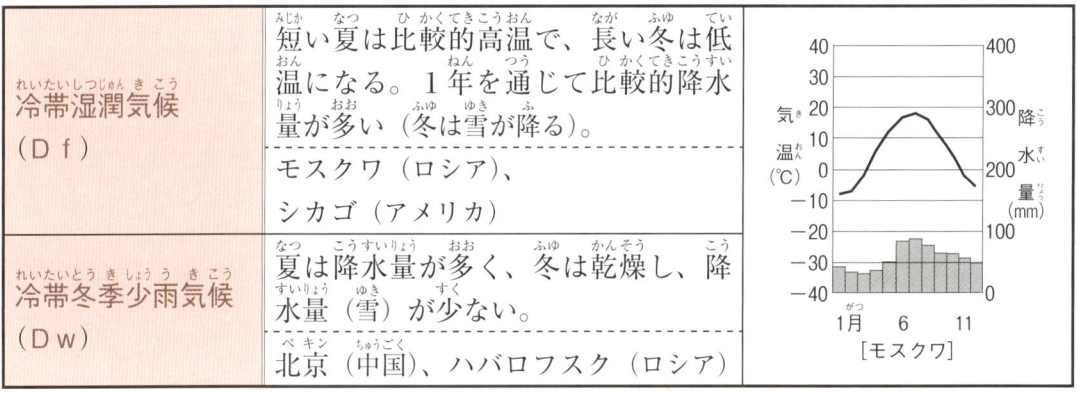

| 冷帯湿潤気候（Df） | 短い夏は比較的高温で、長い冬は低温になる。1年を通じて比較的降水量が多い（冬は雪が降る）。 | |
| | モスクワ（ロシア）、シカゴ（アメリカ） | |
| 冷帯冬季少雨気候（Dw） | 夏は降水量が多く、冬は乾燥し、降水量（雪）が少ない。 | |
| | 北京（中国）、ハバロフスク（ロシア） | |

▶ 寒帯（E）　南極・北極の周辺に広がり、降水量は少ない。

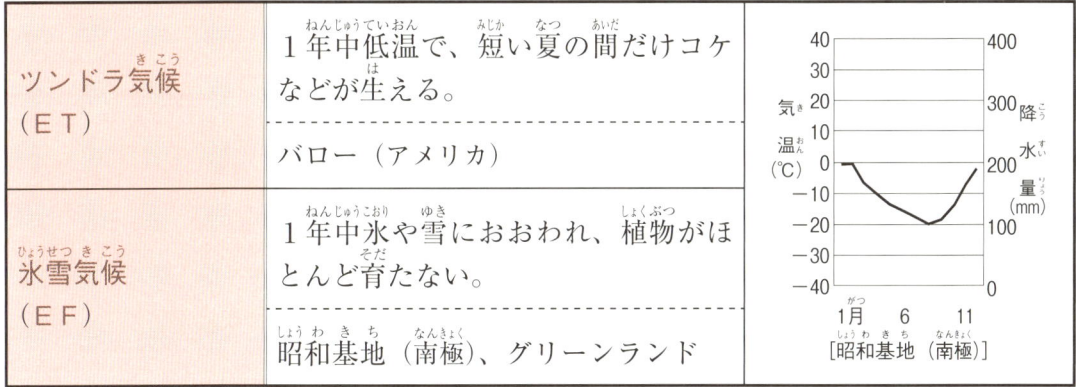

| ツンドラ気候（ET） | 1年中低温で、短い夏の間だけコケなどが生える。 | |
| | バロー（アメリカ） | |
| 氷雪気候（EF） | 1年中氷や雪におおわれ、植物がほとんど育たない。 | |
| | 昭和基地（南極）、グリーンランド | |

## ❸ 世界の植生

植生（森林や草地の状態）は気温や降水量の影響を受けるため、気候との関係が深い。

| 熱帯気候 | 熱帯雨林気候 | 密林が広がる…ジャングル（東南アジア、アフリカ）、セルバ（アマゾン川流域） |
|---|---|---|
| | サバナ気候 | 長い草の草原と木があまりない林が広がる…サバナ |
| 乾燥帯気候 | ステップ気候 | 短い草の草原が広がる…ステップ |
| 温帯気候 | 温暖湿潤気候 | 雨が少ない地域には温帯草原が広がる…プレーリー（アメリカ中央）、パンパ（アルゼンチンからウルグアイ） |
| | 地中海性気候 | 乾燥に強いオリーブが育つ。 |
| 冷帯気候 | 冷帯湿潤気候 | 針葉樹林が広がる…タイガ（ユーラシア大陸、北アメリカ大陸北部）<br>➡世界的な木材供給地 |
| 寒帯気候 | ツンドラ気候 | 短い夏の間だけコケなどが生える。 |

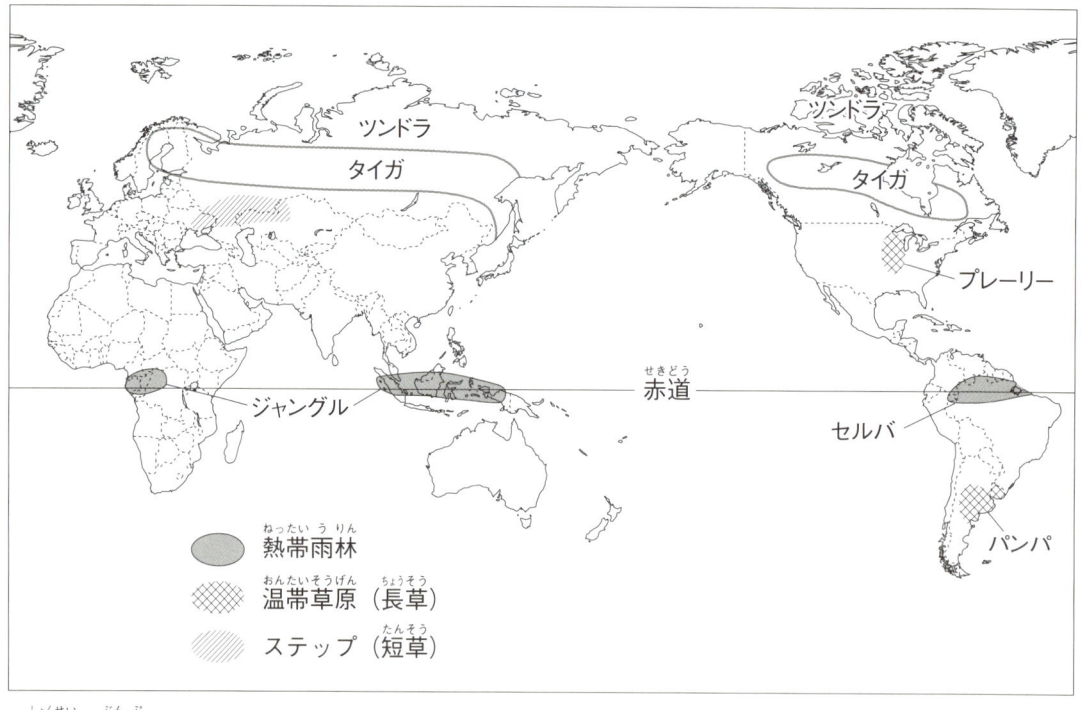

▲植生の分布

# 3 世界の国々

## ❶ 世界の国々

　現在、世界には197の独立国があり（最も新しい独立国は南スーダン共和国）、約75億人の人々が暮らしている。それぞれの国には、政治体制・経済状況・自然環境など多くの違いがあり、また人種・民族・言語・宗教をめぐる深刻な問題を抱えている国も少なくない。

▶ 面積の大きい国…1位 ロシア、2位 カナダ、3位 アメリカ、4位 中国
▶ 人口の多い国…1位 中国、2位 インド、3位 アメリカ、4位 インドネシア

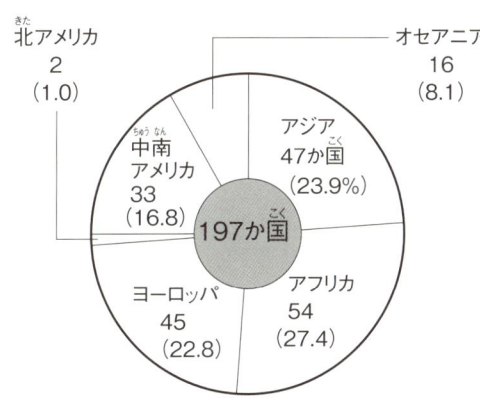

北アメリカ
2
(1.0)

オセアニア
16
(8.1)

中南
アメリカ
33
(16.8)

アジア
47か国
(23.9%)

197か国

ヨーロッパ
45
(22.8)

アフリカ
54
(27.4)

▲世界の国の数（2017年12月末）

（『日本のすがた2018』より）

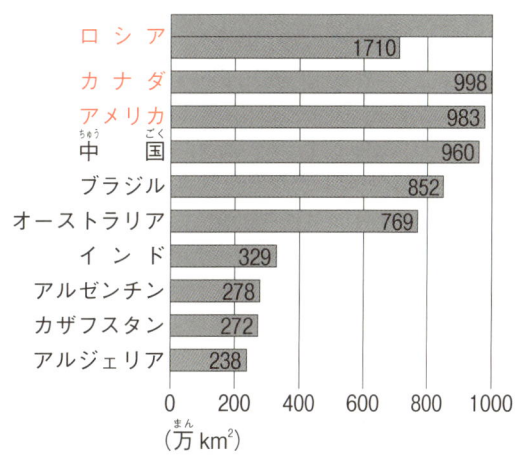

| 国 | 万km² |
|---|---|
| ロシア | 1710 |
| カナダ | 998 |
| アメリカ | 983 |
| 中国 | 960 |
| ブラジル | 852 |
| オーストラリア | 769 |
| インド | 329 |
| アルゼンチン | 278 |
| カザフスタン | 272 |
| アルジェリア | 238 |

（万km²）

▲面積の大きい国（2015年）

『日本と他の国の面積の比較』

フランス（55.2万km²）
タイ（51.3万km²）
スペイン（50.6万km²）

＞

日本
（38万km²）

＞

ドイツ（35.7万km²）
マレーシア（33.0万km²）
イタリア（30.2万km²）
イギリス（24.2万km²）

# ❷ ヨーロッパの国々 Point

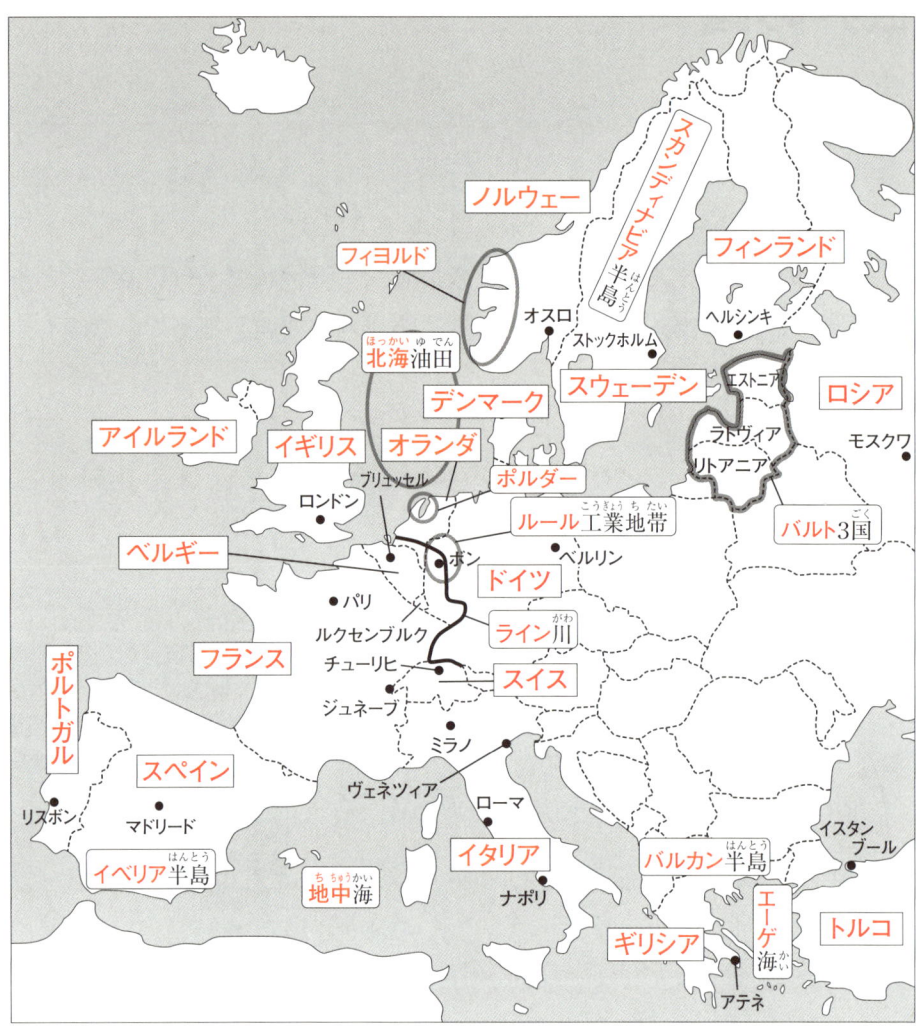

スカンディナビア半島

ノルウェー

フィヨルド

フィンランド

オスロ

ストックホルム

ヘルシンキ

北海油田

デンマーク

スウェーデン

エストニア

ロシア

ラトヴィア

モスクワ

アイルランド

イギリス

オランダ

リトアニア

ブリュッセル

ポルダー

ルール工業地帯

バルト3国

ロンドン

ベルギー

ボン

ベルリン

ドイツ

パリ

ルクセンブルク

ライン川

フランス

チューリヒ

スイス

ジュネーブ

ミラノ

ポルトガル

スペイン

ヴェネツィア

ローマ

マドリード

リスボン

イベリア半島

地中海

イタリア

バルカン半島

ナポリ

エーゲ海

ギリシア

トルコ

イスタンブール

アテネ

　ヨーロッパの民族・人種の大部分はゲルマン・ラテン・スラブの白人種であり、宗教はキリスト教が中心である。また、ヨーロッパ連合（EU）（☞ p. 177）の誕生で経済的な統合がすすんでいる。

| イギリス | イングランド・スコットランド・ウェールズ・北アイルランドからなる連合王国。1970年代に北海油田を開発したことにより、1980年から石油輸出国となった。 |
|---|---|
| 面積　24.2万km²<br>人口　6,657万人 | |
| フランス | 西ヨーロッパ最大の農業国で、小麦・ブドウ・オリーブの栽培がさかん。原子力発電の割合が世界で最も大きい（☞ p. 37）。 |
| 面積　55.2万km²<br>人口　6,523万人 | |

| ドイツ | |
|---|---|
| 面積　35.7万km² 人口　8,229万人 | ヨーロッパ最大の**工業国**で、石炭に恵まれたライン川流域の**ルール工業地帯**は、ヨーロッパ最大の工業地帯。**自動車・化学**工業などが発達し、風力・**太陽光発電**にも力を入れている。 |
| オランダ | |
| 面積　4.2万km² 人口　1,708万人 | **ライン川下流に位置し、国土の約25％が海面より低いポルダー**とよばれる干拓地が占めている。酪農がさかんで、**チーズ・バター**の輸出も多く、**チューリップ**栽培など園芸農業もさかん。 |
| イタリア | |
| 面積　30.2万km² 人口　5,929万人 | **イタリア半島と約70の島**からなり、火山帯に位置する。南北の経済格差が大きく、北部は**ミラノ**などで重工業が発達し、南部は小規模な農家が多い。首都**ローマ**の中に**バチカン市国**がある。 |
| スペイン | |
| 面積　50.6万km² 人口　4,639万人 | **イベリア半島の80％を占め、国土の大部分がメセタ**とよばれるテーブル状の乾燥高原。**オレンジ類**の輸出量、オリーブの生産量は世界一。 |
| ギリシア | |
| 面積　13.2万km² 人口　1,114万人 | 古代文明が生まれた地の一つであり、**バルカン半島南東部**の地域と**エーゲ海**の約3000の島々からなる。海運業と観光業がさかん。現在、財政危機が深刻化している。 |
| スイス | |
| 面積　4.1万km² 人口　885万人 | **永世中立国**。アルプス山脈中に位置する。精密機械（**時計**）や化学工業（**医薬品**）が発達。**ジュネーブ**にはＷＴＯ（☞ p. 176）の本部があり、**チューリヒ**は国際金融の中心地でもある。一人当たりの**国民総所得**（ＧＮＩ）（☞ p. 136）は世界一。 |
| ベルギー | |
| 面積　3.1万km² 人口　1,149万人 | オランダ語・フランス語・ドイツ語を公用語とする。賃金水準はＥＵ最高で、首都**ブリュッセル**にはＥＵの本部がある。オランダ・ルクセンブルクと合わせて**ベネルクス３国**という。 |
| ノルウェー | |
| 面積　32.4万km² 人口　535万人 | **スカンディナビア半島の西岸に位置し、フィヨルド**地形が多い。漁業がさかんで、北海油田をもつ石油輸出国でもある。一人当たりの**国民総所得**（ＧＮＩ）は世界第２位。 |
| ルクセンブルク | |
| 面積　2,586km² 人口　59万人 | ベルギー・フランス・ドイツに囲まれた小国。ヨーロッパを代表する金融センターで、一人当たりの**国民総所得**（ＧＮＩ）（☞ p. 136）は世界トップクラス。 |

| ロシア | 世界最大の面積をもち、人口の80％がスラブ系ロシア人。少 |
|---|---|
| 面積　1,709.8万km² | 数民族は自治共和国などをつくっているが、独立を主張するチェ |
| 人口　1億4,396万人 | チェン共和国との間で武力衝突もおこった（☞ p. 234）。石油・ |
| | 天然ガスなどの鉱物資源が多く、首都モスクワを中心に重化学 |
| | 工業もさかん。近年、著しい経済成長をとげているBRICs |
| | （☞ p. 34）の一国。 |
| 旧ソ連諸国 | ▶ バルト３国…エストニア・ラトヴィア・リトアニア |
| | ▶ CIS（独立国家共同体）…ウクライナ・ベラルーシなど旧ソ<br>　　連12ヵ国 |

# ❸ 北アメリカ・南アメリカの国々

　北アメリカは、アングロサクソン系のイギリス人を中心に開拓され、宗教はプロテスタント・カトリックが中心である。

　中央・南アメリカの国々はスペイン人・ポルトガル人を中心に開拓され、宗教はカトリックが多い。また、メキシコより南の中央・南アメリカをラテンアメリカといい、白人のほか、先住民のインディオ（☞ p. 48・234）、黒人、メスチソ（白人とインディオの混血）などが住み、人種の構成が複雑である。

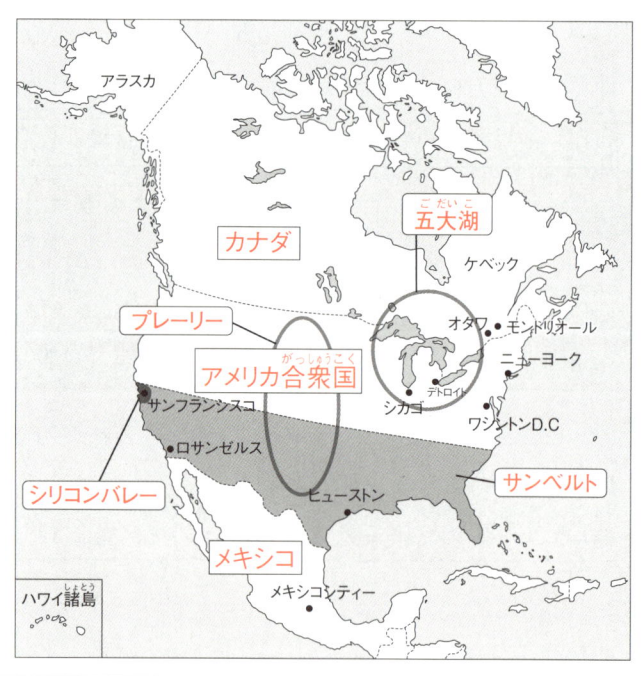

| カナダ | 面積はロシアに続いて世界第２位。国土の約半分が森林で、 |
|---|---|
| 面積　998.5万km² | 木材・パルプ・紙の輸出が多い。公用語は英語とフランス語で、 |
| 人口　3,695万人 | フランス系住民が約80％を占めるケベック州ではカナダからの |
| | 分離・独立運動がさかんである（☞ p. 233）。 |

| アメリカ合衆国 | 50州からなる多民族の連邦国家で、世界経済の中心、世界最大の工業国・農業生産国。近年、メキシコなどスペイン語圏からの移民であるヒスパニックが増加している。 |
|---|---|
| 面積　983.4万km² 人口　3億2,676万人 | 【農業】五大湖周辺では酪農、トウモロコシの栽培がさかんで，生産・輸出量とも世界一。南東部では綿花、中央部のプレーリー（北アメリカ大陸中央部に南北に広がる草原）では輸出量が世界第2位の小麦、乾燥した西側では 肉用牛や羊の牧畜がさかん。 |
| | 【工業】北部のデトロイトでは、かつて自動車工業が発達していた。また、北緯37度より南の温暖な地域をサンベルトといい、ロサンゼルスの航空機産業、ヒューストンの宇宙産業など、先端技術型産業がさかん。サンフランシスコ南部には、世界的な電子工業地域であるシリコンバレーがある。 |
| メキシコ 面積　196.4万km² 人口　1億3,075万人 | かつてメキシコ高原にはアステカ文明、ユカタン半島にはマヤ文明が栄えていた。石油・銀鉱などの鉱物資源が豊富で、銀鉱の産出量は世界一。綿花・コーヒー豆などの輸出もさかん。 |
| コスタリカ | コーヒー豆・バナナの輸出にたよっている。 1949年に憲法で軍隊を廃止。 |
| パナマ | パナマ運河の通航料にたよっている。船の保有量は世界一。 |
| キューバ | カリブ海にある西インド諸島最大の島国。1959年のキューバ革命で社会主義国となる。サトウキビの栽培がさかん。 |
| ブラジル 面積　851.6万km² 人口　2億1,086万人 | 国土の約65%がブラジル高原からなる。コーヒー豆の生産量、砂糖の生産量・輸出量は世界一。鉄鉱石の輸出量は世界第2位。近年著しい経済発展をとげているBRICs（☞ p.34）の一国。公用語はポルトガル語。 |
| アルゼンチン | パンパ（アルゼンチンからウルグアイに広がる温帯草原地帯）での小麦・トウモロコシ栽培や牧畜がさかん。ラテンアメリカ生まれの白人（クリオーリョ）が人口の多くを占める。 |
| ベネズエラ | ラテンアメリカ最大の産油国であり、原油埋蔵量は世界一。石油輸出国機構（OPEC）（☞ p.30）に加盟している。 |

| | |
|---|---|
| ペルー | かつて**インカ帝国**が栄えた地。**銀鉱**の産出量は世界第2位で、水産業もさかん。 |
| チリ | 鉱業が最大の産業で、**銅鉱**の産出量は世界一。 |

# ❹ アジア・オセアニアの国々

　アジアには、さまざまな民族と言語があり、宗教も仏教・イスラム教・ヒンドゥー教などがある。東南アジアでは、**モノカルチャー経済**（☞ p. 230）から抜け出すために工業化をすすめた結果、近年、経済が著しく発展した国が多い。西アジアは、ステップ（短い草の生えた草原）と砂漠が広がり、イスラム文化圏に属している。

　オセアニアは、オーストラリア大陸と太平洋の島々を合わせた地域を指し、太平洋の島々は人種や文化によって、**メラネシア・ミクロネシア・ポリネシア**の3つの地域に分けられる。英語・フランス語を公用語とする国が多く、キリスト教徒が多い。

| | |
|---|---|
| **中国**<br>面積 960.0万km²<br>人口 14億1,504万人 | 世界第4位の広さの国土に、約14億人という世界一の人口をかかえる社会主義国家。農業生産がさかんで、**米・小麦**の生産量は世界一。鉱物資源も豊富で、**石炭**の産出量は世界一。近年は経済発展が著しく、**国内総生産**（GDP）（☞ p.136）は世界第2位。 |
| タイ | 仏教国。**米**の輸出量は世界一。 |
| マレーシア | マレー半島とボルネオ島からなる。天然ゴムなどのプランテーション農業がさかん。中国系・インド系住民とマレー系住民との経済格差をなくすため、マレー人優遇政策である**ブミプトラ**政策を行っている。また、日本などをモデルとする**ルック・イースト**政策をすすめ、工業化をはかった。 |
| シンガポール | 中国系住民が75％を占める。**中継貿易地**として金融業・海運業が発達。**貿易依存度**（☞ p.170）は世界一（香港を除く）。 |
| インドネシア | 約1万7000の島々からなる東南アジア最大の**イスラム国家**。天然ガス・石炭・石油など地下資源が豊富で、石炭の輸出量は世界第2位。**パーム油**（☞ p.32）の輸出量は世界一。 |
| フィリピン | 約7000の島々からなるカトリック中心の国。サトウキビや**バナナ**などの**プランテーション農業**（☞ p.30）がさかん。 |

| | |
|---|---|
| ヴェトナム | 社会主義国家。市場経済を導入した**ドイモイ**（**刷新**）**政策**（☞ p. 124）をすすめ、高度経済成長を達成した。米の輸出量は世界第3位、**コーヒー豆**の輸出量は世界第2位。 |
| インド<br><br>面積 328.7万km²<br>人口 13億5,405万人 | **ヒンドゥー教徒**（☞ p. 54）が約80％を占める。**ガンジス川流**域は最大の農業地帯であり、米・小麦・綿花の世界的産地で、米の輸出量は世界第2位。近年、工業化がすすんでいる**BRICs**の一国（☞ p. 34）で、**情報通信技術**（ICT）が著しく発展した。 |
| バングラディシュ | **イスラム**教徒が約85％を占める。国土の大部分が三角州（**デルタ**）地帯で、主な生産物はジュート・米・革製品などである。 |
| サウジアラビア | アラビア半島の約80％を占め、イスラム教の聖地**メッカ**がある。石油資源に恵まれ、**原油**輸出量は世界一。 |
| イスラエル | **ユダヤ人・ユダヤ教徒**（☞ p. 54）が約75％を占め、**ヘブライ語**・アラビア語を公用語とする。アラブ人との民族対立を続け、**パレスチナ**の地をめぐって4回にわたって**中東戦争**がおこった（☞ p. 115）。 |
| トルコ | 国民のほとんどが**イスラム**教徒。アジアとヨーロッパの境界にあり、政治・経済面ではヨーロッパとの関係が深く、NATO（北大西洋条約機構）（☞ p. 111）に加盟しているほか、EU（☞ p. 177）への加盟をめざしている。 |
| オーストラリア<br><br>面積　769.2万km²<br>人口　2,477万人 | 1979年までは白人だけのオーストラリアをめざす**白豪主義政策**（☞ p. 233・249）をとってきたが、現在ではアジアや南ヨーロッパからの移民も増え、**多文化主義**の社会（☞ p. 249）となっている。石炭・鉄鉱石・石油・天然ガスなどが豊富で、石炭・鉄鉱石の輸出量は世界一、ボーキサイトの産出量は世界一。また、農業・畜産業がさかんで、**羊毛**の輸出量は世界一であり、牛肉・小麦の輸出も多い。 |
| ニュージーランド | イギリス系白人が多い国。農業・畜産業がさかんで、肉類・羊毛の輸出量は世界第2位。 |

# ❺アフリカの国々

　北アフリカにはアラブ人が多く、イスラム社会が形成され、石油資源も豊富である。一方、中央・南アフリカは、ほぼ全域がヨーロッパの植民地だったため、ヨーロッパ資本のもとで輸出用作物を栽培するプランテーション農業や、金・ダイヤモンドなどの地下資源の開発がすすめられた。20世紀に多くの国が独立したが（☞ p. 114）、独立後もモノカルチャー経済（☞ p. 230）により貧困が続いている。また、部族間の対立などで政治的な混乱がみられる国も多い。

| | |
|---|---|
| **エジプト**<br>面積　100.2万km²<br>人口　9,937万人 | ナイル川の三角州（デルタ）地帯では農業がさかんで、アスワンハイダムの建設によって農産物の生産高は増加した。石油のほか、スエズ運河の通航料やピラミッドなど古代遺跡の観光収入は重要な収入源となっている。 |
| **エチオピア** | アフリカで最も古い独立国で、国民の60％がキリスト教徒、30％がイスラム教徒。世界で最も貧しい国の一つ。コーヒー豆の生産がさかん。 |
| **ガーナ** | カカオ豆の輸出にたよっており、生産量・輸出量は世界第2位。 |
| **コートジボアール** | カカオ豆の生産量・輸出量は世界一。 |
| **ナイジェリア**<br>人口　1億9,587万人 | アフリカ最大の産油国で、石油輸出国機構（ＯＰＥＣ）に加盟している。人口はアフリカ最大。 |
| **ケニア** | 国民の80％以上がキリスト教徒。ホワイトハイランド（植民地時代に白人が所有した土地）でのコーヒー豆や茶のプランテーションがさかんで、茶の生産量は世界第3位、輸出量は世界第2位。 |
| **リベリア** | アメリカの解放奴隷によって建国された（1847年）。 |
| **南アフリカ共和国** | アパルトヘイト（☞ p. 232）による白人優遇政策をとってきたが、1991年に廃止された。アフリカ第一の工業国で、金・ダイヤモンド・白金（プラチナ）などの鉱物資源が豊富。 |

---

**『石油輸出国機構（ＯＰＥＣ）』**
　1960年に世界の主な石油輸出国が、石油政策の調整や原油価格の安定などを目的に設立した国際機関。本部はウィーン。
　現在、イラク・イラン・クウェート・サウジアラビア・ベネズエラ・カタール・リビア・アラブ首長国連邦・アルジェリア・ナイジェリア・アンゴラ・エクアドル・インドネシアの13ヵ国が加盟している。

# 4 世界の資源と産業

## ① 世界の産業 ✦Point

### 産業の分類

産業は生産の仕方や生産される物、サービスの性質によって大きく3つに分けられる。

| 第一次産業 | 農業、林業、水産業、畜産業 |
|---|---|
| 第二次産業 | 鉱業、建設業、製造業 |
| 第三次産業 | 商業、金融・保険業、運輸業、サービス業（情報・教育・医療・福祉など） |

### 産業別人口構成

経済の発展によって、産業の中心は第一次産業から第二次・第三次産業へと変化する（産業構造の高度化）。先進国では第三次産業の人口割合は高いが、発展途上国では低い。

第二次・第三次産業は主に都市部で営まれるため、これらの産業で働く人口の増加は都市部の人口を増加させる。

※中国・タイのデータは2015年　　　（％）

| | 一次 | 二次 | 三次 |
|---|---|---|---|
| アメリカ | 1.6 | 18.4 | 77.8 |
| フランス | 2.8 | 20.0 | 75.8 |
| 日　　本 | 3.4 | 24.3 | 70.7 |
| ロ　シ　ア | 6.7 | 26.9 | 66.3 |
| ブラジル | 10.2 | 20.9 | 68.9 |
| 中　　国 | 28.3 | 29.3 | 42.4 |
| タ　　イ | 32.3 | 23.7 | 43.9 |

▲主な国の産業別人口の割合（2016年）

（『データブック・オブ・ザ・ワールド2019』により作成）

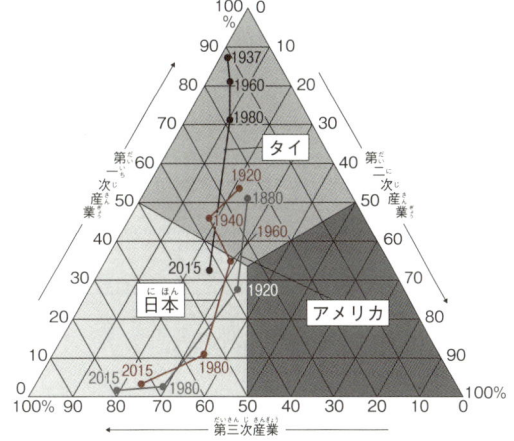

▲日本・アメリカ・タイの産業別人口構成の変化

（『データブック・オブ・ザ・ワールド2019』などにより作成）

＊右上の図は三角図表とよばれ、第一次産業の割合が高い発展途上国は三角形の上の方に、第三次産業の割合が高い先進国は三角形の左下に位置する。日本が1960年代に先進国型になり、タイも経済が発展していることがわかる。

## 世界の農業

世界の主な農産物は、トウモロコシ・米・小麦の三大穀物（☞ p.49）や大麦、いも類、大豆などで、**中国・アメリカ・インド**の３ヵ国で世界のおよそ半分の穀物を生産している。

穀物の輸出は**アメリカ**が最も多く、小麦の輸出量は世界第２位である。このうち**トウモロコシ**は、そのほとんどが飼料・バイオ燃料（☞ p.38）向けのものである。

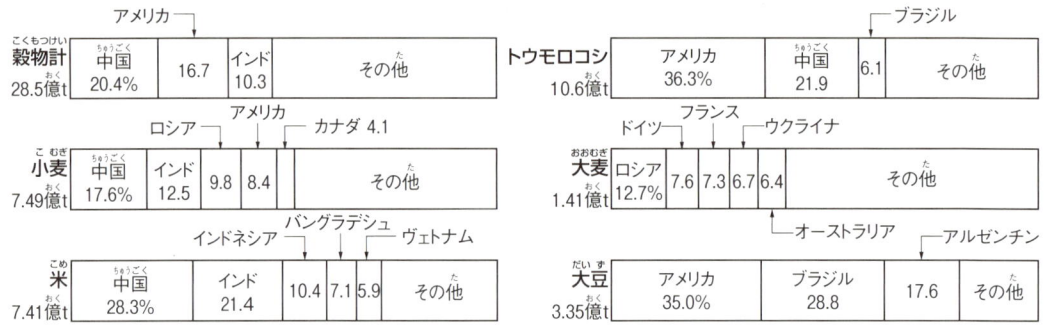

| | | | | |
|---|---|---|---|---|
| **穀物計**<br>28.5億t | 中国<br>20.4% | 16.7<br>（アメリカ） | インド<br>10.3 | その他 |

| | | | | |
|---|---|---|---|---|
| **トウモロコシ**<br>10.6億t | アメリカ<br>36.3% | 中国<br>21.9 | 6.1<br>（ブラジル） | その他 |

| | | | | | |
|---|---|---|---|---|---|
| **小麦**<br>7.49億t | 中国<br>17.6% | インド<br>12.5 | 9.8<br>（ロシア） | 8.4<br>（アメリカ） カナダ 4.1 | その他 |

| | | | | | | |
|---|---|---|---|---|---|---|
| **大麦**<br>1.41億t | ロシア<br>12.7% | 7.6<br>（ドイツ） | 7.3<br>（フランス） | 6.7 | 6.4<br>（ウクライナ） | その他 |
（オーストラリア）

| | | | | | |
|---|---|---|---|---|---|
| **米**<br>7.41億t | 中国<br>28.3% | インド<br>21.4 | 10.4<br>（インドネシア） | 7.1<br>（バングラデシュ） | 5.9<br>（ヴェトナム） その他 |

| | | | | |
|---|---|---|---|---|
| **大豆**<br>3.35億t | アメリカ<br>35.0% | ブラジル<br>28.8 | 17.6<br>（アルゼンチン） | その他 |

▲農産物生産に占める主産国の割合（2016年）

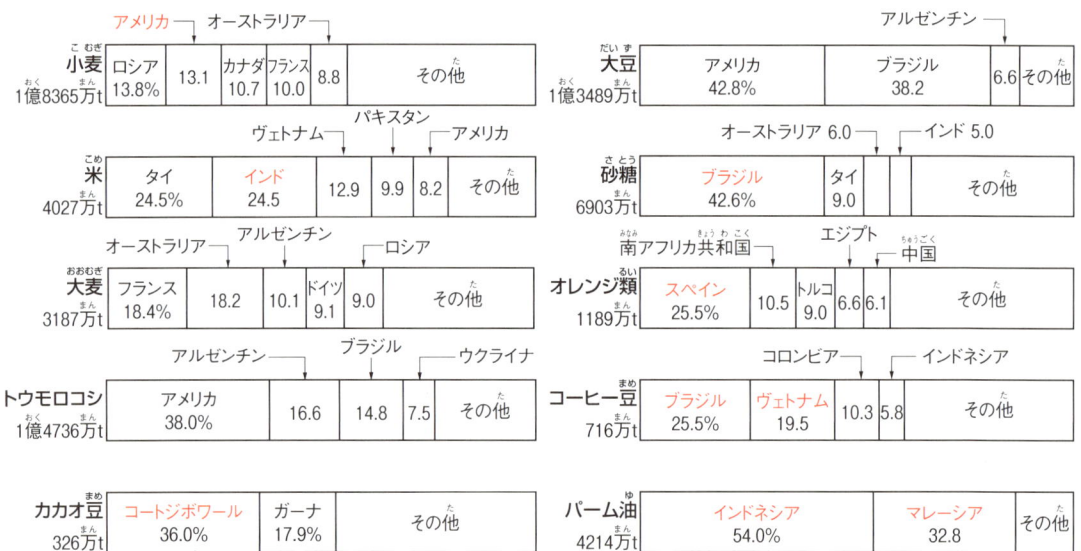

| | | | | | |
|---|---|---|---|---|---|
| **小麦**<br>1億8365万t | ロシア<br>13.8% | 13.1<br>（アメリカ） | カナダ<br>10.7<br>（オーストラリア） | フランス<br>10.0 | 8.8 その他 |

| | | | | | |
|---|---|---|---|---|---|
| **大豆**<br>1億3489万t | アメリカ<br>42.8% | ブラジル<br>38.2 | 6.6<br>（アルゼンチン） | その他 | |

| | | | | | |
|---|---|---|---|---|---|
| **米**<br>4027万t | タイ<br>24.5% | インド<br>24.5 | 12.9<br>（ヴェトナム） | 9.9<br>（パキスタン） | 8.2<br>（アメリカ） その他 |

| | | | | |
|---|---|---|---|---|
| **砂糖**<br>6903万t | ブラジル<br>42.6% | タイ<br>9.0<br>オーストラリア 6.0 インド 5.0 | | その他 |

| | | | | | |
|---|---|---|---|---|---|
| **大麦**<br>3187万t | フランス<br>18.4% | 18.2<br>（オーストラリア） | 10.1<br>（アルゼンチン） | ドイツ<br>9.1 | 9.0<br>（ロシア） その他 |

| | | | | | |
|---|---|---|---|---|---|
| **オレンジ類**<br>1189万t | スペイン<br>25.5% | 10.5<br>（南アフリカ共和国） | トルコ<br>9.0 | 6.6<br>（エジプト） | 6.1<br>（中国） その他 |

| | | | | |
|---|---|---|---|---|
| **トウモロコシ**<br>1億4736万t | アメリカ<br>38.0% | 16.6<br>（アルゼンチン） | 14.8<br>（ブラジル） | 7.5<br>（ウクライナ） その他 |

| | | | | |
|---|---|---|---|---|
| **コーヒー豆**<br>716万t | ブラジル<br>25.5% | ヴェトナム<br>19.5 | 10.3<br>（コロンビア） | 5.8<br>（インドネシア） その他 |

| | | |
|---|---|---|
| **カカオ豆**<br>326万t | コートジボワール<br>36.0% | ガーナ<br>17.9<br>その他 |

| | | |
|---|---|---|
| **パーム油**<br>4214万t | インドネシア<br>54.0% | マレーシア<br>32.8 その他 |

▲主な農産物の輸出国（2016年）　　　　　　　　　（『世界国勢図会2018/19』より）

＊**パーム油**は熱帯地域のアブラヤシの実からとれる油で、食用油やマーガリン・石けんのほか、バイオ燃料としても使われている。アブラヤシ栽培のため、熱帯雨林では森林破壊がすすんでいる。

## 世界の畜産業

畜産物（肉類や牛乳・乳製品）の生産と消費は先進国にかたよっており、発展途上国や貧しい地域では少ない。これは、栄養摂取（栄養を体内に取り入れること）の面からも問題となっている。

（％）

| | 牛肉の生産国 （2016年） | | チーズの生産国 （2016年） | | バターの生産国 （2016年） | |
|---|---|---|---|---|---|---|
| 1 | アメリカ | 17.4 | アメリカ | 24.7 | インド | 40.8 |
| 2 | ブラジル | 14.1 | ドイツ | 12.1 | アメリカ | 9.1 |
| 3 | 中　国 | 10.6 | フランス | 8.3 | ニュージーランド | 5.5 |
| | 牛肉の輸出国 （2016年） | | チーズの輸出国 （2016年） | | バターの輸出国 （2016年） | |
| 1 | ブラジル | 13.3 | ドイツ | 18.0 | ニュージーランド | 28.1 |
| 2 | オーストラリア | 12.1 | オランダ | 13.3 | オランダ | 15.9 |
| 3 | アメリカ | 10.9 | フランス | 10.3 | アイルランド | 9.9 |

▲主な畜産物の生産・輸出国

（『データブック・オブ・ザ・ワールド2019』、『世界国勢図会2018/19』より）

## 世界の林業

　世界の森林面積は約40億ha（ヘクタール）で国土の約30％を占めるが、世界的に木材消費量が増えたため、ブラジルやインドネシアなどの熱帯地域を中心に森林は減少している（2010年から2015年までで、日本の九州全体と同程度減少）。一方、中国などアジアの温帯地域では植林活動がすすめられ、森林は増加している。

　木材生産の多くは国内消費に回され、貿易に回される量は少ない。

（％）

| | 木材の生産 （伐採量） | | 木材の輸出 | | 木材の輸入 | |
|---|---|---|---|---|---|---|
| 1 | アメリカ | 11.1 | ロシア | 17.0 | 中　国 | 29.3 |
| 2 | インド | 9.4 | カナダ | 13.7 | アメリカ | 10.5 |
| 3 | 中　国 | 8.8 | アメリカ | 7.3 | ドイツ | 5.3 |

▲木材の生産と貿易の割合 （2017年）　　　（『データブック・オブ・ザ・ワールド2019』より）

## 世界の水産業

　世界の水産資源は、近年の魚介類の獲りすぎや、水域環境の変化によって減少している。しかし、世界中では魚介類の消費が増えている。そのため、魚を人工的に育てる養殖業が急速に拡大した。特に中国の養殖業は大きく伸びている。

　水産物の貿易では、もともと輸出のさかんなノルウェー・アメリカに加えて、近年では、中国やタイが上位を占めるようになった。また、輸入は日本をはじめ、特定の国に集中している。

| | 漁業生産量 （2016年） | | 水産物の輸出 （2016年） | | 水産物の輸入 （2016年） | |
|---|---|---|---|---|---|---|
| 1 | 中 国 | 19.4 | 中 国 | 14.2 | アメリカ | 15.1 |
| 2 | インドネシア | 7.1 | ノルウェー | 7.6 | 日 本 | 10.4 |
| 3 | インド | 5.5 | ヴェトナム | 5.1 | 中 国 | 6.6 |

▲漁業生産量と水産物貿易の割合　　　　　　　　（『世界国勢図会2018/19』より作成）

## 世界の工業

　世界の工業生産は、ＥＵ・アメリカ・日本など先進国での生産が伸び悩む一方、中国をはじめタイ・マレーシアなどアジア地域の新興国が急速に伸びている。特に中国は、「世界の工場」とよばれ、安い労働力で生産量を増やしてきた。

　中国と並んで、天然資源が豊富なブラジル・ロシア・インド（南アフリカを加える考えもある）でも工業が急速に発展した。これらの国はＢＲＩＣｓとよばれ、世界経済に大きな影響を及ぼすようになった。

『自動車の輸出』

　2000年の初め頃まで、自動車の輸出は日本とアメリカが中心であった。近年、中国の自動車輸出が急速に伸び、現在は世界一の自動車輸出国となっている。

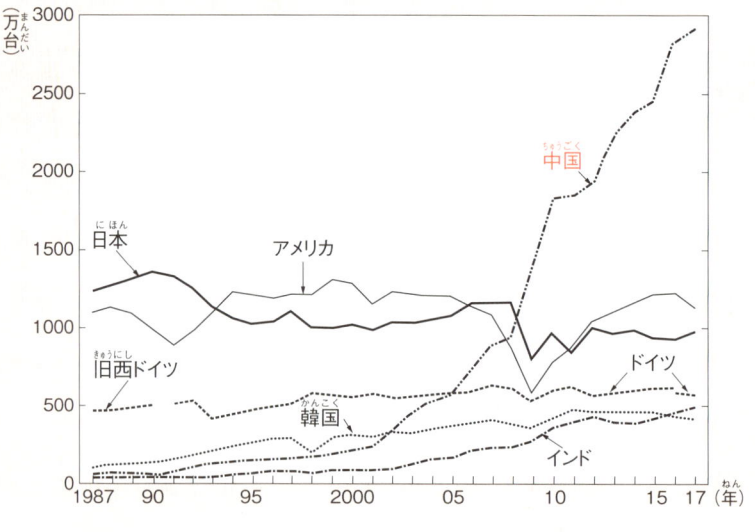

▲主な国の自動車生産　　　　　（『世界国勢図会2018/19』より）

## ❷ 世界の資源とエネルギー 🔖Point

### 資源とエネルギー

　資源には、石炭・石油・天然ガスや水力・風力・太陽光などエネルギーをつくる**エネルギー資源**と、鉄や銅など工業製品の原材料となる**原料資源**がある。

　石油・石炭・天然ガスなどの化石燃料や原子力、水力・風力・太陽光などの自然エネルギーを**一次エネルギー**といい、電気・ガソリンなど一次エネルギーを加工・変換して得られるエネルギーを**二次エネルギー**という。

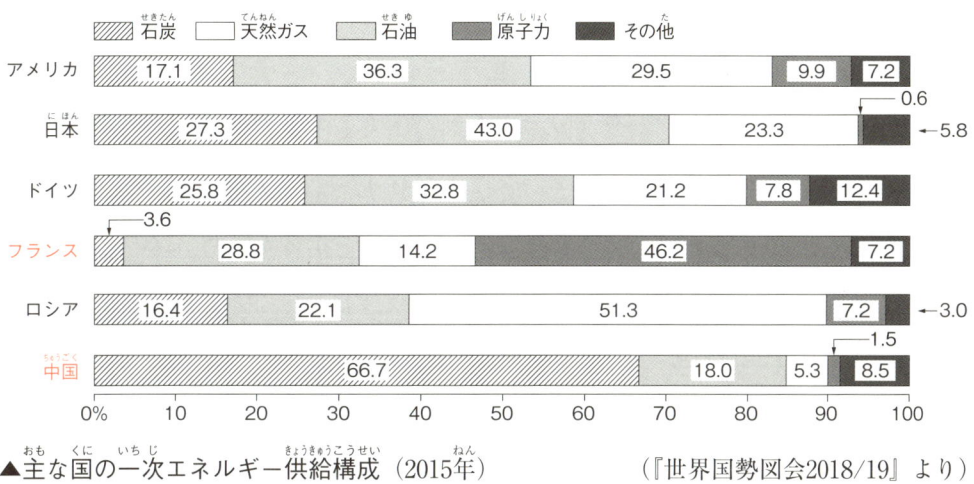

| | 石炭 | 天然ガス | 石油 | 原子力 | その他 |
|---|---|---|---|---|---|
| アメリカ | 17.1 | 36.3 | 29.5 | 9.9 | 7.2 |
| 日本 | 27.3 | 43.0 | 23.3 | 0.6 | ←5.8 |
| ドイツ | 25.8 | 32.8 | 21.2 | 7.8 | 12.4 |
| フランス | 3.6 | 28.8 | 14.2 | 46.2 | 7.2 |
| ロシア | 16.4 | 22.1 | 51.3 | 7.2 | ←3.0 |
| 中国 | 66.7 | | 18.0 | 1.5 / 5.3 | 8.5 |

0%　10　20　30　40　50　60　70　80　90　100

▲主な国の一次エネルギー供給構成（2015年）　　（『世界国勢図会2018/19』より）

### 世界のエネルギー資源 (☞ p.255)

▶**石油**　世界の一次エネルギー供給で最も多いエネルギー源であり、全体の約30%を占めている。油田の約50%が中東地域に分布している。

▶**石炭**　火力発電の燃料などとして、石油の次に多いエネルギー源である。世界の大炭田は中国・インド・アメリカなど広く分布し、比較的安定して供給されている。

▶**天然ガス**　石油・石炭に比べて燃やしたときの二酸化炭素（$CO_2$）排出量が少ないため、環境にやさしいクリーンエネルギーといわれている。原子力と並び、石油に代わるエネルギーとして需要を伸ばしている。

> **『シェールガス・シェールオイル』**
> 　地下の「頁岩（シェール）層」とよばれる硬い岩盤に含まれる天然ガス・石油のこと。近年は技術開発がすすみ、アメリカ・カナダなどで生産が本格化し、新たなエネルギー資源として注目されている。2012年以降、アメリカは世界最大の天然ガス生産国になっている。

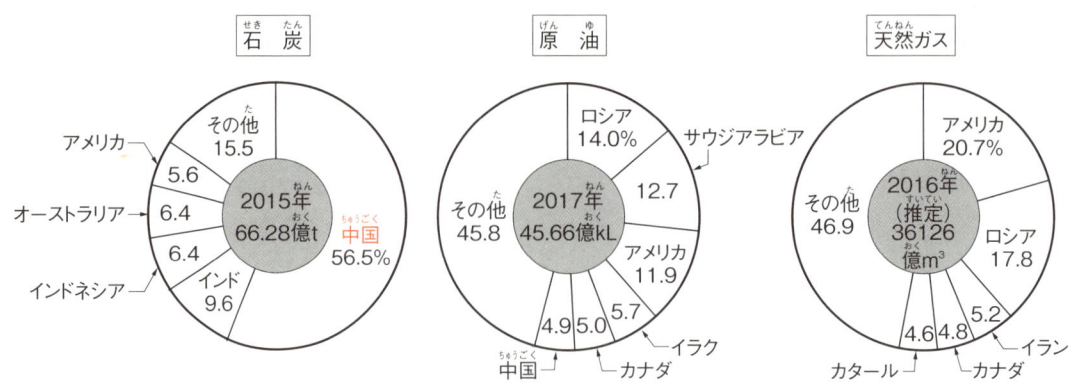

| | 石炭 | | | 原油 | | | 天然ガス | |
|---|---|---|---|---|---|---|---|---|
| | | | | | | | | |

▲エネルギー資源の主な産出国　　　　　　　　　　（『世界国勢図会2018/19』より）

（％）

| | 石炭の輸出国（2015年） | | 原油の輸出国（2015年） | | 天然ガスの輸出国（2015年） | |
|---|---|---|---|---|---|---|
| 1 | オーストラリア | 30.4 | サウジアラビア | 17.0 | ロシア | 19.0 |
| 2 | インドネシア | 28.4 | ロシア | 11.7 | カタール | 11.8 |
| 3 | ロシア | 11.8 | イラク | 7.0 | ノルウェー | 11.2 |

| | 石炭の輸入国（2015年） | | 原油の輸入国（2015年） | | 天然ガスの輸入国（2015年） | |
|---|---|---|---|---|---|---|
| 1 | 中　国 | 16.4 | アメリカ | 16.6 | 日　本 | 11.2 |
| 2 | インド | 16.1 | 中　国 | 15.4 | ドイツ | 9.8 |
| 3 | 日　本 | 15.3 | インド | 9.3 | アメリカ | 7.2 |

▲エネルギー資源の主な輸出入国　　　　　　（『データブック・オブ・ザ・ワールド2019』より）

## 世界の原料資源（鉱物資源）

▶鉄鉱石　鉄鉱石は工業の基礎素材である鉄鋼を生産するのに欠かせない資源である。

　近年、中国・インド・ブラジルなどの経済が急速に発展したため、鉄鋼の需要も大幅に伸びた。特に中国は、粗鋼（加工をしてない製造したままの鋼）の生産量が世界一で、鉄鉱石の輸入は世界の65％にもなっている。

▶非鉄金属　アルミニウムの原料であるボーキサイトは、中国・オーストラリアの他に熱帯を中心に分布している。銅鉱はチリやペルー、銀鉱はメキシコやペルーなどが主な生産国である。

| | | （％） |
|---|---|---|
| 輸出 | オーストラリア | 54.0 |
| | ブラジル | 23.6 |
| | 南アフリカ | 4.1 |
| 輸入 | 中　国 | 67.2 |
| | 日　本 | 8.5 |
| | 韓　国 | 4.7 |

▲鉄鉱石の主な輸出入国（2016年）
（『データブック・オブ・ザ・ワールド2019』より）

　また、ニッケル・コバルト・マンガンなどのレアメタル（需要に対し産出量・流通量が少ない金属）は、ハイテク産業で使用されるため重要性が増している。レアメタルの生産は、中国がほとんどを占めている。

| | | | | | |
|---|---|---|---|---|---|
| 金鉱 3100t | 中国 14.5% | 9.0<br>（オーストラリア） | ロシア 8.1 | 6.9<br>（アメリカ） | 4.9（カナダ） その他 |
| 銀鉱 2.76万t | メキシコ 21.4% | ペルー 15.3 | 中国 12.3 | 5.7<br>（オーストラリア） | 5.7（ロシア） その他 |
| 鉄鉱石 14.0億t | オーストラリア 34.7% | ブラジル 18.4 | 中国 16.6 | インド 6.9 | 4.4（ロシア） その他 |
| ボーキサイト 2.99億t | オーストラリア 27.1% | 中国 21.7 | ブラジル 12.4 | マレーシア 11.7 | インド 9.1 その他 |
| 銅鉱 1910万t | チリ 30.2% | 中国 9.0 | ペルー 8.9 | 7.2<br>（アメリカ） | 5.3（コンゴ民主共和国） その他 |

▲各種金属鉱の主な生産国（2016年）　　　　（『世界国勢図会2018/19』より）

## 世界の電力生産

　世界各国における発電のエネルギー源には地域性がある。石炭資源に恵まれたアメリカ・中国・ロシア・インド・ドイツなどでは火力発電の割合が高く、自然条件の適したカナダやブラジルなどでは水力発電の割合が高い。一方、資源に恵まれないフランスや日本では原子力発電の割合が高くなっている。

　原子力発電は、放射性廃棄物の処理問題や、事故などで放射性物質がもれる危険がある。1989年には旧ソ連のウクライナでチェルノブイリ原発事故がおこった。2011年には日本でも、東北地方太平洋沖地震の津波によって福島第一原発事故がおこった（☞ p.57）。これらの事故では、放射能汚染によって大きな被害がもたらされた。

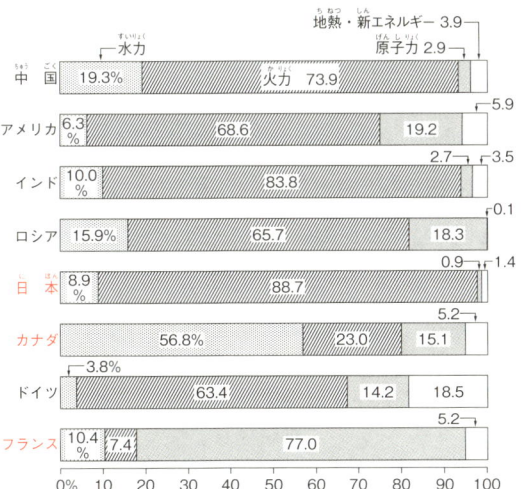

▲主な国の発電エネルギー源の割合（2015年）

（『世界国勢図会2018/19』より）

（％）

| | 日本 | 中国 | インド | ドイツ |
|---|---|---|---|---|
| 一次エネルギー… | 7.0 | 83.9 | 65.1 | 38.8 |
| 石炭……… | — | 94.3 | 69.5 | 54.1 |
| 原油……… | 0.3 | 39.7 | 16.9 | 3.3 |
| 天然ガス……… | 2.4 | 71.0 | 60.6 | 9.7 |
| | フランス | ロシア | アメリカ | カナダ |
| 一次エネルギー… | 55.9 | 188.0 | 92.2 | 174.4 |
| 石炭……… | — | 172.1 | 115.3 | 166.2 |
| 原油……… | 1.7 | 184.9 | 62.4 | 214.3 |
| 天然ガス……… | 0.1 | 143.9 | 98.5 | 159.8 |

▲主な国のエネルギー自給率（2015年）

（『日本国勢図会2018/19』より）

## 新エネルギーの開発

近年、地熱・太陽光・風力・バイオマスなどの自然の力を利用した新しいエネルギーが注目を集めている。こうしたエネルギーは再生が可能で、なくなる心配がなく、環境にやさしいため、再生可能エネルギー、クリーンエネルギーとよばれている。

しかし、発電量が小規模なうえ、立地条件・自然条件に制約されるため、供給が不安定でコストが高いという問題がある（☞ p.256）。

---

『バイオマスエネルギー』

家畜の糞尿から出るメタンガスや、トウモロコシ・サトウキビなどからエタノールを取り出し利用するエネルギーのこと。

---

(単位：億kWh)

|  | 地熱 | 風力 | 太陽光 |
|---|---|---|---|
| アメリカ | 187 | **1,930** | 356 |
| ドイツ | 1 | 792 | 387 |
| スペイン | — | 493 | 139 |
| 中　国 | 1 | 1,858 | **453** |
| 日　本 | 26 | 52 | 68 |
| 世界計 | 804 | 8,380 | 2,560 |

(太字は世界一)

▲主な国の自然エネルギーの発電量（2015年）

（『世界国勢図会2018/19』より）

(単位：万t)

| アメリカ | 5,106 |
|---|---|
| ブラジル | 2,460 |
| ドイツ | 407 |
| 中　国 | 340 |
| インドネシア | 325 |
| 世界計 | 10,988 |

▲液体バイオ燃料の生産量（2016年）

（『データブック・オブ・ザ・ワールド2019』より）

---

『風力発電のさかんなデンマーク』

デンマークは国土の大半をなだらかな半島が占め、大西洋からの偏西風を受けやすいため、風力発電に適した国である。小規模なものが多いが、国内には多くの風力発電所があり、エネルギー発電量のうち約50％が風力発電である（残りの約50％は北海油田などによる火力発電）。国全体としての風力発電量は大きくないが、一人当たりの発電量は世界の中でも著しく高い。

『主な国の輸出品』

輸出品を見て、どこの国か考えてみよう。　　　　※ロシアは2015年、その他の国は2016年

（単位：％）

| | 日　本 | | 中　国 | | インド | | フランス | |
|---|---|---|---|---|---|---|---|---|
| 1 | 機械類 | 35.0 | 機械類 | 42.6 | 石油製品 | 10.5 | 機械類 | 19.9 |
| 2 | 自動車 | 21.8 | 衣類 | 7.5 | ダイヤモンド | 9.2 | 航空機 | 10.9 |
| 3 | 精密機械 | 5.1 | 繊維品 | 5.0 | 機械類 | 8.7 | 自動車 | 9.0 |
| 4 | 鉄鋼 | 4.1 | 金属製品 | 3.7 | 衣類 | 6.9 | 医薬品 | 6.3 |
| 5 | プラスチック | 3.2 | 精密機械 | 3.3 | 繊維品 | 6.2 | 精密機械 | 2.8 |

| | ドイツ | | イギリス | | スイス | | アメリカ | |
|---|---|---|---|---|---|---|---|---|
| 1 | 機械類 | 26.5 | 機械類 | 21.4 | 金（非貨幣用） | 27.0 | 機械類 | 25.2 |
| 2 | 自動車 | 17.8 | 自動車 | 12.1 | 医薬品 | 23.6 | 自動車 | 8.3 |
| 3 | 医薬品 | 5.8 | 医薬品 | 8.1 | 機械類 | 11.4 | 石油製品 | 4.6 |
| 4 | 精密機械 | 4.0 | 航空機 | 5.0 | 精密機械 | 9.4 | 精密機械 | 4.5 |
| 5 | 航空機 | 3.8 | 金（非貨幣用） | 3.9 | 有機化合物 | 4.7 | 医薬品 | 3.6 |

| | カナダ | | ロシア | | オーストラリア | | ブラジル | |
|---|---|---|---|---|---|---|---|---|
| 1 | 自動車 | 16.3 | 原油 | 26.0 | 鉄鉱石 | 20.9 | 大豆 | 10.4 |
| 2 | 機械類 | 11.1 | 石油製品 | 19.9 | 石炭 | 15.6 | 機械類 | 8.1 |
| 3 | 原油 | 10.2 | 天然ガス | 12.2 | 金（非貨幣用） | 7.4 | 肉類 | 7.5 |
| 4 | 金（非貨幣用） | 3.3 | 鉄鋼 | 4.4 | 液化天然ガス | 7.0 | 鉄鉱石 | 7.2 |
| 5 | 航空機 | 2.6 | 機械類 | 3.5 | 肉類 | 4.4 | 自動車 | 5.8 |

（『世界国勢図会2018/19』により作成）

| | | ゴム製品 | | |
|---|---|---|---|---|
| スリランカ 105億ドル | 衣類 45.8% | 茶 11.9 | 5.6 | その他 |

| | | 液化天然ガス その他 |
|---|---|---|
| ナイジェリア 329億ドル | 原油 82.0% | 11.7 |

| | | 石油製品 | カシューナッツ | | |
|---|---|---|---|---|---|
| コートジボワール 118億ドル | カカオ豆 30.0% | 11.3 | 6.5 | 金 6.4 | その他 |

| | | | その他 石油製品 |
|---|---|---|---|
| ベネズエラ 880億ドル | 原油 85.1% | | 12.5 |

▲途上国の輸出品割合　　　　　　　　　　　　　　　（『世界国勢図会2018/19』より）

# ❸ 世界の交通と通信

## 陸上交通

　陸上交通の輸送手段といえば鉄道と自動車であるが、モータリゼーション（車社会化）の進行によって、陸上交通の中心は鉄道から自動車に移った。しかしながら、近年では環境への影響が少ない鉄道が見直され、大都市部では地下鉄や路面電車の建設がすすみ、世界各国で大都市間を結ぶ高速鉄道も次々と建設されている。また、トラックから鉄道や船などに貨物輸送の一部を振り替えるモーダルシフト化もすすんでいる。

| 輸送手段 | 長所 | 短所 |
|---|---|---|
| 鉄道 | ①大量に、②比較的速く、③長い距離を安い費用で、④天候にあまり関係なく安全に、⑤時間通りに輸送できる | 鉄道の建設には①地形的な制約があり、②多くの費用がかかる |
| | ※ヨーロッパやアメリカ、日本などで発達 | |
| 自動車 | ①人や貨物を目的地まで直接運べるなど利便性にすぐれている、②高速道路（アメリカのハイウェー、ドイツのアウトバーンなど）の建設により、長距離輸送も可能となった | 交通渋滞がおこり、騒音、排気ガス（二酸化炭素〈$CO_2$〉）など環境に悪い影響を与える |

## 水上交通

　水上交通には海上交通と内陸水路交通がある。海上交通の輸送手段といえば船舶である。国際貿易においては海上輸送が大きな役割を果たしており、石油を運ぶ石油タンカーのほか、近年ではコンテナ貨物船の輸送量も増えている。船舶も大型化し、それに対応して港湾の整備、スエズ運河やパナマ運河の拡張が行われた。

　内陸水路交通は、河川・湖・運河などを利用した交通で、ヨーロッパやロシア・アメリカなどの平らな地形の地域で発達している。

| 輸送手段 | 長所 | 短所 |
|---|---|---|
| 船舶 | ①大量に、②安く長距離輸送ができる | 輸送に時間がかかる |

▲コンテナ貨物船

## 航空交通

人を運ぶ旅客輸送が中心であったが、近年では航空機の大型化・専用機化がすすみ、物を運ぶ貨物輸送も増えている。また、運賃の低価格化をすすめる格安航空会社（ＬＣＣ）が輸送量と輸送網を伸ばしている。人や物の国際移動が活発化したことで、経済のグローバル化がすすんでいる。

| 輸送手段 | 長所 | 短所 |
|---|---|---|
| 航空機 | ①長い距離を、②短い時間で輸送できる | ①輸送費が高く、②大量輸送ができない、③空港周辺では騒音が問題となる |

## 世界の旅客輸送と貨物輸送

旅客と貨物の輸送は、国の大きさや産業構造の違いなどによって国ごとに大きく異なっている。日本とアメリカを比較してみると、旅客輸送では、日本は鉄道の利用が多く、アメリカでは自動車・航空機が多い。貨物輸送では、日本は自動車や船舶、アメリカは鉄道の利用が多い。鉄道について見てみると、アメリカや中国・ロシアなど面積の広い国では鉄道での貨物輸送の割合が高く、日本のように狭い国では鉄道を利用した旅客輸送の割合が高い傾向にある。

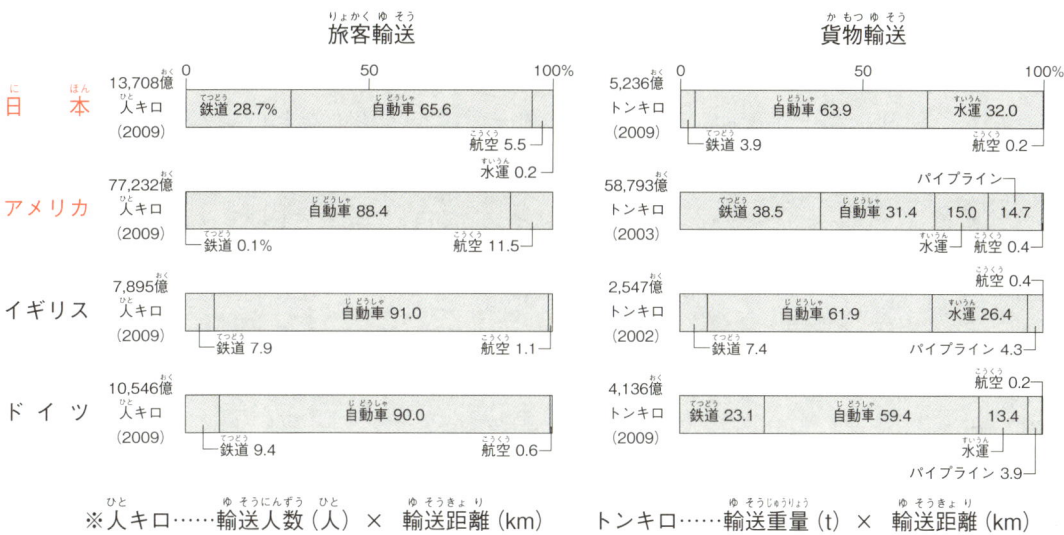

旅客輸送

日本 13,708億人キロ (2009)　鉄道 28.7%　自動車 65.6　航空 5.5　水運 0.2

アメリカ 77,232億人キロ (2009)　自動車 88.4　鉄道 0.1%　航空 11.5

イギリス 7,895億人キロ (2009)　自動車 91.0　鉄道 7.9　航空 1.1

ドイツ 10,546億人キロ (2009)　自動車 90.0　鉄道 9.4　航空 0.6

貨物輸送

日本 5,236億トンキロ (2009)　自動車 63.9　水運 32.0　鉄道 3.9　航空 0.2

アメリカ 58,793億トンキロ (2003)　鉄道 38.5　自動車 31.4　15.0　14.7　水運　航空 0.4　パイプライン

イギリス 2,547億トンキロ (2002)　自動車 61.9　水運 26.4　鉄道 7.4　パイプライン 4.3　航空 0.4

ドイツ 4,136億トンキロ (2009)　鉄道 23.1　自動車 59.4　13.4　水運　パイプライン 3.9　航空 0.2

※人キロ……輸送人数（人）× 輸送距離（km）　　トンキロ……輸送重量 (t) × 輸送距離（km）

▲主な国の輸送機関別国内輸送量の割合　　（『データブック・オブ・ザ・ワールド2019』より）

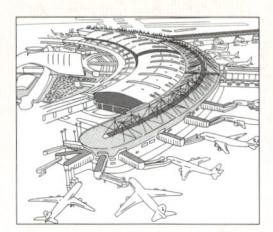

『ハブ空港』

　地域内の航空ネットワークの中心となる大規模な空港をハブ空港という。放射状に周辺の空港と結ばれ、多くの旅客が集まるため、経済効果も大きい。アメリカのシカゴ空港やドイツのフランクフルト空港はハブ空港として発展し、国際・国内路線が集まっている。アジアでも韓国の仁川（ソウル）、中国の上海浦東などのハブ空港がある。

## 世界の通信

　19世紀中頃には近代郵便制度が各国に広がり、電信機の発明、電話機の実用化によって、情報の伝達に大きな役割を果たした。20世紀に入ると、ラジオの普及、テレビやファクシミリの実用化など通信・放送手段が発達し、遠く離れた遠隔地への情報伝達が容易になった。

　近年では、光ファイバーを用いた海底通信ケーブルや通信衛星などの通信設備の発達によって、大量の情報を世界中にすぐに送信することができるようになった。

　また、インターネットの普及によって大量の情報をすぐに入手できるようになり、情報の発信も容易になった。しかも、固定電話にかわって携帯電話・スマートフォンなどの移動電話が先進国だけでなく発展途上国にも急速に広がり、インターネットにも接続できるようになった。

　しかし、便利になった反面、コンピューターウイルス感染などによる個人情報の流出など、常に危険にさらされている。また、インターネットの利用・接続環境の違いによって情報格差（デジタル・デバイド）が広がるという問題も生じている。

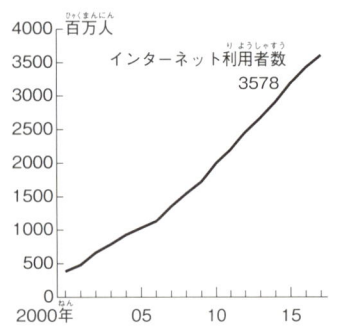

▲インターネット利用者数の推移

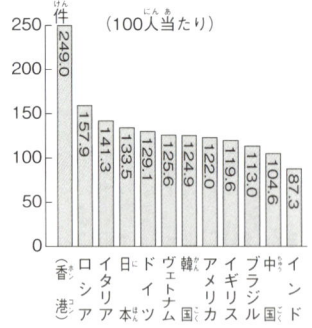

▲携帯電話契約数（2017年）

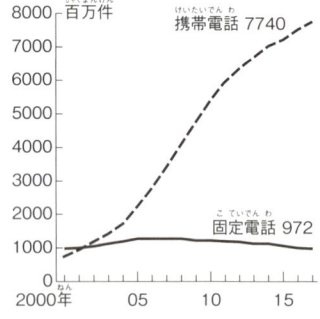

▲電話契約数の推移

（『データブック・オブ・ザ・ワールド2019』より）

# ⑤ 人口と都市・村落

## ❶ 世界の人口

### 人口の分布と人口密度

　人々が居住できる場所をエクメーネといい、全陸地の90％にもなる。一方で、砂漠や寒冷地・高山など人々が居住できない場所をアネクメーネといい、全陸地の約10％になる。これは、農作物の耕作限界ともほぼ一致している。世界の人口の分布は不均衡で、ヨーロッパ、北アメリカ北東部や東・東南・南アジアのモンスーン地域に人口が集中し、人口密度（ある地域における1km²あたりの人口数の割合）が高い。逆に、砂漠や寒冷地といったアネクメーネに近い地域は人口密度が低い。

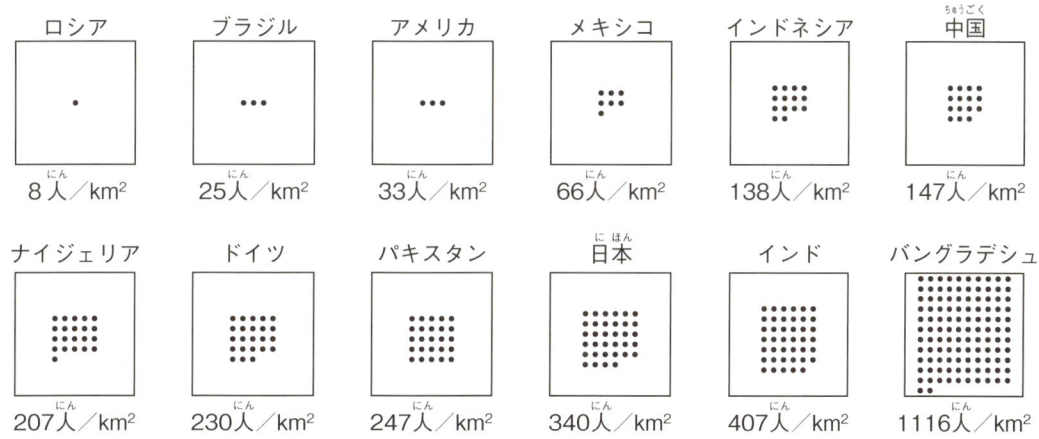

| ロシア | ブラジル | アメリカ | メキシコ | インドネシア | 中国 |
|---|---|---|---|---|---|
| 8人／km² | 25人／km² | 33人／km² | 66人／km² | 138人／km² | 147人／km² |

| ナイジェリア | ドイツ | パキスタン | 日本 | インド | バングラデシュ |
|---|---|---|---|---|---|
| 207人／km² | 230人／km² | 247人／km² | 340人／km² | 407人／km² | 1116人／km² |

▲主な国の人口密度　　　　　　　　　　　　　　（『日本国勢図会2018/19』などより）

### 世界の総人口

　世界の人口は、2017年末現在で75億5000万人に達し、前年より5000万人以上増加している。1950年の世界の人口は約25億人で、60年ほどで3倍近くに増えている。国連の統計によると、2050年には世界の人口は97億人になると予測されている。

　地域別では、アジアが約60％、アフリカが16.6％、ヨーロッパが約10％、ラテンアメリカが8.6％などとなっており、発展途上国を中心に人口は急増している。

　国別では、中国の約14億人が最も多く、ついでインドの約13億人で、この2国で全体の3分の1にもなる。中国では、1979～2015年まで「一人っ子政策」がとられたことで出生率（人口1000人あたりにおける出生数）が抑えられたため、2030年頃には人口減少に転じると見られている。

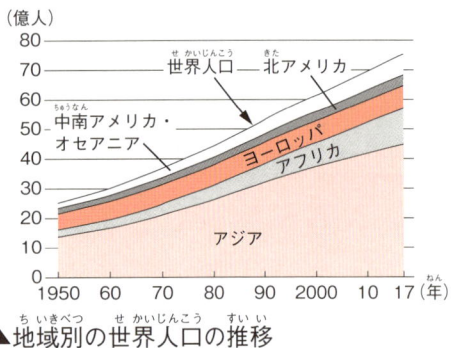

▲地域別の世界人口の推移
（『日本のすがた2018』より）

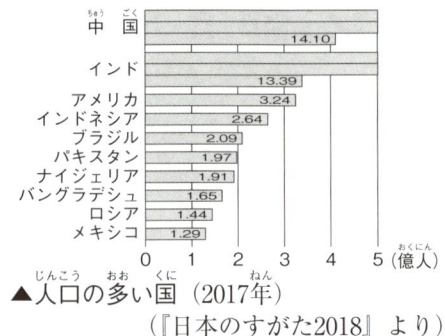

▲人口の多い国（2017年）
（『日本のすがた2018』より）

## 発展途上国の人口問題

　第二次世界大戦後、アジア・アフリカ・ラテンアメリカなどの発展途上国では、独立後の食料増産や医療・環境衛生の改善などによって死亡率が低下し、人口爆発とよばれる激しい人口急増がおこった。そのため、増加する人口に食料供給が追いつかないという食糧問題が生じている。また、燃料に材木を使用する地域が多いことから森林伐採がすすむなど、深刻な環境問題もおこっている。

## 先進国の人口問題

　先進国では、1960年ごろから合計特殊出生率（女性が生む子どもの数の平均値）（☞p.244）が急速に低下した。近年、日本やドイツでは出生率が低水準のまま推移して少子化がすすんでいる。一方、移民を多く受け入れているアメリカや、政府が手厚い育児支援を行っているフランスなどでは、出生率が回復に向かっている。

　先進国では少子化とともに、高齢化の割合も高まっている。

| 地域・国名 | 1950〜55年 | 1960〜65年 | 1970〜75年 | 1980〜85年 | 1990〜95年 | 2000〜05年 | 2010〜15年 | 2025〜30年 | 2050〜55年 |
|---|---|---|---|---|---|---|---|---|---|
| 世界 | 4.96 | 5.03 | 4.46 | 3.60 | 3.02 | 2.63 | 2.52 | 2.39 | 2.21 |
| 先進地域 | 2.82 | 2.66 | 2.16 | 1.84 | 1.67 | 1.58 | 1.67 | 1.75 | 1.82 |
| 発展途上地域 | 6.06 | 6.15 | 5.40 | 4.18 | 3.36 | 2.84 | 2.65 | 2.48 | 2.25 |
| 日本 | 2.96 | 2.03 | 2.13 | 1.76 | 1.48 | 1.30 | 1.41 | 1.58 | 1.71 |
| 中国（ホンコン，マカオを除く） | 6.02 | 6.20 | 4.77 | 2.55 | 1.90 | 1.55 | 1.60 | 1.69 | 1.76 |
| 韓国 | 5.65 | 5.60 | 4.00 | 2.23 | 1.68 | 1.21 | 1.23 | 1.46 | 1.66 |
| インド | 5.90 | 5.89 | 5.41 | 4.68 | 3.83 | 3.14 | 2.44 | 2.10 | 1.83 |
| イギリス | 2.18 | 2.81 | 2.01 | 1.78 | 1.78 | 1.66 | 1.88 | 1.86 | 1.86 |
| フランス | 2.75 | 2.83 | 2.30 | 1.87 | 1.71 | 1.88 | 1.98 | 1.96 | 1.95 |
| ドイツ | 2.13 | 2.47 | 1.71 | 1.46 | 1.30 | 1.35 | 1.43 | 1.54 | 1.65 |
| スウェーデン | 2.24 | 2.31 | 1.91 | 1.64 | 2.01 | 1.67 | 1.90 | 1.92 | 1.93 |
| アメリカ | 3.31 | 3.23 | 2.03 | 1.80 | 2.03 | 2.04 | 1.88 | 1.90 | 1.91 |
| コンゴ民主共和国 | 5.98 | 6.04 | 6.29 | 6.60 | 6.77 | 6.72 | 6.40 | 4.98 | 3.12 |

▲主な国の合計特殊出生率　　　　　　　　　　（World Population Prospects '17より）

## 人口構成

人口構成を年齢別・性別に分けてグラフ化したものを「人口ピラミッド」という。人類の歴史のほとんどは多産多死を示す富士山型であった。しかし、18世紀後半にイギリスで始まった産業革命（☞ p. 80）以降の医療の発達により死亡率が急速に減少して、多産少死を示すピラミッド型に変化した。その後、出生率の低下によって人口が増えたり減ったりしない少産少死を示す釣り鐘（ベル）型となり、さらに出生率の低下が続いて増加率がマイナスになるとつぼ型へと変化する。

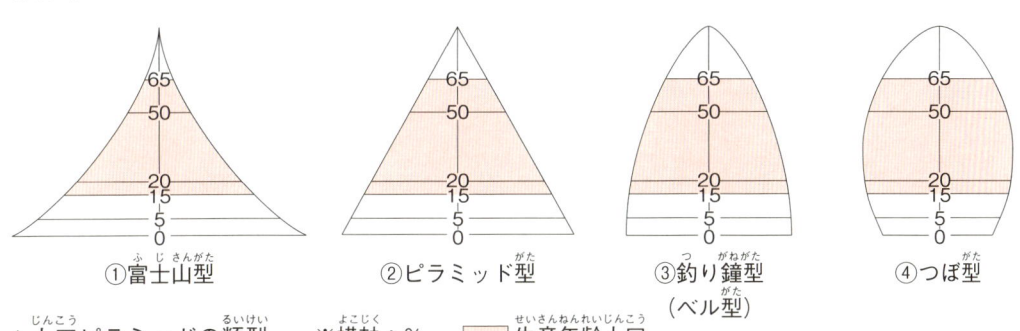

①富士山型　②ピラミッド型　③釣り鐘型（ベル型）　④つぼ型

▲人口ピラミッドの類型　※横軸：%　□生産年齢人口

『人口ピラミッド』

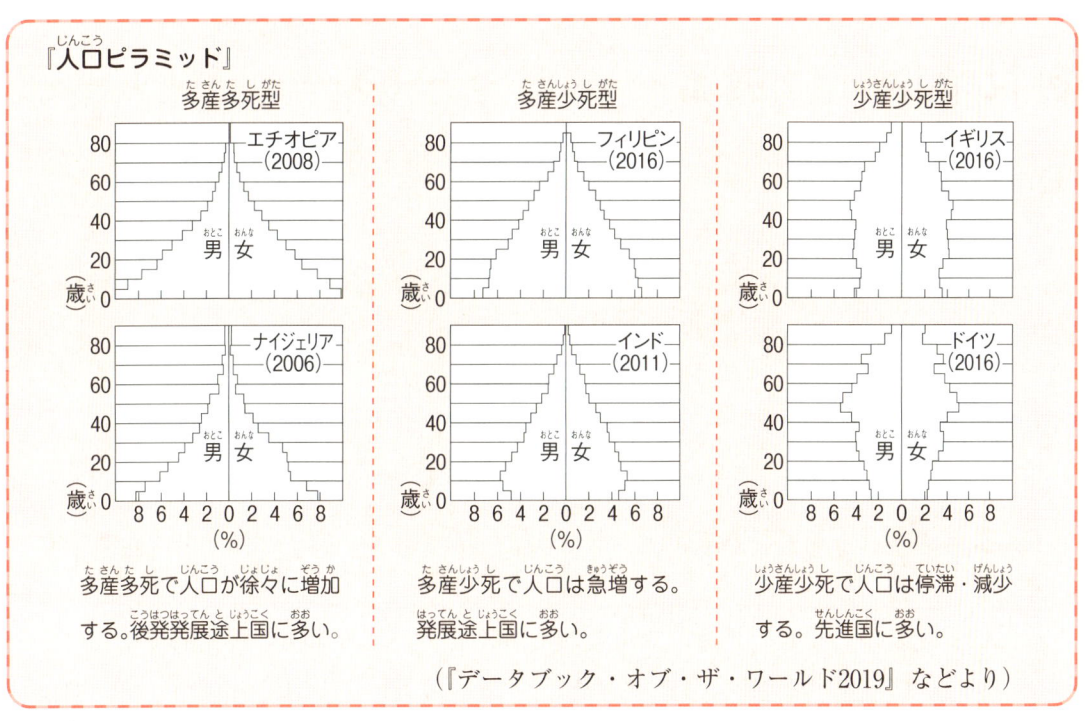

多産多死型　エチオピア（2008）男 女　ナイジェリア（2006）男 女
多産少死型　フィリピン（2016）男 女　インド（2011）男 女
少産少死型　イギリス（2016）男 女　ドイツ（2016）男 女

多産多死で人口が徐々に増加する。後発発展途上国に多い。

多産少死で人口は急増する。発展途上国に多い。

少産少死で人口は停滞・減少する。先進国に多い。

（『データブック・オブ・ザ・ワールド2019』などより）

『移民労働者』

　人口は自然増加以外にも、より豊かな暮らしを求めて他の国へ移住する移民などの人口移動がある。世界の移民労働者は約１億5000万人で、特に北アメリカとヨーロッパでは移民労働者が世界経済を支える重要な役割を担っている。移民労働者の約70％は主に飲食店などのサービス業（第３次産業）で働き、ついで工業（第２次産業）・農業（第１次産業）となっている。最も多くの移民を受け入れているのがアメリカ（約4600万人）で、次いでドイツ（約1200万人）・ロシア（約1100万人）となっている。一方、移民を送り出す国で最も多いのがインドで、メキシコ・ロシア・中国などが続く。日本は移民労働者の受け入れに消極的で、移民労働者保護に関する「移民労働者条約」に批准していない。

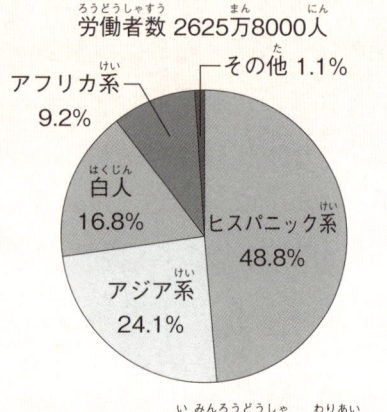

労働者数 2625万8000人

その他 1.1%
アフリカ系 9.2%
白人 16.8%
アジア系 24.1%
ヒスパニック系 48.8%

▲アメリカの移民労働者の割合

# ❷ 世界の都市・村落

## 都市と村落

　人が集まって住む場所を集落といい、都市と村落に分けられる。都市は、人口が多く、製造業などの第２次産業や商業・サービス業などの第３次産業で働く人が多い。村落は、人口が少なく、主に農林水産業などの第１次産業で働く人が多い。

## 都市の発達

　20世紀には世界各地で人口が都市に集中する都市化がすすみ、大都市も出現した。世界の大都市は、東・南アジアやヨーロッパ、次いでアジア、南・北アメリカに集中している。

　都市は、機能によって工業都市や商業都市、政治・宗教・学術・観光都市などに分類され、新しい機能を加えて拡大し、総合都市へと発展していく。それにつれて、都市の中心部には 交通や通信・情報網が集中し、行政機関・金融機関・企業の本社などが集中する中心業務地区（ＣＢＤ）（東京の大手町、ニューヨークのマンハッタン、ロンドンのシティなど）ができ、周辺に広大な都市圏をかかえるようになった。特に大きな中心都市をメトロポリス（巨大都市）といい、さらに隣接する大都市が帯状に結合して機能的に一体となったメガロポリス（巨帯都市）も出現した。

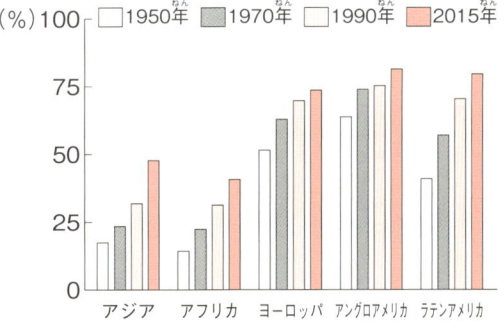

▲都市への人口集中（都市人口率の推移）

（『データブック・オブ・ザ・ワールド2019』より）

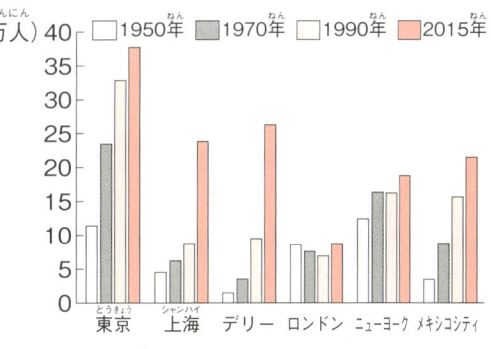

▲都市人口の推移

（『データブック・オブ・ザ・ワールド2019』より）

### 都市問題の発生

　発展途上国では人口爆発による急激な人口増加によって、村落の余剰人口（仕事がない人々）が職と食とを求めて都市へ流入するようになった。しかし、都市も工業化がすすんでいないために働く場所もなく、不安定な仕事で生活を送る人々も多い。こうした貧困層の多くはスラム街をつくり、不衛生な生活環境の中で生きることを余儀なくされている。スラムでは犯罪も多く、路上で生活するストリートチルドレンの存在も深刻な問題となっている。

　先進国では、パリやニューヨークのように早くから都市化がすすんだが、都市中心部では地価が値上がりし、人口や建物の過密による都市環境の悪化もすすんだ。そのため、中・高所得層の人々や工場が都市から郊外へ移るなど、都市中心部が空洞化・荒廃するというインナーシティー問題がおこっている。古い市街地は道路が狭く、建物やライフラインの老朽化がすすんでいる場合も多い。そのため、都市の再開発が行われている。

　このほか、急激な都市化によって都市周辺の農地や森林がつぶされ、住宅や工場が無計画に広がるスプロール現象がおこっている。虫食い状に都市化がすすむことで都市計画の妨げになり、道路網の不規則な配置、公共施設の不備などによって居住環境の悪化を招いている。また、都市人口が減少して都市周辺の居住人口が増加するドーナツ化現象も見られるようになり、通勤時間の長時間化や交通の混雑の要因ともなっている。

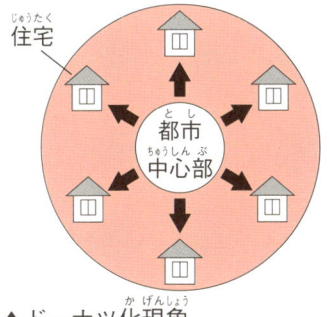

▲ドーナツ化現象

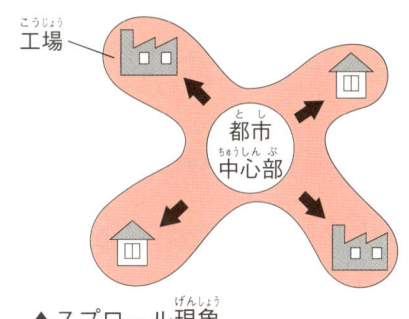

▲スプロール現象

# 6 世界の生活・文化・宗教

## ❶衣食住

### 世界の衣服

　衣服は寒さ・暑さなどから身を守るだけでなく、性別や身分・職業を示す文化的な指標ともなっている。伝統的な衣服は、地域の気候・風土・生活習慣に合わせたものが多い。

インドなどの高温・多湿な地域

インドの**サリー**は綿や絹の布を腰に巻き、余った布を胸から肩・背中へと垂らすゆったりとした服。

アラスカ・グリーンランドなどの寒冷地

**イヌイット**は防寒・保温に優れた毛皮などを着用。

乾燥地域

イスラム教徒の女性は日差しと砂ぼこりを防ぐために、たけが長い**チャドル**を着用。

朝鮮半島

**チマ・チョゴリ**は短いブラウスのチョゴリと胸から足首まで覆うスカートのチマからなる。

日本

**和服（着物）**は日本伝統の服で、腰の位置で帯を結ぶことによって体に固定させる。

アンデス山脈の高原

インディオはラクダの仲間であるアルパカの毛でつくったマント風の**ポンチョ**を着用。

## 世界の食生活

　食文化を主食の地域性からみると、三大穀物である小麦・トウモロコシ・米やイモ類を主食とする地域に分けることができる。

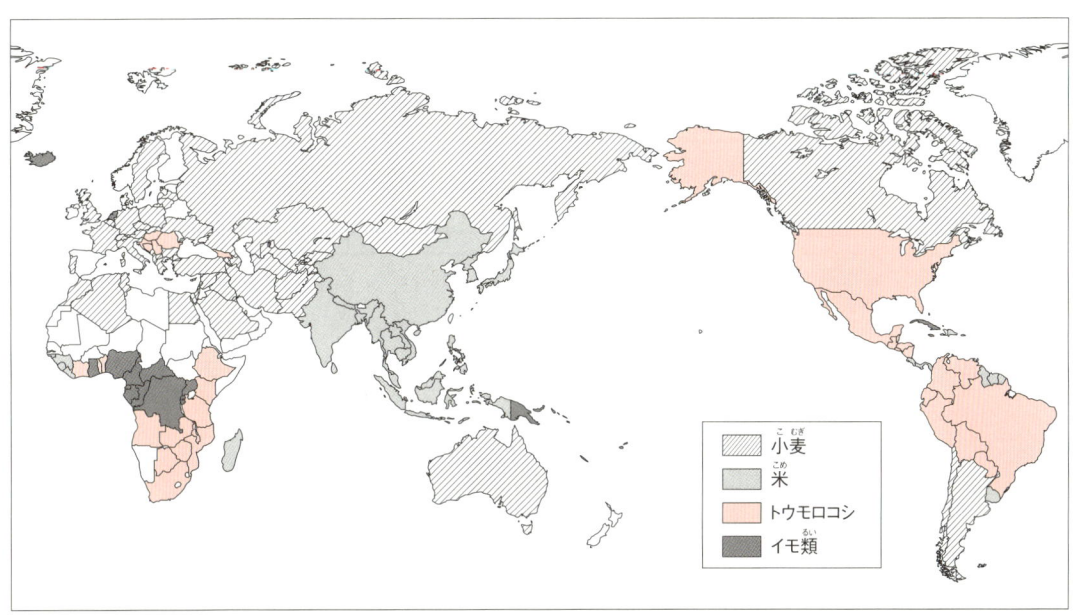

▲世界各国の主な主食

（「FAOSTAT」より）

| 主食 | 原産地 | 分布・利用 |
|---|---|---|
| 小麦 | 西南アジア | 世界で最も広く主食とされている。主に粉にしてから、ヨーロッパではパンやパスタに、インドや西アジアでは薄焼きの丸いチャパティや発酵させて焼いたナンにして食べる。日本のうどんやラーメンといった麺類も小麦粉からつくられる。 |
| トウモロコシ | メキシコから南アメリカ北部地域 | ラテンアメリカ・アジア・アフリカに分布する。メキシコでは、粉をねって薄く伸ばして焼いたトルティーヤにし、それに野菜などを巻いて食べる。近年では、家畜の飼料や燃料（バイオ燃料）の原料として利用されることも多い（☞p.38）。 |
| 米 | 中国の長江下流域 | 米を主食とする地域は東南アジアから東アジアに分布し、煮たり蒸したりして食べる。 |
| ジャガイモ（イモ類） | 中央アンデス高原 | ヨーロッパに伝わって世界中で栽培されるようになった。家畜の飼料やアルコール・デンプンの原料としても利用される。 |

(千t)

| | 小麦 | | 米 | | トウモロコシ | |
|---|---|---|---|---|---|---|
| | 世界計 | 749,460 | 世界計 | 740,961 | 世界計 | 1,060,107 |
| 1 | 中国 | 131,689 | 中国 | 209,503 | アメリカ | 384,778 |
| 2 | インド | 93,500 | インド | 158,757 | 中国 | 231,674 |
| 3 | ロシア | 73,295 | インドネシア | 77,298 | ブラジル | 64,143 |
| 4 | アメリカ | 62,859 | バングラディシュ | 52,590 | アルゼンチン | 39,793 |
| 5 | カナダ | 30,487 | ヴェトナム | 43,437 | ウクライナ | 28,075 |

▲三大穀物の生産国上位5ヵ国（2016年）　　　　　　　　（『世界国勢図会2018/19』より）

## 世界の住居

　世界の住居は、自然環境に対応してさまざまな特徴がある。東南アジアのような高温多湿の地域では、地面から床までに空間を設けて開口部の大きい高床式住居がつくられ、北アフリカなどの高温・乾燥地域では、日差しや外気を防ぐために壁を石やレンガで囲み、開口部が小さい住居がつくられる。

　また建築材料もさまざまで、木・土・石などのほか、雪や氷を材料とするイヌイットのイグルーや、羊毛などを圧縮したフェルトでつくられたモンゴル人のゲル（パオ）などがある。

▲高床式住居

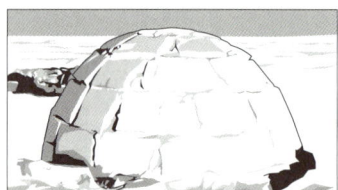
▲イグルー

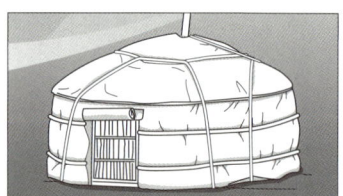
▲ゲル（パオ）

# ❷ 言語と宗教

## 世界の言語

　多くの言語は、人の移動や政治的な理由などによって絶えず変化してきたため、その分布は時代によって異なっている。近代に国民国家が成立する過程で言語の標準化がすすめられてきたが、一つの国の中でも異なる言語を話す人々がおり、ベルギー・カナダなどでは紛争の原因ともなっている（☞ p. 233）。そのため、多民族国家では複数の公用語（国が定めた公式の言語）を定めている。たとえば、シンガポールではマレー語を国語（その国を代表する言語）と定めているが、そのほかに中国語・タミル語・英語が公

用語として認められている。インドではヒンディー語を公用語、英語を公用語に準じる言語としている。スイスではドイツ語・フランス語・イタリア語など4つの公用語がある。また、アフリカでは母語（生まれながらに身につけた言語）ではなく、一部の民族だけが有利にならないようにヨーロッパ本国（植民地を支配する国）の言語を公用語としている国も多い。

　なお、国際連合は国連憲章で「中国語・英語・フランス語・ロシア語・スペイン語」の5ヵ国語を公用語と規定していたが、1973年にアラビア語が追加された。

| アメリカ（262,375千人） | | | カナダ（32,852千人） | | | スイス（7,685千人） | | |
|---|---|---|---|---|---|---|---|---|
| 英語 | 215,424 | 82.1 | 英語 | 22,255 | 67.7 | ドイツ語 | 4,304 | 56.0 |
| スペイン語 | 28,101 | 10.7 | フランス語 | 6,887 | 21.0 | フランス語 | 1,478 | 19.2 |
| 中国語 | 2,022 | 0.8 | 中国語 | 805 | 2.5 | イタリア語 | 554 | 7.2 |

（単位：千人、％）

▲アメリカ・カナダ・スイスの言語人口　　　　　　（総務省統計局『世界の統計2016〜18』より）

　言語は文法や単語の類似性から、大きなグループである語族に分けられる。

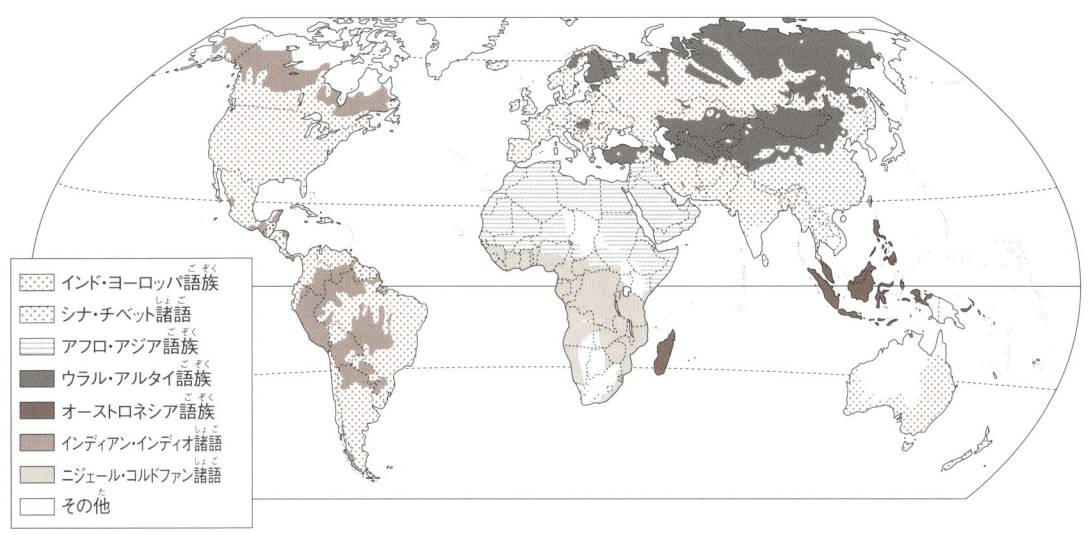

凡例
インド・ヨーロッパ語族
シナ・チベット諸語
アフロ・アジア語族
ウラル・アルタイ語族
オーストロネシア語族
インディアン・インディオ諸語
ニジェール・コルドファン諸語
その他

▲世界の言語の分布　　　　　　　　　　　　　　　（国立民族学博物館資料ほか）

| 語族 | 言語 | 分布・特徴 |
|---|---|---|
| インド・ヨーロッパ語族 | ドイツ語・英語・フランス語・スペイン語・ロシア語など | ヨーロッパ・ロシア・西アジア・インドにかけて分布。植民地支配の影響で南北アメリカ・オーストラリアなどの「新大陸」でも広く話されている。 |
| シナ・チベット語族 | 中国語・タイ語など | 中国から東南アジアにかけて分布。華僑の進出などによって東南アジアで中国語が広く話されるようになった。 |
| アフロ・アジア語族 | アラビア語など | 西アジアから北アフリカにかけての乾燥地域に分布。イスラム教の布教や重要な商業用語であったことから広がった。 |
| ウラル・アルタイ語族 | フィンランド語・トルコ語・モンゴル語など | トルコから中央アジア・モンゴルに分布するアルタイ諸語と、フィンランド語などのウラル語族を合わせた呼名。日本語や朝鮮語などはアルタイ諸語に分類されることもあるが、はっきりとした系統は確認されていない。 |

（単位：百万人）

| 言語 | 人口 | 主な使用地域 |
|---|---|---|
| 中国語 | 1,284 | 中国 |
| スペイン語 | 437 | スペイン、ラテンアメリカ |
| 英語 | 372 | イギリス、アングロアメリカ |
| アラビア語 | 295 | 西アジア、北アフリカ |
| ヒンディー語 | 260 | インド |
| ベンガリー語 | 242 | インド東部、バングラデシュ |
| ポルトガル語 | 219 | ポルトガル、ブラジル |
| ロシア語 | 154 | ロシア |
| 日本語 | 128 | 日本 |

▲世界の言語別人口（2017年）　　（『The World Almanac 2018』より）

## 世界の宗教

　世界には多数の宗教がある。キリスト教・イスラム教・仏教は民族を越えて多くの人々に受け入れられており、世界の三大宗教（世界宗教）といわれる。これに対し、ユダヤ教やヒンドゥー教などは、特定の民族と強く結びついているので民族宗教といわれる。

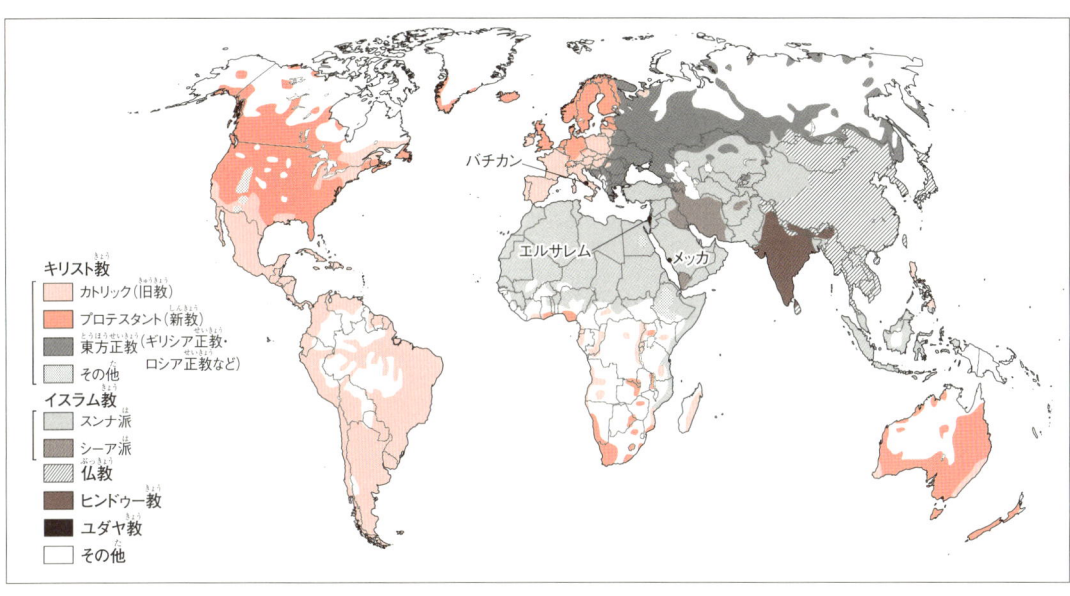

キリスト教
- [ ] カトリック（旧教）
- [ ] プロテスタント（新教）
- [ ] 東方正教（ギリシア正教・ロシア正教など）
- [ ] その他

イスラム教
- [ ] スンナ派
- [ ] シーア派

- [ ] 仏教
- [ ] ヒンドゥー教
- [ ] ユダヤ教
- [ ] その他

▲世界の宗教

| キリスト教32.9% | | | イスラム教23.2 | | ヒンドゥー教 | 仏教 | その他 |
|---|---|---|---|---|---|---|---|
| カトリック 16.9 | 7.4 | | スンナ派 20.3 | | 13.4 | 7.1 | 23.4% |

プロテスタント

東方正教3.9　　その他4.7　　シーア派2.7　　その他0.2

▲世界の宗教人口の割合（2015年）　　　　　　　　　（『The World Almanac 2017』より）

## 三大宗教

| 宗教 | 起源 | 特徴・宗派など |
|---|---|---|
| キリスト教 | 1世紀初め 西アジア （パレスティナ） イエス・キリスト | キリスト教はヨーロッパの植民地政策によって「新大陸」にも広まった。ラテンアメリカではカトリック、北アメリカやオーストラリアにはプロテスタントが多い。アメリカではプロテスタントが51.3%、カトリックが23.9%である。 |

| | | |
|---|---|---|
| | | ○カトリック（旧教）…ローマ法王を最高の首長とする。西・南ヨーロッパやラテンアメリカに信者が多い。<br>○プロテスタント（新教）…16世紀、宗教改革によってカトリック教会から分かれた。「聖書中心主義（福音主義）」を唱えたドイツのルターやフランスのカルヴァンらが主導。<br>○東方正教（ギリシャ正教・ロシア正教など）…11世紀にローマカトリック教会から分かれた。 |
| イスラム教 | 7世紀初め<br>アラビア半島<br>ムハンマド<br>（マホメット） | 後継争いや教義をめぐって分裂し、スンナ派（多数派）、とシーア派（少数派）などがある。イスラム教は、交易などを通じて北アフリカから中央アジア・東南アジア・東アフリカへと広まった。聖典は『コーラン』で、1日5回、聖地メッカに向けて唯一絶対の神であるアッラーに祈りを捧げる。イスラム暦の9月（ラマダン）には日の出から日没まで食事をとらない断食が行われる。豚肉を食べることや飲酒は禁じられている。また、偶像崇拝（神の像や絵画を信仰の対象とすること）を禁止している。 |
| | | ○スンナ派…ほとんどのアラブ諸国で信仰されている。<br>○シーア派…イランやイラク南部で信仰されている。 |
| 仏教 | 紀元前5世紀<br>インド北部<br>釈迦（シャカ） | 仏教が誕生したインドではヒンドゥー教の信者が増える一方、仏教は南アジアから東南アジアへ、また東アジアから日本へ伝わった。中国西部のチベットでは、チベット仏教が信仰されている。 |

### 民族宗教

　このほか、ヒンドゥー教はインドやネパールで多数を占める。自然崇拝の多神教で、特定の教祖や経典などは持たない。身分制度であるカースト制はヒンドゥー教の重要な教えであった。牛を神聖化しているので牛は食べない。ユダヤ教はイスラエルに居住するユダヤ人に信仰され、唯一絶対の神ヤハウェを信仰する。ユダヤ人だけが救われるという「選民思想」を特徴とする。キリスト教やイスラム教の起源ともなった。

# 7 自然環境と災害・防災

## ❶ 世界の異常気象

### 異常気象とは

　ある地域で30年に１回程度しか発生しない気象現象を、異常気象という。冷夏・暖冬・熱波・干ばつ・大雨などを指す。こうした異常気象は、さまざまな形で世界中の人々の生活・社会経済活動に影響を与えている。

　異常気象の主な原因として、偏西風（☞ p. 18）の流れの変化や地球温暖化（☞ p. 236）、エルニーニョやラニーニャ現象（☞ p. 18）による海面水温の異常などの影響が考えられている。

### 世界の異常気象

　近年、世界各地で異常気象がおこっている。2003年8月には、ヨーロッパが熱波に襲われ、２万人以上の人々が死亡、農作物への被害も大きかった。2005年8月には大型ハリケーンがアメリカ南東部を襲い、町の大半が水没する災害があった。その後も、タイでは2011年夏から秋にかけての大洪水で死者800人以上、災害にあった人々は1000万人にも及んだ。2013年11月には史上最大級の台風がフィリピンを襲い、6000人以上の人々が死亡した。また、2015年5〜6月にかけてインド南西部を中心に猛烈な熱波が襲い、2000人以上が死亡した。

## ❷ 自然災害

### 自然災害とは

　自然現象によって人命や人々の活動が被害を受けることを自然災害といい、地震・津波・火山噴火による災害や、台風・ハリケーン・サイクロン（☞ p. 18）や豪雨（激しく大量に降る雨）・洪水（川から水があふれ出る状態）・高潮（強風や低気圧の通過によって海面が上昇する現象）などの気象災害がある。

### 地震

　地球の表面は十数個のプレート（硬い板状の岩盤）におおわれている。プレートには大陸プレートと海洋プレートがあり、年に数センチずつ動いてぶつかったり、ゆがんだりしている。地震とは、地下の岩盤がプレートの動きによって破壊され、ずれ動く現象

である。岩盤が崩れるとそこに断層（地層の割れ目）ができ、その衝撃によって地震波が発生し、地震波が地表まで達すると揺れを感じる。岩盤の破壊が最初に始まった場所を震源といい、岩盤が破壊された範囲を震源域といい、震源が浅いと、時には大きな被害をもたらすことがある。地震には、海溝型地震や内陸型地震（直下型地震）がある。

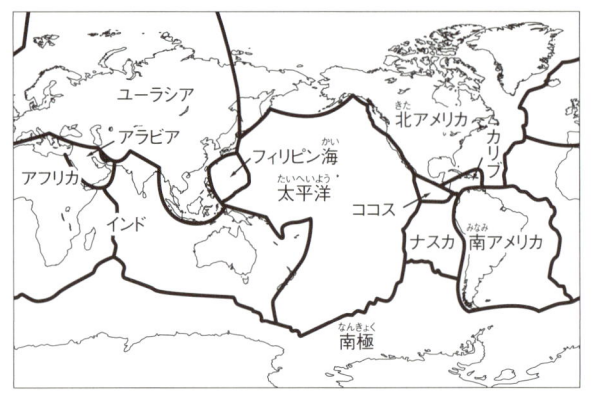

▲世界のプレート

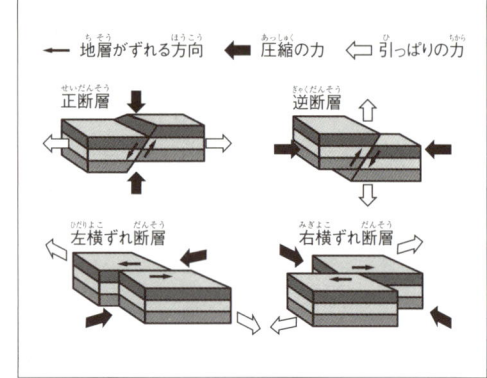

▲断層の型

| かいこうがたじしん<br>海溝型地震 | 水深6000m以上の細長い溝状の海底地形を海溝という。海洋プレートが海溝から大陸プレートの下に沈みこむときに大陸プレートの端が引っぱられてゆがむ。そのゆがみを元に戻そうとするときおこる地震を海溝型地震という。津波が発生することが多い。 |
|---|---|
| ないりくがたじしん<br>内陸型地震<br>（直下型地震） | 海洋プレートと大陸プレートの押し合う力によって大陸プレート内の弱い部分が破壊され、そこに断層ができることでおこる地震を内陸型地震（直下型地震）という。都市の地下約5〜20kmの浅いところで破壊がおきるため大きな被害を生む。 |

　地震の大きさは、震度・マグニチュード（M）などで示される。震度とは地震を感じた場所の揺れの大きさであり、マグニチュードとは地震のエネルギーの大きさを示している。マグニチュードが1大きくなるとエネルギーは約32倍、2大きくなると約1000倍まで増加する。

　地震がおきると、強い揺れによって地表に割れ目（地割れ）ができたり、埋め立て地や河口の近くなどでは、地下から砂や泥水が噴き出す液状化現象によって家が倒れることがある。山間部では、山崩れや地滑り、大量の土砂が斜面を流れ下る土石流が発生す

る場合もある。

## 津波

　津波は、地震や火山の噴火による海底の大規模な地殻運動などによって海底が高く盛り上がったり沈んだりすることによっておこる。津波は水深が深いほど速く伝わり、海岸付近の浅いところでは速度が遅くなるとともに、津波が陸地に近づくにつれ後から来る波が前の津波に追いつくために波が高くなる。岬の先端やリアス海岸（☞ p.17・64）などのV字型の湾の奥では特に高い津波になり、大きな被害を受けることがある。津波は1回限りではなくくり返し押し寄せ、しかも最初の津波が一番高いとは限らず、後から来る津波のほうが高くなる場合もある。津波は沿岸だけでなく、川をさかのぼって内陸にも大きな被害をもたらすことがある。

　2004年12月におこったインドネシアのスマトラ島沖地震にともなう津波は、インドネシア・インドなどインド洋沿岸の国々に大きな被害をもたらし、22万人以上の人々が亡くなった。日本でも、2011年3月におきた東北地方太平洋沖地震による津波で2万人近い人々が亡くなった（☞ p.65）。

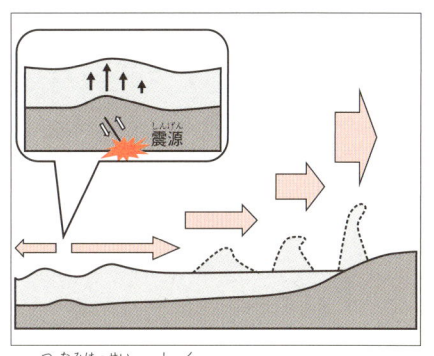

▲津波発生の仕組み
（気象庁ホームページより）

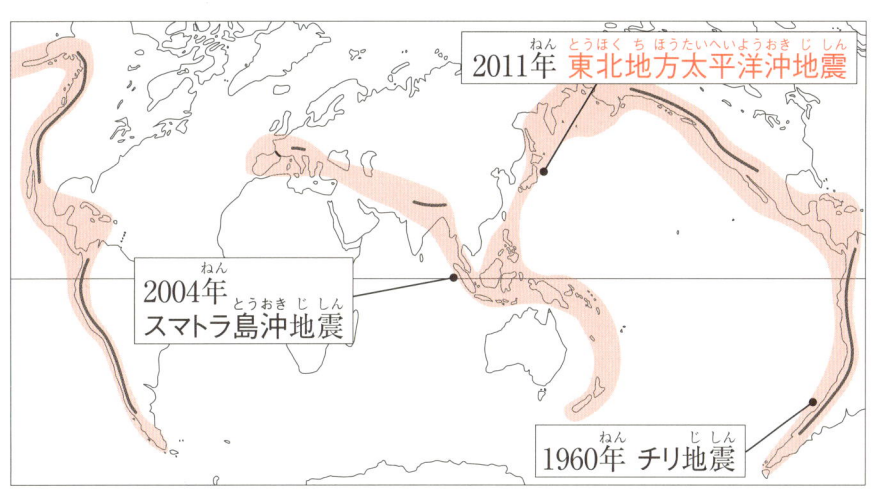

▲世界の超巨大地震

## 火山噴火

　火山は世界に1500ほどあり、海洋プレートが大陸プレートの下に沈みこむ場所に多く分布している。とくに太平洋の周りに多い。大陸プレートの下に沈みこんだ海洋プレー

トの先は、ある程度の深さ（90〜130km）になるとその一部が溶けてマグマとなって上へ移動し、火山を形づくる。火山地形には、陥没などによってできたカルデラなどがある。

　噴火には、マグマが地表に噴出する場合と、マグマが地表近くで地下水などと接触して水蒸気爆発をおこす場合がある。火山は噴火によって、溶岩や火山灰・火山ガスといった火山噴出物を地上に放出する。それによってさまざまな災害を引きおこして多くの犠牲者を出す一方、豊かな自然の恵みを与えてくれる。

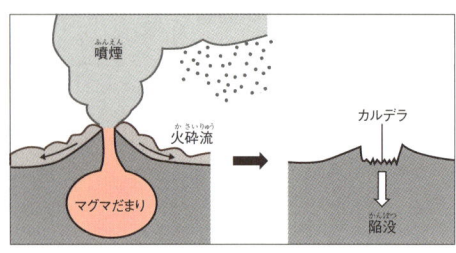

▲カルデラの形成

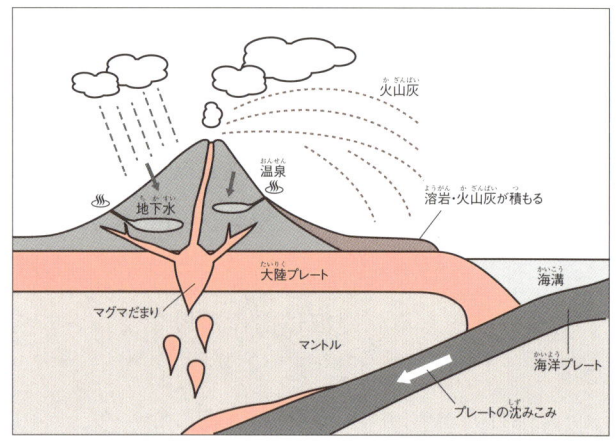

▲火山のできる仕組み

| 火山災害 | ①火砕流…高温の溶岩や火山灰・火山ガスが混ざって、噴煙をあげながら山の斜面を猛スピードで流れ下って建物や森林を破壊する。また、火山堆積物が大量の雨によって斜面を流れ下る土石流などもおこる。<br>②火山灰被害…風下の広い範囲に火山灰が降り積もって農作物などに被害を与えたり、日光をさえぎって地球規模で気温を低下させる。<br>③山体崩壊（山崩れ）…噴火によって山の一部が大規模に崩れて大きな災害をもたらす。 |
|---|---|
| 火山の恵み | ①温泉…地下水がマグマの熱で温められ、火山の周りは温泉がわき出る。<br>②地熱発電…温泉水の熱が地熱発電のエネルギー源となる。<br>③豊かな土壌と地下水…溶岩などの火山噴出物からなる火山性の地層は良質の地下水を生みだし、豊かな土壌を形成して農業にあった耕作地となる。<br>④観光資源…火山活動によって生まれた山・湖・滝など美しい地形が見られる場所として観光客が多く訪れる。 |

▲さまざまな噴火現象

## ❸ 防災

　防災とは、自然災害がおこる前に、被害を出さないための取り組みのことである。しかし、被害を全く出さないことは難しいため、災害時に発生する被害を少しでも減らす減災という取り組みも必要となっている。たとえば、日本では災害がもたらす危険に備えて地震・津波・火山噴火・洪水など災害の種類ごとに、その程度や被害範囲を想定したハザードマップがつくられている。

総合危険度ランク

5 (1.6%)
4 (5.6%)
3 (15.8%)
2 (31.8%)
1 (45.2%)

危険度が高い

▲東京都内の市街化区域の地震における建物の倒壊及び火災危険度測定調査（2016年）

（東京都都市整備局より）

# 8 日本の国土と環境

## ❶ 日本の国土

### 日本の国土と地域区分

日本列島はユーラシア大陸の東に位置し、北海道・本州・四国・九州の4つの大きな島と約7000の島々からなる。

国土面積は約38万km²、北海道から沖縄までおよそ3000kmで、国土の範囲は東の端が南鳥島（東京都）、西の端が与那国島（沖縄県）、南の端が沖ノ鳥島（東京都）、北の端が択捉島（北方領土）である。

日本の地域区分で最も一般的なのが、北海道・東北・関東・中部・近畿・中国・四国・九州の8つの地方に分ける方法である。また太平洋側と日本海側、本州の中央を南北に走る断層帯（地形や地層のずれた地帯）であるフォッサマグナを境にして西日本と東日本に分けることもできる。

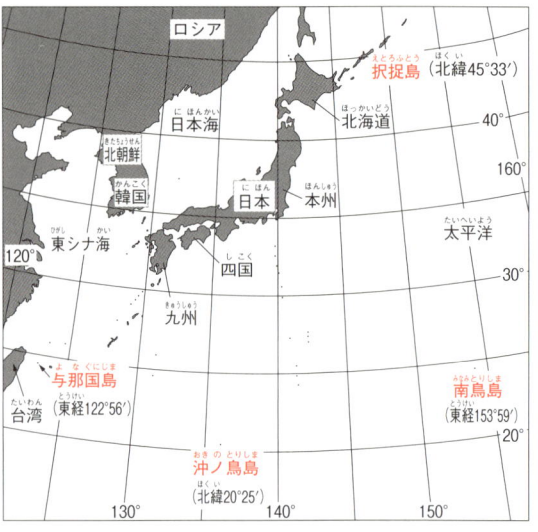

本州 ＞ 北海道 ＞ 九州 ＞ 四国
（23万1200km²）（7万8400km²）（4万2200km²）（1万8800km²）

### 日本のさまざまな都市

日本には、1都（東京都）・1道（北海道）・2府（京都府・大阪府）・43県の47都道府県があり、大小さまざまな都市がある。

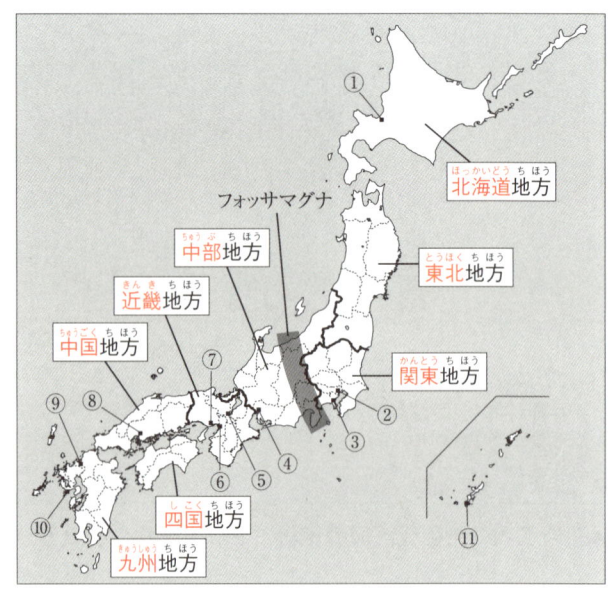

| | | |
|---|---|---|
| ① | 札幌<br>（さっぽろ） | 北海道の中心都市で、乳製品・ビールの生産がさかん。北海道には、かつて多くのアイヌ民族（☞ p.235）が住んでいた。 |
| ② | 東京<br>（とうきょう） | 日本の首都（1869年〜）。世界最大の都市人口を持つ（約1300万人）。 |
| ③ | 横浜<br>（よこはま） | 日本の市町村で人口が最も多い。国際港湾都市として発展（☞ p.151）。 |
| ④ | 名古屋<br>（なごや） | 中京工業地帯（☞ p.70）の中心で、中部地方第一の都市。 |
| ⑤ | 京都<br>（きょうと） | 1000年以上にわたり日本の中心として栄えた文化・工芸の中心地。 |
| ⑥ | 大阪<br>（おおさか） | 西日本の中心都市として商工業・金融がさかん。 |
| ⑦ | 神戸<br>（こうべ） | 東洋最大の港として発展。阪神・淡路大震災（1995年）（☞ p.65）で大きな被害を受ける。 |
| ⑧ | 広島<br>（ひろしま） | 1945年8月6日にアメリカ軍が原子爆弾を投下（☞ p.109）。 |
| ⑨ | 福岡<br>（ふくおか） | 九州の中心都市。アジアの玄関口として発展。 |
| ⑩ | 長崎<br>（ながさき） | 1945年8月9日、広島に続いて原子爆弾を投下される（☞ p.109）。江戸時代の鎖国中（1641〜1854年）は国内唯一の国際貿易港だった。 |
| ⑪ | 那覇<br>（なは） | 琉球王国（1429〜1879年）の首都。沖縄は第二次世界大戦でアメリカに占領されたが、1972年に返還される（☞ p.118）。 |

▲日本の主な都市

## 日本の人口分布

　日本の人口は2017年現在で約1億2671万人で、前年に比べて約23万人減った。東京都の人口は約1360万人で、全人口の約10％を占めている。

　また、東京・名古屋・大阪の三大都市圏（東京圏：東京都・神奈川県・埼玉県・千葉県、名古屋圏：愛知県・岐阜県・三重県、大阪圏：大阪府・奈良県・兵庫県）には、国民の約半分が住んでおり、大都市圏へ人口が集中している。その一方で、人口が減少しつづけている過疎地域が増え、その面積は日本の国土面積の約60％に達している。しかし、そこに住むのは全人口の約9％である。このように、地域間で人口の格差が大きい。

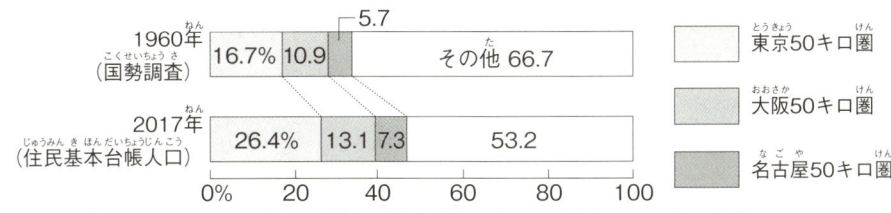

| | 東京50キロ圏 |
|---|---|
| | 大阪50キロ圏 |
| | 名古屋50キロ圏 |

※50キロ圏とは、それぞれの都市の役所（東京は旧都庁）から半径50キロ内の地域。

▲日本の三大都市50キロ圏の人口割合　　　　　　　（『日本のすがた2018』より）

# ❷ 日本の環境と気候

## 日本の自然環境

▶山地　環太平洋造山帯（☞ p.16）に属する日本列島は、山が多く、陸地の約75%を山地が占めている。本州の中央部には3000m前後の山々からなる山脈が並び、日本アルプスまたは日本の屋根とよばれている。

　日本アルプスを境にして東日本では、南北方向に高く険しい山脈が多く見られる。一方、西日本では、山地が東西方向に連なっている。日本には、国内に111の活火山があり、世界の約10%を占める。活火山とは、だいたい過去1万年以内に噴火した火山のことであり、北海道・東北・中部や九州に多く、海溝（☞ p.56）と平行して分布している。主な活火山には、日本一高い富士山（静岡県・山梨県）、浅間山（群馬県・長野県）や世界有数のカルデラ（☞ p.58）をもつ阿蘇山（熊本県）、現在も噴火をくり返している桜島（鹿児島県）などがある。

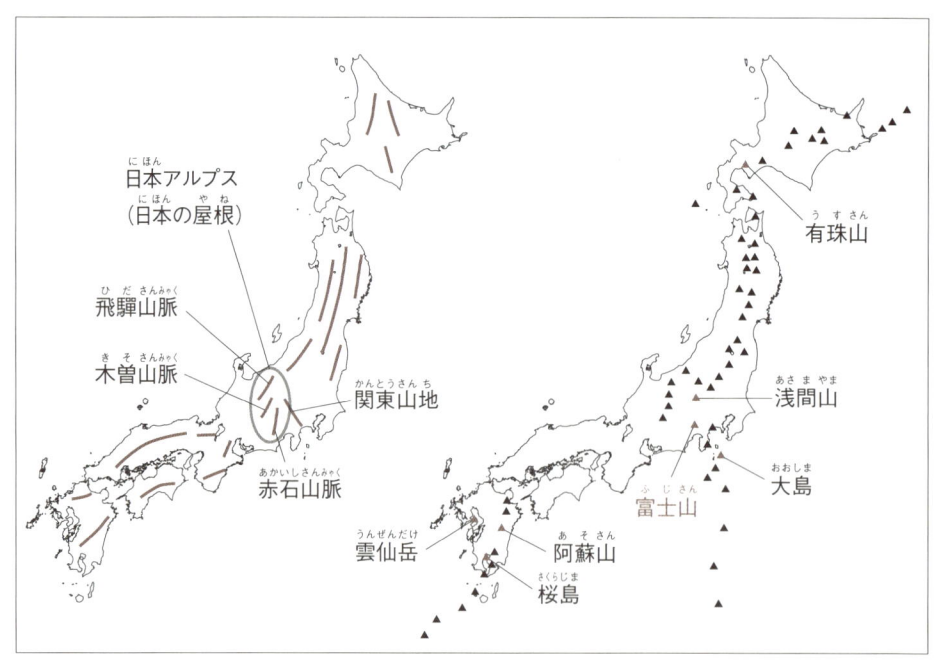

▲日本の主な山地・山脈（左）と火山（右）の分布　（『日本のすがた2018』などより）

▶川　日本は国土が細長く、中央に山脈があり、山から海までの距離が短いため、一般に日本の川は流れが急である。そして、川の流域面積が狭い。また、雨や雪の降り方が季節によって異なるので、1年を通して水量の変化が大きいのも特徴である。

このため、川の上流部にダムをつくり、洪水時などの水量調節や水力発電、水資源の確保が行われている。

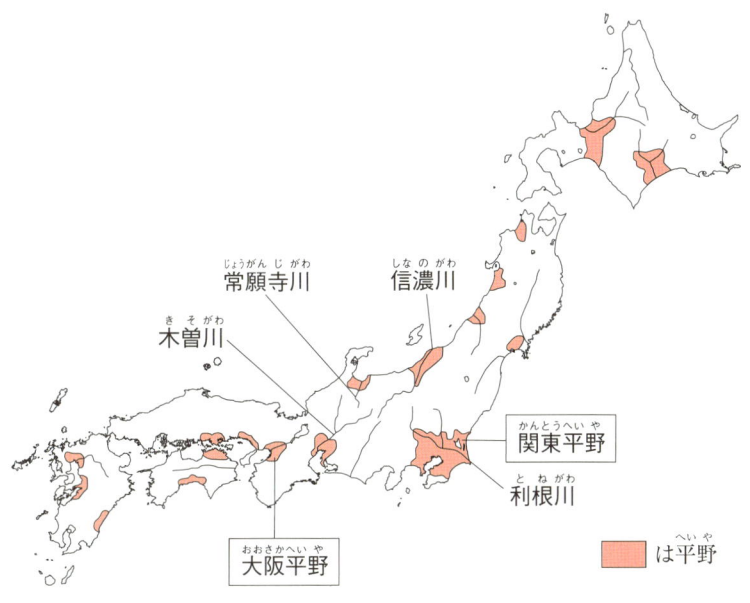

▲日本の主な川と平野　　　　　　（『日本のすがた2018』などより）

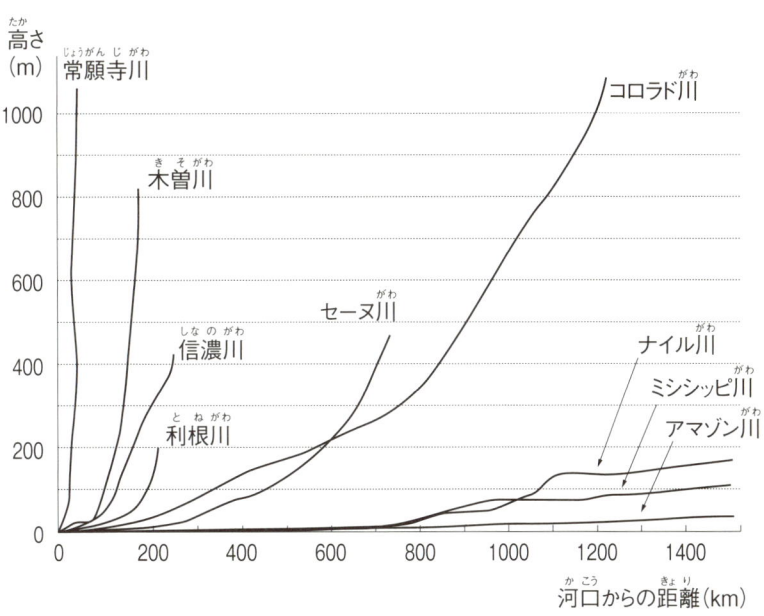

▲日本の川と世界の川の比較

▶平地　日本の平地は、国土の約25%で規模は小さく、狭い。多くの平地は、海に面した平野、周りを山に囲まれた盆地、平野より高い台地からなる。

▶海と海岸　日本の海岸線は、出入りが多く複雑で、小さな半島や湾などが多く見られる。そのため日本は、国土面積に比べて海岸線が長い。三陸海岸や志摩半島、若狭湾岸などには、リアス海岸（☞ p. 17）が見られる。一方、出入りの少ない砂浜海岸も多く、砂丘が発達しているところもある。

日本列島の東の太平洋側には深さ8000mを超える日本海溝がある。一方、東シナ海には深さ200mくらいの浅く平らな大陸棚が広がっている。

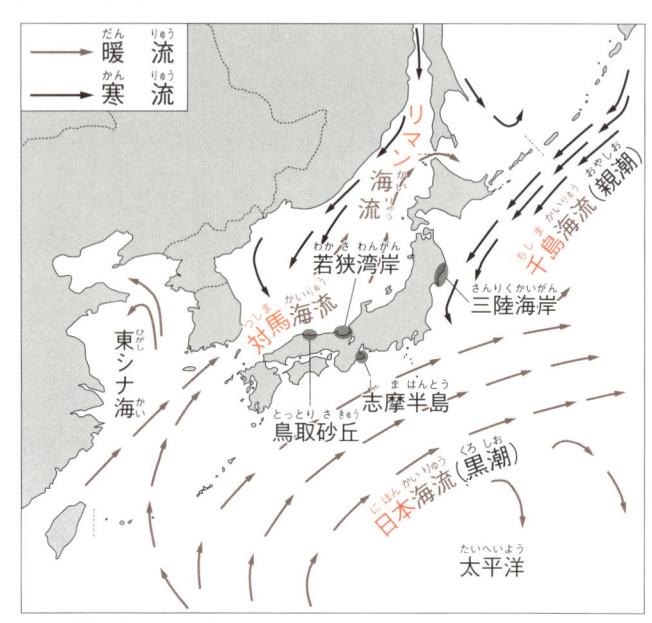

▲日本の海と海流　　（『日本のすがた2013』などより）

太平洋側には、暖流の日本海流（黒潮）や寒流の千島海流（親潮）が流れ、日本海側には、日本海流の一部が流れ込んで対馬海流となり、北からは寒流のリマン海流が流れている。これらの海流は、気候や魚が集まる漁場などにいろいろな影響を与えている。大陸棚や寒流と暖流がぶつかる三陸海岸沖は条件のよい漁場となっている。

## 日本の地帯構造と地震

日本は、4つのプレートがぶつかり合っているところに位置している。太平洋プレートが日本海溝から北アメリカプレートの下にもぐり込み、フィリピン海プレートが南海トラフからユーラシアプレートの下にもぐり込んでいる。そのため、世界でも有数の地震国・火山国でもあり、これまでにも大きな災害に何度もあってきた。

2011年3月11日、東北地方太平洋岸から沖合まで幅200km、岩手県沖から福島県沖まで

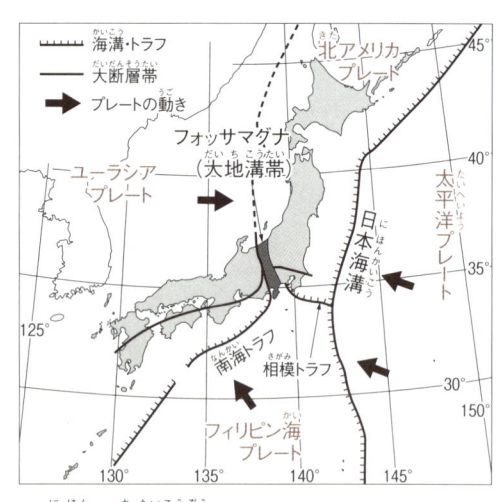

▲日本の地帯構造

南北500kmを震源域とする、M9.0の超巨大地震である東北地方太平洋沖地震がおこった。

| 年<br>ねん | 規模<br>きぼ | 地震名<br>じしんめい | 震災名<br>しんさいめい | 被害<br>ひがい |
|---|---|---|---|---|
| 1923 | M7.9 | （大正）関東地震<br>たいしょう　かんとうじしん | 関東大震災<br>かんとうだいしんさい | 死者・行方不明約10万5,000人<br>ししゃ　ゆくえふめいやく　まん　にん |
| 1995 | M7.3 | 兵庫県南部地震<br>ひょうごけんなんぶじしん | 阪神・淡路大震災<br>はんしん　あわじだいしんさい | 死者約6,400人<br>ししゃやく　にん |
| 2011 | M9.0 | 東北地方太平洋沖<br>とうほくちほうたいへいようおき<br>地震<br>じしん | 東日本大震災<br>ひがしにほんだいしんさい | 死者約19,000人<br>ししゃやく　にん<br>（津波被害を含む）<br>つなみひがい　ふく |

▲日本の主な巨大地震
にほん　おも　きょだいじしん

『東北地方太平洋沖地震』
とうほくちほうたいへいようおきじしん

　太平洋プレートが日本海溝から北アメリカプレートの
たいへいよう　　にほんかいこう　きた
下に沈みこむときにおきた海溝型地震で、図中の×の震
した　しず　　　　　　　　かいこうがたじしん　　ずちゅう　　　　しん
央を中心に①②③の３つの地震が連続しておこり、10
おう　ちゅうしん　　　　　　　　　じしん　れんぞく
〜20ｍの津波が沿岸地域を襲った。陸地をかけ上がっ
つなみ　えんがんちいき　おそ　　りくち　　　あ
た津波の高さ（遡上高）は40ｍにも達した場所もあり、
つなみ　たか　そじょうだか　　　　　　たっ　　ばしょ
多くの人の命が失われた。津波による火災（津波火災）
おお　ひと　いのち　うしな　　つなみ　　　かさい　つなみかさい
も多く発生したが、これは沿岸部に石油タンクなどが多
おお　はっせい　　　　　　　えんがんぶ　せきゆ　　　　　　　　おお
かったためである。また、福島県の原子力発電所が地震
ふくしまけん　げんしりょくはつでんしょ　じしん
と津波の影響で一部が壊れて、放射能漏れをおこすとい
つなみ　えいきょう　いちぶ　こわ　　ほうしゃのうも
う大きな事故もおこった。
おお　　じこ

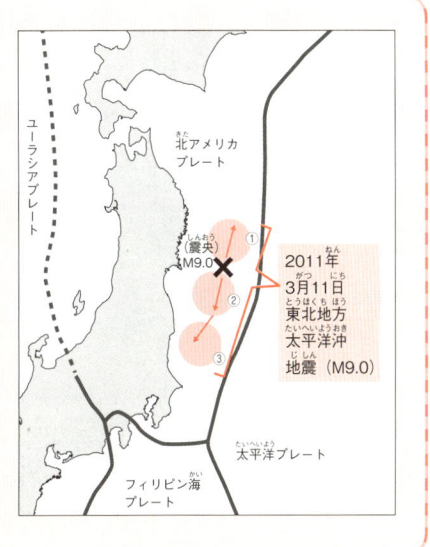

　今後予想される巨大地震として最も注意が必要とされているのが、東海地方から西日
こんごよそう　　きょだいじしん　　もっと　ちゅうい　ひつよう　　　　　　　　とうかいちほう　　にしに
本太平洋側の南海トラフ沿いの海域で発生する海溝型の巨大地震であり、今後30年以内
ほんたいへいようがわ　なんかい　ぞ　かいいき　はっせい　かいこうがた　きょだいじしん　　こんご　ねんいない
にマグニチュード８〜９の巨大地震が発生する確率は70％であると発表されている（地
きょだいじしん　はっせい　かくりつ　　　　　　　　はっぴょう　　　　　　じ
震調査研究推進本部）。この海域では、過去100〜200年間隔で巨大地震がおこっており、
しんちょうさけんきゅうすいしんほんぶ　　　　かいいき　　かこ　　　　　　ねんかんかく　きょだいじしん
津波の被害も大きい。2011年におこった東日本大震災と同じような大災害がおこる可能
つなみ　ひがい　おお　　ねん　　　　　　ひがしにほんだいしんさい　おな　　　　だいさいがい　　　かのう
性があり、防災対策が急がれる。
せい　　　ぼうさいたいさく　いそ

『南海トラフ』
なんかい

　水深が6000ｍより浅い細長い海底地形をトラフとい
すいしん　　　　　あさ　ほそなが　かいていちけい
う。東海地方から四国にかけての太平洋側にある南海トラ
とうかいちほう　しこく　　　　　たいへいようがわ　　なんかい
フは、図に示したように５つの地域に分けられ、長さは
ず　しめ　　　　　　　ちいき　わ　　　　なが
700kmに達する。このうちA・Bでは南海地震、C・Dで
たっ　　　　　　　　　　　　　なんかいじしん
は東南海地震、Eでは東海地震の発生域となっており、こ
とうなんかいじしん　　とうかいじしん　はっせいいき
れらの地震はしばしば連動しておこっている。
じしん　　　　れんどう

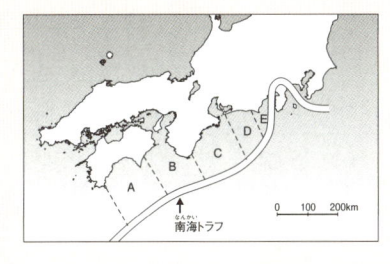

## 日本の気候の特徴

　日本の気候は、大部分が温帯に属していて、四季の区別がはっきりしている（南西諸島や小笠原諸島は亜熱帯、北海道は亜寒帯とよばれることがある）。夏は太平洋高気圧（小笠原気団）が日本をおおい、気温や湿度が高くなる。冬はシベリアで発達した高気圧（シベリア気団）から吹き出す北西の季節風（モンスーン）が、日本海側に雪を降らせる。季節風は山地を越えると乾いた風になるため、太平洋側では晴れの日が続く。

　1年で降水量が多い時期は、5月上旬から6月にかけての梅雨と、9月上旬の秋雨のころである。また、これらが夏から秋にかけて発生する台風と重なると、風害や水害などの大きな被害がおこることもある。

　日本列島は南北に伸びていて、季節風や海流の影響を受けるため、地域によって気候に違いがある。

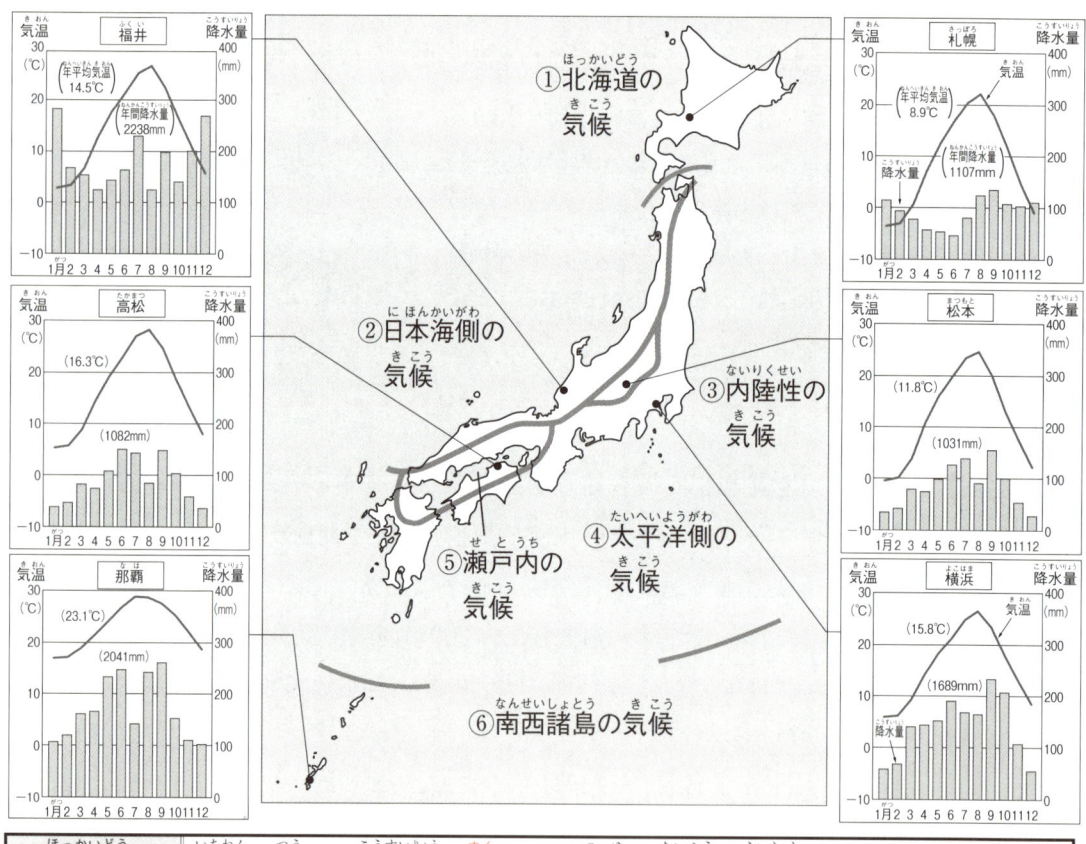

| ①北海道 | 一年を通じて降水量は少なく、梅雨・台風の影響があまりない。 |
|---|---|
| ②日本海側 | 夏は晴れた日が多く、気温も高い。冬は季節風の影響で雪が多い。 |
| ③内陸性 | 一年を通じて降水量が少なく、夏と冬、昼と夜の気温差が大きい。 |
| ④太平洋側 | 夏は雨が多く蒸し暑い、冬は乾いて晴れた日が多い。 |
| ⑤瀬戸内 | 一年を通じて晴れた日が多く、雨が少ない。 |
| ⑥南西諸島 | 一年を通じて気温が高く、梅雨から夏にかけて降水量が多い。 |

# ⑨ 日本の産業と貿易

## ① 日本の産業 ——————————

### ⬗ 日本の農業の特徴

　日本は平野が少なく、一つの農家がもつ農地の面積は小さい。そのため、狭い農地に多くの労働力や化学肥料を使って生産量を上げる集約的農業を行っている。少ない労働力で大型機械を使って広い農地を経営するアメリカやオーストラリアなどの農業と比べると、労働生産性（労働者１人あたりの生産量）は低く、農産物の価格も高い。

　日本の農業は米づくりが中心だが、日本各地でそれぞれの土地や気候にあった野菜や果物づくりが行われている。また、大都市周辺で行われる近郊農業や、ビニールハウスなどの施設園芸農業も広く行われている。しかし、食生活の洋風化などで米の消費量が減っていることから、米の農地は減少している。また、価格の安い輸入野菜や果物に押され、野菜や果物の国内生産量も減少傾向にある。

　一方、食生活の洋風化によって肉類・乳製品などを生産する畜産業が発達し、近年、その生産額は野菜や米を上回っている。しかし、牛や豚などの家畜が食べる飼料は輸入にたよっており、労働生産性も低いため、国際競争力は低い。

### ⬗ 日本の農業の問題点

　高度経済成長期（☞ p. 156）以降、農業と他の産業との所得格差が拡大した。そのため、若い人を中心に農村を離れて都市へ働きに出る人が多くなり、農家の数も大きく減少した。また、農業は他の産業と比べて著しく高齢化がすすみ、後継者（事業を受け継ぐ人）の不足が深刻な問題となっている。

### ⬗ 食料自給率 （☞ p. 254）

　高度経済成長を背景とする食生活の洋風化・多様化や、貿易の自由化によって農産物の輸入の自由化がすすんだことなどから、日本の食料自給率（国内で消費される食料のうち、どのくらい国内でつくっているかを示す割合）は、1960年代からこれまでの間に約半分の40％程度に減少した。これは、先進国の中で最も低い水準である。

　品目別の自給率をみると、米は97％（主食用100％）だが、大豆や小麦は10％ほどである。日本は多くの農産物を輸入にたより、世界最大の農産物輸入国となっている。

（単位：1,000戸）

| 年 | 総数 |
|---|---|
| 1950 | 6,176 |
| 1960 | 6,057 |
| 1970 | 5,342 |
| 1980 | 4,661 |
| 1990 | 3,835 |
| 2000 | 3,120 |
| 2015 | 2,155 |

▲農家数の推移
（『日本国勢図会』2018/19などより）

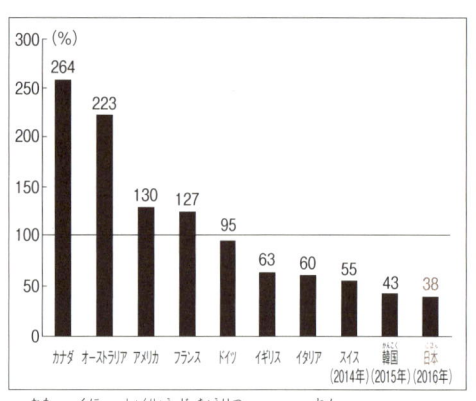

▲主な国の食料自給率（2013年）

（農林水産省「食糧需給表」より）

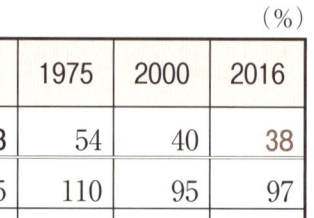

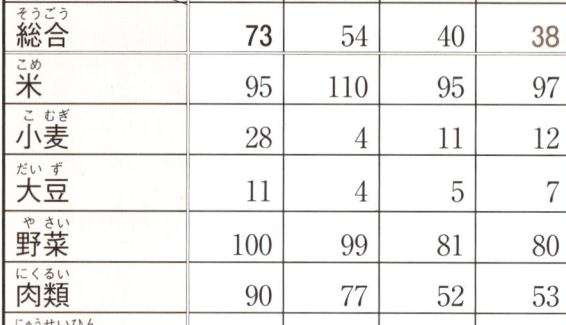

| 年度 | 1965 | 1975 | 2000 | 2016 |
|---|---|---|---|---|
| 総合 | **73** | 54 | 40 | **38** |
| 米 | 95 | 110 | 95 | 97 |
| 小麦 | 28 | 4 | 11 | 12 |
| 大豆 | 11 | 4 | 5 | 7 |
| 野菜 | 100 | 99 | 81 | 80 |
| 肉類 | 90 | 77 | 52 | 53 |
| 乳製品など | 86 | 81 | 68 | 62 |
| 魚介類 | 100 | 99 | 53 | 53 |

▲日本の主な食料自給率 （農林水産省「食糧需給表」より）

## 日本の林業

　日本の国土の約70％は森林で、1960年代前半頃までは、木材の自給率は90％近くだった。しかし、木材の輸入が自由化され、高度経済成長期（☞ p. 156）に木材の需要が高まると、海外から安い木材を大量に輸入するようになった。

　そのため、2000年には、自給率は20％以下になった。しかし、木材輸出国が自国の資源を守るために、木材の輸出を制限したため、木材自給率は上がってきている。

　林業はきびしい作業にもかかわらず収入が低いため、農業以上に後継者の不足に悩んでおり、高齢化もすすんでいる。

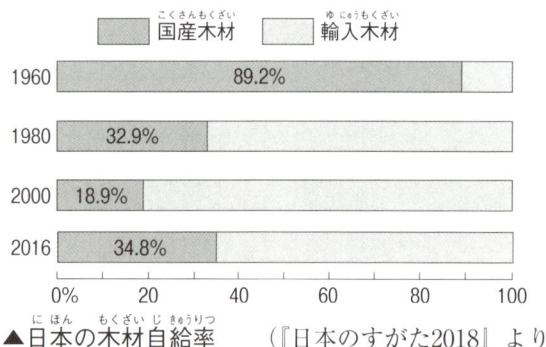

▲日本の木材自給率 　（『日本のすがた2018』より）

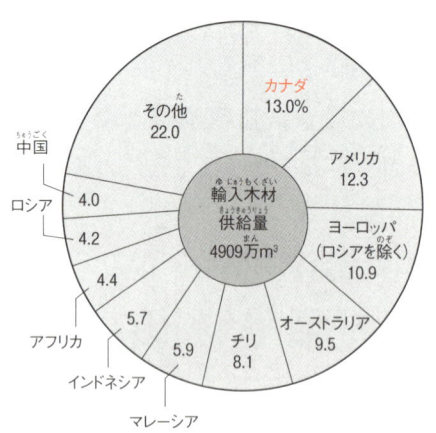

▲日本の木材の輸入先（2015年）

（『日本のすがた2018』より）

# 日本の主な作物の生産地

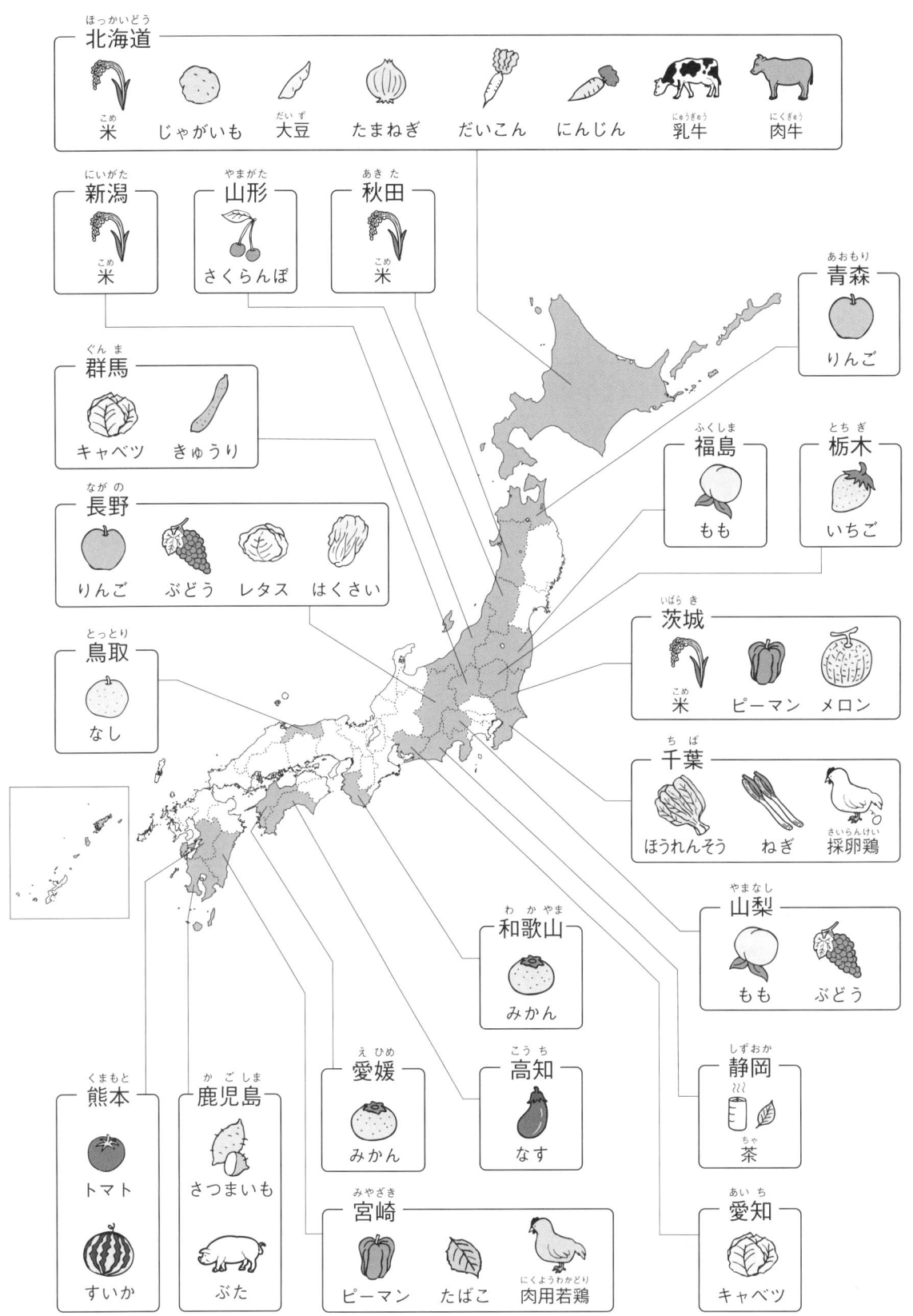

**北海道** — 米（こめ）　じゃがいも　大豆（だいず）　たまねぎ　だいこん　にんじん　乳牛（にゅうぎゅう）　肉牛（にくぎゅう）

**新潟（にいがた）** — 米（こめ）

**山形（やまがた）** — さくらんぼ

**秋田（あきた）** — 米（こめ）

**青森（あおもり）** — りんご

**群馬（ぐんま）** — キャベツ　きゅうり

**福島（ふくしま）** — もも

**栃木（とちぎ）** — いちご

**長野（ながの）** — りんご　ぶどう　レタス　はくさい

**茨城（いばらき）** — 米（こめ）　ピーマン　メロン

**鳥取（とっとり）** — なし

**千葉（ちば）** — ほうれんそう　ねぎ　採卵鶏（さいらんけい）

**山梨（やまなし）** — もも　ぶどう

**和歌山（わかやま）** — みかん

**愛媛（えひめ）** — みかん

**高知（こうち）** — なす

**静岡（しずおか）** — 茶（ちゃ）

**熊本（くまもと）** — トマト　すいか

**鹿児島（かごしま）** — さつまいも　ぶた

**宮崎（みやざき）** — ピーマン　たばこ　肉用若鶏（にくようわかどり）

**愛知（あいち）** — キャベツ

## 日本の水産業

　周りを海に囲まれた日本では、昔から水産業がさかんに行われてきた。1960年代後半くらいから、太平洋やインド洋などの遠くの海で行う遠洋漁業がさかんになり、日本の漁獲量（漁船がとった魚介類の量）は急速に増加した。しかし、1973年の第１次石油危機（☞ p. 158）以降、船の燃料代が上がり、また、1970年代後半から世界各国が200海里の排他的経済水域（☞ p. 184）を設定して漁場を制限するようになると、遠洋漁業の漁獲量は急速に減っていった。

　その一方で、1970年代から1980年代前半にかけて、主に200海里内で行われる沖合漁業が漁獲量を増やしていった。しかし、これも海水温度の上昇などの影響で、1989年からは漁獲量が急速に減っていった。このほか、主に領海内で行われる沿岸漁業は、海洋汚染などの問題があり、漁獲量は伸びていない。このため、魚を人工的に育てる養殖業を始める人も増えていった。

　漁獲量の減少にともない、水産物の輸入が増え、現在では世界有数の水産物輸入国（2016年現在でアメリカに次いで世界２位）となっている。また、漁業で働く人が減少し、高齢化もすすんでいる。

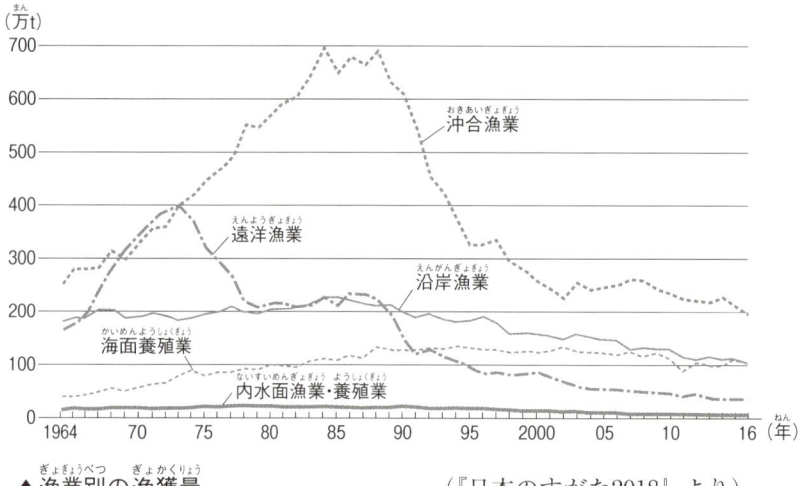

▲ 漁業別の漁獲量　　　　　　　　　　　（『日本のすがた2018』より）

海面養殖業：浅い海で行われる。

内水面漁業・養殖業：川や湖で行われる。

## 日本の工業

　第二次世界大戦によって日本の工業は大きな打撃を受けたが、1950年代半ば以降の高度経済成長期には、石油化学・鉄鋼・造船などの重化学工業が発達した（☞ p. 156）。1970年代の二度の石油危機以降は、自動車や電子機器などの機械工業が発達し、近年では半導体やＩＣ（集積回路）などの電子部分や産業用ロボットなどの先端技術産業（ハイテク産業）が発達している。

　日本の工場は、原料の輸入や製品の輸出に便利な海沿いに集中しており、京浜・中京・阪神の三大工業地帯（北九州を入れて四大工業地帯とすることもある）を中心とする太平洋ベルトを形成している。太平洋ベルトには日本の人口の約６割、工業出荷額の約７割が集中している。また、交通網の発達にともない、工業地帯の周辺や内陸にも工業地域が広がっている。

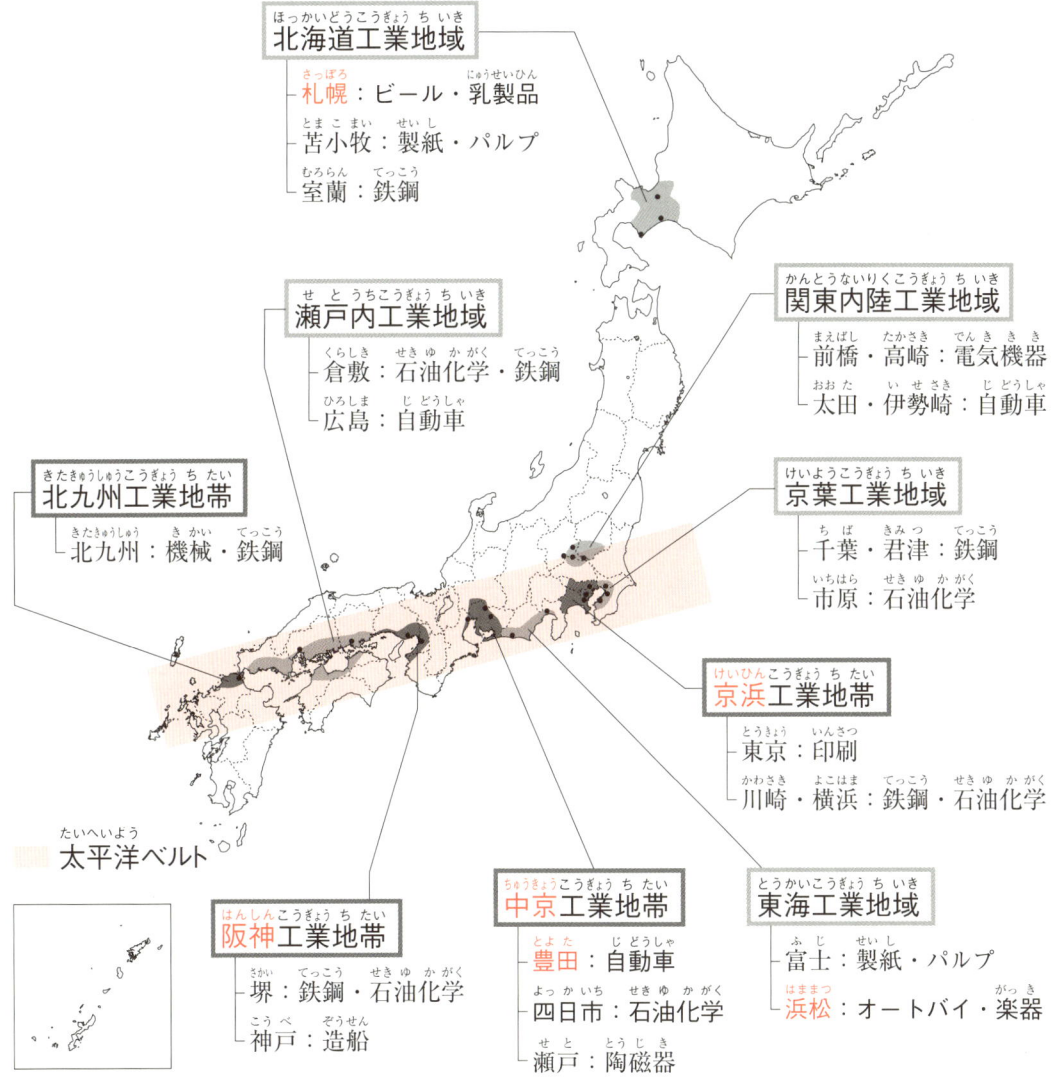

**北海道工業地域**
- 札幌：ビール・乳製品
- 苫小牧：製紙・パルプ
- 室蘭：鉄鋼

**瀬戸内工業地域**
- 倉敷：石油化学・鉄鋼
- 広島：自動車

**関東内陸工業地域**
- 前橋・高崎：電気機器
- 太田・伊勢崎：自動車

**北九州工業地帯**
- 北九州：機械・鉄鋼

**京葉工業地域**
- 千葉・君津：鉄鋼
- 市原：石油化学

**京浜工業地帯**
- 東京：印刷
- 川崎・横浜：鉄鋼・石油化学

　太平洋ベルト

**阪神工業地帯**
- 堺：鉄鋼・石油化学
- 神戸：造船

**中京工業地帯**
- 豊田：自動車
- 四日市：石油化学
- 瀬戸：陶磁器

**東海工業地域**
- 富士：製紙・パルプ
- 浜松：オートバイ・楽器

▲主な工業地帯と工業地域

# ❷日本の貿易

## 日本の貿易の特徴

日本は資源が少ないため、原材料や燃料を輸入し、それを加工・製品化して輸出する加工貿易を行ってきた。

第二次世界大戦前の日本の貿易は、主に繊維の原料や機械などを輸入して、衣類など の繊維製品を輸出していた（☞ p. 151）。しかし、第二次世界大戦後には重工業製品の輸 出が増加し、原油・石炭・鉄鉱石などを大量に輸入するようになった。

近年では、アジアへ機械や部品を輸出し、アジアで生産された電気機器・衣類などの 製品の輸入が増えている。そのため、加工貿易の特徴はうすれてきている。

また、農産物や水産物については、輸入の自由化や国内の漁獲量の減少によって、肉 類・魚介類の輸入が増加している。

## 日本の主な貿易相手国と貿易品

日本の主な貿易相手国は、貿易額が最も多い中国をはじめ、韓国・台湾・タイなどで ある。主な輸出品としては、自動車や鉄鋼、ＩＣなどの電子部品（機械類に分類される） などである。主な輸入品としては、原油・液化天然ガス・石炭・鉄鉱石などの資源、半 導体やコンピュータ部品などの機械類が多い。また、近年では海外に移転した日本企業 からの製品の逆輸入も増えている。

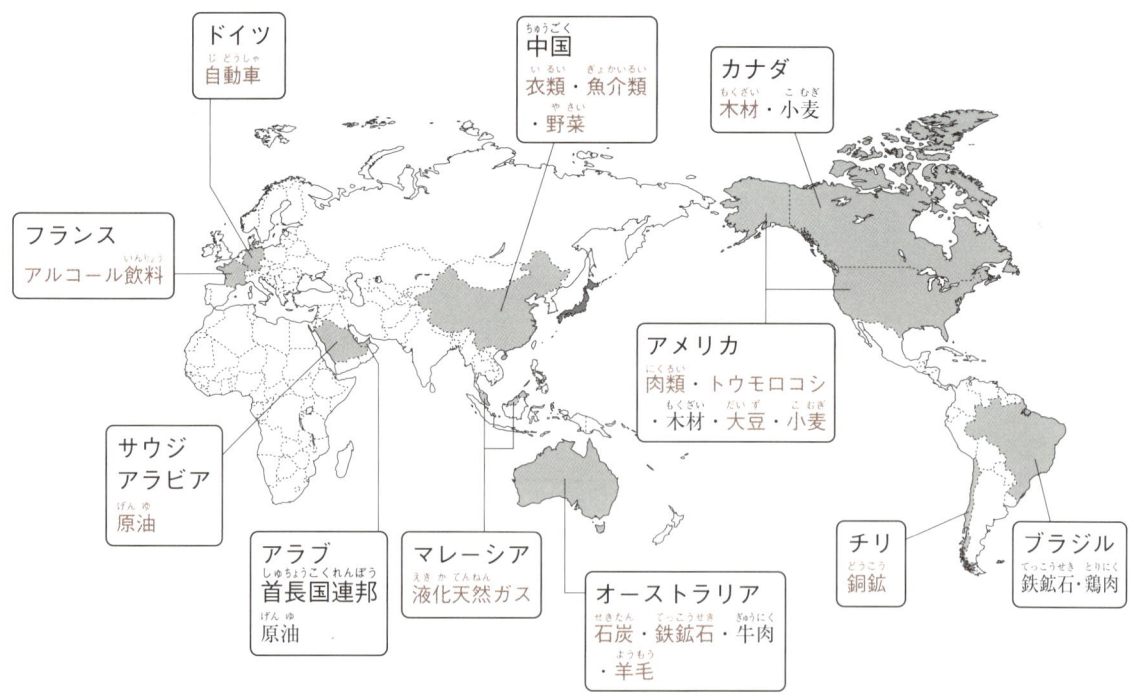

ドイツ
自動車

中国
衣類・魚介類
・野菜

カナダ
木材・小麦

フランス
アルコール飲料

アメリカ
肉類・トウモロコシ
・木材・大豆・小麦

サウジ
アラビア
原油

アラブ
首長国連邦
原油

マレーシア
液化天然ガス

オーストラリア
石炭・鉄鉱石・牛肉
・羊毛

チリ
銅鉱

ブラジル
鉄鉱石・鶏肉

▲日本の主な輸入相手先と輸入品

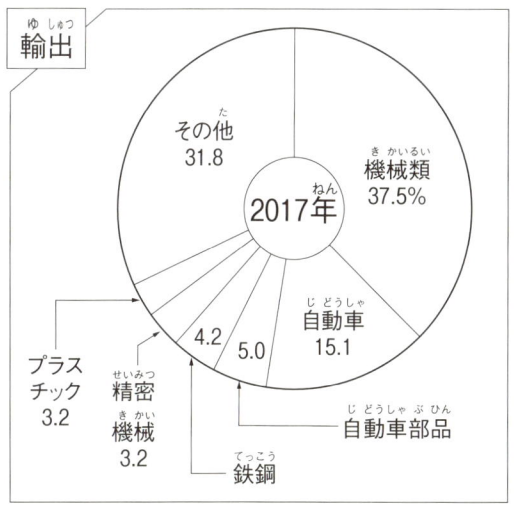

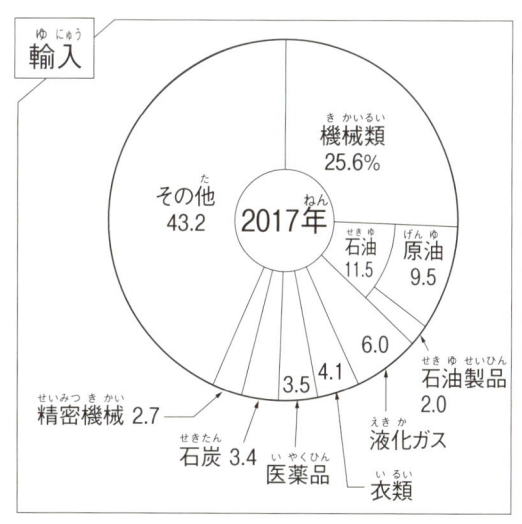

▲日本の主な輸出入品

（『日本国勢図会2018/19』より）

## ❸ 日本の交通・通信

### 日本の交通

　高度経済成長期に、日本国内の輸送量は急速に増加していった。以前は、物を運ぶ貨物輸送では船、人を運ぶ旅客輸送は鉄道が中心であったが、高速道路網の整備や自動車の普及により、現在では自動車が輸送の中心となっている。

　自動車の利用が広く普及するモータリゼーション（車社会化）の進行によって、地球温暖化の一因である二酸化炭素（$CO_2$）の排出量を増加させているという問題がある。また、地方ほど自動車依存度が高くなるという地域差がある。

### 日本の通信

　1973年にインテルサット（国際衛星通信機構）が設立され、通信衛星・放送衛星が世界各国で利用されるようになった。

　また、インターネットが普及して安定した高速通信が可能となったほか、携帯電話の契約者数の増加によって固定電話契約者数は減少した。

| | 2000年 | 2005年 | 2010年 | 2012年 | 2013年 | 2016年 |
|---|---|---|---|---|---|---|
| 人口普及率（％） | 37.1 | 70.8 | 78.2 | 79.5 | 82.8 | 83.5 |
| 利用者数（万人） | 4708 | 8529 | 9462 | 9652 | 10044 | 10084 |

▲インターネット利用動向（2016年9月末）

（『日本国勢図会2018/19』より）

Ⅱ

<ruby>歴<rt>れき</rt>史<rt>し</rt></ruby>

# 1 市民革命と産業革命

## ❶ イギリスの市民革命

### 絶対王政（絶対主義）

　16〜18世紀のヨーロッパでは、国王が絶対的権力をもつ専制政治が行われた。これを絶対王政（絶対主義）といい、国王の権力は、神から与えられたものとする王権神授説が唱えられた。

　国王の専制に対し、市民階級が成長していったイギリスやフランスでは、市民革命がおこった。またアメリカでは、イギリス本国からの独立をめざす独立革命がおこった。

### ピューリタン（清教徒）革命

　17世紀初めのイギリスでは、国王が専制政治を行い、議会で力を増していたピューリタン（プロテスタントのグループ。清教徒ともいう）を弾圧（力で抑えつけること）していた。議会はこれに抵抗し、1628年に議会が同意しない課税（税金をかけること）や不当な逮捕などに反対した権利の請願を国王に承認させた。しかし、国王は議会との対立を深め、1642年に国王を支持する王党派と議会派との間で内乱がおこった。

　1645年にピューリタンのクロムウェルが議会派軍を率いて国王軍をやぶり、1649年に共和政が成立した。これをピューリタン（清教徒）革命（1642〜49年）という。

### 王政復古から名誉革命へ

　ピューリタン革命後、クロムウェルが権力をにぎって独裁政治を行うと、その死後の1660年に、王党派らは前の国王の子を迎えて王位につけた（王政復古）。しかし、新しい国王は絶対王政の復活をはかって議会と対立した。

　そのため議会は、1689年に国王の娘のメアリ2世とその夫のウィリアム3世を王として迎えた。大きな混乱もなく平和的に革命が行われたので、これを名誉革命（1688〜89年）という。二人の国王は議会が提出した権利の宣言を承認し、権利の章典として制定された。これによって、国王の権利は制限され、議会中心の政治が確立した。そして、「国王は君臨すれども統治せず」という立憲君主国家の原則が形成されていった。

　18世紀前半には首相のウォルポールのもとで、内閣が国王にではなく議会に対して責任を負う責任内閣制（議院内閣制）（☞ p. 190）が成立した。

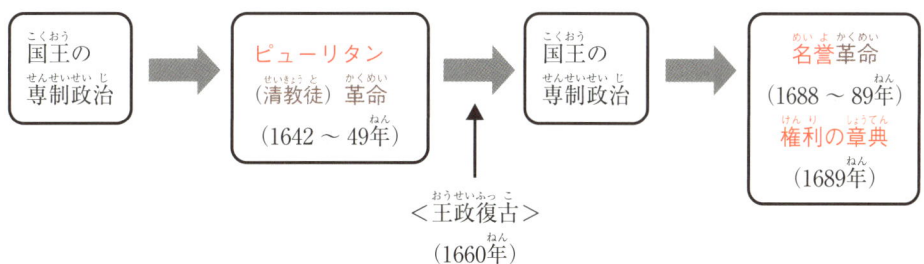

```
┌─────────┐      ┌─────────┐      ┌─────────┐      ┌─────────────┐
│ 国王の   │  →   │ピューリタン│  →  │ 国王の   │  →   │  名誉革命   │
│ 専制政治 │      │(清教徒)革命│    │ 専制政治 │      │ (1688～89年)│
│         │      │(1642～49年)│    │         │      │  権利の章典 │
└─────────┘      └─────────┘      └─────────┘      │  (1689年)   │
                     ↑                              └─────────────┘
                 <王政復古>
                  (1660年)
```

▲ピューリタン革命から名誉革命へ

# ❷ アメリカ独立革命 🔖Point

## 13植民地の成立

　1620年、イギリス国王の専制から逃れたピューリタンの一団が北アメリカ東部のプリマスに上陸した。その後も多くのピューリタンが北アメリカ東部の大西洋岸に渡って開拓（新たに土地を切り開くこと）をすすめ、18世紀前半までに13の植民地が建設された。各植民地には植民地議会があり、自治制度（タウン・ミーティング）が発達した。

> 『ニューヨーク』
> 　イギリスは、1664年にオランダの植民地であったニューネザーランドを奪い、その中心地のニューアムステルダムをニューヨークに改名した。

▲1776年頃の13植民地

## 独立戦争

　イギリスはフランスとの植民地戦争によって財政が苦しくなると、1765年に印紙法を制定して13植民地への課税を強化した。植民地の人々は「代表なくして課税なし」と主張して、これに抵抗した。さらに、茶の販売権をめぐって1773年にボストン茶会事件をおこした。これにより、植民地側はイギリス本国との対立を深め、独立を望む声が高まった。

> 『ボストン茶会事件』
> 　1773年、茶の販売権をイギリス東インド会社が独占する法律が制定され、これに反対した市民が、東インド会社の船の茶を海に捨てた事件。

1775年、ボストン近くのレキシントンなどでの衝突をきっかけにアメリカ独立戦争（1775〜83年）が始まり、独立軍は総司令官ワシントンの指揮のもと、抵抗を続けた。1776年1月、アメリカ独立の必要性を説いたトマス・ペインの著書『コモン・センス』が出版されると、独立を望む声はさらに高まった。そして、同年7月、ジェファソンらが中心となってつくられた独立宣言が発表された。これには、ロック（☞ p.186）の思想的影響が見られる。その後、フランス・スペインが独立軍を支援してイギリスに宣戦布告（戦争開始の宣言）し、1781年に独立軍はヨークタウンの戦いでイギリス軍に勝利した。

ヨークタウンの戦いの後、1783年に植民地とイギリス本国との間でパリ条約が結ばれ、イギリスはアメリカの独立を承認し、ミシシッピ川より東のルイジアナを譲り渡した。

## 合衆国憲法の制定

独立後のアメリカは、13州のゆるやかな連合体であり、各州が独自の憲法をもつなど、中央政府の権限は小さかった。産業の発展と社会の安定をはかるため、強力な権限を持った中央政府を樹立する要求が高まった。1787年に世界最初の近代的成文憲法（文書化した憲法）である合衆国憲法が制定され、人民主権・連邦主義・三権分立の原則（☞ p.187）などが定められた。そして、1789年に連邦政府が誕生し、最初の大統領にワシントンが選ばれた。

ワシントン
(1732-99)

# ❸ フランス革命

## 旧制度のフランス

絶対王政下のフランスは、アンシャン・レジーム（旧制度）とよばれる身分制度の社会で、3つの身分に分かれていた。そのうち、第一身分（聖職者）・第二身分（貴族）は多くの特権を持っていた。しかし、第三身分（平民）は政治的権利を与えられることなく重い税の負担に苦しみ、低い社会的地位に不満を持っていた。

## 革命の始まりと流れ

フランスは他国との戦争やアメリカの独立革命への支援などで深刻な財政難になっていた。このため、国王ルイ16世は特権身分へ課税しようとした。しかし、貴族らはこれに反対し、三部会（第一身分・第二身分・第三身分の代表からなる身分制議会）を開くように要求した。

1789年5月、三部会が開かれると、特権身分と第三身分が議決方法をめぐって対立し

た。第三身分と一部の貴族は三部会を脱退して国民議会をつくり、憲法制定まで国民議会を解散しないと誓った（球戯場〈テニスコート〉の誓い）。こうした動きをおそれたルイ16世は、武力で議会を抑えようとした。そのため、パリの市民は絶対王政の象徴で政治犯などが捕まっていたバスティーユ牢獄を襲った。続いてフランス各地で農民暴動がおき、ここにフランス革命（1789〜99年）が始まった。

　1789年8月には、国民議会のラ・ファイエットらによって人権宣言が出され、自由と平等、国民主権などを明らかにした。人権宣言には、アメリカ独立宣言やルソー（☞ p. 186）の思想的影響が見られ、その後、多くの近代国家憲法に影響を与えた。

　1791年、立法議会が成立し、革命の広がりをおそれるオーストリアやプロイセン（ドイツ）との間に戦争がおこった。フランス国内では1792年に王政（君主政）が廃止され、国家に王をおかない共和政国家となった（第一共和政、1792〜1804年）。しかし、議会内で対立がおこり、ロベスピエールが独裁政治（個人が権力を独占して行う政治）を行うなど、ナポレオンの登場まで混乱した状態が続いた。

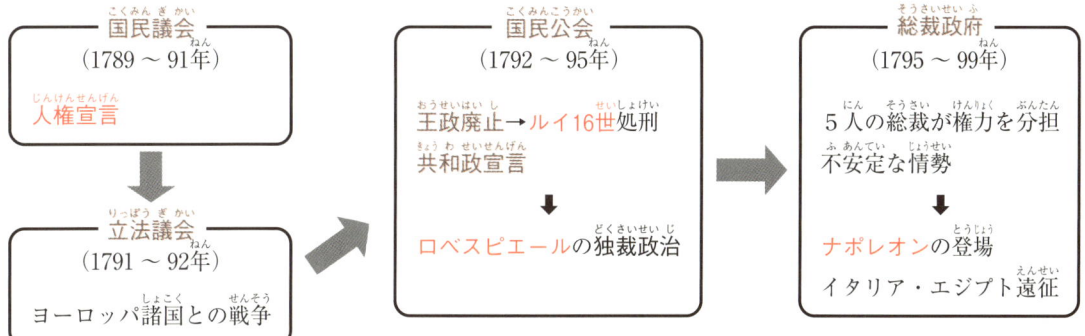

▲フランス革命における議会の流れと主なできごと

## ナポレオンのヨーロッパ支配

　1799年、ナポレオンは軍事クーデタ（ブリュメール18日のクーデタ）で総裁政府を倒し、統領政府（1799〜1804年）を樹立して第一統領となった。ここにフランス革命は終わった。

　1804年にナポレオンは、革命の成果をまとめたナポレオン法典を制定し、私有財産の不可侵（個人の財産は勝手に奪われないこと）や個人の自由・平等を保障した。ナポレオンは国民の支持を得て、同年、国民投票によって皇帝（ナポレオン1世）となり、第一帝政を開いた。そして、ヨーロッパ大陸支配へと乗り出し、イギリスを除くヨーロッパのほとんどを支配下においた。

　1806年、ナポレオンは、イギリスに対して大陸封鎖令を出し、大陸諸国とイギリスとの貿易を禁止した。1812年、ロシアが大陸封鎖令をやぶってイギリスとの貿易を再開すると、ナポレオンはモスクワ遠征を行った。しかし、これに失敗し、さらに、イギリスを中心とするヨーロッパ諸国に敗れ、1814年に退位した。翌年、再び帝位についたが、

1815年のワーテルローの戦いで敗れた。

　1796年のイタリア遠征から1815年までのナポレオン軍とヨーロッパ諸国との戦争をナポレオン戦争という。

　フランスでは王政が復活し、戦後処理のためウィーン会議が開かれた（☞ p. 83）。

ナポレオン
（1769-1821）

# ❹ 産業革命

## 産業革命とは何か

　産業革命とは、機械の発明による生産技術上の大きな変革と、それにともなう産業・経済・社会の大きな変革のことである。これにより、工場での大量生産が始まり、資本主義が発達した。産業革命は18世紀後半にイギリスで始まり、他国へ広がっていった。

## 産業革命の背景

　イギリスで産業革命がおこったのは、次のような背景がある。

❶ 資本の蓄積…イギリス本国とアメリカ大陸・アフリカ大陸を結ぶ三角貿易（17〜18世紀）により、イギリスに多くの資本が集まった。

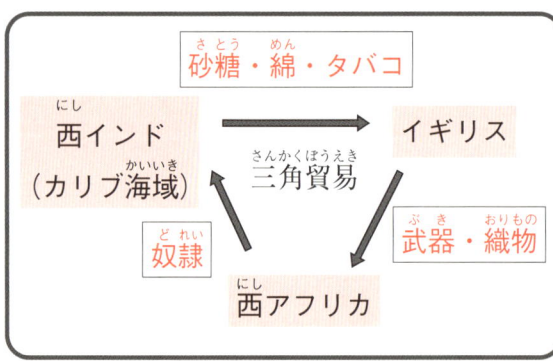

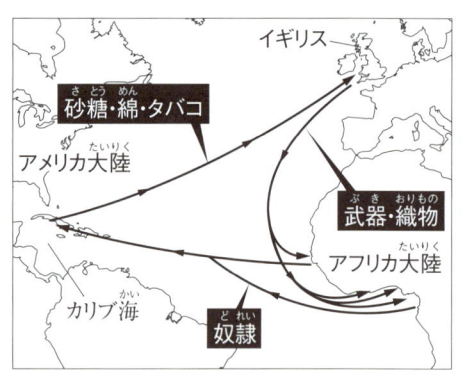

❷ 都市の労働者の増加…地主が農地などを1つにして大農地をつくった（囲い込み運動〈エンクロージャー〉）ため、土地を失った農民が労働者として都市に流れた。

❸ 広大な市場…植民地戦争での勝利によって、市場と安い原料を獲得した。

❹ 豊富な資源…機械の燃料や原料になる石炭や鉄鉱石を多く持っていた。

## 産業革命の流れ

綿製品の需要の高まりにより、イギリスでは18世紀半ば頃から良質で安い綿製品を大量につくる機械が発明された。綿工業からおこった産業革命は、動力の発明や交通手段の革命ももたらした。

| 年 | 人　物 | 発明・改良・その他 |
|---|---|---|
| 1733 | ジョン・ケイ | 飛び杼（布を織るときに使う装置） |
| 1764 | ハーグリーヴズ | ジェニー(多軸)紡績機（同時にたくさんの糸をつくる機械） |
| 1768 | アークライト | 水力紡績機 |
| 1769 | ワット | 蒸気機関を改良➡動力として実用化 |
| 1779 | クロンプトン | ミュール紡績機 |
| 1785 | カートライト | 力織機（蒸気の力で布を織る機械） |
| 1807 | フルトン | 蒸気船の試運転に成功 |
| 1814 | スティーブンソン | 蒸気機関車を開発➡交通・運輸上の大変革 |

＊アメリカ人のフルトン以外は、すべてイギリス人　　＊ジェニー紡績機の発明は1767年説もある。

## 産業革命の影響

産業革命によって資本主義が確立し、自由主義経済が発展した。イギリスは1830年代に世界の工場としての地位を得て、安い製品を大量に世界に輸出するようになった。

産業革命はイギリスの社会生活を大きく変えた。マンチェスター・バーミンガムなどの工業都市が現れ、綿製品の輸出で栄えたリヴァプールなどの貿易港が発達した。

一方で、産業革命によって深刻な都市問題や労働問題が生まれた。都市の人口が急に増えたことで、スラム街がつくられ、労働者は不衛生な生活環境におかれた。

また、労働者は長時間・低賃金という、ひどい条件のもとで働かされており、資本家と労働者との階級対立もおこるようになった。

1810年代には、機械化によって失業した手工業職人などの労働者による、機械打ち壊し運動（ラダイト運動）がおこった。

▲産業革命時代のイギリス

こうした問題を背景に、政府は1802年以降、何度も工場法を制定して労働条件の改善をはかった。また、労働者が団結して地位の向上を求める労働運動が活発になった。さらに、資本主義を批判し、社会的不平等を正そうという社会主義思想も生まれた（☞ p. 124）。そして、1864年にロンドンで、世界初の国際的な労働者の組織である第1インターナショナル（国際労働者協会）が結成された（☞ p. 165）。

## 産業革命の広がり

　イギリスで始まった産業革命は、19世紀前半にはベルギー・フランス・ドイツなどの西ヨーロッパ諸国やアメリカに広がり、19世紀後半にはロシアや日本にも広がった。

## 2 国民国家の形成

## ❶ ウィーン体制

### ウィーン会議 Point

　1814年、フランス革命とナポレオン戦争（☞ p.79）によって生じた混乱を終わらせ、新しいヨーロッパの秩序をつくるため、オーストリア外相の**メッテルニヒ**を議長として**ウィーン会議**（1814〜15年）が開かれた。

　会議ではフランス外相のタレーランが唱えたフランス革命前の秩序に戻すという**正統主義**が採用され、ヨーロッパ各国の勢力均衡がはかられた。そして、1815年に**ウィーン議定書**が調印（代表者が承認のサインをすること）された。

| | | |
|---|---|---|
| **イギリス** | オランダからセイロン島・ケープ植民地を獲得 | |
| **フランス** | ルイ18世が国王となり、王政が復活 | |
| **オーストリア** | イタリア北部（ヴェネツィアなど）を獲得 | **ドイツ連邦を形成**（35の君主国と4つの自由市） |
| **プロイセン** | ドイツ西部のラインラントを獲得 | |
| **オランダ** | ベルギーを併合（他国の領土を自国の領土とすること）する。 | |
| **スイス** | 永世中立国となる。 | |
| **ロシア** | 皇帝がポーランド国王を兼ねる。 | |

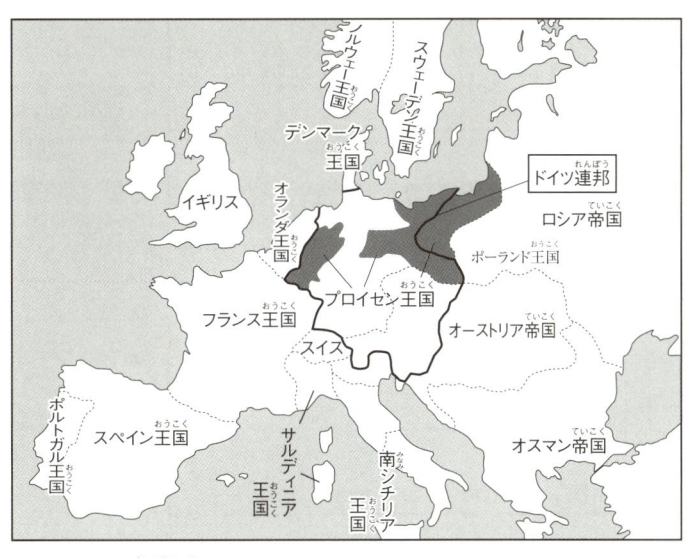

▲ウィーン体制下のヨーロッパ

ヨーロッパ各国の国王は、革命が再びおこることをおそれた。そのため、1815年にロシア皇帝アレクサンドル１世のよびかけで、ロシア・プロイセン・オーストリアは神聖同盟を結び、さらにイギリスを加えて四国同盟が結ばれた。

このように、ヨーロッパの秩序を革命前の秩序に戻した保守・反動体制をウィーン体制（1815 ～ 48年）という。

# ❷ ウィーン体制の動揺と崩壊

### ラテンアメリカ（中南米）諸国の独立

スペイン・ポルトガルの植民地であったラテンアメリカでは、18世紀末になると、植民地生まれの白人大地主クリオーリョを中心に独立運動がおこった。

オーストリアをはじめとするウィーン体制諸国は、ラテンアメリカの独立運動に干渉（他国のことに口を出すこと）しようとしたが、アメリカのモンロー大統領は、1823年にモンロー宣言を出して、アメリカ大陸とヨーロッパが互いに干渉しないこと（相互不干渉）を宣言した。これは、1899年までのアメリカ孤立主義外交の基本となった。さらに、イギリスも独立を支援したため、干渉は失敗した。こうして、ラテンアメリカでは、1810年代から20年代にかけて次々と独立国が生まれた。

| ハイチ | 1804 | フランスより独立。<br>中南米最初の独立国 |
|---|---|---|
| コロンビア | 1819 | スペインより独立。<br>シモン・ボリバルが独立運動を指導 |
| ベネズエラ | 1819 | |
| ボリビア | 1825 | |
| アルゼンチン | 1816 | スペインより独立。<br>サン・マルティンが独立運動を指導 |
| チリ | 1818 | |
| ペルー | 1821 | |
| メキシコ | 1821 | スペインより独立。<br>イダルゴが独立運動を指導 |
| ブラジル | 1822 | ポルトガルより独立。<br>以後、19世紀末まで帝政 |

▲ラテンアメリカ諸国の独立

## ギリシアの独立

オスマン帝国（トルコ）の支配からの独立をめざすギリシアは、東地中海への進出をめざすロシア・イギリス・フランスの支援を受けて、1829年に独立した。

## フランス七月革命とその影響

王政が復活したフランスでは、シャルル10世が選挙資格の制限や言論の取り締まりを強化するなどの命令を出すと、これに反対するパリ市民が1830年にパリで暴動をおこした。そして、シャルル10世のかわりにルイ・フィリップを国王に迎え、七月王政が成立した。これを七月革命という。

七月革命によってウィーン体制の一部が崩れたことは、ヨーロッパ各国に影響を与えた。1831年にオランダからベルギーが独立し、ポーランド・ドイツ・イタリアでも反乱がおこった。イギリスでは、1832年に選挙法が改正（見直して新しくすること）され、産業資本家（ブルジョワジー）に選挙権が与えられた。

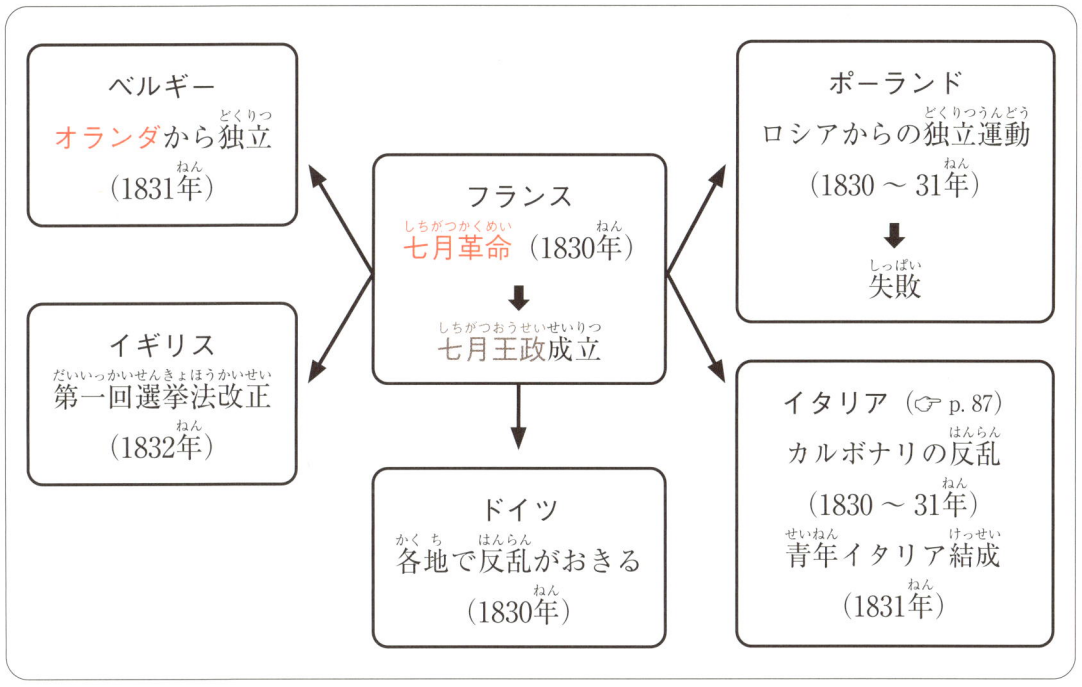

▲七月革命の影響

## フランス二月革命

七月革命後、フランスでは産業革命がすすみ、大資本家が社会の実権をにぎって選挙権も独占した。これに対し、中小資本家や労働者は選挙権の拡大を求めた。しかし、拒否されたために、1848年2月にパリの市民が暴動をおこし、国王ルイ・フィリップはイギリスへ逃げた。これを二月革命という。この結果、第二共和政が成立（1848～52年）し、

選挙によってナポレオン1世の弟の子であるルイ・ナポレオンが大統領に選ばれた。

二月革命の影響は、オーストリア・ドイツ（プロイセン）へと広がり、1848年3月に三月革命がおこった。これによって、ウィーン体制は崩壊した。

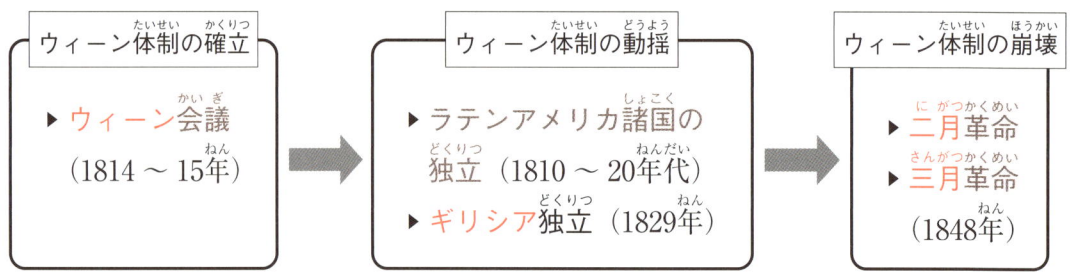

| ウィーン体制の確立 | ウィーン体制の動揺 | ウィーン体制の崩壊 |
|---|---|---|
| ▶ ウィーン会議（1814〜15年） | ▶ ラテンアメリカ諸国の独立（1810〜20年代）<br>▶ ギリシア独立（1829年） | ▶ 二月革命<br>▶ 三月革命（1848年） |

## 1848年革命の意義

フランス革命の成果をすべて否定した保守的なウィーン体制下では、ヨーロッパ各地で個人の自由・平等、参政権の獲得などを求める自由主義運動がおこった。これらの運動は弾圧されて失敗したが、1848年の革命は自由主義や民主主義思想が拡大するきっかけとなった。イギリスやフランスでは自由・民主主義改革による国民の統合がすすめられ、ドイツやイタリアでは民族の自立をめざして国家統一運動がすすめられた。

# ❸ ヨーロッパ世界の再編

## イギリス

産業革命後、イギリスでは、自由主義的な改革がすすめられ、19世紀半ばから20世紀初めのヴィクトリア女王の時代に最も栄えた。1832年の第1回選挙法改正によって選挙権が与えられた産業資本家（ブルジョワジー）は、発言権を増し、産業資本家の利益を代表する自由党と地主の利益を代表する保守党の2大政党制が実現した。しかし、都市労働者には選挙権が与えられなかったため、普通選挙を要求するチャーチスト運動がおこり、1848年の二月革命の影響を受けて運動は高まった。

ヴィクトリア女王
（1819-1901）

経済的には、東インド会社の貿易独占権や、外国産の小麦やライ麦などの穀物に高い関税をかけて地主を保護する穀物法を廃止するなど、自由貿易体制が確立されていった。対外的には帝国主義政策をすすめ、インドを直接統治して、1877年にインド帝国を成立させた（☞ p. 92）。また、スエズ運河会社株の買収などによってエジプトを支配下においた。さらに、イギリス人が多く移住したカナダを最初の自治領（自治権をもつ植民地）とし、その後、20世紀になってオーストラリア・ニュージーランド・南アフリカも自治領となった。

## フランス

　二月革命で大統領となったルイ・ナポレオンは、1852年に国民投票によって皇帝ナポレオン3世となり、帝政が復活した（第二帝政）。ナポレオン3世は人気を守るため、クリミア戦争（1853～56年）（☞ p.88）、アロー戦争（1856～60年）（☞ p.93）、インドシナ出兵（1858～67年）（☞ p.93）、イタリア統一戦争（1859年）、メキシコ出兵（1861～67年）など次々と戦争を展開した。しかし、1870年にドイツ（プロイセン）との戦争で捕らえられて退位した（第二帝政崩壊）。

　帝政にかわって成立した臨時政府は、ドイツ（プロイセン）に有利な講和条約を結んだ。これを不満とするパリの市民は、1871年に世界初の労働者による自治政府であるパリ・コミューンを誕生させた。しかし、ドイツ軍と臨時政府軍の攻撃によって2ヵ月で倒され、第三共和政（1870～1940年）が成立した。

## イタリア

　長い間小国に分裂していたイタリアでは、フランス七月革命後、秘密結社カルボナリや青年イタリアのマッツィーニらによるイタリア統一運動がおこった。しかし、北部を支配していたオーストリアなどによって弾圧され、ともに失敗した。

　その後、北イタリアの小王国サルディニアが統一運動の中心となった。国王エマヌエーレ2世のもとで首相となったカヴールは、1859年にオーストリアと開戦し、フランスの援助を得て勝利した（イタリア統一戦争）。そして、北イタリアを統一したサルディニア王国は、1861年に青年イタリアのガリバルディが征服したシチリア・南イタリアを譲り受けた。こうして、イタリア王国（1861～1946年）が成立した。

## ドイツ 🍀Point

　ウィーン体制のもと、ドイツではオーストリアやプロイセンなど35の君主国と4つの自由市によって構成されたドイツ連邦が形成されていた。1848年3月にベルリンで三月革命がおこると、ドイツ各地で自由主義運動が高まり、フランクフルト国民議会が開かれて、ドイツの統一が議論された。しかし、統一方法をめぐってオーストリアを中心に統一をめざす大ドイツ主義と、オーストリアを除いてプロイセン中心に統一をめざす小ドイツ主義とが対立した。

ビスマルク
（1815-1898）

　1862年、プロイセン国王ヴィルヘルム1世のもとで首相となったビスマルクは、軍事力によるドイツの統一をはかる鉄血政策をすすめた。プロイセンは、1866年にプロイセン・オーストリア戦争でオーストリアに勝利し、ドイツ連邦は解体した。そして、オーストリアはオーストリア・ハンガリー帝国（1867～1918年）となった。ドイツ統一を

強力なものとするため、ビスマルクは1870年に**プロイセン・フランス戦争**（〜1871年）をおこして、フランスに勝利した。こうして、1871年にヴィルヘルム１世を皇帝とする**ドイツ帝国**（1871〜1918年）が成立した。

　帝国の宰相となったビスマルクは、**保護貿易政策**をとって、鉄鋼や化学工業などを急成長させた。そして、工業の発達とともに社会主義運動が強まると、これを弾圧する一方、社会保険制度を整備して労働者の生活改善をはかった（☞ p. 247）。

## ◯ロシア

　皇帝による専制政治（ツァーリズム）のもとで農奴制が残るロシアは、社会的発展が遅れていた。1825年に専制政治と農奴制の廃止を求める**デカブリストの乱**がおこるが、弾圧され、自由主義的改革がすすまなかった。

　ロシアは対外的には、冬でも凍らない不凍港を求めて南へ領土を拡大する**南下政策**をすすめており、1853年に黒海から地中海への出口をおさえる**オスマン帝国**（トルコ）に対し開戦した。これに対し、イギリス・フランスがオスマン帝国（トルコ）を支援し、1856年にロシアは敗れた（**クリミア戦争**、1853〜56年）。

　クリミア戦争後、ロシアは自由主義的改革をすすめ、1861年に**農奴解放令**が出され、農奴に自由が与えられた。しかし、皇帝が再び専制を強化すると、都市の知識人階級のなかには、農民を啓蒙（教え導くこと）して社会の改革をめざす**ナロードニキ**（人民主義者）も現れた。

---

**『農奴』**
　地主に所有され、地主の土地を耕し、税を納める義務が課せられていた農民。移動や職業を選ぶ自由はなかった。

**『クリミア戦争』**
　クリミア戦争（1853〜1856年）では、イギリスの**ナイティンゲール**が敵・味方の区別なく戦場で負傷者の看護をした。また、『戦争と平和』で知られるロシアの作家**トルストイ**は、この戦争に参加し、その後、反戦平和を唱え、世界中に影響を与えた。

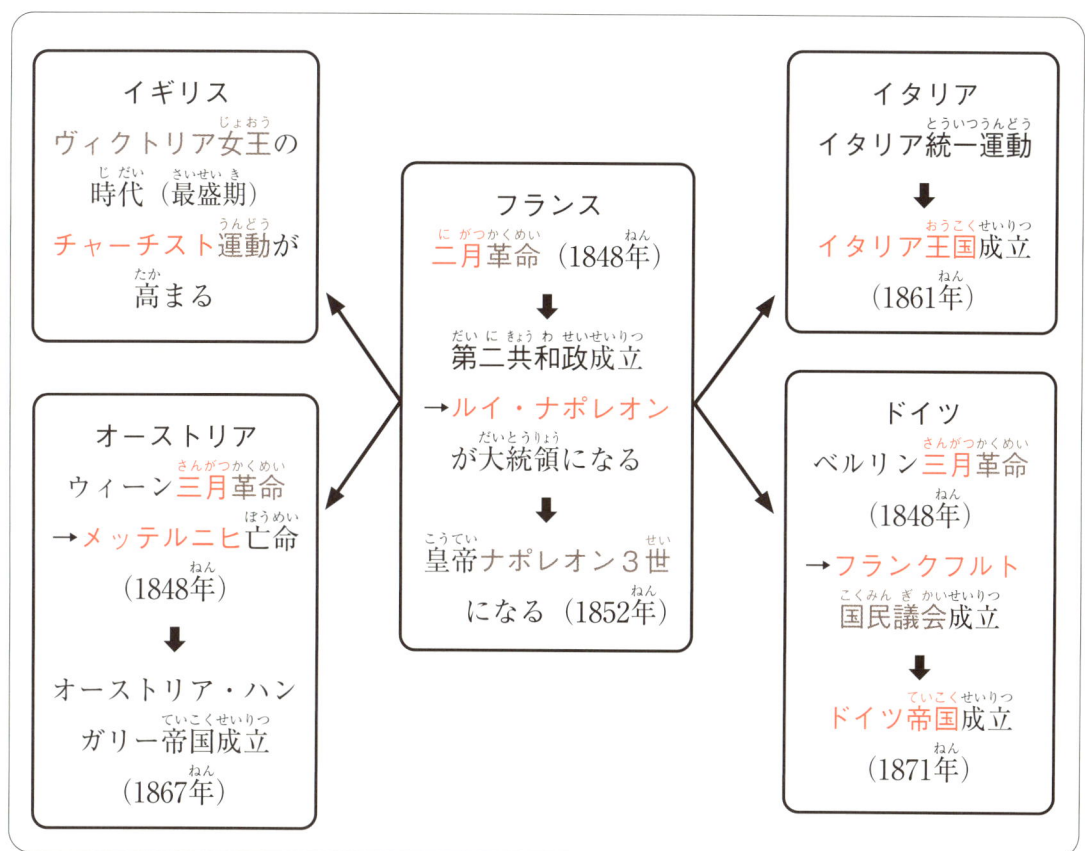

▲二月革命の影響とその後

# ❹アメリカ合衆国の発展と南北戦争

## イギリスからの自立

ナポレオン戦争中（1796 ～ 1815年）に中立の立場をとったアメリカは、イギリスの海上封鎖（軍事力で他国の海上交通を止めること）によって海上貿易ができなくなった。そのため、1812年にアメリカ・イギリス戦争（1812 ～ 14年）がおこった。

イギリスとの貿易が止まったアメリカでは経済的自立がすすみ、東北部の工業、南部の綿花栽培、西部の穀物生産が発達した。

## 領土の拡大　Point

アメリカは、1783年の独立時にミシシッピ川より東のルイジアナを獲得し、19世紀初めにはフランスからミシシッピ川より西のルイジアナを購入した。その後も買収や併合、メキシコとの戦争などによって領土を次々に拡大し、19世紀半ばごろには大西洋から太平洋に至る広大な国家に発展した。

領土が西方へ拡大するにつれて開拓も急速にすすめられ、東部やヨーロッパからやってきた移民は、フロンティア（アメリカ西部における開拓地と未開拓地との境界）を西方へと移動させていった。しかし、それは先住民（ある民族が移り住む前からそこに住んでいた人々）であるインディアンの土地を一方的に奪うものでもあった。

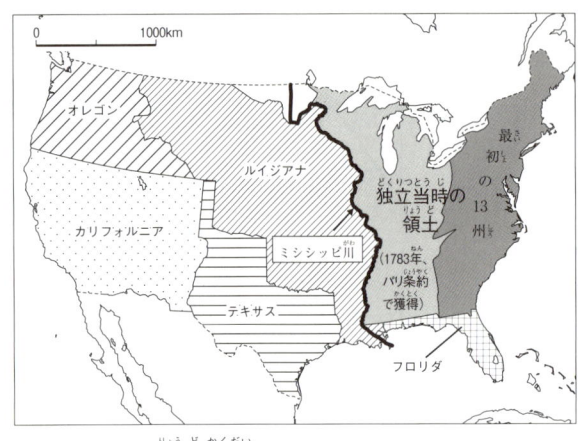

▲ アメリカの領土拡大

| ミシシッピ川より西のルイジアナ | フランスから購入（1803年） |
|---|---|
| フロリダ | スペインから購入（1819年） |
| テキサス | 併合（1845年） |
| オレゴン | 併合（1846年） |
| カリフォルニア | アメリカ・メキシコ戦争後、メキシコから獲得（1848年） |
| アラスカ | ロシアから購入（1867年） |

## 南北戦争

　アメリカ合衆国の南部と北部は、経済的な構造の違いから地域対立を生んでいた。

　南部は、黒人奴隷による大規模な綿花・タバコなどの栽培を中心に大農園（プランテーション）が発達し、農産物をイギリスなどに輸出していたため、自由貿易や州の強い自治権、西部への奴隷制の拡大を望んだ。

　一方、北部は商工業が発展途上にあったため、連邦政府の強化による国内市場の拡大と保護貿易を求め、奴隷制に反対していた。

| | 経済基盤 | 貿易政策 | 奴隷制 | 支持政体 | 支持政党 |
|---|---|---|---|---|---|
| 南 部 | 大農園制 | 自由貿易 | 賛成 | 州権主義 | 民主党 |
| 北 部 | 商工業 | 保護貿易 | 反対 | 連邦主義 | 共和党 |

『アンクルトムの小屋』
　　1852年に出版されたストウ夫人の小説。黒人奴隷を主人公とし、奴隷制反対の世論を高めた。

1861年に、北部出身で奴隷制の拡大に反対する共和党のリンカーンが大統領になると、翌年に南部11州が合衆国から脱退（団体・組織から抜けること）し、南北戦争（1861〜65年）が始まった。

国の分裂をおそれたリンカーンは、1862年、西部開拓民に土地を無償で提供するホームステッド法（自営農地法）を制定して支持を獲得した。翌年、奴隷解放宣言を発表して、国の内外に北部が戦争することの正しさをアピールした。そして、南北戦争最大の戦いであるゲティスバーグの戦いで北軍が南軍に勝利し、1865年に戦争は終わった。ゲティスバーグの戦いの勝利後、リンカーンは、民主政治の本質を示した有名なゲティスバーグの演説を行った（☞ p.186）。

南北戦争後、再統一されたアメリカでは、北部資本による南部・西部の経済支配が確立した。黒人奴隷は解放されたが、黒人に対する人種差別はその後も続いた（☞ p.232）。

1869年には大陸横断鉄道が完成し、西部の市場を得て、アメリカは大きく発展した。しかし、1890年代にフロンティアがなくなると、以後、市場を求めて海外に進出する動きが強まっていった（☞ p.95）。

リンカーン
（1809-1865）

II 歴史

▼主なアメリカ大統領とできごと

| 大統領 | 主なできごと | 大統領 | 主なできごと |
|---|---|---|---|
| ワシントン | 初代大統領 | ケネディ | キューバ危機（1962） |
| モンロー | モンロー宣言（1823） | ジョンソン | 「偉大な社会計画」提唱（1965）<br>北爆開始（1965） |
| リンカーン | 南北戦争（1861〜65）<br>奴隷解放宣言（1863） | ニクソン | 金・ドル交換停止（1971）<br>ヴェトナム和平協定（1973） |
| マッキンリー | アメリカ＝スペイン戦争（1898） | レーガン | レーガノミクス政策（1981〜）<br>「強いアメリカ」 |
| T. ローズヴェルト | 日露戦争の講和を仲介（1905） | ブッシュ（父） | マルタ会談（1989）<br>湾岸戦争（1991） |
| ウィルソン | 第一次世界大戦参戦（1917）<br>平和14原則発表（1918） | ブッシュ（子） | イラク戦争（2003） |
| F. ローズヴェルト | ニューディール政策（1933〜35） | オバマ | 黒人初の大統領 |
| トルーマン | トルーマン・ドクトリン（1947） | ＊▨▨▨の大統領は共和党出身 | |

# ③ 帝国主義と植民地化

## ❶ ヨーロッパ諸国のアジア侵略

### ◖イギリスのインド進出

　18世紀に入ると、インド（ムガール帝国）は分裂状態となり、イギリス東インド会社が勢力を伸ばした。東インド会社軍は、1757年のプラッシーの戦いでフランスに勝利し、19世紀半ば頃までにはインドのほぼ全域を支配下においた。

　インドは綿製品の輸出国であったが、イギリスで産業革命がすすむと、イギリスの安い綿製品がインドへ入ってくるようになった。このため、インドはイギリスに綿製品の原料である綿花を供給し、イギリスの綿製品を買う市場に変わっていった。

　こうした中、イギリス支配に対するインドの人々の不満は高まり、1857年に東インド会社に雇われたインド人兵士シパーヒー（セポイともいう）が反乱をおこした（1857〜59年）。このためイギリスは、東インド会社を廃止してインドを直接統治することにし、1877年にヴィクトリア女王（☞ p.86）がインド皇帝を兼ねるインド帝国が成立した。

### ◖東南アジアの植民地化

　19世紀に産業革命がすすむと、ヨーロッパ諸国は市場や資源を求めて、東南アジアの植民地化をすすめた。

　植民地では、プランテーション（特定の作物をつくる大規模農場）を経営し、コーヒー・サトウキビ・茶・ゴムなどヨーロッパ本国（植民地を支配する国）に輸出する作物をつくらせた。このため、植民地は第二次世界大戦後に独立した後も、経済発展が遅れることになった（☞ p.230）。

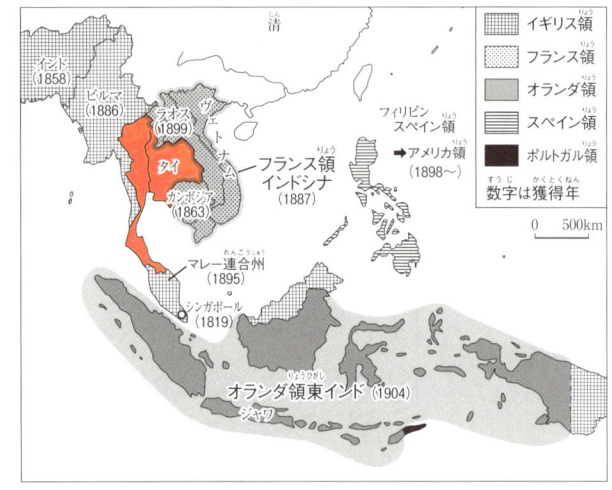

▲東南アジアの植民地化　　＊タイは唯一の独立国

| イギリス | ▶ ビルマ（ミャンマー）をインド帝国に併合 |
|---|---|
| | ▶ シンガポールなどの海峡植民地を獲得 |
| | ▶ マレー連合州（マライ連邦）を保護領とする。 |
| フランス | ▶ インドシナを侵略…カンボジア・ヴェトナムを保護国（形の上では独立国だが、外交・財政・軍事などを他国に握られている国）とし、インドシナ連邦を形成 ➡ ラオスを編入 |
| オランダ | ▶ インドネシアで勢力拡大…オランダ領東インドを形成 |
| スペイン | ▶ フィリピンを領有 |
| | └▶ アメリカ・スペイン戦争（1898年）後はアメリカが領有 |

## アヘン戦争

18世紀後半以降、イギリスは中国（清）との貿易をほぼ独占するようになった。貿易は東インド会社を通じて行われ、イギリスは中国（清）から茶・絹などを輸入していた。茶がイギリス人の生活に欠かせないものになると、中国からの輸入量が増え、大量の銀を中国に支払うことになった。そのためイギリス

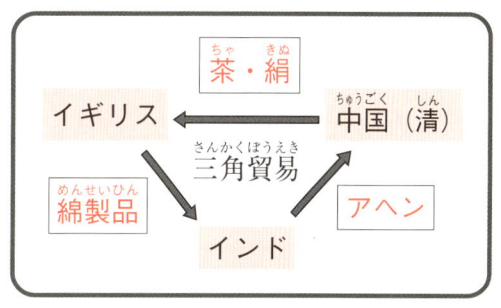

は、綿製品をインドに輸出した代金で買ったインド産アヘンを中国に輸出し、中国から茶や絹を輸入するという三角貿易を行った。

その結果、中国ではアヘンが流行し、イギリスに大量の銀を支払うことになった。そこで、中国はアヘンの貿易を強力に取り締まったため、1840年にイギリスは中国に宣戦布告し、アヘン戦争（1840〜42年）がおこった。イギリスに敗れた中国は、1842年に南京条約を結び、香港はイギリスへ譲り渡され、上海など５港の開港が決まった。

さらに貿易上の利益を得るために、1856年、イギリスはフランスとともに中国に出兵した（アロー戦争〈第二次アヘン戦争〉）。これに敗れた中国は、1858年に天津条約を、続いて1860年に北京条約を結んで、天津など11港の開港やキリスト教布教の自由などを取り決めた。

# ❷ 帝国主義時代の欧米列強

## 帝国主義とは何か

　帝国主義とは、19世紀末から20世紀にかけて、主にヨーロッパ列強（世界規模の影響力を持つ強国）が市場や資源を求めて、他国の領土を植民地として支配・分割する動きのことである。世界分割をめぐる対立は帝国主義をすすめる列強の間で激しくなり、第一次世界大戦（☞ p.99）を引きおこす要因になった。

## アフリカの分割

　19世紀後半以降、ヨーロッパ列強によるアフリカ分割が本格化し、列強の間で対立もおこった。そのため、1884〜85年にかけてドイツの宰相ビスマルク（☞ p. 87・247）の提唱によって、アフリカ分割に関するベルリン会議が開かれた。そこで結ばれた協定で、植民地にするには実効支配が行われていること、ある地域を最初に占領した国がその地域の領有権をもつ（先占権）という原則が確認された。この結果、列強によるアフリカ分割がすすみ、20世紀初めにはリベリアとエチオピア以外はすべて列強の植民地・保護領となった。

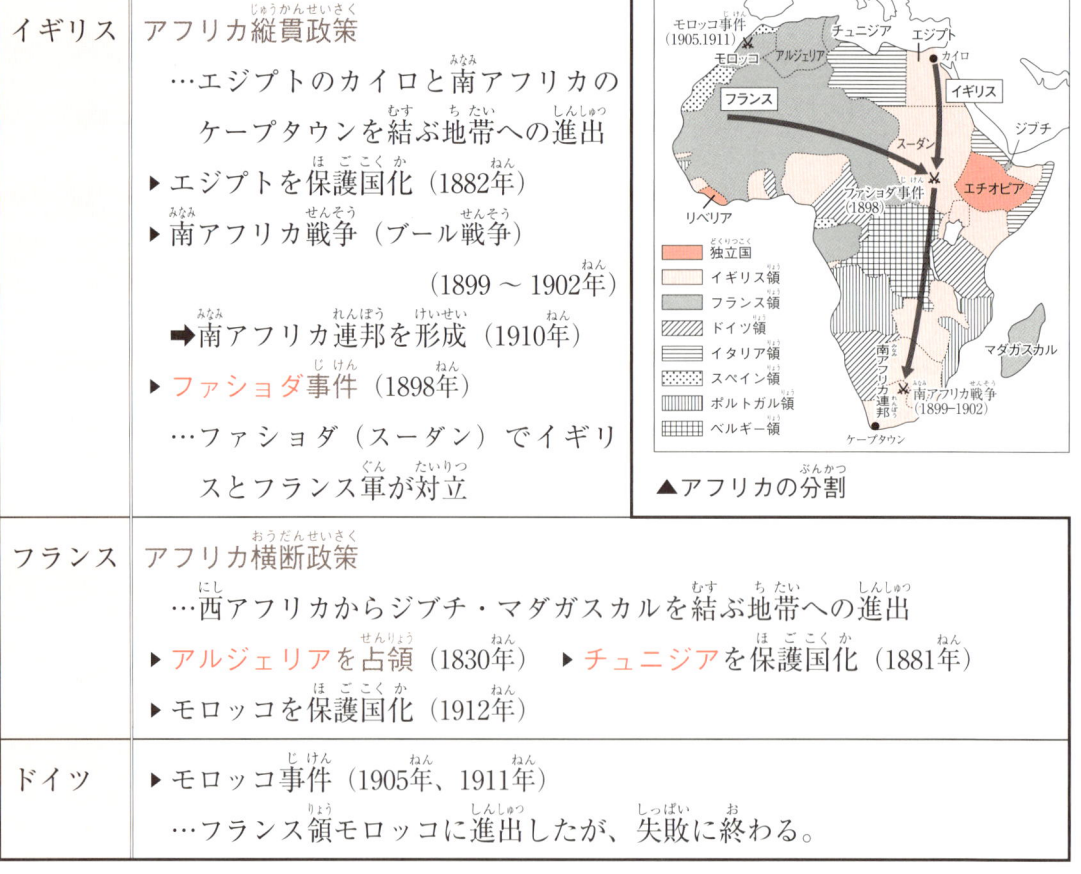

| イギリス | アフリカ縦貫政策 |
|---|---|
|  | …エジプトのカイロと南アフリカのケープタウンを結ぶ地帯への進出 |
|  | ▶ エジプトを保護国化（1882年） |
|  | ▶ 南アフリカ戦争（ブール戦争）（1899〜1902年） |
|  | ➡ 南アフリカ連邦を形成（1910年） |
|  | ▶ ファショダ事件（1898年） |
|  | …ファショダ（スーダン）でイギリスとフランス軍が対立 |
| フランス | アフリカ横断政策 |
|  | …西アフリカからジブチ・マダガスカルを結ぶ地帯への進出 |
|  | ▶ アルジェリアを占領（1830年）　▶ チュニジアを保護国化（1881年） |
|  | ▶ モロッコを保護国化（1912年） |
| ドイツ | ▶ モロッコ事件（1905年、1911年） |
|  | …フランス領モロッコに進出したが、失敗に終わる。 |

▲アフリカの分割

独立国／イギリス領／フランス領／ドイツ領／イタリア領／スペイン領／ポルトガル領／ベルギー領

## 太平洋地域の分割－アメリカの勢力拡大 ★Point

　ヨーロッパ列強による分割は太平洋地域にも及んだ。イギリスは、オーストラリア・ニュージーランドを自治領とし、フランスはタヒチ島を中心とするフランス領ポリネシアを形成し、ドイツはマリアナ諸島などを領有した。

　アメリカも1890年代にフロンティアがなくなると、市場を求めて海外に進出した。1898年、アメリカのマッキンリー大統領は、アメリカ・スペイン戦争でスペインに勝利し、フィリピンやグアム島、プエルトリコを獲得した。また、1902年にスペインからの独立を求めていたキューバを独立させた。そして、1898年にハワイも併合した。

　また、アメリカは、ヨーロッパ列強に独占されている中国市場に進出するため、1899年に国務長官ジョン・ヘイが中国市場の開放を求める門戸開放宣言を出した。さらに、セオドア・ローズヴェルト大統領は、カリブ海に勢力を広げる政策をすすめ、1903年からパナマ運河の永久租借権（期限を定めないで借りる権利）を得た。

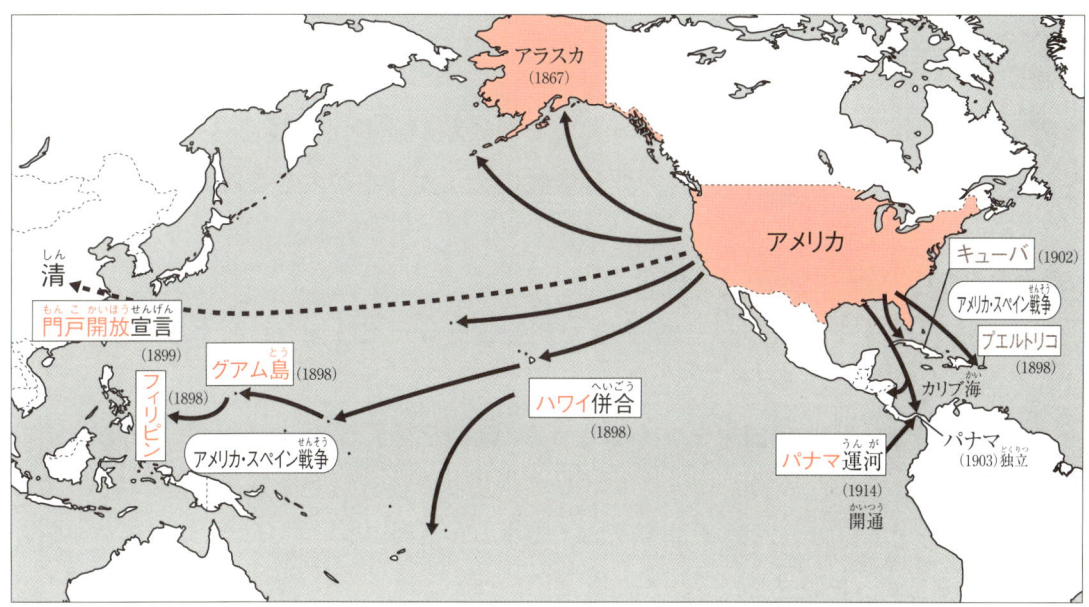

▲アメリカの海外進出

# 4 日本の近代化とアジア

## ❶ 日本の近代化

### 開国

　日本では、17世紀半ば以降、江戸幕府によってオランダ・中国・朝鮮・琉球（沖縄）以外の国との交渉を閉ざす鎖国政策がとられていた。しかし、1853年、アメリカのペリーが蒸気船（黒船）を率いて来航し、武力を背景に開国を要求した。そのため、幕府は翌年、日米和親条約を結び、下田・箱館の２港を開港した。

　1858年には、アメリカの初代総領事（外国で自国の貿易の推進や国民の保護を行う領事館の長）であるハリスとの間で日米修好通商条約が結ばれ、翌年に横浜などが開港されて貿易が始まった（☞ p. 151）。続いてイギリスなどとも同様の条約を結んだ。これらの条約は、①日本に関税自主権（自国の関税率を自主的に決めることのできる権利）がなく、②外国に領事裁判権（外国人が自国の法律で裁判を受ける権利）を認めるといった不平等条約であった。そのため、その後、不平等条約の改正が日本の大きな外交目標となった。

### 明治政府の中央集権化政策と近代化

　江戸幕府にかわって1867年末に成立した明治政府は、天皇を中心とする組織を整え、中央集権化を確立していった（明治維新）。

　また、明治政府は、近代国家をつくるために、経済を発展させ、軍事力の強化をはかった（富国強兵）。そのために、ヨーロッパやアメリカの経済制度や先進技術を導入して、近代産業を育てる殖産興業政策をすすめ、製糸（生糸の製造）などの官営工場（明治政府が経営する工場）を設立した（☞ p. 151）。

### 立憲国家の成立

　国会の開設や憲法の制定を求める自由民権運動が高まる中、政府は伊藤博文を中心に憲法制定の準備をすすめた。1885年には内閣制度を取り入れ、伊藤博文が最初の内閣総理大臣になった（☞ p. 206）。そして、1889年にドイツ憲法を参考とする大日本帝国憲法（明治憲法）が制定された（☞ p. 192）。これは、東アジアで最初の近代的な憲法だった。

伊藤博文
（1841-1909）

## ❷日本のアジア進出

### 中国・朝鮮との関係

　1871年、日本は中国（清）と日清修好条規を結んだ。これは、日本が外国と結んだ最初の対等条約である。

　一方、朝鮮は鎖国政策をとっており、朝鮮と国交を結びたい日本では、武力による開国を求める征韓論が高まった。朝鮮を挑発したためにおこった江華島事件をきっかけに、1876年、日本は朝鮮にとって不平等条約である日朝修好条規（江華条約）を結んで、朝鮮を開国させた。

### 日清戦争

　その後朝鮮国内では、中国を支持する親中派と日本を支持する親日派との対立・抗争が続き、朝鮮をめぐって日本と中国との関係も悪化した。

　こうした中、1894年に朝鮮の農民がおこした甲午農民戦争をきっかけに、日清戦争（1894〜95年）がおこった。近代的な軍備をもつ日本は中国に勝利し、1895年に下関で講和条約が結ばれた（下関条約）。日本は中国から多額の賠償金（敗戦国が勝戦国に支払うお金）を得たほか、台湾・遼東半島などを獲得した。

### 列強による中国分割

　日清戦争で中国が敗れると、1898年から翌年にかけて列強の中国分割がすすんだ。このため、中国は外国人を追いだそうと排外運動を展開し、1900年に列強に宣戦布告したが敗れた（北清事変）。

　その後中国では、1911年に辛亥革命がおこった。1912年に孫文を臨時大総統とする中華民国政府が成立し、清朝は滅んだ。

### 日露戦争

　日本が下関条約で遼東半島を獲得すると、南下政策をすすめるロシアは、フランス・ドイツをさそって遼東半島を中国に返すように日本に要求した（三国干渉）。日本はこれを受け入れたが、国内ではロシアへの敵対心が高まった。さらに、ロシアは北清事変をきっかけに、旅順・大連を含む中国東北部の満

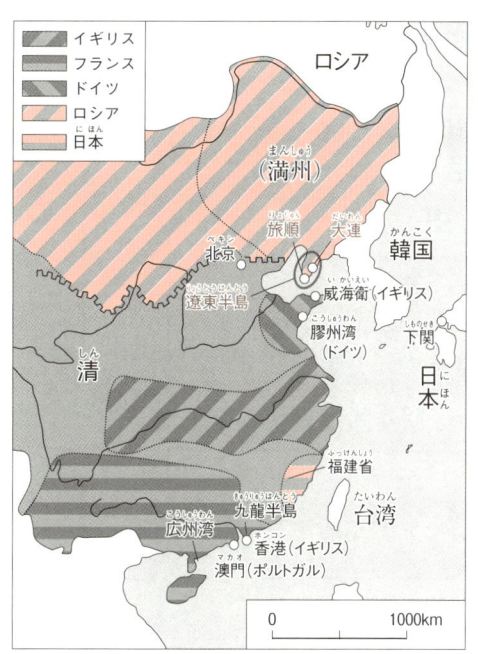

| | イギリス |
| | フランス |
| | ドイツ |
| | ロシア |
| | 日本 |

▲列強の中国分割

州を占領し、事変後も満州から撤退しなかった。

　日本はロシアの南下政策に対抗するため、1902年に同じくロシアの南下政策をおそれるイギリスと日英同盟協約を結び、1904年に日本とロシアの間で日露戦争（1904〜1905年）が始まった。しかし、日本は多くの兵力を失い、財力・物資ともに不足した状態であり、ロシアも国内で革命がおこり、戦争が続けられなくなった。そのため、1905年、アメリカ大統領セオドア・ローズヴェルトの仲介で、ポーツマス条約が結ばれた。この条約で、日本は旅順・大連の租借権（他国の領土を借りる権利）などを手に入れたが、賠償金は獲得できなかった。

## 日本の大陸進出

　日露戦争に勝利した日本は、朝鮮半島への進出を本格化させた。1905年に韓国を保護国とし、1910年に韓国併合条約を結んで植民地とした。そして、朝鮮統治のために韓国に朝鮮総督府をおいた。

　また、ポーツマス条約後、日本は満州に勢力を拡大するため、満州に南満州鉄道株式会社（満鉄）を設立し、鉄道の守備兵として日本の軍隊（後の関東軍）をおいた。

## 条約改正

　日米修好通商条約など不平等条約（☞ p. 96）の改正は、大きな外交目標であったが、その交渉はなかなかすすまなかった。しかし、日清戦争が始まる直前の1894年に、イギリスとの間で新たな条約が結ばれて、領事裁判権が取り除かれた。また、日露戦争後の1911年に関税自主権が完全回復し、ここに条約改正が達成された。

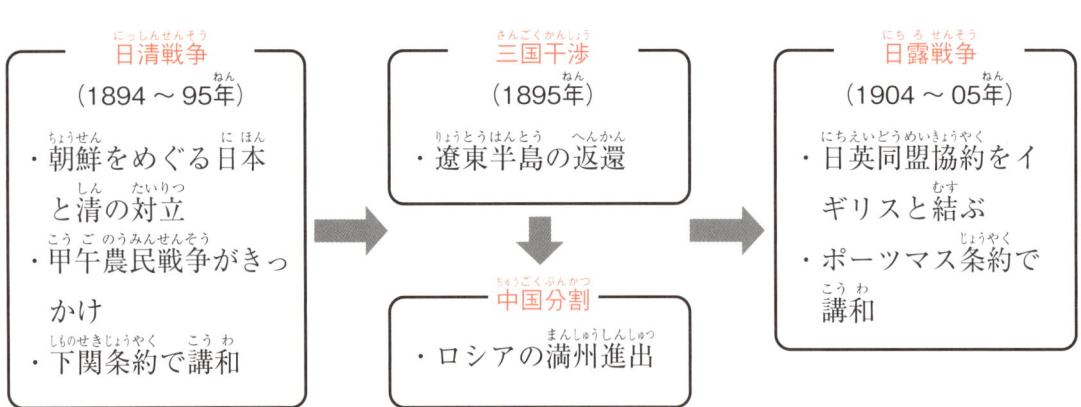

▲日清戦争から日露戦争までの流れ

# 5 第一次世界大戦とロシア革命

## ❶ 第一次世界大戦

### 大戦前の国際情勢

３Ｂ政策をすすめるドイツは、1882年にイタリア・オーストリアと三国同盟を結び、３Ｃ政策をとるイギリスは、フランス・ロシアと同盟を結び、1907年に三国協商を成立させた。

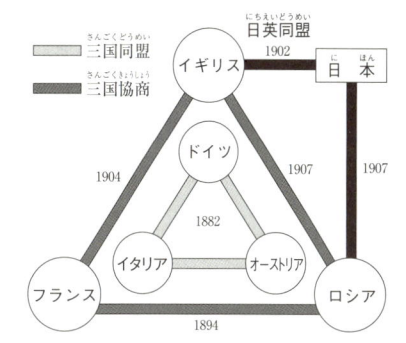

▲第一次世界大戦前の同盟・協商関係

> ### 『３Ｃ政策と３Ｂ政策』
>
> ３Ｃ政策とはイギリスの帝国主義政策のことで、**カイロ**（Cairo）と**ケープタウン**（Capetown）とを結ぶアフリカ縦断政策と**カルカッタ**（Calcutta）を含むインド支配とが結びついて、この地域に勢力を拡大しようとした。一方の３Ｂ政策とはドイツの帝国主義政策のことで、**ベルリン**（Berlin）・**ビザンティウム**（Byzantium〈イスタンブール〉）・**バグダード**（Baghdad）を結ぶ鉄道建設を通じて西アジア方面へ進出しようとした。ドイツの３Ｂ政策は３Ｃ政策への挑戦であり、この対立が第一次世界大戦を引きおこす要因となった。

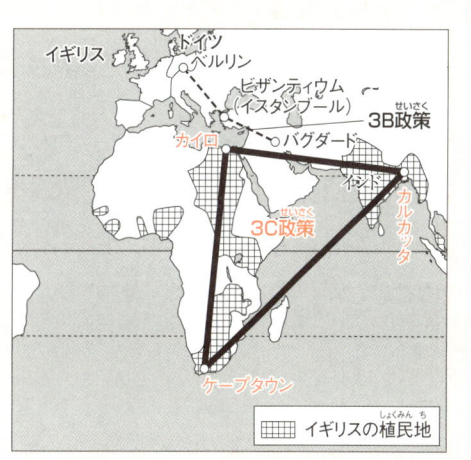

▲３Ｃ政策と３Ｂ政策

さまざまな民族が住むバルカン半島では、ロシアがパン・スラブ主義（スラブ民族による統一）を主張してスラブ系民族を１つにまとめようとしていた。これに対しドイツ・オーストリア（オーストリア・ハンガリー帝国）はパン・ゲルマン主義（ゲルマン民族による統一）を主張するなど、バルカン半島はヨーロッパの火薬庫とよばれるほど、緊張状態にあった。

## 第一次世界大戦の開戦

1914年6月、ボスニアの**サライェヴォ**で、オーストリアの皇位継承者（次に皇帝になる者）がセルビアの青年に殺された（**サライェヴォ事件**）。これをきっかけに、オーストリアはドイツの支持を得て**セルビア**に宣戦布告し、**第一次世界大戦**（1914〜18年）が始まった。

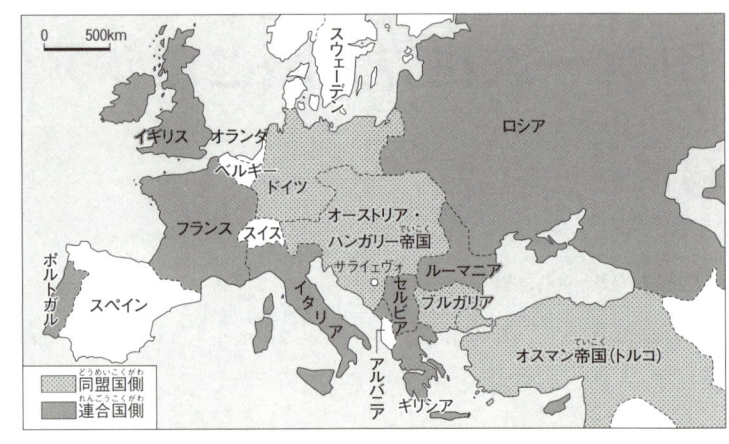

▲第一次世界大戦中のヨーロッパ

バルカン半島をねらうロシアはセルビアを助け、協商関係にあるフランス・イギリスもこれに加わった。これに対し、オーストリアの同盟国であるドイツはロシア・フランスに宣戦布告した。そして、ドイツが中立国であったベルギーに侵入すると、イギリスはドイツとの戦争を開始した。こうして、ヨーロッパの大国を中心に、連合国（協商国）・同盟国に分かれて30ヵ国以上が参戦する最初の世界規模の戦争となった。

## アメリカの参戦

戦争は長期化し、各国が国力全体を戦争に向ける**総力戦**となり、**戦車・潜水艦**などの新たな兵器も登場した。1917年にドイツが**無制限潜水艦作戦**（潜水艦が目標を限定せず無差別に攻撃する作戦）を開始すると、**アメリカ**は連合国側に立ってドイツに宣戦布告した。

# ❷ ロシア革命

## 二月革命

ロシアでは，第一次世界大戦が始まると敗戦が続き、食料不足などもあって国民生活が圧迫され、労働運動も高まった。1917年3月（ロシア暦の2月）、首都**ペテログラード**（現サンクト・ペテルブルク）でパンと平和を求める市民の大規模なデモがおこった。これをきっかけに、ロマノフ朝の専制政治に対して不満を持つ労働者のデモやストライキが広がっていった。これに軍の一部が加わり、労働者や兵士の**ソヴィエト**（評議会）が結成され、**メンシェヴィキ**と社会革命党がその中心となった。こうした動きに対し、ブルジョワジー（産業資本家）など自由主義者は臨時政府を設立した。皇帝ニコライ2世は退位し、300年あまり続いたロマノフ朝は倒れた。これを**二月革命**という。しかし、

ソヴィエトと臨時政府という二つの権力が並び立つことになった。

## 十月革命

　ソヴィエトは戦争を続ける臨時政府を支持していたが、ボリシェヴィキの指導者のレーニンは戦争の中止と労働者と農民からなるソヴィエトが権力を握ることを訴えて臨時政府と対立した。そして1917年11月（ロシア暦の10月）にケレンスキーの臨時政府を倒し、世界初の社会主義政権であるソヴィエト政権が誕生した。これを十月革命という。ソヴィエト政権は、すぐに、「平和に関する布告」を出して戦争を行っているすべての国に「無併合・無賠償・民族自決」にもとづく戦争の終結を呼びかけ、「土地に関する布告」を出して地主の土地を無償で取り上げることを定めた。

## 革命への干渉

　1918年1月、ソヴィエト政権はドイツとブレスト・リトフスク条約を結んで戦争から離れた。ボリシェヴィキは共産党と名前をかえ、首都をモスクワに移した。連合国は革命が広がることを恐れて、ロシアに軍隊を送り、ロシア国内の反革命派を助けつつ対ソ干渉戦争に乗り出した。8月には日本軍を主力とする連合国軍がシベリアに出兵したが、ソヴィエト政権は赤軍を組織して対抗し、結果的に干渉は失敗した。

『ボリシェヴィキとメンシェヴィキ』
　ボリシェヴィキは多数派、メンシェヴィキは少数派を意味するロシア語。1903年に結成されたマルクス主義政党であるロシア社会民主労働党が、その直後に革命の性格をめぐる対立から、レーニンが率いるボリシェヴィキと、メンシェヴィキに分裂した。1905年に結成されたソヴィエト内では当初メンシェヴィキが多数派を占め、ボリシェヴィキは少数派であった。

# ❸ 第一次世界大戦後の国際関係

## 第一次世界大戦の終結

　ロシアのソヴィエト政権と講和を結んだドイツは、イギリス・フランスをはじめとする連合国に最後の攻撃をしたが失敗に終わり、同盟国のオーストリアなどもあいついで降伏した。ドイツでも1918年11月にすぐに休戦を求める水兵がキール軍港で反乱をおこすと、反乱はドイツ各地に広がった。こうした状況の中で共和国の設立宣言が出され、皇帝ヴィルヘルム2世は亡命した（ドイツ革命）。革命の結果つくられたドイツ臨時政府は、連合国と休戦協定を結び、第一次世界大戦は終わった。

## ヴェルサイユ体制

　1919年、連合国が集まってパリ講和会議が開かれた。会議は、1918年にアメリカのウィルソン大統領が発表した十四ヵ条の平和原則（軍備縮小・民族自決・国際平和機構の設立など）を講和の原則とした。しかし、イギリスやフランスの主張によって、戦争に負けたドイツに不利なヴェルサイユ条約がドイツと連合国との間で結ばれた。

　ヴェルサイユ条約によって、ドイツはすべての植民地を失い、アルザス・ロレーヌ地方をフランスに譲り渡した。軍備も制限され、フランスとの国境地帯であるラインラントに軍備をおくことを禁止された（ラインラントの非武装化）。さらに、多額の賠償金の支払いを命じられた。

　ドイツ以外の同盟国も、連合国と個別に講和条約を結んだ。そして、民族自決の原則（各民族が他からの干渉を受けることなく、自主的に国家を建設できるという考え方）によって、ヨーロッパに8つの新しい国が誕生したが、アジア・アフリカには適用されなかった。

---

『8つの新興国家』
　ロシアから独立：フィンランド・エストニア・ラトヴィア・リトアニア・ポーランド
　オーストリアから独立：チェコスロヴァキア・ハンガリー・ユーゴスラヴィア

---

　こうしてつくられた第一次世界大戦後のヨーロッパを中心とする新しい国際秩序を、ヴェルサイユ体制という。また、1920年にはヴェルサイユ条約の規定にしたがって、世界初の国際組織である国際連盟が設立された（⇨ p.219）。

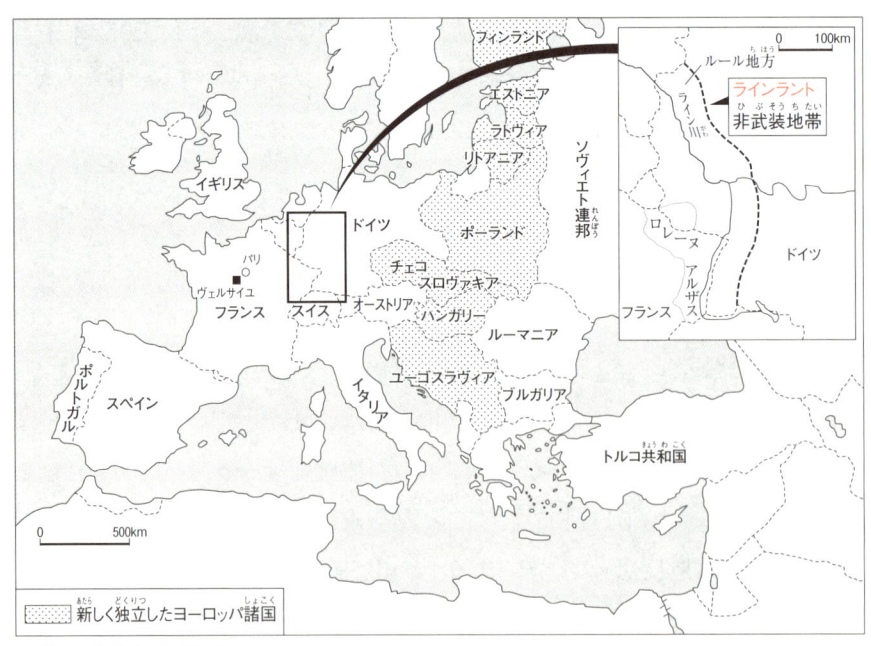

▲第一次世界大戦後のヨーロッパ

## 国際協調主義

　東アジア・太平洋地域では、第一次世界大戦中に中国に進出した日本を抑えることなどを目的に、アメリカ大統領ハーディングのよびかけでワシントン会議（1921 ～ 22年）が開かれた。この会議では、太平洋地域での現状維持を約束した四ヵ国条約、中国の領土の安全を守ることなどを約束した九ヵ国条約、海軍軍縮条約などが結ばれた。

　こうしてつくられた東アジア・太平洋地域の新しい国際秩序を、ワシントン体制という。その後も、1925年に西ヨーロッパの集団安全保障に関するロカルノ条約、1928年に国際紛争の解決のための戦争禁止を定めたパリ不戦条約、1930年にはロンドン海軍軍縮条約が結ばれ、国際協調や軍備縮小がすすめられた。

# ❹ 第一次世界大戦後の欧米諸国

## アメリカ

　アメリカは第一次世界大戦後、経済が急成長し、世界経済の中心もロンドンからニューヨークのウォール街へ移った。1920年代のアメリカは、家庭電化製品やフォードに代表される自動車などの新産業が発達し、大量生産・大量消費をする大衆消費社会の時代を迎えた。

　外交的には国際連盟に加盟しないなど、国内第一主義的な孤立主義をとった。また、移民の制限や黒人差別など保守化もすすんだ。

## ヨーロッパ

　イギリスでは、第一次世界大戦後の選挙権拡大によって、21歳以上の男女に選挙権が与えられ、1924年に初めての労働党内閣（マクドナルド内閣）が誕生した。戦争の被害が大きかったフランスは、賠償金の支払いの遅れを理由にドイツの工業地帯であるルールを占領した。

　ドイツではドイツ共和国（ワイマール共和国）が成立し、1919年に民主的なワイマール憲法を制定した（☞ p. 187）。また、国際連盟へ加盟するなど協調外交をすすめた。

　戦勝国であるイタリアは、期待していた領土の獲得ができず経済も悪化したため、国民の不満が高まった。こうした中、ファシスタ党のムッソリーニが政権をにぎった。

## ソ連

　ソヴィエト政府は、1919年に世界革命をすすめるため第３インターナショナル（コミンテルン）を設立し、1922年に、ロシアを中心とするソヴィエト社会主義共和国連邦（ソ

連）を成立させた。

　また、戦後の経済を立て直すため、レーニン（☞ p. 124）は、資本主義経済を部分的に取り入れた新経済政策（ネップ）を採用した。1924年のレーニン死後は、スターリンの指導のもとで、1928年から工業国への転換をめざす第一次五ヵ年計画がすすめられた（〜 1932年）。

レーニン　　　スターリン
（1870-1924）　（1879-1953）

# ❺ 第一次世界大戦後のアジア諸国

## 中国・朝鮮

　1915年、日本は中国に対して中国での権益（権利と利益）の拡大を要求し（二十一ヵ条の要求）、1919年のパリ講和会議で、日本の中国に対する二十一ヵ条の要求が認められた。これをきっかけに、中国では反日運動がおこった（五・四運動）。

　一方朝鮮では、日本からの独立運動が広がったが（三・一運動）、日本は武力で弾圧した。

## インド

　第一次世界大戦がおこると、イギリスはインドの協力を得るために自治を約束したが、戦後は約束を守らず、植民地支配を強めた。そのような中、国民会議派の指導者であるガンディーはイギリスからの独立運動の先頭に立ち、非暴力・不服従運動を展開した。その後は、国民会議派の議長であるネルーが完全独立を主張して、運動を指導した。

ガンディー
（1869-1948）

## トルコ

　第一次世界大戦に敗れたオスマン帝国（トルコ）は、領土をイギリスやフランスなどに分割・占領された。これに反発した軍人のケマル・パシャ（ムスタファ・ケマル）は臨時政府を立て、オスマン帝国のスルタン制（イスラム世界の君主であるスルタンが政治的な実権を持つ体制）を廃止して、1923年にトルコ共和国を成立させた。ケマル・パシャは最初の大統領となり、トルコの近代化をすすめた（トルコ革命）。

# 6 世界恐慌から第二次世界大戦へ

## ❶ 世界恐慌

### 世界恐慌

　1929年、ニューヨークのウォール街でおこった株価の大暴落（株の価格が急激に下がること）によって、アメリカ経済は深刻な恐慌（景気が急激に後退すること）になった。世界経済の中心であったアメリカの不況は、ヨーロッパの国々や日本など世界中に広がった。これを世界恐慌という。しかし、社会主義体制のもと、計画経済をすすめていたソ連は、恐慌の影響を受けなかった（第1次五ヵ年計画〈1928－32〉、第2次五ヵ年計画〈1933－37〉）。

### ニューディール政策

　1933年にアメリカの大統領となったフランクリン・ローズヴェルトは、深刻な不況に対してニューディールとよばれる経済政策を行った。

> ニューディール政策
> ▶全国産業復興法（ＮＩＲＡ）…工業製品の生産を制限し、労働者に団結権（労働組合を結成する権利）・団体交渉権（労働者が会社側と条件などについて話し合うことのできる権利）を認める。
> ▶農業調整法（ＡＡＡ）…農産物の生産を制限し、価格を安定させる。
> ▶テネシー川流域開発公社（ＴＶＡ）の設立…ダム建設などの公共事業を行って雇用（労働者を雇うこと）を増やす。

　これらの政策は、ケインズ理論（☞ p. 185）にもとづいており、国家が経済に積極的に介入することで、景気や国民生活を立て直そうとした。

### ブロック経済

　世界恐慌による不況を乗り切るため、イギリスやフランスなど植民地を多くもつ国は経済圏（ブロック）をつくり、輸入品に高い関税（輸入品にかけられる税金）をかけることで、ブロック内の経済を保護しようとした（ブロック経済）。

　これに対し、国内資源が少なく、植民地をあまり持たないドイツ・イタリア・日本などは、他国に武力で進出することで、経済圏を拡大しようとした。こうしたことが第二次世界大戦の一因にもなった。

# ❷ ファシズムの台頭

## ナチスの政権獲得

世界恐慌後、不況に苦しむドイツでは、ヒトラーの率いる国家社会主義ドイツ労働者党（ナチス）が国民の支持を集め、1932年の総選挙で第1党となった。翌年に首相となったヒトラーは、全権委任法（政府に立法権を与える法律）を成立させて一党独裁体制（一つの政党がすべての政治権力をにぎる体制）を確立した。ヒトラーは1934年に総統（国の最高指導者。ドイツではヒトラーに使われる）となり、ナチスによるファシズム体制に支えられたドイツ第三帝国が成立した。

ヒトラー
（1889-1945）

> 『ファシズム』
> 　個人の自由や人権よりも国家や民族の利益を第一とする考え方。**全体主義**ともいう。世界恐慌後、ドイツをはじめイタリア・日本で台頭（勢力を伸ばすこと）した。

　ナチスは、公共事業などで失業者を減らす一方、ユダヤ人迫害を強行した。ヴェルサイユ体制（☞ p.102）に不満をもつドイツは、1933年に国際連盟を脱退し、1935年には再軍備を宣言した。そして翌年、非武装地帯（軍事活動が許されない地域）であるラインラントに軍をすすめ（ラインラント進駐）、ヴェルサイユ体制は崩壊した。

## 日本の中国侵略

　世界恐慌の大きな影響を受けた日本では、軍部が台頭するようになった。軍部は中国東北部の満州侵略を計画し、1931年、奉天（現在の瀋陽）近くの柳条湖で日本軍と中国軍が衝突した（柳条湖事件）。これをきっかけに、日本は満州事変をおこし、翌年、満州国を建国した。

　このような行動が国際社会の非難をあびたため、日本は、1933年に国際連盟を脱退した。1937年には北京近くの盧溝橋で日本軍と中国軍が衝突した（盧溝橋事件）。これをきっかけに、日本と中国の間で日中戦争（1937～45年）が始まった。日本軍は中国南部の南京を占領（他国の領土などを軍が支配下におくこと）したが、中国側の抵抗は激しく、戦争は長期化していった。

## スペイン内戦

　スペインでは、1936年に反ファシズムの人民戦線内閣が成立すると、これに不満をもつ大地主などの保守派勢力は、フランコ将軍を中心に反乱をおこし、激しい内戦が始まった。ファシズム国家であるドイツとイタリアが反乱軍を支援したのに対し、ソ連は人民

戦線内閣を支援し、各国も義勇軍（自ら希望した兵からなる軍隊）を送った。そのため、スペイン内戦は、ファシズムと反ファシズムの国際的な対立の場となった。1939年、反乱軍が勝利し、スペインにもファシズム政権が誕生した。

---

『スペイン内戦と文学・芸術』

▶ アメリカの小説家ヘミングウェイは、スペイン内戦に義勇軍として参加した経験をもとに、小説『誰がために鐘は鳴る』を書いた。

▶ 1937年にドイツ軍がスペイン北部の小都市ゲルニカを爆撃したことに対し、ピカソはその怒りを「ゲルニカ」という作品で表現した。

---

# ❸ 第二次世界大戦

## 第二次世界大戦の開戦

スペイン内戦をきっかけに、ドイツとイタリアは1936年に協力関係を結び、翌年には日本を加えた日独伊防共協定が成立した。

1938年、ドイツはオーストリアを併合し、さらにチェコスロヴァキアにズデーテン地方を譲り渡すように要求した。これに対して、イギリス・フランスはこれ以上領土を要求しないことを条件に、この要求を認めた。しかし、ドイツはイギリス・フランスとの約束をやぶり、1939年3月にチェコスロヴァキアの残りの地域を占領した。さらにソ連と、ポーランドの東西分割を約束し、互いに領土を侵略しないという独ソ不可侵条約を結んだ。そして1939年9月、ドイツはポーランドに軍をすすめた（ポーランド侵攻）。そのため、イギリス・フランスは、ドイツに宣戦布告し、第二次世界大戦（1939〜45年）が始まった。

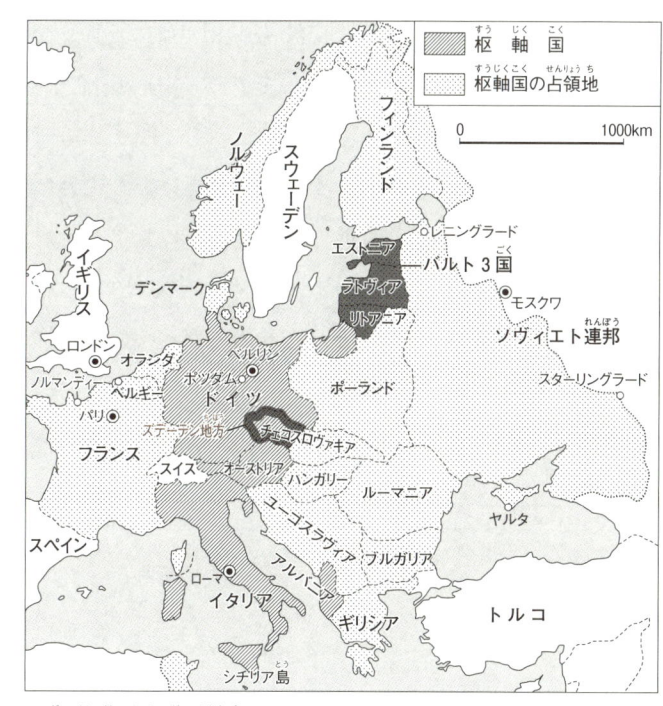

▲第二次世界大戦中のヨーロッパ

## 第二次世界大戦の展開

　1940年、ソ連はバルト3国を併合し、ドイツは北ヨーロッパに続いてフランスに侵攻して、パリを占領した。ドイツと協力関係にあったイタリアもイギリス・フランスに宣戦布告し、ドイツ・イタリア・日本の間で日独伊三国同盟が結ばれた。

　ドイツが次々とヨーロッパの国々を占領する中、イギリスではチャーチル首相のもとでドイツ軍の上陸を防いでいた。フランスでもド・ゴール将軍が亡命先のロンドンから国民に対してレジスタンス（抵抗運動）をよびかけた。1941年6月、ドイツは不可侵条約をやぶってソ連に侵攻したが、ソ連軍の強い抵抗にあった（独ソ戦）。

　中立国であったアメリカは、1941年3月に武器貸与法を制定して、イギリス・フランスなどの連合国への支援を行った。

## アジア・太平洋戦争

　資源獲得のために東南アジアに進出しようとしていた日本は、ヨーロッパでフランスやオランダがドイツに占領されると、1940年9月に、仏領インドシナ北部に軍をすすめた。さらに、翌年4月にはソ連と日ソ中立条約を結び、独ソ戦が始まると、仏領インドシナ南部に軍をすすめた。これに対し、アメリカは日本への石油の輸出を禁止し、イギリス・中国・オランダとともにＡＢＣＤラインを形成して日本に対抗した。

　戦争を避けるための日米交渉も続けられたが、交渉が失敗すると、1941年12月に、日本軍はハワイの真珠湾を攻撃して、アメリカ・イギリスに宣戦布告した。また同じ日に、日本軍はマレー半島に上陸し、アジア・太平洋戦争（1941〜45年）が始まった。そして、同盟関係にあったドイツ・イタリアも、アメリカに宣戦布告した。これにより、戦争は全世界に広がり、第二次世界大戦はアメリカ・イギリス・フランス・ソ連を中心とする連合国側とドイツ・イタリア・日本を中心とする枢軸国側との戦いとなった。

　日本軍は開戦後、半年ほどで東南アジアや太平洋地域の国々を占領していった。しかし、1942年6月のミッドウェー海戦でアメリカに敗れた。以後、軍事力で圧倒的に有利なアメリカが、日本への反攻作戦を本格化していった。

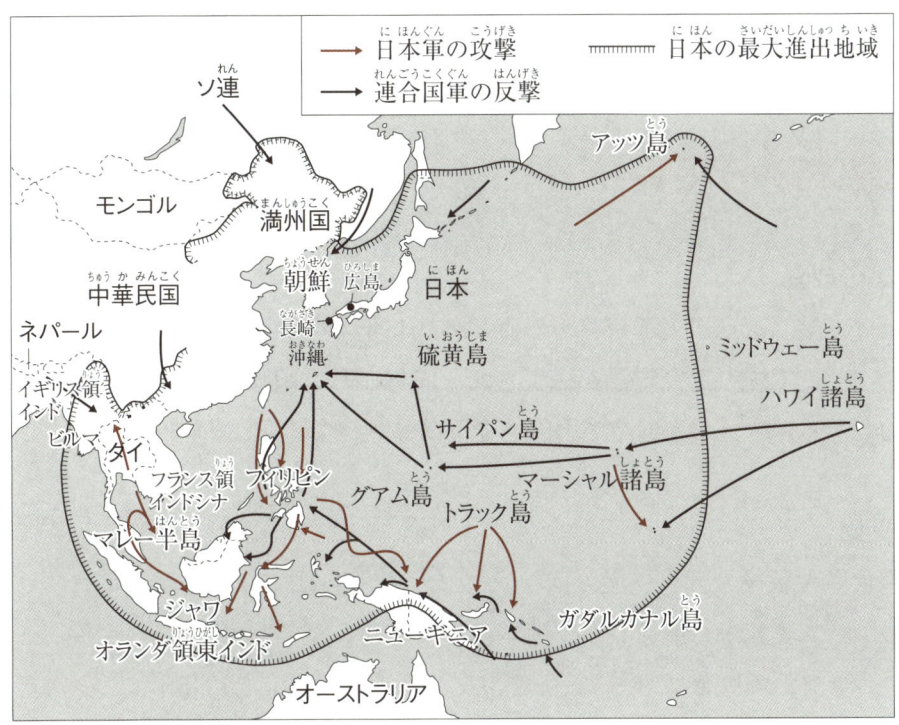

地図の凡例：
→ 日本軍の攻撃
→ 連合国軍の反撃
━━━ 日本の最大進出地域

ソ連

モンゴル

満州国

中華民国

ネパール

朝鮮　広島　日本

長崎
沖縄　硫黄島

アッツ島

ミッドウェー島

ハワイ諸島

イギリス領インド

ビルマ　タイ

フランス領インドシナ

フィリピン

グアム島

サイパン島

トラック島

マーシャル諸島

マレー半島

ジャワ

オランダ領東インド

ニューギニア

ガダルカナル島

オーストラリア

▲アジア・太平洋戦争

## 第二次世界大戦の終結

　1943年2月、ドイツはスターリングラードでソ連に敗れ、以後、ドイツ軍は後退を続けることとなった。ドイツの占領地域では、ユーゴスラヴィアにおけるティトーのパルチザン（義勇兵）などの抵抗運動が強まった。また、同年に連合軍がシチリア島に上陸し、イタリアは無条件降伏（戦争に負けた相手に従うこと）した。

　こうした戦争の間に連合国首脳（政府の最高権力者）は、カイロ会談、テヘラン会談を開き、ドイツへの反攻作戦や戦後の領土問題などを話し合った。

　1944年6月、連合国軍は北フランスのノルマンディーに上陸して、パリを解放した。そして、1945年5月にベルリンがソ連軍に占領されると、ついにドイツは無条件降伏した。

　ドイツ降伏前の1945年2月には、アメリカ・イギリス・ソ連の首脳であるF.ローズヴェルト・チャーチル・スターリンによって、クリミア半島のヤルタで会談が開かれ、フランスを含めた4ヵ国でドイツを分割占領することや、ソ連が日本との戦争に参加することが合意された。

　1945年4月、アメリカ軍が沖縄へ上陸し、7月にはベルリン郊外のポツダムで連合国首脳によるポツダム宣言が発表され、日本は無条件降伏を要求された。しかし、日本はこれを無視したため、アメリカは8月6日に広島、9日に長崎に原子爆弾を投下した。さらに、ソ連が日本との戦争に参戦した。このため、日本はポツダム宣言を受け入れて無条件降伏し、8月15日、アジア・太平洋戦争は終わった。

# 7 冷戦と現代の世界

## ❶ 冷戦体制の構築

### 国際連合の成立

　連合国は、第二次世界大戦が終わる直前の1945年4～6月に、サンフランシスコ会議を開いた。そこで国際連合憲章が採択され、同年10月に国際社会の平和と安全の維持などを目的とする国際連合が設立された（☞ p.219）。

### 冷戦の開始

　第二次世界大戦後の世界秩序の回復はアメリカ中心にすすんだが、東ヨーロッパは、ドイツのナチス支配から解放したソ連が勢力下においた。

　このようなソ連の動きに対して、イギリスのチャーチルは、1946年に「鉄のカーテン」演説を行い、ソ連が東ヨーロッパに勢力圏を築いていると非難した。東ヨーロッパ諸国に続いてギリシアやトルコで共産化の動きが強まると、アメリカのトルーマン大統領は1947年にトルーマン・ドクトリンを発表して、共産主義がヨーロッパへ広がるのを防ごうとした。続いてマーシャル国務長官がヨーロッパの経済立て直しのための援助計画であるマーシャル・プランを発表し、西ヨーロッパ諸国はこれを受け入れた。

　マーシャル・プランの受け入れを拒否したソ連・東ヨーロッパ諸国は、ソ連を中心にコミンフォルム（共産党情報局）を組織して、社会主義国の結びつきを強めた。そして、1949年には、経済協力のための組織として東ヨーロッパ経済相互援助会議（COMECON）を設立した。これによって、アメリカを中心とする自由主義諸国（西側諸国）と、ソ連を中心とする社会主義諸国（東側諸国）との間で、戦争手前のきびしい対立が続く冷たい戦争（冷戦）が本格化した。

### ドイツの分裂

　戦後、ドイツとその首都ベルリンはアメリカ・イギリス・フランス・ソ連の4ヵ国によって分割占領された。アメリカ・イギリス・フランスが占領地の統合をすすめると、ソ連はこれに反対して、1948年、西ベルリンへの通交を禁止した（ベルリン封鎖）。これにより、アメリカ・イギリス・フランスが統治する西ドイツとソ連が統治する東ドイツの対立は決定的となった。そして、1949年に

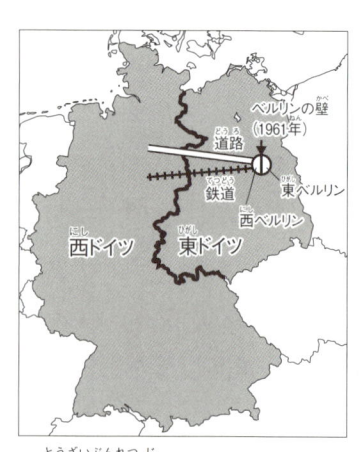

▲東西分裂時のドイツ

西ドイツではドイツ連邦共和国が成立し、東ドイツではドイツ民主共和国が成立し、ドイツは東西に分裂した。1961年には、ベルリン市街を東西に分ける壁（ベルリンの壁）が建設された。

## 軍事ブロック化

ソ連によるベルリン封鎖で東西両諸国の緊張が高まると、1949年にアメリカ・カナダ・西ヨーロッパ諸国の12ヵ国が反ソ連軍事同盟である北大西洋条約機構（NATO）を結成するなど、各地でアメリカを中心とする集団安全保障体制がつくられた（☞ p.218）。

これに対し、1955年にソ連・東ヨーロッパ諸国の8ヵ国がワルシャワ条約機構を結成し、西側諸国に対抗した。こうした中、アメリカとソ連は核兵器開発競争の時代に入った（☞ p.227）。

| | 西側（資本主義諸国） | 東側（社会主義諸国） |
|---|---|---|
| 1946年 | チャーチルの「鉄のカーテン」演説 | |
| 1947年 | トルーマン・ドクトリン　　　　対立 ⟶ マーシャル・プラン（ヨーロッパ経済復興援助計画） | コミンフォルム結成（〜56年） |
| 1948年 | | ベルリン封鎖 |
| 1949年 | 北大西洋条約機構（NATO）結成 ⟵ 対立 ⟶ | 東ヨーロッパ経済相互援助会議（COMECON）設立（〜91年） |
| 1955年 | | ワルシャワ条約機構結成（〜91年） |

## 冷戦下の欧米諸国

▶アメリカ　アメリカ国内では、共産主義者とその支持者を逮捕したり職から追放する赤狩り（マッカーシズム）が行われた。

▶フランス　1944年のパリ解放後、レジスタンス（抵抗運動）を指導したド・ゴールが臨時政府の首相となった後、1958年に大統領となった。

▶東ヨーロッパ　1956年にハンガリーで反ソ暴動がおこり（ハンガリー事件）、1968年にチェコスロヴァキアで民主化運動がおこったが（プラハの春）、いずれもソ連が介入して収まった。

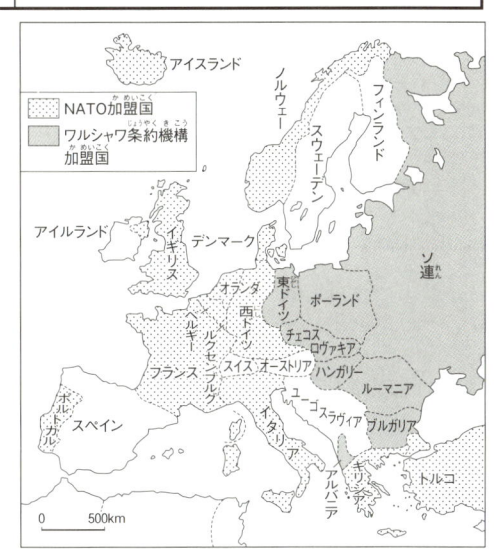

▲冷戦下のヨーロッパ（1956年）

# ❷ 冷戦体制下の対立 ✿Point

## 東西対立による地域紛争

▶ **国共内戦**　第二次世界大戦後、中国では農民に支持され成長した中国共産党とアメリカの援助にたよる国民党とが対立し、内戦がおこった（**国共内戦**）。結果は共産党軍が勝利し、1949年10月に**毛沢東**を主席とする**中華人民共和国**が成立した。一方、蔣介石が指導する国民党は台湾に逃れた。

毛沢東
(1893-1976)

▶ **インドシナ戦争**　仏領インドシナのヴェトナムでは、第二次世界大戦後の1945年9月に、独立運動の指導者である**ホー・チ・ミン**が**ヴェトナム民主共和国**（北ヴェトナム）の建国を宣言した。しかし、フランスはこれを認めず、1946年、**インドシナ戦争**（1946～54年）が始まった。フランスは南部に別の政権を立て、アメリカからの軍事援助を受けたが、1954年に北ヴェトナムに敗れ、**ジュネーブ休戦協定**が結ばれた。これにより、フランス軍は撤退した。

▶ **朝鮮戦争**　日本の植民地となっていた朝鮮は、第二次世界大戦後に北緯38度線を境として、北はソ連軍、南はアメリカ軍の管理下におかれた。そして1948年、南に**大韓民国**（韓国）が成立し、続いて北に**朝鮮民主主義人民共和国**（北朝鮮）が成立した。

　統一をめぐり対立が続いていた1950年、北朝鮮軍が韓国に侵攻したことから、**朝鮮戦争**（1950～53年）がおこった。北朝鮮は中国、韓国はアメリカの支援を受けて激しい戦闘を展開したが、1953年に休戦協定が結ばれた。

## 雪解けと冷戦再開

▶ **雪解け**　ソ連では、1953年に独裁体制をとったスターリンが亡くなると、**フルシチョフ**を中心とする集団指導体制がとられ、アメリカとの平和共存路線へ向かった。1955年、アメリカ・イギリス・フランス・ソ連の4ヵ国の首脳が集まって**ジュネーブ4巨頭会談**が開かれた。これをきっかけとして、冷戦の**雪解け**の時代が訪れ、話し合いによって平和を実現しようとする動きが見られるようになった。

▶ **キューバ危機**　キューバでは1959年に**カストロ**らが中心となって革命をおこし（**キューバ革命**）、1961年に新政権（カストロ政権）が誕生した。カストロ政権は社会主義宣言を出してソ連との関係を深め、ソ連はキューバにミサイル基地を建設した。これを知ったアメリカの**ケネディ大統領**が1962年に基地の撤去を要求したため、アメリカとソ連による核戦争の危機が訪れた（**キューバ危機**）。しかし、ソ連のフルシチョフが要求を受け入れ、核戦争は避けられた。

ケネディ
(1917-63)

▶ヴェトナム戦争　1955年、アメリカは社会主義国である北ヴェトナムに対抗し、南部にヴェトナム共和国（南ヴェトナム）を建国した。そのため、ヴェトナムは南北に分裂した。1960年に南ヴェトナム解放民族戦線が結成されると、1965年にアメリカは解放民族戦線を支援している北ヴェトナムへの爆撃（北爆）を開始し、ヴェトナム戦争（1965〜73年）が始まった。しかし、ソ連・中国が北ヴェトナムを支援するなどして戦争は長期化し、アメリカ国内でも反戦運動がおこった。そのため、1973年、アメリカのニクソン大統領はパリ和平協定に調印し、ヴェトナムから撤退した。1976年に北ヴェトナムによって南北は統一され、ヴェトナム社会主義共和国が成立した。

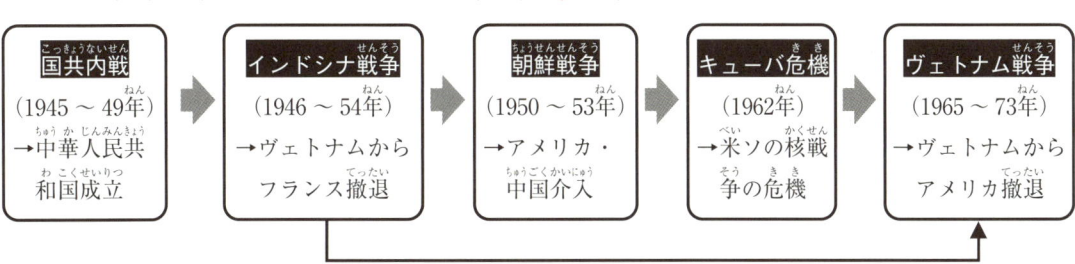

| 国共内戦<br>（1945〜49年）<br>→中華人民共和国成立 | インドシナ戦争<br>（1946〜54年）<br>→ヴェトナムからフランス撤退 | 朝鮮戦争<br>（1950〜53年）<br>→アメリカ・中国介入 | キューバ危機<br>（1962年）<br>→米ソの核戦争の危機 | ヴェトナム戦争<br>（1965〜73年）<br>→ヴェトナムからアメリカ撤退 |

アメリカの介入

▲冷戦体制下の地域紛争

# ❸ アジア・アフリカ諸国の独立

## アジアの独立

　イギリスの植民地であったインドでは、第二次世界大戦後、各地でイギリスに対する独立運動がおこった。その結果1947年に、ヒンドゥー教のインド連邦とイスラム教のパキスタンに分かれ、独立した。この翌年、両教徒の和解を説きつづけたガンディー（☞ p.104）が殺された。

　日本の支配下におかれていたインドネシアは、第二次世界大戦後、スカルノを指導者として独立を宣言した。しかし、植民地支配を復活しようとしたオランダは独立を認めず、独立戦争がおこった。そして、1949年のハーグ協定で独立が承認された。

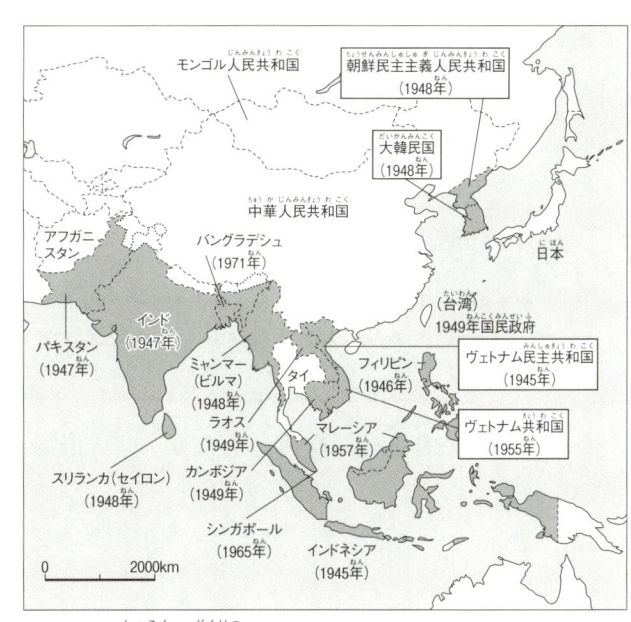

▲アジア諸国の独立

## アフリカ諸国の動向と独立

エジプトでは、1952年に王政への不満から革命がおこり、翌年、エジプト共和国が成立した。1954年に政権をにぎったナセルは、イギリスが権利をにぎるスエズ運河の国有化を宣言した。

1957年にガーナがイギリスから独立すると、これ以降、次々とアフリカ諸国が独立した。特に、1960年は17ヵ国が独立したことから、アフリカの年といわれた。1963年には、エチオピアにアフリカ各国の首脳が集まって会議が開かれた。そして、「アフリカは一つ」のスローガンのもと、植民地主義に反

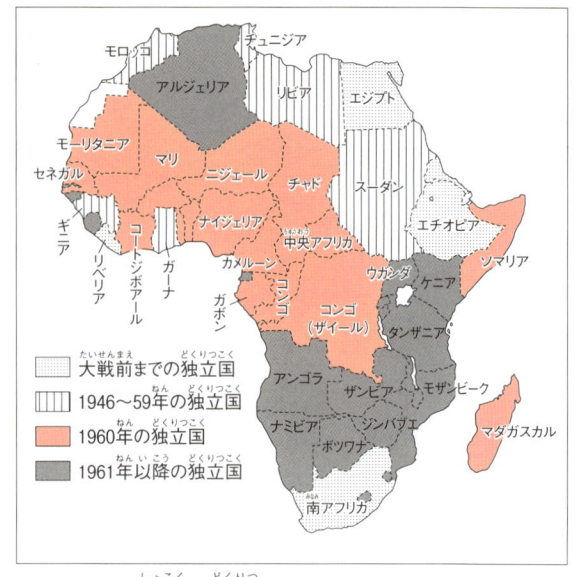

| 凡例 | |
|---|---|
| 大戦前までの独立国 | |
| 1946〜59年の独立国 | |
| 1960年の独立国 | |
| 1961年以降の独立国 | |

▲アフリカ諸国の独立

対し、互いに協力することを目的とするアフリカ統一機構（OAU）が結成された。
これが、2002年にはアフリカ連合（AU）へと発展した。

## 第三世界（非同盟諸国）の台頭 ⭐Point

冷戦体制が続く中、アジア・アフリカ・ラテンアメリカ諸国の中に、アメリカ側にもソ連側にも属さない第三世界を形成しようとする動きが現れた。

1954年、インドのネルー首相と中国の周恩来首相が会談し、領土や主権の尊重、内政不干渉、平和的共存などの平和五原則が宣言された。翌年には、日本・中国を含むアジア・アフリカの29ヵ国の代表がインドネシアのバンドンに集まり、アジア・アフリカ会議（バンドン会議）が開かれた。そして、平和五原則を具体化した平和十原則が採択され、反植民地主義・平和共存を世界に訴えた。このバンドン会議の精神は、1961年にユーゴスラヴィアのベオグラードで開かれた、第一回非同盟諸国首脳会議に受け継がれた。また、フィリピン（マルコス政権）、インドネシア（スハルト政権）などでは、1960年代頃から政治運動や社会運動を抑圧しながら工業化を強行していく、開発独裁と呼ばれる体制が登場した。

## ❹ 石油危機 ⭐Point

### 第1次石油危機（オイル・ショック）

中東では、第二次世界大戦中のナチスによるユダヤ人迫害（☞ p.106）によって、多

くのユダヤ人がかつて住んでいた地中海沿岸にあるパレスチナに移ってきた（シオニズム）。そのため、この地に住むアラブ人（パレスチナ人）との間に対立がおこった。

第二次世界大戦後、国際連合はパレスチナをユダヤ人国家とアラブ人国家の２つに分け、エルサレムを国際管理下におくことを提案した。これにより、1948年にユダヤ人の国家であるイスラエルが建国された。これによるアラブ諸国とイスラエルの対立をパレスチナ問題という（☞ p. 234）。アラブ諸国はイスラエル建国を受け入れず、その後４回にわたって中東戦争をおこした。

1973年10月、エジプト・シリアは共同してイスラエルを攻撃した（第４次中東戦争）。開戦直後イスラエルは苦しい立場に立たされたが、最終的にイスラエルが勝利した。この戦争で、アラブ石油輸出国機構（OAPEC）はイスラエルを支援する国への石油輸出を制限し、さらに石油輸出国機構（OPEC）（☞ p. 30）も石油の輸出制限と価格の大幅な引き上げを実施したため、先進諸国は経済的に大きな打撃を受け、世界同時インフレが広がった。これを第１次石油危機（オイル・ショック）という。

その後、1979年にイスラエルとエジプトは平和条約を結び、シナイ半島がエジプトに返還された。しかし、和平を実現したエジプトのサダト大統領は、1981年に過激なイスラム教徒に暗殺された。その後の和平交渉もあまりすすまず、いまだにパレスチナ問題は解決していない。

## 第２次石油危機

1979年、イランではアメリカの支援の下に近代化を進めてきた王制が倒され，イスラーム復興を掲げる宗教指導者ホメイニが権力を握り、イラン・イスラーム共和国が建国された（イラン革命）（☞ p. 116）。この事件を機に、アラブの産油諸国が原油価格を大幅に引き上げたことで第２次石油危機がおき、世界経済は再び不況になった。

# ❺ 冷戦体制の崩壊

## 冷戦体制の終結

1970年代末から、ソ連は経済が伸び悩んでいたうえ、1979年のアフガニスタンへの侵攻によって、アメリカとの関係も再び悪化した。

1985年、ソ連の共産党書記長となったゴルバチョフは、翌年から国内の政治・社会体制の立て直しをはかるため、ペレストロイカ（改革）を開始し、民主化・自由化をすすめた。

対外的には、アメリカとの平和共存政策をとり、1988年から翌年

ゴルバチョフ
（1931- ）

にかけてアフガニスタンから撤退した。これにより、冷戦体制を終わらせる意思を明確にした。そして、1989年、ゴルバチョフとアメリカのブッシュ大統領が地中海のマルタで会談し（マルタ会談）、冷戦の終わりが宣言された。冷戦が終わったことで、アメリカ・ソ連間の核兵器の軍備縮小がすすんだ（☞ p. 228）。

## 東欧革命とソ連解体

　1989年、ポーランド・ルーマニアなど東ヨーロッパの社会主義国では、ペレストロイカの影響を受けて次々と共産党政権が倒れ、民主国家が誕生した（東欧革命）。1989年11月には、1961年以来、東西対立の象徴となっていたベルリンの壁（☞ p. 111）が壊され、翌年10月にドイツ統一が実現した。

　ソ連国内では東欧革命の影響を受け、各共和国がソ連から独立しようとする動きが強まった。1991年、バルト3国（エストニア・ラトヴィア・リトアニア）が次々と独立し、他の共和国もロシアを中心に独立国家共同体（CIS）を結成した。こうして、ソ連は解体した。

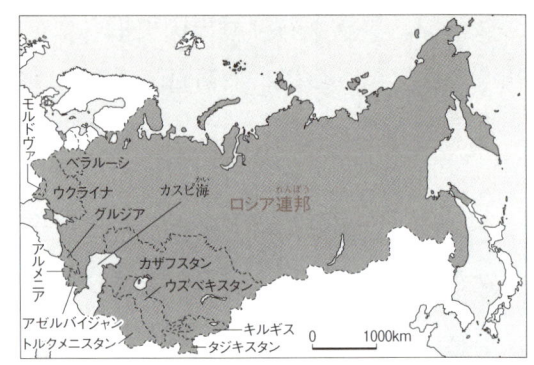

▲結成当初の独立国家共同体

## 中東情勢

　20世紀半ば以降、アメリカやヨーロッパの近代化政策や価値観を否定し、イスラム教の考えによって社会を改革しようとするイスラム主義が台頭してきた。

　イランでは、1979年にイラン革命がおこり、アメリカと結んで近代化をすすめてきたイランの王政が倒され、ホメイニ師を最高指導者とする新政権が誕生した。革命の広がりをおそれたイラクのフセイン大統領は、1980年にイランに侵攻し、イラン・イラク戦争（1980 ～ 88年）がおこった。戦争は長期化し、1988年まで続いた。

　イラクは、イラン・イラク戦争によって財政が悪化したため、1990年に石油をねらってクウェートに侵攻した。これに対し、アメリカ中心の多国籍軍が組織され、1991年にイラクへの攻撃を開始し、イラクをクウェートから撤退させた（湾岸戦争）。

　1989年のソ連撤退後、アフガニスタンではイスラム原理主義のタリバーンが政権をにぎった。2001年9月、アメリカで同時多発テロがおき、アメリカ・イギリス軍はテロの中心人物をかくまうアフガニスタンに対する空爆を行い、新たな政権を立てた。

　さらにアメリカ・イギリスは、イラクのフセイン政権がテロリストを支援し、大量破壊兵器を使用するおそれがあるとして、2003年3月にイラクへ侵攻し、フセイン政権を倒した（イラク戦争）。

2010年末から2012年にかけて、北アフリカから中東地域のアラブ諸国では経済的格差や独裁政権に不満をもつ人々が立ち上がり、大規模な民主化運動がおこった。2010年12月にチュニジアでおこった反政府デモは、アラブ諸国に広がった（アラブの春）。チュニジア・エジプト・リビアなどでは、民衆の大規模なデモで長期独裁政権が倒れたが、シリアでは外国から武装勢力が侵入して激しい内戦になった。その中でＩＳ（イスラミック・ステート）という過激派組織が生まれ、隣りのイラクとの国境をまたいで「イスラム国家」の樹立を一方的に宣言し、勢力を拡大していった。その後シリアは政府・反政府・ＩＳの戦いが続き（2017年10月にＩＳは崩壊）、多くの難民（☞ p.235）がヨーロッパなどの国外へ逃れている。

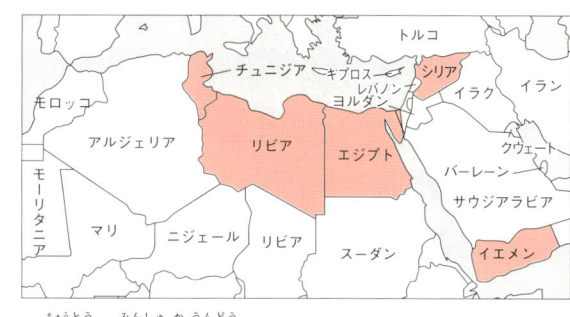
▲中東の民主化運動

# ❻ 日本の戦後史 　Point 　（☞ p.154・206）

## 占領下の政治

▶ 間接統治　1945年8月にポツダム宣言を受け入れて無条件降伏した日本は、アメリカを中心とする連合国の占領下におかれることになった。東京には連合国軍最高司令官総司令部（ＧＨＱ）がおかれ、マッカーサーが最高司令官に任命された。以後，ＧＨＱの指令・勧告のもとで日本政府が統治を行う間接統治がすすめられた。沖縄などはアメリカの軍政下におかれた。

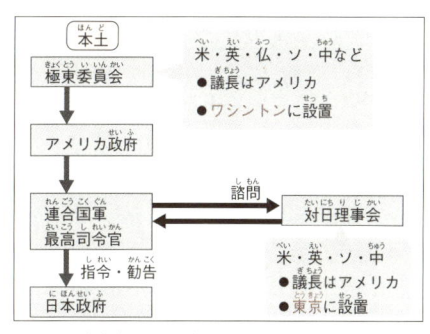
▲日本統治の仕組み

▶ 初期の占領政策　ＧＨＱによる初期の占領政策の目標は、日本の非軍事化・民主化にあった。そのため、日本の軍隊を解体し、極東国際軍事裁判（東京裁判）を開いて戦争指導者を裁き、軍国主義者を公職から追放した。また、女性に選挙権を与えることや経済の民主化（☞ p.112）など5項目にわたる五大改革指令を出した。政府はこの指令に基づいて、衆議院議員選挙法を改正して満20歳以上の男女に選挙権を与え、婦人参政権を認めた。翌1946年には戦後初の総選挙が実施され、39名の女性の代議士が誕生した。

## 占領政策の転換と主権の回復

▶ 占領政策の転換　東西冷戦が東アジアへ広がってくると、日本を反共産主義の拠点と

するため、アメリカの占領政策は日本経済の自立化をはかる経済復興（☞ p. 155）へと転換された。1950年に朝鮮戦争がはじまると、警察予備隊が設置されるとともに（☞ p. 196）、アメリカは日本を西側（資本主義）陣営に組みこむため日本との講和を急いだ。

▶ 主権の回復　1951年にサンフランシスコ講和会議が開かれ、日本と西側諸国との間でサンフランシスコ平和条約が結ばれ、翌年の条約発効によって日本は独立を回復した。しかし、中華人民共和国は会議に招かれず、ソ連などの東側諸国は調印を拒否した。また、日本の植民地であった韓国は条約調印の対象国ではなかった。そのため、こうした国とは個別に条約を結ぶことが日本外交の課題となった。また、平和条約と同時に日米安全保障条約が結ばれた（☞ p. 197）。日本は主権を回復したが、以後も政治的・経済的にアメリカの強い影響力の下におかれることになった。

## 外交の展開

　鳩山一郎内閣は、1956年に日ソ共同宣言に調印した。その結果、日本の国連加盟を拒否していたソ連との友好関係が回復したため、国際連合への加盟が承認された。

　1960年、岸信介内閣は日米安全保障条約を改定した新日米安全保障条約に調印した（☞ p. 197）。これにより、日米軍事同盟は強化されたが、日本国内では激しい反対運動（安保闘争）がおこった。

　その後、1964年に成立した佐藤栄作内閣は7年8ヵ月に及ぶ戦後最長の長期政権となった。1965年には日韓基本条約を結び、韓国との国交が正常化した。また1971年には、沖縄返還協定に調印し、翌年の協定発効によって沖縄が日本へ返還された。続く1972年、「日本列島改造」を掲げて成立した田中角栄内閣は、日中共同声明に調印して中国との国交正常化を実現した。日中共同声明に基づいて、1978年には福田赳夫内閣のもとで日中平和友好条約が結ばれた。

### 『沖縄のアメリカ軍基地問題』

　1971年に沖縄返還協定が調印され、翌年に協定が発効され、沖縄の日本復帰が実現した。しかし、アメリカ軍基地のほとんどが返還されずに沖縄に残ることになった。沖縄県の面積は日本全体の約0.6％に過ぎないが、沖縄にあるアメリカ軍基地の面積は沖縄県総面積の約8％（沖縄本島の約15％）、日本にあるアメリカ軍基地の面積の約70％にも達する。基地の整理・縮小が叫ばれる中、宜野湾市にある普天間基地（飛行場）の名護市辺野古への移設が決まり、現在、工事がすすめられているが、移設反対運動が続いている。

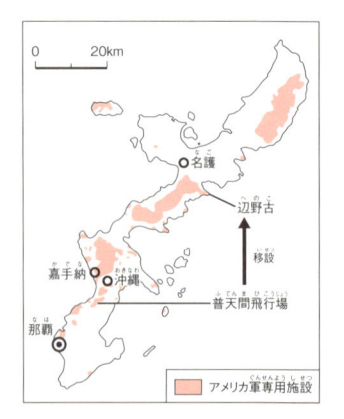

# 世界の主なできごと

| | アメリカ・ヨーロッパ | アジア・アフリカ |
|---|---|---|
| 1600 | 07 （英）ヴァージニア植民地設立<br>20 メイフラワー号、プリマス着<br>42 （英）ピューリタン革命（〜49）<br>88 （英）名誉革命（〜89） | 03 （日）江戸幕府が開かれる（〜1867） |
| 1700 | 前半 （米）13植民地設立<br>後半 （英）産業革命<br>75 アメリカ独立戦争（〜83）<br>76 アメリカ独立宣言（→83独立）<br>89 フランス革命（〜99） | 57 （英）プラッシーの戦い→フランスに勝利<br><br>98 （仏）ナポレオン軍エジプト遠征 |
| 1800 | 04 ナポレオン皇帝即位<br>12 ナポレオンのモスクワ遠征<br>14 ウィーン会議（〜15）<br><br>25 （露）デカブリストの乱<br>30 （仏）七月革命<br><br>48 （仏）二月革命→独・墺、三月革命<br>53 クリミア戦争（〜56）<br>61 （伊）イタリア王国成立<br>61 （米）南北戦争（〜65）<br>63 （米）リンカーンの奴隷解放宣言<br>70 プロイセン・フランス戦争（〜71）<br>71 ドイツ帝国成立<br>71 パリ・コミューン成立<br><br><br><br><br>98 （英）（仏）ファショダ事件<br>　　アメリカ・スペイン戦争 | 19 （英）シンガポール領有<br><br><br>40 アヘン戦争→南京条約（42）<br><br>56 アロー戦争→北京条約（60）<br>57 （印）シパーヒーの反乱（〜59）<br>58 （印）ムガール帝国滅亡<br><br>68 （日）明治維新<br><br>77 インド帝国成立<br>82 （英）エジプトの保護国化<br>87 仏領インドシナ連邦成立<br>94 日清戦争→下関条約（95）<br>98 列強の中国分割 |
| 1900 | | 02 日英同盟協約<br>04 日露戦争→ポーツマス条約（05）<br>10 （日）韓国を併合<br>11 （中）辛亥革命→中華民国建国（12） |
| | 14　第一次世界大戦勃発（〜18） | |
| | 17 ロシア革命→ソヴィエト政権<br>18 （米）ウィルソンの14ヵ条の平和原則<br>　　ドイツ革命<br>19 パリ講和会議→ヴェルサイユ条約<br>　　（独）ワイマール憲法制定 | 19 （中）五・四運動<br>　　（朝）三・一独立運動 |

| 1900 | |
|---|---|
| 20　国際連盟発足 | |
| 21　ワシントン会議（〜22）→四カ国条約ほか | |
| | 23　トルコ共和国成立 |
| 28　（ソ）第一次五ヵ年計画実施（〜32） | 31　（日）満州事変 |
| 29　世界恐慌 | |
| 33　（独）ナチス政権成立 | |
| 36　（独）ラインラント進駐 | 37　日中戦争勃発（〜45） |
| 　　スペイン内戦（〜39） | |
| 39　独ソ不可侵条約 | |
| 39　第二次世界大戦勃発（〜45） | |
| 40　日独伊三国同盟 | |
| 43　イタリア降伏 | 41　アジア・太平洋戦争勃発（〜45） |
| 44　連合軍、ノルマンディー上陸 | |
| 45　ベルリン陥落→ドイツ降伏 | 45　広島・長崎に原爆投下→日本降伏 |
| 45　国際連合発足 | |
| 47　トルーマン・ドクトリン | 46　インドシナ戦争（〜54） |
| 48　ベルリン封鎖→ドイツ分裂（49） | 47　インド連邦・パキスタン独立 |
| | 48　イスラエル建国→第一次中東戦争 |
| | 　　大韓民国・北朝鮮建国 |
| | 49　中華人民共和国成立 |
| 51　サンフランシスコ平和条約 | |
| 55　ワルシャワ条約機構成立 | 55　アジア・アフリカ（バンドン）会議開催 |
| 61　ベルリンの壁 | 60　アフリカの年（アフリカ諸国の独立） |
| 62　キューバ危機発生 | 65　ヴェトナム戦争（〜73） |
| 67　EC成立 | 73　第4次中東戦争→第一次石油危機 |
| | 79　イラン革命→第二次石油危機 |
| | 　　（ソ）アフガニスタン侵攻 |
| 85　（ソ）ゴルバチョフによる改革開始 | 80　イラン・イラク戦争（〜88） |
| 89　マルタ会談→冷戦終結 | |
| 90　東西ドイツ統一 | |
| 91　ソ連消滅 | 91　湾岸戦争 |
| 92　マーストリヒト条約 | |
| 93　EU成立 | 94　（南ア）マンデラ政権成立 |
| 2000 | |
| 01　（米）同時多発テロ | 01　（米）アフガニスタン攻撃 |
| | 02　アフリカ連合成立 |
| 14　（露）クリミア半島を併合 | 03　イラク戦争 |

★　（日）日本、（英）イギリス、（米）アメリカ、（仏）フランス、（独）ドイツ、（伊）イタリア、
　　（朝）朝鮮、（露）ロシア、（中）中国、（印）インド、（南ア）南アフリカ、（ソ）ソ連

# Ⅲ
# 現代の
# 経済

# 1 経済体制

## ❶ 資本主義経済

### 経済とは何か

経済とは、生活に必要な物である財（生産物）や、人々の欲求を満足させるサービス（医療・教育・保険・運輸など）を生産し、それらを交換・流通・分配・消費する働きのことである。

### 資本主義経済の成立

18世紀後半のイギリスの産業革命（☞ p. 80）をきっかけに資本主義経済が成立し、イギリスやフランスの近代市民革命（☞ p. 76・78）によって、19世紀初めにヨーロッパやアメリカを中心に広がった。

### 資本主義経済の特徴

資本主義経済とは、資本家が生産手段（工場・土地・機械・資本）を所有し、労働者が労働力を提供して利潤（利益）を追求する経済体制のことである。

> **資本主義経済の特徴**
> ①生産手段の私有…生産手段を個人が所有する。
> ②自由競争…経済活動は自由に行われ、政府の介入を受けない。
> ③市場経済…生産された商品・サービスは、すべて市場で売買される。
> ④利潤追求…経済活動は、利潤の追求のために行う。

### 資本主義経済の問題点

資本主義経済では、資本家と労働者の対立や、自由競争に敗れた企業の倒産とそれにともなう失業問題が見られるようになった。また、好況（好景気）➡後退➡不況（不景気）➡回復という景気変動（景気循環）がおこるようになった（☞ p. 138）。

さらに自由競争に勝った企業が市場と富を独占する資本の蓄積・集中がすすみ、独占市場が形成されるようになった（☞ p. 134）。

## 資本主義経済の発達 ✦Point

　資本主義経済は、18世紀後半〜19世紀半ばにおこった市民革命・産業革命を背景に成立した産業資本主義、19世紀後半の独占資本主義、20世紀の世界恐慌後の修正資本主義（混合経済）という段階を経て発達していった。

| 18世紀後半〜<br><br>産業資本主義<br><br>（夜警国家） | ▶ 工場を所有する産業資本家が中心<br>▶ 自由競争・自由貿易が行われる。➡ 小さな政府（安価な政府）<br>▶ アダム・スミスが自由放任主義（レッセフェール）を主張する。<br>（☞ p. 125） |
|---|---|
| 19世紀後半〜<br><br>独占資本主義<br><br>（帝国主義国家） | ▶ 資本の蓄積と集中がすすみ、独占市場が形成される。<br>▶ 国家と結びついて海外へ進出する。➡ 帝国主義（☞ p. 94） |
| 20世紀〜<br><br>修正資本主義<br><br>（福祉国家） | ▶ 世界恐慌（1929年）による深刻な経済危機（☞ p. 105）<br>▶ 国家が市場に介入して景気の調整などをはかる。➡ 大きな政府<br>▶ ケインズが財政支出による有効需要の創出を主張する（☞ p. 125）。<br>　➡ アメリカのニューディール政策（☞ p. 105）<br>　…ケインズ理論の採用 |
| 1980年代〜<br><br>新自由主義<br><br>（新保守主義国家） | ▶ 第1次石油危機（1973年）による先進国の財政悪化<br>　➡ 反ケインズ主義（フリードマン）（☞ p. 125）<br>▶ 経済の自由化などをすすめる（小さな政府）。<br>　➡ アメリカのレーガノミクス、イギリスのサッチャリズム、<br>　　日本の中曽根内閣の行政・財政改革（☞ p. 160） |

Ⅲ　現代の経済

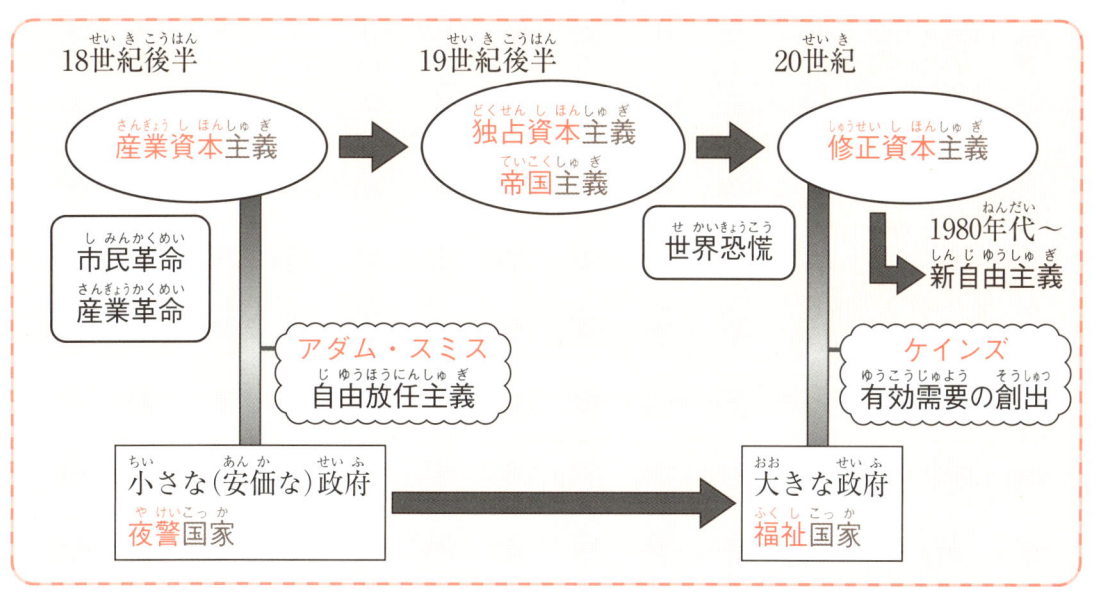

# ❷ 社会主義経済

## 社会主義経済の成立

産業革命後、資本主義が発展する中で貧富の差や資本家と労働者の対立などが大きな問題になった。

19世紀中頃にドイツの**マルクス**は『**資本論**』の中で資本主義を批判して、資本主義社会は必ず社会主義社会へ、さらには共産主義社会へ移ると主張した。このマルクスの考えを発展させたのが**レーニン**である（『**帝国主義論**』）。レーニンは、1917年にロシア十月革命を指導して、世界初の社会主義国家が誕生した（☞ p. 101）。

## 社会主義経済の特徴

社会主義経済とは、資本家・労働者の対立をなくした平等な社会の実現をめざす経済体制のことである。

---

### 社会主義経済の特徴

① 生産手段の**公有**…生産手段を国家または集団が所有する。

② **計画**経済…国家が経済活動を管理して自由競争を認めない。
　　➡ソ連の第1次五ヵ年計画（1928〜32年）、第2次五ヵ年計画（1933〜37年）

③ **私的利潤**の禁止…利潤は国や組合のものとなり、労働者に平等に分けられる。

---

## 社会主義経済の問題点と対策

社会主義経済では、計画の不完全さや失敗から物不足や物価上昇（インフレ）がおこった。また利潤を平等に分配することから労働意欲が低下し、生産性の低下・経済効率の悪化につながった。そのため、旧ソ連・中国などでは部分的に市場原理・分権的計画経済を導入するようになった。

| | |
|---|---|
| 旧ソ連 | ゴルバチョフの**ペレストロイカ**（改革）（1985〜91年）…市場経済の導入（☞ p. 115） |
| 中 国 | 改革開放政策（1978年〜）…生産責任制、**経済特区**の設置➡外国企業の誘致 |
| ヴェトナム | **ドイモイ**（刷新）政策（1986年）…市場経済の導入、外国資本の導入 |

# ③ 主な経済学説

## 重商主義と重農主義 （16 〜 18世紀）

絶対王政下でのヨーロッパでは、貿易から得られる利益によってのみ国家・社会の富が得られるとする重商主義思想が支配的であった。そのため、輸出を増やすための国内産業保護政策がとられた。重商主義の代表的な経済学者がトマス・マン（1571 〜 1641年）である。

これに対して、ケネー（1694 〜 1774年）は農業生産によってのみ国家・社会の富が得られるという重農主義を主張した。

## 古典派経済学と歴史学派 （18世紀後半〜 19世紀）…産業資本主義

産業革命後、資本主義が発展すると保護政策をとる重商主義を批判し、自由主義経済のもとで自由放任主義や自由貿易などを主張する古典派経済学が発展した。

アダム・スミス（1723 〜 90年）は『国富論（諸国民の富）』の中で、自由な経済活動に任せておけば「神の見えざる手」によって、市場は自然にバランスが保たれると主張した（自由放任主義〈レッセフェール〉）。また、国は国民の経済活動に干渉しないで、国防・司法・公共事業など必要最小限の活動に限るべきだと主張した（小さな政府・安価な政府）。

マルサス（1766 〜 1834年）は『人口論』のなかで、食糧は算術級数的（1→2→3…）に増えるが、人口は幾何級数的（1→2→4→8→16…）に増加することから人口を抑えることを主張した。リカード（1772 〜 1823年）は『経済学及び課税の原理』の中で、比較生産費説による自由貿易を主張した（☞ p. 169）。

こうした古典派経済学に対して、歴史学派の中心人物であるドイツのリスト（1789 〜 1846年）は、発達の遅れている産業には保護貿易が必要であると主張した。

## 近代経済学派 （20世紀）

1929年の世界恐慌（☞ p. 105）によって資本主義社会では深刻な不況や失業がおこった。

そのためケインズ（1883 〜 1946年）は『雇用・利子および貨幣の一般理論』のなかで、景気回復や失業者を減らすためには、政府が公共投資などを行って市場に介入し、需要を増やすべきだと主張した（有効需要の創出、大きな政府）。

しかし、有効需要創出のために国が国債を発行するなど通貨量を増やして公共投資・公共事業を行うため、財政赤字になる危険性がある。そのため、フリードマン（1912 〜 2006年）は『選択の自由』の中で、自由放任主義の復活（小さな政府）を主張し、経済成長に見合った通貨供給を行うことで、経済の安定がはかられると主張した（マネタリズム）。

## 主な経済思想 *Point*

| | 経済学者 | 主義・主張 | 主 な 著 書 |
|---|---|---|---|
| 17世紀 | トマス・マン | 重商主義 | 『外国貿易による英国の財宝』 |
| 18世紀 | ケネー | 重農主義 | 『経済表』 |
| | アダム・スミス | 自由放任主義 | 『国富論（諸国民の富）』 |
| | マルサス | 重農主義 | 『人口論』 |
| 19世紀 | リカード | 比較生産費説 | 『経済学及び課税の原理』 |
| | リスト | 保護貿易 | 『政治経済学の国民的体系』 |
| | マルクス | 社会主義 | 『資本論』 |
| | レーニン | | 『帝国主義論』 |
| | ワルラス | 限界効用学説 | 『純粋経済学要論』 |
| 20世紀 | ケインズ | 有効需要の創出 | 『雇用・利子および貨幣の一般理論』 |
| | フリードマン | マネタリズム | 『選択の自由』 |
| | シュンペーター | 技術革新 | 『経済発展の理論』 |

# 2 経済循環と現代の企業

## ① 国民経済と経済循環

### 経済主体と経済循環とは何か

　現代の経済は、企業・家計・政府の３つの経済主体からなり、互いに深く結びついて経済活動を行っている。この３つの経済主体の間で、財（生産物）やサービスが通貨（☞ p. 142）を使って取引される流れを経済循環という。

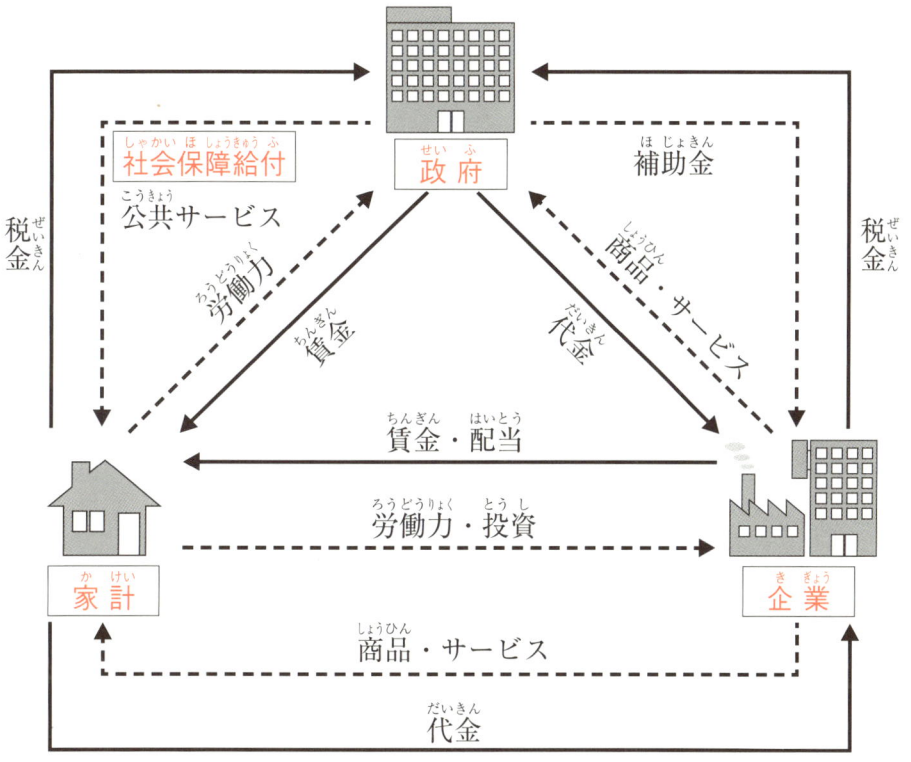

▲経済循環

▶ 家計と企業…家計は企業に労働力を提供し、賃金を受け取る。また、商品・サービスを購入し、その代金を支払う。
▶ 家計と政府…家計は政府に税金を納入し、公共サービスや社会保障を受ける。
▶ 企業と政府…企業は政府に税金や商品・サービスを納入し、代金・補助金を受ける。

## ❷ 現代の企業

### 企業とは

　企業とは、生産・販売・運送・金融などの経済活動を行う組織のことである。

　企業には、政府や地方公共団体の資本で公共の利益のためにつくられた公企業、民間の資金で利益を得るためにつくられた私企業、民間と政府・地方公共団体の資本でつくられた公私合同企業などがある。

### 会社企業の形態

　私企業の中心は会社企業であり、出資者（資金を出した人）の責任・人数などによって株式会社・合名会社などに分けられる。出資者の責任には、会社が倒産したときに会社の債務（借金）を出資額だけでなく、全財産を出して補う無限責任と、出資額の範囲内で責任を負う有限責任がある。株式会社の出資者（株主）は、有限責任しか負わないことになっている。

## ❸ 株式会社　Point

### 株式会社の特徴

　資本主義の発達にともない、多額の資金（資本金）を集めるのに適した株式会社が企業の中心となった。株式会社は、株式や社債を発行し、多くの人から資金を集める。これを直接金融という。このほかに、銀行からの借り入れによっても資金を集めている。これを間接金融という。日本はアメリカに比べて間接金融の割合が高いが、近年では、直接金融の割合が増えつつある。

　株式を買った人（出資者）は株主となり、出資金は資本金となる。株式は、原則として他人に自由に譲り渡すことができ、だれでも自由に証券市場を通じて何株でも買うことができる。株主は、持っている株式の数に応じて、利益の配当（配当金）を受ける。

> 『内部留保と自己資本・他人資本』
> 　企業が経済活動を通して得た利益のうち、税金や配当など外部に支払われる分を差し引いて社内に蓄えられたお金のこと。企業の自己資本比率を高めて、投資や不況の時に備える資金調達方法の一つである。日本企業の内部留保は欧米に比べて割合が高く、2018年9月には約446兆円にもなった。この内部留保や株式発行によって調達される資金を自己資本といい、金融機関からの借り入れや社債の発行によって調達した資金を他人資本という。

## 株式会社の組織

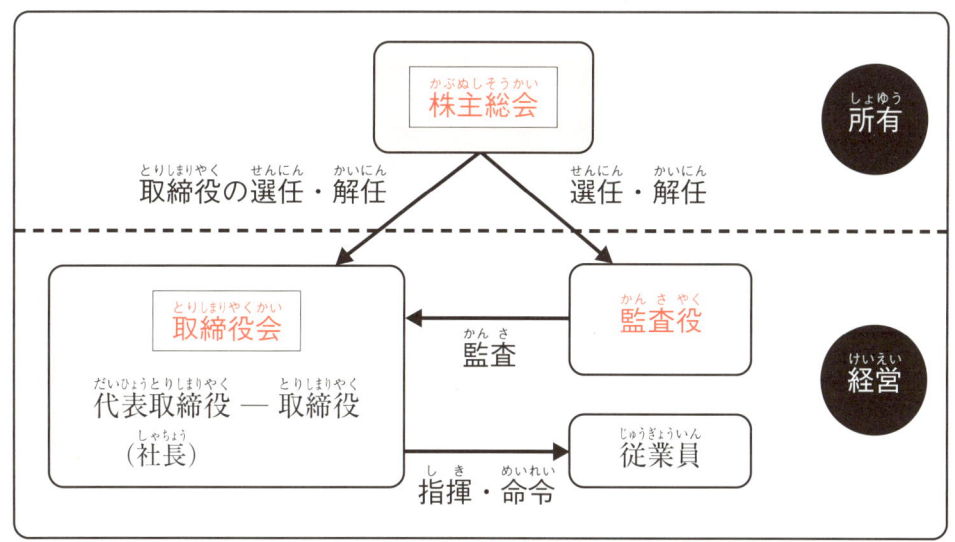

▲株式会社の組織

　会社の基本的な方針を決定するのは、株主によって構成される株主総会である。株主は株主総会に出席して議決権を使うなど、経営に参加する権利を持っている。株主は1株につき1議決権をもつので、大株主ほど発言権が強い。

　一方、会社の業務を決定するのは、株主総会で選ばれた取締役によって構成される取締役会である。この取締役会で代表取締役（社長）が選ばれる。

　大規模化した現代の株式会社では、実際の経営は株主が選んだ経営者にまかせることが多い。これを、所有（資本）と経営の分離という。

## 現代の株式会社

　株式会社には、株主などの意思や利益を反映した健全で効率的な経営を行う義務がある。株主総会によって監査役が選ばれ、経営者が適切に業務を行っているかを監査しているが、十分にチェック機能を果たしていない。そのため、近年では経営者が株主の期待する経営を正しく行うように社外取締役を導入するなど、監視・統制する企業統治（コーポレート・ガバナンス）の取り組みがすすめられている。

　また、法令や企業倫理を守ること（コンプライアンス）が重視されるようになっているほか、企業による情報の公開（ディスクロージャー）の重要性も高まっている。

Ⅲ
現代の経済

# ③ 市場と価格

## ❶ 市場経済の仕組み

### 市場とは何か

　市場とは、売り手と買い手を結びつけ、商品やサービスの売買・交換が行われる場のことである。

　市場には、生産物市場・金融市場・外国為替市場・労働市場などがある。

### 市場メカニズム

　自由に競争が行われている市場では、価格は需要と供給の関係によって決まる。

　しかし、市場では、需要と供給とがいつも一致する（同じになる）とは限らない。需要が供給よりも多いときには品不足になり、供給が需要よりも多いときには売れ残りが生じる。市場には、需要と供給が一致しないときには、価格が上がったり下がったりすることで、需要と供給の不均衡を調節する仕組みがある。これを市場メカニズムという。

## ❷ 需要と供給の法則

### 需要（Demand）の法則

　ある商品の価格が上がると需要量は減少し、逆に商品の価格が下がると需要量は増加する。これを需要の法則という。グラフで表すと右下がりの曲線になる。これを需要曲線（ＤＤ曲線）という。

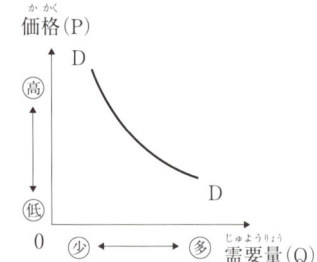

### 供給（Supply）の法則

　ある商品の価格が上がると供給量は増加し、逆に商品の価格が下がると供給量は減少する。これを供給の法則という。グラフで表すと右上がりの曲線になる。これを供給曲線（ＳＳ曲線）という。

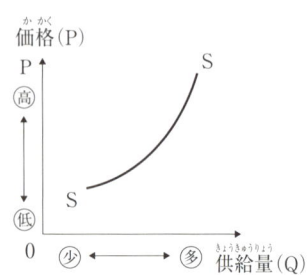

# ❸価格メカニズム

## 価格が高い場合 ➡供給＞需要

　価格が高い（$P_2$）とき、需要量は少なくなる（$Q_1$）。すると、需要量に対し供給量が多くなる（$Q_4$）ので、売れ残り（超過供給）が生じる（$Q_4 - Q_1$）。これに対し、供給者は値下げによって、売れ残った商品をすべて売ろうとする。その結果、需要量は増加し、供給量は減少する。

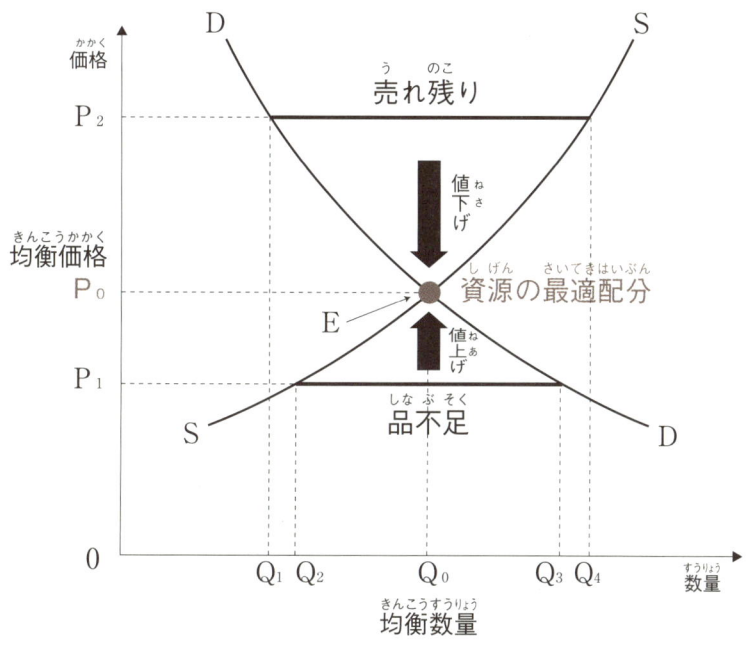

## 価格が低い場合 ➡需要＞供給

　価格が低い（$P_1$）とき、需要量は多くなる（$Q_3$）。すると、需要量に対し供給量が少なくなる（$Q_2$）ので、品不足（超過需要）が生じる（$Q_3 - Q_2$）。これに対し、供給者は値上げによって、より多くの利益を得ようとする。その結果、需要量は減少し、供給量は増加する。

## 均衡価格

　上のような理由から、価格が高い場合も低い場合も、価格は$P_0$へ向かう。この$P_0$を均衡価格という。価格が$P_0$のとき、ＤＤ曲線・ＳＳ曲線は均衡点（Ｅ点）で交わり、供給＝需要となる。このように、価格の上下変動によって、需要と供給が一致に向かっていくことを価格の自動調節機能といい、イギリスの経済学者であるアダム・スミス（☞ p.125）は、これを「神の見えざる手」とよんだ。

## ❹ 需要曲線・供給曲線のシフト ✦Point

### 需要曲線のシフト

▶ 需要曲線の右へのシフト（DD→D′D′）　需要量は
増加（$Q_0$→$Q_2$）し、価格は上がる（$P_0$→$P_2$）。それは、
①消費者の所得の上昇や減税などで自由に使うことの
できる所得（可処分所得）が増えた場合、②商品が流
行した場合、③競合商品（代替財：パン↔米、コーヒー
↔紅茶など）が値上がりした場合、④セットで売れる
商品（補完財：パン＋ジャム・バター、コーヒー＋砂糖
など）が値下がりした場合などである。

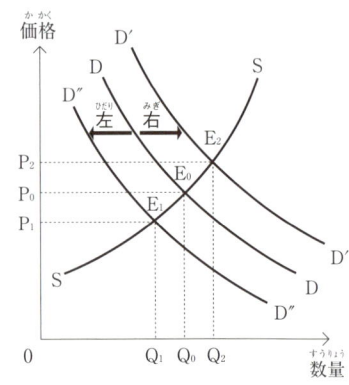

▶ 需要曲線の左へのシフト（DD→D″D″）　需要量は減少（$Q_0$→$Q_1$）し、価格は下がる
（$P_0$→$P_1$）。それは①～④が逆の場合である。

### 供給曲線のシフト

▶ 供給曲線の右へのシフト（SS→S′S′）　供給量は
増加（$Q_0$→$Q_2$）し、価格は下がる（$P_0$→$P_1$）。それは、
①原材料費が値下がりした場合、②新しい生産技術の
開発（技術革新）などで、大量生産が可能になって価
格が下がった場合、③農産物が豊作だった場合、④労
働賃金が下がった場合、⑤法人税率が下がった場合な
どである。

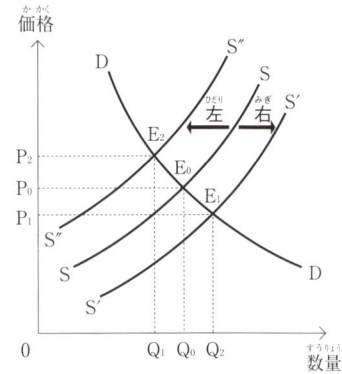

▶ 供給曲線の左へのシフト（SS→S″S″）　供給量は
減少（$Q_0$→$Q_1$）し、価格は上がる（$P_0$→$P_2$）。それは
①～⑤が逆の場合である。

## ❺ 需要・供給の価格弾力性

　需要・供給の価格弾力性とは、ある商品の価格が変化したときに、その商品の需要量
と供給量がどのくらい変化するのかを示す数値のことである。数量の変化が大きいと価
格弾力性は大きくなり、数量の変化が小さいと価格弾力性は小さくなる。

## 需要の価格弾力性

▶ 傾きが急な需要曲線（$D_1$）　価格が高くなっても買う生活必需品や代替財のない商品などは、価格の変化（$P_2-P_1$）に対する需要の変化（$Q_3-Q_2$）が小さい。つまり、需要の価格弾力性は小さい。

▶ 傾きが緩やかな需要曲線（$D_2$）　価格が高くなると買わない高級品や代替財のある商品などは、価格の変化（$P_2-P_1$）に対する需要の変化（$Q_4-Q_1$）が大きい。つまり、需要の価格弾力性は大きい。

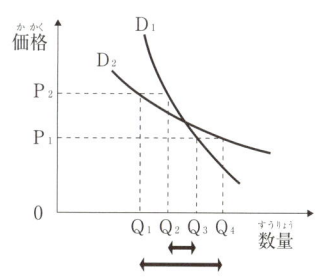

## 供給の価格弾力性

▶ 傾きが急な供給曲線（$S_1$）　価格の変化によってすぐに供給量を調節できない農作物などは、価格の変化（$P_2-P_1$）に対する供給の変化（$Q_3-Q_2$）が小さい。つまり、供給の価格弾力性は小さい。

▶ 傾きが緩やかな供給曲線（$S_2$）　価格の変化によって供給量を調節できる工業製品などは、価格の変化（$P_2-P_1$）に対する供給の変化（$Q_4-Q_1$）が大きい。つまり、供給の価格弾力性は大きい。

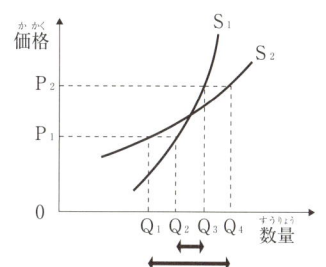

# ❻ 市場の失敗　Point

市場の失敗とは、市場メカニズムによって需要と供給の不均衡が調節されないことである。市場の失敗としては、次のようなものがある。

▶ 公共財の問題　道路・港・公園などの社会資本や警察・消防などの公共サービスを公共財という。公共財は利益が出ないため、市場では適切に供給されない。そのため、税金を使って政府が供給する。

▶ 外部不経済と外部経済　外部不経済とは、公害（大気汚染・騒音など）や環境破壊など、市場を通さずにある者が他の者へ不利益を及ぼすことである。これは、社会的にマイナスの影響を与えるので、政府による規制や補償が必要になる。

一方、新駅建設による地域経済の活性化など、ある者が他の者にプラスの影響を与えることを外部経済という。これも市場を通さずに行われるため、市場の失敗といわれる。

# ❼ 独占・寡占

## 市場の独占化・寡占化

　市場の独占化とは1社で市場を独占している状態のことで、市場の寡占化とは少数の大企業が市場を支配している状態のことである。独占・寡占の市場では、自由な競争が十分に行われず、価格の自動調節機能が働かない。そして、有力企業がプライスリーダー（価格先導者）となって価格を引き上げ、それに他の会社が従って、管理価格が形成される。この場合、需要が減少したり、生産コストが下がっても、価格は十分に下がらない（価格の下方硬直性）ため、企業の間では、広告・宣伝、サービスなど価格以外の競争（非価格競争）が激しくなる。

## 企業の独占形態

　企業の独占の形態には、次の3つがある。

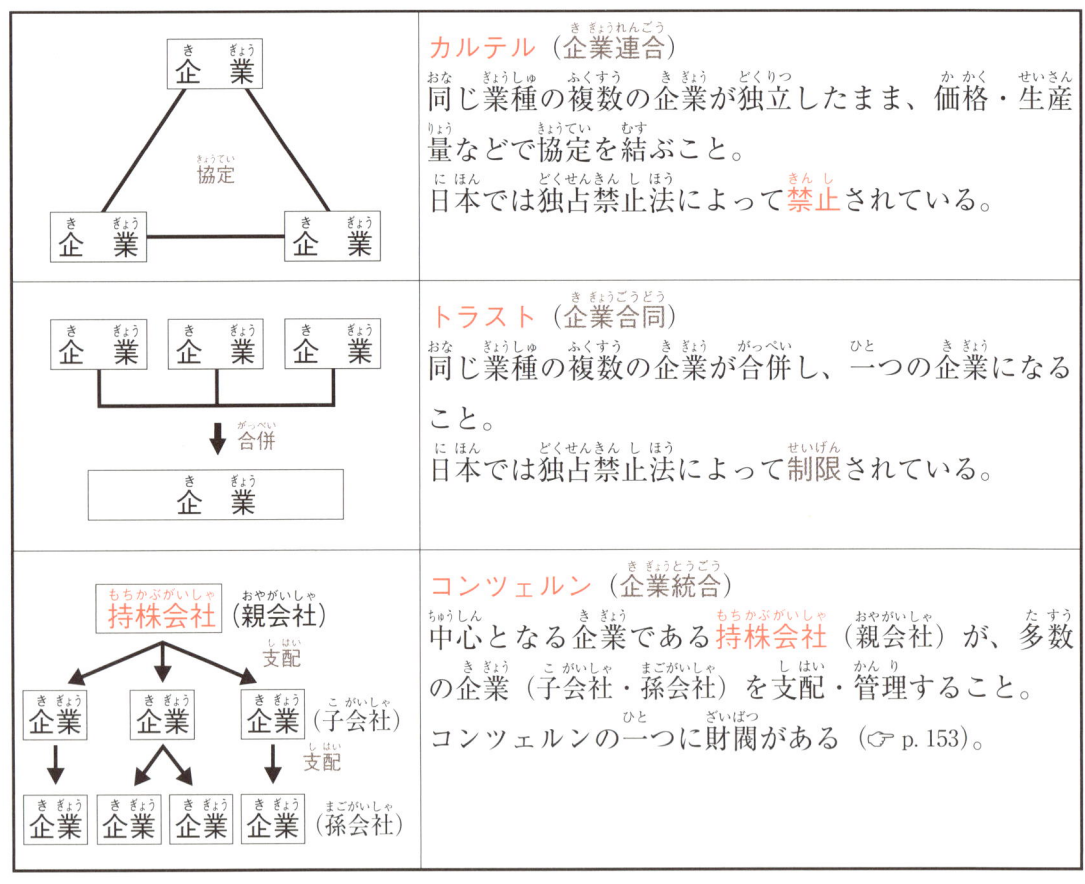

| | |
|---|---|
| **カルテル（企業連合）**<br>同じ業種の複数の企業が独立したまま、価格・生産量などで協定を結ぶこと。<br>日本では独占禁止法によって禁止されている。 |
| **トラスト（企業合同）**<br>同じ業種の複数の企業が合併し、一つの企業になること。<br>日本では独占禁止法によって制限されている。 |
| **コンツェルン（企業統合）**<br>中心となる企業である持株会社（親会社）が、多数の企業（子会社・孫会社）を支配・管理すること。<br>コンツェルンの一つに財閥がある（☞ p.153）。 |

　このほか、さまざまな業種の企業を買収・合併（M&A）することで多角的経営を行うコングロマリット（複合企業）や、多数の国に子会社をもつ多国籍企業もある。

## 独占禁止政策

　独占や寡占の市場では、消費者や中小企業が不利益を受けることがある。そのため、公正で自由な競争を目的として、独占を禁止する法が定められた。

　アメリカでは、1890年に世界で初めての独占禁止法であるシャーマン法（反トラスト法）が制定された。日本では、1947年に独占禁止法が制定され、公正取引委員会がその監視にあたっている。

# 4 国民所得と景気変動

## ❶ 国民所得

### 国富（ストック）と国民所得（フロー）

　国の経済規模をはかる物差しには、国富と国民所得の２つがある。国富とは、ある時点（年度末）で国が保有している土地・地下資源・住宅・工場などの実物資源と、外国に持っている資産の合計（ストック）のことである。国民所得とは、１年間に生産された財・サービスの合計であり、１年間の経済活動の量（フロー）として示される。

　国富である資源や工場は生産手段になるので、これを使って新たな生産が行われ、国民所得が生み出される。これがまた、国富に追加される。

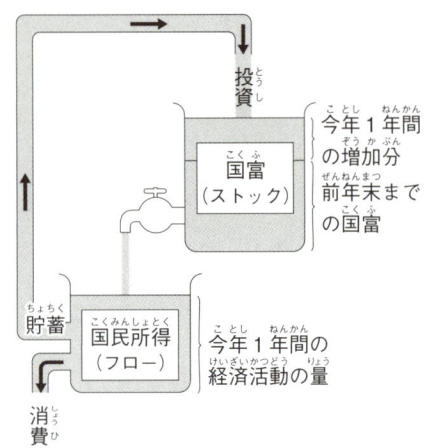

### GDPとGNP

　国の１年間の経済活動の量（大きさ）をはかる物差しには、国内総生産（GDP）と国民総生産（GNP）がある。

▶ **国内総生産（GDP）＝国内の総生産額－中間生産物の総額**

　生産者の国籍に関係なく、１年間に国内で生産された付加価値の合計であり、それは総生産額から原材料や燃料などの中間生産物の総額を引いたものである。国の経済活動の大きさを表すものとして、世界中で広く使われている。

▶ **国民総生産（GNP）＝GDP＋海外からの純所得**

　国民が１年間に国内・国外で生産した総生産額のことであり、GDPに海外からの純所得（外国から受け取った所得－外国に支払った所得）を加えたものである。国民総所得（GNI）は国民総生産（GNP）と同じ数値になる。

　このGNPから工場設備や機械などの価値の減少分である減価償却費（固定資本減耗）を引いたものを国民純生産（NNP）という。さらに、NNPから商品価格の中に含まれている税金（間接税）と政府が特定の産業を保護・育成するために出した補助金を引いたものを、国民所得（NI）という。

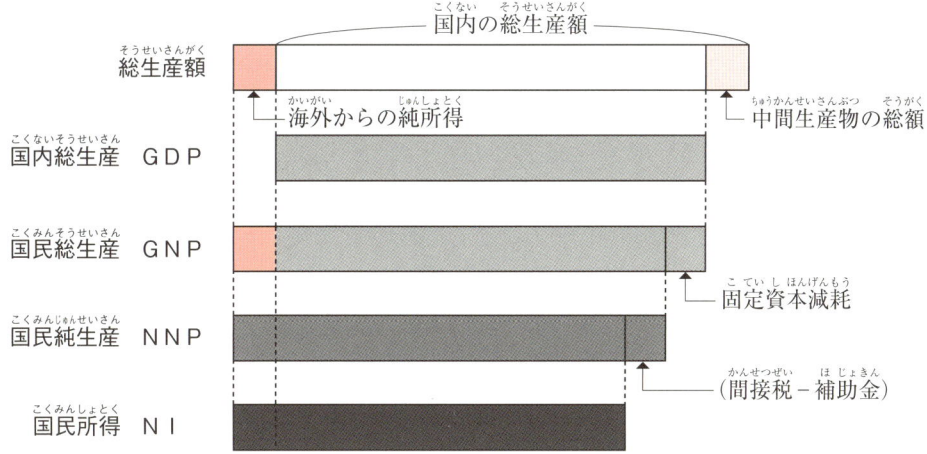

## 三面等価の原則

　国民所得は、生産・分配・支出の3つの面から見ることができる。これらは、同じものを別の面から見たものなので、その金額は等しく（同じに）なる。これを三面等価の原則という。

▶ 生産国民所得　付加価値がどの産業からどのくらい生産されたかを見る。　その他

（☞ p.31）

||

▶ 分配国民所得　生産されたものがどのように分けられ、だれの所得になるかを見る。

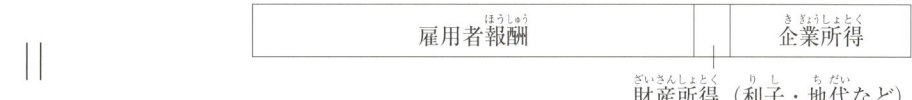

||

▶ 支出国民所得　分配された所得が消費と投資にどのくらい使われているかを見る。

| 消費支出（民間・政府） | 投資支出 | |
|---|---|---|

　国民所得は生産活動で生み出され、市場で取り引きされる。生産されたとはいえない社会保障給付（☞ p.248）・相続（死んだ人の財産を受けとること）・小遣い（ポケットマネー）などや、市場で取り引きされない家事労働・ボランティアなどは国民所得には入らない。ただし、例外として持ち家の家賃や農家の自家消費分（農家が自分でつくった農作物を消費した分）は国民所得に含まれる。

## ❷ 景気変動  🐰Point

### 景気変動（景気循環）

資本主義経済には景気変動（景気循環）があり、好況➡後退➡不況➡回復をくり返す。

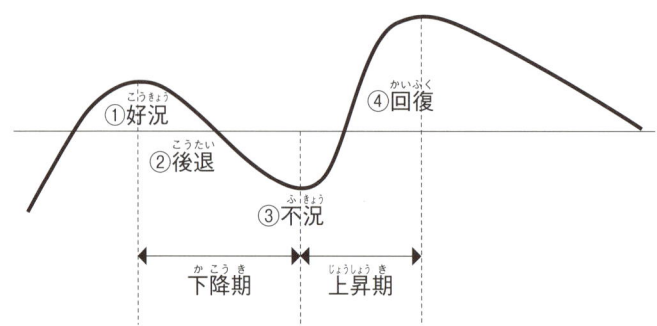

| ①好況 | 需要が増え、投資・生産が拡大する。雇用や所得も増える。<br>物価が上がってインフレーション（☞ p. 140）になりやすい。 |
|---|---|
| ②後退 | 生産のしすぎから価格が下がり、生産が減る。倒産や失業が増える。 |
| ③不況 | 生産が伸びなやみ、倒産や失業がさらに増える。企業は生産調整と在庫調整（在庫品の処分）をすすめる。<br>物価が下がってデフレーション（☞ p. 140）になりやすい。 |
| ④回復 | 在庫調整が終わり、生産が再び増える。失業が減り、需要が回復する。 |

### 景気変動（景気循環）の波

景気変動（景気循環）には、次の4つのサイクル（波）がある。

|  | サイクル | 要因 |
|---|---|---|
| キチンの波 | 約40カ月 | 在庫投資の増減（生産量の調整） |
| ジュグラーの波 | 8～10年 | 設備投資の増減（機械の買い替え） |
| クズネッツの波 | 15～25年 | 建築投資の増減（建物の建て替え） |
| コンドラチェフの波 | 50～60年 | 技術革新・資源開発 |

## ❸ 経済成長

国の経済規模が拡大することを経済成長といい、国内総生産（GDP）が前年度に比べてどのくらい伸びたかを示すのが経済成長率である。そのうち、インフレーションなど

物価上昇分を考慮した経済成長率を実質経済成長率といい、物価上昇分を考慮しないものを名目経済成長率という。名目経済成長率は、インフレーションのときは実質経済成長率よりも大きくなり、デフレーションのときは実質経済成長率よりも小さくなる。

　国内総生産が前年度に比べて減少し、経済成長率がマイナスになることをマイナス成長という。その要因としては、労働人口の減少や原油価格の上昇などがあげられる。

Ⅲ 現代の経済

---

## 経済成長率の計算方法

▶ （名目）経済成長率

$$（名目）経済成長率＝\frac{今年度のGDP－前年度のGDP}{前年度のGDP}×100（％）$$

　例）前年度の（名目）GDP＝100兆円、今年の（名目）GDP＝150兆円の場合
　　（名目）経済成長率は（150－100）÷100×100＝50％となる。

▶ 実質経済成長率

実質経済成長率を求めるためには、まず実質GDPを算出する。

$$実質GDP＝\frac{名目GDP}{GDPデフレーター}×100$$

＊GDPデフレーター：物価変動の影響を受けたモノやサービスの数量（名目GDP）から物価変動分を除いた数量（実質GDP）を算出するために用いられる物価指数のこと。

$$実質経済成長率＝\frac{今年度の実質GDP－前年度の実質GDP}{前年度の実質GDP}×100（％）$$

　例）前年度のGDPデフレーター＝100、今年度のGDPデフレーター＝105の場合
　　前年度の実質GDPは（100÷100）×100＝100、
　　今年度の実質GDPは（150÷105）×100＝143となる。
　　したがって、実質経済成長率は（143－100）÷100×100＝43％となる。

---

『名目GDPと実質GDP』
　名目GDPとは、モノやサービスの付加価値（総生産額から生産のために消費した価額を差し引いた額）を合計したもの。
　実質GDPとは、名目GDPから物価変動分を除いたもの。

# ❹ インフレとデフレ ✏Point

## ◖物価と物価指数

　物価とは、いろいろな商品（財・サービス）の価格を合計し、平均化したもので、基準となる年の物価を100として、それに対する他の年の物価を表したものを物価指数という。物価指数には、企業間で取り引きされる商品の価格の変動を示す企業物価指数と、消費者が買う商品やサービスの価格の変動を示す消費者物価指数がある。

## ◖インフレとデフレ

　貨幣の価値が下がり、物価が上がりつづけることをインフレーション（インフレ）という。貨幣の価値が上がり、物価が下がりつづけることをデフレーション（デフレ）という。

　また、不況（スタグネーション）とインフレーションが同時に進行する経済現象をスタグフレーションという。不況の時には物価が下がるのが一般的であったが、1973年の第1次石油危機（☞ p. 115）によって、石油価格が急激に上昇し、物価が上がりつづけたことから、先進国でスタグフレーションが広がった。

## ◖インフレの要因

▶ 需要インフレ（ディマンド・プル・インフレ）　好況などで需要が供給を上回って、品不足が生ずることでおこる。そのほか、需要が高まる理由には、所得の増加・政府の財政支出の増加・通貨の大量発行・銀行の貸し出しの増加・輸出の増加などで、国内の通貨量が増加することがあげられる。

▶ 費用インフレ（コスト・プッシュ・インフレ）　賃金や原材料費など生産コストが上昇して、生産量が減ることでおこる。

## ◖インフレの影響

　インフレがすすむと、物価が上がるため、企業の売り上げが伸び、労働者の賃金も上がる。しかし、貨幣の価値が下がるため、賃金の上昇以上に物価が上昇すると、国民の生活は苦しくなる。特に経済的弱者（年金生活者など）の生活は非常に苦しくなる。

## ◖インフレ対策

　インフレを抑えるために、中央銀行は通貨供給量を減らす金融政策をとる（☞ p. 144）。また、政府は公共事業を減らしたり、増税を行うなどの財政政策をとる（☞ p. 146）。

## デフレの要因

　不況などで需要が供給を下回り、売れ残りが生ずることでおこる。そのほか、需要が縮小する理由には、所得の減少・銀行の貸し出しの減少・政府の財政支出の減少や増税などで国内の通貨量が減少することがあげられる。

## デフレの影響

　インフレの場合とは逆に、デフレがすすむと、物価が下がるため、企業の売り上げが悪化し、労働者の賃金も下がり、リストラ（事業の立て直し）による人員整理や倒産によって失業が発生する。消費が落ち込み、企業は売れ残りを避けるために商品の価格をさらに下げるため、物価がさらに下がる。それがまた企業の売り上げを悪化させる。

　このように、物価の下落が不況を招き、さらに物価が下落して、経済規模を縮小させていく悪循環をデフレ・スパイラルという。

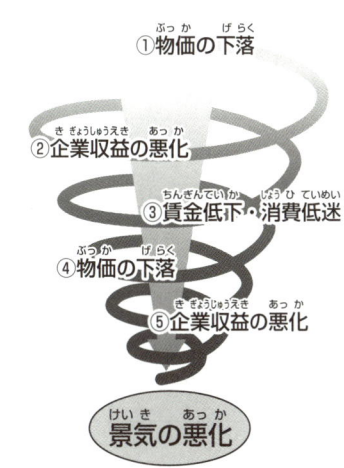

①物価の下落
②企業収益の悪化
③賃金低下・消費低迷
④物価の下落
⑤企業収益の悪化
景気の悪化

## デフレ対策

　デフレを抜け出すために、中央銀行は規制緩和（規制をゆるめること）を行って通貨供給量を増やす金融政策をとる（☞ p. 144）。また、政府は公共事業を増やしたり、減税を行うなどの財政政策をとる（☞ p. 146）。

Ⅲ　現代の経済

# 5 金融政策

## ❶通貨

### 通貨の種類と役割

▶ **通貨の種類** 通貨とは、財（生産物）やサービスの交換（流通）の手段として使われる貨幣（お金）のことである。通貨の種類には、現金通貨と預金通貨の2つがある。

| 現金通貨 | ▶紙幣（紙のお金） ▶硬貨（コイン） |
|---|---|
| 預金通貨 | 銀行に預けてあるお金<br>▶普通預金…いつでも自由に出し入れできる預金<br>▶当座預金…現金のかわりに小切手や手形で支払いを行うための預金。取り引き金額が大きい企業の取り引きで使われる。 |

▶ **通貨の役割** 通貨には、次の4つの大きな役割がある。

①価値の尺度…商品の価値をはかる基準となる。つまり、商品の価値は価格となって示される。
②交換の手段…商品の交換の仲立ちをする。
③価値の貯蔵手段…いつでも商品と交換できる価値を保存する。
④支払いの手段…代金の後払いや税金の支払いなどに使われる。

### 通貨制度

▶ **金本位制度** 金本位制度とは、金を通貨の基準とする制度で、国が保有する金の量に応じて、金との交換が保証された兌換紙幣を発行する制度のことである。世界で最初に金本位制度を採用したのはイギリスで（1816年）、日本も1897年に採用した。

金本位制度には、次のような長所と短所がある。

| 長所 | ・通貨量が安定するため、通貨価値が安定し、インフレがおこりにくい。<br>・国際取り引きを金で行うと、自動的に国際収支の均衡が保たれる。<br>（国際収支の自動調節作用） |
|---|---|
| 短所 | ・通貨量の調節が難しく、景気や物価の変動に対応できない。 |

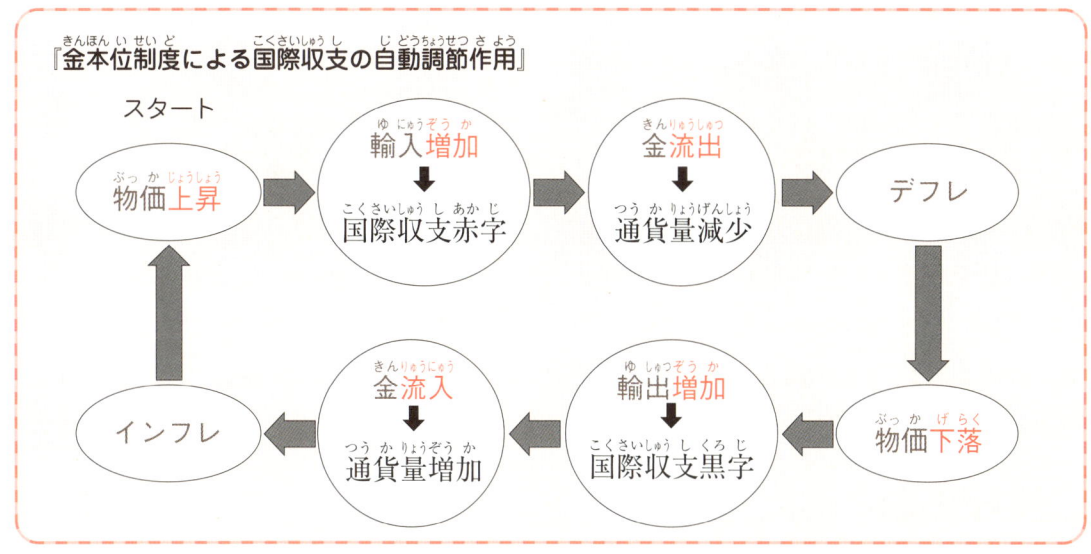

『金本位制度による国際収支の自動調節作用』

スタート

物価上昇 → 輸入増加／国際収支赤字 → 金流出／通貨量減少 → デフレ

インフレ／通貨量増加 ← 金流入／通貨量増加 ← 輸出増加／国際収支黒字 ← 物価下落

▶ 管理通貨制度　管理通貨制度とは、国が持っている金の量に関係なく、政府や中央銀行などが通貨量を決定し、金との交換が保証されていない不換紙幣を発行する制度のことである。1929年の世界恐慌（☞ p. 105）後、各国は不況対策のために、通貨量を増やす必要に迫られ、金本位制度から管理通貨制度へと移行した。

　管理通貨制度には、次のような長所と短所がある。

| 長所 | ・通貨量の調節がしやすく、景気や物価の変動に対応できる。 |
| --- | --- |
| 短所 | ・景気対策で通貨が大量発行されやすいため、インフレがおこりやすい。 |

## ❷ 金融

### 金融とは何か

　金融とは、企業・家計（個人）・政府の間で行われる資金の貸し借りのことである。資金の貸し借りは、銀行などの金融機関を通して行われる。金融機関は、預金などの形で家計や企業から資金を集め、それを資金を必要とする企業や家計などに貸し出す。資金の使用に対して借り手が貸し手に支払うお金を利子（金利）という。

### 銀行の役割

▶ 三大業務　銀行には、主に次のような３つの業務がある。
　①預金業務…個人や企業から資金を預かり、利子を払う。
　②貸出業務…企業や個人に資金を貸し出し、利子をもらう。

③為替業務…給料や年金などの受け取りや公共料金の支払いなど、お金を送金したり受け取ったりする。

▶信用創造　銀行は、多くの預金者から預金を預かると、預金者がいつでも現金を引き出せるように、その一部を支払準備金として残して、その他を企業などへの貸し出しに回す。支払準備金とは、銀行が支払準備のための現金や日本銀行に預金することを義務づけられているもので、銀行の預金残高に対する支払準備金の割合を支払準備率という（☞ p.145）。貸し出された資金は、取り引きに使われ、支払いを受けた取引先の企業によって、別の銀行に預金される。それがまた貸し出される。これをくり返すことによって、預金額の何倍もの貸し出しを行うことができる。これを信用創造という。

---

**信用創造総額の計算方法**

信用創造による預金総額　＝　本源的預金　×　$\dfrac{1}{支払準備率}$

信用創造総額　＝　預金総額　－　本源的預金

＊本源的預金とは、預金者から銀行に預けられる最初の預金のこと。

例）本源的預金を100万円、支払準備率を10%とした場合

100万円　×　1　÷　0.1　＝　1,000万円（預金総額）

1,000万円　－　100万円　＝　900万円（信用創造総額）

---

# ❸ 日本銀行と金融政策　Point

## 日本銀行の役割

国の金融・通貨政策の中心となる銀行を中央銀行といい、日本では日本銀行がそれにあたる。中央銀行に対し、民間の銀行を市中銀行という。

日本銀行には、次の３つの大きな役割がある。

①唯一の発券銀行…紙幣（日本銀行券）を発行する唯一の銀行である。

②銀行の銀行…市中銀行から一定の割合の預金を預かり、その預金を他の金融機関に資金として貸し出す。

③政府の銀行…政府にかわって税金など国のお金を管理する。また、国債の発行や外国為替の決済処理を行う。

## 日本銀行の金融政策

日本銀行は、国内に流通する通貨量（マネー・サプライ）を調節することで、物価の安定と景気の調整をはかる金融政策を行っている。すなわち、好況の時には通貨量を減

らす（金融引き締め）政策、不況の時には通貨量を増やす（金融緩和）政策をとる。

金融政策を行うための手段として、次の2つがある。

▶ **公開市場操作**（オープン・マーケット・オペレーション）

日本銀行が金融市場において、市中銀行と国債・手形などの有価証券（お金と同じ価値を持つ証券）を売り買いすることによって、国内に流通する通貨量を調節する。

好況の時には有価証券を市中銀行に売る売りオペレーションを行い、市中銀行の通貨を吸収して通貨量を減らす。不況の時には有価証券を市中銀行から買う買いオペレーションを行い、通貨量を増やす。

▶ **支払準備率操作**（預金準備率操作）

市中銀行は、預金の一定の割合を日本銀行に無利子で預けるように法律で義務づけられている。この一定の割合を支払準備率という。

日本銀行は、支払準備率を上げ下げすることによって、国内に流通する通貨量を調節する。好況の時には支払準備率を引き上げることで貸し出しを減少させて、通貨量を減らす。不況の時には、支払準備率を引き下げることで貸し出しを増やして、通貨量を増やす。

|  | 好況時（インフレ） | 不況時（デフレ） |
|---|---|---|
| 公開市場操作 | 売りオペレーション | 買いオペレーション |
| 支払準備率操作 | 支払準備率を引き上げ | 支払準備率を引き下げ |
| 結　果 | 通貨量が減少 | 通貨量が増加 |

# ❹ 今日の金融問題

## 金融の自由化

1980年代以降、日本は金融機関の国際競争力を強化するため、それまでの護送船団方式による政府の金融機関保護・金融統制を廃止し、金利の自由化や金融業務の自由化をすすめていった。

▶ **金利の自由化**　これまで、どの銀行でも同じ金利という金利規制が行われていたが、1994年に普通預金金利が完全に自由化された。

▶ **金融業務の自由化**　金融機関の間の規制を取り除き、競争を取り入れることを金融業務の自由化という。国際競争が激しくなった1990年代後半から、フリー（自由）・フェア（公正）・グローバル（国際化）を原則とする金融制度の大幅な改革（金融ビッグバン）が打ち出されたことで本格化した。

# 6 財政政策

## ❶財政の機能と政策

### 財政の仕組みと役割 🐰Point

財政とは、国や都道府県・市町村などの地方公共団体の経済活動のことで、税金・公債などの収入（歳入）を、公共事業・社会保障などの支出（歳出）に回す仕組みのことである。

財政の役割には、次の3つがある。

| 資源配分調整機能<br>（公共財の供給） | 道路・港・公園・警察・消防など、民間の企業が供給しにくい公共財・公共サービスを供給し、資源配分の調整を行う。 |
|---|---|
| 所得再分配機能<br>（所得の格差の調整） | 国民の所得（収入）の格差を小さくするため、累進課税制度（所得に応じて税率を上げる制度）を採用し、社会保障給付（☞ p. 248）を行って、低所得者に所得の再分配をする。 |
| 景気調整機能<br>（経済の安定化） | 財政政策によって、景気の動きを調整する。好況の時には通貨量を減らして需要（景気）を抑え、不況の時には通貨量を増やして需要（景気）を上向きにする。 |

### 財政政策

景気の動きを調整する財政政策には、次の2つがある。

▶フィスカル・ポリシー（補整的財政政策）　好況の時には、公共投資などの財政支出を減らしたり、増税を行うことで、通貨量を減らして需要（景気）を抑える。不況の時には、公共投資などの財政支出を増やしたり、減税を行うことで、通貨量を増やして需要（景気）を刺激する。

フィスカル・ポリシーは、日本銀行の行う金融政策（☞ p. 144）と組み合わせて行われることが多く、これをポリシー・ミックスという。

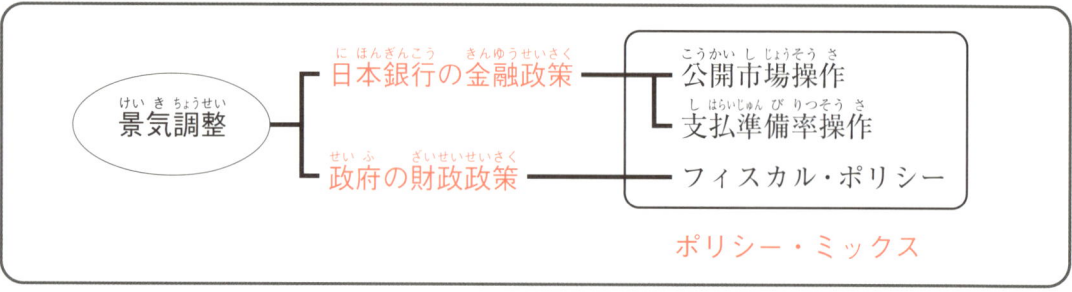

▶ビルト・イン・スタビライザー（財政の自動安定化装置）　財政には、累進課税制度と社会保障給付によって、自動的に景気の動きを安定させる仕組みがある。

　好況の時には、国民の所得が増えるが、累進課税で自動的に税率も増える。また、失業者が減るので、自動的に社会保障給付も減る。こうして、通貨量は減少し、需要（景気）が抑えられる。不況の時には、所得が減るが、累進課税で自動的に税率も減る。また、失業者が増えるので、自動的に社会保障給付も増える。こうして、通貨量は増加し、需要（景気）が上向きになる。

# ❷日本の財政構造

## 国の予算

　国の予算とは、一定期間（会計年度）における国の歳入（収入）と歳出（支出）の計画のことである。日本では会計年度（4月1日から翌年の3月末まで）ごとに毎年、内閣が予算案を作成し、国会の承認を得て成立する（☞ p. 199）。また、予算への追加や修正を行ったものを補正予算といい、これについても内閣が修正予算案を作成し、国会に提出して議決を経なければならない。

　国の予算には、一般行政にかかわる一般会計と、国が特定の事業を行う場合などの特別会計がある。

## 歳入と歳出

　一般会計の歳入には、租税（税金）や公債金（国債などの借金）があり、歳出には、社会保障関係費や国債費（国債などの借金の返済）、地方財政費（地方交付税交付金）（☞ p. 204）などがある。

　長引く不況による税収入不足などから、公債金は歳入のほぼ半分を占めるようになり、それによって、歳出に占める国債費も増大している（2018年度予算案は23.30兆円）。また高齢化による社会保障関係費も増加している（☞ p. 248）。

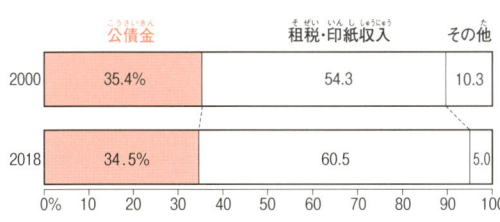

▲一般会計歳入割合の変化

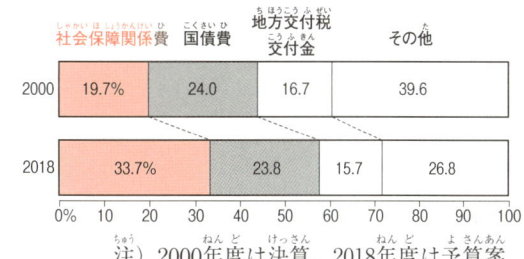

注）2000年度は決算、2018年度は予算案

▲一般会計歳出割合の変化

（『日本国勢図会2018/19』より）

## 租税の仕組み Point

　租税には、国に納める国税と、地方公共団体に納める地方税があり、それぞれ直接税と間接税に分けられる。

　直接税は、個人が納める所得税や企業が納める法人税など、税を納める義務のある人が負担する税である。間接税は、消費税など商品やサービスの価格に含まれている税で、税を納める人と負担する人が違う税である。

　直接税と間接税には、次のような長所と短所がある。

|  | 直接税 | 間接税 |
|---|---|---|
| 国税 | 所得税<br>法人税<br>相続税 | 消費税<br>酒税<br>たばこ税 |
| 地方税 | 住民税<br>固定資産税 | 地方消費税 |

▲租税の種類

|  | 長　所 | 短　所 |
|---|---|---|
| 直接税<br>（所得税・相続税など） | ▶所得税は累進課税が採用され、高所得者ほど多くの税金を負担するため、所得格差による公平が保たれる。法人税は一定課税。 | ▶職業の種類によって所得額を正確に知ることが難しいため、同じ程度の所得でも税額に差がある。<br>▶働いて収入が増えても税金で取られるため、労働意欲が低下する。 |
| 間接税<br>（消費税など） | ▶所得に関係なく、同じ負担を負う。<br>▶国が安定した税収入を得られる。 | ▶低所得者ほど所得に対する消費の割合が大きくなり、税の負担が重くなる逆進性が生じる。 |

## 直間比率の見直し

　国税の直接税と間接税の割合（直間比率）を見ると、日本は直接税の割合が高く、直接税中心の税制をとってきた。

　しかし、累進課税による重税感や労働意欲の低下、高齢化にともなう労働者の減少や社会保障費の増加などから、直間比率の見直しがすすめられている。

　1989年に導入された日本の消費税は、現在８％であり、これは先進国の中では低い水準である。2019年10月には10％に引き上げられる予定になっている。

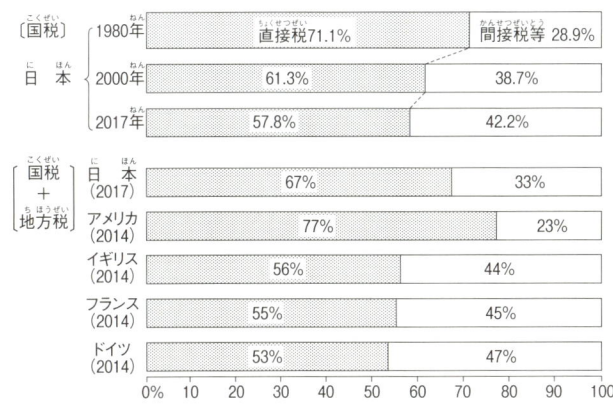

▲直間比率の国際比較　　　（『日本国勢図会2018/19』より）

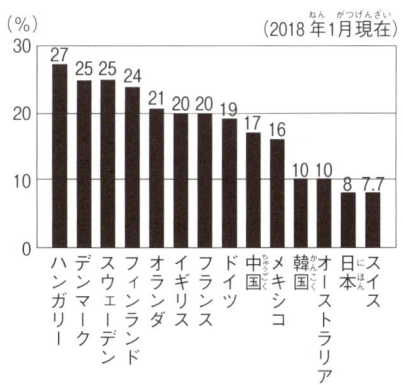

▲付加価値税（消費税）率の国際比較

（『世界国勢図会2018/19』より）

## 公債とは

　公債とは、国や地方公共団体が資金不足を補う目的で、借金をするために発行する国債や地方債のことである。

## 国債発行の原則　🔥Point

　国債には、道路や港の建設などの公共事業にあてる建設国債と、一般会計の歳入不足にあてる赤字国債（特例国債）がある。しかし、国債の発行は、法律によって厳しい制限が設けられている。国債の発行は原則として禁止されているが、建設国債は例外的に認められている。ただし、赤字国債は、会計年度ごとに財政特例法という法律を制定して発行されている。また、国債発行時の日本銀行による引き受けは原則的に禁止されている。国債は民間金融機関に売り、そこから一般投資家へ売るという市中消化の原則がある。

## 国債乱発の問題点

　国債を大量に発行すると、次のような問題がおこる。

> ▶ インフレの可能性…国債の返済のため通貨が大量発行され、インフレになる可能性がある。
>
> ▶ 財政の硬直化…国債の返済のため国債費が増加すると、社会保障関係費などに回せる予算が減り、行政サービスの低下を招く。
>
> ▶ クラウディング・アウト…国債の大量発行によって政府が民間から資金を調達する
> （押しのけ効果）　　　と、金利が上がり、民間が投資できる資金が少なくなる。
>
> ▶ 世代間の不公平…国債は将来の世代が返済することになり、世代間の不公平が生じる。

## 日本の国債依存度と残高

　建設国債は、1963〜64年のオリンピック景気後の不況をきっかけに、1965年から発行されるようになった。赤字国債は、第1次石油危機後の1975〜89年、1994年以降毎年発行されている。

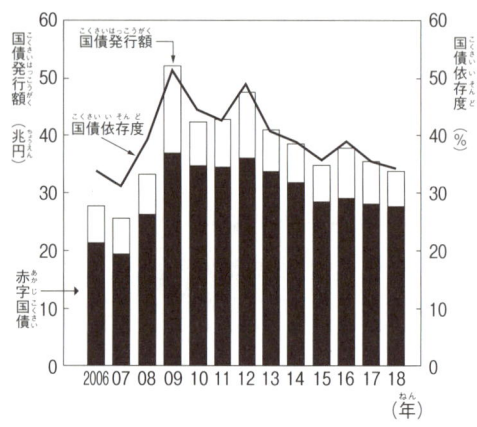

▲国債依存度の推移

（『日本国勢図会2018/19』より）

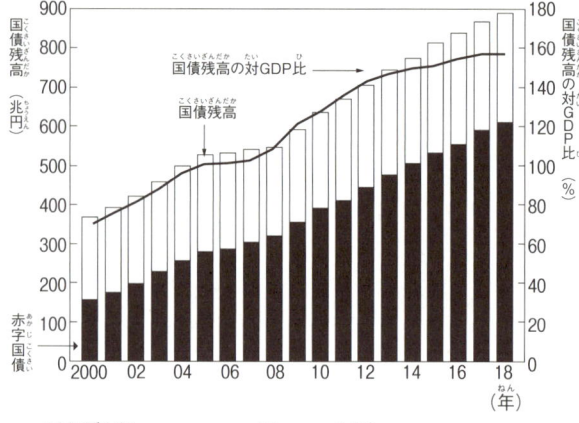

▲国債残高とGDPに対する比率

（『日本国勢図会2018/19』より）

　このように財政赤字を補うために、毎年赤字国債が発行され、国債依存度（一般会計に占める国債発行額の割合）は、2018年に約35％になっている。また、2018年度末の国債残高（国の借金の量）は約1,107兆円になる見込みとなっている。これは、日本の国民1人あたり約800万円以上の借金をしていることになる。日本のGDPに対する債務残高は、先進国の中でも最も高い。

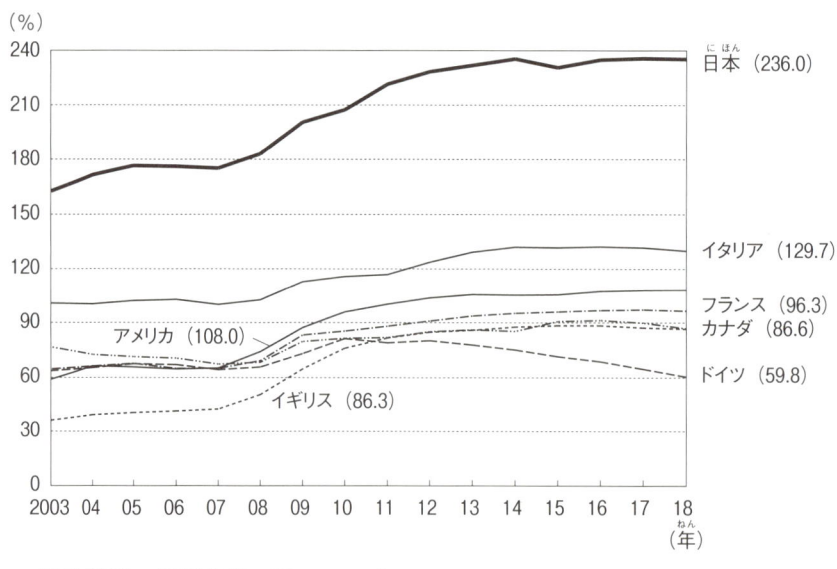

▲債務残高の国際比較（対GDP比）（財務省ウェブサイトより）

# 7 日本経済の歩み

## ❶ 第二次世界大戦前の日本経済

### 貿易の開始

　17世紀半ば以降、日本人の海外渡航と特定の国・地域以外との貿易などを禁止する鎖国政策をとっていた日本は、1854年に開国した（☞ p. 96）。そして、1858年に、アメリカをはじめイギリス・フランス・オランダ・ロシアと通商条約を結び（☞ p. 96）、1859年から横浜・長崎・箱館（函館）で貿易が開始された。貿易品の取り扱い量は横浜港が最も多く、貿易相手国はイギリスが第1位であった。輸出品は、生糸・茶・海産物など半製品や食料品が中心であり、輸入品は毛織物・綿織物などの繊維製品が多かった。
　最大の輸出産業となった製糸業（生糸の製造）では、工場に労働者を集めて協業と分業によって製品をつくるマニュファクチュア（工場制手工業）への移行が急速にすすんだ。これにより、生糸の輸出が大幅に増えた。生糸は、第二次世界大戦前の日本の最大の輸出品であった。

### 殖産興業

　1867年末に新しく誕生した明治政府は、近代国家をつくるために、ヨーロッパやアメリカの経済制度や先進技術を導入して、近代産業を育てる殖産興業政策をすすめた。1870年代には、製糸などの官営工場（明治政府が経営する工場）が設立され、鉄道が建設されていった。

### 産業革命－資本主義の成立

▶ 軽工業の発展　1880年代後半になると、機械による大量生産が行われるようになった。こうして、日清戦争（1894 ～ 95年）（☞ p. 97）前後の時期に紡績（綿糸の製造）・製糸など軽工業を中心に、日本でも産業革命が始まった。

　特に、紡績業は急成長し、インドなどから安い綿花を輸入するようになり、中国や朝鮮への綿糸の輸出が増加した。製糸業では、アメリカ向けの生糸輸出が増加し、1909年には世界一の生糸輸出国となった。

▶ 重工業の発展　日本は、紡績や製糸などの軽工業にくらべて、鉄鋼や造船などの重工

業がおくれていた。日清戦争後は、軍事力の強化や鉄道の建設のため、鉄の需要は増加する一方だったが、その大部分を輸入に頼っていた。そのため、明治政府は1897年に官営の八幡製鉄所を福岡に設立した。こうして、日露戦争（1904〜05年）（☞ p.98）前後の時期に重工業を中心に産業革命がおこり、資本主義が本格的に成立することになった。

▶ **社会問題の発生**　工業化の急速な発展にともなって、低賃金・長時間労働などの労働問題がおこった。また、銅山から鉱毒が川に流れ込み、住民に大きな被害を与える（足尾鉱毒事件）など、公害問題も発生した。

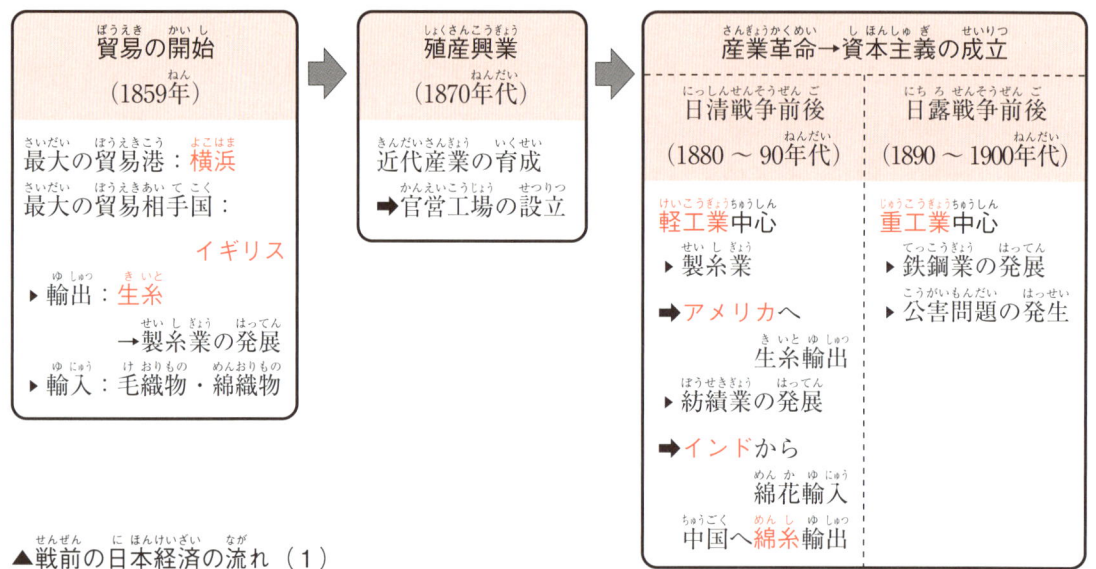

▲戦前の日本経済の流れ（1）

## 大戦景気

　1914年に第一次世界大戦（☞ p.100）がおこると、日本経済は、これまでにない好景気を迎えた（大戦景気）。戦争によってヨーロッパ諸国からアジア市場への輸出が減少し、日本の綿織物の輸出が増加した。また、アメリカ向けの生糸の輸出も増加した。

　一方、造船業・化学工業・鉄鋼業なども発達し、1919年には工業生産額が農業生産額を上回り、工業労働者数も100万人を超えた。

　こうして、日本は、第一次世界大戦（1914〜18年）の間に貿易額を4倍に伸ばした。そして、輸出が輸入を上回り、貿易は黒字となった。

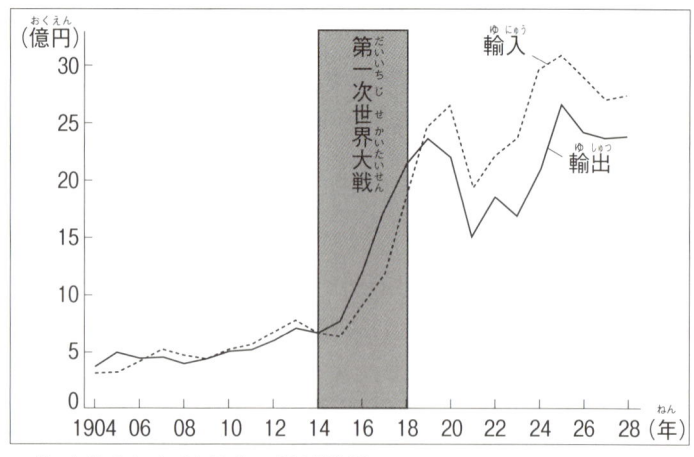

▲第一次世界大戦前後の貿易動向

（『明治以降本邦主要経済統計』より）

## 恐慌の時代

　第一次世界大戦が終わると、ヨーロッパ諸国がアジア市場に戻り、また、1920年には株式市場の大暴落によって、日本経済は不況を迎えることになった（戦後恐慌）。

　1923年には、関東大震災（☞ p.65）がおこり、東京・横浜を中心に大きな被害が出た。これによって、さらに日本経済は打撃を受けた（震災恐慌）。

　長引く不況や震災の影響で、1927年には、中小銀行の休業や倒産が続き、金融恐慌がおこった。この恐慌によって銀行の集中・合併がすすみ、三井・三菱・住友・安田・第一の五大銀行が支配力を強化した。

## 世界恐慌

　第一次世界大戦中、他の資本主義国と同様に日本は金本位制（☞ p.142）を停止し、金の輸出を禁止していた。長引く不況に対して、通貨量を増やしたことで、日本経済はインフレになっていった。そのため、国際競争力は落ち、貿易赤字が増加していった。そこで、政府は1930年に金本位制へ復帰する金（輸出）解禁を行った。しかし、前年にアメリカで始まった世界恐慌（☞ p.105）の拡大を受け、日本経済も深刻な恐慌になった（昭和恐慌）。アメリカへの輸出に頼ってきた生糸の価格は大きく下がり、生産地である農村は大打撃を受けた。また、多くの中小企業が倒産する一方、企業の独占・集中がすすみ、大銀行を経営する三井・三菱・住友・安田の四大財閥（☞ p.134）が大きな力をにぎるようになった。

## 重化学工業の発展

　深刻な不況対策として、1931年、政府は金の輸出を再び禁止し、他の資本主義国と同様に管理通貨制度（☞ p.143）へ移行した。これによって、政府は通貨を自由に発行して経済全体をコントロールできるようになった。この結果、円安になり、輸出が増えたことで、1933年ごろには昭和恐慌以前の生産水準にまで回復した。特に、綿織物の輸出は大幅に増え、イギリスを抜いて世界一の輸出国となった。

　1931年の満州事変（☞ p.106）以後は、軍事費が増えたため、製鉄・造船・電気機械・化学・航空機など軍事に関係した産業を中心とする重化学工業が急速に発達した。そして、1938年には、重化学工業の生産額が工業生産総額の半分以上になった。

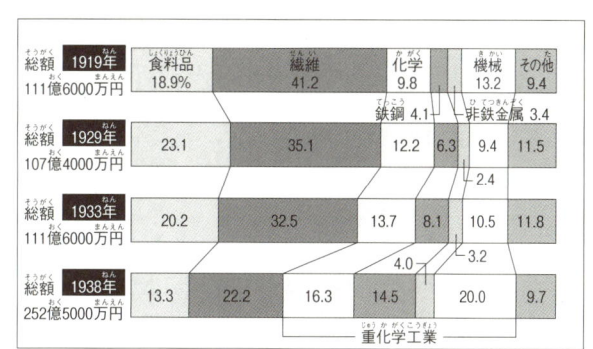

| | | 食料品 | 繊維 | 化学 | 機械 | その他 |
|---|---|---|---|---|---|---|
| 総額 111億6000万円 | 1919年 | 18.9% | 41.2 | 9.8 | 13.2 | 9.4 |
| 総額 107億4000万円 | 1929年 | 23.1 | 35.1 | 12.2 | 6.3 鉄鋼 4.1 非鉄金属 3.4 9.4 | 11.5 |
| 総額 111億6000万円 | 1933年 | 20.2 | 32.5 | 13.7 | 8.1 2.4 10.5 | 11.8 |
| 総額 252億5000万円 | 1938年 | 13.3 | 22.2 | 16.3 4.0 | 14.5 3.2 20.0 | 9.7 |

重化学工業

▲工業生産額の内訳（『長期経済統計10　鉱工業』より）

| 大戦景気（1915〜18年） | 恐慌の時代<br>（1920年代） | 重工業の発展<br>（1930年代） |
|---|---|---|
| 第一次世界大戦<br>（1914〜18年）<br><br>農業国から工業国へ<br>▶ 造船業・化学工業の発達 | 戦後恐慌（1920年）<br>　▶関東大震災<br>震災恐慌（1923年）<br>金融恐慌（1927年）<br>　▶世界恐慌<br>　▶金輸出解禁<br>昭和恐慌（1930年）<br>　➡四大財閥の巨大化・<br>　　独占化 | 軽工業から重工業へ<br>▶ 金輸出再禁止<br>　➡輸出増大<br>▶ 軍事費の拡大<br>　➡重化学工業の発達 |

▲戦前の日本経済の流れ（2）

# ❷ 第二次世界大戦後の日本経済

## 経済の民主化

　第二次世界大戦後、日本はアメリカを中心とする連合国軍最高司令官総司令部（GHQ）の占領下におかれた（☞ p. 117）。GHQは、日本経済の民主化をすすめるため、次のような改革を行った。

▶ **財閥解体**　財閥は軍部と強く結びつき、日本経済を独占していた。そのため、GHQは、1945年に財閥解体を命令し、翌年、財閥の本体である持株会社（親会社）を解散させた。1947年には持株会社やカルテルを禁止する独占禁止法や、企業の自由競争をすすめるための過度経済力集中排除法を制定した（☞ p. 135）。

▶ **農地改革**　日本の農業は、土地をもたない貧しい小作人が地主に支配される寄生地主制（地主・小作制度）がとられていた。そのため、GHQは農地改革を行うように命令した。1946年に自作農創設特別措置法が制定され、地主の土地は国に買い取られ、小作人に安く売り渡された。農地改革は1950年までにほぼ終わり、これによって自分の土地（自作地）をもつ自作農が大幅に増えた。

▶ **労働の民主化**　1945年から47年にかけて労働三法（☞ p. 166）が制定され、労働者の権利が保障された。

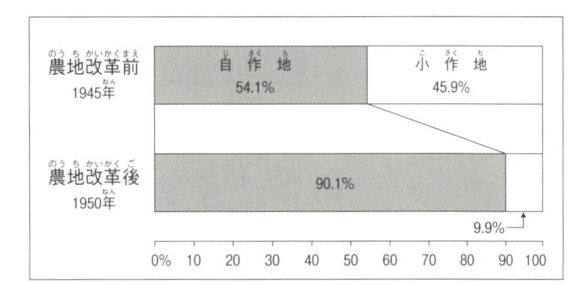

▲農地改革　　（正村公宏『図説戦後史』より作成）

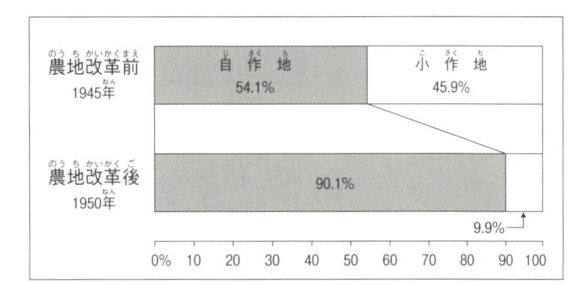
農地改革前<br>1945年　自作地 54.1%　小作地 45.9%
農地改革後<br>1950年　90.1%　9.9%
0% 10 20 30 40 50 60 70 80 90 100

## 経済復興

第二次世界大戦後、物不足によって激しいインフレとなり、物価は100倍近くに上がった。そのため、日本政府は1946年に金融緊急措置令を出して、預金の引き出しを制限するなど通貨量の縮小をはかった。しかし、効果は一時的なものだった。

また、日本経済を支えていた重化学工業の生産は大幅に落ち込んだ。このため、政府は1946年に傾斜生産方式を採用し、資材・資金を石炭や鉄鋼などの国の経済を支える産業に集中させた。しかし、資金を集めるために日本銀行（☞ p. 144）引き受けの公債を大量に発行し、日本銀行が通貨を大量発行したため、さらにインフレがすすんだ。

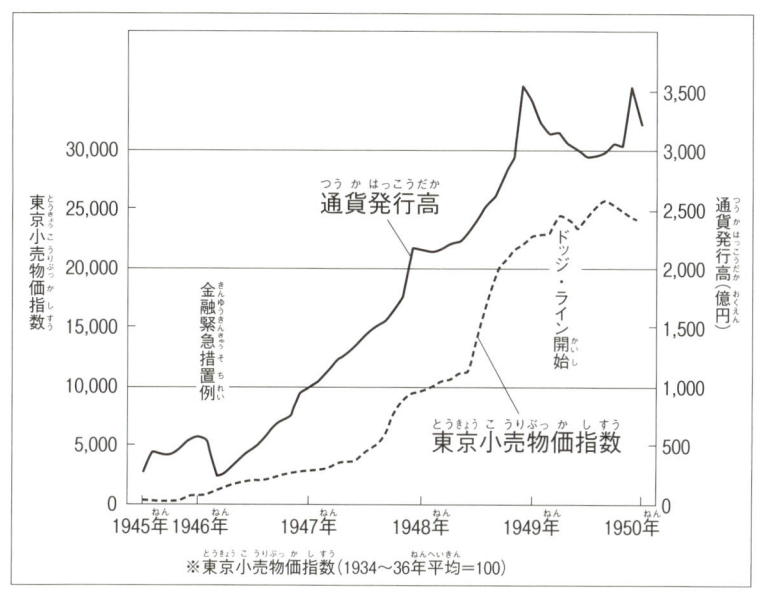

▲インフレの進行　　　　　　　　　（日本銀行『本邦経済統計』各年度より）

そこで、1948年、GHQは経済安定9原則の実行を命令し、アメリカの銀行家であるジョセフ・ドッジの指導のもと、インフレ対策（金融引き締め）や日本経済の自立化のための政策が行われた。これらの政策をドッジ・ラインという。

---

ドッジ・ライン
- 健全財政の確立（赤字を許さない超均衡予算）➡経済の安定・インフレ対策
- 単一為替レートの設定（1ドル＝360円）➡円安による貿易の拡大・経済の自立

---

これによってインフレの進行は止まったが、逆に激しいデフレになり、中小企業の倒産や失業者の増加など、深刻な不況になった（ドッジ・デフレ）。また、1949年にはアメリカのシャウプを団長とする税制使節団が来日し、日本政府はその勧告にしたがって、直接税（所得税）中心主義や累進課税制度（☞ p.146）を採用した。

## 高度経済成長 ✦Point

▶ **特需景気** 1950年に朝鮮戦争（☞ p. 112）がおこると、アメリカ軍から日本の民間企業への注文が急増し、繊維製品・金属・機械などの生産と輸出が増加した。その結果、日本では特需景気がおこって、ドッジ・デフレによる不況から抜け出した。

▶ **高度経済成長** 1950年代後半から日本は大型景気を迎え、日本経済は急速に成長しはじめた。1960年には、池田勇人内閣が10年間で国民の所得を2倍に増やすという国民所得倍増計画を発表し、豊かな生活を実現するために努力しようとする国民の意欲を刺激した。海沿いには工業地帯が形成され、鉄鋼・造船・石油化学などの重化学工業が発展した。その後も、好景気が続き、日本の国際競争力は高まって、輸出が増加していった。

日本は1952年に国際通貨基金（IMF）（☞ p. 174）、1955年に貿易と関税に関する一般協定（GATT）（☞ p. 174）に加盟したが、経済が困難な国としてさまざまな特例措置が認められていた。しかし、日本経済が発展し、輸出が増加するにつれて、アメリカや西ヨーロッパ諸国から批判が高まった。そのため日本は、1963年に輸入制限をなくして貿易を自由化するGATT 11条国に移行した。また、1964年には為替取引の際に制限をなくすIMF 8条国に移行した。こうして日本は、国際収支の悪化を理由に輸入制限をしたり、外国為替取引で直接制限を加えたりできなくなった。さらに同年、経済協力開発機構（OECD）（☞ p. 231）に加盟して、外国企業による日本企業への投資などの資本の自由化が義務づけられた。これによって、日本は先進国の仲間入りを果たし、1968年にはGNPがアメリカに次いで世界第2位となった。

このように、日本経済は1955年から1973年の第1次石油危機（☞ p. 115）までの間、年平均約10%の経済成長を続けた。これを高度経済成長という。

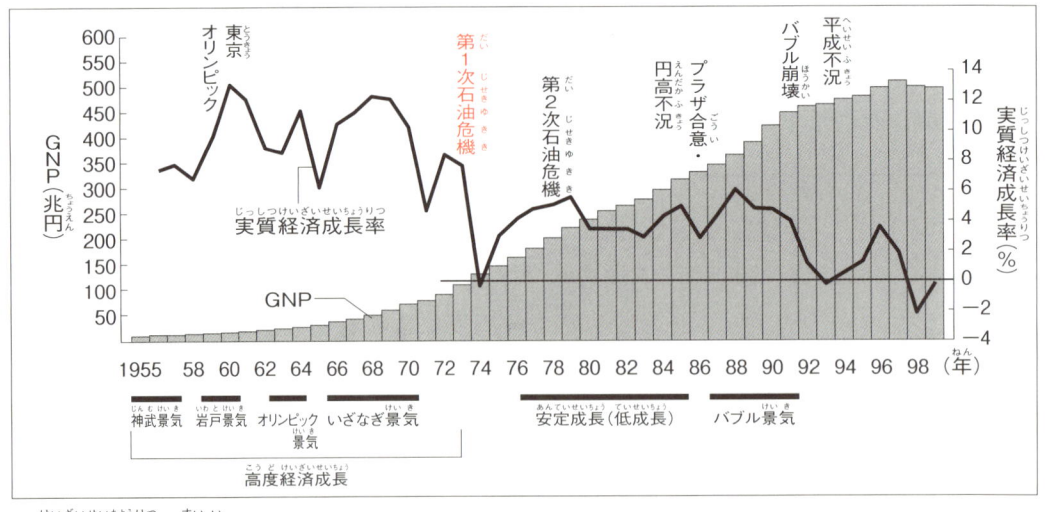

▲経済成長率の推移　　　　　　　　　　　　（『国民所得統計年報』などにより作成）

▶**高度経済成長の要因**　高度経済成長の国内的・国際的要因には、次のようなことがあげられる。

| 国内的要因 | ①国民の貯蓄率（収入に対する預金・保険などの貯蓄の割合）が高かったこと<br>…銀行から企業に大量の資金を供給することができた。<br>②企業の設備投資が活発であったこと<br>…特に重化学工業を中心に大規模な技術革新が行われた。<br>③良質な労働力が多くあったこと<br>…農村から若くて教育水準の高い労働者が都市に入ってきた。<br>④政府が企業優遇政策を行ったこと<br>…低金利政策や法人税率の引き下げなどにより、企業が大量の資金を使えるようにした。 |
|---|---|
| 国際的要因 | ①円安の固定相場であったこと<br>…1ドル＝360円という円安によって輸出が増加した。<br>②石油を安く、安定的に輸入できたこと<br>…エネルギー供給は石炭から石油、水力発電から火力発電へと移り、重化学工業化がすすんだ。<br>③IMF・GATT体制（☞ p. 176）のもと、自由貿易の利益が得られたこと |

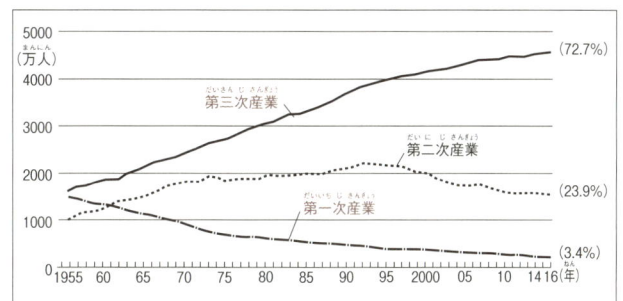Ⅲ　現代の経済

## 高度経済成長の結果

▶**産業構造の高度化**　高度経済成長は、第一次産業から第二次・第三次産業への大規模な労働力の移動を引きおこした。これを産業構造の高度化（☞ p. 31）という。そのため、農業人口の減少や高齢化、農村人口が急に減る過疎化や都市人口が急に増える過密化が問題となった。また、大企業と中小企業、工業と農業の所得の格差が深刻化した。そのため、政府は1961年に農業基本法を制定し、農業と他の産業との格差を正そうとした。

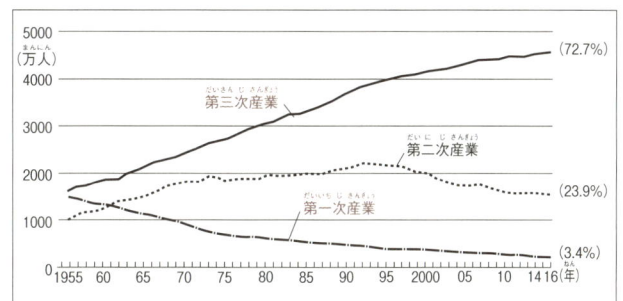

▲産業別労働者数の推移

（『日本のすがた2018』より）

▶消費革命　高度経済成長によって国民の所得が増え、大量消費の時代を迎えた。1950年代後半には、白黒テレビ・洗濯機・冷蔵庫が三種の神器とよばれ、一般家庭に電化製品が広まった。1960年代後半には、カー（自動車）・クーラー（エアコン）・カラーテレビが３Ｃとよばれ、一般家庭に広まった。このように国民の生活水準は大きく向上した（消費革命）。

▶公害問題　高度経済成長がすすむ一方で、公害が多発し、大きな社会問題になった。公害とは、大気や水の汚染などによって人の健康や生活環境に被害が生じることである。特に、四日市ぜんそく・イタイイタイ病・水俣病・新潟水俣病は四大公害病といわれ、被害者側は企業を相手に裁判をおこした。そのような中、政府は1967年に公害対策基本法を制定した。1971年には公害対策や環境保護を行うために環境庁がおかれ、企業優先から国民の福祉優先へと政策も変わっていった。1970年代に四大公害裁判はいずれも被害者側が勝訴し、企業側は賠償金を支払うことになった。

▲四大公害病

## 高度経済成長の終わり

▶ドル・ショック　貿易赤字が続いていたアメリカでは、1971年にニクソン大統領が金とドルの交換を停止した（ドル・ショック〈ニクソン・ショック〉）。その後、日本や西ヨーロッパ諸国は、1973年に固定相場制から変動相場制へと移行した（☞ p. 174）。以後、円高が急速にすすんで、輸出が落ち込み、円高不況となった。

▶第１次石油危機（オイル・ショック）　1973年に第４次中東戦争（☞ p. 115）がおこると、石油輸出国機構（ＯＰＥＣ）は石油の輸出制限と価格引き上げを行った。そのため、原油価格が大きく値上がりし、第１次石油危機（オイル・ショック）がおこった。第１次石油危機後、世界経済は物不足による物価上昇によって、不況下でのインフレ（スタグフレーション）になった（☞ p. 140）。

　日本では1972年に成立した田中角栄内閣が『日本列島改造論』をかかげ、大規模な開発を行い、高度経済成長をさらにすすめる政策をとった。このため地価が高騰し、激しいインフレが発生していた。そこへ石油危機による物価の異常な高騰が重なったことで、狂乱物価に見舞われ、国民生活に深刻な影響が出た。安い石油に支えらていた日本の経済は大きな打撃を受け、貿易は赤字となり、1974年には前年度より実質ＧＮＰが減って、戦後初のマイナス成長となった。こうして、日本の高度経済成長は終わった。

『日本列島改造論』
　1972年、田中角栄内閣は、「日本列島改造論」をかかげ、都市部の人口の過密化や農村の過疎化などをなくすため、日本全国に高速道路や新幹線などの交通網を整備するなど、大規模な開発を行った。

▶先進国首脳会議（サミット）の開催　世界的不況に対応するため、1975年にフランス・パリ近郊にアメリカ・イギリス・フランス・西ドイツ・イタリア・日本の先進6ヵ国の首脳が集まり、第1回先進国首脳会議（サミット）が開催された。サミットはその後毎年開催され、1976年にカナダ、1977年にヨーロッパ共同体（ＥＣ、後にＥＵ）代表が加わった。1997年からはロシアも参加するようになり、主要国首脳会議（Ｇ８）とよばれるようになった

## 安定成長（低成長）の時代へ
　1979年には、イラン革命をきっかけに第2次石油危機がおこった（☞ p. 115）。
　2度にわたる石油危機によって世界経済は大きく落ち込んだが、日本経済は他の国よりも早く不況から抜け出した。
　その要因としては、①政府が大量の赤字国債を発行し、財政支出を拡大したこと、②鉄鋼・石油化学・造船など資源を大量に使う産業から、電子機器（テレビ・ビデオなど）や自動車など省資源・省エネルギー型産業へと移行したこと、③各企業が人員を減らすなどの減量経営によってコストを減らし、国際競争力を回復して輸出を増やしたこと、などがあげられる。
　こうして、1985年ごろまで経済成長率が年平均4〜5％の安定成長（低成長）の時代を迎えた。

▶貿易摩擦　日本の自動車や電子機器が主な貿易相手国であるアメリカや西ヨーロッパ諸国に大量に輸出され、日本の貿易黒字は増加した。一方で、アメリカや西ヨーロッパ諸国が貿易赤字になったことで、貿易摩擦問題がおこった。

| | |
|---|---|
| 1950年代末〜 | 繊維製品 |
| 1960〜70年代 | 鉄鋼 |
| 1960年代末〜 | カラーテレビ |
| 1970〜80年代 | 自動車 |
| 1980年代〜 | 半導体・農産物 |

▲日米貿易摩擦品目の推移

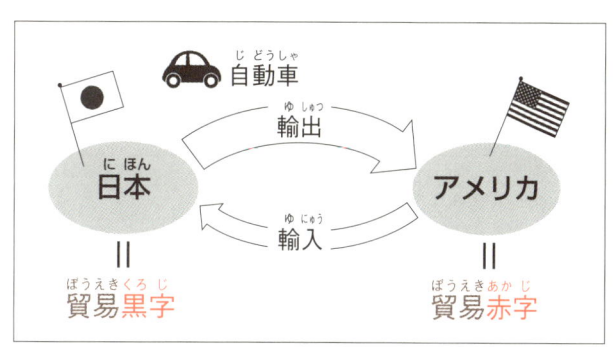

▲自動車を例とした日米貿易摩擦

世界経済が落ち込む中、1980年代からアメリカのレーガン政権によるレーガノミクス、イギリスのサッチャー首相によるサッチャリズムなど、小さな政府をめざす新保守主義（新自由主義）（☞ p.123）が台頭した。日本でも1982年に成立した中曽根康弘内閣が、新保守主義の世界的な流れの中で行財政改革を推進し、1985年に電電公社（現在のＮＴＴ）・専売公社（現在のＪＴ）・国鉄（現在のＪＲ）といった国営企業の民営化をすすめた。また、行政サービスや社会保障の民営化もすすみ、市場におけるさまざまな規制がなくなって経済の自由化がすすんだ。

　また、レーガン政権はインフレ対策として、高金利政策を行ったため、ドル高となり、輸入の増加で貿易赤字がさらにすすんだ。特に自動車をめぐる日本とアメリカとの貿易摩擦は深刻化していった。

## バブル景気

　貿易摩擦問題の解決のため、1985年に先進国の間で、為替レートをドル安・円高にするプラザ合意がなされた（☞ p.175）。その結果、円高が急速にすすみ、日本の輸出は落ち込み、円高不況がおこった。

　日本政府は円高不況対策として、公共事業費の拡大や減税などによって、国内の消費を増やす内需拡大をはかり、公定歩合を2.5％へ引き下げる超低金利政策などを行った。

　この超低金利政策のもとで大量の通貨が市場に流れ込んだ。また、円高によって輸入原料が下がり、輸入産業に金余り現象がおこった。こうして生まれた余った資金は、株や土地などの資産購入に向けられた。その結果、国内では1986年の終わり頃から株や土地の価格が急上昇し、それがさらに多くの投資をよんだ。

　これによって利益を得た人々は消費を拡大させ、1986年から1991年まで好景気が続いた（バブル景気）。

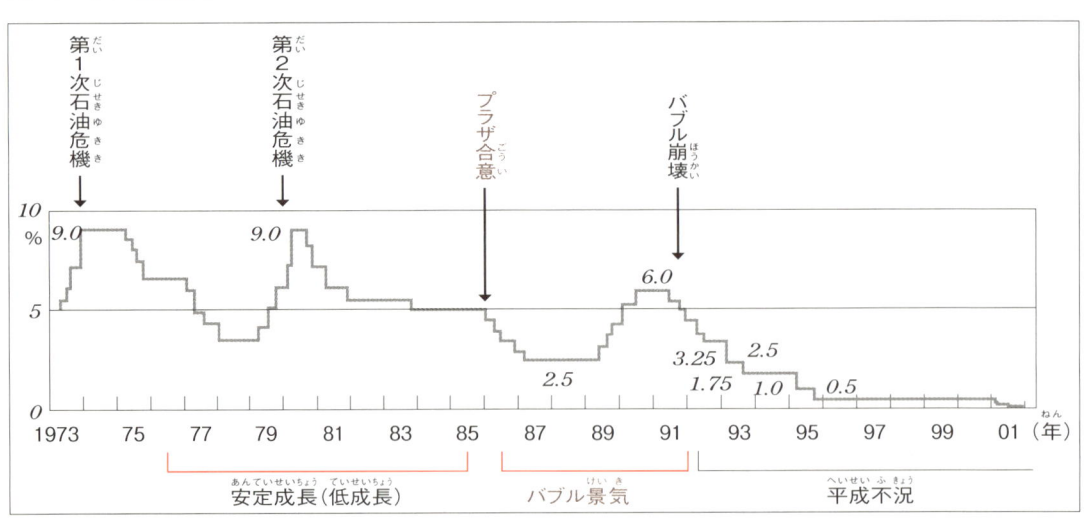

▲公定歩合の推移　　　　　　　　　　　　　　　　　　　　　（日本銀行関連統計より作成）

また、余った資金は外国の資産にも投資され、土地や企業の買収、日本企業の海外進出（多国籍化）もすすんで、1988年末には対外資産残高は世界第一位となった。一方で、円高によって競争力を失った国内の製造業が、アジアを中心とする海外に工場を移した。このため、日本の国内産業が活力を失う産業の空洞化がすすんだ。

## 平成不況

　株や土地の価格の急激な上昇に対し、政府は1989年から公定歩合（日本銀行が市中銀行に資金を貸し出すときに発生する金利）を段階的に６％まで引き上げて市場に流れ込む通貨量を減少させた。そのため、株や土地の価格は急激に下がり、消費が落ち込んだ。企業の倒産が続き、大量に資金を貸し出していた金融機関は不良債権（回収できなくなった金融機関の貸出金）をかかえることになった。これにより、バブル経済は崩壊した。

　企業は、生き残りをかけて社員を減らすなどリストラ（組織の立て直し）をすすめた。このため、失業者や非正規職員が増えて、就職難が発生した（☞ p. 166）。

　1997年には、消費税率が３％から５％になったことで、消費はさらに落ち込んだ。また、同年にアジア通貨危機（☞ p. 175）がおこったことで、アジア向け輸出が減るなど、不況がさらに深刻化した。これ以降、金融機関の不良債権問題はさらに深刻になり、次々と銀行が倒産した。政府は不良債権を処理するため、公的資金（税金）の導入によって金融システムの安定化をはかるとともに、1998年に金融監督庁（2000年に金融庁に）をおいたが、不良債権の処理はなかなかすすまなかった。

　このような中、1990年代後半には、消費の落ち込みから物価が下がりつづけ、企業の売り上げは悪化した。そのため、企業は労働者の賃金を抑え、それがまた消費を落ち込ませ、物価を下げて、さらに企業の売り上げを悪化させるというデフレ・スパイラル（☞ p. 141）になった（平成不況）。1990年代からの10年以上にわたる長引く不景気の時代を「失われた10年」ともいう。

## 世界金融危機と日本経済の現状

　その後、アメリカや中国への輸出が増加したこと、小泉純一郎内閣のもとで不良債権処理がすすんだこと、企業がリストラによって体質を強化したことなどを背景に、2002年頃より景気は回復しつつあった。しかし、2006年にアメリカで、所得の低い人を対象とした住宅ローンを金融機関が回収できなくなるというサブプライムローン問題がおこった。これによって、2008年にアメリカの大手投資銀行リーマン・ブラザーズが倒産し、世界的な金融危機・世界同時株安（リーマン・ショック）がおこった。

　日本政府は景気対策として財政規模を拡大させ、歳出は増えつづけた。そのため、国債の発行額も増えていった（☞ p. 147）。また、この金融不安で、資金が日本円に集まり、

円高となった。輸出の落ち込みによって失業者や非正規職員が増加し、消費が大きく落ち込んでいった。そのため、企業は販売量を増やすために価格の引き下げ競争を強いられ、デフレがさらにすすんだ。

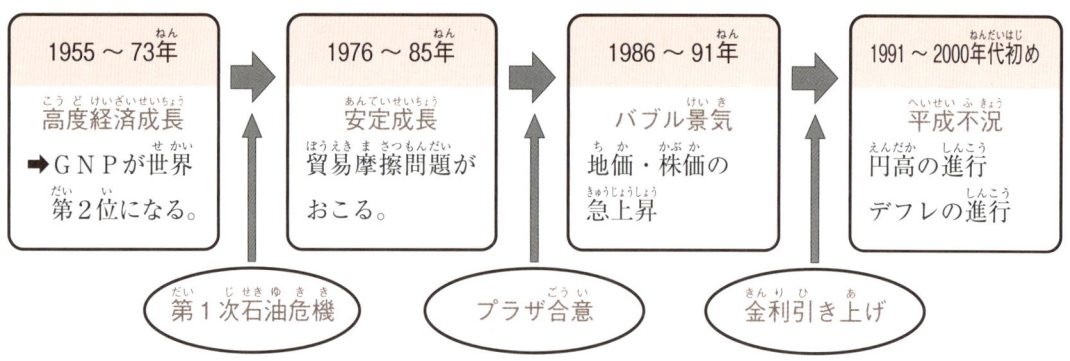

▲高度経済成長とその後の日本経済の流れ

2012年末に誕生した安倍晋三内閣は、「アベノミクス」というデフレから抜け出すことに重点をおいた3つの経済政策「3本の矢」を打ち出した。この結果、円高から円安となり、株価が上がるなど大企業を中心に経済が回復していった。しかし、中小企業や地方などには景気回復の効果が及んでいないという声もある。

また、2016年に日本銀行は、市中銀行から預かる当座預金につける利子をマイナス0.1％にする金融緩和策（マイナス金利）を実施した。これは、市中銀行が日本銀行にお金を預ける場合に金利を支払うということを意味している。その目的は、市中銀行の資金を積極的に企業への融資や株式へ投資させて、企業の設備投資や個人の消費を活性化させて経済を回復し、デフレから抜け出すことにある。

『アベノミクス「3本の矢」』
　安倍首相のアベ＋エコノミクスを組み合わせた言葉で、安倍内閣の掲げた経済政策を指す。①日本銀行による金融緩和政策によって企業の活動・個人の消費をさかんにして、デフレから抜け出す（大胆な金融政策）、②公共事業を増やして雇用を生みだして、国民の所得を増やす（機動的な財政政策）、③民間企業のために規制を緩めたり、新たな産業を育てるための手助けをする（成長戦略）、という「3本の矢」で、長期デフレから抜け出すことをめざす。

# 8 日本経済の諸問題

## ❶ 中小企業問題

### 中小企業の地位と役割

　中小企業とは、従業員数・資本金などが中規模以下の企業のことで、日本では、企業の約99%を中小企業が占めている。労働者の約70%が中小企業で働いており、生産額では約50%を占めている。このように中小企業は、日本の経済において大きな役割を果たしている。

　中小企業には、大企業の注文により部品などを製造する下請け企業、大企業から人材や資金の援助を受ける系列企業、特定の地域の特産品を製造する地場産業、新しい産業を生み出すベンチャー企業がある。

### 中小企業を取り巻く問題

　中小企業は、大企業と比べて設備が少ないため、生産性（労働者一人あたりの生産額）が低く、利益も少ない。そのため、賃金・労働時間・休暇など労働条件で大企業と格差が生じている。このような大企業と中小企業との間の経済格差を経済の二重構造という。

　大企業の下請けの場合、好況になれば注文は増えるが、不況になれば注文が減ったり、値下げの要求や下請け関係の解消など、景気変動の調整弁（バランスをとる働き）として利用される。

　近年、大企業は生産コストを下げるために、部品を海外の安いものに切り替えたり、工場を海外に移したりしている。また、発展途上国から安い輸入製品が入ってくるなど、中小企業を取り巻く環境はきびしい。

### 中小企業政策

　経済の二重構造をなくすため、政府は1963年に中小企業基本法を制定し、中小企業の保護・育成をはかった。

　その後、中小企業の中には、地場産業やベンチャー企業を立ち上げて生き残りをはかる動きも活発になっていった。このような動きに対し、政府は1999年に中小企業基本法を改正し、弱者保護からやる気のある中小企業を支援する政策へと方向を変えていった。

# ❷ 消費者問題

## 消費者問題

　消費者問題とは、商品やサービスの取引の際に消費者が被害や不利益を受けることをいう。大量生産・大量販売・大量消費社会のもと、欠陥商品（安全性に欠けている商品）や悪徳商法（消費者からお金をだまし取る商法）による消費者被害が社会問題化した。

　1962年にアメリカのケネディ大統領が、消費者の４つの権利（安全である権利・知る権利・選ぶ権利・意見を反映させる権利）を宣言し、日本の消費者運動にも大きな影響を与えた。

## 消費者保護と自立

　1968年、消費者の利益や安全を守るための消費者保護基本法が制定された。これが2004年に消費者基本法へと改正され、その目的が消費者保護から自立した消費者の育成へと変わった。そして、2009年には消費者庁がおかれた。

　消費者保護のための代表的な制度としては、次の３つがある。

| クーリングオフ | 訪問販売など一部の取引については、一定期間内であれば消費者からの契約取り消しが認められる。 |
|---|---|
| 製造物責任（ＰＬ）法 | 欠陥商品による被害を受けた消費者は、品物の製造者（メーカー）に損害賠償が請求できる。 |
| 消費者契約法 | 強引な勧誘があったり契約内容が不当な場合は、契約の取り消しができる。 |

# ❸ 労働問題

## 労働問題

労働問題とは、労働条件・雇用・所得の不平等な配分など、資本主義社会における労働者と資本家との間で生じるさまざまな問題のことである。

## 労働運動の歴史

労働問題は、18世紀後半に、最初に産業革命（☞ p.80）がおこったイギリスで発生し、これを解決するために、労働者が団結して資本家に対抗する労働運動がおこった。

| 世 界 | 日 本 |
|---|---|
| 1811年 イギリスで機械打ち壊し運動（ラダイト運動）がおこる（☞ p.81）。 | |
| 1833年 イギリスで世界最初の労働者保護のための工場法が制定される。 | |
| 1837年 イギリスで労働者が普通選挙権を要求するチャーチスト運動がおこる（〜48年）（☞ p.86）。 | |
| 1864年 第1インターナショナル（国際労働者協会）が設立される（☞ p.82）。 | 1900年 労働運動などを取り締まるため治安警察法が制定される。 |
| 1919年 国際労働機関（ILO）が設立される（☞ p.221）。 | 1911年 日本で最初の労働者保護のための工場法が制定される。 |
| 1935年 アメリカでニューディール政策（☞ p.105・123）の一つとして労働者の団結権などを認めるワグナー法（全国労働関係法）が制定される。 | 1945年 労働組合法が制定される。<br>1946年 労働関係調整法が制定される。<br>1947年 労働基準法が制定される。 |

## 労働者の権利

第二次世界大戦後、日本国憲法によって、すべての国民は働く権利（勤労権）が保障され、労働者には労働三権が保障された。

| | |
|---|---|
| **団結権** | 労働組合を結成し、活動する権利。<br>かつては労働組合の組織率は高かったが、現在では20％以下になっている。 |
| **団体交渉権** | 労働条件などについて会社と交渉する権利。 |
| **団体行動権**<br>**（争議権）** | 労働条件の改善のために、ストライキなどの労働争議を行う権利。<br>ただし、公務員には団体行動権は認められていない。 |

労働者の基本的な権利である労働三権を具体化するために、労働三法が制定された。

| | |
|---|---|
| **労働組合法** | 労働者に対して労働三権を認め、会社の労働組合への妨害行為を禁止している。 |
| **労働関係調整法** | 労働関係の公正な調整と労働争議の予防・解決をはかる。 |
| **労働基準法** | 労働条件の最低基準を定め、現在では1日8時間、週40時間以内の労働、男女同一賃金などを定めている。 |

## 日本の労働問題

▶ **日本的経営方式の変化**　日本的経営方式には、一度入社した会社に定年退職まで雇用される終身雇用制、年齢の上昇によって賃金も上昇する年功序列型賃金制、会社ごとに労働組合を結成する企業別組合があった。

　しかし、バブル崩壊（☞ p. 161）後の不況の中で、中途採用（年度途中での経験者の採用）の増加、能力給の導入など、かつての日本的経営方式は見直されている。

　また、企業は経費を減らすために、正社員を減らして、契約社員・パートタイマー（短時間労働者）・派遣社員などの非正規職員を多く採用するようになった。非正規職員は、企業にとっては必要なときに必要な労働力を安い賃金で集められるという利点があるが、労働条件の低下や雇用の不安定化を招くおそれがある。さらに、企業が新たな雇用を抑えたために、特に若者の間で、アルバイトで生計を立てるフリーターや、働くことも学校に通うこともしていないニートとよばれる人の数が増えている。

『労働組合の形態』

日本では企業別の労働組合が多いが、アメリカやヨーロッパの国では職業別・産業別の労働組合が多い。

▶長時間労働の問題　現在の労働基準法では、労働時間は1日8時間、週40時間以内と定められている。日本人の年平均労働時間は1729時間で、アメリカよりも短くなっている。しかし、これは非正規職員の雇用がすすんで、パートタイム労働者が増加したためで、パートを除いた一般労働者の年平均労働時間は2000時間を超えている。他の先進国と比べると、まだ労働時間は長く、実際は1日8時間を超えて残業をするケースも多く見られる。さらに、残業代が支払われないサービス残業や、長時間労働による負担のために突然死亡する過労死などの問題がおこっている。

▶女性の労働問題　女性の雇用については、1947年の労働基準法で男女平等と女性の保護が定められ、女性の深夜労働や休日労働は禁止されていた。しかし、1997年の改正によってそれらが認められるようになった。また、1979年に国連で女性差別撤廃条約が採択され、それにともない、日本でも1985年に男女雇用機会均等法が制定された（☞ p.252）。これにより、女性にも男性と同じ就職・昇進（会社での地位が上がること）の機会が保障された。

しかし、差別をなくすことは企業の努力義務であって、違反しても罰則はなかった。そのため、1997年に改正されて努力義務から禁止規定となった。また、企業のセクシャルハラスメント防止の義務が追加された。

『女性の年齢別労働力率の変化』

女性の労働力率（15歳以上人口に占める女性労働者の割合）は、20歳代前半まで上昇しつづけ、20歳代後半から30歳代にかけて低下し、40～50歳代に再び上昇するというM字型になる。これは、結婚や出産・育児の時期に仕事を離れ、子どもが成長した後で再び働きはじめることを示している。

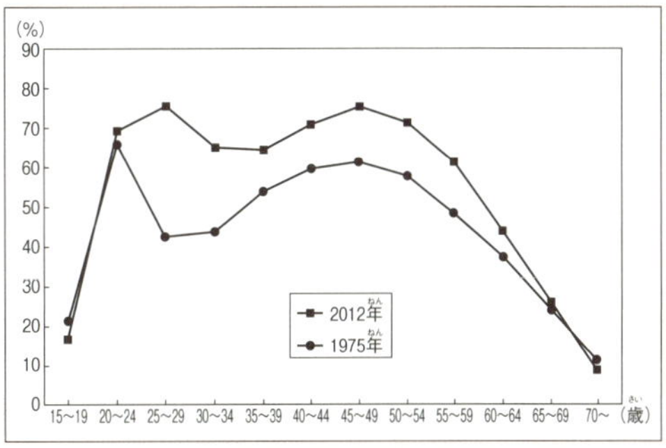


（内閣府男女共同参画局資料より）

かつては結婚や出産･育児のために退職し、子どもが成長した後で主にパートやアルバイトなどの非正規職員として働くケースが多かった。しかし、近年は、以前より結婚しない女性が増え（非婚化）、出産・育児のために退職する女性の数が減っているため、女性の労働力率は上がっている。また、女性の晩婚化により、労働力率が下がる年齢が20代後半から30代へと移っている。

▶ 外国人労働者　日本の少子高齢化により労働力が不足したことから、外国人労働者が増加した。しかし、観光ビザや就学ビザで働く不法就労者の増加、労働条件の低さ、言葉の問題などが問題化している。

『日本における外国人労働者数』
　日本では、製造業を中心に外国人労働者が多く、外国人労働者数は約130万人で（2017年10月末現在）、前年比で約19万5千人（18.0%）増加し、3年連続で過去最高を更新した。特に、**ヴェトナム**は前年比で39.7%、ネパールは31.0%と、大幅な増加となっている。

| 中国 | 372,263人 | 29.1% |
|---|---|---|
| ヴェトナム | 240,259人 | 18.8% |
| フィリピン | 146,798人 | 11.5% |
| ブラジル | 117,299人 | 10.0% |
| ネパール | 69,111人 | 5.4% |

▲ 「外国人雇用状況」の届出状況（2017年）（厚生労働省資料より）

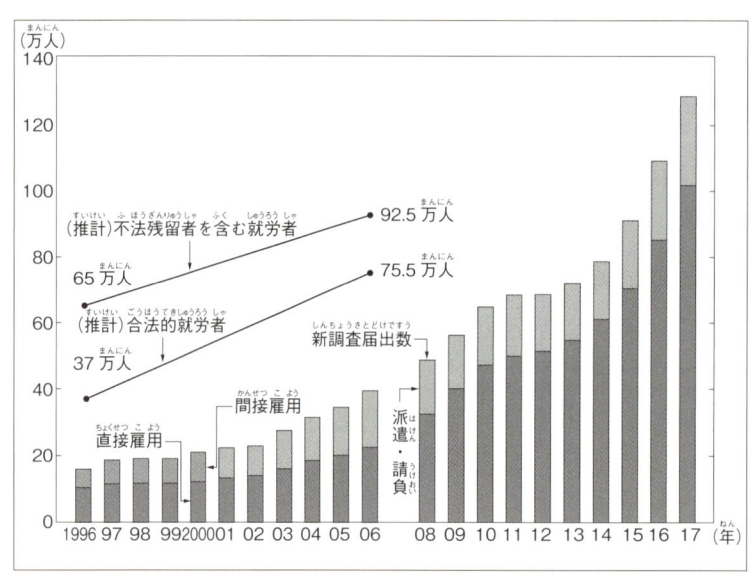

▲外国人労働者数の推移

（『日本国勢図会2018/19』より）

# ⑨ 国際経済（1）—— 貿易と為替

## ❶ 貿易と国際収支

### 国際分業

　国際社会では、各国が他国にない商品や他国より安い商品を輸出し合い、互いに利益を生み出すという国際分業が成立している。分業には、先進国間・発展途上国間といった経済水準が同じ国どうしで貿易を行う水平的分業と、先進国と発展途上国という経済水準の異なる国どうしで貿易を行う垂直的分業がある（☞ p.230）。

### 貿易の形態

　貿易の形態には、国家の統制や保護を受けずに自由に貿易をする自由貿易と、国内産業を保護するため、輸入品に高い関税をかけたり輸入制限などを行う保護貿易がある。
　イギリスのリカードは『経済学及び課税の原理』の中で、各国が得意分野の商品を生産し、貿易で両国が互いに利益を得る比較生産費説を唱え、自由貿易を主張した。

III 現代の経済

---

### 『比較生産費説』

　比較生産費説とは何か、イギリス・ポルトガル2ヵ国のラシャ（毛織物）とワインの生産と貿易を例に考えてみよう。
　まず、右上の表を見て、それぞれの国で、どちらの商品が少ない労働力で1単位生産できるかを比較する。

　＊国と国との比較ではなく、それぞれの国でどちらの商品が、より少ない労働力で1単位生産できるかを比較すること！

　すると、イギリスはラシャ、ポルトガルはワインとなる。イギリスはラシャ、ポルトガルはワインを全労働力を使って生産するようにした（特化した）場合、右中央の表のように生産性が上がる。
　これを互いに交換すれば、右下の表のように両国が互いに利益を得ることができる。

|  | ラシャ1単位の生産に必要な労働量 | ワイン1単位の生産に必要な労働量 |
|---|---|---|
| イギリス | 100人（比較優位） | 120人 |
| ポルトガル | 90人 | 80人（比較優位） |

↓ 特化

|  | ラシャ | ワイン |
|---|---|---|
| イギリス | 100＋120＝220人<br>100人：1単位➡<br>220人：2.2単位 | |
| ポルトガル | | 90＋80＝170人<br>80人：1単位➡<br>170人：2.125単位 |

↓

イギリス　　ラシャ：1単位輸出　　ポルトガル
　　　　　←　ワイン：1単位輸出　→

残り（イギリス）
ラシャ：1.2単位
ワイン：1単位

残り（ポルトガル）
ラシャ：1単位
ワイン：1.125単位

## 世界貿易の現状

世界の貿易額を見ると、上位は先進国が占めている。しかし、近年では中国が輸出入額ともに上位に入っている。

貿易依存度（GDPに対する輸出入額の割合）は、貿易中継基地であるシンガポールが世界一である。

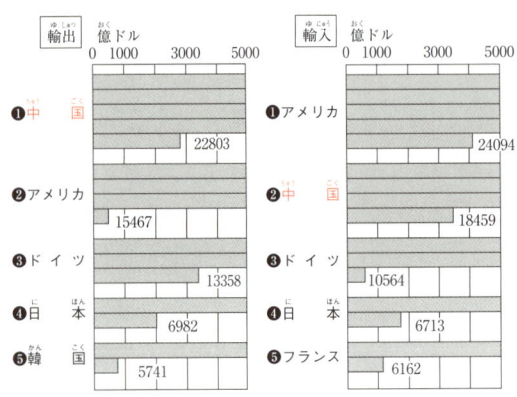

▲輸出額と輸入額の上位5ヵ国（2017年）

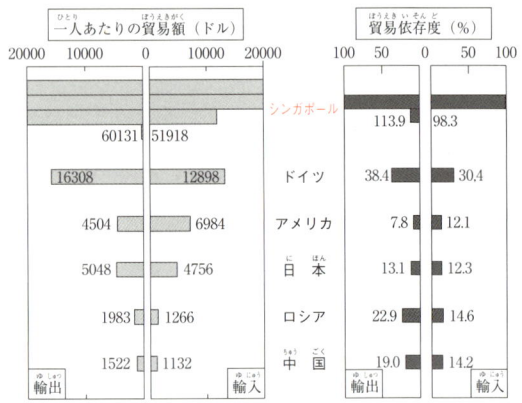

▲主な国の一人あたりの貿易額と貿易依存度

（2016年）　（『世界国勢図会2018/19』より）

## 国際収支　★Point

国際収支とは、国際取引にともなう一国における1年間の対外的な通貨の受け取り・支払いなどの合計額のことである。2014年1月、国際収支の統計の仕方が大きく見直された。モノやサービス（輸送・旅行など）、利子・配当などの取り引きを表す経常収支、外国政府などに対する債務（借金）の免除などを表す資本移転等収支、資産や債務の動きなどを表す金融収支の3つに大きく分けられる。

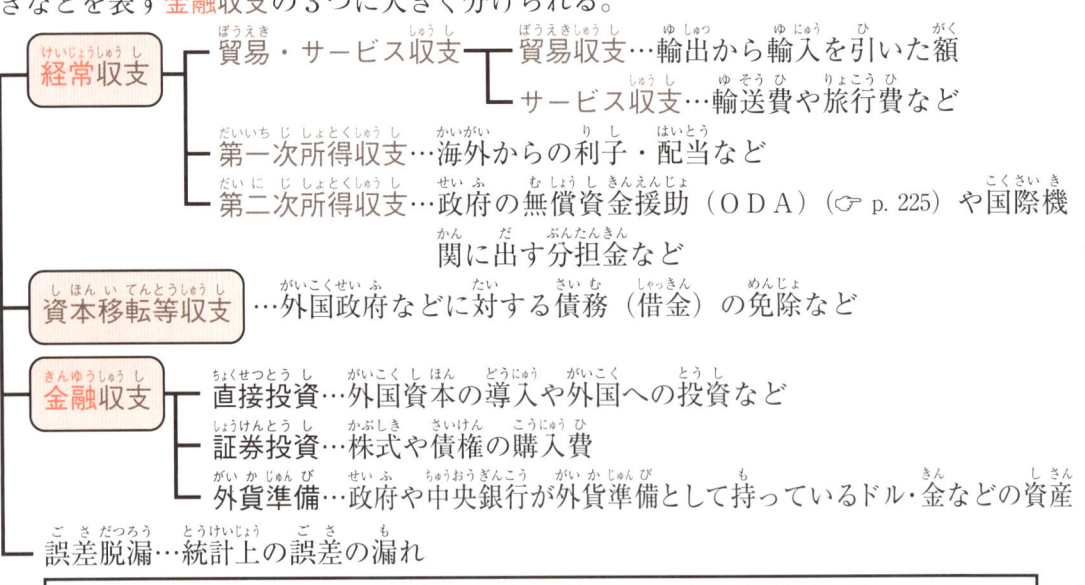

国際収支額（0）＝ 経常収支額 ＋ 資本移転等収支額 － 金融収支額 ＋ 誤差脱漏

＊国際収支の合計が（0）になるように、誤差脱漏の値が決められる。

（単位：億ドル）

| | 経常収支 | 貿易・サービス収支 | | | 第一次所得収支 | 第二次所得収支 | 金融収支 |
|---|---|---|---|---|---|---|---|
| | | | 貿易収支 | サービス収支 | | | |
| 日本 | 193996 | 40444 | 51163 | -10719 | 173257 | -19705 | 267037 |
| 中国 | 202203 | 255737 | 488883 | -233146 | -44013 | -9520 | 416070 |
| インド | -12114 | -41579 | -107476 | 65896 | -27361 | 56827 | -29340 |
| ドイツ | 297319 | 274737 | 296938 | -22202 | 66474 | -43892 | 282431 |
| フランス | -21124 | 29525 | -29663 | 139 | 58045 | -49644 | -35042 |
| アメリカ | -451692 | -504794 | -752505 | 247711 | 173219 | -120117 | -379772 |

▲主な国の国際収支（2016年）

（『世界国勢図会2018/19』より）

（単位：百万ドル）

| | 1990年 | 2000 | 2010 | 2017 |
|---|---|---|---|---|
| 日本 | 79,707 | 356,022 | 1,062,816 | 1,233,470 |
| 中国 | 30,219 | 168,857 | 2,864,102 | 3,161,830 |
| ロシア | – | 24,828 | 444,953 | 359,031 |
| ユーロ圏 | – | 260,547 | 318,944 | 370,528 |
| アメリカ | 85,300 | 68,530 | 135,487 | 125,286 |

▲主な国の外貨準備高（持っている外貨の量）

（『世界国勢図会2018/19』などより）

## 『国際収支統計表の見方』

新しい計算式による2010年と2011年の日本の国際収支統計表を見てみよう。

（単位：億円）

| | 2010 | 2011 |
|---|---|---|
| 経常収支 | 190903 | 101333 |
| 　貿易・サービス収支 | 65646 | -33781 |
| 　　①貿易収支 | 95160 | -3302 |
| 　　　輸出 | 643914 | 629653 |
| 　　　輸入 | 548754 | 632955 |
| 　　②サービス収支 | -29513 | -30479 |
| 　③第一次所得収支 | 136173 | 146210 |
| 　④第二次所得収支 | -10917 | -11096 |
| 資本移転等収支 | -4341 | 282 |
| 金融収支 | 222578 | 132284 |
| 　⑤直接投資 | 62511 | 93101 |
| 　証券投資 | 132493 | -129255 |
| 　金融派生商品 | -10262 | -13470 |
| 　その他投資 | -89 | 44010 |
| 　⑥外貨準備 | 37925 | 137897 |
| 誤差脱漏 | 36017 | 30669 |

▲国際収支統計表（2011年）

（財務省ウェブサイトより）

### 経常収支

①貿易収支…長い間黒字が続いたが、2011年は、東日本大震災や円高の影響で、1963年以来の赤字。

②サービス収支…外国人観光客などの減少と日本人の海外旅行が増加したために赤字。

③第一次所得収支…海外企業の株や債権の利子・配当が増加したために黒字。

④第二次所得収支…ODAなど海外への援助金が増加したために赤字。

### 金融収支

⑤直接投資…海外への投資がさかんなために大幅に増加。

⑥外貨準備…円高対策として政府が大量の円売り・ドル買いを行ったために大幅に増加。

Ⅲ 現代の経済

# ❷ 外国為替相場（外国為替レート） ·Point

## 外国為替

　外国為替とは、異なる通貨をもつ国との取り引きを、現金で直接行うのではなく、金融機関を通じた決済（支払い）で行う仕組みのことである。

　決済には、銀行に支払いを任せる外国為替手形が使われ、それによって自国通貨と外国通貨が交換され、受け取りや支払いが行われる。このとき異なる通貨どうしを交換する必要があるが、その交換比率を外国為替相場（外国為替レート）といい、交換の場を外国為替市場という。外国為替市場は特定の取引所があるわけではなく、インターネットや電話などで取り引きされる。

## 固定相場制と変動相場制

　外国為替相場の決め方には、通貨の交換比率が固定されている固定相場制と、交換比率が変動する変動相場制の2つがある。

## 外国為替相場の変動要因

　変動相場制のもとでは、外国為替相場は原則として外国為替市場における通貨の需要と供給の関係によって変動する。需要が増えればレートは上がり、供給が増えればレートは下がる。

　外国為替相場の変動は、さまざまな要因でおこる。円とドルとの場合で見ると、次のようになる。

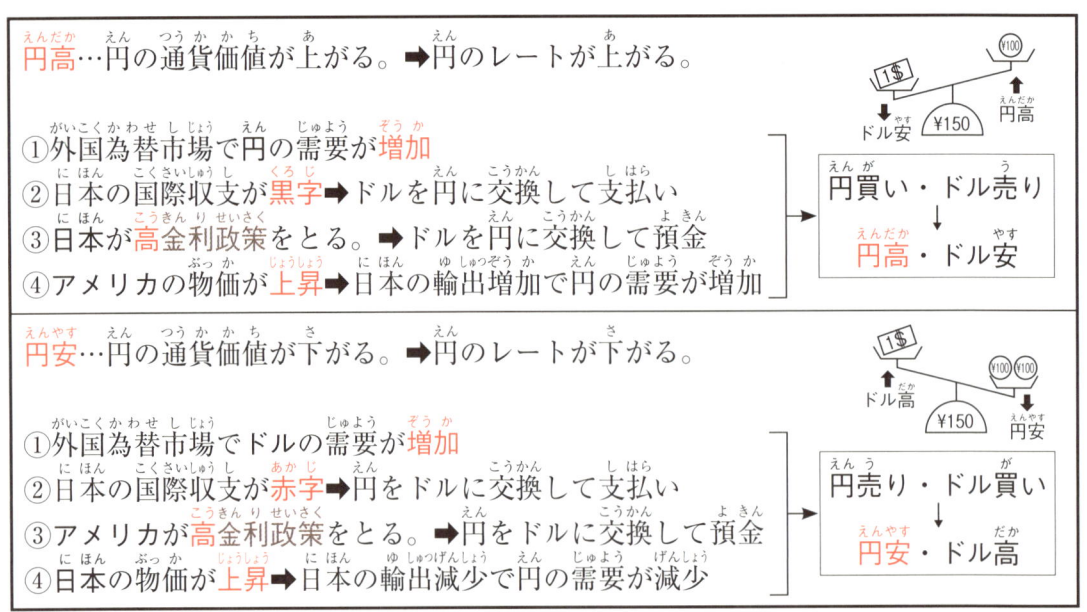

円高…円の通貨価値が上がる。➡円のレートが上がる。
①外国為替市場で円の需要が増加
②日本の国際収支が黒字➡ドルを円に交換して支払い
③日本が高金利政策をとる。➡ドルを円に交換して預金
④アメリカの物価が上昇➡日本の輸出増加で円の需要が増加
➡円買い・ドル売り ↓ 円高・ドル安

円安…円の通貨価値が下がる。➡円のレートが下がる。
①外国為替市場でドルの需要が増加
②日本の国際収支が赤字➡円をドルに交換して支払い
③アメリカが高金利政策をとる。➡円をドルに交換して預金
④日本の物価が上昇➡日本の輸出減少で円の需要が減少
➡円売り・ドル買い ↓ 円安・ドル高

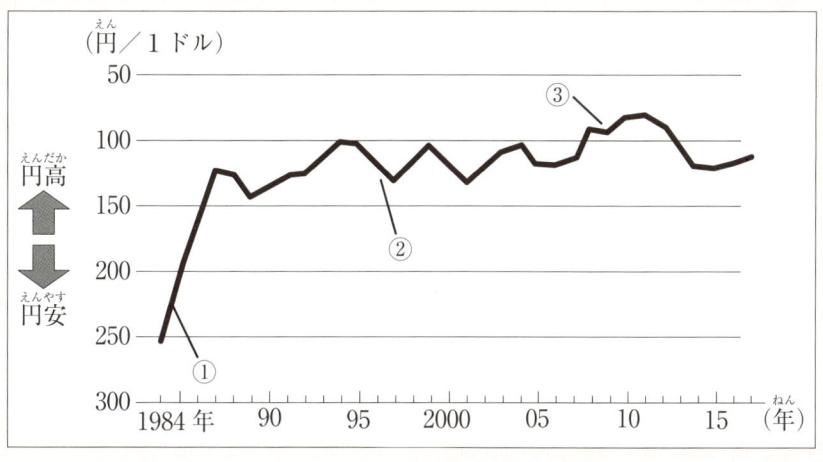

**『円為替相場の推移（1984 〜 2017年）』**

（『日本のすがた2018』などより作成）

①1985年の**プラザ合意**（☞ p.160）によって円高が急速にすすむ。

②1997 〜 98年の**タイ**から始まった**アジア通貨危機**（☞ p. 161・175）による金融不安から円安になる。

③2008年のアメリカの**リーマン・ショック**（☞ p.161）による金融不安で資金が日本円に集まり円高になる。

## 外国為替相場の変動の影響

円高は日本の経済に次のような影響を与える。

①日本の輸出商品価格が上がって、輸出競争力が下がる。
　➡輸出量が減って、輸入量が増える。
②日本の輸入品価格が下がって、物価が下がる。
　➡原材料価格が下がって、生産費が下がる。
③日本製品が外国製品と比べて高くなって、企業の経営が悪化する。
　➡工場の海外移転・投資が活発になる一方、国内産業が活力を失う（産業の空洞化）。
④国際収支が赤字傾向になり、国内の通貨量が減る。
　➡デフレ・不況となる。
⑤海外旅行費用が下がる。

円安の場合は逆になる。

# 10 国際経済（2）── 国際経済の仕組み

## ❶ 国際通貨体制 🐤Point

### 国際通貨体制－ブレトン・ウッズ体制

　1929年の世界恐慌後の保護貿易政策・ブロック経済圏の形成（☞ p. 105）は、第二次世界大戦の一因になった。その反省から、戦後、新たな制度のもとで自由貿易と貿易拡大を目標とする国際経済秩序の立て直しがはかられることになった。

　1944年、戦後の国際通貨制度と世界経済の運営について、ブレトン・ウッズ協定が結ばれ、その協定において、国際通貨基金（IMF）と国際復興開発銀行（IBRD）の設立が決められた。

| IMF | ▶ 1945年設立（本部はワシントン）、日本は1952年に加盟<br>▶ 為替相場の安定（金・ドル本位制による固定相場制）による貿易の拡大と、加盟国の出資した資金をもとに国際収支赤字国へ短期融資を行う。<br>▶ 加盟国に自国の為替相場の変動を上下1％以内に抑えることを義務化 |
|---|---|
| IBRD | ▶ 1945年設立、日本は1952年に加盟<br>▶ 戦争で被害の大きかった国の復興と、発展途上国の開発援助を目的に長期融資を行う。 |

　金・ドル本位制による固定相場制（金1オンス＝35ドルとし、ドルと各国の通貨を固定でつなぐ制度）を基礎として、それをIMFとIBRDが支える国際通貨体制をブレトン・ウッズ体制（IMF体制）という。

### ブレトン・ウッズ体制の崩壊

　アメリカの経済力を背景としたブレトン・ウッズ体制は、1960年代に大きく揺らいだ。この頃、貿易赤字とヴェトナム戦争の負担によってアメリカの国際収支が赤字になると、ドルへの信頼は低下し、各国はドルを金と交換する動きを強めた。その結果、アメリカから大量の金が流出し、ドル危機が深刻化した（☞ p. 158）。アメリカのニクソン大統領は、1971年8月にドルを守るため、金とドルとの交換を停止した（ドル・ショック〈ニクソン・ショック〉）。これによって、金とドルとの交換を保障したブレトン・ウッズ体制は崩壊した。

　その後、IMF加盟国は、1971年12月にワシントンでスミソニアン協定を結び、アメリカに有利なドル安にレートを変更し（1ドル＝360円から308円へ）、固定相場制の崩壊

を防ごうとした。しかし、アメリカの国際収支は回復せず、1973年に各国は、変動相場制へ移行した。1976年、ＩＭＦはキングストン合意で変動相場制を正式に認め、固定相場制の時代は完全に終わった。

　変動相場制のもとでは、為替相場を安定させるために、各国は協力して市場に介入している（協調介入）。1985年のプラザ合意（☞ p. 160）では円高・ドル安への協調介入が決められ、その後の日本とアメリカの貿易に大きく影響した。しかし、円高・ドル安の行きすぎから、1987年のルーブル合意ではレートを安定させる合意がなされ、再び協調介入が行われた。

## アジア通貨危機

　世界の金融市場では、多額の資金が取り引きされている。先進国の投資家は、各国の株や通貨の値上がり・値下がりを予想して、国際金融市場へ多くの資金を投資している。中でも、1960年代から1990年代にかけて著しい経済発展をとげた東アジア諸国に資金が流れこんだ。しかし、1997年にタイの通貨バーツが大量に売られた結果、バーツが大きく値下がりした。これがマレーシア・インドネシア・韓国などにも影響が広がり、アジア通貨危機に発展した。

## ❷ 国際貿易体制 Point

　1947年に、自由貿易の推進、世界貿易の拡大をめざす国際条約として関税と貿易に関する一般協定（GATT）が結ばれた（1948年に発効。日本は1955年に加盟）。GATTは、差別のない自由な貿易を行うため、関税や輸入制限などの貿易の障害をなくすことを目的とした。国際貿易問題は、多国間の貿易交渉の場であるラウンド（多角的貿易交渉）で話し合われることになった。

　その後、ウルグアイ・ラウンドでの合意によって、1995年に、GATTにかわる強力な常設の国際機関として世界貿易機関（WTO）が設立された（本部はジュネーブ）。

| | GATT（1948～95年） ➡ | WTO（1995年～） |
|---|---|---|
| 形態 | 加盟国間の国際協定（統制力が弱い） | 常設の国際機関（統制力が強い） |
| 貿易の対象 | 農業分野を除くモノの貿易のみ | モノの貿易<br>＋農業・サービス分野・知的財産権 |
| 紛争処理 | コンセンサス方式<br>（全加盟国の賛成で実施）<br>→処理に時間がかかる | ネガティブ・コンセンサス方式<br>（加盟国が1ヵ国でも賛成すれば実施）<br>→処理の強化・スピード化 |
| ラウンド（多角的貿易交渉） | ▸ケネディー・ラウンド<br>　　　　　　　（1964～67年）<br>鉱工業製品の関税引き下げ<br>▸東京ラウンド（1973～79年）<br>▸ウルグアイ・ラウンド<br>　　　　　　　（1986～94年）<br>・知的財産権の保護<br>・農業・サービス分野の貿易の自由化<br>・WTO設置の合意 | ▸ドーハ・ラウンド（2001年～）<br>農業問題などをめぐる利害対立で交渉失敗（2008年）<br>⬇<br>自由貿易協定（FTA）や環太平洋パートナーシップ（TPP）協定など、個別的・地域的な自由化交渉が活発化<br>（☞ p. 179） |

# ❸ 地域的経済統合 ✿Point

WTOのような世界規模での自由貿易推進の動きに対し、各国では地域的経済統合の動きもすすんだ。

地域的経済統合とは、ある一定の地域の国々が集まって、関税をなくすなど貿易の自由化をはかり、地域内の経済を発展させようとする動きのことである。

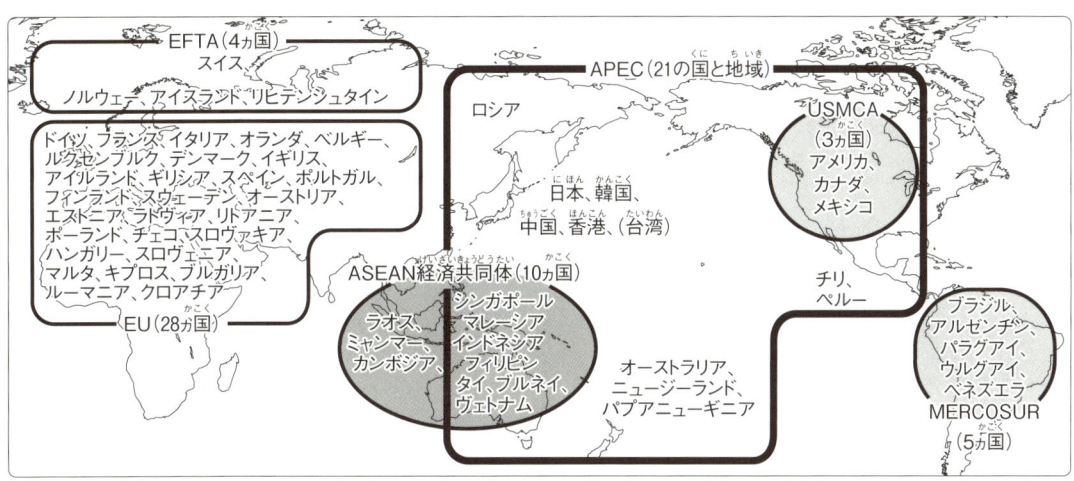

▲世界の主な地域的経済統合（2019年9月現在）

## ヨーロッパ連合（EU）

1952年、フランス・西ドイツなど6ヵ国が参加して、ヨーロッパ石炭鉄鋼共同体（ECSC）が設立された。その後、1957年にECSC参加6ヵ国の間で結ばれたローマ条約でヨーロッパ経済共同体（EEC）・ヨーロッパ原子力共同体（EURATOM）が設立され、1967年に3つの組織が統合されてヨーロッパ共同体（EC）が成立した。ECは、地域内の工業製品の関税をなくし、地域外には共通の関税をとる関税同盟を確立した。一方、EECに対抗してゆるやかな経済連合をめざす国々は、1960年にイギリスを中心とした7ヵ国でヨーロッパ自由貿易連合（EFTA）を結成した。しかし、1973年にイギリスはデンマークとともにEFTAを脱退してECに加盟した。

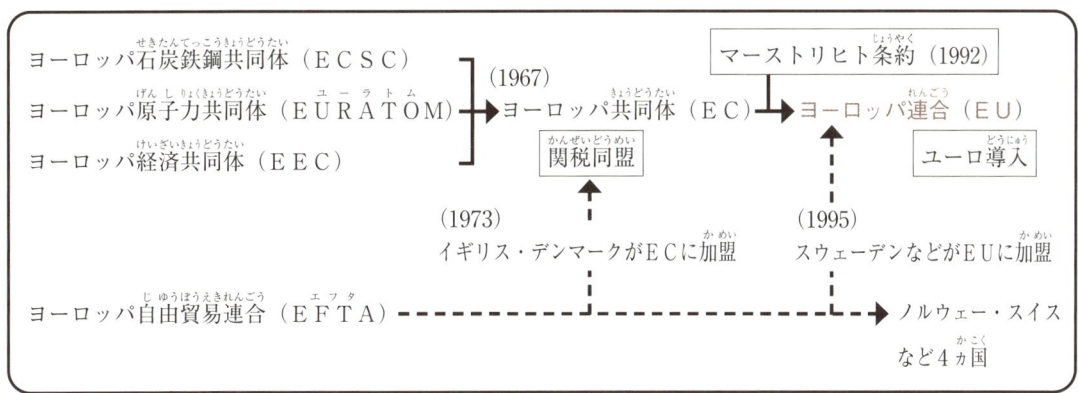

ＥＣは、その後順調に発展し、1993年にはＥＣの市場統合が実現した。そして1992年、マーストリヒト条約が結ばれ、ヨーロッパ中央銀行（ＥＣＢ）の設立や単一通貨（ユーロ）の導入、安全保障の確保、ヨーロッパ市民権の導入などが決められ、ＥＣはヨーロッパ連合（ＥＵ）へと発展した。

　1998年には、ＥＵの金融政策を管理するヨーロッパ中央銀行（ＥＣＢ）が設立され、翌年には単一通貨ユーロが導入された（イギリス・スウェーデン・デンマークなどは不参加）。

　また、2007年12月にはＥＵの基本条約であるリスボン条約が結ばれ（2009年発効）、ＥＵの大統領とも言える欧州理事会常任議長や外相のポストが新設された。ＥＵの政治の仕組みは、全加盟国の首脳や常任議長らが参加する最高意思決定機関である欧州理事会（ＥＵ首脳会議）が、基本方針や政策の方向性を決定する。個別・具体的な政策はＥＵ理事会（閣僚理事会）でまとめられて、ＥＵ加盟国の市民から選挙で選ばれた代表者で構成される欧州議会にはかられる。このほか、政策を執行する行政機関にあたる欧州委員会や、欧州司法裁判所がある。主な機関は、ベルギーのブリュッセルにおかれている。2019年９月現在のＥＵ加盟国は28ヵ国である。

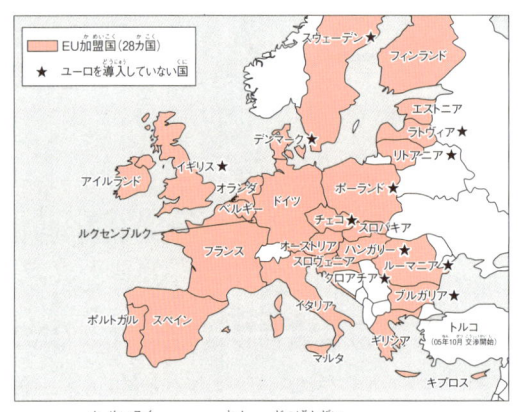

▲ＥＵ加盟国（2019年９月現在）

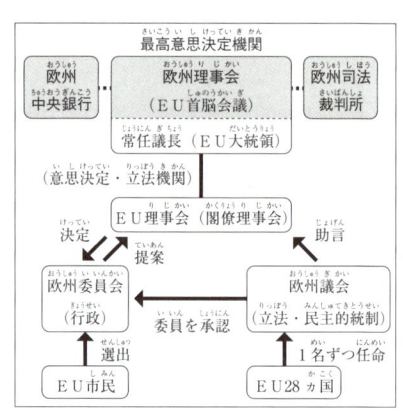

▲ＥＵの仕組み

　現在、ＥＵではさまざまな問題がおこっている。ギリシアでは2012年と2015年に財政悪化によってユーロ圏からの離脱の危機が持ち上がった（ギリシア危機）。フランスでは2015年にパリで同時多発テロがおこったことを受けて、反移民・反ＥＵ・保護主義をかかげる極右政党が台頭しつつある。また、イギリスでは2016年６月の国民投票の結果、ＥＵ離脱派が勝利し、ＥＵからの離脱が決定し、2020年１月末に離脱した。この要因として、移民の増加による雇用や治安の悪化、ＥＵへの多くの拠出金や支援の負担などへの不満などがあげられる。さらに、アメリカのトランプ大統領の掲げる自国第一主義などの影響もあって、他のＥＵ諸国にもポピュリズム（大衆迎合主義）が広がりつつあり、移民排斥やＥＵ離脱を訴える政党が支持を集めている。

## その他の主な地域的経済統合

ヨーロッパ以外の地域でも、地域的経済統合がすすんだ。

| | |
|---|---|
| **米国・メキシコ・カナダ協定**<br>（USMCA） | 1994年、アメリカ・カナダ・メキシコの3ヵ国の間で貿易の自由化を目指して結ばれたNAFTA（北米自由協定）に代わる新しい貿易協定。アメリカの見直し要求により、「自由貿易」の文言が外され、保護主義の性格が強い協定になる。2018年9月末までにそれぞれ2国間交渉によって合意、2020年中に発効予定。 |
| **ASEAN（経済）共同体**<br>（AEC） | 2015年、東南アジア諸国連合（ASEAN）の加盟国が、ASEAN自由貿易地域（AFTA）をさらに進化・高度化させようと、一つの市場をかかげて発足。 |
| **南米南部共同市場**<br>（MERCOSUR） | 1995年、ブラジル・アルゼンチン・ウルグアイ・パラグアイの4ヵ国による関税同盟として設立された（2006年にベネズエラが加盟）。 |
| **アジア太平洋経済協力会議**<br>（APEC） | 1989年、日本・アメリカ・カナダなどの先進国や発展途上国がアジア・太平洋地域の経済協力をめざす組織として設立された。1994年には、2020年までに地域内の貿易の自由化を達成するボゴール宣言が採択された（2019年9月現在、21の国と地域が加盟）。 |

# ❹ 自由貿易協定と経済連携協定

## 自由貿易協定（FTA）と経済連携協定（EPA）

　貿易の自由化を推進するための交渉は、WTOを舞台とする多国間の交渉が原則である。しかし、先進国と発展途上国の利害対立などから交渉がすすまず、それに比べて合意がしやすい2国間あるいは地域間での自由貿易協定（FTA）や経済連携協定（EPA）が結ばれるケースが増えている。

　FTAとは、特定の国や地域の間で、関税をなくすなど貿易の自由化をすすめるために結ばれる協定のことである。EPAとは、FTAの内容に加えて、紛争解決手続きの整備、人的交流の拡大、知的財産権の保護など、幅広い分野での協力を目的とする協定である。

日本は、2002年に<u>シンガポール</u>との間で最初のＦＴＡ・ＥＰＡを結び、2019年３月現在、ＡＳＥＡＮ・ＥＵほか14の国と地域との間にＦＴＡ・ＥＰＡを結んでいる。また、2017年12月にＥＵとのＥＰＡ交渉がまとまり、2019年２月に日本・ＥＵ経済連携協定が発効された。

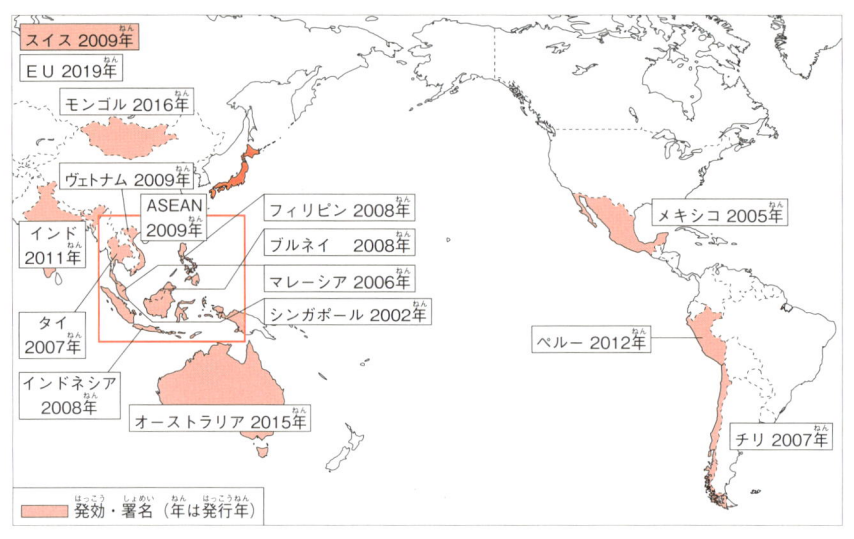

▲日本が結んだＦＴＡ・ＥＰＡ（2019年３月現在）

## 環太平洋パートナーシップ（ＴＰＰ）協定

　近年注目されている<u>環太平洋パートナーシップ（ＴＰＰ）協定</u>とは、ＥＰＡの一つで、アジア・太平洋地域の貿易の自由化を推進する経済連携協定のことである。2006年に、シンガポールなど４ヵ国による経済連携協定として始まり、その後、アメリカ・オーストラリアなどが参加を表明し、12ヵ国の間で交渉がすすんでいる。日本も2013年から交渉に参加したが、交渉参加への賛否をめぐって国内では議論が二分している。特に、ＴＰＰ協定は農産物を含めたすべての品目で、関税をなくすことを原則としているため、農業団体を中心に強い反対意見があがっている。

　そうした中、2016年２月にＴＰＰ協定の署名式が行われ、各国は現在、協定の発効に向けて議会の承認など国内手続きをすすめている。ＴＰＰ協定は、署名から２年以内に参加する12の国すべてが国内手続きを終えれば発効する。２年以内に手続きを終えることができなかった場合は、12ヵ国のＧＤＰの合計が85％以上を占める６ヵ国以上が手続きを終えれば、その時点から60日後に協定が発効する仕組みになっている。

アメリカは12ヵ国のＧＤＰの60％を占めている。しかし、2017年１月に誕生したトランプ大統領がＴＰＰ協定からの離脱を正式表明し、アメリカはＴＰＰから離脱した。そのため、アメリカを除く11ヵ国で協議を行い、2018年３月、チリでＴＰＰ11協定（環太平洋パートナーシップに関する包括的及び先進的な協定）が署名され、2018年12月末に発効された。

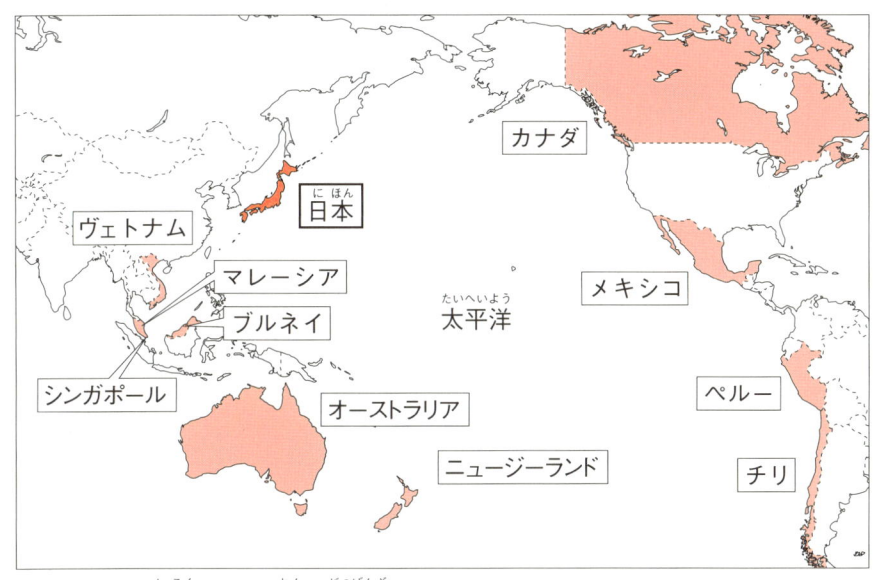

▲ＴＰＰ11ヵ国（2019年３月現在）

## 東アジア地域包括的経済連携（ＲＣＥＰ）

　東アジア地域包括的経済連携（ＲＣＥＰ）とは、ＡＳＥＡＮ10ヵ国と日本・中国・韓国・オーストラリア・ニュージーランド・インドの６ヵ国が交渉に参加している広域自由貿易協定のことである。2011年にＡＳＥＡＮが呼びかけたことに始まり、翌年から交渉が開始され、参加16ヵ国の中でＧＤＰが最も大きい中国が積極的にすすめている。

　「基本指針」では、ＲＣＥＰは東アジア全体にわたる、高水準の、相互に利益のあるＥＰＡであるとされている。関税の自由化、サービス分野の規制緩和や投資の自由化などが交渉対象となっており、発効すれば人口・経済規模・貿易総額で世界最大級の広域経済圏が出現することになる。

Ⅲ
現代の経済

『主な国の貿易相手国』

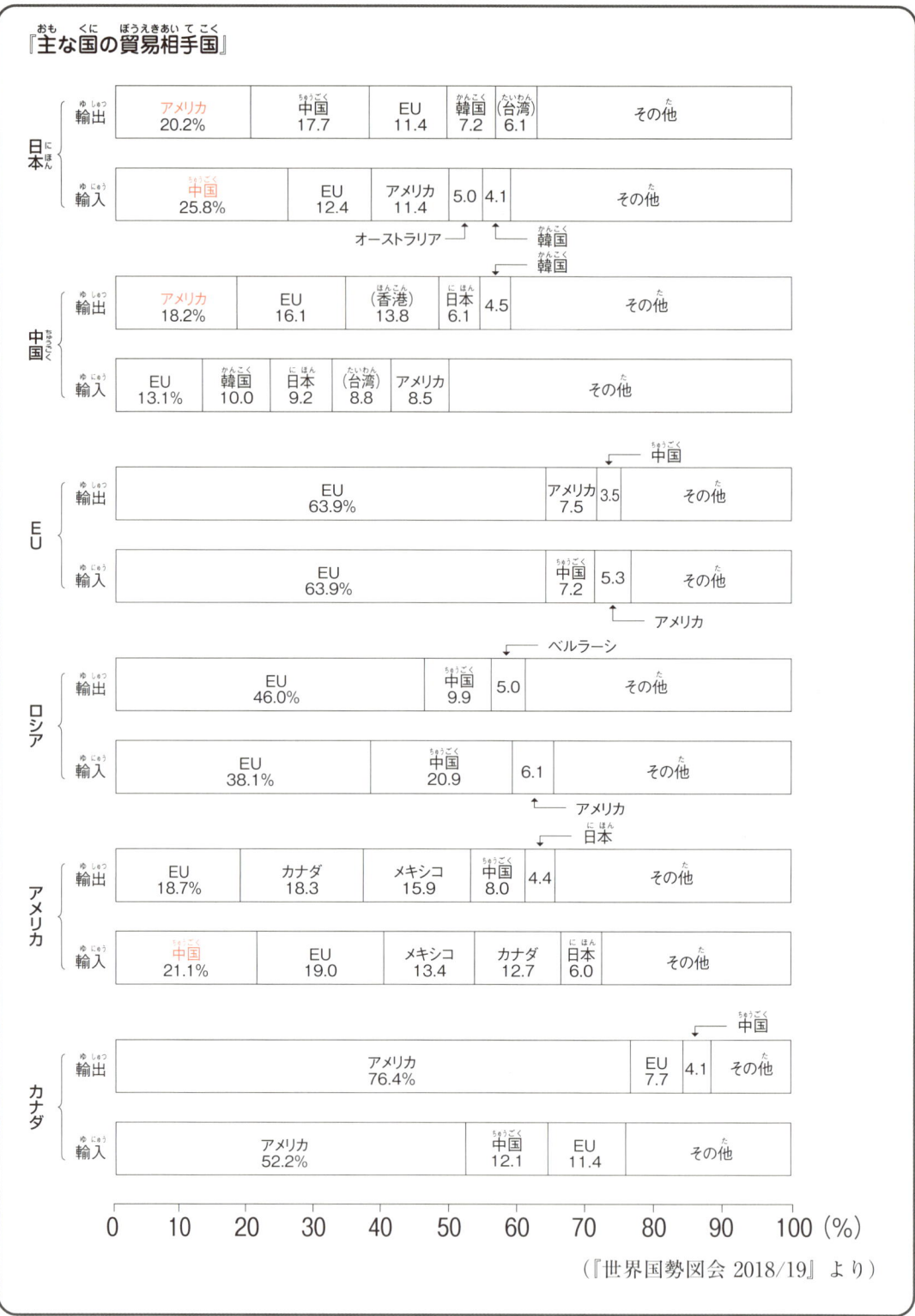

(『世界国勢図会 2018/19』より)

# IV

## 現代の政治

# 1 民主主義の基本原理

## ❶ 国家

### 政治と国家

▶政治の役割　政治の役割とは、①国民の安全を守り、平和の実現をはかること、②教育・文化の向上や産業の育成、社会福祉といった公共の利益を充実させることである。こうした役割を果たす政治の場が、国家や地方公共団体（地方自治体）(☞ p.203) である。

▶政治権力　政治には、政策を実行するために人々を従わせる政治権力が必要である。そのために国の基本法である憲法やさまざまな法律がある。警察や軍隊、裁判などで従わせるのは最後の手段でなければならない。

### 国家の三要素

　国家は、主権（国家の政治のあり方を決め、それを実行することができる力）、領域（主権の及ぶ範囲）、国民の３つの要素からなる。主権が国民にあることを国民主権という。また、領域は領土・領海・領空からなる。

| 領土 | 領域の中の陸地部分 |
|---|---|
| 領海 | 領土から12海里<br>（1海里＝1852m） |
| 領空 | 領土・領海の上空 |

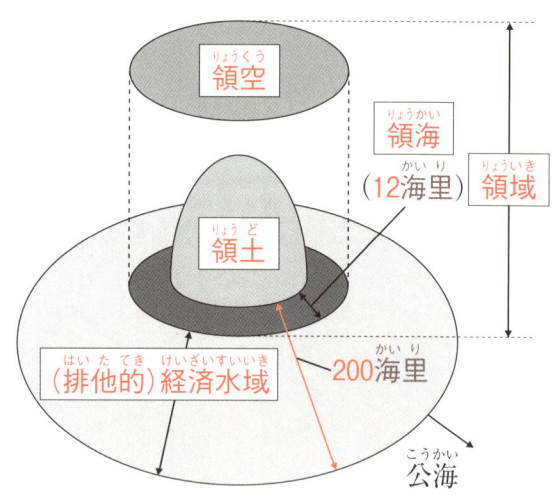

『（排他的）経済水域（EEZ）』
沿岸国が漁業資源や資源開発などについての権利をもつ水域のこと。国連海洋法条約によって、海岸線から200海里（約370km）までとされている（ただし、領海は除く）。

## 国家観の変化－夜警国家から福祉国家へ ★Point

　人々の国家観（理想の国家に対する考え方）は、時代とともに変化してきた。市民革命によって絶対王政（16〜18世紀）が倒れ、18〜19世紀に成立した近代社会においては夜警国家（消極国家・小さな政府・立法国家・安価な政府）が、20世紀の世界恐慌以後は福祉国家（積極国家・大きな政府・行政国家）が、1980年代以降は新保守主義（新自由主義）国家が主流となった。

| | |
|---|---|
| **18・19世紀**<br>夜警国家 | ▶ 国家が国民生活に干渉しない（消極国家）<br>▶ 国家の役割は国防や治安などに限る（小さな政府）<br>▶ 立法が政治の中心である（立法国家）<br>▶ 経済的にはアダム・スミスの自由放任主義（☞ p.125）をとる（安価な政府） |
| **20世紀**<br>福祉国家 | ▶ 世界恐慌（1929年）による深刻な経済危機<br>　➡ アメリカのニューディール政策（☞ p.105）<br>　　…ケインズ理論（☞ p.125）の採用<br>▶ 国家が貧困や失業などの社会問題に積極的に取り組む（積極国家）・（大きな政府）<br>▶ 行政の役割が大きくなる（行政国家） |
| **1980年代〜**<br>新保守主義国家<br>（新自由主義国家） | ▶ 第1次石油危機（1973年）による先進国の財政悪化<br>▶ 経済の自由化などをすすめる（小さな政府）<br>▶ 国有企業の民営化や規制緩和をすすめる<br>　➡ アメリカのレーガノミクス、イギリスのサッチャリズム、日本の中曽根内閣の行政・財政改革（☞ p.160）<br>　　…反ケインズ主義（フリードマン）（☞ p.125） |

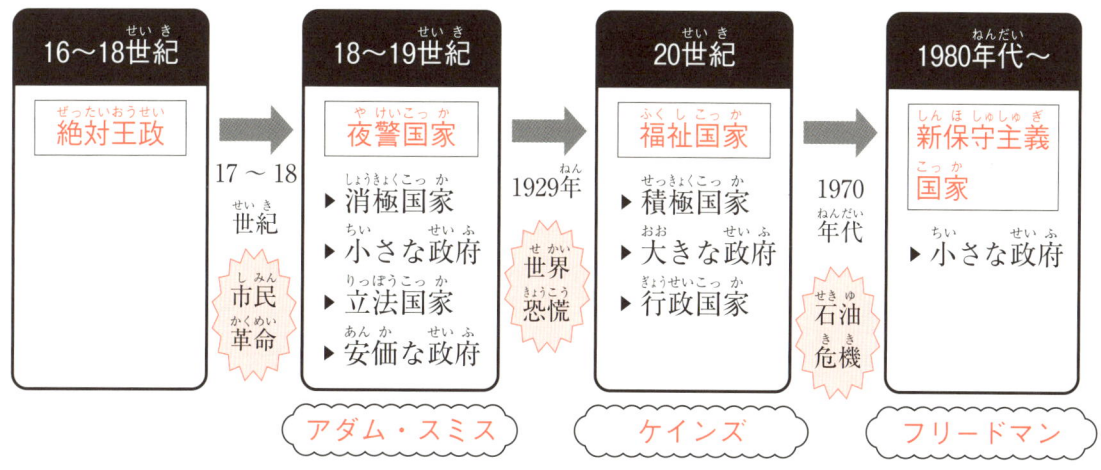

## ② 民主政治の成立

### 民主政治とは何か

民主政治とは、国民が直接、または間接的に政治に参加する政治体制のことである。民主政治は、古代ギリシアの**アテネ**を中心とする都市国家（ポリス）で生まれ、発展した。

### 市民革命と近代民主政治の成立

近代民主政治は、16〜18世紀のヨーロッパ各国でみられた**絶対王政（絶対主義）**を倒した**市民革命**（⇨ p.76・78）によって成立した。

### 社会契約説 🔖Point

**社会契約説**は、市民革命による民主政治の成立に大きな思想的影響を与えた。これは、国民は生まれながらに生命・自由・平等・財産などの権利（**自然権**）を持っており、その権利を守ってもらうために、国家に権力を与える契約を結んでいるとする考え方である。イギリスの**ホッブズ**や**ロック**、フランスの**ルソー**らが主張した。

| 人　物 | 主　張 | 著　書 |
|---|---|---|
| **ホッブズ**<br>（1588〜1679年） | 万人の万人に対する闘争（殺し合い）を避けるためには、強力な国家が必要である。<br>➡結果的に絶対王政を支持 | 『リヴァイアサン』 |
| **ロック**<br>（1632〜1704年） | 政府への**抵抗権（革命権）**を認める。<br>➡**アメリカ独立宣言**に影響を与えた。 | 『市民政府二論<br>（統治二論）』 |
| **ルソー**<br>（1712〜1778年） | 人民主権による**直接民主制**<br>➡**フランス革命**に影響を与えた。 | 『社会契約論』 |

## ③ 近代民主政治の基本原理

### 民主政治の考えと基本原理

民主政治の考えは、アメリカの**リンカーン**大統領がゲティスバーグで行った「**人民の、人民による、人民のための政治**」という演説によく示されている（⇨ p.91）。

民主政治の基本原理は、**国民主権・法の支配・権力分立・人権保障**の4つで、16〜18世紀のヨーロッパ各国でみられた市民革命に

リンカーン
（1809-65）

よって確立された。

## 国民主権

　国民主権とは、国の政治のあり方を決める最終決定権が国民にあるとする考え方である。そのためには、国民が政治に関わる必要があり、その形態として直接民主制と間接民主制がある。

| 直接民主制 | すべての国民が政治の決定に直接参加する。 |
|---|---|
| 間接民主制 | 選挙によって選ばれた者が国民の代表となって政治の決定を行う。 |

## 法の支配

　絶対王政のような権力者による人の支配に対して、議会で制定された法に権力者も国民も従うことを法の支配（立憲主義）という。これは法さえあれば何をしてもよいとする法治主義とは区別される。

## 権力分立

　権力の集中を防ぐために、国家権力を分けて、互いに監視させることで、チェックとバランスの関係をもたせる仕組みを権力分立という。フランスのモンテスキュー（1689～1755年）は『法の精神』の中で、立法権（法律を制定する権限）・行政権（法律にもとづいて政治を行う権限）・司法権（法律にもとづいて裁判を行う権限）の三権分立を主張した。

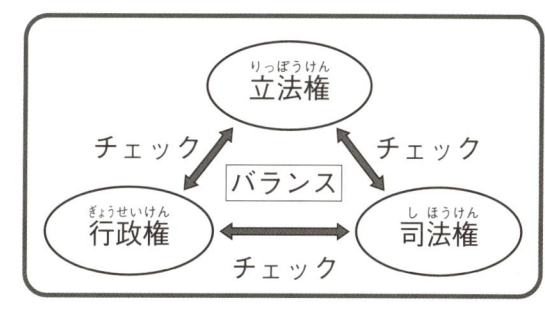

## 人権保障 ★Point

　市民革命以降、各国は自由権（国家からの自由）を権利の中心としてさまざまな宣言や憲法を制定し、自由・平等を市民に保障した。
　しかし、19世紀末になると資本主義の発達によってさまざまな社会問題がおこり、社会権（生存権）が求められるようになった。この社会権を初めて保障したのが、ドイツのワイマール憲法（1919年）である。
　第二次世界大戦後には、国際的に人権を保障する動きがおこり、1948年に国連総会で世界人権宣言が採択された。そして、1966年に国際人権規約が採択され（1976年発効）、批准国に規約の実行が義務づけられた。

▼ 人権保障の歴史

英：イギリス　米：アメリカ　仏：フランス　独：ドイツ

| 1628年 | 英 | 権利の請願 | 国王が課税するには議会の同意が必要 |
|---|---|---|---|
| 1689年 | 英 | 権利の章典 | 名誉革命（☞ p. 76）➡立憲君主制が確立 |
| 1776年 | 米 | バージニア権利章典 | 世界で初めて自然権を定める。 |
| 1776年 | 米 | アメリカ独立宣言 | 独立戦争（☞ p. 77）➡自然権・国民主権・抵抗権を定める。<br>…ロックの思想的影響がある。 |
| 1787年 | 米 | アメリカ合衆国憲法 | 連邦主義・人民主義・三権分立主義を定める。 |
| 1789年 | 仏 | フランス人権宣言 | フランス革命（☞ p. 78）➡自由・平等・国民主権を定める。<br>…ルソーの思想的影響がある。 |
| 1919年 | 独 | ワイマール憲法 | 世界で初めて社会権（生存権）を定める。 |
| 1948年 | 国際連合 | 世界人権宣言 | 人権保障の国際的基準を定める。 |
| 1951年 | | 難民の地位に関する条約 | 難民に対してさまざまな権利など認める（☞ p. 235）。 |
| 1965年 | | 人種差別撤廃条約 | 人種差別をなくすことをめざす。 |
| 1966年 | | 国際人権規約 | 世界人権宣言の内容を条約化 |
| 1979年 | | 女性差別撤廃条約 | 男女平等の実現をめざす。 |
| 1989年 | | 子どもの権利条約 | 戦争・貧困・虐待などから子どもを守る。 |
| 2006年 | | 障害者権利条約 | 障害者の固有の尊厳の尊重を促進することをめざす。 |

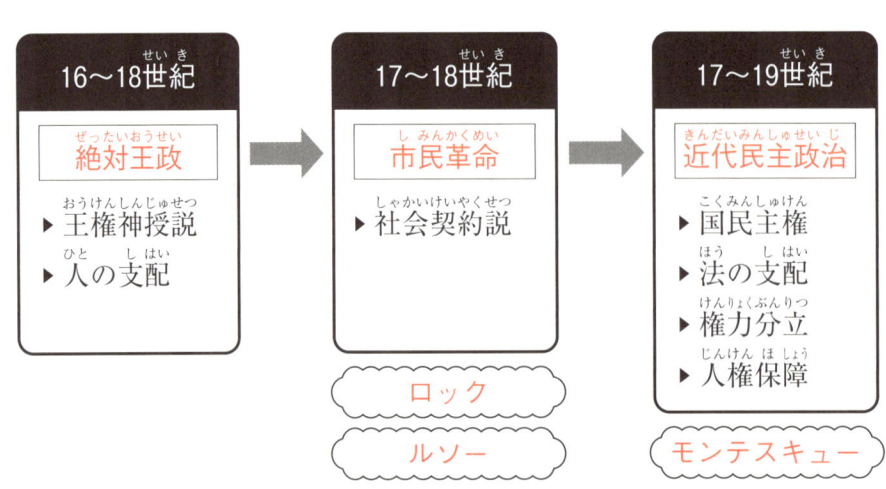

# 2 世界の政治制度

## ❶ 議院内閣制と大統領制

　世界の政治制度は国によって異なり、権力分立制を採用している国と、中国のような権力集中制を採用している国の2つに大きく分けられる。

　このうち権力分立制は、イギリスや日本などの議院内閣制と、アメリカに代表される大統領制に分けられる。議院内閣制とは、内閣（行政を担当する最高機関）が議会の信任にもとづいて成立し、議会に対して政治上の責任を連帯して負う政治制度である。大統領制は、国民によって直接選ばれた大統領が、行政の長となる政治制度である。

## ❷ イギリス・アメリカの政治制度

### イギリスの議院内閣制

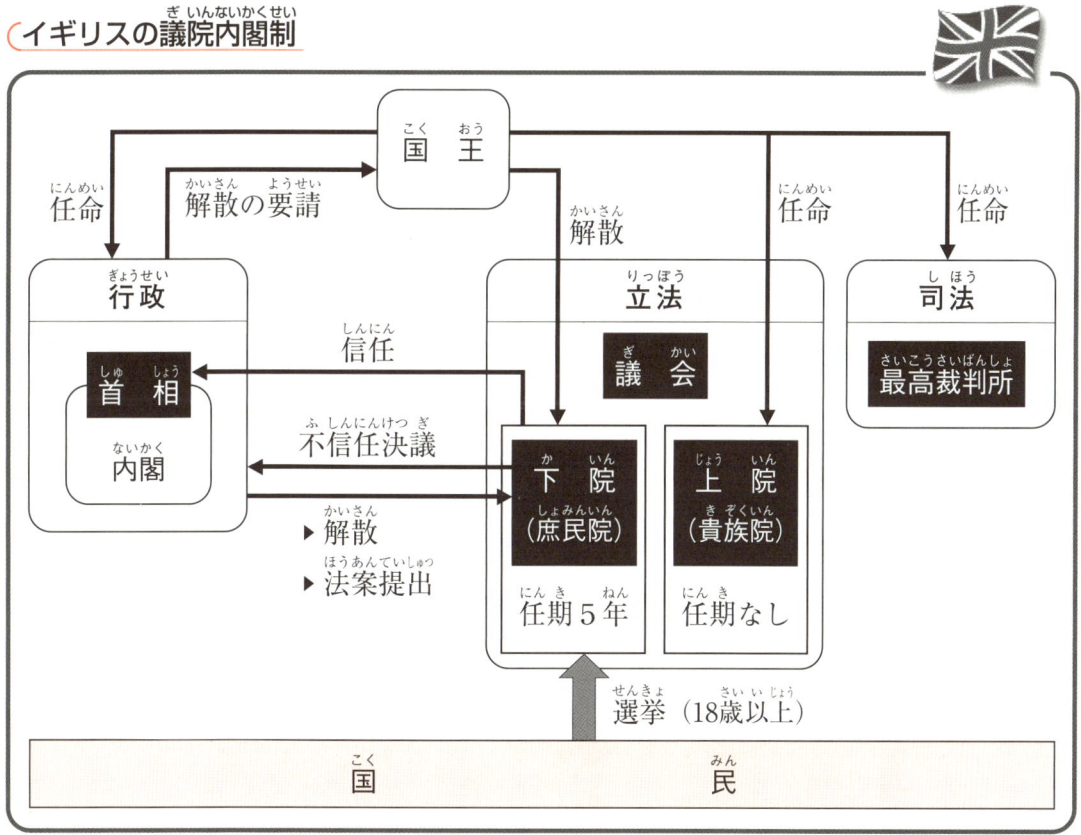

| | |
|---|---|
| 不文憲法<br>（ふぶんけんぽう） | 憲法法典（文書化した憲法）をもたない不文憲法の国で、歴史的文書や慣習法、裁判所の判例（これまでの判決例）などによって憲法を構成している。 |
| 国王<br>（こくおう） | 国家の象徴であり、政治的権限を持たない（「君臨すれども統治せず」）。 |
| 議会<br>（ぎかい） | 国王によって任命された貴族などからなる上院（貴族院）と、国民の選挙によって選ばれた議員からなる下院（庶民院）の二院制。下院が上院に優越している（下院は議員の任期が短く、解散もあり、国民の意見を強く反映できるため、上院より強い権限が与えられている）。下院は内閣が行う政治が信頼できない場合、不信任の決議をし、内閣を総辞職させることができる。 |
| 内閣<br>（ないかく） | 内閣は行政を担当する最高機関であり、下院の信任にもとづいて成立する。首相は下院の多数党（第1党）の党首が選ばれる。内閣は下院の信任を失うと、下院の解散か総辞職を行い、議会に対して連帯責任を負う。 |
| 裁判所<br>（さいばんしょ） | 国の最高司法機関は最高裁判所である。ただし、違憲立法審査権（議会で制定した法律が憲法に違反していないかどうかを判断する権限）はない。 |
| 政党<br>（せいとう） | 保守党と労働党の二大政党制。第1党は内閣を組織し、政権を担当する。第2党は次の政権交代に備えて影の内閣（シャドー・キャビネット）を組織する。 |

## アメリカの大統領制（だいとうりょうせい）　Point

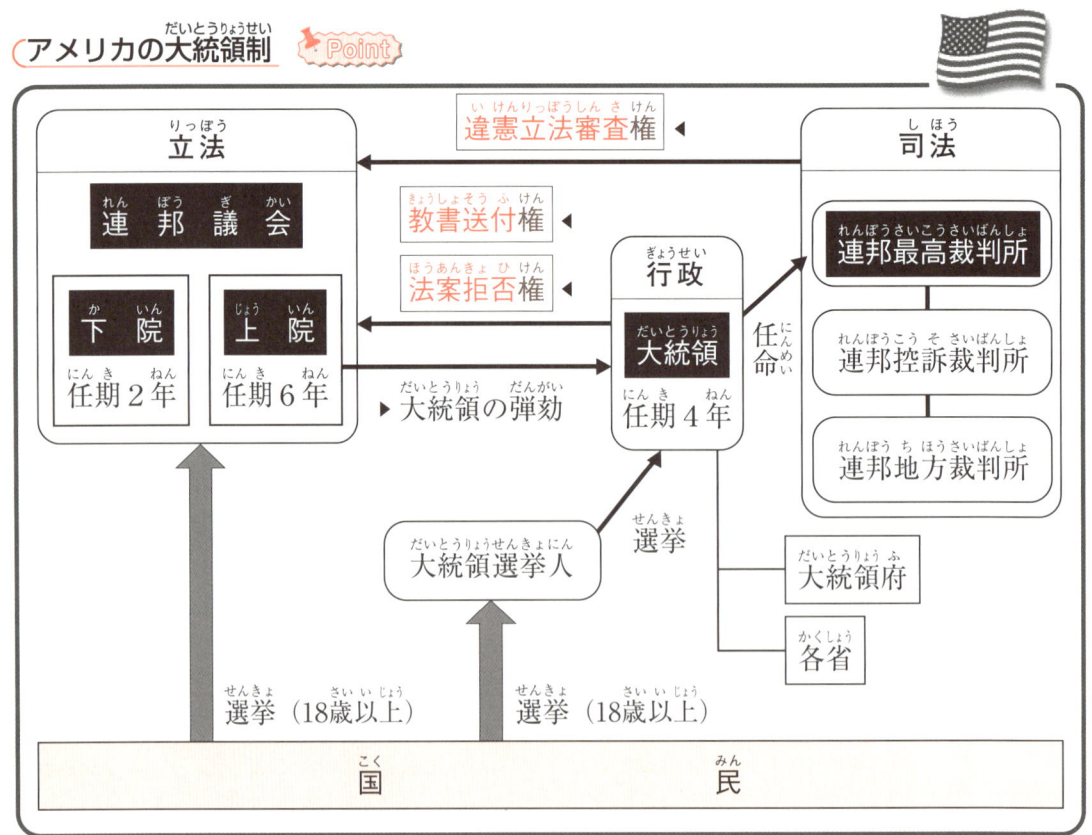

| | |
|---|---|
| 連邦制<br>（れんぽうせい） | 　アメリカは50の州からなる連邦国家で、連邦政府の権限は軍事や外交に限定される。州政府の権限が強く、各州に憲法があり、それぞれ裁判所を持っている。 |
| 大統領<br>（だいとうりょう） | 　大統領は国民の選挙によって選ばれ、国民に対して責任を負う。大統領選挙は間接選挙で、国民が大統領選挙人を選び、その選挙人が大統領を選ぶ。大統領の任期は4年で、3選は禁止されている（最長8年まで）。その権限は強く、①軍の指揮権、②議会に対して立法や予算の審議（十分に話し合うこと）をするようにすすめる教書送付権、③可決（議会で承認すること）された法案を拒否できる法案拒否権（ただし下院・上院それぞれで出席議員の3分の2以上の再可決があると再拒否できない）、④上院の同意を得て条約を結ぶ条約締結権などをもっている。ただし、大統領には法案提出権や議会の解散権はない。 |
| 連邦議会<br>（れんぽうぎかい） | 　各州から2名ずつ選ばれた議員からなる上院（任期6年）と、各州から人口に応じて選ばれた議員からなる下院（任期2年）の二院制で、両院とも解散はない。<br>　議会には大統領に対する不信任権はないが、弾劾（議会が解任を求めること）によって解任できる。両院は原則として対等であるが、上院には高級官吏の任命同意権や条約締結同意権が、下院には予算先議権（上院よりも先に予算案を審議する権限）などが認められている。 |
| 裁判所<br>（さいばんしょ） | 　連邦最高裁判所の裁判官は、上院の同意によって大統領が任命する。また連邦・州裁判所のすべてが違憲立法審査権を持っている。 |
| 政党<br>（せいとう） | 　共和党と民主党の二大政党制。共和党は北部を中心に支持者が多く、民主党は南部を中心に支持者が多い。 |

『大統領令』（だいとうりょうれい）
　大統領は、議会の承認や立法を経ずに連邦政府や軍に命令を出すことができる。これを大統領令といい、法律と同じ効力をもっている。議会は反対する法律を作ることで大統領令に対抗できるほか、最高裁判所も違憲判決を出すことができる。

『フランス・ドイツ・ロシアの政治制度』（せいじせいど）
　フランス・ドイツ・ロシアでは大統領と首相がいる半大統領制を採用している。フランス・ロシアの首相は大統領によって任命され、大統領の権限が強い。ドイツでは首相の権限が大統領よりも強い。

# 3 日本国憲法

## ❶ 日本国憲法の特徴

### 大日本帝国憲法（明治憲法）

大日本帝国憲法は、伊藤博文らが君主権の強いドイツ（プロイセン）の憲法を参考に作成し、1889年に天皇が定めた憲法（欽定憲法）として国民に示された。（☞ p. 96）

この憲法では、天皇主権のもと、帝国議会（衆議院と貴族院からなる）は天皇の協賛（賛同）機関、内閣は天皇の輔弼（補佐）機関であり、裁判所も天皇の名において（代理として）裁判する機関というように、形式的な三権分立であった。また、天皇と皇族以外の国民は臣民とよばれ、その権利は法律によって制限することができた。

### 日本国憲法の基本原理

第二次世界大戦後、日本はアメリカを中心とする連合国軍最高司令官総司令部（GHQ）の占領下におかれ、民主化がすすめられた。これにより、1946年11月、大日本帝国憲法を改正する形で日本国憲法が制定された。その特徴は、①国民主権、②自由権・平等権・生存権などの基本的人権の尊重、③平和主義（戦争放棄）の三大原則にある。

## ❷ 国民主権

### 象徴天皇制

日本国憲法は前文で「ここに主権が国民に存することを宣言する」とし、国民主権が示された。そして天皇の地位は、国の政治には関わらない象徴とされた。

天皇は憲法で定められた形式的・儀礼的な仕事（国事行為）のみを行うこととされ、天皇が国事行為を行うには、内閣の助言と承認を必要とし、内閣がその責任を負うものとされた。

### 代表民主制

日本国憲法では、主権者である国民は選挙で選ばれた代表者を通じて国の政治に参加するという間接民主制（議会制民主主義）を基本としている。しかし、一部に直接民主制も採用している（☞ p. 195）。

# ❸ 基本的人権と法の支配

## 日本国憲法の人権

基本的人権は、人間が生まれながらにして持っている固有の権利である（固有性）。日本国憲法は、基本的人権を「侵すことのできない永久の権利（永久不可侵性）」と位置づけ、国民が平等に与えられるもの（普遍性）としている。したがって、法律によって国民の権利を制限することはできない。

日本国憲法で保障される基本的人権には、自由権・平等権・社会権・参政権・請求権の5つがある。その他、憲法には直接定められていないが、社会の変化に対応した新しい人権がある。ただし、これらの人権は、社会全体の幸福や利益（公共の福祉）のために制限を受ける場合がある。

『国民の三大義務』

日本国憲法は、権利とともに義務も定めている。
①教育を受けさせる義務、②勤労（働くこと）の義務、③納税（税金を納めること）の義務

## 自由権

自由権とは、国民が国から自由の制限を受けない権利のことであり、精神の自由・身体の自由・経済活動の自由の3つがある。

①精神の自由…物事を自由に考えたり、それを外に表現する自由
▶ 思想・良心の自由…物事を自由に考えたり、自分の良心に従う自由
▶ 信教の自由…どのような宗教を信じてもいい。また宗教を強制しない。
➡ 国家と宗教の結びつきを禁止（政教分離の原則）
▶ 表現の自由…集会・結社（団体をつくること）、言論・出版の自由
➡ 検閲（内容のチェック）の禁止と通信の秘密を保障
▶ 学問の自由…研究や学問をし、発表する自由

②**身体の自由**（人身の自由）…身体の活動の自由を奪われないこと
　▶ **法定手続きの保障**…法律の正しい手続きによらなければ処罰されない。
　　➡ **罪刑法定主義**…法律によって犯罪行為とそれに対する刑罰が定められている。
　▶ **令状主義**…現行犯（犯罪を行っているところ、その直後）以外は裁判官の出す**令状**
　　がなければ逮捕されない。
　▶ 拷問・残虐刑の禁止…無理に自白させたり、ひどい刑罰を禁止する。
　　➡ **黙秘権**（自分に不利なことは答えなくてもいい権利）が認められる。
　　➡ 日本では**死刑制度**があり、残虐刑の禁止にあたるかが問題になっている。
　▶ 刑事被告人の権利…公開裁判を受ける権利、**弁護人**をたのむ権利

③**経済活動の自由**…経済活動を保障すること。**公共の福祉**の制限を受ける。
　▶ 居住・移転、職業選択の自由…どこに住んでも、どんな職業についてもよい。
　▶ **財産権**の保障

## 平等権

　**平等権**とは、平等に生きる権利のことである。憲法では「**人種・信条**（考え方）・**性別**（男女の別）・社会的身分または**門地**（家柄）」による差別を禁止し、法の下の平等を保障している。また、だれでも義務教育を受けられる**教育**の機会均等や、普通選挙・平等選挙（☞ p. 212）も保障している。しかし、現実には男女差別や外国人差別、一票の格差（☞ p. 215）などの問題が生じている。

## 社会権　🐿 Point

　**社会権**とは、人間らしい生活ができるように国に要求する権利のことであり、生存権・教育を受ける権利・労働基本権の3つがある。

①**生存権**…すべての国民は、「**健康で文化的**な最低限度の生活」を営む権利がある。

②**教育**を受ける権利…すべての国民は教育を受ける機会が保障される。
　➡ **義務教育**（9年間）は、**無償**で受けられる。

③**労働基本権**
　▶ 勤労権…国家は国民に対し、働く機会を保障する義務がある。
　▶ **労働三権**…労働者には**団結権・団体交渉権・団体行動権**（争議権）が保障される
　　（☞ p. 166）。

## 参政権

　参政権とは、国民が政治に参加する権利のことである。国民には選挙で国家・地方の首長・議員などを選び、罷免する（辞めさせる）権利がある。また、直接民主制的な参政権として、最高裁判所の裁判官が適任かどうかを決める国民審査、憲法改正のための国民投票、地方において重要事項の決定を住民の投票で決める住民投票を定めている。ただし、日本国籍を持たない外国人に対しては参政権が認められていない。

---

▶『各国の外国人参政権』

　ヨーロッパを中心に約40ヵ国が外国人の参政権を認めている。ヨーロッパ連合（EU）加盟国は、互いの国民に地方選挙権と被選挙権を与えている。ニュージーランドは、永住者に国政選挙権と地方選挙権を与えている。韓国は、永住資格を得て3年以上住んでいる外国人に地方選挙権を与えている。

| 国　名 | 国政選挙権 | 地方選挙権 |
|---|---|---|
| 日　本 | × | × |
| アメリカ | × | △ |
| イギリス | △ | △ |
| フランス | × | △ |
| スウェーデン | × | ○ |
| ニュージーランド | △ | △ |
| ロシア | × | ○ |
| 韓　国 | × | △ |

（△は一部承認）

▶『投票を義務づけている国』

　世界には選挙において投票を義務づけている国がある。オーストラリア・シンガポール・ベルギーなどでは、投票を行わなかった者に罰金を払わせるなど、きびしい罰則が設けられている。

---

IV

現代の政治

---

## 請求権

　請求権とは、基本的人権が侵された場合、国家に救済や補償などを請求する権利のことである。これには、①国や地方公共団体に対して法律の制定や改正・廃止などの要求を行える請願権、②公務員の不法行為に対して賠償を請求できる国家賠償請求権、③裁判を受ける権利、④裁判で無罪となった場合に賠償を請求できる刑事補償請求権がある。請求権は外国人にも認められている。

# ❹ 新しい人権 ✦Point✦

経済の発展や社会生活の変化によって、憲法には直接定められていない新しい人権が主張されるようになった。

---

①プライバシーの権利…私生活（プライバシー）を公開されない権利
  ➡個人情報保護法の制定（2003年）

---

②知る権利…国や地方公共団体に情報の公開を求める権利
  ➡情報公開法の制定（1999年）…個人情報、企業情報、外交・防衛、捜査情報などは公開しなくてもいいことになっている。

---

③アクセス権…個人がマス・メディアを通じて意見表明を行う権利

---

④環境権…人として生活するのにふさわしい環境を求める権利。日照権（日当たりを確保する権利）や嫌煙権（たばこの煙を吸わなくてすむように求める権利）などがある。

---

⑤平和的生存権…戦争や恐怖のない、平和に生きる権利

---

⑥肖像権…自分の肖像（姿・顔など）を許可なく撮影・公開されない権利

---

⑦知的財産権（知的所有権）…著作権や特許権（発明者がその発明を独占できる権利）などがある。
  ▶国連の専門機関である世界知的所有権機関（WIPO）の設立（1970年）
  ▶知的財産基本法の制定（2002年）

---

# ❺ 平和主義

## 平和憲法

日本国憲法は平和について、前文で平和がいつまでも続くこと（恒久の平和）を願い、憲法第9条で①国際紛争を解決する手段として戦争を永久にしない「戦争の放棄」、②戦力を持たない「戦力の不保持」、③国が外国と戦争をする権限（交戦権）を認めない「交戦権の否認」を定めている。

## 自衛隊

1950年、朝鮮戦争（☞ p. 112）をきっかけに警察予備隊が組織され、1954年に自衛隊と防衛庁（2007年からは防衛省）が設置された。自衛隊は、日本の平和と安全を守り、

災害時の救助活動などを行うことを主な任務としている。また、1992年からは国連の平和維持活動（PKO）のため、世界各地に自衛隊が派遣されている（☞ p. 224）。

## 日本の防衛原則

日本の防衛原則としては、次のようなものがある。

> ▶ 専守防衛（先制攻撃の禁止）…攻撃された場合にのみ自国を守るために攻撃を行う。
> ▶ 文民統制（シビリアン・コントロール）…自衛隊の最高指揮権は文民（軍人ではない人）である内閣総理大臣がもつ。
> ▶ 非核三原則…核兵器を「つくらず・持たず・持ち込ませず」

## 日本の安全保障

1951年、サンフランシスコ平和条約（☞ p. 118）が結ばれた日に日本とアメリカとの間で日米安全保障条約が結ばれた。そして、アメリカ軍の基地が日本におかれることになった。1960年には、新日米安全保障条約が結ばれ（☞ p. 118）、アメリカ軍の日本防衛の義務化が明確にされた。

その後冷戦体制が終わると、日本はアメリカとの間で軍事的な協力関係を深めていき、1996年に日米安保体制の意義を「アジア太平洋地域の安定」とする日米安保共同宣言が発表された。これに伴い1997年には、1978年に合意した日米防衛協力のための指針が改定され（新ガイドライン）、日本の周辺で有事（武力攻撃を受けるなど）があった際に自衛隊がアメリカ軍の後方支援にあたることになった。それに基づいて、1999年には周辺事態法などの新ガイドライン関連法が成立し、日本周辺で戦争がおきた場合の日本とアメリカの役割分担などが決められた。

2015年には、武力攻撃事態法改正など安全保障関連法が成立し、集団的自衛権の行使が容認されるなど、日本の安全保障政策が大きく転換した。

> **『個別的自衛権と集団的自衛権』**
> 個別的自衛権とは、自国が外国から攻撃を受けた場合は、自国の防衛のために武力で反撃する権利のことである。これに対して集団的自衛権とは、自国が攻撃を受けていなくても、同盟国・友好国が武力攻撃された場合に、共同で防衛にあたる権利のことである。国連憲章では集団的自衛権の行使を認めているが、日本では個別的自衛権を原則とし、集団的自衛権の行使は禁止してきた。しかし、2015年の武力攻撃事態法の改正によって、「日本の存立が脅かされる明白な危機」にある場合に集団的自衛権の行使ができるようになった。

# 4 日本の統治機構

## ❶ 日本の政治機構

### 三権分立

　日本では政治権力を立法・行政・司法の３つに分け、立法を国会、行政を内閣、司法を裁判所がそれぞれ受け持っている。これは、三権が互いに「抑制と均衡（チェック・アンド・バランス）」を保ち、権力の行きすぎを抑えることを目的としている。

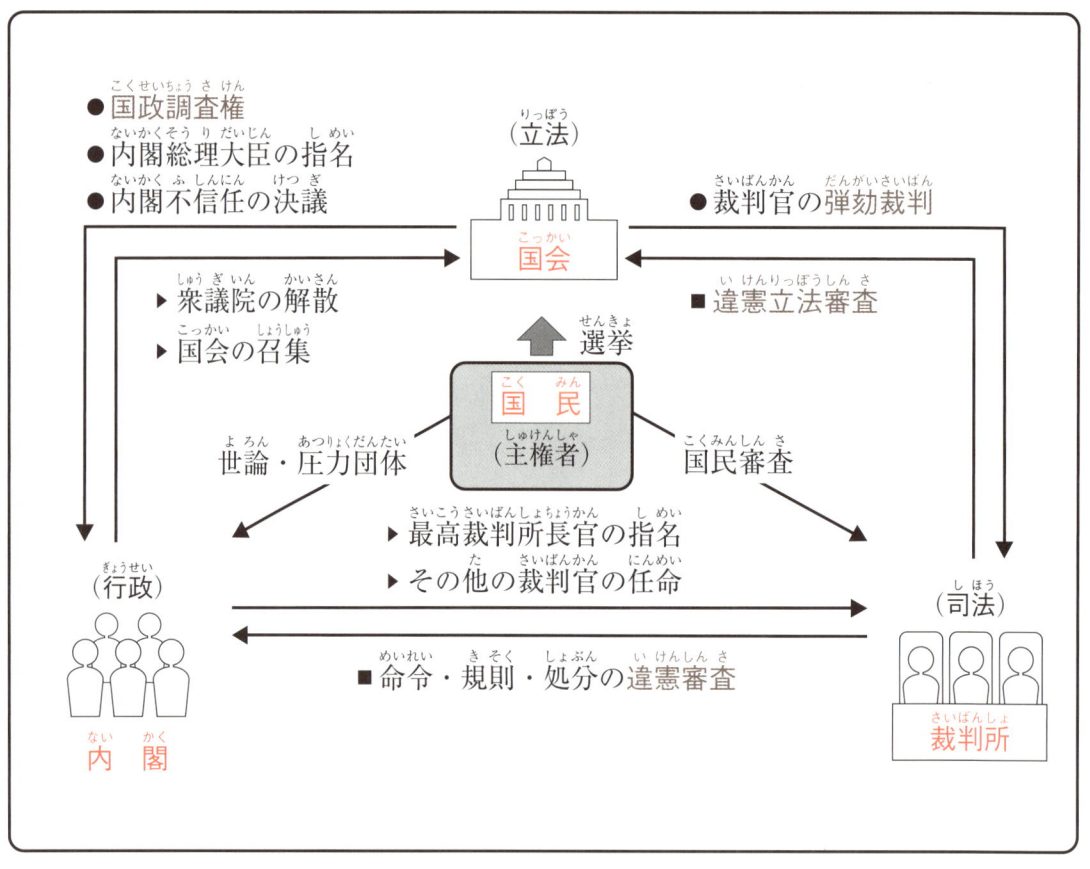

## ❷ 国会（立法）

### 国会の仕組み

国民の代表機関である国会は、国権の最高機関であり、国の唯一の立法機関である。
▶ 二院制　国会は、衆議院と参議院からなる二院制を採用している。

|  | 衆議院 | 参議院 |
|---|---|---|
| 定　数 | 465人 （小選挙区選出議員289人）（比例代表選出議員176人） | 248人 （選挙区選出議員148人）（比例代表選出議員100人） |
| 任　期 | 4年、解散あり | 6年、解散なし（3年ごとに半数改選） |
| 選　挙 | 小選挙区比例代表並立制（☞ p.213） | 選挙区制＋比例代表制（☞ p.213） |

両院は対等ではあるが、①法律案の議決（議会で決定すること）、②予算の議決、③条約の承認、④内閣総理大臣の指名について、両院の意見が違うときは、両院協議会が開かれる。協議が成立しなかった場合には、衆議院の議決が国会の議決となる（衆議院の優越）。これは、衆議院は参議院に比べて議員の任期が短く、解散があるので、国民の意見を強く反映できるためである。

▶ 委員会制度　両院内には、事前に専門的な審議を行う常任委員会（予算委員会など）と、特別な議題について必要に応じて開かれる特別委員会が設けられている。この制度は、アメリカから導入された。

▶ 国会の種類　国会の種類には、通常国会・臨時国会・特別国会がある。

| 通常国会（常会） | 毎年1月に開かれる。会期は150日間で、1回延長できる。新年度予算などの審議が中心となる。 |
|---|---|
| 臨時国会（臨時会） | 緊急の議題があるときに開かれる。 |
| 特別国会（特別会） | 衆議院解散後の総選挙から30日以内に開かれる。内閣総理大臣の指名が行われる。 |

### 国会の権限

▶ 立法に関する権限　国会は国の唯一の立法機関であり、法律は国会の議決のみで成立する。法案の提出権は議員・内閣・両院の委員会が持っている。議員提出の法案は議員立法とよばれ、内閣提出の法案は行政立法とよばれる。法案は、委員会で法案の実質的審議・可決（承認）を経て、国会で審議・可決される。

その他、立法に関する権限には、条約の承認や、国会議員が憲法改正の審議を求める

Ⅳ 現代の政治

ことができる憲法改正の発議がある。

『日本とアメリカの法案提出権の違い』
　　日本は内閣提出の行政立法が多く、約70〜80%を占めている。一方、アメリカは大統領に法案提出権がなく、議員提出の議員立法のみである。

▶ 財政に関する権限　国会は内閣が作成した予算を審議し、議決する。予算を先に審議するのは衆議院である（予算の先議権）。
▶ 行政に関する権限　国会は内閣総理大臣を指名する。また、衆議院のみの権限として、内閣の解散か総辞職を求める内閣不信任の決議がある。このほか、両院に国の政治に関する調査を行う国政調査権があり、国会に証人を呼び出して質問したり記録の提出を要求することができる。
▶ 司法に関する権限　国会は弾劾裁判所を設け、裁判官を裁判することができる。

## 議員の特権
　　国会議員には、自由な活動を保障するために3つの特権が与えられている。
①国から歳費（議員活動に対する報酬）を受ける権利
②国会の会期中には逮捕されない不逮捕特権
③院内での発言などについては院外で法的責任を問われない免責特権

# ❸ 内閣（行政）

## 内閣の仕組み
▶ 議院内閣制　日本ではイギリスで生まれた議院内閣制を採用している。議院内閣制とは、内閣が国会の信任にもとづいて成立し、国会に対し連帯して責任を負う制度である。

内閣　──▶ 衆議院の解散　▶ 連帯責任──▶　国会
　　　　◀──●内閣不信任の決議　●内閣総理大臣の指名──

▶ 内閣の組織　内閣総理大臣（首相）は、国会議員の中から国会が指名し、天皇が任命する。内閣総理大臣は、衆議院の多数党（第1党）の党首が選ばれるのが一般的である。内閣を構成する国務大臣は14人以内（特別に必要な場合は最大17人まで）で、内閣総理大臣が任命し、過半数（半分以上）は国会議員の中から選ばれる。内閣総理大臣・国務大

臣とも文民（職業軍人ではない人）でなければならない。内閣の方針は、すべての国務大臣（閣僚）が出席する閣議の全会一致（全員賛成）で決定される。

## 内閣の権限

内閣は行政を担当する最高機関で、閣議の決定にもとづいて行政を行う。内閣の権限には、予算の作成や条約の締結などの一般行政事務や、最高裁判所長官の指名などの特別事務がある。

## 内閣総理大臣の権限

内閣総理大臣には、国務大臣の任命・罷免権（辞めさせる権限）、行政機関（☞ p. 211）の指揮・監督権などがある。

## 内閣の総辞職

内閣の総辞職には次の3つの場合がある。
①衆議院が内閣不信任案を可決または内閣信任案を否決した（議会が承認しない）ときには、10日以内に衆議院を解散するか、総辞職しなければならない。
②衆議院解散後の総選挙から30日以内に開かれる特別国会で、内閣は総辞職して、新たな内閣総理大臣の指名が行われる。
③内閣総理大臣が欠けたとき。

# ❹ 裁判所（司法）

## 司法権の独立

▶司法権の独立　日本国憲法では、司法権はすべて最高裁判所および下級裁判所に属すると定められている。大日本帝国憲法（☞ p. 192）では、軍法会議などの特別裁判所が設置されていたが、日本国憲法では禁止されている。

また、司法権の独立を守るために次のことが定められている。
①裁判官の独立　裁判官は良心に従い独立して職務を行い、憲法・法律にのみに従う。
②裁判官の身分保障　裁判官は行政機関によって辞めさせることはできない。ただし、不正行為の疑いがある裁判官を裁くために国会に設置された弾劾裁判所の裁判や、国民審査（☞ p. 195）によって辞めさせられることもある。

## 裁判所の権限

すべての裁判所は、法律・条例（地方公共団体が定める法律）・行政処分（行政機関が国民に対して法律によって義務を負わせたり、権利を与える行為）などが憲法に違反していないかを審査する違憲（立法）審査権をもつ。

## 裁判制度

▶ **裁判所の種類**　裁判所は、最高裁判所のほかに、下級裁判所として高等裁判所・地方裁判所・家庭裁判所・簡易裁判所がある。

　　最高裁判所は違憲審査の最終判断をする終審裁判所であり、憲法の番人ともよばれている。最高裁判所は、裁判所内部の規則の制定や下級裁判所裁判官の指名なども行う。最高裁判所長官は内閣の指名により天皇が任命し、その他の裁判官は内閣が任命し天皇が承認する。

▶ **裁判の仕組み**　裁判は公開が原則で、判決に不満がある場合は、3回まで裁判を受けることができる（三審制）。また、有罪が決まった後も重大な疑いがある場合は、裁判をやり直す再審を求めることができる。

▶ **裁判の種類**　裁判の種類には、民事裁判と刑事裁判がある。

　　①民事裁判…個人と個人、個人と会社などの争いについて裁く。訴えた方を原告といい、訴えられた方を被告という。

　　②刑事裁判…犯罪を犯した疑いがある人（被疑者）を裁く。検察官が原告となり、被疑者を訴える。

▶ **裁判員制度**　裁判員制度とは、選挙人名簿から選ばれた裁判員が、殺人などの重大事件の刑事裁判の第一審で裁判官とともに裁判をする制度である。国民の声を司法に取り入れることを目的に、2009年5月から導入された。

---

『**国民の司法参加の形態**』

国民が刑事裁判に参加する制度を導入している国は多数あり、国によってその形態は違う。

| | 判決 | 有罪・無罪 | 刑罰の程度 | 任期 | 主な採用国 |
|---|---|---|---|---|---|
| 陪審制度 | 陪審員のみ | 判断する | 判断しない | 事件ごと | アメリカ・イギリス |
| 参審制度 | 裁判官と共同 | 判断する | 判断する | 任期制 | フランス・ドイツ |
| 裁判員制度 | 裁判官と共同 | 判断する | 判断する | 事件ごと | 日本 |

# ❺ 地方自治

## 地方自治の基本原則

▶ 地方自治の意義　イギリスの政治学者ブライス（1838 ～ 1922年）は「地方自治は民主主義の学校である」と唱え、フランスの政治学者トックヴィル（1805 ～ 59年）も地方自治の重要性を強調した。

▶ 地方自治の基本原則　地方自治の基本原則は、団体自治と住民自治からなっている。団体自治の原則とは、中央政府から独立した地方公共団体（都道府県・市町村）が政治を行うという原則である。住民自治の原則とは、地方の政治は住民の意思によって決定されるという原則である。

## 地方自治の仕組み

地方公共団体には、地方議会と首長（都道府県知事・市町村長）がおかれている。首長も地方議会の議員も住民の直接選挙によって選ばれる。

地方議会は一院制で、任期は4年、条例（地方公共団体が定める法律）の制定・改正・廃止や予算の議決などを行い、首長の不信任決議権を持っている。

首長の任期は4年で、議会の解散権を持っている。また、議決された条例や予算に対して再度審議するように求めることができる。

## 直接請求権

地方自治では、住民が署名を集め、地方の政治に直接参加する直接請求権が認められている。直接請求権には、首長へ条例の制定・改正・廃止や事務の監査を請求できるイニシアティブ（住民発案）、選挙管理委員会へ地方議会の解散を請求できる解散請求権、議員や首長を辞めさせることを請求できるリコール（解職請求権）がある。また、重要事項の決定を住民の投票で決めるレファレンダム（住民投票）が保障されている。

| | 請求の種類 | 必要な署名数 | 請求先 | 取り扱い |
|---|---|---|---|---|
| イニシアティブ | 条例の制定・改正・廃止 | 有権者の50分の1以上 | 首長 | 議会の過半数で議決 |
| | 事務の監査 | | 監査委員 | 監査結果を公表 |
| リコール | 議会の解散 | 有権者の3分の1以上 | 選挙管理委員会 | 住民投票の過半数の賛成で解散・解職 |
| | 議員・首長の解職 | | | |

## 地方分権

▶ **地方分権の背景** 地方自治は日本国憲法で保障されたが、地方公共団体は国からの強い指揮・監督を受け、権限や財源などの自主性は弱かった。そのため、地方公共団体が自立的に地域の運営ができないなど、多くの問題が生じた。1990年代になって、地方公共団体が権限や財源をもち、地域の政策を実行できるように、地方分権がすすめられることになった。

▶ **地方分権の推進** 1999年に地方分権一括法が制定され、国と地方公共団体が対等の関係であることが確認され、仕事や権限が少しずつ国から地方に移されることになった。その結果、地方公共団体の事務は、地方が独自に行える自治事務（都市計画の作成、病院・薬局開設の許可、飲食店営業の許可など）と、国から委託される法定受託事務（国政選挙、戸籍・外国人登録の事務、パスポートの交付など）に分けられた。

▶ **地方財政の現状** 地方分権の推進が不況などと重なったため、地方の歳入（収入）は大きく減り、借金である地方債の発行が増加していった。そのため、地方財政は悪化しつづけ、借金が返済できずに財政が成り立たなくなる地方公共団体も現れた。

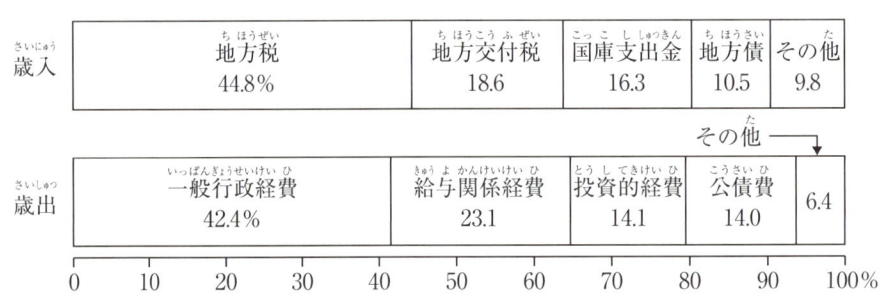

▲地方財政の歳入・歳出の構成（2018年度）　　　　（『日本国勢図会2018/19』より）

地方税：地方公共団体が住民から集める税金

地方交付税：地方公共団体間の財政格差をなくすため、国から国税の一部が地方公
　　　　　共団体に再分配されるもの

国庫支出金：国が使い道を特定して地方公共団体に渡すお金

# 5 政党と政党政治

## ❶ 政党

### 政党

政党とは、政治について同じような考えや主張をもつ人々が、政策の実現をめざして結成した政治団体のことである。政党には、国民のさまざまな意見や要求を政治に反映させ、そのための政策を国民に伝えるという役割がある。

### 政党政治

政党が政治運営の中心的な役割を果たしている政治を政党政治という。議院内閣制のもとでは、一般的に選挙で国民の支持を得て、議会で多数を占めた政党（第一党）の党首が内閣総理大臣（首相）となり、内閣を組織して政治を行う（政権を担当する）。これを政党内閣という。

政権を担当する政党は与党、それ以外の政党は野党とよばれる。一つの政党が内閣を組織するのが単独政権であり、複数の政党が与党として内閣を組織するのが連立政権（連立内閣）である。

### 政党制の形態

政党制の形には、民主主義の多くの国で見られる多党制、アメリカ・イギリスのような二大政党制、社会主義国で見られる一党制の3つがある。

| | 長所 | 短所 |
|---|---|---|
| 多党制 | ▶さまざまな国民の意見を反映できる。 | ▶連立政権になり、政治が不安定になりやすい。<br>▶政治責任が明確になりにくい。 |
| 二大政党制 | ▶政治が安定しやすい。<br>▶政権交代がしやすい。<br>▶政治責任が明確になりやすい。 | ▶さまざまな国民の意見を反映できない。 |
| 一党制 | ▶強力な政治が実現できる。<br>▶政権が長期化・安定化しやすい。 | ▶政権交代が不可能である。<br>▶独裁政治になりやすい。 |

## <ruby>圧力団体<rt>あつりょくだんたい</rt></ruby>

<ruby>圧力団体<rt>あつりょくだんたい</rt></ruby>とは、自分たちの要求を政府や国会、政党などに働きかけて実現させる集団のことである。政党との違いは、政権の獲得をめざさないことである。

# ❷ <ruby>日本の政党政治<rt>にほんのせいとうせいじ</rt></ruby>

## <ruby>戦前の政党政治<rt>せんぜんのせいとうせいじ</rt></ruby>

日本の政党は、国会の開設や憲法の制定を求める自由民権運動が高まる中、1880年代初めに誕生した。

政府も立憲国家建設のために憲法制定の準備をすすめており、1885年に内閣制度を取り入れ、伊藤博文が最初の内閣総理大臣（首相）になった。1890年には大日本帝国憲法が制定され（☞ p. 192）、翌年から議会が開かれた。しかし、憲法には議院内閣制の決まりはなく、実力のある政治家や官僚などが中心となり、議会や政党を無視して内閣を組織した（超然内閣）。

伊藤博文
(1841-1909)

日清戦争（☞ p. 97）後、それまで対立していた政府と政党は、軍備拡大などをすすめるため協力するようになった。そして、1898年に日本最初の政党内閣である第1次大隈重信内閣が誕生した。この内閣では、軍部（陸軍・海軍）大臣を除くすべての閣僚（大臣）が政党に属していた。1918年には、衆議院議員で政党の党首でもある原敬が首相になり、初の本格的政党内閣を組織した。

その後、1924年から衆議院で多数を占める政党（第1党）が政権を担当する政党内閣の時代を迎えた。しかし、1929年の世界恐慌（☞ p. 105）以降、軍部が台頭し、1932年に首相の犬養毅が暗殺され（五・一五事件）、約8年続いた政党政治は終わった。

## <ruby>戦後の政党政治<rt>せんごのせいとうせいじ</rt></ruby>

▶ 占領統治下の政治　第二次世界大戦後、日本はアメリカを中心とする連合国軍最高司令官総司令部（GHQ）の占領下におかれた（☞ p. 117）。その中で、政党も次々と復活・結成され、日本自由党や日本社会党、日本共産党などが誕生した。

1946年に日本国憲法が制定されると、議院内閣制（☞ p. 200）が採用され、内閣総理大臣になるのは、通常は衆議院第1党の党首になった。

▶ 政局の流れ　1946年に行われた戦後最初の総選挙で日本自由党が第1党となり、第1次吉田茂内閣が誕生した。1947年には、日本国憲法（☞ p. 192）の施行に合わせて衆議院・参議院議員の総選挙が実施され、日本社会党が第1党となり、片山哲内閣、次いで

民主党の芦田均内閣が組織された。しかし、他政党との連立内閣であったため、政局は不安定で、いずれも短命に終わった。1948年に保守政党である民主自由党の吉田茂が1党単独で第2次内閣を組織し、翌年の選挙でも民主自由党が絶対多数の議席を獲得して、以後1954年の第5次内閣まで続く長期保守政権となった。

▶**55年体制の成立**　1951年、サンフランシスコ講和会議が開かれ、サンフランシスコ平和条約が西側諸国との間で結ばれた。これにより、日本は独立を回復した（☞ p. 118）。この平和条約をめぐり、日本社会党は、ソ連など東側諸国を含めた国々との講和を主張する左派と、西側諸国のみとの講和に賛成する右派が対立し、2つに分裂した。

　1955年、分裂していた日本社会党が再び1つになった。これに対し、与党である保守政党の日本民主党と自由党が合同して自由民主党（自民党）を結成した（保守合同）。これ以後、国会議員の約3分の2を占める与党の自由民主党と、約3分の1を占める野党の日本社会党による55年体制（1955〜93年）が成立した。

▶**55年体制の崩壊**　55年体制のもと、経済成長を重視した自由民主党による長期安定政権が続いた。しかし、1976年に戦後最大の汚職事件であるロッキード事件が明るみに出て、田中角栄前首相が逮捕・起訴されるなど、政治汚職事件が次々とおこると、自由民主党への国民の不満は高まった。そして、1993年の衆議院議員総選挙で、自由民主党は半数以上に届かずに敗れた。この結果、自由民主党政権にかわって日本社会党を含む非自民党の8党派による連立政権（細川護熙内閣）が誕生したことで、55年体制は崩壊した。

▶**現代の政治情勢**　1994年に非自民党の連立内閣がわずか9ヵ月で倒れると、自由民主党は、長く対立していた日本社会党と連立し、政権を取り戻した。その後、自由民主党は、連立相手をかえながら政権を守りつづけた。自由民主党の長期政権が続く中、1996年に自由民主党に対抗する勢力を集めて民主党が結成された。

　2001年に自由民主党の小泉純一郎内閣が誕生し、5年半の長期政権となり、「聖域なき構造改革」をすすめた。

　2009年には、民主党が総選挙で過半数（半数以上）を大きく上回る議席を獲得して第1党になり、第二次世界大戦後初めての本格的な政権交代が実現し、民主党政権が誕生した（鳩山由紀夫内閣）。国民は二大政党制を期待したが、民主党はマニフェスト（国民に示した約束）が実現できずに、多くの議員が民主党から離れた。そして、2012年の総選挙では自由民主党が大勝し、再び政権は自由民主党に戻り、安倍晋三内閣が誕生した。

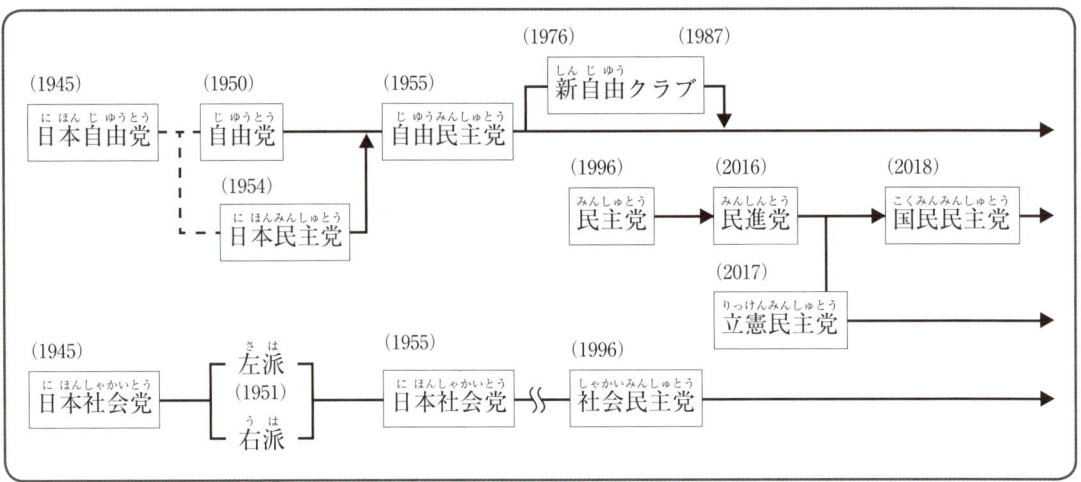

▲ 戦後の主な政党の流れ

▼ 戦後の主な内閣とできごと

| 総理大臣名 | 期　間 | 主なできごと |
|---|---|---|
| 吉田茂 | 1946～47年 | 日本国憲法公布（1946年）→施行（1947年）（☞ p. 192）<br>傾斜生産方式決定（1946年）（☞ p. 155） |
| | 1948～54年 | 朝鮮戦争（1950～53年）（☞ p. 112）<br>サンフランシスコ平和条約・日米安全保障条約に調印<br>（1951年）（☞ p. 118・197） |
| 鳩山一郎 | 1954～56年 | 自由民主党の結成（1955年）→55年体制の成立<br>日ソ共同宣言に調印（1956年）…ソ連と国交回復<br>→国際連合に加盟（☞ p. 118） |
| 岸信介 | 1957～60年 | 新日米安全保障条約に調印（1960年）（☞ p. 197） |
| 池田勇人 | 1960～64年 | 国民所得倍増計画（1960年）（☞ p. 156）<br>東京オリンピック開催（1964年） |
| 佐藤栄作 | 1964～72年 | 日韓基本条約に調印（1965年）…韓国と国交を結ぶ（☞ p. 118）<br>ヴェトナム戦争（1965～73年）（☞ p. 113）<br>沖縄返還協定に調印（1971年）→沖縄の本土復帰（1972年）<br>（☞ p. 118） |
| 田中角栄 | 1972～74年 | 「日本列島改造論」…内需拡大政策（☞ p. 159）<br>日中共同声明に調印（1972年）…中国と国交正常化（☞ p. 118）<br>第1次石油危機（1973年）→高度経済成長が終わる（☞ p. 156） |
| 福田赳夫 | 1976～78年 | 日中平和友好条約に調印（1978年）（☞ p. 118） |

| | | |
|---|---|---|
| 中曽根康弘 | 1982 〜 87年 | 「戦後政治の総決算」を唱える…日米関係緊密化<br>新保守主義…行政・財政改革をすすめる（☞ p. 160・185）<br>男女雇用機会均等法の制定（1985年）（☞ p. 167） |
| 竹下登 | 1987 〜 89年 | 消費税の導入（1989年）（☞ p. 148） |
| 宮沢喜一 | 1991 〜 93年 | 湾岸戦争（1991年）→ＰＫＯ協力法の成立（1992年）（☞ p. 224）<br>バブル景気の崩壊→平成不況（1991年〜）（☞ p. 161）<br>55年体制の崩壊（1993年） |
| 細川護熙 | 1993 〜 94年 | 非自民党の8党派による連立政権 |
| 小泉純一郎 | 2001 〜 06年 | アメリカ同時多発テロ（2001年）（☞ p. 116）<br>イラク戦争（2003年）（☞ p. 116）→自衛隊のイラク派遣 |
| 鳩山由紀夫 | 2009 〜 10年 | 民主党が第1党になる…政権交代 |
| 安倍晋三 | 2012 〜 | 自由民主党が第1党になる…再び政権交代 |

# 6 現代政治の諸問題

## ❶ 行政機能の拡大と民主化

### 行政機能の拡大

　現代の国家は、夜警国家（小さな政府・立法国家）から福祉国家への移行によって、行政の仕事は多くなったうえ、複雑化・専門化し、行政の役割が大きくなった（大きな政府・行政国家）（☞ p. 185）。このような行政機能の拡大によって、立法の面では、国会が法律を制定し、具体的な内容は行政が定める政令などに任せる委任立法が増えている。法案の提出についても、国の行政機関である中央省庁の官僚（上級の国家公務員）がつくった法案を内閣を通して国会に提出する内閣提出法案（行政立法）が増加している（☞ p. 199）。

　また、実際の業務を行う中央省庁は、さまざまな許可・認可の権限（許認可権）を持っており、国民生活や経済活動に大きな影響力を持っている。

### 行政機能の拡大の問題点

　行政機能の拡大によって、中央省庁の官僚が行政を実質的に動かし、政治への発言権を強めることになった。このように官僚中心に行われる政治を官僚政治という（☞ p. 243）。官僚政治の行きすぎは、国会の立法機能の低下などを招き、議会制民主主義が形だけのものになる危険性がある。また、政治家・官僚・財界（企業）が互いに強く結び付き、権力の行きすぎ、政治とカネをめぐる問題など政治腐敗がおこっている。

　このような行政機能の拡大による権力の行きすぎ、政治の腐敗を防ぐため、行政の民主化の取り組みが重要である。

　国会による国政調査権（☞ p. 200）を積極的に使うことや、政治的中立をめざしておかれた行政委員会の権限の強化が求められる。

　また、国民も情報公開制度を使い、行政をチェックすることが必要である。

> **『オンブズマン（行政監察官）制度』**
> スウェーデンで始まった制度。監視員であるオンブズマンが行政を監視・調査し、不正を正すように要求する制度。日本では地方レベルで導入がすすんでいるが、国レベルではまだ制度化されていない。

## 行政改革

　拡大した行政の業務を減らして、官僚政治から政治家中心の政治をめざすため、行政のスリム化や効率化などの行政改革がすすめられた。

　2001年、中央省庁を1府22省庁から1府12省庁にし、スリム化した。そして、内閣総理大臣が強い権限で政策の調整を行えるように、内閣府がおかれた。

　しかし、日本の財政は危機的な状況にあり（☞ p.150）、今後も行政改革をすすめていく必要がある。

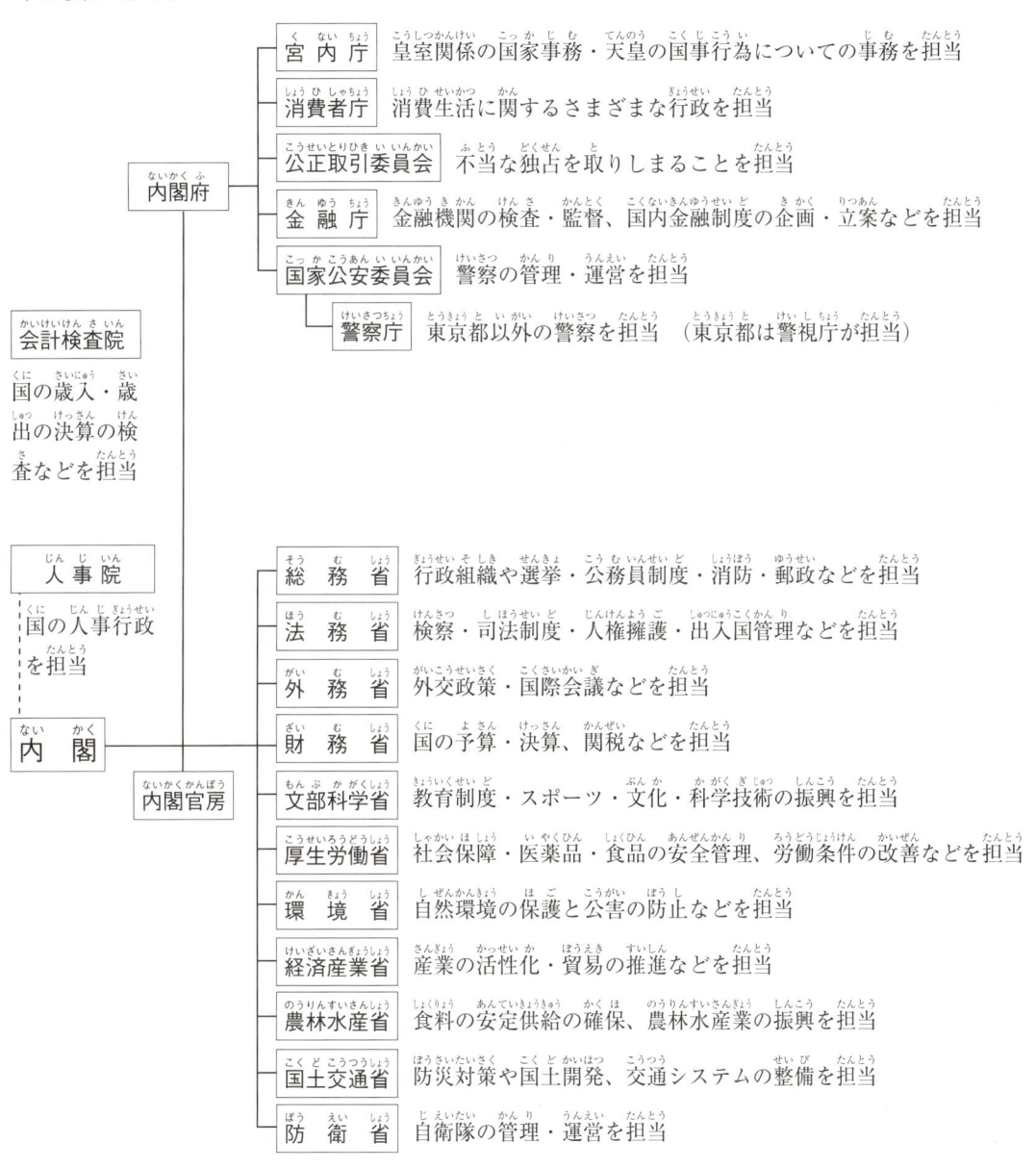

| 内閣府 | 宮内庁 | 皇室関係の国家事務・天皇の国事行為についての事務を担当 |
|---|---|---|
| | 消費者庁 | 消費生活に関するさまざまな行政を担当 |
| | 公正取引委員会 | 不当な独占を取りしまることを担当 |
| | 金融庁 | 金融機関の検査・監督、国内金融制度の企画・立案などを担当 |
| | 国家公安委員会 | 警察の管理・運営を担当 |
| | 警察庁 | 東京都以外の警察を担当　（東京都は警視庁が担当） |

会計検査院
国の歳入・歳出の決算の検査などを担当

人事院
国の人事行政を担当

| 内閣 | 総務省 | 行政組織や選挙・公務員制度・消防・郵政などを担当 |
|---|---|---|
| 内閣官房 | 法務省 | 検察・司法制度・人権擁護・出入国管理などを担当 |
| | 外務省 | 外交政策・国際会議などを担当 |
| | 財務省 | 国の予算・決算、関税などを担当 |
| | 文部科学省 | 教育制度・スポーツ・文化・科学技術の振興を担当 |
| | 厚生労働省 | 社会保障・医薬品・食品の安全管理、労働条件の改善などを担当 |
| | 環境省 | 自然環境の保護と公害の防止などを担当 |
| | 経済産業省 | 産業の活性化・貿易の推進などを担当 |
| | 農林水産省 | 食料の安定供給の確保、農林水産業の振興を担当 |
| | 国土交通省 | 防災対策や国土開発、交通システムの整備を担当 |
| | 防衛省 | 自衛隊の管理・運営を担当 |

▲日本の主な行政機関

# ❷ 選挙と政治参加

## 選挙の原則

　民主的な選挙を行うためには次の５つの原則がある。①性別や財産（納税額）などによる制限がなく、一定の年齢に達したすべての人が選挙権をもつ普通選挙、②１人１票で、１票の価値が平等である平等選挙、③国民が直接投票する直接選挙、④だれに投票したかを他人に知られない秘密選挙、⑤どの候補者に投票してもよい自由選挙、である。

## 日本の選挙制度の歴史

　日本の選挙制度は、1889年に大日本帝国憲法と同時に制定された衆議院議員選挙法に始まる。そして、翌年の1890年に初めての選挙が行われた。しかし、このときは、税金を15円以上納める25歳以上の男性のみに選挙権が与えられるという制限選挙であった。
　その後、少しずつ制度が改正され、1925年には納税額に関係なく、25歳以上の男性に選挙権が与えられる男子普通選挙が実現した。しかし、女性に選挙権はなく、第二次世界大戦後の1945年に、20歳以上の男女に選挙権が与えられて、初めて女性の参政権が確立した。2015年には公職選挙法が改正されて、選挙権年齢が18歳以上に引き下げられた。

| 1889年 | 25歳以上の男性 | 15円以上納税 | 制限選挙 |
| --- | --- | --- | --- |
| 1925年 | 25歳以上の男性 | 制限なし | 男子普通選挙 |
| 1945年 | 20歳以上の男女 | 制限なし | 普通選挙 |
| 2015年 | 18歳以上の男女 | 制限なし | 普通選挙 |

『世界で初めて普通選挙が認められた国』
　世界で最初に男性の普通選挙権が認められた国はフランス（1848年）である。また、世界で最初に国政レベルで女性の普通選挙権が認められた国はニュージーランド（1893年）である。

『世界各国の選挙権年齢』
　選挙権年齢は世界の８割以上の国で「18歳以上」と定められているが、韓国では「19歳以上」、マレーシア・シンガポールなどは「21歳以上」、アラブ首長国連邦では「25歳以上」となっている。その一方で、選挙権年齢を引き下げる動きもあり、オーストラリアは2007年に、アルゼンチンでも2012年に18歳から16歳に引き下げられた。

## 選挙制度

主な選挙制度には、小選挙区制・大選挙区制・比例代表制の３つがある。

| 選挙制度 | 内容 | 特徴　　　　　　　［⊕は長所<br>　　　　　　　⊖は短所 |
|---|---|---|
| 小選挙区制 | 1つの選挙区から1人を選ぶ。 | ⊕選挙費用が少なくてすむ。<br>⊕大政党の候補者が当選しやすく、政局が安定しやすい。<br>⊖支持者が少ない小政党の候補者は当選しにくい。<br>⊖死票（落選者に投票された票）が多くなり、国民の意見を反映しにくい。<br>⊖特定の政党に有利になるように選挙区を決めるゲリマンダーの危険がある。 |
| 大選挙区制 | 1つの選挙区から2人以上選ぶ。 | ⊕支持者が少ない小政党の候補者でも当選しやすい。<br>⊕死票が少なくなり、国民の意見を反映しやすい。<br>⊖選挙費用がかかる。<br>⊖小党分立となって政局が安定しない。 |
| 比例代表制 | 政党の得票数に比例して議席（議員の資格）を配分する。<br>⇒ドント方式 | ⊕支持者が少ない小政党の候補者でも当選しやすい。<br>⊕死票が少なくなり、国民の意見を反映しやすい。<br>⊖政党を選ぶため候補者と国民との関係が弱くなる。<br>⊖小党分立となって政局が安定しない。 |

Ⅳ　現代の政治

『ドント方式』比例代表制の議席配分に使われる計算方式（定数〈当選する人数〉が６人の場合）

| 政党名 | Ａ党 | Ｂ党 | Ｃ党 |
|---|---|---|---|
| 得票数 | 1000票 | 700票 | 300票 |
| ÷1 | 1000　1位 | 700　2位 | 300　6位 |
| ÷2 | 500　3位 | 350　4位 | 150 |
| ÷3 | 333.3　5位 | 233.3 | 100 |
| ÷4 | 250 | 175 | 75 |
| 当選人数 | 3人 | 2人 | 1人 |

①各政党の得票数を1、2、3…と順に整数で割る。
②割った答えの大きい順に定数（6人）を配分する。
③各党の当選人数が決まる。
④各政党の名簿の上位から当選者が決まる。

衆議院では小選挙区比例代表並立制、参議院では選挙区制と比例代表制を採用している（☞ p. 199）。

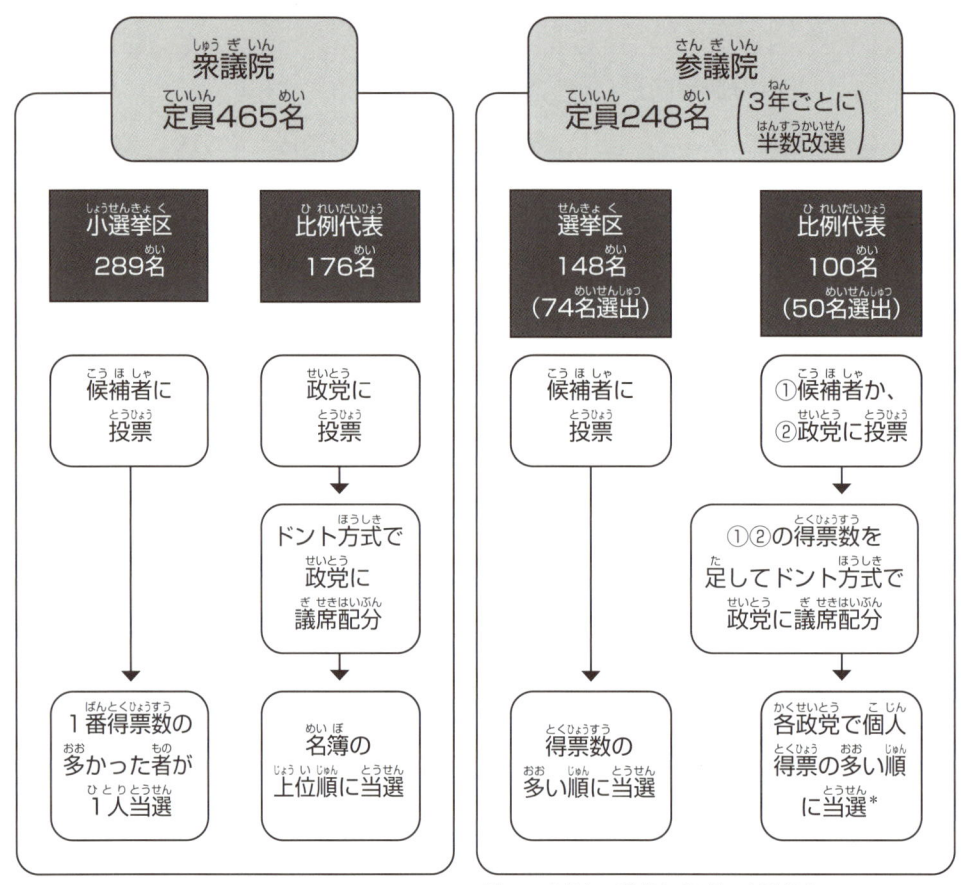

＊2019年より各党が候補者名簿の当選順位をあらかじめ決めておく「特定枠」が導入された。

## 公職選挙法

　日本の選挙制度については、1950年に制定された公職選挙法に定められている。そこでは、立候補の届け出前に選挙運動をする事前運動の禁止、1軒ずつ家を訪ねる戸別訪問の禁止、投票を得るための署名運動の禁止、選挙運動の責任者が選挙違反で有罪になると候補者の当選が無効になる連座制などが定められている。1994年の公職選挙法改正で連座制が強化され、5年間の立候補禁止が加わった。

　また、その後の改正で、選挙日前に投票できる期日前投票制度や、外国在住の日本人の投票を認める在外投票制度が導入されたほか、地方選挙に限り電子投票が可能となった。また、インターネットを使って選挙運動ができるようになった。

## 選挙制度の問題点

　民主主義のもとでは一票の価値は平等であるべきである。しかし、議員一人あたりの有権者数（投票権をもつ人の数）が多い都市部の選挙区では、一票の価値は低くなり、議員一人あたりの有権者数の少ない地方の選挙区では、一票の価値は高くなっている。これを一票の格差という。

| 選挙区 | A区 | B区 |
|---|---|---|
| 議員定数 | 6人 | 2人 |
| 有権者数 | 600万人 | 40万人 |
| 議員1人有権者数 | 100万人 | 20万人 |

5倍の差

　そのため、一票の格差があるまま行われた選挙の無効を訴える裁判がくり返し行われてきた。

　これまで最高裁判所は、衆議院・参議院議員選挙に対して、しばしば違憲もしくは違憲状態とする判決を出してきた。政府はその対応として、議員定数の見直しや区割りを変更して「一票の格差」の是正に取り組んできた。2014年には衆議院の小選挙区について有権者数の少ない5つの県で選挙区を減らし、議席を増やさない「0増5減」を行い、議員定数を480から475にした。さらに2016年には公職選挙法が改正され、小選挙区を「0増6減」、比例代表を「0増4減」とし、議員定数を10減らして465とすることになった。また、2020年以降には、人口比に応じて定数配分を見直すアダムズ方式が導入される見通しとなっている。

　そのほかの問題として、若い世代を中心に選挙の投票率が低下し、政治への不信感と関心の低下が広がっている。

## ❸ 世論とマス・メディア

　世論とは、公共の問題についての国民全体の意見のことであり、国の政策の決定に大きな影響力を持っている。現在、世論形成に大きな役割を果たしているのが、新聞・テレビ・雑誌などのマス・メディアであり、立法・行政・司法の三権に続く第4の権力とよばれている。

　その反面、マス・メディアは売り上げや視聴率を伸ばすために、コマーシャリズム（商業主義）やセンセーショナリズム（煽情主義）に向かいやすく、政府・権力が間に入って情報操作や世論操作が行われる危険性もある。そのため、マス・メディアには、公正・中立な報道が求められる。また、国民が積極的にメディアに反論・接近できるアクセス権（☞ p. 196）の拡充、受け手の情報選択能力（メディア・リテラシー）の向上などが要求される。

# V

## 現代の
## 国際社会

# 1 国際連合と国際機構

## ❶ 国際社会の成立と国際法

### 国際社会の成立

国際社会とは、主権国家（他国の支配・干渉を受けない独立した国家）から構成される社会のことである。ドイツを中心としておこった三十年戦争（1618〜48年）の講和条約であるウェストファリア条約（1648年）によって、ヨーロッパにおける主権国家体制が確立した。

### 国際法

国際社会が成立すると、国家間にルールが必要になった。それは国際法とよばれ、オランダの政治学者グロティウス（1583〜1645年）が『戦争と平和の法』の中で、その必要性を主張した。このためグロティウスは、国際法の父とよばれている。

19世紀の産業革命（☞ p. 80）による国際貿易の発展を背景に、多数の国際条約が結ばれ、国際法は次第に整備されていった。

## ❷ 国際連盟

### 安全保障

19世紀の帝国主義の時代には、戦争は違法ではなく、国家として当然の権利であるとされていた。そのため、自国の安全を守るためには、他国と軍事同盟を結んで、敵国と軍事力の均衡（バランス）を保つ方法がとられた。これを勢力均衡（バランス・オブ・パワー）方式という。

勢力均衡方式は、第一次世界大戦前の三国協商（イギリス・フランス・ロシア）と三国同盟（ドイツ・オーストリア・イタリア）に代表される（☞ p. 99）。しかし、勢力の均衡が崩れたことが第一次世界大戦の要因になったため、第一次世界大戦後、新たに集団安全保障方式が採用された。これは、世界中のすべての国を一つの国際組織に加盟させ、違法な戦争をした国に対しては、集団で経済制裁を加えることで戦争を防ぐという方法である。その後、第二次世界大戦の終わり頃に採択された国際連合憲章では、個別的・集団的自衛権は国家の固有の権利として認められている（☞ p. 197）。

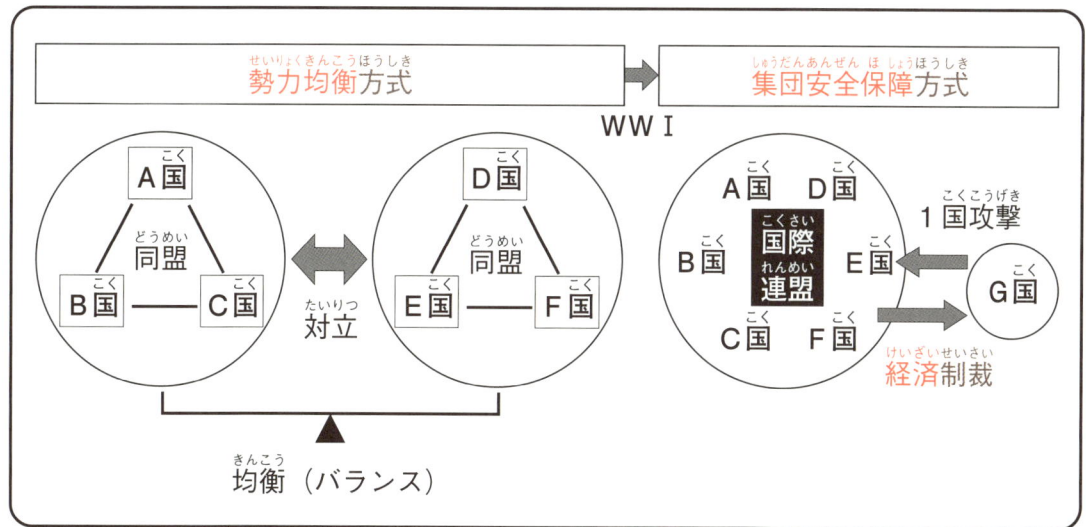

勢力均衡方式 → 集団安全保障方式

WWⅠ

A国 同盟 B国 C国 対立 D国 同盟 E国 F国

均衡（バランス）

A国 D国 B国 国際連盟 E国 C国 F国 1国攻撃 G国 経済制裁

## 国際連盟

　第一次世界大戦の反省から、集団安全保障の考えをもとにつくられたのが国際連盟（1920年）である。アメリカ大統領ウィルソンは、第一次世界大戦終わり頃の1918年に平和原則14ヵ条を発表し、その中で、国際平和機構の設立を提案した。

　その後、第一次世界大戦の講和条約であるヴェルサイユ条約（1919年）によって設立が決まり、1920年に国際連盟が設立された（☞ p. 102）。当初の加盟国は42ヵ国で、本部はスイスのジュネーブにおかれた。しかし、国際連盟にはいくつかの大きな欠点があり、力が弱かったために、第二次世界大戦を防ぐことができなかった。

### 国際連盟の欠点
①総会・理事会でのすべての加盟国による全会一致制。
　…一国でも反対があれば何も決められない。
②違法な戦争をした国に対する制裁は経済制裁のみで、軍事制裁はできない。
③アメリカが不参加
　…設立当初、ソ連・ドイツは未加盟。その後、日本・ドイツ・イタリアが脱退。

# ❸ 国際連合と国際機構

## 設立の過程と目的

　第二次世界大戦中の1941年、アメリカのF．ローズヴェルト大統領とイギリスのチャーチル首相が大西洋憲章を発表し、国際連盟の反省から新しい平和機構の設立を提案した。

▲国際連合旗

その後、1945年6月のサンフランシスコ会議で国際連合憲章が採択され、国際連合（国連）が設立された。当初の加盟国は51ヵ国で、本部はニューヨークにおかれた（2017年3月現在の加盟国は193ヵ国。最も新しい加盟国は南スーダン）。

国際連合の目的は、①国際社会の平和と安全の維持、②各国の友好関係の促進、③経済的・社会的・文化的・人道的な国際協力の達成、④国連が国際活動の中心となること（国連中心主義）である。

## 国際連合の組織

国際連合の主な組織としては、①総会、②安全保障理事会（安保理）、③経済社会理事会、④信託統治理事会、⑤国際司法裁判所、⑥事務局の6つがある。

| 総　　会 | ▶ 構成…すべての加盟国で構成される最高機関<br>▶ 任務と権限…国際平和と安全に関する問題の話し合いなど<br>▶ 表決…一国一票の投票権をもち、多数決を採用。<br>　　　　重要事項は3分の2以上、一般事項は過半数の賛成が必要 |
|---|---|
| 安全保障理事会<br>（安保理） | ▶ 構成…5つの常任理事国と10の非常任理事国の15ヵ国<br><br>表（下記）<br><br>▶ 任務と権限…戦争を防止し、国際平和を維持する。<br>　　➡ 違反国に対する軍事制裁ができる。<br>▶ 表決…各理事国は一票の投票権をもつ。<br>　　　　重要事項は常任理事国すべての賛成が必要（大国一致の原則）。<br>　　　　常任理事国は拒否権をもつ。 |
| 国際司法裁判所<br>（ICJ）<br>Point | ▶ 国家間の紛争を裁く常設裁判所。裁判を開くには、紛争当事国（紛争を行っている国）両方の合意が必要➡法的拘束力あり。<br>▶ 判事は総会と安保理の投票で選ばれた15名で構成される。 |
| 事務局 | ▶ 構成…事務総長と専門・一般職の職員<br>▶ 任務と権限…国際連合運営に関するすべての事務を担当 |

| 常任理事国（5大国） | 非常任理事国（10ヵ国） |
|---|---|
| アメリカ・イギリス・フランス・ロシア・中国 | アジア2、アフリカ3、<br>中南米2、ヨーロッパなど3<br>…任期2年、毎年5ヵ国改選 |

『国際刑事裁判所（ICC）』
戦争犯罪などの重大犯罪を行った個人を裁く場合には常設裁判所として国際刑事裁判所（ICC）がある。2002年にオランダのハーグに設立された。

## 主な国際連合の機関

国際連合には、総会によって設立された常設機関、国連と連携している専門機関、国連と密接な関係にある関連機関などがある。

| | |
|---|---|
| **国連児童基金**<br>（UNICEF） | 発展途上国の子供の生活・保健衛生・教育の向上をはかる。 |
| **国連開発計画**<br>（UNDP） | 世界の開発とそれに対する援助を行う。<br>…1994年の報告書で「人間の安全保障」が初めて 公に取り上げられ、個々の人間を恐怖と欠乏の脅威から守ることが示された。 |
| **国連難民高等弁務官事務所**<br>（UNHCR） | 難民の国際的保護や第三国への定住などを手助けする。<br>（☞ p. 235） |
| **国連貿易開発会議**<br>（UNCTAD） | 発展途上国の経済開発と、南北間の経済格差をなくすことをめざす。（☞ p. 231） |
| **国際労働機関**<br>（ILO） | 労働者の労働条件と生活条件の改善をはかる。<br>…ヴェルサイユ条約(1919年)（☞ p. 102）によって設立 |
| **国連食糧農業機関**<br>（FAO） | 国民の栄養水準・生活水準の向上をめざす。 |
| **国連教育科学文化機関**<br>（UNESCO） | 教育・科学・文化の研究と普及を行う。<br>…世界遺産の登録と保護 |
| **世界保健機関**<br>（WHO） | 伝染病をなくすための活動、災害への援助や人口問題などに取り組む。 |
| **国際復興開発銀行**<br>（IBRD） | 発展途上国の工業・農業開発などへの融資を行う。<br>世界銀行ともいう。（☞ p. 156・174） |
| **国際通貨基金**<br>（IMF） | 通貨に関する国際協力と国際貿易の拡大・均衡をはかる。<br>（☞ p. 156・174） |
| **国際原子力機関**<br>（IAEA） | 原子力の平和利用をすすめ、軍事目的への使用を防ぐことを目的とする。 |
| **世界貿易機関**<br>（WTO） | 世界貿易の自由化をめざす。<br>…GATTから発展（☞ p. 176） |

## 国際連合の問題点

国際連合には、次のような問題がある。

①財政問題…国連の運営資金である分担金を払っていない加盟国がある。一方で、PKO（☞ p.223）の出費が増大している。

②安全保障理事会改革…常任理事国を増やそうとする動きに対し、反対の声がある。

③旧敵国条項を国連憲章から削除する問題…国連憲章では、第二次世界大戦で連合国の敵であった日本・ドイツなどがいまだに敵国とされている。1995年の総会で削除が決議されるが、いまだに削除されていない。

④多数決主義…分担金を多く出している国が一国一票制を批判している。

⑤機構の巨大化と活動の増大…効率的な組織運営が難しくなっている。

### 『国連分担金』

国連分担金の分担率は、支払い能力および国民所得・人口によって決まる。2019年度の分担金拠出上位３ヵ国はアメリカ（22%）、中国（12%）、日本（8.5%）。

### 『国際連盟と国際連合の比較』

|  | 国 際 連 盟 | 国 際 連 合 |
|---|---|---|
| 成 立 | 1920年、ヴェルサイユ条約 | 1945年、サンフランシスコ会議 |
| 本 部 | ジュネーブ | ニューヨーク |
| 加盟国 | 当初の加盟国42ヵ国<br>▶アメリカ不参加、<br>日本・ドイツ・イタリア脱退 | 当初の加盟国51ヵ国（現在193ヵ国）<br>▶安保理の常任理事国中心 |
| 表 決 | 総会・理事会…全会一致制 | 総会…多数決制<br>安保理…常任理事国に拒否権 |
| 制 裁 | 経済制裁 | 経済制裁＋軍事制裁 |

Point 国際連盟では、日本はイギリス・フランス・イタリアとともに常任理事国となった。

# 2 国際平和と国際協力

## ❶国連平和維持活動

### 国連軍

　国連憲章では、武力紛争がおこったときは、国連軍（UNF）の派遣などの軍事制裁ができるとしている。しかし、5大国（☞p.220）の意見対立のため、正式な国連軍は今まで一度も派遣されていない。

### 国連平和維持活動（PKO）

　国連軍にかわるものとして、平和維持活動（PKO）が行われている。PKOは、安全保障理事会（安保理）（☞p.220）の決議（または総会の決議）によって運用が決まる。その後、加盟国が自主的に提供した人員を国連が派遣することになっている。

　PKOは、次のような原則のもとで行われる。

```
PKOの4原則
①停戦（戦争や紛争の一時的な停止）の合意がある。
②受け入れ国（紛争当事国）の同意や要請がある。
③中立性を保つ。
④武器の使用は自衛（自分自身を守る）の場合のみ。
```

　PKOの主な活動として、停戦合意後、自衛のための武器をもち、紛争地域の治安回復にあたる国連平和維持軍（PKF）、停戦合意が守られているかを監視する停戦監視団、選挙が正しく行われているかを監視する選挙監視団などがある。

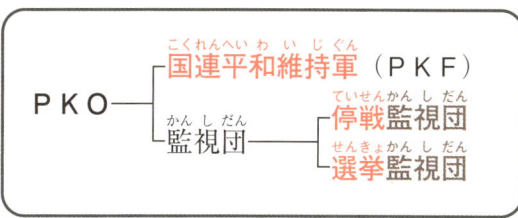

　近年、国連自身の活動とは別に、湾岸戦争（☞p.116）のように、安保理の決議によって支持を受けた多国籍軍の派遣も増えている。

V 現代の国際社会

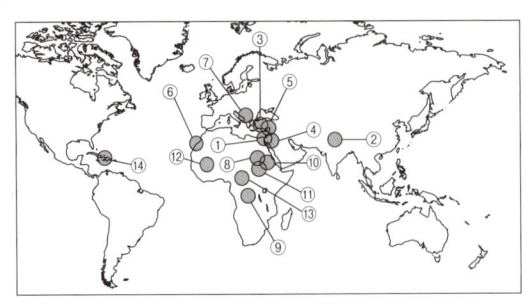

①パレスチナ　②インド・パキスタン
③キプロス　④ゴラン高原　⑤レバノン
⑥西サハラ　⑦コソボ
⑧ダルフール（スーダン西部）
⑨コンゴ民主共和国　⑩アビエ（スーダン南部）
⑪南スーダン　⑫マリ
⑬中央アフリカ　⑭ハイチ

（『世界国勢図会2018/19』より）

▲PKOが行われている地域（2018年6月現在）

『国連ソマリアPKO－平和強制の失敗』
　東アフリカのソマリアでは1991年からの内戦により、大量殺人が行われ、多くの避難民が生まれていた。そこで、1993年に安保理はアメリカ軍を中心とする多国籍軍をソマリアに派遣し、平和強制を行う初めてのPKOを行った。しかし、このPKOは受け入れ国の同意なしに派遣され、多国籍軍にも多くの犠牲者を出し、1995年にソマリアから完全撤退した。こうして、平和強制は失敗した。

# ❷ 日本の国際貢献 Point

## 日本のPKO活動

　日本は1991年の湾岸戦争（☞ p. 116）で、初めて海上自衛隊をペルシャ湾へ派遣した。これに対し、日本国内では自衛隊の海外派遣は憲法違反との批判がおこった。そのため日本政府は、1992年にPKO協力法を制定し、国連の要請があれば自衛隊を海外で活動させることが可能となった。そして、同年には自衛隊をカンボジアへ派遣し、物資の輸送など後方支援を行ったが、平和維持軍（PKF）への参加は見送られた。

　しかし、2001年のPKO協力法の改正によって、PKFへの参加も可能となった。

　日本のPKO参加は、PKO4原則に⑤独自判断による撤退を加えた「5原則」のもとで行われている。また、2015年にPKO協力法が改正され、駆け付け警護（離れた場所にいる国連や民間NGOの職員・他国軍の兵士らが武装集団などに襲われた場合に助けに向かう任務）や任務遂行のための武器使用ができるようになった。

| 期間 | 派遣国・地域 |
|---|---|
| 1992.9 ～ 1993.9 | カンボジア |
| 1993.5 ～ 1995.1 | モザンビーク |
| 1996.2 ～ 2013.1 | ゴラン高原 |
| 2002.2 ～ 2004.6 | 東ティモール |
| 2007.3 ～ 2011.9 | ネパール |
| 2010.2 ～ 2013.3 | ハイチ |
| 2011.11 ～ 2017.5 | 南スーダン |

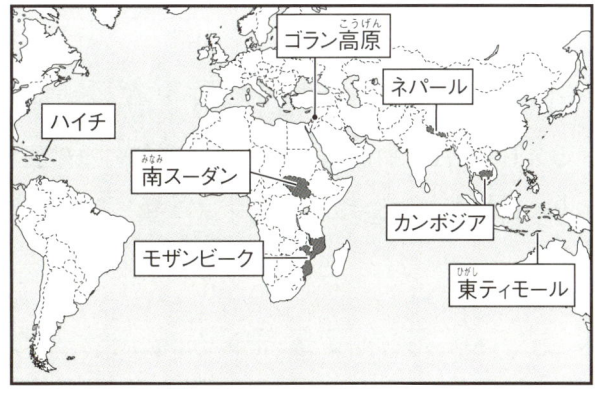

▲自衛隊の主なPKO活動

## 政府開発援助（ODA）とは

政府開発援助（ODA）とは、発展途上国の経済開発や福祉の向上を目的として、加盟先進国が発展途上国などに与える資金や技術協力などの経済援助のことである。

開発援助委員会（DAC）（☞ p.231）では、加盟先進国が国民総所得（GNI）（☞ p.136）の0.7％以上をODAとして提供することを目標にしている。

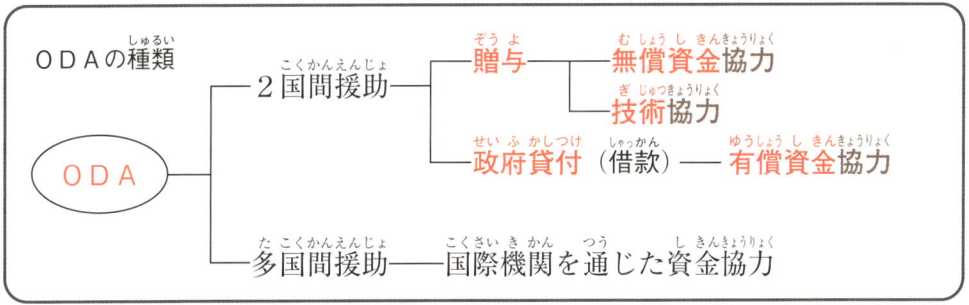

## 日本のODAの特徴

1992年、日本政府はODAに関して、環境と開発を両立させる、軍事目的への使用を避けるなどのODA4原則を示した。2003年には、ODAの基本方針に「国益重視」が加えられ、国の利益や発展につながるODAを増やしていくようになった。

日本のODA総額は、1991年から2000年まで10年連続して世界一だったが、日本経済の悪化により予算が減らされ、現在では世界第4位に低下した。

政府は2015年にODA大綱を改定し、これまで禁じてきた他国の軍隊への物資・技術支援を非軍事分野に限って認めた。そして、ODAの目的として、「国際社会の平和と発展に貢献する」に加えて、「国益の確保に貢献する」という文言を初めて盛りこみ、日本の安全保障や経済的な利益につながる支援を重視する姿勢を明らかにした。

日本のＯＤＡの特徴
①総額は多いが、ＧＮＩに対する割合が大変少ない（2017年は0.23％）。
②他のＤＡＣ加盟国に比べて政府貸付（借款）が多く、贈与が少ない。
③人道援助や社会インフラ（医療・教育施設など）の割合が低く、経済インフラ（空港・港湾・ダムなど）の割合が高い。
④援助対象国がアジアに集中している（2017年はインドへのＯＤＡ額が最大）。

（億ドル）

▲先進国のＯＤＡ総額の推移（支出純額ベース）

＊2017年は暫定値

| | 2016年 | 2017年 |
|---|---|---|
| ＤＡＣ加盟国計 | 144,965 | 146,600 |
| アメリカ | 34,412 | 35,261 |
| ドイツ | 24,736 | 24,681 |
| イギリス | 18,053 | 17,940 |
| 日本 | 10,417 | 11,475 |
| フランス | 9,622 | 11,363 |

（百万ドル）

▲DAC諸国におけるODA実績
の国民一人当たりの負担額

（日本国勢図会2018/19などより）

# ❸ 非政府組織

## 非政府組織（NGO）とは何か

非政府組織（ＮＧＯ）とは、利益追求を目的とせず、国境を越えて平和・人権・環境問題など地球全体の利益のために行動する組織のことで、その多くが国連などの国際組織と協力して国際平和に重要な役割を果たしている。

## 世界で活動する主なNGO

世界には多くのNGOがある。代表的な国際NGOには次のようなものがある。

| | |
|---|---|
| 国際赤十字 | 1863年にスイスで設立。戦場で負傷者の保護にあたる。 |
| アムネスティ・インターナショナル | 1961年に活動を始め、死刑廃止など国際的な人権保護にあたる世界最大のNGO |
| 国境なき医師団 | 1971年に結成。戦災地・災害被災地・難民キャンプなどで医療活動にあたる。 |
| グリーンピース | 1971年に設立。環境・平和運動にあたる。 |
| パグウォッシュ会議 | 科学者による核兵器廃絶運動の組織 (☞ p.228) |
| 世界自然保護基金（WWF） | 1961年にスイスで設立。野生動物の保護、環境破壊の防止などにあたる。 |

日本にも多くのNGOがあるが、小規模で予算も少なく、人手も不足している。また、ヨーロッパやアメリカのように政府がNGOを援助する体制ができていない。

---

『民間非営利組織（NPO）』
　福祉・教育・環境・町づくりなどの活動を行う、利益追求を目的としない民間団体のこと。
日本では、1998年に特定非営利活動促進法（NPO法）が成立した。

---

## ❹ 軍備縮小（軍縮）の歩み

### 核廃絶と軍縮運動

　第二次世界大戦の終わり頃、アメリカは原子爆弾（原爆）の開発に成功し、1945年8月に日本の広島と長崎に原爆を投下した。1949年にはソ連も原爆の開発に成功した。

　こうしたアメリカとソ連による核兵器の開発競争の中、1950年にスウェーデンで核兵器の使用禁止などを訴えるストックホルム・アピールが採択された。これをきっかけに、反核（核兵器の製造・実験・所有・使用などに反対すること）や平和運動がさかんになった。

しかし、1952年にアメリカが水素爆弾（水爆）の開発に成功すると、翌年にはソ連も水爆を開発し、競争はエスカレートしていった。こうした中、1954年にアメリカが行った水爆実験で、日本の漁船である第五福竜丸が被爆するという事件がおこった。これにより原水爆反対の世論が高まり、1955年に広島で第1回原水爆禁止世界大会が開かれた。同年、核と戦争の廃止を訴えるアインシュタイン・ラッセル宣言が出され、1957年からは核廃絶をめざす科学者の会議であるパグウォッシュ会議が開かれている。

## 国際的核管理交渉

　核保有国（核を持っている国）の間でも核の管理がめざされるようになり、1963年には部分的核実験停止条約（ＰＴＢＴ）、1968年には核拡散防止条約（ＮＰＴ）、1996年には包括的核実験禁止条約（ＣＴＢＴ）が結ばれた。

| | |
|---|---|
| 部分的核実験停止条約<br>（ＰＴＢＴ）1963年 | 地下を除く核実験を禁止する。<br>　…アメリカ・イギリス・ソ連は加盟。<br>　　フランス・中国は未加盟。 |
| 核拡散防止条約<br>（ＮＰＴ）1968年<br>（1970年発効） | アメリカ・イギリス・ソ連・フランス・中国以外の国の核保有を認めない。1995年に無期限延長が合意される。<br>　…フランス・中国は1992年に加盟。インドなどは未加盟 |
| 包括的核実験禁止条約<br>（ＣＴＢＴ）1996年 | 爆発をともなうすべての核実験を禁止する。<br>　…アメリカ・中国などが批准していないため未発効 |

　2017年7月に核兵器の使用・開発・実験・製造・保有・移転など幅広く禁止する核兵器禁止条約が国際連合で採択された。しかし、アメリカなどの核保有国やほとんどのNATO諸国が参加しないばかりか、唯一の被爆国である日本も参加していない。

## アメリカ・ソ連（ロシア）2国間の核管理交渉

　1970年代に入ると、アメリカとソ連との間で、戦略核兵器（都市や重要な施設などを攻撃する核兵器）に関する制限交渉が始まり、1972年に第1次戦略兵器制限条約（ＳＡＬＴⅠ）、1979年には第2次戦略兵器制限条約（ＳＡＬＴⅡ）が結ばれた。

| | |
|---|---|
| 第1次戦略兵器制限条約（SALTⅠ）1972年 | 長距離核ミサイルの保有量に制限を設ける。<br>…核弾頭（ミサイルの先にある核兵器）の数は制限なし |
| 第2次戦略兵器制限条約（SALTⅡ）1979年 | 中・短距離核ミサイル保有量に制限を設ける。<br>…ソ連のアフガニスタン侵攻にアメリカが反発し、失効 |

その後、1985年にソ連でゴルバチョフ政権が誕生し、1989年に冷戦が終わったことで、アメリカとソ連（ロシア）との間で軍縮がすすんだ。1987年に中距離核戦力（INF）全廃条約、1991年に第1次戦略兵器削減条約（STARTⅠ）、1993年に第2次戦略兵器削減条約（STARTⅡ）が結ばれた。

2010年にアメリカとロシアとの間で新戦略兵器削減条約（新START）が結ばれ、核弾頭数の配備に制限などが設けられた（2011年発効）。

| | |
|---|---|
| 中距離核戦力（INF）全廃条約 1987年 | 中距離核ミサイルをすべて廃止する。<br>…核弾頭は除く<br>➡アメリカが離脱を表明（2019年8月に失効） |
| 第1次戦略兵器削減条約（STARTⅠ）1991年 | 史上初の核弾頭の削減<br>…削減の中心は旧式のもの |
| 第2次戦略兵器削減条約（STARTⅡ）1993年 | 核弾頭の大幅な削減…未発効のまま無効となる。<br>➡新戦略兵器削減条約（新START）の発効（2011年） |

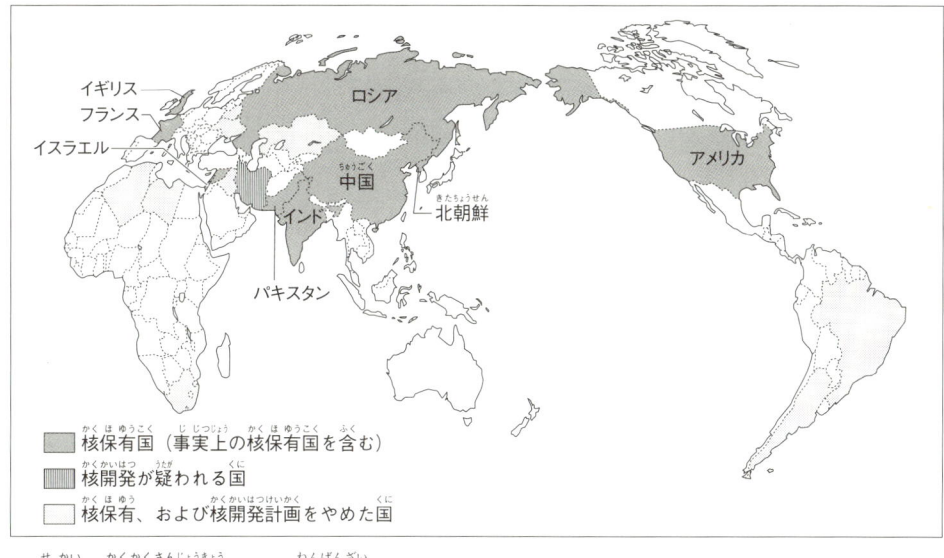

▲世界の核拡散状況（2019年現在）

凡例:
■ 核保有国（事実上の核保有国を含む）
▨ 核開発が疑われる国
□ 核保有、および核開発計画をやめた国

V 現代の国際社会

# 3 南北問題

## ❶ 南北問題

### 南北問題とは

　南北問題とは、主に南半球に多い発展途上国と北半球に多い先進国との経済格差からおこるさまざまな問題のことである。

### 経済格差の要因－モノカルチャー経済 ✦Point

　発展途上国の多くは植民地支配を経験しており、植民地時代にヨーロッパ本国から一次産品（農産物や鉱物資源など未加工で自然から採ったままのもの）の生産や輸出を強いられてきた（☞ p.92）。例えば、キューバの砂糖、ガーナのカカオ豆、ケニアの茶などである。国内の生産や輸出が一次産品に大きく依存している経済をモノカルチャー経済といい、発展途上国の多くはモノカルチャー経済から抜け出せないために、経済的自立が遅れた。

　国際貿易では、各国が得意な分野の製品を生産し、それを交換するという国際分業が行われている。先進国は、互いに工業製品を生産して交換している（水平的分業）。先進国と発展途上国の間では、高い工業製品と安い一次産品を交換している（垂直的分業）。このため、先進国と発展途上国との経済格差は広がる一方である。

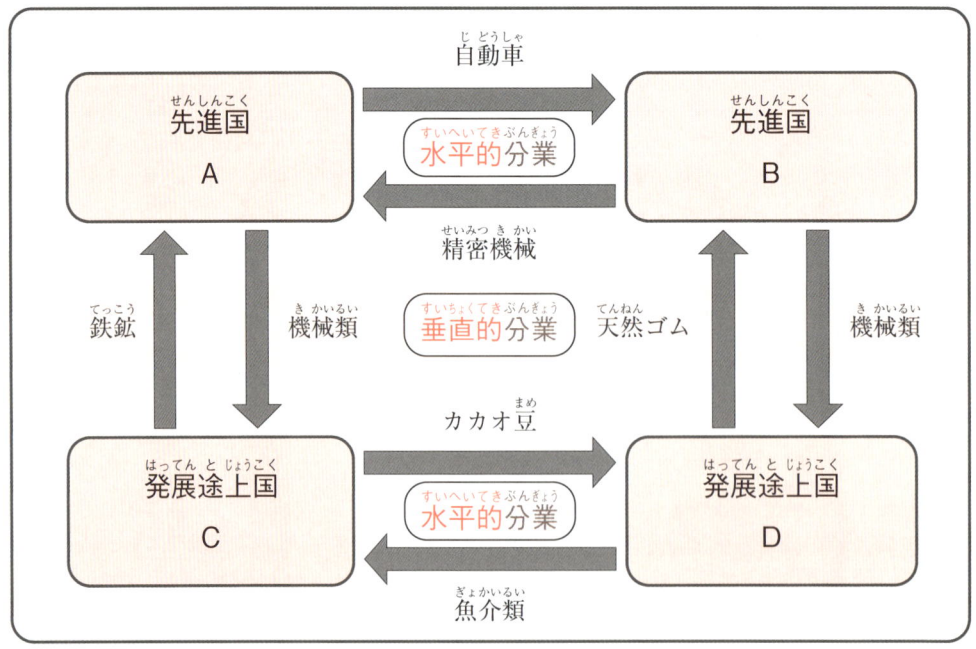

▲水平的分業と垂直的分業のモデル

　先進国は、1961年に経済協力開発機構（ＯＥＣＤ）の下部機構として、発展途上国への援助問題をあつかう開発援助委員会（ＤＡＣ）を設立した（☞ p.225）。

　また、発展途上国側の働きかけによって、国連は1964年に南北問題をあつかう常設機関として国連貿易開発会議（ＵＮＣＴＡＤ）を設立した（☞ p.221）。そこでは、次の3つを目標にしている。①一次産品の価格の安定化、②発展途上国に有利な関税を認めること（一般特恵関税の供与）、③ＯＤＡ（☞ p.225）など経済協力の推進である。

　1974年には、国連の特別総会で新国際経済秩序（ＮＩＥＯ）樹立に関する宣言が採択され、発展途上国は、天然資源に対する保有国の恒久主権（永久的主権）や、一次産品の値上げなどを要求して、先進国と対等な貿易秩序の確立を求めた。

---

『経済協力開発機構（ＯＥＣＤ）』
　先進国の経済協力の組織。加盟国の経済発展と貿易の拡大をめざすとともに、発展途上国の開発・援助を行う。「先進国クラブ」とも呼ばれる。

---

## ❷ 南南問題

　1970年代以降、発展途上国の間でも経済格差が生じ、対立がおこるようになった。これを南南問題という。

　豊富な資源を持つ中東の産油国や新興工業地域（ＮＩＥＳ）とよばれる工業化のすすんだ国では、人々の生活も比較的豊かである。しかし、特にサハラ砂漠以南のアフリカ（サヘル）に多い、経済発展が遅れて貧困から抜け出せない後発発展途上国（ＬＤＣ）では、人々の生活も非常に苦しい。

　このように発展途上国の抱えている問題はさまざまである。

# 4 民族問題

## ① 人種・民族問題

### 人種・民族とは

人種とは、肌の色・身長・頭の形・髪の毛・目の色など外見上の特徴で分類され、白色人種（コーカソイド）・黄色人種（モンゴロイド）・黒色人種（ネグロイド）の３つに大きく分けられる。民族とは、言語・社会的習慣・宗教など文化を共有する集団のことである。

これまで、世界各地で人種対立や民族対立がくり返しおこり、大きな問題となっている。特に民族対立は、宗教・言語紛争などが深刻化して、分離・独立運動にまで発展することがある。また、民族紛争は多くの難民（☞ p. 235）を生みだし、国際問題へと発展する場合もある。

### 人種差別問題　🖋Point

人種差別問題とは、異なった身体的特徴をもつ人間集団を差別する社会問題のことである。その典型的な例が黒人差別問題である。

▶アメリカ　複雑な人種・民族構成を持っており、人種のサラダボウルといわれている。その中でヨーロッパ系の白人が約80％を占め、17 〜 18世紀にアフリカから奴隷として連れてこられた人々の子孫であるアフリカ系アメリカ人（黒人）も10％以上にのぼり、特に南部の州に多く住んでいる。アメリカでは白人の黒人に対する差別が深刻な社会問題となってきた。

1863年、リンカーン大統領が奴隷解放宣言（☞ p.91）を出し黒人奴隷が解放されたが、その後も差別は続いた。1955年、南部・アラバマ州のバス・ボイコット事件をきっかけに、公民権運動（黒人差別への抗議運動）がおこった。その中心となったキング牧師は非暴力主義を主張し、1963年のワシントン大行進で運動は大いに盛り上がった。そして翌年、公民権法が制定され、法律上の差別はなくなった。その後、アファーマティブ・アクション政策（少数民族の職業・教育上の差別をなくす政策）がとられ、黒人の社会的地位は向上した。2009年には、オバマがアメリカ史上初めてのアフリカ系（黒人）の大統領となった（〜 2017年）。

▶南アフリカ　南アフリカでは、少数の白人が多数の黒人を差別する人種隔離政策（アパルトヘイト）がとられていた。しかし、国際的な圧力もあって、1991年に廃止された。そして、1994年、アフリカ民族会議（ＡＮＣ）の議長で反アパルトヘイト運動の代表的

指導者であるネルソン・マンデラが大統領に選ばれた。

▶オーストラリア　19世紀にイギリス系移民が多く移り住んだオーストラリアでは、白人以外の移民を制限し、白人だけの社会を守ろうとする白豪主義政策がとられていた（☞p.249）。しかし、1973年に廃止された。

　このように世界中に存在する人種差別に対し、1965年には国連総会で人種差別のない国際社会の建設をめざす人種差別撤廃条約（☞p.188）が採択された。

## 民族問題・民族紛争

　民族問題・民族紛争とは、民族・宗教・言語・資源・領土・経済格差などの問題によっておこる対立・紛争のことである。1989年に冷戦が終わったことで多発した。

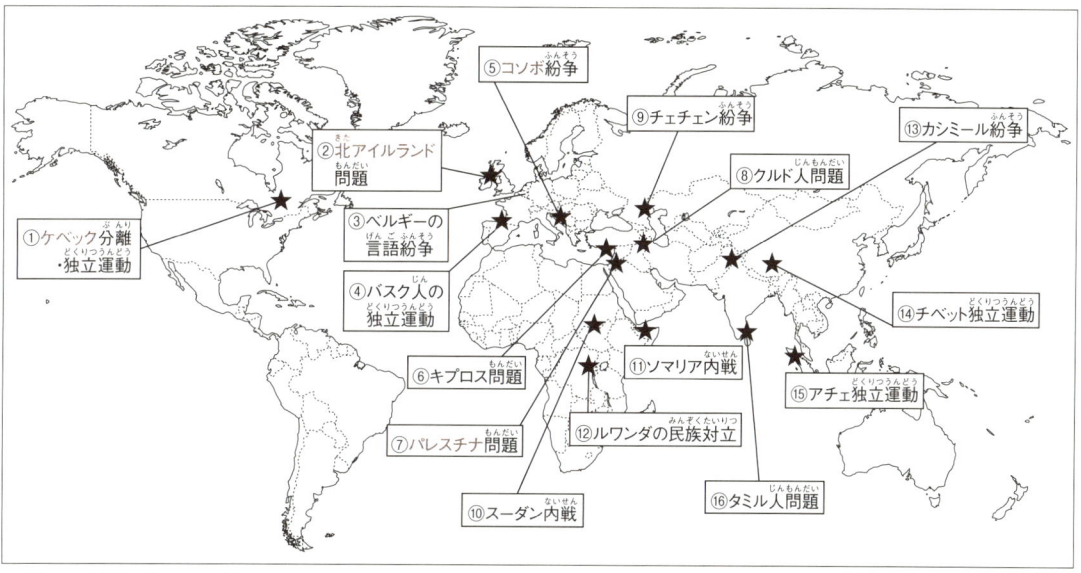

▲主な民族問題・民族紛争

| | | |
|---|---|---|
| ① | ケベック分離・独立運動（カナダ） | フランス系住民の多いカナダ・ケベック州の独立運動（☞p.249） |
| ② | 北アイルランド問題 | 多数派プロテスタント系住民とイギリスからの独立とアイルランドへの併合を求める少数派カトリック系住民の紛争 |
| ③ | ベルギーの言語紛争 | 北部オランダ語圏地域と南部フランス語圏地域の対立 |
| ④ | バスク人の独立運動 | スペイン北部に住むバスク人の独立運動 |
| ⑤ | コソボ紛争 | セルビア・コソボ自治州のアルバニア系住民の独立運動➡独立宣言（2008年） |

| | | |
|---|---|---|
| ⑥ | キプロス問題 | 南部のギリシア系住民と北部のトルコ系住民の対立。<br>南部のみがEUへ加盟 |
| ⑦ | パレスチナ問題 | パレスチナ人（アラブ人）とユダヤ人の紛争（☞ p. 114） |
| ⑧ | クルド人問題 | イラン・トルコ・イラクの国境地域に住むクルド人の<br>独立運動 |
| ⑨ | チェチェン紛争 | イスラム教徒が多いロシア・チェチェン共和国の独立運動 |
| ⑩ | スーダン内戦 | 北部のイスラム系アラブ人と独立を求める南部の非イ<br>スラム系黒人の紛争➡南スーダン独立（2011年） |
| ⑪ | ソマリア内戦 | 経済格差を背景としたソマリア人部族同士の紛争 |
| ⑫ | ルワンダの民族対立 | 少数派民族（ツチ族）と多数派民族（フツ族）の紛争 |
| ⑬ | カシミール紛争 | カシミール地方をめぐるインドとパキスタンの紛争 |
| ⑭ | チベット独立運動 | 中国・チベット自治区の独立運動 |
| ⑮ | アチェ独立運動 | インドネシアのスマトラ島北部アチェ州の独立運動 |
| ⑯ | タミル人問題 | スリランカのシンハラ人（仏教徒）とタミル人（ヒン<br>ドゥー教徒）の紛争 |

# ❷ エスニシティ

　現代の国家の内部には、文化・言語・慣習・宗教・出自・身体的な特徴などを共有し、かつアイデンティティ（「われわれ」という意識）を持った民族集団（エスニック・グループ）が多く存在している。この民族集団が持つ帰属意識や結集原理をエスニシティと呼ぶ。これは移民国家・多民族国家でもあるアメリカで1970年代に提起された概念である。エスニシティに基づく権利の主張は、国民の中に存在する違いを強調し、集団としての独自性や国民が複数性を持つことを認めさせようとすることである。

　エスニシティの問題は、先住民族の文化的な尊厳と権利の回復を求める運動とも深く関係している。近年、北アメリカのインディアン（☞ p. 90）やイヌイットは、ファーストネイション（ネイティブ・アメリカン）などと呼ばれるようになってきている。そのほか、オーストラリアのアボリジニや日本のアイヌなどの先住民問題を考える際にも、エスニシティは重要な意味を持っている。

『アイヌ民族』

　アイヌとは、アイヌ語で「人間」を意味する言葉である。かつてアイヌは、北海道を中心に本州北部などに住み、文字を持たない**アイヌ語**という共通の言語を用いていた。その後、北海道を中心にサハリン南部・千島列島などに住むようになり、今でも北海道には「〜ナイ（小さい川を意味する）」「〜ベツ（大きい川を意味する）」というアイヌ語の地名が多く残っている。
　しかし、明治時代になると、政府は北海道のアイヌを日本人に同化させる政策をとり、1899年に北海道旧土人保護法を制定してアイヌのもつ伝統的な生業や文化を否定し、差別を固定化した。第二次世界大戦後の1997年にアイヌ文化振興法が制定され、政府はようやくアイヌを先住民族として認めた（☞ p. 61・252）。

## ❸ 難民問題

　**難民**とは、人種・宗教・国籍や政治的立場の違いによって政府から迫害を受けたり、武力紛争などで他国に避難した人々のことである（貧困などの経済的事情による経済難民は含まれない）。地域別では、アフガニスタン、イラク、ミャンマーのロヒンギャ難民などのアジアやオセアニアが約40％で最も多い。
　近年では、国境を越えずに国内で避難生活を送っている**国内避難民**も増加しており、難民が30％に対し、国内避難民が55％近くになっている。

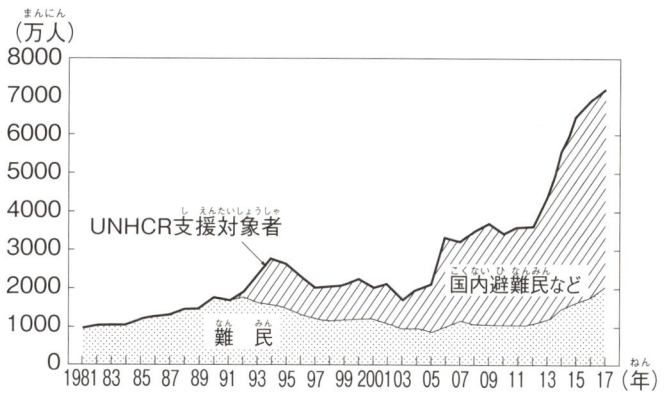

▲世界の難民数の推移　　（『世界国勢図会2018/19』より）

　これらの難民に対しては、**国連難民高等弁務官事務所**（ＵＮＨＣＲ）（☞ p. 221）などの国際機関やＮＧＯによる救援活動が行われている。また、1951年には国連総会で**難民の地位に関する条約**（☞ p. 188）が採択され、迫害する国へ難民を送り返すことを禁止するなど、難民の保護がはかられた。日本も1981年に批准したが、難民受け入れに消極的で、2018年に難民として認定されたのは、約１万人の申請に対して42人にすぎない。

# 5 地球環境問題

## ❶ さまざまな地球環境問題

### 地球環境問題とは

地球環境問題とは、地球温暖化・酸性雨などの環境被害が国境を越えて地球規模で広がっている問題のことである。

### 地球温暖化

地球温暖化の原因は、地球の周りに温室効果ガスが増えたことによる。温室効果ガスは、二酸化炭素（$CO_2$）やメタンガスなどからできており、地球から宇宙に熱を逃がす赤外線を吸収して地球の温度を高くする効果がある。中でも、石油・石炭などの化石燃料を燃やすことによって出される二酸化炭素（$CO_2$）は、排出量が多く、地球温暖化に大きな影響を与えている。

1880年代から現代までの約100年間で地表面の温度は約0.6℃上昇し、21世紀半ばには1.5～3.5℃の温度上昇が予想されている。その結果、南極の氷河が解け、海水面が上昇したり、ある地域に雨が激しく降るなどの異常気象、内陸地域の乾燥化などの影響が心配されている。2019年から2020年にかけて、オーストラリアでは大規模な森林火災が発生した。

> 『水没の危機にある国』
> ツバルなどの太平洋諸国やインド洋上のモルディブなどの島国では、地球温暖化などによる海面の上昇によって、国土が水没する危険がある。

対策として、1992年の地球サミット（☞ p. 238）では大気中の温室効果ガス濃度の安定化をめざす気候変動枠組み条約（地球温暖化防止条約）が採択された。そして、1997年に地球温暖化防止京都会議（COP3）が開かれ、先進国は温室効果ガスの排出量を減らすことを目標とする京都議定書が採択された。しかし、アメリカは発展途上国にも温室効果ガスの排出量を減らすことを求めて、議定書から脱退し、さらに、中国・インドなどが参加していないなど、発展途上国を含む新たなルールが必要となった。

2015年、気候変動枠組条約第21回締約国会議（COP21）で、京都議定書に代わってパリ協定が、すべての加盟国の合意によって採択された。2016年には171の国と地域が

パリ協定に署名し、その後、アメリカ、中国、日本などが批准したことで協定が発効された。法的な拘束力があり、21世紀末には温室効果ガス排出量の実質ゼロをめざしている。しかし、アメリカのトランプ大統領が協定からの脱退を表明したことで、今後どうなるか心配される。

> パリ協定
> 　2020年以降の地球温暖化対策の新たな国際的な枠組み
> ①世界的な平均気温の上昇を、産業革命以前に比べて2℃より低くすることを世界全体の目標とする（努力目標は1.5℃）。
> ②各国が温室効果ガスを減らす目標をつくり、5年ごとに見直す。
> ③先進国は発展途上国を支援するための資金を提供し、途上国も自主的に資金を提供する。

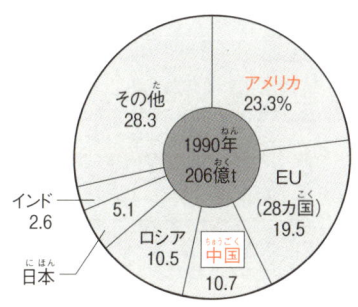

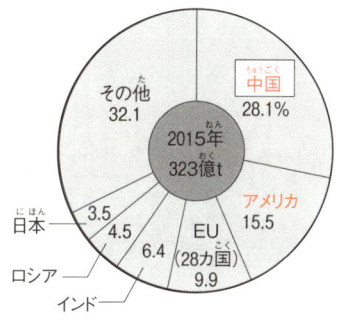

▲主な国のCO₂排出量の割合　　　（『日本のすがた2018』などより）

## オゾン層の破壊

　冷蔵庫・クーラー・スプレー缶などに使われていたフロンガスは、太陽からの紫外線を吸収するオゾン層を破壊する原因となっている。

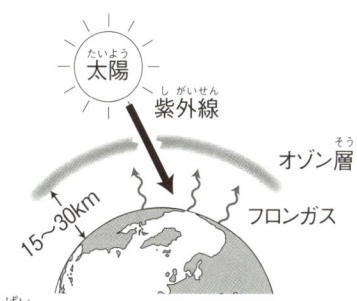

　その結果、強い紫外線が直接地表に降り注ぎ、皮膚ガンなどの危険が増大している地域もある。また、今後世界的に農作物の収穫が減り、森林が枯れるなどの影響も心配されている。

　対策として、1985年にオゾン層を守るためのウィーン条約が結ばれ、1987年にフロンガスの使用を規制するなどのモントリオール議定書が採択された。また、1989年に、オゾン層に大きな影響を与える特定フロンの使用を20世紀中にすべて廃止するとしたヘルシンキ宣言が出された。こうした規制によって、オゾン層は回復しつつある。

## 酸性雨

工場の煙や自動車の排気ガスなどから大気中に出される硫黄酸化物（$SO_x$）や窒素酸化物（$NO_x$）などが原因で、酸性雨（pH5.6以下の雨）が発生している。

酸性雨は森林を枯らし、湖や沼に住む生物を殺し、文化的建造物を破壊するなど、さまざまな問題をもたらしている。特に、ヨーロッパや北アメリカでの被害が深刻になっている。

## 砂漠化

砂漠化は、家畜を大量に放牧したり、焼畑農業により森林を破壊することなどによっておこる。その面積は年々拡大しており、特に、アフリカのサヘル（サハラ砂漠の南の半乾燥地域）や中央アジアで砂漠化が深刻になっている。

対策として、国連食糧農業機関（FAO）は、政府開発援助（ODA）（☞ p.225）による砂漠化を防ぐ技術の普及活動や植林（木を植える）事業を行っている。1994年には、国連で砂漠化防止条約が採択された。

# ❷ 国際的な環境保全 ★Point

## 国連人間環境会議（UNCHE）

1972年、スウェーデンのストックホルムで環境問題について初めて国際的に話し合う国連人間環境会議（UNCHE）が開かれた。この会議では「かけがえのない地球（Only one earth）」をスローガンに人間環境宣言が採択され、地球環境の保護が人類共通の目的であることを確認した。この目的を実現する機関として、環境問題を専門にあつかう国連環境計画（UNEP）がケニアの首都ナイロビにおかれた。

しかし、発展途上国は、環境を守るために開発を制限することに反発した。

## 国連環境開発会議（地球サミット〈UNCED〉）

環境と開発の両立をはかるため、1992年にブラジルのリオデジャネイロで国連環境開発会議（地球サミット）が開かれた。

この会議では、「持続可能な開発」をスローガンに、地球社会における環境保全のあり方を示すリオ宣言と、具体的な行動計画であるアジェンダ21（21世紀に向けての環境保護行動計画）が採択された。

そのほか、生物資源の保全などを目的とする生物多様性条約、気候変動枠組条約（地球温暖化防止条約）、なども採択された。

『持続可能な開発』

将来の世代も地球の自然環境の恩恵を受けられるように経済発展をはかるべきであり、環境保全と開発とは分けることができないという新しい開発のあり方。

## 野生生物種の減少

野生生物種の減少とは、「生息数の減少」と「絶滅による種の減少」を含む。人類は、地球生態系の一員として他の生物と共存しており、また、生物を食糧・医療・科学などに幅広く利用している。近年、野生生物の種の絶滅が過去にない速度ですすみ、森林減少・伐採などによって生物の生息環境の悪化や生態系の破壊に対する懸念が深刻なものとなってきた。

それが最もすすんでいるのは、アフリカ・ラテンアメリカ・東南アジアなどの熱帯雨林である。そのため、自然環境保護に関する国際条約が結ばれているが、これらの地域では貧困や社会制度などの問題があり、解決が難しい。

| | |
|---|---|
| ラムサール条約 (1971年) | 水鳥を保護・保全するために、国際的に重要な湿地を指定・登録し、保全をはかる。 |
| ワシントン条約 (1973年) | 絶滅の恐れのある希少な野生動植物種の国際取引を規制する。 |
| 生物多様性条約 (1992年) | 個別の野生生物種や特定地域の生態系に限らず、地球規模の広がりで生物多様性を考え、その保全をめざす。 |

## 環境税

環境税とは、地球温暖化を防ぐために、環境に悪影響を与える行動や製品にかけられる税のことをいう。環境税の一つに炭素税（石油・石炭・天然ガスなどの化石燃料に含まれる炭素の量に応じてかけられる税）があり、炭素税をかけることで、$CO_2$排出量を減らしたり、省エネルギー技術の開発がすすむことが期待されている。

環境税は、フィンランドなどの北ヨーロッパやドイツ・イギリスなどの西ヨーロッパの国々で導入されており、日本でも、2012年に原油や天然ガスなどに税をかける地球温暖化対策税（環境税）が導入された。

## 環境ＮＧＯ

地球環境問題を解決するため、国の利益に関係なく地球規模での活動を行っているのが環境ＮＧＯである。1992年の地球サミットでも、2400人ものＮＧＯ代表が参加して、

Ⅴ
現代の国際社会

重要な役割を果たした。

代表的な環境ＮＧＯとしては、世界自然保護基金（ＷＷＦ）やグリーンピース（☞ p. 227）などがある。

## 日本の取り組み

1993年に、公害対策基本法（☞ p. 158）にかわって環境政策全体に関する基本方針を示すため、環境基本法が制定された。1997年には、開発が自然環境にどのような影響を与えるのかを事前に調査・予測・評価する環境アセスメント法が制定された。2000年には、資源の再利用を示した循環型社会形成推進基本法が制定され、食品リサイクル法なども制定された。そして、環境行政の重要性から、2001年に環境庁は環境省になった。

---

### 『深刻な海洋汚染 ― プラスチックごみ問題』

私たちの身の回りには、ペットボトル・食品トレー・ストロー・レジ袋など、数多くのプラスチック製品があふれている。これらはプラスチックごみとして大量に海に流れ込み、深刻な問題を引き起こしている。また、「マイクロプラスチック（プラスチックごみが紫外線などで劣化して細かく砕けた主に５mm以下の粒）」が、海の生態系や環境に悪影響を及ぼすと心配されている。

2015年９月に国連において「持続可能な開発目標（Sustainable Development Goals：ＳＤＧｓ）（☞ p. 257）」が採択され、すべての国連加盟国が2030年までに達成すべき17の行動計画の目標が掲げられた。目標の一つ「海の豊かさを守ろう」では、2025年までに海洋ごみを含むあらゆる種類の海洋汚染を防止し、大幅に減らすことが示された。また、2018年10月にＥＵ議会で使い捨てプラスチック製品の使用を禁止する法案が可決されるなど、各国でも対策がすすめられている。

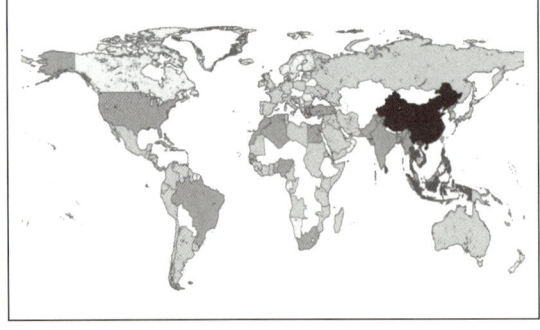

（濃い色ほど、ごみの発生量が多い。）

| 1位 | 中国 | 353万t／年 |
| 2位 | インドネシア | 129万t／年 |
| 3位 | フィリピン | 75万t／年 |
| 4位 | ベトナム | 73万t／年 |
| 5位 | スリランカ | 64万t／年 |
| ⋮ | ⋮ | ⋮ |
| 20位 | アメリカ | 11万t／年 |
| ⋮ | ⋮ | ⋮ |
| 30位 | 日本 | 6万t／年 |

▲陸上から海洋に流出したプラスチックごみの発生量（2010年推計）

（2018年環境省資料より）

# VI

現代の
社会

# 1 現代社会の特質

## ❶ 大衆社会

### 大衆社会の成立

　大衆社会とは、民主主義の発達や資本主義の発達による大量生産や大量消費、マス・メディアの発達などによって、考え方や生活様式（ライフスタイル）が平均化された大衆（多数の市民）によって動かされる社会のことである。

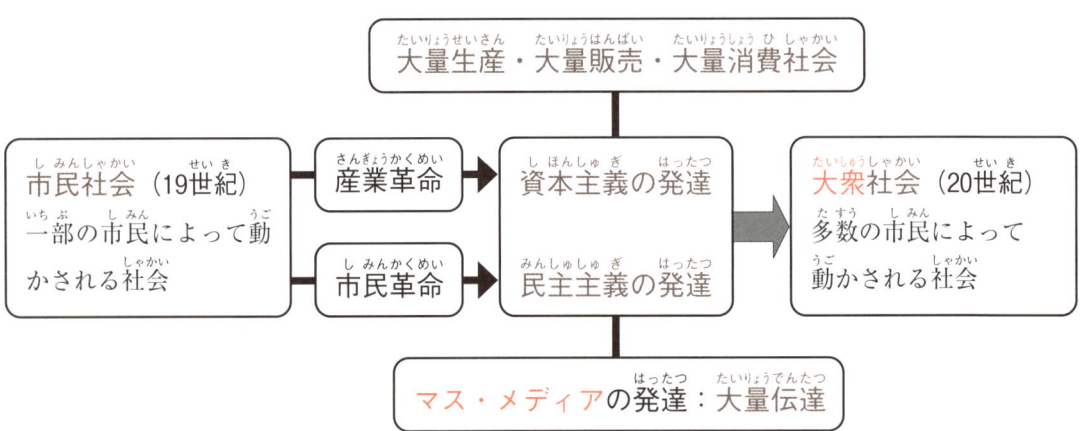

### 大衆社会の人間像

　アメリカの社会学者リースマン（1909～2002年）は『孤独な群衆』の中で、大衆社会の人間の性格は、他人の意見や評判を気にして他人と同じような行動をとる他人指向型であるとした。ドイツ出身の社会学者フロム（1900～80年）は『自由からの逃走』の中で、大衆は強力な指導者が現れると自由を捨ててついて行くと警告している。

## ❷ 管理社会（組織化社会）

### 管理社会とは

　管理社会とは、社会・組織の巨大化・複雑化にともない効率が重視されることによって、個人が自らの判断で行動しなくなる社会のことである。

## 官僚制（ビューロクラシー）とその問題点

官僚制は、巨大な組織を効率的に管理・支配するシステムである。ドイツの社会学者マックス・ウェーバー（1864 ～ 1920年）は『支配の社会学』のなかで、官僚制は合理的な規則による支配、ピラミッド型の上下関係（ヒエラルキー）、文書主義、仕事や技術の専門化などを特徴とするとした。官僚制は規則を重視するため、それさえ守ればよいという規則万能主義や形式主義、責任を逃れようとする事なかれ主義になりやすい。また、組織の中で各部署が協力し合うことなく、自分のいる部署の都合や利害を優先するなわばり主義（セクショナリズム）を生みやすいという問題がある。

# ❸ 情報社会

## 情報社会とは

情報社会とは、情報技術（ＩＴ）の利用や働きが重要な役割を果たしている社会のことである。現代では、新聞・雑誌・テレビなどのマス・メディアが発達し、インターネットによって大量の情報伝達（マス・コミュニケーション）が可能となっている。特にインターネット・衛星放送などのニューメディアは、情報を互いに伝達することを可能にし、高度情報社会をもたらした。

日本では、2001年に高度情報通信ネットワーク社会の形成をめざすＩＴ基本法（高度情報通信ネットワーク社会形成基本法）が制定された。その中では、インターネットによって商品を売り買いする、電子商取引（ｅコマース）の推進などがあげられている。また、事務所や家庭の電子化がすすみ、会社と自宅や自宅近くの小さな事務所をコンピュータネットワークで結んで仕事場とするＳＯＨＯ（Small Office Home Office）とよばれる働き方もできるようになった。

## 情報社会の利点と問題点

社会の情報化は、文化の国際化や生活の豊かさを生みだした。また、世論形成に必要な判断資料を提供することで民主主義の拡大に役立つという利点がある。しかし、社会の情報化がすすむにつれて、さまざまな問題が生じている。パソコンやインターネットを活用できる人とできない人との間には情報格差（デジタル・デバイド）が生じ、それによって就職の機会を逃したり便利なサービスを受けられないといった、新たな不平等が拡大している。また、情報化に適応できずに精神的な圧迫を受けるテクノストレスや、個人情報の流出によるプライバシーの侵害、不正コピーによる著作権などの知的所有権の侵害、インターネットによる犯罪も問題になっている。

# 2 日本の人口と少子・高齢社会

## ❶ 日本の人口

### 日本の人口の動き

　第二次世界大戦前、日本は、出生率・死亡率とも高い多産多死であったが、戦後になると多産少死となって人口は急増していった。しかし、1974年以降、合計特殊出生率（女性が生む子どもの数の平均値）は減少を続け、少産少死となって少子高齢化がすすみ、日本の総人口も減少している（☞ p.44）。

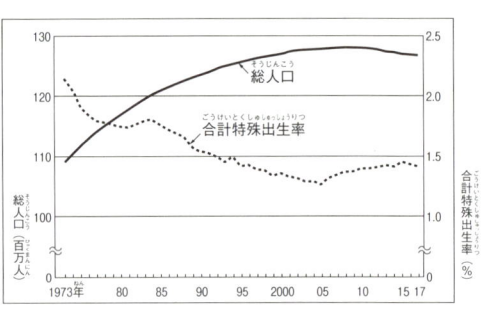

▲日本の総人口と合計特殊出生率の推移
（『日本国勢図会2018/19』より）

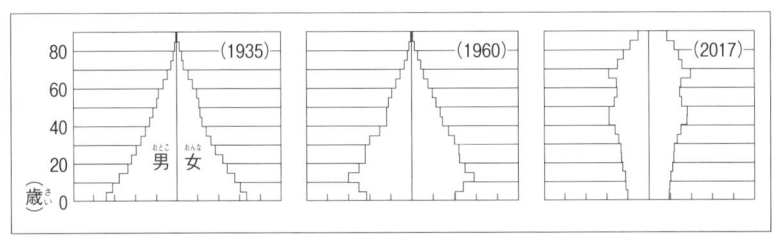

多産多死型　➡　多産少死型　➡　少産少死型

▲日本の年齢階層別人口構成の推移（『日本国勢図会2018/19』などより）

## ❷ 高齢社会

### 高齢社会とは

　国際連合では、65歳以上の人口が総人口の 7 ％以上になった社会を高齢化社会、14％以上となった社会を高齢社会としている。日本では、1970年に高齢化社会を迎え、1994年に高齢社会に入った。

| 背景 | ▶ 医療の進歩や食生活の向上、社会保障制度の充実などによる平均寿命の伸び<br>➡ 日本人の平均寿命…男性80.98歳、女性87.14歳（2016年）<br>▶ 少子化の進行<br>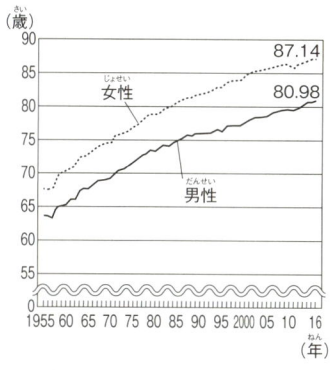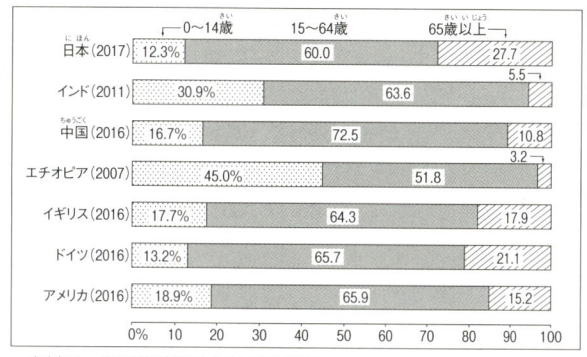<br>▲平均寿命の伸び　　　　　　▲年齢3階級別人口構成割合<br>（『日本のすがた2018』より）　　　（『世界国勢図会2018/19』より） |
|---|---|
| 影響 | ▶ 年金・医療・介護など若い世代の社会保障費用負担の増加 （☞ p.248）<br>▶ 社会保障給付の減少と自己負担の増大<br>▶ 労働力人口（15〜64歳）の減少による経済成長の低下<br>▶ 地域社会の活力の低下 |
| 対策 | ▶ 高齢者の雇用確保…60歳定年制から65歳定年制の導入へ<br>▶ 高齢者医療制度…75歳以上の後期高齢者すべてが保険料を負担する。<br>▶ 介護の支援…介護保険法（2000年）により40歳以上の全国民から介護保険料を集め、65歳以上から介護サービスを受けられるようになる。 |

『ノーマライゼーション』
　高齢者・障害者が地域の中で普通に暮らせる社会をつくるべきだという考え方。それを実現するために、精神的・身体的なバリアを取り除く（バリアフリー）社会をきずく必要がある。

# ❸ 少子社会

## 少子社会とは

　少子社会とは、生まれてくる子どもの数が減少し、子どもの数が高齢者（65歳以上）人口よりも少なくなった社会のことである。日本では、1970年代半ば以降、合計特殊出生率の低下によって少子化が続き、2005年に人口減少社会に入った。

| 背景 | ▶ 結婚年齢の高齢化（晩婚化） |
|---|---|

▶ 結婚年齢の高齢化（晩婚化）
　➡ 平均初婚年齢…男性31.1歳、女性29.4歳（2016年）
▶ 女性の高学歴化と経済的自立・社会進出などによる結婚しない人の増加
　（非婚化）➡ 生涯未婚率…男性23.37％、女性14.06％（2015年）

| 年 | 男（歳） | 女（歳） |
|---|---|---|
| 1970 | 26.9 | 24.2 |
| 1980 | 27.8 | 25.2 |
| 1990 | 28.4 | 25.9 |
| 2000 | 28.8 | 27.0 |
| 2010 | 30.5 | 28.8 |
| 2013 | 30.9 | 29.3 |
| 2016 | 31.1 | 29.4 |

▲平均初婚年齢の推移

| 年 | 男（歳） | 女（歳） |
|---|---|---|
| 1980 | 2.60 | 4.45 |
| 1990 | 5.57 | 4.33 |
| 1995 | 8.99 | 5.10 |
| 2000 | 12.57 | 5.82 |
| 2005 | 15.96 | 7.25 |
| 2010 | 20.14 | 10.61 |
| 2015 | 23.37 | 14.06 |

▲生涯未婚率

（『日本国勢図会2018/19』などより）

▶ 子育てに対する経済的な負担
▶ 子育てと仕事を両立できる環境が十分に整っていない。

**影響**
▶ 労働力人口（15〜64歳）の減少による経済成長の低下
▶ 地域社会の活力の低下
▶ 年金・医療・介護など若い世代の社会保障費用負担の増加（☞ p. 248）

**対策**
政府・地方自治体による女性への支援体制の整備・環境づくり
▶ 育児・介護休業法（1999年施行・2009年改正）…出産後の一定期間（最大で
　1年半）、子どもの養育のために職場を休むことが認められた。
▶ 男女共同参画社会基本法（1999年）
　…男女が共に家庭生活と他の活動とを両立できる社会の実現をめざす。

# ❹ 地域社会の変貌

　日本では、21世紀に入って、人口減少に加えて過疎化・高齢化がすすみ存続が危ぶまれている集落（限界集落）や、地方財政の悪化（☞ p. 204）などによって公共サービスを提供できなくなった市町村が増え、地域社会の衰退が大きな問題となってきた。農山村の衰退は、山や森など国土や自然の荒廃につながる。こうした状況に対して政府は、2005年に地域再生法、2007年に地方財政健全化法を制定し、地方再生をすすめている。

# ③ 社会保障制度

## ❶ 社会保障の歴史

　社会保障とは、病気・けが・老化・出産・失業・貧困などの生活上の問題について、国が国民に対して最低限度の生活を保障することである。

　19世紀においては病気・貧困などは個人の責任であり、国家は特に何もしなかった（夜警国家、小さな政府）（☞ p.185）。そのため、17世紀初めにイギリスで制定されたエリザベス救貧法も、国王が貧困者を恩恵によって助けるという考えによっていた。

　やがて、国家には社会保障の義務があるという福祉国家（☞ p.185）の思想が生まれ、19世紀後半、ドイツの首相ビスマルクが世界で最初の社会保険制度を整備した（☞ p.88）。

　20世紀に入ると社会保障が本格的に整備されるようになり、アメリカではニューディール政策（☞ p.105）のもと、1935年に社会保障法が制定された。イギリスでは1942年にベバリッジ報告が出され、生まれてから死ぬまで社会保障が受けられるという「ゆりかごから墓場まで」をスローガンとした社会保障制度が整備された。

　また1944年に、国際労働機関（ＩＬＯ）がフィラデルフィア宣言を採択し、完全雇用や社会福祉の向上など、社会保障の国際的基準を示した。

　日本では第二次世界大戦後、日本国憲法で「健康で文化的な最低限度の生活（生存権）」が保障され、社会保障制度が本格的に整備されていった。

---

『日本とアメリカの社会保障制度の違い』

　日本では、1960年代前半までにすべての国民が医療保険に加入するという国民皆保険、すべての国民が年金制度に加入する国民皆年金が実現した。アメリカでは、個人主義思想が強く、民間保険が発達しているために、公的な社会保障制度はあまり整っていない。

# ❷社会保障と社会福祉

　日本の社会保障制度は、社会福祉・社会保険・公的扶助・公衆衛生の４つからなっている。

| 社会福祉 | 社会的に弱い立場にある高齢者や身体障害者・児童などに対して、社会福祉施設の設置・運営を行い、安心して生活できるように手助けする制度 |
| --- | --- |
| 社会保険 | 病気・失業・労働災害などに対して、現金や医療サービスの給付を行う公的な保険制度。医療保険・年金保険・雇用保険などが整備されている。 |
| 公的扶助 | 国が生活に困っている人などに対して、最低限度の生活を保障することで自立を助けようとする制度 |
| 公衆衛生 | 国民の健康を守り、その向上をはかるため、保健所などが中心となって伝染病の予防を行ったり、環境衛生の向上をはかる制度 |

　日本は高齢社会を迎え、年金・医療・福祉などの社会保障費用が増大している。2015年度の給付額は約115兆円となり、国や地方自治体の財政を圧迫している（☞ p. 204）。そのため、国民負担率は今後さらに高くなることが予想されている。

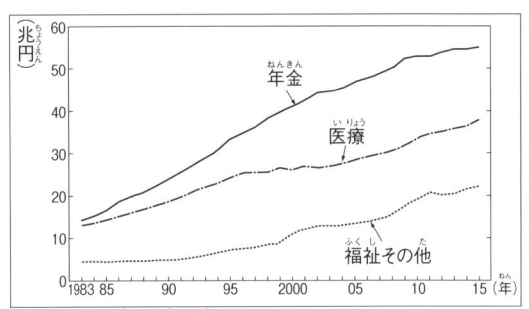

▲社会保障費用の推移

（『日本国勢図会2018/19』より）

## 『国民負担率』

　国税と地方税の国民所得に対する割合を租税負担率といい、これに社会保障負担を加えたものが国民負担率である。

　日本の国民負担率はアメリカより高く、ヨーロッパ各国より低いのが特徴である。

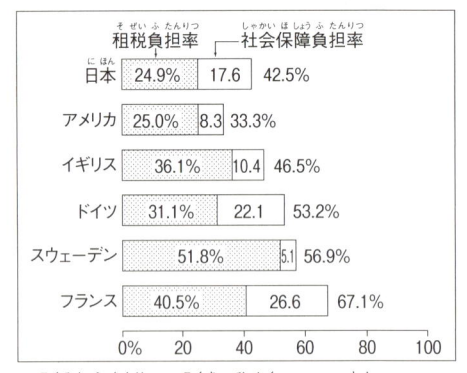

|  | 租税負担率 | 社会保障負担率 |  |
| --- | --- | --- | --- |
| 日本 | 24.9% | 17.6 | 42.5% |
| アメリカ | 25.0% | 8.3 | 33.3% |
| イギリス | 36.1% | 10.4 | 46.5% |
| ドイツ | 31.1% | 22.1 | 53.2% |
| スウェーデン | 51.8% | 5.1 | 56.9% |
| フランス | 40.5% | 26.6 | 67.1% |

▲国民負担率の国際比較（2015年）

（『日本国勢図会2018/19』より）

# 4 多文化理解

## ❶ 国際化社会

### 国際化の進行

現代は交通・通信の発達によって、人・モノ・金・情報などが国境を越える**ボーダレス化**（無国境化）と、**グローバル化**（地球規模化）がすすんでいる。

### 国際化の問題

国際化がすすむにつれ、さまざまな問題がおこっている。行動の仕方や考え方の違い（**カルチャー・ショック**）から対立が生じる**文化**摩擦、先進国における外国人労働者の増加（☞ p. 168）による外国人差別問題、不法就労問題、参政権の問題（☞ p. 195）などである。

## ❷ 多文化主義

### 文化相対主義

文化相対主義とは、「すべての文化はその優劣を外側から絶対的な尺度で測ることはできない」つまり、異なる文化の間に上下や優劣を認めないという考え方である。自国や自民族の文化が最も優れているとする**自民族中心主義**（**エスノセントリズム**）に対して、異文化との共生をめざす考え方として登場した。

### 多文化主義

**多文化**主義は、国家・社会の中で複数の異なる人種・民族・集団の文化や言語を尊重することによって、共生の道を探ろうとする考え方である。**異文化主義**ともいう。

カナダやオーストラリアで政策として取り入れられている。

| カナダ | **フランス**系住民が多い**ケベック**州では、イギリス系住民による支配と差別に対する反発が強い（☞ p. 233）。そのため政府は、英語とフランス語を公用語とし、イギリス・フランス系住民の平等化をはかってきた。 |
|---|---|
| オーストラリア | 1970年代前半までは白人優先政策である**白豪主義**（☞ p. 233）をとっていたが、近年、アジア・太平洋地域と経済的・文化的結びつきを強めている。東南アジアの人々との交流を深め、積極的に移民を受け入れている。 |

VI
現代の社会

# 5 生命倫理

## ❶ 科学技術の発達

### 生命工学（バイオテクノロジー）

生命工学（バイオテクノロジー）とは、生命の仕組みを応用して人間の生活に役立てる先端技術のことである。生命工学は、遺伝子の仕組みを明らかにすることによって大きく発達し、遺伝子組み換えによる作物がつくられ、家畜のクローンも誕生している。

近年では、人の皮膚などからとった細胞に複数の遺伝子を入れることによってつくられたiPS細胞が再生医療の面から注目されている。

### クローン技術

クローン技術とは、ある個体と全く同じ遺伝子をもつ個体をつくる技術のことである。1996年にイギリスでクローン羊が誕生し、日本でも1998年にクローン牛がつくられた。

クローン技術は、クローン人間誕生の危険性があるため、日本では法律によって人間への応用を禁止している。

## ❷ 生命倫理（バイオエシックス）

### 生命倫理

医療技術の発達は、人間の死生観（生きることと死ぬことについての考え方）を大きく変化させ、医学の分野にとどまらない問題も出てくるようになった。そのため、広い視点から人の生命のあり方を考えていく必要性が生まれ、新たな倫理問題を生み出した。このような問題を研究する分野を生命倫理（バイオエシックス）という。

### 臓器移植と脳死

1997年、死んだ人の臓器を他者に移植する臓器移植法が制定され、これまでは心臓死を人の死としていたが、臓器移植の場合に限って脳死（脳の機能が停止し、回復できない状態）を人の死とした。

法律で臓器移植は可能になったが、日本では臓器提供者（ドナー）の数があまり増えていない。これは、身体を精神と切り離せないものと考える伝統的な死生観により、家族の同意がなかなか得られないことも影響している。

## 尊厳死と安楽死

　医療技術の進歩により、患者（病人）に苦痛を与えたり、患者本人が望まない延命治療（回復の見込みがない患者の命を延ばすための治療）が行われるようになったことから、クオリティー・オブ・ライフ（生命の質）について議論されるようになった。自分の命をどのように終えるかは、本人の決定が尊重されなければならない。こうした考えにもとづき、リヴィング・ウィル（生前遺言）によって尊厳死や安楽死が主張されている。

　尊厳死とは、延命治療を拒否し、人間らしい自然な死を迎えることである。安楽死とは、激しい痛みに苦しんでいる患者本人の希望によって、医師が薬などで死に至る処置をすることである。

　安楽死はオランダ・ベルギーなどでは認められているが、日本では認められていない。

# 6 不平等の是正

## ❶ 法の下の平等

### 日本国憲法における平等権

　日本国憲法は、「すべての国民は法の下に平等である」と定めて、あらゆる差別を禁止している（☞ p. 194）。そして、平等権を具体化した法律を制定し、その徹底をはかっている。

### さまざまな差別

　憲法で平等権が定められても、女性への差別問題や、アイヌ民族（☞ p. 235）、在日韓国・朝鮮人に対する民族差別や、身体・精神・知的な障害のある人への差別はいまだに残っている。

## ❷ 差別解消への取り組み

　日本政府は法律を制定するなどして差別をなくす取り組みをしているが、実際に差別はなくなっていない。それは、差別をする人々の意識の問題や理解不足のためでもある。

▶ **女性差別**　女性に対するあらゆる差別をなくすため、1979年に国連総会で女性差別撤廃条約が採択された。日本は1985年に批准し、翌年に男女雇用機会均等法が制定された（☞ p. 167）。

▶ **民族差別**　アイヌ民族への差別に対し、1997年にアイヌ文化振興法が制定され、アイヌの誇りが尊重される社会の実現がめざされた。2007年に国連総会で先住民（ある民族が移り住む前からそこに住んでいた人々）の権利宣言が採択され、翌年、日本の国会において「アイヌ民族を先住民族とすることを求める決議」が採択された（☞ p. 235）。
　在日韓国・朝鮮人に対しては、地方参政権は与えられず、就職に際して差別を受けるなどの状況が続いている。

▶ **障害者差別**　障害のある人の人権を尊重し、障害者が参加しやすい社会づくりをすすめることを目的に、2006年に国連総会で障害者権利条約（☞ p. 188）が採択された。しかし、日本は、国内法の未整備などを理由としてこれに批准していない。

# 7 食料・エネルギー・環境問題

## ❶食料問題

### ◖世界の食料需給

　世界全体で見れば食料生産量は増加しており、世界の全人口を養えるだけの穀物が生産されている。にもかかわらず、発展途上国では食料不足のために、人口の12.9％が栄養不良になっている。栄養不足や飢餓に苦しむ人は、2015年時点でおよそ全人口の約11％にあたる7億9500万人（9人に1人）にもなる。

　一方、先進国では世界中から多くの食材を集めて、飽食とよばれるほど大量に食料を得ているにもかかわらず、多くの食料が消費されずに捨てられている。

　このような問題がおこる理由として、①食料の生産・供給量に地域差があり、地域によっては人口を満たす食料生産ができていないこと、②穀物の生産量のうち食用として消費されるのは半分以下であり、家畜の餌やバイオ燃料（☞ p. 38）といった食用以外の消費が増加傾向にあること、があげられる。

---

『ハンガーマップ』

　「ハンガーマップ」とは、世界の飢餓状況を表した世界地図のことで、国ごとの栄養不足人口の割合を5段階で色分けしたものである。国連の機関で飢餓問題に取り組む世界食糧計画（WFP）が、国連食糧農業機関（FAO）などの統計によって作成している。

　飢餓人口の割合が最も高い国では、全人口の35％以上もの人々が栄養不足の状態になっている。

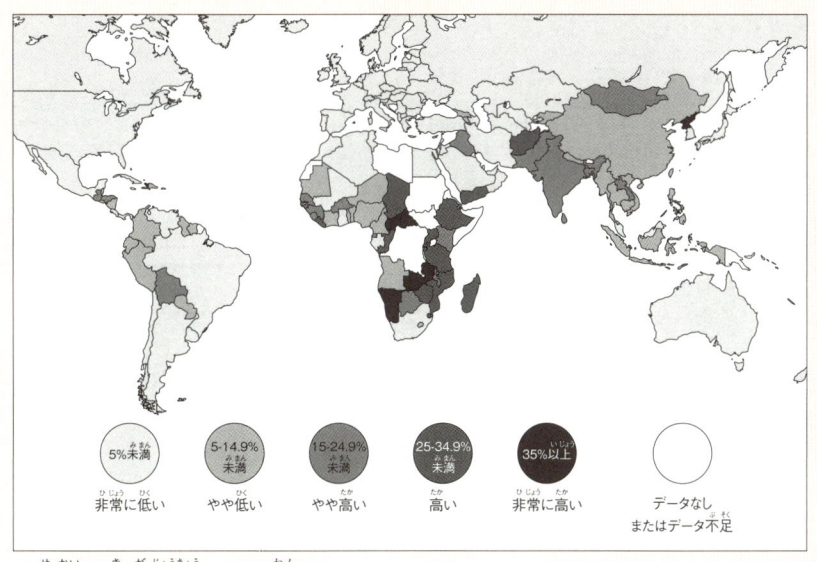

▲世界の飢餓状況（2015年）　　　　　　　　　　（WFPより）

## 発展途上国の食料問題

　発展途上国の中には、食料生産量が人口増加に追いつかずに食料不足になる国があるほか、洪水や干ばつなどの自然災害によって食料生産量が低下する国もある。また、紛争・内戦など政情不安定な国も多く、食料の安定供給を難しくしている。

　こうした地域では、輸出用の商品作物を単一栽培するモノカルチャー経済の国も多く（☞ p. 230）、有効な食料増産への取り組みが遅れがちである。そのため、穀物の供給を国連食糧農業機関（FAO）の要請による海外からの輸入に頼っている。また、外貨獲得のために輸出用作物を優先するため国内の食料需要が確保できず、食料不足による栄養不足や飢餓といった食料問題が深刻化している。

　地域別の飢餓人口を見ると、アジアが最大で全世界の3分の2を占めている。1960年代から70年代にかけて、東南アジアや南アジアでは食料生産量を増やすために、収穫が多い穀物の開発や大規模な機械化、化学肥料を導入する緑の革命がすすめられた。その結果、飢餓人口は減少している。

　また、地域別で飢餓人口の割合が最も高いのは、サハラ砂漠の南縁にあるサヘルに位置するアフリカの国々で、4人に1人が栄養不良になっている。この地域では人口増加によって、砂漠化がすすんでいる（☞ p.238）。

## 先進国の食料問題

　EU加盟国やアメリカなどの先進国では、主要な農産物を政府が一定の価格で買い上げ、それ以上安くなることを防ぐ支持価格を決めて、生産過剰による価格の下落を防いでいる例が多い。

　日本のように農業の生産量が低い国では、食料を海外からの輸入に頼ることになり、食料自給率が低下しやすい（☞ p.67）。

　先進国を中心に、世界で生産される食料の約3分の1、年間で約13億トンの食料が捨てられている。これは20億人を養うことのできる量である。世界全体の食料問題や環境問題を解決するためには、食べ残しなどの食品ロスや食料の廃棄を減らす取り組みも必要である。

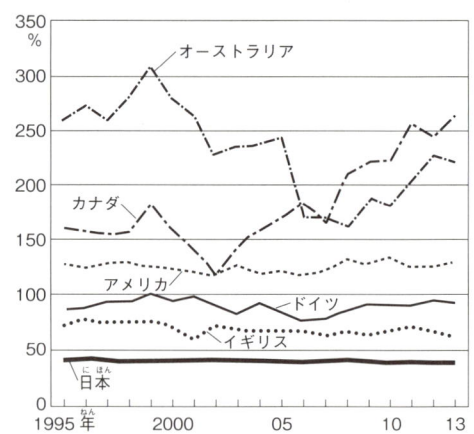

▲主な国の食料自給率の変化

（カロリーベース）

（『日本のすがた2018』より）

## ❷ 資源・エネルギー問題 (☞ p. 35)

### 限りある資源

　20世紀に入ってエネルギー資源や原料資源の消費量は急激に増加しているが、これらの生産や消費には地域差がみられる。化石燃料の生産は発展途上国が多いのに対して、消費は先進国のほうが多い。資源の埋蔵量には限りがあり、石油は約50年、石炭は約110年で資源がなくなると言われている。

### 資源ナショナリズム

　エネルギー資源や原料資源の分布を見ると、原油は西アジア（中東）で多く産出される。かつての産油国は発展途上国であることが多く、石油資源を採掘する技術や資金がなかった。そのため、先進国の巨大企業が世界の原油の採掘から販売を独占した。こうした企業をメジャー（国際石油資本）といい、産油国は限られた利権料（産油国がメジャーなどに原油の採掘権を認めるかわりに受け取る利益）を受け取るだけで、利益の多くは先進国が得ていた。

　1960年代以降、発展途上国では自国の資源を経済的自立と発展に結びつけようという資源ナショナリズムの動きが高まった。西アジアなどの産油国ではメジャーの産油会社を国有化するなど、生産の主導権を確立した。1960年には、石油輸出国機構（ＯＰＥＣ）（☞ p. 30）が設立され、1973年の第４次中東戦争に際して原油の輸出削減や原油価格の引き上げを行い、第１次石油危機（オイル・ショック）を引きおこし、世界経済に大きな影響を与えた（☞ p.114）。

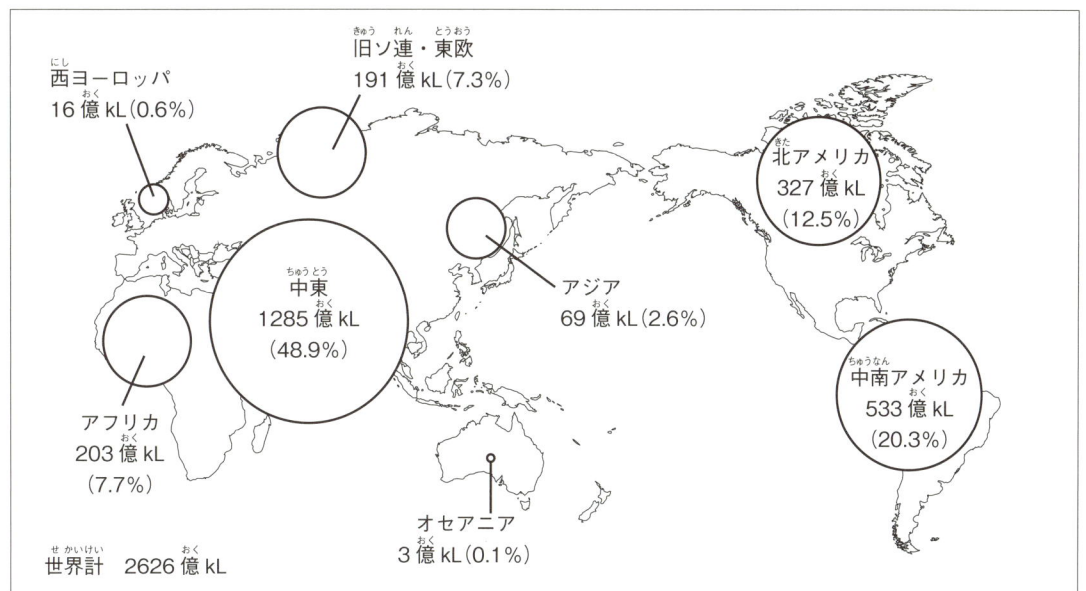

西ヨーロッパ
16 億 kL（0.6％）

旧ソ連・東欧
191 億 kL（7.3％）

北アメリカ
327 億 kL
（12.5％）

中東
1285 億 kL
（48.9％）

アジア
69 億 kL（2.6％）

中南アメリカ
533 億 kL
（20.3％）

アフリカ
203 億 kL
（7.7％）

オセアニア
3 億 kL（0.1％）

世界計　2626 億 kL

▲原油の地域別埋蔵量（2018年１月現在）　　　　　（『世界国勢図会2018/19』より）

## 代替エネルギーと再生可能エネルギー

化石燃料は、21世紀中に枯渇の危機に直面する再生不可能な資源であるとともに、地球温暖化の大きな要因ともなっている。こうした化石燃料の代替エネルギーとして、原子力発電がアメリカ・ロシア・フランス・日本など多くの国で導入された。しかし原子力発電は、放射能漏れなどの事故に対する安全性の問題、核燃料であるプルトニウムが核兵器に転用される恐れもある。ドイツでは、2011年に発生した福島の原子力発電所事故（☞ p. 65）をきっかけに、2022年末までにすべての原子力発電所を廃止することを決定している。

石油危機以後の1980年代に入ると先進国では省エネルギーに対する関心が高まり、1990年代に入ると自然環境にやさしく資源の枯渇の心配のない風力・地熱・太陽光・バイオマスなどの再生可能エネルギーへの転換がすすめられるようになった（☞ p. 38）。しかし、発電にかかるコストが高いうえに出力が不安定であるなど、解決しなければならない問題も多い。

## ❸ 環境問題 （☞ p. 236〜238）

## さまざまな環境問題

環境問題は人類の活動と結びついておこるため、その発生のしかたには地域的な特徴がある。たとえば、乾燥した草原地帯では、過度の放牧や耕作によって砂漠化が進行する。工業地帯の風下側では、化石燃料の消費によって酸性雨の被害がみられる。

また、地域社会が自然の再生能力や浄化能力を上回って自然環境を変えたり、農薬や廃棄物など分解しにくい化学物質を大量に使用・廃棄すると、大気汚染・水質汚濁や生態系の破壊、生物多様性の減少など、さまざまな環境問題が発生する。地球環境問題とは、こうした地域で生じた環境破壊が重なり合って地球規模になったものである。その意味で、二酸化炭素の排出量の増加によっておこった地球温暖化は、まさに地球の生物全体に大きな影響を与える地球規模の問題なのである。

## 環境問題への取り組み

地球環境問題に対しては、地域・国の枠を超えて国際的な取り組みが必要である。解決のためには、その原因となる人類の活動を見直して持続可能な開発（☞ p. 238）をめざすことが求められている。それには開発の制限や植林をすすめるだけでなく、教育などを通じて世界の人々に環境問題の重要性を広めていかなければならない。

## 持続可能な社会の実現をめざして

　環境問題は、資源・エネルギー問題、都市・食料・人口問題などとも互いに関連している地球的課題である。先進国と発展途上国では環境と開発をめぐって意見・利害の対立が見られる。しかし、すべての人々、そして将来の世代のためにも、環境面だけでなく経済・社会面でも健全で持続可能な社会の実現に向けて、意見の違いを乗り越えて協力していかなければならない。

### 『レイチェル・カーソン『沈黙の春』』

　レイチェル・カーソン（1907～64年）はアメリカの海洋生物学者で、1962年に出版された『沈黙の春』の中で、農薬として大量に使用される化学物資の危険性を「春になっても鳥の声さえ聞こえない」という例えで訴えた。この本の出版をきっかけに、環境問題への関心が高まった。

### 『持続可能な開発目標（Sustainable Development Goals＝ＳＤＧｓ）』

　2015年９月の国連サミットで、2015年から2030年までの長期的な開発の目標として、「持続可能な開発のための2030アジェンダ」が採択された。17のゴール（目標）と169のターゲット（具体目標）から構成され、地球上の「誰一人取り残さない（leave no one behind）」ことを誓っている。この目標は、発展途上国だけでなく、先進国自身が取り組むユニバーサル（普遍的）なものである。

（国際連合広報センターのサイトより）

１．貧困をなくそう　２．飢餓をゼロに　３．すべての人に健康と福祉を　４．質の高い教育をみんなに　５．ジェンダー平等を実現しよう　６．安全な水とトイレを世界中に　７．エネルギーをみんなにそしてクリーンに　８．働きがいも経済成長も　９．産業と技術革新の基盤をつくろう　10．人や国の不平等をなくそう　11．住み続けられるまちづくりを　12．つくる責任　使う責任　13．気候変動に具体的な対策を　14．海の豊かさを守ろう　15．陸の豊かさも守ろう　16．平和と公正をすべての人に　17．パートナーシップで目標を達成しよう

# 索引

**す**

<저자소개>

**이사지 야스나리**

　1962년 출생. 가쿠슈인대학 대학원 인문과학연구과 후기박사과정 학점 취득(사학전공). JASSO도쿄일본어교육센터 강사. 같은 학교에서 약 25년에 걸쳐 세계사→종합과목을 담당. 『논어』의 「어떤 것이라도 배우고 생각하는 것이 필요하다」 는 말을 좌우명으로 매일 학생들을 대하고 있다.

## 일본유학시험 대비 개념서 하이레벨 종합과목 [개정제2판]

발　행　일 : 2020년 07월 15일 초판1쇄
　　　　　　 2023년 11월 24일 초판2쇄
저　　　　자 : 이사지 야스나리
발　행　인 : 송 부 영
발　행　처 : (주)해외교육사업단
출 판 등 록 : 제16-1456호
주　　　　소 : 서울특별시 서초구 강남대로 381, (두산709호)
전　　　　화 : 02-736-1010
이　메　일 : song@hed.co.kr
홈 페 이 지 : www.hedgroup.co.kr

---

*이 도서의 국립중앙도서관 출판예정도서목록(CIP)은 서지정보유통지원시스템 홈페이지(http://seoji.nl.go.kr)와 국가자료종합목록 구축시스템(http://kolis-net.nl.go.kr)에서 이용하실 수 있습니다. (CIP제어번호: CIP2020027972)
*이 책은 저작권법에 의해 보호를 받는 저작물이므로 무단 전재와 복제를 금합니다.
*잘못된 책은 구입하신 서점이나 본사에서 교환해드립니다.

ⓒYasunari Isaji 2019
Originally Published in Japan by ASK Publishing Co., Ltd., Tokyo

일본유학시험 대비 개념서

하 이 레 벨

# 종합
# 과목

개정 제2판

Japan and the World

## 한국어 본문 번역본
## 모의시험 문제(2회분)

HED 글로벌 인재육성. 1984년설립 ———
(주)해외교육사업단

일본유학시험 대비 개념서

하 이 레 벨

# 종합
# 과목

개정 제2판

Japan and the World

한국어 본문 번역본
모의시험 문제(2회분)

# 한국어 번역본 편집에 있어서

이 책은 일본에서 발행되어 오랫동안 일본유학시험을 준비하는 많은 수험생 여러분에게 사랑을 받아 왔습니다. 종합과목의 출제 범위(실러버스)에 맞게 개념적으로 정리한 참고서가 많지 않은 속에 이 책의 내용이 충실하기 때문에 더욱 많은 사랑을 받아 온 것으로 생각됩니다.

일본유학시험을 준비하는 경우, 먼저 일본어 능력을 갖추어야 종합 과목을 비롯한 해당 과목을 공부할 수 있는 자신감을 갖게 될 것입니다. 마음은 하루라도 빨리 종합 과목에 대한 공부를 시작하고 싶어도 아직 일본어가 준비되지 못한 사람은 그것이 쉽지 않을 것입니다.

그러한 점을 감안하여 본사에서는 이번에 이 책의 한국판을 발행하면서 별책으로 본문의 한국어 번역본을 기획하게 되었습니다. 그러나 한국어 번역본 발행에는 몇 가지 애로점이 있었음을 밝혀 드립니다.

먼저, 과목에 대한 주요 키워드를 정리하여 수험생들에게 다운로드를 제공하지만, 실제 시험에서는 일본어로 문제가 출제되기 때문에 문제를 한국어로 번역한다고 해도 궁극적인 문제 이해 및 문제 풀이에 있어서는 일본어로 읽고 공부하는 것이 더욱 도움이 된다고 판단하였습니다. 그렇기 때문에 원래의 일본어 본문은 그대로 두고 별책으로 한국어 번역본을 편집하기로 하였습니다.

다음으로는 이 책은 다양한 관련 자료를 도표, 그래프, 지도 등으로 제시하고 있는데, 이러한 부분은 연도에 따라 숫자 정보가 변경되는 등 한계가 있기 때문에 일본어 판의 내용을 그대로 번역하는 것은 자칫 오용의 위험도 있을 수 있다고 판단하였습니다.

그러한 이유로 일본어판의 본문을 그대로 살리되 일본어가 부족한 사람을 위하여 본문만의 번역본으로 편집하는 것이 타당하다고 판단하였습니다. 또한 종합 과목에서 시험 문제의 일본어는 일본어 과목의 공부에 버금가는 난이도가 요구되므로 아무래도 이해되지 않는 부분이 나오기 마련입니다. 그러한 때에 이 번역본을 참고하시면 순조롭게 일본어 문장의 이해도를 높일 수 있을 것입니다.

이 번역본은 여러분이 종합과목을 학습함에 있어서 일찍부터 과목에 대한 개념을 잡기 위한 참고서로 이용해 주시고 나아가 종합 과목에 대한 자신감을 갖는 계기로 삼아 주시기 바랍니다.

마지막으로, 종합과목은 출제 범위가 넓고 사용되는 제시어, 고유명사 등이 다양하고 많습니다. 그러한 고유명사 등의 표기에 의문이 있을 경우에는 이 책자의 부록으로 다운로드 형식인 「주요 키워드 리스트집」을 제공하므로 활용해 주시거나 인터넷 검색으로 보완해 주시기 바랍니다.

이 책을 활용하여 종합과목 고득점의 기초를 확실하게 다지시기 바랍니다.

2020년 7월<br>
(주)해외교육사업단

# 목    차

# I 지리

## [1] 지구본과 지도

### ❶지구의 모습 (p.12 그림 참조)
○지구의 크기와 표면

지구의 반경은 약 6,400km 이고, 적도의 주위는 약 4만km 이다.

지구의 표면적은 약 5억km² (평방킬로미터)로 육지는 30%, 해양은 70%를 차지하고 있다. 육지의 3분의 2가 북반구에 분포 하고 있다.

○지구상의 위치 - 경도와 위도

적도와 평행한 가로 선을 위선, 북극과 남극을 잇는 세로 선을 경선이라고 한다.

위선은 적도를 0도로하여 남북을 각각 90도로 나누고 있다. 이것을 위도라고 하고 북을 북위, 남을 남위라고 한다.

경선은 영국 런던의 구 그리니치 천문대를 통과하는 선을 0도로서 동서를 각각 180도로 나누고 있다. 이것을 경도라고 하고 동쪽을 동경, 서쪽을 서경이라고 한다.

위도와 경도의 조합으로 지구상의 위치를 나타 낼 수 있다.

EX. 일본의 위치 : 북위 약 20~46도, 동경 약 122~154도

### ❷표준시와 시차 (p.13 그림 참조)
지구는 1일 24시간에 걸쳐서 서쪽에서 동쪽으로 자전하고 있기 때문에 경도 15도에서 1시간의 시차가 생긴다. (360도÷24시간=15도/1시간) 또한 동쪽이 서쪽보다 시간이 빠르게 진행된다.

세계의 여러 나라에서는 0도의 본초자오선을 기준으로 15도씩 경선을 맞춘 표준시가 설정되어 있다. 러시아에서는 9, 미국에서는 4(알래스카, 하와이를 추가하여 6), 호주에는 3개의 표준시가 있다.

즉 시차라는 것은 세계 각지의 표준시의 차인 것이다.

또한 대략 180도의 경선을 따라서 날짜 변경선이 따라가기 때문에 날짜 변경선을 동쪽에서 서쪽으로 넘을 때 하루 경과, 서쪽에서 동쪽으로 넘을 때는 날짜를 하루 늦게 하는 것이다.

<시차 계산법>
①동경 같은 지역, 서경 같은 지역에 있는 두 지점 (A·B)의 시차=(A의 경도-B의 경도)÷15

Ex. 도쿄(동경135도)와 런던(0도) →135÷15=9시간

②동경과 서경에 있는 두 지점(A•B)의 시차=(A의 경도+B의 경도)÷15

Ex. 도쿄(동경135도)와 뉴욕(서경75도) →210÷15=14시간

<서머타임>
영국이나 미국 등 고위도의 나라에서는 낮의 시간이 긴 여름 동안 표준시를 1시간 늘리는 서머타임을 채용하고 있다.

### ❸거리와 방위 (p.14 그림, 표 참조)
○여러 가지 지도의 특징과 사용법

지도는 지구의 표면을 찍어서 작성한다. 이것을 지도 방위법(도법)이라고 한다. 하지만 구면을 평면으로 하기 때문에 거리, 방위, 면적, 각도의 모든 것을 정확하게 나타내는 것은 불가능하다. 그렇기 때문에 목적에 맞게 여러 가지 지도가 작성되고 있다.

<대권 코스(항로)와 등각 코스(항로)>
대권 코스는 지구상의 두 지점 사이의 최단 거리가 되는 코스이다. 등각 코스는 지구상의 한 지점과 다른 지점을 연결할 때에 경선에 대해서 일정한 각도로 교차하는 코스이다.

### ❹공중 사진과 위성 화상
○공중 사진

항공기에서 지표면을 찍은 사진은 지형도나 토지 이용도 작성의 중요한 자료가 되고 국토개발, 환경 보전, 방재 계획 등에 활용되고 있다.

○위성 화상

인공 위성에서 관측 데이터를 영상화 하는 것으로 기상 관측, 자원 탐사, 지구 환경의 감시 등에 활용되고 있다.

### ❺지리 정보
지도에는 지형도와 같은 토지의 높낮이와 토지 이용 등의 정보를 얻을 수 있는 일반 지도와 기후 및 인구 분포 등의 통계 지도 같은 주제 지도가 있다.

또한 인공 위성에서 나오는 전파를 기준으로 위치를 아는 전 지구 측위 시스템(GPS)과 지리 정보를 수집, 정리, 분석, 표시하는 지리 정보 시스템(GIS)의 작성도 진행되고 있다.

<지형도>
지형도란 도로, 철도 등 토지의 모습을 실제 거리를 축소하여 나타낸 지도이며 2만5천분의 1, 5만분의 1, 20만분의 1 등이 있다.

5만분의 1의 지형도의 경우 1km는 지도상에서는 2cm가 된다.

## [2] 세계의 지리적 환경
### ❶세계의 지형
○지형의 형성

지형을 만드는 힘을 영력이라 하고, 내적 영력과

외적 영력이 있다.

내적 영력이란 지구의 내부로부터 기복을 크게 하는 지각 운동과 화산 활동이다. 지각 운동에는 산을 만드는 조산 운동과 육지를 만드는 조륙 운동이 있다.

외적 영력이란 지구의 외부로부터 기복을 평평하게 하는 풍력, 침식, 퇴적 등이 작용하는 것이다.

○대지형의 분류　(p.16 그림 참조)

내적 영력에 의해서 만들어진 대규모의 지형을 대지형이라고 한다. 세계의 육지에는 산지를 만드는 조산 운동을 받은 시기에 따라서 크게 3개로 나누어진다.
▶안정육괴 : 오랜 기간, 지각 운동을 받지 않은 지구상의 가장 오래된 안정한 지역. 오랜 기간의 침식으로 평원이나 고원으로 된 곳이 많다.
▶고기조산대 : 안정육괴 등 침식을 받은 기간이 길지 않기 때문에, 낮고 완만한 산지로 되어 있는 곳이 많다.
▶신기조산대 : 지금도 조산 운동이 이어지고 있기 때문에 험한 산맥으로 되어 있다. 화산이나 지진도 많다. (환태평양 조산대, 알프스 히말라야 조산대)

○여러 가지 소지형　(p.17 그림 참조)

외적 영력에 의해서 만들어진 지형을 소지형이라 한다. 소지형에는 평야지형과 해안지형 등이 있다.
▶평야 지형 : 강의 퇴적 작용에 의해서 만들어진 평야는 충적 평야라고 한다. 충적 평야에는 선상지와 삼각주(델타)가 보인다.
▷선상지 : 강이 산으로부터 평지에 나오는 곳에 보이는 부채 모양의 지형.

강의 상류에서 순서대로 선정, 선중, 선단으로 나누어진다. 선중은 밭이나 과수원 등에 이용되고 선단에는 수전이나 주택지가 있다.
▷삼각주(델타) : 강이 바다 등에 나오는 하구 가까이에 보이는 삼각형의 지형.

주로 수전에 이용된다.

낡은 평야나 선상지 등이 솟아올라 만들어진 홍적대지에는 강의 물길을 따라서 발달하는 계단 모양의 지형인 해안단구가 보인다. 단구면은 물을 얻기 힘들기 때문에 밭이나 과수원 등에 이용된다.
▶해안 지형 : 해안은 육지가 솟아오르거나 해면이 내려가거나 하여 생긴 이수 해안과 육지가 가라앉거나 해면이 올라가거나 해서 생긴 침수 해안으로 나누어진다.

대표적인 침수 해안에는 톱 모양의 해안선을 갖는 리아스식 해안(동북 태평양 측의 삼륙 해안 등)(☞ p.57, 64)과 빙하의 침식에 의해서 단면이 U 모양이 된 U 자곡에 해수가 흘러들어 만들어진 피오르드(노르웨이의 대서양안, 칠레 남부 등)(☞ p.25)이 있다. 모두 수심이 깊기 때문에 항구로서 이용된다.

## ❷세계의 기후

○기후　　(p.18 그림 참조)

기후라는 것은 장기간의 대기의 평균 상태를 나타낸 것으로서 기후를 구성하는 요소에는 기온, 바람, 강수량 등이 있다.
▶기온 : 기온은 적도에 가까운 저위도일수록 고온, 고위도일수록 저온이 된다. 또한 표고가 높은 곳일수록 저온이 된다(고도 100m 당 약 0.55℃ 씩 떨어진다).
▶바람 : 바람은 대기의 이동이고 기압이 높은 곳으로부터 낮은 곳으로 흘러간다.

1년을 통틀어서 거의 일정 방향으로 부는 바람을 항상풍이라고 하고 무역풍, 편서풍 등이 있다. 이 중 편서풍은 북위, 남위 30~60도 부근의 상공을 서쪽으로부터 동쪽으로 부는 바람으로 북반구의 대륙 서반이나 뉴질랜드, 칠레, 남부 등에서 발달한다.

또한 계절에 의해서 결정된 방향에서 부는 바람을 계절풍(몬순)이라고 하고 여름은 바다로부터 육지로 겨울은 육지로부터 바다로 분다. 일본에서는 여름에 남동풍, 겨울에는 북서풍이 된다.

이 외에도 열대의 해양 상에서 발생하고 고위도로 흘러가는 폭풍(북태평양에서 발생하는 것을 태풍, 카리브해나 멕시코만 등 북대서양에서 발생하는 것을 허리케인, 인도양에서 발생하는 것을 사이클론이라고 한다)과 푄(풍염) 등 한정된 지역에서 부는 지방풍(국지풍)이 있다.
▶강수량 : 강수량이란 비, 눈 등이 내린 양을 말하며 적도 근처가 가장 많고 고위도 지방이 될수록 적어진다. 또한 내륙부일수록 건조하여 강수량은 적다.

<엘니뇨와 라니냐 현상>

남아메리카의 페루와 에콰도르 연안에서 남동태평양의 적도 부근에 걸쳐서 해면 수온이 평년 보다 1~2도 높아지는 현상을 엘니뇨 현상이라 하며, 전세계의 기후에 영향을 미친다. 그 반대로 1~2도 낮아지는 현상을 라니냐 현상이라 한다.

○쾨펜의 기후 구분　(p.19 그림 참조)

독일의 기후 학자인 쾨펜은 기온과 강수량에서 식물 분포를 기초로 하여 세계의 기후를 열대(A), 건조대(B), 온대(C), 냉대(D), 한대(E)로 나누었다.
▶열대(A) : 적도 부근의 저 위도지역에 분포하고 1년 중 고온으로 사계의 변화가 없다
▷열대우림 기후(Af) : 1년중 고온으로 비가 많고 스콜(세찬 비)이 있다. <싱가포르, 키상가니(콩고민주공화국)>
▷열대몬순 기후(Am) : 여름은 우기, 겨울은 약한 건기가 된다. <양곤(미얀마), 마이애미(미국)>
▷사바나 기후(Aw)　: 여름은 우기, 겨울은 건기가 되고, 사바나(열대 초원)가 펼쳐진다. <방콕(타이), 다윈(호주)>

▶건조대(B) : 남북의 위도 25도 가까이 분포하고 강수량이 적고 1년의 증발량이 강수량 보다 많고 1일 기온의 차이가 크다.

▷사막 기후(BW) : 비는 거의 없고 사막이 펼쳐지고 식물은 거의 보이지 않는다. <카이로(이집트), 다칼(세네갈)>

▷스텝 기후(BS) : 짧은 우기가 있고 스텝(짧은 풀의 초원)이 펼쳐진다. <우루무치(중국), 킴벌리(남아프리카공화국)>

▶온대(C) : 열대와 냉대 사이에 분포하고 온난하며 (가장 추운 달 평균 기온이 -3도부터 18도 미만), 사계의 구별이 명확하다.

▷온난습윤 기후 (Cfa) : 계절풍의 영향으로 여름에는 고온으로 비가 많이 오고 겨울에는 저온으로 건조하다. <도쿄, 뉴욕(미국), 시드니(호주)>

▷서안해양성 기후(Cfb) : 편서풍의 영향으로 여름은 시원하고 겨울은 온난. 기온, 강수량 모두 계절에 의한 변화가 적다 <런던(영국), 파리(프랑스), 멜버른(호주)>

▷온난동계소우 기후(Cw) : 여름은 고온으로 비가 많고 겨울은 온난하고 건조하다. <칭따오( 중국), 홍콩, 하노이(베트남)>

▷지중해성기후(Cs) : 여름은 고온으로 비가 적고 겨울은 온난하여 비가 많다. <로마(이탈리아), 아테네(그리스), 샌프란시스코(미국), 케이프타운(남아프리카공화국) >

▶냉대(아한대)(D) : 북반구의 온대와 한대 사이에 분포하고 여름과 겨울의 기온 차가 크다.

▷냉대습윤 기후(Df) : 짧은 여름은 비교적 고온이고 긴 겨울은 저온이 된다. 1년 동안 비교적 강수량이 많다(겨울은 눈이 내린다). <모스크바(러시아), 시카고(미국)>

▷냉대동계소우 기후(Dw) : 여름은 강수량이 많고 겨울은 건조하며, 강수량(눈)이 적다. <북경( 중국), 하바롭스크(러시아) >

▶한대(E) : 남극과 북극의 주변에 분포하고 강수량이 적다.

▷툰드라 기후(ET) : 1년 내내 저온으로 짧은 여름 동안만 이끼 등이 자란다. <배로(미국)>

▷빙설기후(EF) : 1년 내내 얼음이나 눈으로 덮여서 식물이 거의 자라지 않는다. <쇼와기지(남극), 그린란드>

## ❸세계의 식생  (p.22 그림 참조)

식생(산림이나 초지의 상태)은 기온이나 강수량의 영향을 받기 때문에 기후와 관계가 깊다.

▷열대 기후
-열대우림 기후 : 밀림이 펼쳐져 있다…정글(동남아시아, 아프리카), 셀바스(아마존 강 유역)
-사바나 기후 : 긴 풀의 초원과 나무가 별로 없는 숲이 펼쳐져 있다.…사바나

▷건조대 기후
-스텝 기후 : 짧은 풀의 초원이 펼쳐진다.…스텝
▷온대 기후
-온난습윤 기후 : 비가 적은 지역에는 온대 초원이 펼쳐져 있다…프레리(아메리카 중앙), 팜파스(아르헨티나에서 우루과이)
-지중해성 기후 : 건조에 강한 올리브가 자란다.
▷냉대 기후
-냉대습윤 기후 : 침엽수림이 분포되어 있다…타이가(유라시아 대륙, 북아메리카 대륙 북부) -> 세계적인 목재 공급지
▷한대 기후
-툰드라 기후 : 짧은 여름 동안만 이끼 등이 자란다.

## [3] 세계의 여러 나라

### ❶세계의 여러 나라 (p.23 그림 참조)

현재 세계에는 197개의 독립국이 있고(가장 새로운 독립국은 남수단공화국), 약 75억명의 사람들이 살고 있다. 각 나라에는 정치 체제, 경제 상황, 자연환경 등 많은 차이가 있고 또한 인종, 민족, 언어, 종교를 둘러싼 심각한 문제를 안고 있는 나라도 적지 않다.

▶면적이 큰 나라 : 1위 러시아 , 2위 캐나다, 3위 미국, 4위 중국
▶인구가 많은 나라 : 1위 중국, 2위 인도, 3위 미국, 4위 인도네시아

### ❷유럽의 여러 나라  (p.23 그림 참조)

유럽의 민족, 인종의 대부분은 게르만, 라틴, 슬라브의 백인종이고 종교는 크리스트교 중심이다. 또한 유럽 연합(EU)의 탄생으로 경제적인 통합이 이루어져 있다.

○영국 : 면적 24.2만㎢, 인구 6,657만명
잉글랜드, 스코틀랜드 웨일즈, 북 아일랜드로 이루어진 연합왕국. 1970년대에 북남 유전을 개발한 것에 의해서 1980년부터 석유 수출국이 되었다.

○프랑스 : 면적 55.2만㎢, 인구 6,523만명
서 유럽 최대의 산업국으로 밀가루, 포도, 올리브의 재배가 번성. 원자력 발전의 비율이 세계에서 가장 크다.(☞p.37)

○독일 : 면적 35.7만㎢, 인구 8,229만명
유럽 최대의 공업국으로 석탄이 풍족한 라인강 유역의 룰루 공업지대는 유럽 최대의 공업지대. 자동차, 화학, 공업 등이 발달하고 풍력, 태양력 발전에도 힘을 쏟고 있다.

○네덜란드 : 면적 4.2만㎢, 인구 1,708만명
라인 강 하류에 위치하고 국토의 약 25%가 해면보다 낮은 폴더라고 불리우는 간택지가 차지하고 있다. 낙농이 번성하고 치즈, 버터의 수출이 많고 튤립 재배 등 원예 농업도 번성

○이탈리아 : 면적 30.2만㎢, 인구 5,929만명

이탈리아 반도와 약 70개의 섬으로 구성되어 화산대에 위치한다. 남북의 경제 격차가 크고 북부는 밀라노 등의 중공업이 발달하고 남부는 소규모의 농가가 많다. 수도 로마 안에 바티칸 시국이 있다.

○스페인 : 면적 50.6만㎢, 인구 4,639만명

▷이베리아 반도의 80%를 차지하고 국토의 대부분이 메세타라고 불리는 테이블 모양의 건조 고원. 오렌지 류의 수출량, 올리브의 생산량은 세계 1위.

○그리스 : 면적 13.2만㎢, 인구 1,114만명

고대 문명 발생지의 하나이고 발칸 반도 남동부의 지역과 에게 해의 약 3,000개의 섬들로 되어 있다. 해운업과 관광업이 번성. 현재 재정위기가 심각화되고 있다.

○스위스 : 면적 4.1만㎢, 인구 885만명

영세 중립국. 알프스 산맥에 위치한다. 정밀기계(시계)와 화학공업(의료품)이 발달. 제네바에는 WTO(☞p.176)의 본부가 있고 취리히는 국제 금융의 중심지이기도 하다. 1인당 국민 총소득(GNI)(☞ p.136)은 세계 1위.

○벨기에 : 면적 3.1만㎢, 인구 1,149만명

네덜란드어, 프랑스어, 독일어를 공용어로 한다. 임금 수준은 EU 최고로 수도 브뤼셀에는 EU 본부가 있다. 네덜란드, 룩셈부르크와 더불어 베네룩스 3국이라고 한다.

○노르웨이 : 면적 32.4만㎢, 인구 535만명

스칸디나비아 반도의 서안에 위치하고 피오르드 지형이 많다. 어업이 번성하고 북해 유전을 갖는 석유 수출국이기도 하다. 1인당 국민 총소득(GNI)은 세계 제 2위.

○룩셈부르크 : 면적 2,586㎢, 인구 59만명

벨기에, 프랑스, 독일에 둘러싸인 소국. 유럽을 대표하는 금융 센터로 1인당 국민 총소득(GNI)은 탑 클래스.

○러시아 : 면적 1,709.8만㎢, 인구 1억 4,396만명

세계 최대의 면적을 가지며 인구의 80%는 슬라브계 러시아인. 소수 민족은 자치 공화국 등을 만들어가고 있지만 독립을 주장하는 체첸 공화국과의 사이에서 무력 충돌이 일어났다(☞p.234). 석유, 천연 가스 등의 광물 자원이 많고 수도 모스크바를 중심으로 중화학 공업이 번성. 최근 뛰어난 경제 성장을 이루고 있는 BRICs(☞ p.34) 나라 중 하나.

○구 소련 제국

발트3국 : 에스토니아, 라트비아, 리투아니아
CIS(독립국가 공동체) : 우크라이나, 벨라루스 등 구 소련 12개국

### ❸북아메리카, 남아메리카의 여러 나라

북아메리카는 앵글로 색슨계의 영국인을 중심으로 개척되어 종교는 개신교, 가톨릭이 중심이다.

중앙, 남아메리카의 나라들은 스페인, 포르투갈인을 중심으로 개척되어 종교는 가톨릭이 많다. 또한, 멕시코보다 남쪽 중앙, 남아메리카를 라틴 아메리카라고 하고 백인 외에 원주민인 인디오(☞ p.48, 234), 흑인, 메스티소(백인과 인디언의 혼혈) 등이 살고 인종의 구성이 복잡하다.

○캐나다 : 면적 998.5만㎢, 인구 3,695만명

면적은 러시아에 이어서 세계 제2위. 국토의 약 절반이 산림으로 목재, 펄프, 종이의 수출이 많다. 공용어는 영어와 프랑스어로 프랑스계 주민이 80%를 차지하는 퀘벡 주에서는 캐나다로부터 분리 독립 운동이 활발하다(☞ p.233).

○미합중국 : 면적 983.4만㎢, 인구 3억 2,676만명

50개 주로 구성된 다민족 연방국가. 세계 경제의 중심, 세계 최대의 공업국, 농업 생산국. 최근 멕시코 등 스페인어 권으로부터 이민 오는 히스패닉이 증가하고 있다.

[농업] 5대호 주변에서는 낙농, 옥수수의 재배가 성행하고 생산, 수출량 공히 세계 1위. 남동부에서는 면화, 중앙부의 프레리(북미대륙 중앙부에 남북으로 펼쳐지는 초원)에서는 수출량이 세계 제2위인 밀, 건조한 서부에서는 식용 소와 양의 목축이 성행.

[공업] 북부의 디트로이트에서는 이전에 자동차 공업이 발달하였다. 또한 북위 37도 보다 남쪽의 온난한 지역을 선벨트라고 하며, 로스앤젤레스의 항공기 산업, 휴스턴의 우주산업 등 첨단 기술형 산업이 성행. 샌프란시스코 남부에는 세계적인 전자공업 지역인 실리콘밸리가 있다.

○멕시코 : 면적 196.4만㎢, 인구 1억 3,075만명

옛날 멕시코 고원에서는 아즈텍 문명, 유카탄 반도에서는 마야문명이 번영하였다. 석유, 은광 등의 광물 자원이 풍부하고, 은광의 산출량은 세계 1위. 면화, 커피 콩 등의 수출도 번영.

○코스타리카 :

커피 콩, 바나나의 수출에 의존하고 있다. 1949년에 헌법으로 군대를 폐지.

○파나마

파나마 운하의 통항료에 의존하고 있다. 배 보유량은 세계 1위.

○쿠바

카리브 해에 있는 서 인도 제도 중에서 최대의 섬나라. 1959년의 쿠바 혁명으로 사회주의 국가가 되었다. 사탕수수의 재배가 번영.

○브라질 : 면적 851.6만㎢, 인구 2억 1,086만명

국토의 약 65%가 브라질 고원으로 되어 있다. 커피 콩의 생산량, 설탕의 생산량과 수출량은 세계 1위. 철강석의 수출량은 세계 2위. 최근 현저한 경제 발전을 이루고 있는 BRICs(☞ p.34) 중 한 나라. 공용어는 포르투갈어.

○아르헨티나

팜파스(아르헨티나에서 우루과이로 분포하는 온대

초원 지대)에서 밀가루, 옥수수 재배나 목축이 번영. 라틴아메리카 출신 백인(크리오요)이 인구의 많은 부분을 차지.

○베네수엘라

라틴아메리카 최대의 산유국이고, 원유 매장량은 세계 1위. 석유수출국기구(OPEC)(☞ p.30)에 가맹되어 있다.

○페루

옛날 잉카 제국이 번영한 땅. 은광의 산출량은 세계 제 2위로 수산업도 번영.

○칠레

은광이 최대 산업으로 동광의 산출량은 세계 1위.

## ❹아시아, 오세아니아의 여러 나라

아시아에는 여러 민족과 언어가 있고 종교는 불교, 이슬람교, 힌두교 등이 있다. 동남 아시아에서는 모노컬처 경제(☞p.230)에서 빠져나오기 위해 공업화를 진행한 결과 최근 경제가 현저히 발전한 나라가 많다. 서아시아에서는 스텝(짧은 풀이 자라난 초원)과 사막이 펼쳐지고 이슬람 문화권에 속해 있다.

오세아니아는 호주 대륙과 태평양의 섬들을 합친 지역을 가리키며 태평양의 섬들은 인종과 문화에 의해서 멜라네시아, 미크로네시아, 폴리네시아 세 개의 지역으로 나누어져 있다. 영어, 프랑스어를 공용어로 하는 나라가 많고 크리스트 종교가 많다.

○중국 : 면적 960.0만㎢, 인구 14억 1,504만명

세계 제 4위의 넓은 국토에 약 14억명이라는 세계 1위의 인구를 떠안고 있는 사회주의국가. 농업 생산이 번영하고 쌀, 밀가루의 생산량은 세계 1위. 광물 자원도 풍부하고 석탄의 산출량은 세계 1위. 최근에는 경제 발전이 현저하고 국내 총생산(GDP)(☞ p.136)은 세계 제 2위.

○태국

불교국. 쌀의 수출량은 세계 1위.

○말레이시아

말레이 반도와 보르네오 섬으로 이루어져 있다. 천연고무 등 플랜테이션 농업이 번영. 중국계, 인도계 주민과 말레이계 주민과의 경제 격차를 없애기 위해 말레이인 우대 정책인 부미푸트라 정책이 실시되고 있다. 또한, 일본 등을 모델로 한 룩 이스트 정책을 실행하여 공업화를 이루었다.

○싱가포르

중국계 주민이 75%를 차지하고 있다. 중계 무역지로서 금융업, 해운업이 발달. 무역 의존도(☞ p.170)는 세계 1위 (홍콩을 제외).

○인도네시아

약 1만 7,000개의 섬들로 이루어진 동남아시아 최대의 이슬람 국가. 천연 가스, 석탄, 석유 등 지하 자원이 풍부하고 석탄의 수출량은 세계 제 2위. 야자유(☞ p.32) 수출량은 세계 1위.

○필리핀

약 7,000개의 섬들로 이루어진 가톨릭 중심의 나라. 사탕수수와 바나나 등 플랜테이션 농업(☞ p.30)이 번영.

○베트남

사회주의국가. 시장 경제를 도입한 도이모이(쇄신) 정책(☞ p.124)을 진행하고 고도 경제 성장을 달성하였다. 쌀의 수출량은 세계 3위. 커피 콩의 수출량은 세계 제 2위.

○인도 : 면적 328.7만㎢, 인구 13억 5,405만명

힌두교도(☞ p.54)가 약 80%를 차지한다. 갠지스 강 유역은 최대의 농업지대이고, 쌀, 밀가루, 면화의 세계적 산지로 쌀의 수출량은 세계 제 2위. 최근 공업화가 진행되고 있는 BRICs(☞ p.34)의 한 나라로 정보 통신 기술(ICT)이 현저하게 발달했다.

○방글라데시

이슬람교가 약 85%를 차지한다. 국토의 대부분이 삼각주(델타) 지대로 주된 생산물은 황마, 쌀, 가죽 제품 등이다.

○사우디아라비아

아라비아 반도의 약 80%를 차지하고 이슬람교의 성지 메카가 있다. 석유 자원이 풍부하고 원유 수출량이 세계 1위.

○이스라엘

유대인, 유대교도가 약 75%를 차지하고 히브리어, 아랍어를 공용어로 한다. 아랍인과의 민족 대립을 계속하고 팔레스타인 땅을 둘러싸고 4회에 걸쳐서 중동전쟁이 일어났다(☞ p.115).

○터키

국민 대부분이 이슬람교. 아시아와 유럽의 경계에 있고 정치, 경제면에서는 유럽과의 관계가 깊으며 NATO(북대서양조약기구)(☞ p.111)에 가맹하는 등 EU(☞ p.177) 가맹을 지향하고 있다.

○호주 : 면적 769.2만㎢, 인구 2,477만명

1979년까지는 백인만 있는 호주를 목표로 하는 백호주의 정책(☞ p.233, 249)을 펴왔지만, 현재는 아시아와 유럽에서 이민도 늘어나 다문화주의 사회(☞ p.249)가 되고 있다. 석탄, 철광석, 석유, 천연가스 등이 풍부하고 석탄, 철광석의 수출량은 세계 1위, 보크사이트(철반석)의 산출량은 세계 1위. 또한 농업, 축산업이 번영하고 양모의 수출량은 세계 1위에 소고기, 밀가루의 수출도 많다.

○뉴질랜드

영국계 백인이 많은 나라. 농업, 축산업이 번영하고 육류, 양모의 수출량은 세계 2위.

## ❺아프리카의 여러 나라

북아프리카에는 아랍인이 많고 이슬람 사회가 형성되어 석유자원도 풍부하다. 한편 중앙, 남아프리카는 거의 전역이 유럽의 식민지였기 때문에 유럽

자본을 기반으로 수출용 작물을 재배하는 플랜테이션 농업이나 금, 다이아몬드 등의 지하자원 개발이 진행되었다. 20세기에 많은 나라가 독립했지만(☞ p.114), 독립 후에도 모노컬처 경제(☞ p.230)에 의해서 빈곤이 이어지고 있다. 또한 부족간의 대립 등으로 정치적인 혼란을 보이는 나라도 많다.

○이집트 : 면적 100.2만㎢, 인구 9,937만명
　나일강의 삼각주(델타) 지대에는 농업이 번성하고 아스완하이 댐의 건설에 의해서 농산물의 생산고는 증가했다. 석유 외에 수에즈 운하의 통항료나 피라미드 등 고대 유적의 관광수입이 중요한 수입원이 되고 있다.

○에티오피아
　아프리카에서 가장 오래된 독립국으로 국민의 60%가 크리스트교, 30%가 이슬람교. 세계에서 가장 빈곤한 나라 중 하나. 커피 콩의 생산이 번영

○가나
　카카오 콩의 수출에 의존하고 있고 생산량 수출량은 세계 제 2위.

○코트디부아르
　카카오 콩의 생산량 수출량은 세계 1위.

○나이지리아 : 인구 1억 9,587만명
　아프리카 최대의 산유국으로 석유수출국기구(OPEC)에 가맹하고 있다. 인구는 아프리카 최대.

○케냐
　국민의 80% 이상이 크리스트교. 화이트 하이랜드(식민지 시대에 백인이 소유한 토지)에서 커피 콩이나 차의 플랜테이션이 번성하고 차의 생산량은 세계 3위, 수출량은 세계 2위.

○라이베리아
　미국의 해방 노예에 의해서 건국되었다 (1847년).

○남아프리카 공화국
　아파르트 헤이트(☞ p.232)에 의한 백인 우대 정책을 펴왔지만 1991년에 폐지되었다. 아프리카의 일등 공업국으로 금, 다이아몬드, 백금 등의 광물 자원이 풍부.

<석유수출국기구(OPEC)>
　1960년에 세계의 주된 수출국이 석유 정책 조정과 원유 가격 안정 등을 목적으로 설립한 국제기구. 본부는 빈에 두었다.
　현재, 이라크, 이란, 쿠웨이트, 사우디아라비아, 베네수엘라, 카타르, 리비아, 아랍에미리트, 알제리, 나이지리아, 앙골라, 에콰도르, 인도네시아의 13개국이 가맹하고 있다.

## [4] 세계의 자원과 산업
### ❶세계의 산업
○산업의 분류
　산업은 생산의 방법이나 생산되는 물건, 서비스의 성질에 의해서 크게 세 가지로 나누어진다.
▷제1차 산업: 농업, 임업, 수산업, 축산업
▷제2차 산업: 광업, 건설업, 제조업
▷제3차 산업: 상업, 금융, 보건업, 운수업, 서비스업 (정보, 교육, 의료, 복지 등)

○산업별 인구 구성　(p.31 그림 참조)
　경제 발전에 의해서 산업의 중심은 제1차 산업에서 제2차, 제3차 산업으로 변화한다(산업구조의 고도화). 선진국에서는 제3차 산업의 인구 비율은 높지만 개발 도상국에서는 낮다.
　제2차, 제3차 산업은 주로 도시부에서 운영되기 때문에 이러한 산업에서 일하는 인구의 증가는 도시부에 인구를 증가시킨다.

※오른쪽 위 그림은 삼각도표라고 불리고 제1차 산업의 비율이 높은 개발 도상국은 삼각형의 위 쪽으로 제3차 산업의 비율이 높은 선진국은 삼각형의 왼쪽 아래에 위치한다. 일본이 1960년대에 선진국 형이 되고 태국도 경제가 발전하고 있는 것을 알 수 있다.

○세계의 농업　(p.32 도표 참조)
　세계의 주요한 농산물은 옥수수, 쌀, 밀가루의 3대 곡물(☞ p.49)과 보리, 감자류, 대두 등으로 중국, 미국, 인도 3개국에서 전 세계의 대략 절반 정도의 곡물을 생산하고 있다.
　곡물의 수출은 미국이 가장 많고 밀가루의 수출량은 세계 2위다. 그 중 옥수수는 대부분이 사료, 바이오 연료(☞ p.38)용이다.
※야자유는 열대지역의 기름야자 열매로부터 얻는 기름으로 식용유나 마가린, 비누 등 바이오 연료로서 사용되고 있다. 기름야자 재배로 인해 열대 우림에서는 산림 파괴가 진행되고 있다.

○세계의 축산업　(p.33 표 참조)
　축산물(육류나 우유, 유제품)의 생산과 소비는 선진국에 의존하고 있고 개발 도상국이나 가난한 지역에서는 적다. 이것은 영양 섭취(영양을 체내에 집어넣는 것)의 면에서도 문제가 되고 있다.

○세계의 임업　(p.33 표 참조)
　세계의 산림 면적은 약 40억ha(헥타르)이며 국토의 약 30%를 차지하고 있지만, 세계적으로 목재소비량이 늘었기 때문에 브라질이나 인도네시아 등의 열대 지역을 중심으로 산림은 감소하고 있다(2010년에서 2015년까지 일본의 규슈 전체와 동일하게 감소). 한편 중국 등 아시아의 온대 지역에서는 식림 활동이 진행되어 산림은 증가하고 있다.
　목재 생산의 대부분은 국내 소비에 쓰이며 무역에 쓰이는 양은 적다.

○세계의 수산업 (p.34 표 참조)

세계의 수산 자원은 최근 어패류를 과도하게 잡는 것이나 수역 환경의 변화에 의해서 감소하고 있다. 하지만 전 세계적으로 어패류의 소비가 늘고 있다. 그로 인해 생선을 인공적으로 키우는 양식업이 급속히 확대되었다. 특히 중국의 양식업은 크게 늘고 있다.

수산물의 무역에서는 원래 수출이 활발한 노르웨이, 미국에 더하여 최근에는 중국이나 태국이 상위를 차지하게 되었다. 또한 수입은 일본을 비롯하여 특정 나라에 집중되어 있다.

○세계의 공업 (p.34 그래프 참조)

세계의 공업 생산은 EU, 미국, 일본 등 선진국에서의 생산이 늘어나는 것이 여의치 않는 한편 중국을 비롯하여 태국, 말레이시아 등 아시아 지역의 신흥국에서 급속히 늘어나고 있다. 특히 중국은「세계의 공장」으로 불리고 저렴한 노동력으로 생산량을 늘리고 있다.

중국과 나란히 천연 자원이 풍부한 브라질, 러시아, 인도(남아프리카 공화국을 추가하는 의견도 있다)에서도 공업이 급속히 발전하였다. 이러한 나라는 BRICs 라고 불리고 세계 경제에 큰 영향을 미치고 있다.

<자동차의 수출> (p.34 그래프 참조)

2000년 초까지 자동차 수출은 일본과 미국이 중심이었다. 최근에는 중국의 자동차 수출이 급속하게 신장되어 현재는 세계 제일의 자동차 수출국이 되어 있다.

❷세계의 자원과 에너지
○자원과 에너지 (p.35 그래프 참조)

자원에는 석탄, 석유, 천연가스나 수력, 풍력, 태양열 등 에너지를 만드는 에너지 자원과 철과 구리 등 공업 제품의 원재료가 되는 원료 자원이 있다.

석유, 석탄, 천연가스 등의 화석 연료나 원자력, 수력, 풍력 태양열 등의 자연 에너지를 1차 에너지라고 하고 전기, 가솔린 등 1차 에너지를 가공 변환하여 얻을 수 있는 에너지를 2차 에너지라고 한다.

○세계의 에너지 자원(☞p.255) (p.36 도표 참조)
▶석유 : 세계적으로 1차 에너지 공급에서 가장 많은 에너지원이며 전체의 약 30%를 점하고 있다. 유전의 약 50%가 중동 지역에 분포하고 있다.
▶석탄 : 화력 발전의 연료 등으로서 석유 다음으로 많은 에너지원이다. 세계의 대탄전은 중국, 인도, 미국 등 넓게 분포하고 비교적 안정적으로 공급되고 있다.
▶천연가스 : 석유, 석탄에 비교하여 연소할 때 이산화탄소 배출량이 적기 때문에 친환경 클린 에너지라고 불리고 있다. 원자력과 나란히 석유를 대체하는 에너지로 수요를 늘리고 있다.

<셰일 가스, 셰일 오일>

지하의「항암(셰일)층」이라 불리는 딱딱한 암반에 포함된 천연 가스, 석유를 말한다. 최근에는 기술 개발이 추진되어 미국, 캐나다 등지에서 생산이 본격화되고 새로운 에너지 자원으로 주목 받고 있다. 2012년 이후 미국은 세계 최대 천연 가스 생산국이 되었다.

○세계의 원료 자원(광물자원)
(p.36, 37 표, 그래프 참조)
▶철광석 : 철광석은 공업의 기초 소재인 철강을 생산하는 것에서 빠트릴 수 없는 자원이다.

최근 중국, 인도, 브라질 등의 경제가 급속히 발전한 것에서 철강의 수요도 크게 늘었다. 특히 중국은 조강(가공을 하지 않은 제조한 강철)의 생산량이 세계 1위이며 철광석의 수입은 세계 65%로 되어 있다.
▶비철금속 : 알루미늄의 원료인 보크사이트는 중국, 호주 외에 열대를 중심으로 분포하고 있다. 동광은 칠레나 페루, 은광은 멕시코나 페루 등이 주요한 생산국이다.

또한 니켈, 코발트, 망간 등의 레어메탈(수요에 비해서 산출량, 유통량이 적은 금속)은 하이테크 산업에서 사용되기 때문에 중요성이 늘고 있다. 레어메탈의 생산은 중국이 대부분을 차지하고 있다.

○세계의 전력 생산 (p.37 그래프 참조)

세계 각지에서의 발전 에너지원에는 지역성이 있다. 석탄 자원이 풍부한 미국, 중국, 러시아, 인도, 독일 등에서는 화력 발전 비율이 높고 자연 조건을 충족한 캐나다나 브라질 등에서는 수력 발전 비율이 높다. 한편 자원이 풍부하지 않은 프랑스나 일본에서는 원자력 발전의 비율이 높아지고 있다.

원자력 발전은 방사성 폐기물 처리 문제나 사고 등으로 방사성 물질이 누출될 위험이 있다. 1989년에는 구 소련의 우크라이나에서 체르노빌 원발 사고가 일어났다. 2011년에는 일본에서도 동북지방 태평양 지진의 쓰나미로 인해서 후쿠시마 제1 원발 사고가 일어났다(☞p.57). 이러한 사고는 방사능 오염에 의해서 큰 피해가 나왔다.

○신에너지의 개발 (p.38 표 참조)

최근 지열, 태양열, 풍력, 바이오매스 등 자연의 힘을 이용한 새로운 에너지가 주목을 받고 있다. 이러한 에너지는 재생이 가능하고 없어질 걱정이 없으며 친환경이기 때문에 재생 가능한 에너지, 클린 에너지라고 불린다.

하지만 발전량이 소규모이면서 입지 조건, 자연 조건에 제약되기 때문에 공급이 불안정하고 비용이 비싸다는 문제가 있다.(☞p.256)

**<바이오매스 에너지>**

가축의 분뇨에서 메탄가스와 옥수수, 사탕수수 등에서 나오는 에탄올을 채집하여 이용하는 에너지.

**<풍력발전이 활발한 덴마크>**

덴마크는 국토의 대부분은 완만한 반도가 차지하여 대서양에서 편서풍을 받기 쉽기 때문에 풍력 발전에 적합한 나라. 소규모의 것도 많지만 국내에는 많은 풍력 발전소가 있고 에너지 발전량 중 약 50%가 풍력 발전이다(나머지 약 50%는 북해 유전 등에 의한 화력 발전). 국가 전체로서의 풍력 발전량은 크지 않지만, 1인당 발전량은 세계에서도 현저히 높다.

**❸세계의 교통과 통신**

**○육상 교통**

육상 교통의 수송 수단이라고 하면 철도와 자동차지만 모터리제이션(자동차 사회화)의 진행에 의해서 육상 교통의 중심은 철도에서 자동차로 옮겨갔다. 하지만 최근에는 환경에 영향이 적은 철도가 재검토되어 대도시 부에서는 지하철이나 노면전차의 건설이 진행되고 세계 각국에서 대도시 사이를 잇는 고속 철도도 잇달아 건설되고 있다. 또한 트럭에서 철도나 배 등으로 화물 운송의 일부를 대체하는 모달 시프트화도 진행되고 있다.

**▶수송 수단**

**▷철도**

장점 : ①대량으로 ②비교적 빠르고 ③긴 거리를 저렴한 비용으로 ④기후에 크게 관계없이 안전하게 ⑤예정 시간대로 운송할 수 있다.

단점: 철도의 건설에는 ①지형적인 제약이 있고 ②많은 비용이 든다.

※유럽과 미국, 일본 등에서 발전

**▷자동차**

장점 : ①사람이나 물건을 목적지까지 직접 운반할 수 있는 등 편리성이 뛰어나다. ②고속도로(미국 고속도로, 독일의 아우토반 등)의 건설에 의해서 장거리 운송도 가능하게 되었다.

단점 : 교통 체증이 일어나고, 소음, 배기 가스(이산화탄소) 등 환경에 나쁜 영향을 끼친다.

**○수상 교통**

수상 교통에는 해상 교통과 내륙 수로 교통이 있다. 해상 교통의 수송 수단이라고 하면 선박이다. 국제 무역에 있어서는 해상 수송이 큰 역할을 하고 있고 석유를 옮기는 석유 유조선 외에 최근에는 컨테이너 화물선의 수송량도 늘고 있다. 선박도 대형화하고 이것에 대응하여 항만의 정비, 수에즈 운하나 파나마 운하의 확장이 이루어졌다.

내륙 수로 교통은 하천, 호수, 운하 등을 이용한 교통으로 유럽이나 러시아, 미국 등의 평탄한 지형의 지역에서 발달하고 있다.

**▶수송수단**

**▷선박**

장점 : ①대량으로 ②저렴하게 장거리 운송할 수 있다.

단점 : 수송에 시간이 걸린다.

**○항공 교통**

사람을 옮기는 여객 수송이 중심이었지만, 최근에는 항공기의 대형화, 전용기화가 진행되고 물건을 옮기는 화물 수송도 늘고 있다. 또한 운임의 저가격화를 추진하는 저가 항공회사(LCC)가 수송량과 수송망을 늘리고 있다. 사람과 물건의 국제 이동이 활발화함으로써 경제의 글로벌화가 진행되고 있다.

**▶수송수단**

**▷항공기**

장점 : ①장거리를 ②짧은 시간에 수송할 수 있다.

단점 : ①수송비가 비싸고 ②대량 수송이 불가능하고 ③공항 주변에서는 소음이 문제가 된다.

**○세계의 여객 수송과 화물 수송(p.41 그래프 참조)**

여객과 화물의 수송은 나라의 크기나 산업 구조의 차이 등에 의해서 나라별로 크게 다르다. 일본과 미국을 비교하여 보면 여객 수송에서는 일본은 철도의 이용이 많고 미국에서는 자동차, 항공기가 많다. 화물 수송에서는 일본은 자동차나 선박, 미국은 철도의 이용이 많다. 철도에 대해서 보면 미국이나 중국, 러시아 등 면적이 넓은 나라에서는 철도에서의 화물 수송 비율이 높고 일본과 같이 좁은 나라에서는 철도를 이용한 여객 수송의 비율이 높은 경향이 있다.

**<허브 공항>**

지역 내의 항공 네트워크의 중심이 되는 대규모 공항을 허브 공항이라고 한다. 방사형 모양으로 주변 공항과 연결하여 많은 여객을 모을 수 있기 때문에 경제적 효과도 크다. 미국의 시카고 공항이나 독일의 프랑크푸르트 공항은 허브 공항으로서 발전하여 국제, 국내 노선이 모여 있다. 아시아에서도 한국의 인천(서울), 중국의 상해 푸동 등 허브 공항이 있다.

**○세계의 통신 (p.42 그래프 참조)**

19세기 중반에는 근대 우편 제도가 각국에 퍼지고 전신기의 발명, 통화기의 실용화에 의해서 정보의 전달에 큰 역할을 다하였다. 20세기에 들어서서 라디오의 보급, 텔레비전이나 팩시밀리의 실용화 등 통신과 방송 수단이 발달하여 멀리 떨어진 원격지로의 정보 전달이 용이해졌다.

최근에는 광 파이버를 사용한 해저 통신, 케이블이나 통신위성 등의 통신 설비의 발달에 의해서 대량의 정보를 전 세계로 바로 송신하는 것이 가능하게 되었다.

또한 인터넷의 보급에 의해서 대량 정보를 바로 입수할 수 있게 되었고 정보의 발신도 용이하게 되었다. 더욱이 고정 전화 대신 휴대 전화, 스마트폰 등의 이동 전화가 선진국뿐만 아니라 개발 도상국에서도 급속히 퍼지고 인터넷에도 접속이 가능하게 되었다.

하지만 편리해진 반면에 컴퓨터 바이러스 감염 등에 의한 개인 정보의 유출 등 항상 위험에 노출 되고 있다. 또한, 인터넷 이용 접속 환경 차이에 의해서 정보 격차(디지털 디바이드)가 확대되는 문제도 발생하고 있다.

## [5] 인구와 도시, 촌락

### ❶세계의 인구

○인구의 분포와 인구밀도   (p.43 그래프 참조)

사람들이 주거 할 수 있는 장소를 외쿠메네라고 하며 전 육지의 90%나 된다. 한편 사막이나 한냉지, 고산 등 사람들이 주거 할 수 없는 장소를 아뇌쿠메네라고 하며, 전 육지의 약 10%가 된다. 이것은 농작물의 경작 한계와도 거의 일치하고 있다. 세계의 인구 분포는 불균형하고 유럽, 북아메리카 북동부와 동, 동남, 남 아시아의 몬순 지역에 인구가 집중되고 인구 밀도(어느 지역의 1㎢당 인구 수의 비율)가 높다. 반대로 사막이나 냉한지로 불리는 아뇌쿠메네에 가까운 지역은 인구 밀도가 낮다.

○세계의 총인구   (p.44 표 참조)

세계의 인구는 2017년 말 현재 75억 5,000만명에 달하고, 전년에 비해 5,000만명 이상 증가하고 있다. 1950년의 세계 인구는 약 25억명으로 60년 정도에 3배 가까이 늘고 있다. UN의 통계에 의하면 2050년에 세계의 인구는 97억명이 될 것으로 예측되고 있다.

지역별로는 아시아가 60%, 아프리카가 16.6%, 유럽이 약 10%, 라틴아메리카가 8.6% 정도가 되고 개발 도상국을 중심으로 인구가 급증하고 있다 .

국가별로는 중국이 약 14억명으로 가장 많고 이어서 인도가 약 13억명으로 이 두 나라에서 전체의 3분의 1이 된다. 중국에서는 1979~2015년 까지 「한 아이 정책」이 채택되어서 출생률(인구 1,000명 당에 대한 출생 수)이 억압되었기 때문에 2030년에는 인구감소로 변할 것으로 예측하고 있다.

○개발 도상국의 인구 문제

제2차 세계 대전 후 아시아, 아프리카, 라틴아메리카 등의 개발 도상국에서는 독립 후의 식료 증산이나 의료, 환경 위생의 개선 등으로 인해서 사망률이 저하하고 인구 폭발이라고 불리는 격렬한 인구 증가가 일어났다. 그 때문에 증가하는 인구에 식료 공급이 따라가지 못하는 식량 문제가 생기고 있다. 또한 연료에 목재를 사용하는 지역이 많은 점에서 삼림 재배가 진행되는 등 심각한 환경 문제도 일어나고 있다.

○선진국의 인구 문제   (p.44 표 참조)

선진국에서는 1960년대 경부터 합계 특수 출생률(여성이 낳는 아이들 수의 평균치)(☞p.244)이 급격하게 저하하였다. 최근 일본이나 독일에서는 출생률이 저수준인 채로 추이하여 저출산이 진행되고 있다. 한편 이민을 많이 받아들이는 미국이나 정부가 극진히 육아지원을 하고 있는 프랑스 등에서는 출생률이 회복되고 있다.

선진국에서는 저출산과 함께 고령화의 비율도 높아지고 있다.

○인구 구성   (p.45 그래프 참조)

인구 구성을 연령별, 성별로 나누어서 그래프화한 것을 「인구 피라미드」라고 한다. 인류 역사의 대부분은 다산다사를 가리키는 후지산형이었다. 하지만 18세기 후반에 영국에서 시작된 산업 혁명(☞p.80) 이후의 의료 발달에 의해서 사망률이 급속하게 감소하여 다산소사를 가리키는 피라미드형으로 변화하였다. 그 후 출생률의 저하로 인하여 인구가 늘거나 줄거나 하지 않는 소산소사를 가리키는 범종(벨)형이 되고 더욱이 출생률 저하로 이어져서 증가률이 마이너스가 되는 항아리 형태로 변화한다.

<이민 노동자>

인구는 자연 증가 이외에도 보다 풍부한 삶을 추구하여 다른 나라로 이주하는 이민 등의 인구 이동이 있다. 세계의 이민 노동자는 약 1억 5,000만명으로 특히 북아메리카와 유럽에서는 이민 노동자가 세계 경제를 지탱하는 중요한 역할을 담당하고 있다. 이민 노동자의 약 70%는 주로 음식점 등의 서비스업(제3차산업)에서 일하며 이어서 공업(제2차산업), 농업(제1차산업) 순으로 되어 있다. 가장 많은 이민을 받고 있는 나라는 미국(약 4,000만명)이며 이어서 독일(약 1,200만명), 러시아(약 1,100만명)로 되어 있다. 한편 이민을 가장 많이 보내는 나라는 인도이며, 멕시코, 러시아, 중국 등이 이어진다. 일본은 이민 노동자를 받는 것에 소극적이며 이민 노동자 보호에 관한 「이민 노동자 조약」에 비준하고 있지 않다.

### ❷세계의 도시, 촌락

○도시와 촌락

사람이 모여서 사는 장소를 취락이라고 하고 도시와 촌락으로 나누어진다. 도시는 인구가 많고 제조업 등의 제2차 산업이나 상업, 서비스업 등의 제3차 산업에서 일하는 사람이 많다. 촌락은 인구가 적고 주로 농림수산업 등의 제1차 산업에서 일하는 사람이 많다.

○도시의 발달   (p.47 그래프 참조)

20세기에는 세계 각지에서 인구가 도시에 집중하는 도시화가 진행되고 대도시도 출현하였다. 세계의 대도시는 동·남아시아, 유럽에 이어서 아시아, 남·북 아메리카에 집중하여 있다.

도시는 기능에 의한 공업 도시나 상업 도시, 정치, 종교, 학술, 관광 도시 등으로 분류되며 새로운 기능을 더하여 확대되고 종합도시로 발전하여 간다. 그것에 따라서 도시 중심부에는 교통이나 통신, 정보망이 집중되고 행정기관, 금융기관, 기업의 본사 등이 집중하는 중심 업무지구(CBD) (도쿄의 오테마치, 뉴욕의 맨하튼, 런던의 시티 등)가 만들어져 주변에 광대한 도시권을 가지게 되었다, 특히 큰 중심 도시를 메트로폴리스(거대 도시)라고 하고 나아가 인접하는 대도시가 벨트 형으로 결합하여 기능적으로 일체가 된 메갈로폴리스(광역 도시)도 출현하였다.

○도시 문제 발생 (p.47 그림 참조)

개발 도상국에서는 인구 폭발에 의한 급격한 인구 증가로 촌락의 잉여인구(일이 없는 사람들)가 직업과 먹을 것을 찾아서 도시로 유입하게 되었다. 하지만 도시도 공업화가 진행되지 않기 때문에 일할 장소도 없고 불안정한 일로 생활을 보내는 사람들도 많다. 이러한 빈곤층의 대부분은 슬럼가를 만들고 비위생적인 생활 환경 속에서 어쩔 수 없이 살고 있다. 슬럼에서는 범죄도 많고 노상에서 생활하는 스트리트 칠드런의 존재도 심각한 문제가 되고 있다.

선진국에서는 파리나 뉴욕처럼 일찍이 도시화가 진행되었지만 도시 중심부에서는 토지 가격이 올라가고 인구나 건물의 과밀에 의한 도시 환경의 악화도 진행되었다. 그 때문에 중·고 소득층의 사람들이나 공장이 도시에서 교외로 옮기는 등 도시 중심부가 공동화, 황폐화하는 이너시티 문제가 일어나고 있다. 낡은 시가지는 도로가 좁고 건물이나 라이프라인의 노후화가 진행되고 있는 경우도 많다. 그 때문에 도시의 재개발이 행해지고 있다.

그 외로 급격한 도시화에 의해서 도시 주변 농지나 산림이 파괴되고 주택이나 공장이 무계획적으로 확산되는 스프롤 현상도 일어나고 있다. 벌레가 파먹은 듯한 모양의 도시화가 진행되는 것으로 도시 계획에 방해가 되어서 도로망의 불규칙한 배치, 공공시설의 미비 등에 의해 주거 현상의 악화를 불러일으키고 있다. 또한 도시 인구는 감소하여 도시 주변의 주거 인구가 증가하는 도넛화 현상도 보이게 되고 출퇴근 시간의 장시간화와 교통의 혼잡 요인이 되기도 한다.

## [6] 세계의 생활, 문화, 종교

### ❶의식주

#### ○세계의 의복

의복은 추위, 더위 등에서 몸을 지키는 것뿐만 아니라 성별이나 신분, 직업을 나타내는 문화적인 지표도 되고 있다. 전통적인 의복은 지역의 기후, 풍토, 생활 습관에 맞춘 것이 많다.

-인도 등의 고온 다습한 지역

인도의 사리는 면이나 비단의 직물을 허리에 감싸고 남은 직물을 가슴에서 어깨, 등으로 늘어뜨리는 낙낙한 옷.

-알래스카, 그린란드 등의 냉한지

이누이트는 방한 보온에 뛰어난 모피 등을 착용.

-건조지역

이슬람교도의 여성은 햇볕과 모래 먼지를 막기 위해서 기장이 긴 챠도르를 착용.

-조선반도

치마, 저고리는 짧은 블라우스의 저고리와 가슴에서 발목까지 덮는 스커트 치마로 이루어진다.

-일본

화복(기모노)은 일본 전통 옷으로 허리 위치에 끈을 묶는 것으로 해서 몸에 고정한다.

-안데스 산맥의 고원

인디오는 낙타의 동류인 알파카의 털로 만든 망토풍 판초를 착용

#### ○세계의 식생활 (p.49 지도 참조)

식문화를 주식의 지역성에서 보면 삼대 곡물인 밀가루, 옥수수, 쌀과 감자류를 주식으로 하는 지역으로 나눌 수 있다.

▶밀가루

서남아시아 : 세계에서 가장 널리 주식으로 여겨지고 있다. 주로 가루로 만들어 유럽에서는 빵이나 파스타로, 인도나 서아시아에서는 얇게 구운 둥근 차파티나 발효해서 구운 난으로 해서 먹는다. 일본의 우동이나 라면이라고 하는 면류도 밀가루에서 만들어진다.

▶옥수수

멕시코에서 남아메리카 북부지역 : 라틴아메리카, 아시아, 아프리카에 분포한다. 멕시코에서는 가루로 반죽해서 얇게 펴서 구운 또띠아에 야채 등을 말아서 먹는다. 최근에는 가축의 사료나 연료(바이오 연료)의 원료로서 이용되는 경우가 많다(☞p.38).

▶쌀

중국의 장강 하류역 : 쌀을 주식으로 하는 지역은 동남아시아에서 동아시아에 분포하고 조리거나 쪄서 먹는다.

▶감자 (덩이줄기채소)

중앙 안데스 고원 : 유럽에 전해져서 전 세계적으로 재배되게 되었다. 가축의 사료나 알코올 전분의 원료로도 이용된다.

#### ○세계의 주거

세계의 주거는 자연 환경에 대응하여 여러 가지 특징이 있다. 동남아시아 같은 고온 다습한 지역에서는 지면에서 마루까지 공간을 설치하여 개구부가 큰 고

상식 주거가 만들어지고 북아프리카 등의 고온 건조 지역에서는 햇볕이나 외기를 막기 위해서 벽을 돌이나 벽돌로 쌓아서 개구부가 작은 주거로 만들어 진다.

또한 건축 재료도 여러 가지이며 나무나 흙, 돌 외에 눈이나 얼음을 재료로 하는 이누이트의 이글루나, 양모 등을 압축한 펠트로 만들어진 몽골인의 게르(파오) 등이 있다.

## ❷언어와 종교

### ○세계의 언어 (p.51 표, 그림 참조)

다양한 언어는 사람의 이동과 정치적인 이유 등으로 인해서 끊임없이 변화해 왔기 때문에 그 분포는 시대에 의해서 달라지고 있다. 근대에 국민 국가가 성립하는 과정에서 언어의 표준화가 진행되어 왔지만, 하나의 나라에서도 다른 언어를 말하는 사람들이 있고 벨기에, 캐나다 등에서는 분쟁의 원인이 되고 있다(☞p.233). 그 때문에 다민족 국가에서는 복수의 공용어(국가가 정한 공식 언어)를 정하고 있다. 예를 들면 싱가포르에서는 말레이어를 국어(그 나라를 대표하는 언어)로 정하고 있지만 그 외에 중국어, 타밀어, 영어가 공용어로 인정되고 있다. 인도에서는 힌두어를 공용어, 영어를 공용어에 준하는 언어로 사용하고 있다. 스위스에서는 독일어, 프랑스어, 이탈리아어 등 4개의 공용어가 있다. 또한 아프리카에서는 모어(태어날 때부터 몸에 익힌 언어)가 아닌, 일부의 민족만이 유리해지지 않도록 유럽 본국(식민지를 지배하는 나라)의 언어를 공용어로 하는 나라도 많다.

또한, UN은 UN헌장에 「중국어, 영어, 프랑스어, 러시아어, 스페인어」의 5개 국어를 공용어로 규정하고 있지만 1973년에 아랍어가 추가되었다.

| 어족 | 언어 | 분포•특징 |
|---|---|---|
| 인도, 유럽 어족 | 독일어, 영어, 프랑스어, 스페인어, 러시아어 등 | 유럽, 러시아, 서아시아, 인도에 걸쳐서 분포. 식민지 지배의 영향으로 남북아메리카, 호주 등의 「신대륙」에서도 널리 사용되고 있다. |
| 시나, 티베트 어족 | 중국어, 태국어 등 | 중국에서 동남아시아에 걸쳐서 분포. 화교의 진출 등에 의해서 동남아시아에서는 중국어가 널리 사용되게 되었다. |
| 아프로, 아시아 어족 | 아랍어 등 | 서아시아에서 북아프리카에 걸쳐 건조지역에 분포. 이슬람교의 포교나 중요한 상업용어로부터 전파되었다. |
| 우랄, 알타이 어족 | 필란드어, 터키어, 몽골어 등 | 터키에서 중앙아시아, 몽골에 분포하는 알타이 제반어와 핀란드어 등의 우랄어족을 합친 호명. 일본이나 조선어 등은 알타이 제반어에 분류되는 일도 있지만, 정확한 계통은 확인되고 있지 않다. |

### ○세계의 종교 (p.53 지도, 표 참조)

세계에는 다수의 종교가 있다. 크리스트교, 이슬람교, 불교는 민족을 넘어서 많은 사람들에게 받아들여지고 있고 세계의 3대 종교(세계종교)라고 불린다. 이것에 대해서 유대교나 힌두교 등은 특정 민족과 강하게 이어지고 있기 때문에 민족 종교라고 한다.

### ○민족 종교

그 외 힌두교는 인도나 네팔에서 다수를 차지한다. 자연 숭배의 다신교이며 특정의 교주나 경전 등은 갖지 않는다. 신분 제도인 카스트 제도는 힌두교의 중요한 가르침이었다. 소를 신성화하고 있기 때문에 소는 먹지 않는다. 유대교는 이스라엘에 거주하는 유대인에 신앙 받고, 유일 절대 신인 여호와를 신앙한다. 유대인만이 구원 받는다는 「선민 사상」을 특징으로 한다. 크리스트교와 이슬람교의 기원이 되기도 하였다.

### ○3대 종교

| 종교 | 기원 | 특징•종파 등 |
|---|---|---|
| 크리스트교 | 1세기초반 서아시아 (팔레스타인) 예수 그리스도 | 크리스트교는 유럽의 식민지 정책에 의해서 「신대륙」에서도 넓어졌다. 라틴아메리카에서는 가톨릭, 북아메리카와 호주에는 개신교가 많다. 미국에서는 개신교가 51.3 %, 가톨릭은 23.9 % 이다.<br>▷가톨릭(구교)…로마왕정을 최고 수장으로 한다. 서·남 유럽이나 라틴아메리카에 신자가 많다.<br>▷개신교(신교)…16세기 종교개혁에 의해서 교회가 분해되었다. 「성서중심주의」를 제창한 독일의 루터나 프랑스의 카르반이 주도.<br>▷동방정교(그리스 정교, 러시아 정교 등)…11세기에 로마 가톨릭 교회에서 분해되었다. |

| | | |
|---|---|---|
| 이슬람교 | 7세기 초반<br>아라비아 반도<br>무함마드<br>(마호메트) | 후계 싸움이나 교의을 둘러싸고 분열하여 수니파(다수파)와 시아파(소수파) 등이 있다. 이슬람교는 교역 등을 통해서 북아프리카에서 중앙아시아, 동남아시아, 동아프리카로 전파됐다. 성전은 「코란」으로 1일 5회 성지 메카를 향해서 유일 절대 신인 알라에게 기도를 올린다. 이슬람력 9월(라마단)에는 일출부터 일몰까지 식사를 하지 않는 금식이 행해진다. 돼지고기를 먹는 것이나 음주는 금지되어 있다. 또한 우상숭배(신의 조각이나 그림을 신앙의 대상으로 하는 것)를 금지하고 있다. |
| | | 수니파 : 대부분의 여러 아랍 국가에서 신앙 받고 있다.<br>시아파 : 이란이나 이라크 남부에서 신앙 받고 있다. |
| 불교 | 기원 전 5세기<br>인도 북부<br>석가 | 불교가 탄생한 인도에서는 힌두교의 신자가 늘어나는 한편 불교는 남아시아에서 동남아시아로, 또한 동아시아로부터 일본으로 전해졌다. 중국 서부의 티벳에서는 티벳 불교가 신앙되고 있다. |

## [7] 자연 환경과 재해, 방재

### ❶세계의 이상 기상

○이상 기상이란

어느 지역에서 30년에 1번만 발생하는 기상 현상을 이상 기상이라 한다. 냉하, 난동, 열파, 가뭄, 호우 등을 가리킨다. 이러한 이상 기후는 다양한 형태로 전 세계 사람들의 생활, 사회 경제 활동에 영향을 끼치고 있다.

이상 기상의 주요한 원인으로서 편서풍(☞p.18) 흐름의 변화와 지구 온난화(☞p.236), 엘니뇨와 라니냐 현상(☞p.18)에 의한 해면 수온 이상 등의 영향이 고려되어 진다.

○세계의 이상 기후

최근 세계 각지에서 이상 기후가 일어나고 있다. 2003년 8월에는 유럽이 열파에 습격당하고 2만명 이상의 사람들이 사망, 농작물의 피해도 컸다. 2005년 8월에는 대형 허리케인이 미국 남동부를 습격하고, 마을의 대부분이 수몰되는 피해가 있었다. 그 뒤로도 태국에서는 2011년 여름부터 가을에 걸쳐서 대홍수로 사망자 800명 이상, 피해를 입은 사람들은 1,000만명 이상 영향을 끼쳤다. 2013년 11월에는 사상 최대급의 태풍이 필리핀을 덮쳐서 6,000명 이상의 사람들이 사망하였다. 또한 2015년 5~6월에 걸쳐서 인도 남서부를 중심으로 맹렬한 열파가 덮쳐서 2,000명 이상이 사망하였다.

### ❷자연 재해

○자연 재해란

자연 현상에 의해서 인명이나 사람들의 활동이 피해를 받는 것을 자연 재해라고 하고, 지진, 쓰나미, 화산 분화에 의한 재해나 태풍, 허리케인, 사이클론(☞p.18)이나 호우(격하게 대량으로 내리는 비), 홍수(강에서 물이 넘쳐 나는 상태), 고조(강풍이나 저기압의 통과에 의해서 해면이 상승하는 현상) 등의 기상 재해가 있다.

○지진 (p.56 그림 참조)

지구의 표면은 수십 개의 플레이트(단단한 판 형태의 암반)에 덥혀 있다. 플레이트에는 대륙 플레이트와 해양 플레이트가 있고 연간 몇 센티미터씩 움직여서 부딪히거나 비뚤어지고 있다. 지진이라는 것은 지하의 암반이 플레이트의 움직임에 의해서 파괴되고 엇갈리는 현상이다. 암반이 무너지면 그곳에 단층(지층의 균열)이 생기고 그 충격에 의해서 지진파가 발생하여 지진파가 지표까지 도달하면 흔들림을 느낀다. 암반의 파괴가 최초에 시작한 장소를 진원이라고 하고 암반이 파괴된 범위를 진원지라고 하며 진원이 얕으면 때로는 큰 피해를 초래하는 경우도 있다. 지진에는 해구형 지진과 내륙형 지진(직하형 지진)이 있다.

▶해구형 지진 : 수심 6,000m이상의 얇고 긴 해저 지형을 해구라고 한다. 해양 플레이트가 해구에서 대륙 플레이트 아래에 가라앉을 때에 대륙 플레이트의 가장 자리가 당겨져서 비뚤어진다. 그 비뚤어진 것을 원상태로 돌리려고 하는 때에 생기는 지진을 해구형 지진 이라고 한다. 쓰나미가 발생하는 경우가 많다.

▶내륙형 지진(직하형 지진) : 해양 플레이트와 대륙 플레이트가 서로 미는 힘에 의해서 대륙 플레이트 내의 약한 부분이 파괴되고 그곳에 단층이 생겨서 일어나는 지진을 내륙형 지진이라고 한다. 도시의 지하 약 5~20km의 얕은 곳에서 파괴가 일어나기 때문에 큰 피해를 낳는다.

지진의 크기는 진도, 매그니튜드(M) 등으로 나타낸다. 진도란 지진을 느낀 장소의 흔들림의 크기이며 매그니튜드는 지진 에너지의 크기를 나타내고 있다. 매그니튜드가 1 커질수록 에너지는 약 32배, 2 커질수록 약 1,000배까지 증가한다.

지진이 나면 강한 흔들림에 의해서 지표에 균열(땅이 갈라짐)이 생기고 매립지나 하구 가까운 곳 등에서는 지하에서 모래나 진흙물이 넘쳐서 액상화 현상에 의하여 집이 넘어지는 경우도 있다. 산간부에서는 산사태나 땅이 미끄러지는 현상, 대량의 토사가 경사면을 흘러내리는 토석류가 발생하는 경우도 있다.

○쓰나미 (p.57 그림 참조)

쓰나미는 지진이나 화산의 분화에 의해서 해저의 대규모 지각운동 등으로 인하여 해저가 높게 솟아오르거나 가라앉거나 하는 것에 의해서 일어난다. 쓰나미는 수심이 깊을 수록 빠르게 전달되고 해안 부근의 얕은 곳에서는 속도가 늦어지는 것과 동시에 쓰나미가 육지에 가까워짐에 따라 뒤에서 오는 파도가 앞 쓰나미를 따라 잡기 때문에 파도가 높게 된다. 갑(岬-곶)의 선단이나 리아스식 해안(☞p.17, 64) 등의 V자형 만의 안쪽에서는 특히 높은 쓰나미가 되고, 큰 피해를 입는 경우가 있다. 쓰나미는 1회 한정이 아니라 반복하여 몰려들며 더욱이 최초의 쓰나미가 제일 높다고 한정할 수 없고 뒤에서 오는 쓰나미가 크게 되는 경우도 있다. 쓰나미는 해안뿐만 아니라 강을 뛰어넘어서 내륙에도 큰 피해를 끼치는 경우가 있다.

2004년 12월에 일어난 인도네시아 수마트라 섬 지진에 따른 쓰나미는 인도네시아, 인도 등 인도양 해안의 여러 나라에 큰 피해를 끼쳤고 22만명 이상의 사람들이 사망했다. 일본에서도 2011년 3월에 일어난 동북지방 태평양 지진에 의한 쓰나미로 2만명 가까운 사람들이 사망했다.

○화산 분화 (p.58 그림 참조)

화산은 세계에 1,500개 정도 있으며, 해양 플레이트가 대륙 플레이트 아래에 가라앉는 장소에 분포되어 있다. 특히 태평양 주위에 많다. 대륙 플레이트 아래에 가라앉은 해양 플레이트 끝은 어느 정도 깊이(90~130km)가 되면 그 일부가 녹아서 마그마로 되어 위로 이동하고 화산의 형태가 된다. 화산 형태에는 함몰 등에 의해서 일어난 칼데라 등이 있다.

분화에는 마그마가 지표에 분출하는 경우와, 마그마가 지표 가까이에서 지하수 등과 접촉하여 수증기 폭발을 일으키는 경우가 있다. 화산은 분화에 의해서 용암과 화산재, 화산 가스라고 하는 화산 분출물을 지상에 방출한다. 이것에 의해서 여러 가지 재해를 일으키고 많은 희생자를 내는 한편 풍부한 자연의 혜택을 부여해 준다.

▶화산 재해
①화쇄류 : 고온의 용암이나 화산재, 화산가스가 섞여서 연기를 내뿜으면서 산의 경사면을 맹렬한 속도로 흘러내려서 건물이나 산림을 파괴한다. 또한, 화산 채적물이 대량의 비로 인해서 경사면을 흘러내리는 토석류 등도 발생한다.
②화산재 피해 : 풍하의 넓은 범위에 화산재가 내리고 쌓여서 농작물 등에 피해를 끼치거나 햇빛을 가려서 지구 규모의 온도를 저하시킨다.
③산체 붕괴(산사태) : 분화에 의해서 산의 일부가 대규모로 무너져서 큰 피해를 끼친다.
▶화산의 혜택

①온천 : 지하수가 마그마의 열로 따뜻해지고 화산의 주변은 온천이 솟아 나온다.
②지열발전 : 온천수의 열이 지열 발전의 에너지원이 된다.
③풍부한 토양과 지하수 : 용암 등의 화산 분출물로 이루어진 화산성의 지표는 양질의 지하수를 만들어 내고 풍부한 토양을 형성하여 농업에 맞는 경작지가 된다.
④관광자원 : 화산 활동에 의해서 생겨난 산, 호수, 폭포 등 아름다운 지형을 볼수 있는 장소로서 관광객이 많이 방문한다.

❸방재 (p.59 그림 참조)

방재는 자연 재해가 일어나기 전에 피해를 내지 않기 위해 준비하는 것이다. 하지만 피해를 전혀 내지 않기는 어려우므로 재해 시에 발생하는 피해를 조금이라도 줄이는 감재(재해를 감하는)라는 준비도 필요하다. 예를 들면 일본에서는 재해가 초래하는 위험에 대비하여 지진, 쓰나미, 화산 분화, 홍수 등 재해의 종류별로 그 정도나 피해 범위를 상정한 해저드 맵이 만들어져 있다.

# [8] 일본의 국토와 환경

❶일본의 국토
○일본의 국토와 지역구분 (p.60 지도 참조)

일본 열도는 유라시아 대륙의 동쪽에 위치하고 홋카이도, 혼슈, 시코쿠, 큐슈 4개의 큰 섬과 약 7,000개의 섬들로 이루어진다.

국토 면적은 약 38만km²로 홋카이도부터 오키나와까지 약 3,000km이며 국토의 범위는 동쪽 끝은 미나미토리시마 ( 도쿄도) 서쪽 끝은 요나쿠니시마 (오키나와현), 남쪽 끝은 오키노토리시마 (도쿄도), 북쪽의 끝은 에토로후토 (북방영토)이다.

일본의 지역 구분에서 가장 일반적인 것이 홋카이도, 도호쿠, 간토, 주부, 긴키, 주고쿠, 시고쿠, 규슈의 8개 지방으로 나누는 방법이다. 또 태평양 쪽과 일본해 쪽, 혼슈의 중앙을 남북으로 가로지르는 단층대 (지형이나 지층이 어긋난 지대)인 포사 마그나를 경계로 서일본과 동일본으로 나누는 것도 가능하다.

○일본 각 도시 (p.60, p.61 그림, 표 참조)

일본에는 1도 (도쿄도 - 都), 1도 (홋카이도 - 道), 2부 (도쿄부, 오사카부 -府), 43현의 47도도부현이 있고 크고 작은 도시가 있다.

▶일본의 주요 도시

|   |   |   |
|---|---|---|
| ① | 삿포로 | 홋카이도의 중심 도시이며, 유제품, 맥주 생산이 왕성하다. 홋카이도에는 이전에 많은 아이누 민족(☞p.235)이 살고 있었다. |

| ② | 도쿄 | 일본의 수도(1869년~). 세계 최대의 도시 인구를 가진다(약 1300만명). |
|---|---|---|
| ③ | 요코하마 | 일본의 시정촌 중에서 인구가 가장 많다. 국제 항만 도시로 발전하였다 (☞ p.151). |
| ④ | 나고야 | 주쿄 공업 지대(☞ p.70)의 중심이며 중부 지방 제일의 도시. |
| ⑤ | 교토 | 1000년 이상에 걸쳐 일본의 중심으로 번영한 문화·공예의 중심지. |
| ⑥ | 오사카 | 서부 일본의 중심 도시로서 상공업·금융이 왕성하다. |
| ⑦ | 고베 | 동양 최대의 항구로 발전. 한신·아와지 대지진(1995년)(☞ p.65)에서 큰 피해를 입었다. |
| ⑧ | 히로시마 | 1945년8월6일에 미국 군이 원자폭탄을 투하(☞ p.109). |
| ⑨ | 후쿠오카 | 규슈의 중심도시. 아시아의 현관으로 발전. |
| ⑩ | 나가사키 | 1945년 8월9일, 히로시마에 이어 원자폭탄이 투하되었다(☞ p.109). 에도시대의 쇄국 기간(1641~1854)에는 국내 유일의 국제 무역항이었다. |
| ⑪ | 나하 | 류큐 왕국(1429~1879년)의 수도. 오키나와는 제2차 세계 대전에서 미국에 점령당했으나 1972년에 반환되었다(☞ p.118) |

○일본의 인구분포 (p.61 표 참조)

일본의 인구는 2017년 현재 약 1억 2,671만명으로 전년도에 비해 약 23만명이 줄었다. 도쿄도의 인구는 약 1,360만명으로 전인구의 약 10%를 차지하고 있다.

또 도쿄, 나고야, 오사카의 삼대 도시권(▷도쿄권 : 도쿄도, 가나가와현, 사이타마현, 지바현, ▷나고야권 : 아이치현, 기후현, 미에현, ▷오사카권 : 오사카부, 나라현, 효고현)에는 국민의 약 절반이 살고 있고 대도시권으로 인구가 집중하고 있다. 그 반면에 인구가 계속 감소하고 있는 과소화 지역이 늘어 그 면적이 일본 국토 면적의 약 60%에 달하고 있다. 그러나 그곳에 살고 있는 것은 전체 인구의 약 9%이다. 이렇게 지역간의 인구 격차가 크다.

**❷일본의 환경과 기후**

○일본의 자연 환경

▶산지 (p.62 지도 참조) : 환태평양 조산대에(☞ p.16) 속하는 일본 열도는 산이 많고 육지의 약 75%를 산지가 차지하고 있다. 혼슈의 중앙부에는 3,000m전후의 산들로 이루어진 산맥이 들어서 일본 알프스 또는 일본의 지붕이라고 불리고 있다.

일본 알프스를 경계로 하여 동일본에서는 남북 방향으로 높고 험한 산맥이 많이 보인다. 한편 서일본에는 산지가 동서 방향으로 이어져 있다. 일본에는

국내에 111개의 활화산이 있고 세계의 약 10%를 차지한다. 활화산은 대체적으로 과거 1만년 이내에 분화한 화산을 지칭하고, 홋카이도, 도호쿠, 주부나 규슈에 많으며 해구(☞ p.56)와 평행하여 분포하고 있다. 주된 활화산에는 일본에서 제일 높은 후지산(시즈오카현, 야마나시현), 아사마야마(군마현, 나가노현) 나 세계 유수한 칼데라(☞ p.58)를 갖는 아소산(구마모토현), 현재도 분화를 반복하고 있는 사쿠라지마(가고시마현) 등이 있다.

▶강 (p.63 지도 참조) : 일본은 국토가 얇으면서 길고 중앙에는 산맥이 있어 산부터 바다까지의 거리가 짧기 때문에 일반적으로 일본의 강은 흐름이 급하다. 그리고 강의 유역 면적이 좁다. 또 비나 눈이 내리는 방식이 계절에 따라 다르기 때문에 1년 동안의 수량의 변화가 큰 것도 특징이다.

이 때문에 강의 상류부에는 댐을 만들어 홍수 때 등의 수량 조절이나 수량 발전, 수자원의 확보가 진행되고 있다.

▶평지 : 일본의 평지는 국토의 약 25%로 규모는 작고 좁다. 많은 평지는 바다에 면한 평야, 주위가 산으로 둘러싸인 분지, 평야보다 높은 대지로 이루어져 있다.

▶바다와 해안 (p.64 지도 참조) : 일본의 해안선은 출입이 많고 복잡해서 작은 반도나 만 등이 많이 보인다. 그 때문에 일본은 국토 면적에 비해 해안선이 길다. 산리쿠 해안이나 시마 반도, 와카사 연안 등에는 리아스식 해안(☞ p.17)이 보인다. 한편, 출입이 적은 사구해안도 많고 사구가 발달 해 있는 곳도 있다.

일본 열도의 동쪽인 태평양 쪽에는 깊이 8,000m를 넘는 일본해구가 있다. 한편 동중국해에는 깊이 200m 정도의 얕고 평평한 대륙붕이 펼쳐져 있다.

태평양 쪽에는 난류인 일본해류(쿠로시오)나 한류인 지시마해류(오야시오)가 흐르고 있으며, 일본해 쪽에는 일본 해류의 일부가 흘러 들어와서 쓰시마 해류가 되고 북쪽으로부터는 한류인 리만 해류가 흐르고 있다. 이 해류들은 기후나 물고기가 모이는 어장 등에 여러 가지 영향을 주고 있다. 대륙붕이나 한류와 난휴가 부딪히는 산리쿠 연안은 조건이 좋은 어장이 되어 있다.

○일본의 지대 구조와 지진 (p.65 아래 지도 참조)

일본은 4개의 플레이트가 맞닿는 곳에 위치하고 있다. 태평양 플레이트가 일본해구로부터 북 아메리카 플레이트 아래에 잠입하고, 필리핀해 플레이트가 난카이 트로프로부터 유라시아 플레이트 아래에 잠입하고 있다. 그 때문에, 세계에서도 유수한 지진국, 화산국이기도 하고 지금까지도 큰 재해가 여러 번 있었다.

2011년 3월 11일, 도호쿠 지방 태평양안에서 앞바다까지 폭 200km, 이와테현 연안에서 후쿠시마 연안까지 남북 500km를 진원구역이라 한다. M9.0의 초거대 지진인 도호쿠지방 태평양연안 지진이 발생하였다.

앞으로 예상되는 거대 지진에 대해 가장 주의가 필요한 것은 도카이 지방으로부터 서일본 태평양 쪽의 난카이 트로프에 따른 해역에서 발생하는 해구형 거대 지진이며 앞으로 30년 이내에 진도 8~9의 거대 지진이 발생할 확률은 70%라고 발표되고 있다(지진조사연구추진본부). 이 지역에서는 과거 100~200년 간격으로 거대 지진이 발생하고 있고 쓰나미 피해도 크다. 2011년에 일어난 동일본 대지진와 비슷한 대재해가 일어날 가능성이 있고, 방재 대책이 시급하다.

### <도호쿠 지방 태평양 연안 지진>
(p.65 위 그림 참조)

태평양 플레이트가 일본해구로부터 북아메리카 플레이트 아래로 침하해 들어가면서 발생한 해구형 지진으로, 그림의 X 표시의 진앙을 중심으로 ①②③의 3개의 지진이 연속하여 발생하여 10~20m의 쓰나미가 연안지역을 덮쳤다. 육지로 올라간 쓰나미의 높이(소상고)는 40m에 달한 곳도 있으며 많은 사람이 생명을 잃었다. 쓰나미에 의한 화재(쓰나미 화재)도 많이 발생하였는데 이것은 연안부에 석유 탱크 등이 많았기 때문이다. 또한 후쿠시마현의 원자력발전소가 지진과 쓰나미의 영향으로 일부가 파괴되어 방사능 누출을 일으키는 큰 사고도 있었다.

### <난카이 트로프>
(p.65 아래 그림 참조)

수심이 6,000m 보다 얕은 가늘고 긴 해저 지형을 트로프라 한다. 도카이 지방에서 시코쿠에 걸쳐서 태평양 쪽에 있는 난카이 트로프는 그림에서 나타낸 바와 같이 5개 지역으로 나누어지고 길이는 700km에 달한다. 이 중 A, B에서는 난카이 지진, C, D에서는 도난카이 지진, E에서는 도카이 지진이 발생하는 지역이고 이들 지진은 때로는 연동하여 일어나고 있다.

### ○일본의 기후와 특징  (p.66 지도, 표 참조)

일본의 기후는 대부분이 온대에 속하고 있어서 사계의 구별이 뚜렷하다(난세이 제도나 오가사와라 제도는 아열대, 홋카이도는 아한대라고 하는 경우도 있다). 여름은 태평양 고기압(오가사와라 기단)이 일본을 덮어 기온이나 습도가 높아진다. 겨울은 시베리아에서 발달한 고기압(시베리아 기단)으로부터 부는 북서의 계절풍(몬순)이 일본해 쪽에 눈을 내리게 한다. 계절풍은 산지를 넘으면 건조한 바람이 되기 때문에 태평양 쪽에는 맑은 날이 계속된다.

1년 중 강수량이 많은 시기는 5월 상순부터 6월에 걸친 장마철과 9월 상순의 가을비가 내릴 때이다. 또 이것이 여름부터 가을에 걸쳐서 발생하는 태풍과 겹치면 풍해나 수해 등의 커다란 피해가 일어나는 경우도 있다.

일본 열도는 남북으로 늘어져 있어 계절풍이나 해류의 영향을 받기 때문에 지역에 따라 기후의 차이가 있다.

## [9] 일본의 산업과 무역
### ❶일본의 산업
### ○일본 농업의 특징

일본은 평야가 적고 하나의 농가가 가진 농지의 면적이 작다. 그 때문에 좁은 농지에 많은 노동력이나 화학 비료를 사용하여 생산량을 올리는 집약적 농업을 하고 있다. 적은 노동력으로 대형 기계를 사용하여 넓은 농지를 경영하는 미국이나 호주의 농업과 비교하면 노동 생산성(노동자 1인당 생산량)은 낮고 농산물의 가격도 높다.

일본의 농업은 쌀 농사가 중심이지만 일본 각지에서 각 토지나 기후에 맞는 야채나 과일농사를 하고 있다. 또 대도시 주변에서 하는 근교 농업이나 비닐하우스 등의 시설 원에 농업도 널리 행해지고 있다. 하지만 식생활의 서구화 등으로 쌀의 소비량이 줄고 있기 때문에 쌀의 농지는 감소하고 있다. 또 가격이 저렴한 수입 야채나 과일에 밀려 야채나 과일의 국내 생산량도 감소 경향이다.

한편 식생활의 서구화에 의해 육류, 유제품 등을 생산하는 축산업이 발달하여 최근 그 생산액은 야채나 쌀을 웃돌고 있다. 그러나 소나 돼지 등의 가축이 먹는 사료는 수입에 의존하고 있고 노동 생산성도 낮기 때문에 국제 경쟁력은 낮다.

### ○일본 농업의 문제점  (p.67 표 참조)

고도 경제 성장기(☞ p.156) 이후 농업과 다른 산업과의 소득 격차가 확대됐다. 그 때문에 젊은 사람을 중심으로 농촌을 떠나 도시로 일하러 나가는 사람이 많아져 농가의 수도 크게 감소했다.

또 농업은 다른 산업과 비교해서 현저히 고령화가 진행되어 후계자(사업을 계승하는 사람)의 부족이 심각한 문제가 되고 있다.

### ○식량 자급률   (☞ p.254) (p.68 위 표 참조)

고도 경제 성장을 배경으로 하는 식생활의 서구화, 다양화와 무역의 자유화에 의해 농산물 수입의 자유화가 진행된 것 등으로부터 일본의 식량 자급률(국내에서 소비되는 식량 중 어느 정도가 국내에서 만들어 진 것인지를 나타내는 비율)은 1960년대부터 지금까지 사이에 거의 절반인 40%정도로 감소했다. 이것은 선진국 중에서 가장 낮은 수치이다.

품목별 자급률을 보면 쌀은 97%(주식용 100%)이지만 콩이나 밀은 10%정도이다. 일본은 많은 농산물을 수입에 의존하여 세계 최대의 농산물 수입국이다.

### ○일본의 임업  (p.68 아래 표 참조)

일본 국토의 약 70%는 삼림으로 1960년대 전반까

지 목재의 자급률이 90% 정도였다. 그러나 목재의 수입이 자유화되고 고도 경제 성장기(☞p.156)에 목재의 수요가 높아지자 해외로부터 저렴한 목재를 대량으로 수입하게 되었다.

그 때문에 2000년에는 자급률은 20% 이하가 되었다. 그러나 목재 수출국이 자국의 자원을 지키기 위해 목재의 수출을 제한했기 때문에 목재 자급률은 높아지고 있다.

임업은 엄격한 작업임에도 불구하고 수입이 낮기 때문에 농업 이상으로 후계자 부족으로 고민하고 있고 고령화도 진행되고 있다.

○일본의 수산업    (p.70 그래프 참조)

주변이 바다로 둘러싸인 일본에서는 옛날부터 수산업이 왕성하게 진행되어 왔다. 1960년대 후반경부터 태평양이나 인도양 등의 먼 바다에서 이뤄지는 원양 어업이 번성하여 일본의 어획량(어선이 잡은 어패류의 양)은 급속히 증가했다. 그러나 1973년의 제1차 석유 위기(☞ p.158) 이후 배의 연료비가 올라가고 또 1970년대 후반부터 세계 각국이 200 해리의 배타적 경제수역(☞ p.184)을 설정하여 어장을 제한하게 되자 원양 어업의 어획량은 급속히 줄어갔다.

한편 1970년대부터 1980년대 전반에 걸쳐 주로 200 해리 내에서 하는 근해 어업이 어획량을 늘려갔다. 그러나 이것도 해수 온도의 상승 등의 영향으로 1989년부터는 어획량이 급속히 줄어갔다. 그 외에 주로 영해 내에서 하는 연안 어업은 해양 오염 등의 문제가 있어 어획량은 늘지 않고 있다. 그 때문에 생선을 인공적으로 기르는 양식업을 시작하는 사람도 늘어갔다.

어획량의 감소와 더불어 수산물의 수입이 늘어 현재에는 세계 유수의 수산물 수입국이 되어 있다. (2016년 현재 미국에 이어 세계 2위) 또 어업에서 일하는 사람이 감소하여 고령화도 진행되고 있다.

○일본의 공업    (p.71 지도 참조)

제2차 세계 대전에 의해 일본의 공업은 크게 타격을 받았지만 1950년대 중반 이후의 고도 경제 성장기에는 석유화학, 철강, 조선 등의 중화학 공업이 발달하였다(☞ p.156). 1970년대의 두 번의 석유 위기 이후는 자동차나 전자기기 등의 기계 공업이 발달하여 최근에는 반도체나 IC(집적회로) 등의 전자 부분이나 산업용 로봇 등의 첨단 기술 산업(하이테크산업)이 발달해 있다.

일본의 공장은 원료의 수입이나 제품의 수출에 편리한 바닷가에 집중되어 있어 케이힌, 주쿄, 한신의 삼대 공업 지대(기타규슈를 넣어 4대 공업 지대라고 하는 경우도 있음)을 중심으로 하는 태평양 벨트를 형성하고 있다. 태평양 벨트에는 일본 인구의 약 6할, 공업 출하액의 약 7할이 집중되어 있다. 또 교통망의 발달과 더불어 공업 지대의 주변이나 내륙에도 공업 지역이 펼쳐져 있다.

❷일본의 무역

○일본 무역의 특징

일본은 자원이 적기 때문에 원재료나 연료를 수입하여 그것을 가공, 제품화하여 수출하는 가공 무역을 해왔다.

제2차 세계 대전 전의 일본의 무역은 주로 섬유의 원료나 기계 등을 수입하여 의류 등의 섬유 제품을 수출하고 있었다(☞ p.151). 그러나 제2차 세계 대전 후에는 중공업 제품의 수출이 증가하여 원유, 석탄, 철광석 등을 대량으로 수입하게 되었다.

최근에는 아시아로 기계나 부품을 수출하고 아시아에서 생산된 전기기기, 의류 등에 대한 제품의 수입이 늘고 있다. 그 때문에 가공 무역의 특징은 희미해지고 있다.

또 농산물이나 수산물에 대해서는 수입의 자유화나 국내의 어획량 감소에 의해 육류, 어패류의 수입이 증가하고 있다.

○일본의 주요한 무역 상대국과 무역품
(p.72~73 그래프, 지도 참조)

일본의 주요한 무역 상대국은 무역액이 가장 많은 중국을 시작으로 한국, 대만, 태국 등이 있다. 주요한 수출품으로는 자동차나 철강, IC 등의 전자부품(기계류에 분류됨) 등이 있다. 주요한 수입품으로는 원유, 액화 천연가스, 석탄, 철광석 등의 자원, 반도체나 컴퓨터 부품 등의 기계류가 많다. 또 최근에는 해외로 이전한 일본 기업으로부터의 역수출도 늘고 있다.

❸일본의 교통, 통신

○일본의 교통

고도 경제 성장기에 일본 국내의 수송량은 급속히 증가해 갔다. 이전에는 물건을 옮기는 화물 수송에는 배, 사람을 옮기는 여객 수송은 철도가 중심이었지만 고속 도로망의 정비나 자동차의 보급으로인해 현재에는 자동차가 수송의 중심이 되어 있다. 자동차의 이용이 널리 보급되는 모터리제이션(자동차 사회화)의 진행에 의해 지구 온난화의 한 요인인 이산화탄소의 배출량을 증가시키고 있다는 문제가 있다. 또 지방일수록 자동차 의존도가 높아진다는 지역 격차를 낳고 있다.

○일본의 통신    (p.73 아래 표 참조)

1973년에 인텔샛(국제 위성 통신 기구)이 설립되어 통신 위성, 방송 위성이 세계 각국에서 이용되게 되었다.

또 인터넷이 보급되어 안정된 고속 통신이 가능해진 것 외에 휴대 전화 계약자 수의 증가에 의해 고정 전화 계약자 수는 감소하였다.

## [1] 시민 혁명과 산업 혁명

### ❶영국의 시민 혁명

○절대 왕정(절대 주의)

16~18세기 유럽에서는 국왕이 절대적 권력을 가지고 전제 정치를 했다. 이것을 절대 왕정(절대 주의)이라 하며 국왕의 권력은 신으로부터 부여받은 것이라 하는 왕권 신수설이 주창되었다.

국왕의 전제에 반발하여 시민계급이 성장해 갔던 영국이나 프랑스에서는 시민 혁명이 일어났다. 또 영국에서는 영국 본국으로부터의 독립을 노린 독립 혁명이 일어났다.

○퓨리탄(청교도) 혁명

17세기 초의 영국에서는 국왕이 전제 정치를 하고, 의회에서 힘을 늘리고 있던 퓨리탄(프로테스탄트 그룹. 청교도라고도 함)을 탄압(힘으로 억누르는 것)하고 있었다. 의회는 이에 저항하여 1628년에 의회가 동의하지 않는 과세(세금을 부과하는 것), 부당한 체포 등에 반대하는 권리의 청원을 국왕에게 승인받았다. 하지만 국왕은 의회와의 대립이 깊어져 1642년에 국왕을 지지하는 왕당파와 의회파 사이의 내란이 일어났다.

1645년에 퓨리탄인 크롬웰이 의회파 군을 이끌고 국왕군을 무찔러 1649년에 공화정이 성립했다. 이것을 퓨리탄(청교도) 혁명 (1642~1649)이라 한다.

○왕정 복고부터 명예 혁명까지

퓨리탄 혁명 후, 크롬웰이 권력을 쥐고 독재 정치를 하고 그의 사후인 1660년에 왕당파들은 이전의 국왕의 아들을 추대해 왕위에 앉혔다(왕정복고). 그러나 새로운 국왕은 절대 왕정의 부활을 노려서 의회와 대립했다.

그래서 의회는 1689년에 국왕의 딸인 메리 2세와 그의 남편 윌리엄 3세를 왕으로 추대했다. 커다란 혼란 없이 평화적으로 혁명이 이뤄졌기 때문에 이것을 명예혁명(1688~89)이라 한다. 두 명의 국왕은 의회가 제출한 권리선언을 승인하고, 권리장전으로서 제정했다. 이것에 따라 국왕의 권리는 제한되어 의회 중심의 정치가 확립되었다. 그리고「국왕은 군림하지만 통치하지 않는다」라고 하는 입헌군주 국가의 원칙이 형성되어 갔다.

18세기 전반에는 수상인 월폴을 중심으로 내각이 국왕이 아닌 의회에 대해 책임을 지는 책임 내각제(의원 내각제)(☞ p.190)가 성립했다.

### ❷미국의 독립 혁명

○13식민지의 성립 (p.77 그림 참조)

1620년 영국 국왕의 전제로부터 도망친 퓨리탄의 한 무리가 북아메리카 동부의 플리머스에 상륙했다. 그 후로도 많은 수의 퓨리탄이 북아메리카 동부의 대서양안에 건너가 개척을 진행하여 18세기 전반까지는 13개의 식민지가 건설되었다. 각 식민지에는 식민지 의회가 있어 자치제도(타운 미팅)가 발달했다.

&lt;뉴욕&gt;
영국은 1664년에 네덜란드의 식민지였던 뉴네덜란드를 빼앗아 그 중심지인 뉴암스테르담을 뉴욕으로 개명했다.

○독립 전쟁

영국은 프랑스와의 식민지 전쟁에 의해 재정이 궁핍해지게 되자 1765년에 인지법을 제정하여 13식민지에 대한 과세를 강화했다. 식민지 사람들은「대표 없이 과세 없다」라는 주장을 하며 이에 저항했다. 게다가 차의 판매권을 둘러싸고 1773년에 보스턴 차 사건을 일으켰다. 이에 따라 식민지측은 영국 본국과의 대립이 깊어져 독립을 희망하는 목소리가 높아졌다.

&lt;보스턴 차 사건&gt;
1773년 차의 판매권을 영국 동인도회사가 독점하는 법률이 제정되어 이것에 반대한 시민이 동인도회사의 배에 실은 차를 바다에 버린 사건.

1775년 보스턴 근처의 렉싱턴 등에서의 충돌을 계기로 미국 독립전쟁(1775~1783)이 시작되고 독립군은 총사령관 워싱턴의 지휘 하에 저항을 계속했다. 1776년 1월 미국 독립의 필요성에 대해 저술한 토마스 페인의 저서「커먼 센스」가 출판되자 독립을 희망하는 목소리는 더욱 거세졌다. 그리고 같은 해 7월 제퍼슨 등이 중심이 되어 만들어진 독립선언이 발표되었다. 이것에는 로크(☞ p.186)의 사상적 영향이 보인다. 이후 프랑스, 스페인이 독립군을 지원하여 영국에 선전 포고하고 1781년에 독립군은 요크타운 전투에서 영국군에 승리했다.

요크타운 전투 후 1783년에 식민지와 영국 본국과의 사이에서 파리조약이 맺어져 영국은 미국의 독립을 승인하고 미시시피강부터 동쪽의 루이지애나를 양도했다.

○합중국 헌법의 제정

독립 후의 미국은 13주의 느슨한 연합체로써 각 주가 독자의 헌법을 갖는 등 중앙 정부의 권한은 작았다. 산업의 발전과 사회의 안정을 꾀하기 위해 강력한 권한을 가진 중앙 정부를 수립하는 요구의 목소리가 높아졌다. 1787년에 세계 최초의 근대적 성문 헌법(문서화된 헌법)인 합중국 헌법이 제정되어 인민주권, 연방주의, 삼권분립의 원칙(☞p.187) 등이 정해졌다. 그리고 1789년에 연방정부가 탄생하고 최초의 대통령으로 워싱턴이 선출되었다.

## ❸프랑스 혁명

### ○구 제도의 프랑스

절대 왕정하의 프랑스는 앙시앙레짐(구 제도)이라 불리는 신분 제도의 사회로 3개의 신분으로 나누어져 있었다. 그 중 제 1신분(성직자), 제 2신분(귀족)은 많은 특권을 가지고 있었다. 그러나 제 3신분(평민)은 정치적 권리가 주어지는 것 없이 무거운 세금을 부담하는 고통과 낮은 사회적 지위에 불만을 가지고 있었다.

### ○혁명의 시작과 흐름　(p79. 표 참조)

프랑스는 다른 나라와의 전쟁이나 미국의 독립 혁명의 지원 등으로 심각한 재정난에 시달리고 있었다. 이 때문에 국왕 루이 16세는 특권 신분에 과세를 하려고 했다. 그러나 귀족들은 이것에 반발하여 삼부회(제 1신분, 제 2신분, 제 3신분의 대표로 이루어진 신분제 의회)를 열도록 요구했다.

1789년 5월 삼부회가 열리자 특권 신분과 제 3신분이 의결 방법을 둘러싸고 대립하였다. 제 3신분과 일부 귀족은 삼부회를 탈퇴하여 국민 의회를 만들고 헌법 제정 때까지 국민 의회를 해산하지 않을 것을 맹세했다(구기장 -테니스 코트-의 맹세). 이러한 움직임을 두려워한 루이 16세는 무력으로 의회를 제압하려 했다. 이 때문에 파리의 시민은 절대 왕정의 상징이며 정치범 등이 구금되어 있던 바스티유 감옥을 습격했다. 계속해서 프랑스 각지에서 농민 폭동이 일어나 이것에서 프랑스 혁명(1789~1799)이 시작되었다.

1789년 8월에는 국민 의회의 라파에트에 의해 인권 선언이 제출되어 자유와 평등, 국민 주권 등을 명백히 했다. 인권 선언에는 미국 독립 선언이나 루소(☞ p.186)의 사상적 영향이 보이며 그 후 많은 근대 국가 헌법에 영향을 미쳤다.

1791년 입법 의회가 성립되고 혁명의 확대를 두려워한 오스트리아나 프로이센(독일)과의 사이에 전쟁이 일어났다. 프랑스 국내에는 1792년에 왕정(군주정)이 폐지되어 국가에 왕을 두지 않는 공화정 국가가 되었다(제1차 공화정 1792~1804). 그러나 의회 안에서 대립이 일어나 로베스 피에르가 독재 정치를 하는 등 나폴레옹의 등장까지 혼란의 상태가 계속되었다.

### ○나폴레옹의 유럽 지배

1799년 나폴레옹은 군사 쿠데타로 총재 정부를 무너뜨리고 통령 정부(1799~1804)를 수립하고 제1통령이 되었다. 여기서 프랑스 혁명은 끝났다.

1804년 나폴레옹은 혁명의 성과를 모은 나폴레옹 법전을 제정하여 사유 재산의 불가침이나 개인의 자유, 평등을 보장하였다. 나폴레옹은 국민의 지지를 얻어 같은 해 국민 투표에 따라 황제(나폴레옹 1세)

가 되어 제1 제정을 열었다. 그리고 유럽 대륙 지배에 나서서 영국을 제외한 유럽 대부분을 지배하에 두었다.

1806년 나폴레옹은 영국에 대하여 대륙 봉쇄령을 선포하여 대륙 제국과 영국과의 무역을 금지하였다. 1812년 러시아가 대륙 봉쇄를 어기고 영국과의 무역을 재개하자 나폴레옹은 모스크바 원정을 떠났다. 그러나 이것에 실패하였다. 게다가 영국을 중심으로 하는 유럽 제국에 패배하여 1814년에 퇴위하였다. 다음해 다시 제위하였으나 1815년 워털루 전투에서 패배했다.

1796년의 이탈리아 원정부터 1815년까지의 나폴레옹군과 유럽 제국과의 전쟁을 나폴레옹 전쟁이라 한다.

프랑스에서는 왕정이 부활했고 전후 처리를 위해 빈 회의가 열렸다.(☞p.83)

## ❹산업 혁명

### ○산업 혁명은 무엇인가

산업 혁명은 기계의 발명에 의한 산업 기술 상의 커다란 변혁과 그것에 따른 산업, 경제, 사회의 커다란 변혁을 말한다. 이것에 따라서 공장에서의 대량 생산이 시작되어 자본주의가 발달했다. 산업 혁명은 18세기 후반에 영국에서 시작되어 타국으로 확대되어 갔다.

### ○산업 혁명의 배경　(p.80 참조)

영국에서 산업 혁명이 일어난 것은 다음과 같은 배경이 있다.
①자본의 축적 : 영국의 본국과 미국 대륙, 아프리카 대륙을 잇는 삼각무역(17~18세기)에 의해 영국에 커다란 자본이 모였다(p80.그림 참조).
②도시 노동자의 증가 : 지주가 농지 등을 하나로 묶어 대 농지를 만들었고(포위운동 - 인클로저) 이 때문에 토지를 잃은 농민이 노동자로서 도시로 흘러왔다.
③광대한 시장 : 식민지 전쟁에서의 승리에 따라 시장과 값싼 원료를 획득했다.
④풍부한 자원 : 기계의 연료나 원료가 되는 석탄이나 철광석을 많이 가지고 있었다.

### ○산업 혁명의 흐름　(p.81 표 참조)

면제품의 수요가 높아짐에 따라 영국에서는 18세기 중반부터 양질에 값싼 면제품을 대량으로 만드는 기계가 발명되었다. 면공업으로부터 일어난 산업혁명은 동력의 발명 및 교통 수단의 혁명도 초래했다.

### ○산업 혁명의 영향　(p.81 그래프 참조)

산업 혁명에 의해 자본주의가 확립되고 자유주의 경제가 발전하였다. 영국은 1830년대에 세계의 공장으로서의 지위를 얻어 값싼 제품을 대량으로 세계에 수출하게 되었다.

산업 혁명은 영국의 사회 생활을 크게 바꾸었다. 맨체스터, 버밍엄 등의 공업도시가 나타나고 면제품의 수출로 번영한 리버풀 등의 무역항이 발달하였다.

한편 산업 혁명으로 인해 심각한 도시 문제 등 노동 문제가 생겼다. 도시의 인구가 급격히 늘었기 때문에 슬럼가가 만들어져 노동자는 비위생적인 생활 환경에 놓여졌다.

또 노동자는 장시간 저임금이라는 혹독한 조건에서 일을 하여 자본가와 노동자와의 계층 대립도 일어나게 되었다.

1810년대에는 기계화로 인해 직장을 잃은 수공업 장인 등의 노동자에 의한 기계 파괴 운동(러다이트 운동)이 일어났다.

이러한 문제를 배경으로 정부는 1802년 이후 몇 번이나 공장법을 제정하여 노동조건의 개선을 노렸다. 또 노동자가 단결하여 지위의 향상을 추구하는 노동 운동이 활발해졌다. 게다가 자본주의를 비판하여 사회적 불평등을 바로 잡는다는 사회주의 사상도 생겼다(☞p.124). 그리고 1864년 런던에서는 세계 최초의 국제적인 노동자 조직인 제1인터내셔널(국제노동자협회)이 결성되었다(☞ p.165).

○산업 혁명의 확대
영국에서 시작된 산업 혁명은 19세기 전반에는 벨기에, 프랑스, 독일 등의 서유럽 제국이나 미국에 확대되어 19세기 후반에는 러시아와 일본에도 확대되었다.

## [2] 국민 국가의 형성

### ❶빈 체제
○빈 회의  (p.83 표, 그림 참조)
1814년 프랑스 혁명과 나폴레옹 전쟁(☞p.79)에 따라 발생한 혼란을 끝내고 새로운 유럽의 질서를 세우기 위해 오스트리아 외상 메테르니히를 의장으로 한 빈 회의(1814~1815)가 개최되었다.

회의에서는 프랑스의 외상인 탈레랑이 제창한 프랑스 혁명 이전의 질서로 되돌린다는 정통 주의가 채용되어 유럽 각국의 세력 균형을 꾀했다. 그리고 1815년에 빈 의정서가 조인되었다.

유럽 각국의 국왕은 혁명이 다시 일어나는 것을 두려워했다. 그래서 1815년에 러시아 황제 알렉산더 1세의 호소로 러시아, 프로이센, 오스트리아는 신성 동맹을 맺고 곧 이어 영국을 더하여 사국 동맹이 맺어졌다.

이렇게 해서 유럽의 질서를 혁명 전의 질서로 되돌린 보수, 반동 체제를 빈 체제(1815~1848)라 한다.

### ❷빈 체제의 동요와 붕괴
○라틴아메리카(중남미) 제국의 독립
(p.84. 표 참조)
스페인, 포르투갈의 식민지였던 라틴아메리카에서는 18세기 말이 되자 식민지 출생의 백인대지주 크리오요를 중심으로 독립 운동이 일어났다.

오스트리아를 시작으로 한 빈 체제 제국은 라틴아메리카의 독립 운동에 간섭하려 했으나 미국의 먼로 대통령은 1823년에 먼로 선언을 제창하여 아메리카 대륙과 유럽이 서로 간섭하지 않을 것(상호 불간섭)을 선언했다. 이것은 1899년까지의 미국 고립 주의 외교의 기본이 되었다. 게다가 영국도 독립을 지원했기 때문에 간섭은 실패했다. 이러하여 라틴아메리카에서는 1810년대부터 20년대에 걸쳐 잇달아 독립국이 탄생했다.

| 아이티 | 1804 | 프랑스로부터 독립. 중남미 최초의 독립국. |
|---|---|---|
| 콜롬비아 | 1819 | 스페인으로부터 독립. 시몬 볼리바르가 독립 운동을 지도. |
| 베네수엘라 | 1819 | |
| 볼리비아 | 1825 | |
| 아르헨티나 | 1816 | 스페인으로부터 독립. 산마루틴이 독립 운동을 지도. |
| 칠레 | 1818 | |
| 페루 | 1821 | |
| 멕시코 | 1821 | 스페인으로부터 독립. 이달고가 독립 운동을 지도. |
| 브라질 | 1822 | 포르투갈로부터 독립. 이후 19세기 말까지 제정. |

○그리스의 독립
오스만제국(터키)의 지배로부터의 독립을 노린 그리스는 동지중해로의 진출을 노린 러시아,영국, 프랑스의 지원을 받아 1829년에 독립하였다.

○프랑스 7월 혁명과 그 영향  (p.85. 표 참조)
왕정이 부활한 프랑스에서는 샤를 10세가 선거 자격의 제한이나 언론의 통제를 강화하는 등의 명령을 하자 이것에 반대한 파리 시민이 1830년애 파리에서 폭동을 일으켰다. 그리고 샤를 10세 대신 루이 필리프를 국왕에 앉혀 7월 왕정이 성립했다. 이것을 7월 혁명이라 한다.

7월 혁명에 따라 빈 체제의 일부가 붕괴된 것은 유럽 각국에 영향을 끼쳤다. 1831년에 네덜란드로부터 벨기에가 독립하고 폴란드, 독일, 이탈리아에도 파란이 일어났다. 영국에서는 1832년에 선거법이 개정되어 산업 자본가(부르주아지)에게 선거권이 주어졌다.

○프랑스 2월 혁명  (p.86 표 참조)
7월 혁명 후 프랑스에서는 산업 혁명이 진행되어 대자본가가 사회의 실권을 쥐고 선거권도 독점하였다. 이것에 대하여 중소 자본가나 노동자는 선거권의 확대를 요구하였다. 그러나 거부되었기 때문에 1848년 2월에 파리의 시민이 폭동을 일으켜 국왕 루이 필리프는 영국으로 도망쳤다. 이것을 2월 혁명이라 한다. 그 결과 제2차 공화정이 성립(1848~1852)되어 선거에 의해 나폴레옹 1세의 동생의 아들인 루이 나폴레옹이 대통령으로 뽑혔다.

2월 혁명의 영향은 오스트리아, 독일(프로이센)에도 확대되어 1848년 3월에 3월 혁명이 일어났다. 이것에 따라 빈 체제는 붕괴되었다.

○1848년 혁명의 의의

프랑스 혁명의 성과를 모두 부정한 보수적인 빈 체제 하에서는 유럽 각지에서 개인의 자유,평등, 참정권의 획득 등을 요구하는 자유주의 운동이 일어났다. 이 운동들은 탄압을 받아 실패했지만 1848년의 혁명은 자유주의나 민주주의 사상이 확대되는 계기가 되었다. 영국이나 프랑스에서는 자유, 민주주의 개혁에 따른 국민의 통합이 진행되고 독일과 이탈리아에서는 민족의 자립을 노린 국가통일 운동이 진행되었다.

**❸유럽 세계의 재편**
○영국

산업 혁명 후 영국에서는 자유주의적인 개혁이 진행되어 19세기 중반부터 20세기 초의 빅토리아 여왕 시대에 가장 번영했다. 1832년의 제1회 선거법 개정에 따라 선거권이 주어진 산업 자본가(부르주아지)는 발언권이 늘어 산업 자본가의 이익을 대표하는 자유당과 지주의 이익을 대표하는 보수당이라는 2대 정당제가 실현되었다. 그러나 도시 노동자에게는 선거권이 주어지지 않았기 때문에 보통 선거를 요구하는 차티스트 운동이 일어나 1848년의 2월 혁명의 영향을 받은 운동은 활발해졌다.

경제적으로는 동인도회사의 무역 독점권이나 외국산의 밀이나 호밀 등의 곡물에 높은 관세를 매겨 지주를 보호하는 곡물법을 폐지하는 등 자유 무역 체제가 확립되어 갔다. 대외적으로는 제국주의 정책을 실행하고 인도를 직접 통치하고 1877년에 인도 제국을 성립시켰다(☞p.92). 또한 수에즈 운하회사 주식의 매수 등에 따라 이집트를 지배하에 두었다. 또 영국인이 많이 이주한 캐나다를 최초의 자치령(자치권을 가진 식민지)으로 하고 그 이후 20세기가 되어 호주, 뉴질랜드, 남아프리카 공화국도 자치령이 되었다.

○프랑스

2월 혁명으로 대통령이 된 루이 나폴레옹은 1852년에 국민 투표에 의해 황제 나폴레옹 3세가 되어 제정이 부활했다(제 2제정). 나폴레옹 3세는 인기를 유지하기 위해 크림 전쟁(1853~1856)(☞ p.88), 아로 전쟁(제2차 아편전쟁. 1856~1860)(☞ p.93), 인도네시아 출병 (1858~1867)(☞ p.93), 이탈리아 통일전쟁(1859년), 멕시코 출병(1861~1867) 등 잇달아 전쟁을 전개하였다. 그러나 1870년에 독일(프로이센)과의 전쟁에서 붙잡혀 퇴위하였다(제2 제정 붕괴).

제정에 대신하여 성립한 임시 정부는 독일(프로이센)에 유리한 강화조약을 맺었다. 이것에 불만을 가진 파리의 시민은 1871년에 세계 최초의 노동자에 의한 자치 정부인 파리 코뮌을 탄생시켰다. 그러나 독일 군과 임시정부 군의 공격에 의해 2개월 만에 패배하여 제 3공화정 (1870~1940)이 성립하였다.

○이탈리아

오랫동안 소국으로 분열되어 있던 이탈리아에서는 프랑스 7월 혁명 후 비밀결사 카르보나리와 청년 이탈리아의 마치니에 의한 이탈리아 통일 운동이 일어났다. 그러나 북부를 지배하고 있던 오스트리아 등에 의해 탄압되어 실패하였다.

그 후 북이탈리아의 소왕국 사르데냐가 통일 운동의 중심이 되었다. 국왕 임마누엘 2세의 지원으로 수상이 된 카보우르는 1859년에 오스트리아와 전쟁을 일으켜 프랑스의 원조를 얻어 승리하였다(이탈리아 통일 전쟁). 그리고 북이탈리아를 통일한 사르데냐 왕국은 1861년에 청년 이탈리아의 가리발디가 정복한 시칠리아, 남이탈리아를 양도받았다. 이렇게 해서 이탈리아 왕국(1861~1946)이 성립했다.

○독일

빈 체제 아래의 독일에서는 오스트리아나 프로이센 등 35군주국과 4개의 자유시에 의해 구성된 독일 연방이 형성되어 있었다. 1848년 3월에 베를린에서 3월혁명이 일어나자 독일 각지에서 자유주의 운동이 활발해져 프랑크푸르트 국민의회가 열려 독일의 통일이 의논되었다. 하지만 통일 방법을 둘러싸고 오스트리아를 중심으로 통일을 지향하는 대 독일 주의와 오스트리아를 제외하고 프로이센 중심으로 통일을 지향하는 소 독일 주의가 대립했다.

1862년 프로이센의 국왕 빌헬름 1세 밑에서 수상이 된 비스마르크는 군사력에 따른 독일의 통일을 노린 철혈 정책을 시행했다. 프로이센은 1866년에 프로이센•오스트리아 전쟁에서 오스트리아에 승리하여 독일연방은 해체했다. 그리고 오스트리아는 오스트리아•헝가리 제국 (1867~1918)이 되었다. 독일 통일을 강력히 하기위해 비스마르크는 1870년에 프로이센•프랑스 전쟁(~1871)을 일으켜 프랑스에 승리했다. 이로써 1871년에 빌헬름 1세를 황제로 하는 독일 제국(1871~1918)이 성립했다.

제국의 재상이 된 비스마르크는 보호무역 정책을 취해 철강이나 화학공업 등을 급성장시켰다. 그리고 공업의 발달과 함께 사회주의 운동이 강해지자 이것을 탄압하는 한편 사회보험 제도를 정비해서 노동자의 생활개선을 노렸다(☞p.247).

○러시아

황제에 의한 전제 정치(차리즘)의 밑에서 농노제가 남아 있던 러시아는 사회적 발전이 늦어져 있었다.

1825년에 전제정치와 농노제의 폐지를 요구하는 데 카브리스트의 난이 일어났지만 탄압되어 자유주의적 개혁이 진행되지 않았다.

러시아는 대외적으로는 겨울에도 얼지 않는 부동항을 요구하여 남쪽으로 영토를 확대하는 남하 정책을 진행해서 1853년에 흑해로부터 지중해로의 출구를 억제하는 오스만 제국(터키)에 대해 전쟁을 했다. 그것에 대하여 영국, 프랑스가 오스만제국(터키)을 지원해 1856년에 러시아는 패배했다(크림 전쟁 1853~1856).

크림 전쟁 후 러시아는 자유주의적 개혁을 진행하여 1861년에 농노 해방령이 발표되어 농노에게 자유가 주어졌다. 그러나 황제가 또다시 전제를 강화하자 도시의 지식인 계급 안에서는 농민을 계몽하여 사회 개혁을 노리는 나로드니키(인민주의자)도 나타났다.

<농노>

지주에게 소유되어 지주의 토지를 경작하고 세금을 납부할 의무가 부과돼 있던 농민. 이동이나 취업을 선택할 자유는 없었다.

<크림 전쟁>

크림 전쟁(1853~1856)에서는 영국의 나이팅게일이 적, 아군의 구별 없이 전장에서 부상자를 간호했다. 또 「전쟁과 평화」로 알려진 러시아의 작가 톨스토이는 이 전쟁에 참가하여 그 후 반전 평화를 주창하여 전 세계에 영향을 미쳤다.

**❹미합중국의 발전과 남북 전쟁**
○영국으로부터의 자립

나폴레옹 전쟁 중(1796~1815)에 중립의 입장을 취한 미국은 영국의 해상 봉쇄에 의해 해상무역을 할 수 없게 되었다. 그 때문에 1812년에 미영 전쟁(1812~1814)이 일어났다.

영국과의 무역이 멈춘 미국에서는 경제적 자립이 진행되어 동북부의 공업, 남부의 면화재배, 서부의 곡물 생산이 발달했다.

○영토의 확대    (p.90 그림, 표 참조)

미국은 1783년의 독립 시에 미시시피강으로부터 동쪽의 루이지애나를 획득하였고 19세기 초에는 프랑스로부터 미시시피강에서 서쪽의 루이지애나를 구입했다. 그 후에도 매수나 병합, 멕시코와의 전쟁에 의해 영토를 점차 확대하여 19세기 중반 무렵에는 대서양부터 태평양에 이르는 광대한 국가로 발전했다.

영토가 서쪽으로 확대된 것과 함께 개척도 급속히 진행되어 동부나 유럽으로부터 건너 온 이민은 프런티어(미국 서부에 걸친 개척지와 미개척지와의 경계)를 서쪽으로 이동시켜 갔다. 하지만 그것은 원주민이었던 인디언의 토지를 일방적으로 빼앗는 것이기도 했다.

○남북 전쟁    (p.90, 91 표 참조)

미합중국의 남부와 북부는 경제적인 구조의 차이로 인한 지역 대립을 만들고 있었다.

남부는 흑인노예에 의한 대규모의 면화, 담배 등의 재배를 중심으로 대농원(플랜테이션)이 발달하여 농산물을 영국 등으로 수출하고 있던 탓에 자유무역이나 각 주의 강력한 자치권, 서부로의 노예제의 확대를 요구했다.

한편 북부는 상공업이 발전하고 있었던 탓에 연방정부의 강화에 의한 국내 시장의 확대와 보호 무역을 요구하여 노예제에 반대하고 있었다.

| | 경제 기반 | 무역 정책 | 노예제 | 지지 정체 | 지지 정당 |
|---|---|---|---|---|---|
| 남부 | 대농원제 | 자유무역 | 찬성 | 주권주의 | 민주당 |
| 북부 | 상공업 | 보호무역 | 반대 | 연방주의 | 공화당 |

<톰 아저씨의 오두막>

1852년에 출판된 스토우 부인의 소설. 흑인 노예를 주인공으로 하여 노예제도 반대의 세론을 높였다.

1861년에 북부 출신으로 노예제의 확대에 반대하는 공화당의 링컨이 대통령이 되자 다음해에 남부 11개주가 합중국으로부터 탈퇴하여 남북 전쟁(1861~1865)이 일어났다.

나라의 분열을 두려워한 링컨은 1862년 서부 개척민에게 토지를 무상으로 제공하는 홈스테드법(자영농지법)을 제정하여 지지를 얻었다. 다음해 노예 해방 선언을 발표하여 나라의 내외에 북부가 전쟁을 하는 것에 대한 정당성을 어필했다. 그리고 남북 전쟁 최대의 전투인 게티스버그 전투에서 북부군이 남부군에 승리하여 1865년에 전쟁은 끝났다. 게티스버그 전투의 승리 후 링컨은 민주정치의 본질을 드러낸 유명한 게티스버그 연설을 했다(☞p.186).

남북 전쟁 후 재통일된 미국에서는 북부 자본에 의한 남부, 서부의 경제 지배가 확립됐다. 흑인노예는 해방되었지만 흑인에 대한 인종 차별은 그 후에도 계속되었다(☞p.232).

1869년에는 대륙 횡단 철도가 완성되어 서부의 시장을 얻고 미국은 커다란 발전을 했다. 그러나 1890년대에 프런티어가 없어지자 그 이후 시장을 요구하며 해외에 진출하려는 움직임이 활발해졌다(☞p.95).

▶주요 미국 대통령 때에 일어난 일

| 대통령 | 주요 일어난 일 |
|---|---|
| 워싱턴 | 초대 대통령 |
| 먼로 | 먼로 선언(1823) |

| | |
|---|---|
| 링컨 | 남북전쟁(1861~1865), 노예 해방 선언(1863) |
| 맥킨리 | 미국=스페인전쟁(1898) |
| T.루즈벨트 | 일러전쟁의 강화를 중개(1905) |
| 트루먼 | 제1차 세계 대전 참전(1917), 평화 14원칙 발표(1918) |
| F.루즈벨트 | 뉴딜 정책(1933~1935) |
| 트루먼 | 트루먼 독트린(1947) |
| 케네디 | 쿠바 위기(1962) |
| 존슨 | 위대한 사회 계획 제창(1965), 북폭 개시(1965) |
| 닉슨 | 금달러 교환 정지(1971), 베트남 평화협정(1973) |
| 레이건 | 레이거노믹스 정책(1981~) 「강한 미국」 |
| 부시(아버지) | 몰타 회의(1989), 걸프 전쟁(1991) |
| 부시(아들) | 이라크 전쟁(2003) |
| 오바마 | 흑인 첫 대통령 |

## [3] 제국주의와 식민지화

### ❶유럽 각국의 아시아 침략

#### ○영국의 인도 진출

18세기에 들어서자 인도(무굴 제국)는 분열 상태가 되고 영국 동인도회사가 세력을 늘렸다. 동인도회사군은 1757년의 플라시 전투에서 프랑스에 승리하여 19세기 중반 무렵까지는 인도의 거의 전역을 지배하에 두었다.

인도는 면제품의 수출국이었지만 영국에서 산업혁명이 진행되자 영국의 값싼 면제품이 인도로 들어오게 되었다. 이 때문에 인도는 영국에 면제품의 원료인 면화를 공급하고 영국의 면제품을 구입하는 시장으로 바뀌어갔다.

이러한 속에서 영국 지배에 대하는 인도 사람들의 불만은 높아져 1857년에 동인도회사에 고용된 인도인 병사 시파히(세포이라고도 함)가 반란을 일으켰다(1857~1859). 이 때문에 영국은 동인도회사를 폐지하여 인도를 직접 통치하기로 하고 1877년에 빅토리아 여왕(☞p.86)이 인도 황제를 겸하는 인도 제국이 성립했다.

#### ○동남 아시아의 식민지화

(p.92, 93 그림, 표 참조)

19세기에 산업 혁명이 진행되자 유럽 제국은 시장이나 자원을 구하기 위해 동남 아시아의 식민지화를 진행했다.

식민지에는 플랜테이션(특정의 작물을 만드는 대규모 농장)을 경영하여 커피, 사탕수수, 차, 고무 등 유럽 본국에 수출하는 작물을 만들게 하였다. 이 때문에 식민지는 제2차 세계 대전 후에 독립한 후에도 경제 발전이 늦어지게 되었다(☞p.230).

| | |
|---|---|
| 영국 | ▷버마(미얀마)를 인도 제국에 합병 ▷싱가포르 등의 해협식민지를 획득 ▷말레이 연합주(말레이 연방)를 보호령으로 하다. |
| 프랑스 | ▷인도차이나를 침략 : 캄보디아•베트남을 보호국(형식에서는 독립국이지만 외교, 재정, 군사 등이 타국에 억압된 국가)으로 하고 인도차이나 연방을 형성 →라오스를 편입 |
| 네덜란드 | ▷인도네시아에서 세력 확대 : 네덜란드령 동인도를 형성 |
| 스페인 | ▷필리핀을 영유 └→미국•스페인 전쟁(1898), 이후에는 미국이 영유 |

#### ○아편 전쟁 (p.93 그림 참조)

18세기 후반 이후 영국은 중국(청나라)과의 무역을 거의 독점하게 되었다. 무역은 동인도회사를 통해 이루어져 영국은 중국(청나라)으로부터 차, 비단 등을 수입하고 있었다. 차가 영국인의 생활에 빼놓을 수 없는 것이 되자 중국으로부터의 수입량이 늘어 대량의 은을 중국에 지불하게 되었다. 그 때문에 영국은 면제품을 인도에 수출한 대금으로 산 인도산 아편을 중국에 수출하여 중국으로부터 차나 비단을 수입하는 삼각무역을 했다.

그 결과 중국에는 아편이 유행하고 영국에 대량의 은을 지불하게 되었다. 그래서 중국은 아편 무역을 강력히 단속하였기 때문에 1840년에 영국은 중국에 선전 포고를 하고 아편 전쟁 (1840~1842)이 일어났다. 영국에 패배한 중국은 1842년에 난징조약을 맺고 홍콩은 영국에 양도되고 상하이 등 5곳의 개항이 정해졌다.

게다가 무역에서의 이익을 얻기 위해 1856년 영국은 프랑스와 함께 중국에 출병하였다(아로 전쟁-제2차 아편전쟁). 이것에 패배한 중국은 1858년에 톈진조약을, 이어서 1860년에는 베이징조약을 맺어 톈진 등 11곳의 개항이나 크리스트교 포교의 자유 등을 약속했다.

### ❷제국주의 시대의 구미 열강

#### ○제국주의란 무엇인가

제국주의는 19세기 말부터 20세기에 걸쳐 주로 유럽 열강이 시장이나 자원을 구하기 위해 다른 나라의 영토를 식민지로서 지배, 분할하는 움직임을 말한다. 세계 분할을 둘러싼 대립은 제국주의를 진행하는 열강의 사이에서 격해져 제1차 세계 대전(☞p.99)을 일으키는 요인이 되었다.

#### ○아프리카의 분할 (p.94 표, 그림 참조)

19세기 후반 이후 유럽 열강에 의한 아프리카 분할이 본격화되어 열강 사이에서 대립도 일어났다. 그 때문에 1884~1885년에 걸쳐서 독일의 재상 비스마르크(☞ p.87, 247)의 제창에 의해서 아프리카 분할에 관한 베를린 회의가 열렸다. 그곳에서 맺어진 협정에서 식민지로 하는 것에는 실효지배가 이루어지고 있을 것과, 어느 지역을 최초로 점령한 나라가 그 지역의 영주권을 갖는(점유권)다는 원칙이 확인되었다. 그 결과 열강에 의한 아프리카 분할이 진행되고 20세기 초에는 라이베리아와 에티오피아 이외는 모두 열강의 식민지, 보호령이 되었다.

| 영국 | 아프리카 종관 정책<br>: 이집트의 카이로와 남아프리카 공화국의 케이프타운을 연결하는 지대에 진출<br>▷이집트를 보호국 화(1882)<br>▷남아프리카 전쟁(보어 전쟁)(1899~1902)<br>→남아프리카 연방을 형성(1910)<br>▷파쇼다 사건(1898)<br>: 파쇼다(수단)에서 영국과 프랑스 군이 대립 |
|---|---|
| 프랑스 | 아프리카 횡단 정책<br>: 서아프리카에서 지부티•마다가스카르를 연결하는 지대에 진출<br>▷아르헨티나를 점령(1830) ▷튀니지를 보호국 화(1881)<br>▷모로코를 보호국 화(1912) |
| 독일 | ▷모로코 사건(1905, 1911)<br>: 프랑스령 모로코에 진출했으나 실패로 끝나다. |

○태평양 지역의 분열-미국의 세력 확대
(p.95 지도 참조)
유럽 열강에 의한 분할은 태평양 지역에도 영향을 미쳤다. 영국은 호주, 뉴질랜드를 자치령으로 하고 프랑스는 타히티 섬을 중심으로 하는 프랑스령 폴리네시아를 형성하고, 독일은 마리아나 제도 등을 영유했다.
미국도 1890년대에 프런티어가 없어지자 시장을 구하기 위해 해외로 진출하였다. 1898년 미국의 매킨리 대통령은 미국•스페인 전쟁에서 스페인에 승리하여 필리핀이나 괌, 푸에르토리코를 획득했다. 또 1902년에 스페인으로부터의 독립을 요구하고 있었던 쿠바를 독립시켰다. 그리고 1898년에 하와이도 병합했다.
또 미국은 유럽 열강에 독점되어 있던 중국 시장에 진출하기 위해 1899년에 국무장관 존 헤이가 중국 시장의 개방을 요구하는 문호 개방 선언을 발표했다. 게다가 시어도어 루즈벨트 대통령은 카리브 해에 세력을 넓히는 정책을 진행하여 1903년부터 파나마 운하의 영구 조차권(기한을 정하지 않고 빌리는 권리)을 얻었다.

## [4] 일본의 근대화와 아시아
### ❶일본의 근대화
○개국
일본에서는 17세기 중반 이후 에도 막부에 의해 네덜란드, 중국, 조선, 류큐(오키나와) 이외의 나라와 교섭을 하지 않는 쇄국정책을 취하고 있었다. 그러나 1853년 미국의 페리가 증기선(쿠로부네)을 이끌고 내항하여 무력을 배경으로 개국을 요구했다. 그 때문에 막부는 다음해 일미 화친조약을 맺어 시모다, 하코다테의 2개항을 개항했다.
1858년에는 미국의 초대 총영사(외국에서 자국의 무역 추진이나 자국민을 보호하는 영사관의 장)인 해리스와의 사이에서 일미 수호통상 조약이 맺어져 다음해 요코하마 등이 개항되고 무역이 시작되었다(☞p.151). 계속해서 영국 등과도 같은 조약을 맺었다. 이 조약들은 ①일본에 관세자주권(자국의 관세율을 자주적으로 정하는 것이 가능한 권리)이 없고 ②외국에 영사 재판권(외국인이 자국의 법률로 재판을 받는 권리)을 인정하는 불평등 조약이었다. 그 때문에 이후 불평등 조약의 개정은 일본의 커다란 외교 목표가 되었다.

○메이지 정부의 중앙 집권화 정책과 근대화
에도 막부에 이어서 1867년 말에 성립한 메이지 정부는 천황을 중심으로 하는 조직을 정비하여 중앙 집권화를 확립하여 갔다(메이지유신).
또 메이지 막부는 근대 국가를 만들기 위해 경제를 발전시켜 군사력의 강화를 노렸다(부국강병).
그러기 위해 유럽이나 미국의 경제 제도나 선진 기술을 도입하여 근대 산업을 육성하는 식산 흥업 정책을 진행하여 제사(실의 제조) 등의 관영공장(메이지정부가 경영하는 공장)을 설립했다(☞p.151).

○입헌 국가의 성립
국회의 개설이나 헌법의 제정을 요구하는 자유민권 운동이 활발해지는 속에서 정부는 이토 히로부미를 중심으로 헌법 제정의 준비를 진행했다. 1885년에는 내각 제도를 도입하여 이토 히로부미가 최초의 내각 총리대신이 되었다(☞ p.206). 그리고 1889년에 독일 헌법을 참고로 하는 대일본 제국 헌법(메이지 헌법)이 제정되었다(☞p.192). 이것은 동 아시아에 최초의 근대적인 헌법이었다.

### ❷일본의 아시아 진출
○중국, 조선과의 관계
1871년 일본은 중국(청나라)과 일청 수호조약을 맺었다. 이것은 일본이 외국과 맺은 최초의 대등 조약이다.
한편 조선은 쇄국 정책을 취하고 있어서 조선과 국교를 맺고 싶었던 일본에서는 무력에 의한 개국을 요구하는 정한론이 대두하였다. 조선을 도발하기 위해 일으킨 강화도 사건을 계기로 1876년 일본은 조선에 있어서 불평등 조약인 일조 수호조규(강화조약)를 맺어 조선을 개국시켰다.

○일청 전쟁

그 후 조선 국내에서는 중국을 지지하는 친중파와 일본을 지지하는 친일파와의 대립, 항쟁이 계속되어 조선을 둘러싸고 일본과 중국과의 관계도 악화되었다.

이러한 속에서 1894년에 조선의 농민이 일으킨 갑오 농민전쟁을 계기로 일청 전쟁 (1894~1895)이 일어났다. 근대적인 군비를 가진 일본은 중국에 승리하여 1895년에 시모노세키에서 강화조약을 맺었다 (시모노세키 조약). 일본은 중국으로부터 거액의 배상금을 받는 것 이외에 대만, 요동반도 등을 획득했다.

○열강에 의한 중국 분할　(p.97 지도 참조)

일청 전쟁에서 중국이 패배하자 1898년부터 다음해에 걸쳐 열강의 중국 분열이 진행되었다. 이 때문에 중국은 외국인을 내쫓자는 배외 운동을 전개하여 1900년에 열강에 선전포고했지만 패배했다(북청사변).

그 후 중국에서는 1911년에 신해혁명이 일어났다. 1912년에 손문을 임시 대통령으로 하고 중화민국정부가 성립되어 청조는 망하였다.

○일러 전쟁

일본이 시모노세키 조약에서 요동반도를 획득하자 남하 정책을 진행하던 러시아는 프랑스, 독일을 꾀어내어 요동반도를 중국에 반환하도록 일본에 요구하였다(삼국간섭). 일본은 이것을 받아들였지만 국내에는 러시아에 대한 적대심이 높아졌다. 게다가 러시아는 북청사변을 계기로 여순, 대련을 포함한 중국 동북부의 만주를 점령하여 사변 후에도 만주로부터 철수하지 않았다.

일본은 러시아의 남하 정책에 대항하기 위해 1902년에 마찬가지로 러시아의 남하 정책을 두려워하는 영국과 일영동맹 협약을 맺어 1904년에 일본과 러시아 사이에서 일러 전쟁 (1904~1905)이 시작되었다. 그러나 일본은 많은 병력을 잃고 재력, 물자 또한 부족한 상태가 되고 러시아도 국내에서 혁명이 일어나 전쟁이 계속될 수 없게 되었다. 그 때문에 1905년 미국대통령 시어도어 루즈벨트의 중개로 포츠머스 조약이 맺어졌다. 이 조약에서 일본은 여순, 대련의 조차권(다른 나라의 영토를 빌리는 권리) 등을 손에 넣었지만 배상금은 획득하지 못했다.

○일본의 대륙 진출

일러 전쟁에서 승리한 일본은 조선반도에 대한 진출을 본격화했다. 1905년에 한국을 보호국으로 하고 1910년에 한국 병합 조약을 맺어 식민지화했다. 그리고 조선통치를 위해 한국에 조선 총독부를 두었다.

또 포츠머스 조약 후 일본은 만주에 세력을 확대하기 위해 만주에 남만주철도주식회사를 설립하여 철도의 수비병으로써 일본의 군대(이후의 관동군)를 두었다.

○조약 개정　(p.98 표 참조)

일미 수호 통상 조약 등의 불평등 조약(☞p.96)의 개정은 커다란 외교 목표였지만 그 교섭은 좀처럼 진행되지 않았다. 하지만 일청 전쟁이 시작되기 직전이었던 1894년에 영국과의 사이에서 새로운 조약이 맺어져 영사 재판권이 제거되었다. 또한 일러 전쟁 후인 1911년에 관세자주권이 완전 회복되어 이것으로 조약 개정이 달성되었다.

## [5] 제1차 세계 대전과 러시아 혁명

### ❶제1차 세계 대전

○대전 전의 국제 정세　(p.99 그림 참조)

3B정책을 진행했던 독일은 1882년에 이탈리아, 오스트리아와 삼국 동맹을 맺고 3C정책을 취했던 영국은 프랑스, 러시아와 동맹을 맺어 1907년에 삼국 협상을 성립시켰다.

여러 민족이 살고 있는 발칸 반도에서는 러시아가 범 슬라브주의(슬라브 민족에 의한 통일)를 주장하여 슬라브계 민족을 하나로 모으려했다. 이것에 반발해 독일, 오스트리아(오스트리아•헝가리 제국)는 범 게르만주의(게르만 민족에 의한 통일)를 주장하는 등 발칸반도는 유럽의 화약고라고 불릴 정도로 긴장상태가 되었다.

<3C정책과 3B정책>　(p.99 그림 참조)

3C정책은 영국의 제국주의 정책으로 카이로와 케이프타운을 잇는 아프리카 종단 정책과 콜카타를 포함한 인도 지배가 밀접한 관계를 맺고 있어서 이 지역에 세력을 확대하려 했다. 한편 3B정책은 독일의 제국주의 정책으로 베를린, 비잔티움(이스탄불), 바그다드를 잇는 철도 건설을 통해서 서아시아 방면으로 진출하려 했다. 독일의 3B정책은 3C정책으로의 도전으로 이 대립이 제1차 세계 대전을 불러일으키는 요인이 되었다.

○제1차 세계 대전의 개전　(p.100 지도 참조)

1914년 6월 보스니아의 사라예보에서 오스트리아의 왕위 계승자가 세르비아의 청년에게 암살당했다 (사라예보 사건). 이것을 계기로 오스트리아는 독일의 지지를 얻어 세르비아에 선전포고를 하고 제1차 세계 대전(1914~1918)이 시작됐다.

발칸반도를 노렸던 러시아는 세르비아를 도왔고 협상 관계에 있던 프랑스, 영국도 이것에 합류했다. 이에 대해 오스트리아의 동맹국인 독일은 러시아, 프랑스에 선전포고를 했다. 그래서 독일이 중립국이었던 벨기에로 침입하자 영국은 독일과의 전쟁을 개시했다. 이러하여 유럽의 대국을 중심으로 연합국(협상국), 동맹국으로 나누어져 30개국 이상이 참전하는 최초의 세계 규모의 전쟁이 되었다.

## ○미국의 참전

전쟁은 장기화 되어 각국이 국력 전체를 전쟁에 쏟는 총력전이 되었고 전차, 잠수함 등 새로운 병기도 등장하였다. 1917년에 독일이 무제한 잠수함 작전(잠수함이 목표를 한정하지 않고 무차별로 공격하는 작전)을 개시하자 미국은 연합국 편에 서서 독일에 선전포고했다.

## ❷러시아 혁명
### ○2월 혁명

러시아에서는 제1차 세계 대전이 시작되면서 패전이 이어지고 식료 부족 등으로 국민 생활이 압박되어 노동 운동도 많아졌다. 1917년 3월(러시아력 2월), 수도 페트로그라드(현 상트 페테르부르크)에서 빵과 평화를 추구하는 시민의 대규모 데모가 일어났다. 이것을 계기로 로마노프조의 전제 정치에 대해서 불만을 갖는 노동자의 데모나 파업이 확산되어가고 있었다. 이것에 군대의 일부가 더해져서 노동자와 병사의 소비에트(평의회)가 결성되어, 멘셰비키와 사회혁명당이 그 중심이 되었다. 이러한 움직임에 대하여 부르조아지(산업자본가) 등 자유주의자는 임시정부를 설립하였다. 황제 니콜라이 2세는 퇴위하고 300년 동안 이어진 로마노프 조는 무너졌다. 이것을 2월 혁명이라고 한다. 하지만 소비에트와 임시정부라는 두 가지 권력이 생기는 결과가 되었다.

### ○10월 혁명

소비에트는 전쟁을 이어가는 임시정부를 지지했지만, 볼셰비키의 지도자 레닌은 전쟁의 중지와 노동자 농민으로 이루어진 소비에트가 권력을 쥐는 것을 호소하여 임시정부와 대립하였다. 그리고 1917년 11월(러시아력 10월)에 케렌스키의 임시정부를 무너뜨리고 세계 최초의 사회주의 정권인 소비에트 정권이 탄생했다. 이것을 10월 혁명이라고 한다. 소비에트 정권은 바로 「평화에 관한 포고」를 내서 전쟁을 하고 있는 모든 나라에게 「무합병 무배상 민족자결」에 근거한 전쟁의 종결을 호소하고, 「토지에 관한 포고」를 내서 지주의 토지를 무상으로 주는 것을 정했다.

### ○혁명에 대한 간섭

1918년 1월, 소비에트 정권은 독일과 브레스트 리토프스크 조약을 맺고 전쟁에서 빠졌다. 볼셰비키는 공산당으로 이름을 바꾸고 수도를 모스크바로 옮겼다. 연합국은 혁명이 확산되는 것을 두려워하여 러시아에 군대를 보내고 러시아 국내의 반혁명 파를 도우면서 대소 간섭 전쟁에 나아갔다. 8월에는 일본군을 주력으로 하는 연합국 군이 시베리아에 출병했지만 소비에트 정권은 적군을 조직하여 대항하여 결과적으로 간섭은 실패했다.

## <볼셰비키와 멘셰비키>

볼셰비키는 다수파, 멘셰비키는 소수파를 의미하는 러시아어. 1903년에 결성한 마르크스주의 정당인 러시아 사회민주노동당이 그 직후에 혁명의 성격을 둘러싼 대립에서 레닌이 이끄는 볼셰비키와 멘셰비키로 분열하였다. 1905년에 결성한 소비에트 내에서는 당초 멘셰비키가 다수파를 차지하고 볼셰비키는 소수파였다.

## ❸제1차 세계 대전 후의 국제 관계
### ○제1차 세계 대전의 종결

러시아의 소비에트 정권과 강화를 맺은 독일은 영국, 프랑스를 비롯한 연합국에 최후의 공격을 했지만 실패로 끝나고 동맹국인 오스트리아 등도 잇달아 항복하였다. 독일에서도 1918년 11월에 금방 휴전을 바라는 수병이 킬 군항에서 반란을 일으키자 반란은 독일 각지에 확산되었다. 이러한 상황 속에서 공화국의 설립 선언이 나오고 황제 빌헬름 2세는 망명하였다(독일 혁명). 혁명의 결과로 만들어진 독일 임시정부는 연합국과 휴전협정을 맺고 제1차 세계 대전은 끝났다.

### ○베르사유 체제    (p.102 지도 참조)

1919년 연합국이 모여 파리 강화회의를 열었다. 회의는 1918년에 미국의 윌슨 대통령이 발표한 14개조의 평화 원칙(군비축소, 민족자결, 국제평화기구의 설립 등)을 강화의 원칙으로 하였다. 하지만 영국이나 프랑스의 주장에 의해 전쟁에 패배한 독일에 불리한 베르사유 조약이 독일과 연합국의 사이에 맺어졌다.

베르사유 조약에 의해 독일은 모든 식민지를 잃고 알자스-로렌 지방을 프랑스에 양도했다. 군비도 제한되어 프랑스와의 국경지대인 라인란트에 군비를 두는 것을 금지당했다(라인란트의 비무장화). 게다가 거액의 배상금 지불을 명령받았다.

독일 이외의 동맹국도 연합국과 개별의 강화조약을 맺었다. 그리고 민족자결의 원칙(각 민족이 다른 곳으로부터의 간섭을 받는 일 없이 자주적으로 국가를 건설할 수 있다는 사고방식)에 의해 유럽에 8개의 새로운 나라가 탄생했지만 아시아, 아프리카에는 적용되지 않았다.

이렇게 만들어진 제1차 세계 대전 후의 유럽을 중심으로 하는 새로운 국제질서를 베르사유 체제라고 한다. 또 1920년에는 베르사유 조약의 규정에 따라 세계 최초의 국제 조직인 국제연맹이 설립되었다(☞p.219).

## <8개의 신흥 국가>
러시아로부터 독립 : 핀란드, 에스토니아, 라트비아, 리투아니아, 폴란드
오스트리아로부터 독립 : 체코슬로바키아, 헝가리, 유고슬라비아)

○국제 협조주의

동아시아, 태평양 지역에는 제1차 세계 대전 중에 중국에 진출한 일본을 제압하는 것 등을 목적으로 미국 대통령 하딩의 호소로 워싱턴회의(1921~1922)가 열렸다. 이 회의에서는 태평양지역에서의 현상 유지를 약속한 4개국 조약, 중국의 영토 안정을 지키는 것을 약속한 9개국조약, 해군 군축 조약 등이 맺어졌다.

이렇게 만들어진 동아시아, 태평양 지역의 새로운 국제 질서를 워싱턴 체제라고 한다. 이후에도 1925년에 서유럽의 집단 안전 보장에 관한 로카르노 조약, 1928년에 국제 분쟁의 해결을 위한 전쟁 금지를 정한 파리 불전조약, 1930년에는 런던 해군 군축 조약이 맺어져 국제 협조 및 군비 축소가 진행되었다.

❹제1차 세계 대전 후의 구미 각국

○미국

미국은 제1차 세계 대전 후 경제가 급성장하여 세계 경제의 중심도 런던으로부터 뉴욕의 월가로 옮겨졌다. 1920년대의 미국은 가정 전화 제품이나 포드로 대표 되는 자동차 등의 신산업이 발달하여 대량 생산, 대량 소비하는 대중 소비 사회의 시대를 맞았다.

외교적으로는 국제연맹에 가맹하지 않는 등 국내 제1주의적인 독립주의를 취했다. 또 이민의 제한이나 흑인의 차별 등 보수화도 진행됐다.

○유럽

영국에서는 제1차 세계 대전 후의 선거권 확대에 의해 21세 이상의 남녀에게 선거권이 주어져 1924년에 처음으로 노동당 내각(맥도널드내각)이 탄생했다. 전쟁의 피해가 컸던 프랑스는 배상금의 지불이 늦다는 것을 이유로 독일의 공업지대인 루르를 점령했다.

독일에서는 독일공화국(바이마르공화국)이 성립하여 1919년에 민주적인 바이마르 헌법을 제정하였다(☞p.187). 또 UN에 가입하는 등 협조 외교를 진행했다.

전승국인 이탈리아는 기대하고 있던 영토를 획득하지 못하고 경제도 악화되었기 때문에 국민의 불만이 높아졌다. 이러한 속에서 파시스트 당의 무솔리니가 정권을 잡았다.

○소련

소비에트 정부는 1919년에 세계 혁명을 진행하기 위해 제3인터내셔널(코민테른)을 설립하여 1922년에 러시아를 중심으로 하는 소비에트 사회주의 공화국 연방(소련)을 성립시켰다.

또 전후의 경제를 재정비하기 위해 레닌(☞p.124)은 자본주의 경제를 부분적으로 도입한 신경제 정책(네프)을 채용했다. 1924년의 레닌 사후는 스탈린의 지도를 토대로 1928년부터 공업국으로의 전환을 노린 제1차 5개년 계획이 진행되었다(~1932).

❺제1차 세계 대전 후의 아시아 각국

○중국, 조선

1915년, 일본은 중국에 대해서 중국에서의 권익 확대를 요구하여(21개조의 요구), 1919년 파리 강화 회의에서 일본의 중국에 대한 21개조의 요구가 인정되었다. 이것을 계기로 중국에서는 반일운동이 일어났다(5·4운동).

한편 조선에서는 일본으로부터의 독립운동이 확대되었지만(3·1운동) 일본은 무력으로 탄압하였다.

○인도

제1차 세계 대전이 일어나자 영국은 인도의 협력을 얻기 위해 자치를 약속했지만 전후에는 약속을 지키지 않고 식민지 지배를 강화했다. 그런 가운데 국민회의파의 지도자였던 간디는 영국으로부터의 독립 운동의 선두에 서서 비폭력, 불복종 운동을 전개하였다. 이후에는 국민회의파의 의장인 네루가 완전 독립을 주장하여 운동을 지도하였다.

○터키

제1차 세계 대전에 패한 오스만 제국(터키)은 영토를 영국이나 프랑스 등에 분할, 점령당했다. 이것에 반발한 군인인 케말파샤(무스타파 케말)는 임시정부를 세워 오스만 제국의 술탄제(이슬람 세계의 군주인 술탄이 정치적인 실권을 갖는 체제)를 폐지하여 1923년에 터키공화국을 성립시켰다. 케말파샤는 최초의 대통령이 되어 터키의 근대화를 진행시켰다(터키혁명).

## [6] 세계 공황에서 제2차 세계 대전으로

❶세계 공황

○세계 공황

1929년 뉴욕의 월가에서 일어난 주가의 대폭락(주식의 가격이 급격히 내려가는 것)에 의해 미국 경제는 심각한 공황이 되었다. 세계 경제의 중심이었던 미국의 불황은 유럽의 각국이나 일본 등 세계 각국으로 확대되었다. 이것을 세계 공황이라 한다. 그러나 사회주의 체제를 토대로 계획 경제를 진행하고 있던 소련은 공황의 영향을 받지 않았다(제1차 5개년계획 <1928~1932>, 제2차 5개년계획<1933~1937>).

○뉴딜 정책

1933년 미국의 대통령이 된 프랭클린 루즈벨트는 심각한 불황에 맞서 뉴딜 정책이라 불리는 경제 정책을 시행했다.

이 정책은 케인즈 이론(☞ p.185)을 토대로 한 것으로 국가가 경제에 적극적으로 개입함으로써 경기나 국민 생활을 재정비하려 했다.

<뉴딜 정책>

▶전국산업부흥법(NIRA) : 공업제품의 생산을 제한

하고 노동자의 단결권(노동조합을 결성하는 권리), 단체교섭권(노동자가 회사 측과 조건 등에 대해 협의할 수 있는 권리)을 인정한다.
▶**농업조정법(AAA)** : 농산물의 생산을 제한하여 가격을 안정시킨다.
▶**테네시강 유역개발공사(TVA)의 설립** : 댐 건설 등의 공공사업을 행하여 고용을 늘린다.

○**블록 경제**
　세계 공황에 의한 불황을 벗어나기 위해 영국이나 프랑스 등 식민지를 많이 가지고 있는 나라는 경제권(블록)을 만들어 수출품에 높은 관세를 매기는 것으로 블록 내의 경제를 보호하려했다(블록경제).
　이에 반해 국내 자원이 적고 식민지를 별로 가지고 있지 않은 독일, 이탈리아, 일본 등은 다른 나라에 무력으로 진출하는 것으로 경제권을 확대하려 했다. 이러한 것이 제2차 세계 대전의 한 가지 요인도 되었다.

❷**파시즘의 대두**
○**나치스의 정권 획득**
　세계 공황 후 불황에 괴로워하던 독일에서는 히틀러가 이끄는 국가 사회주의 독일노동자 당(나치스)이 국민의 지지를 모아 1932년의 총선거에서 제1당이 되었다. 다음해에 수상이 된 히틀러는 전권위임법(정부에 입법권을 주는 법률)을 성립시키고 일당 독재 체제(하나의 정당이 모든 정치 권력을 쥐는 체제)를 확립했다. 히틀러는 1934년에 총통(국가의 최고 지도자)이 되어 나치스에 의한 파시즘 체제에 지지받는 독일 제3제국이 성립했다.
　나치스는 공공사업 등에서 실업자를 줄이는 한편 유대인 박해를 강행하였다. 베르사유 체제(☞p.102)에 불만을 가진 독일은 1933년에 국제 연맹을 탈퇴하고 1935년에는 재군비를 선언했다. 그리고 다음해 비무장지대(군사 활동이 허락되지 않는 지역)인 라인란트에 군을 전진시켜(라인란트 진주) 베르사유 체제는 붕괴했다.

<파시즘>
　개인의 자유나 인권보다도 국가나 민족의 이익을 가장 중요시하는 사고 방식. **전체주의**라고도 함. 세계 공황 후 독일을 시작으로 이탈리아, 일본에도 대두했다.

○**일본의 중국 침략**
　세계 공황의 커다란 영향을 받은 일본에서는 군부가 대두하게 되었다. 군부는 중국 동북부의 만주 침략을 계획하여 1931년 봉천(지금의 선양) 근처의 류타오 호수에서 일본군과 중국군이 충돌했다(류타오후 사건). 이것을 계기로 일본은 만주 사변을 일으켜 다음해 만주국을 건국했다.
　이러한 행동이 국제 사회의 비난을 받았기 때문에

일본은 1933년에 국제연맹을 탈퇴하였다. 1937년에는 북경 근처의 루거우차오에서 일본군과 중국군이 충돌했다(루거우차오 사건). 이것을 계기로 일본과 중국 사이에 일중 전쟁(1937~1945)이 시작되었다. 일본군은 중국 남부의 난징을 점령했지만 중국 측의 저항이 격해서 전쟁은 장기화되어 갔다.

○**스페인 내전**
　스페인에서는 1936년에 반 파시즘의 인민전선 내각이 성립하자 이것에 불만을 가진 대지주 등의 보수파 세력은 프랑코 장군을 중심으로 반란을 일으켜 격한 내전이 시작되었다. 파시즘 국가인 독일과 이탈리아가 반란군을 지원한 것에 대해 소련은 인민내각을 지원하여 각국도 의용군(스스로 지원한 병으로 구성된 군대)을 보냈다. 그 때문에 스페인 내전은 파시즘과 반 파시즘의 국제적인 대립의 장이 되었다. 1939년 반란군이 승리하여 스페인에도 파시즘 정권이 탄생하였다.

<스페인 내전과 문학, 예술>
▶미국의 소설가 헤밍웨이는 스페인 내전에 의용군으로써 참가한 경험을 토대로 소설「누구를 위하여 종은 울리나」를 집필했다.
▶1937년에 독일군이 스페인 북부의 소도시인 게르니카를 폭격한 것에 대해 피카소는 그 분노를「게르니카」라고 하는 작품으로 표현했다.

❸**제2차 세계 대전**
○**제2차 세계 대전의 개전** (p.107 지도 참조)
　스페인 내전을 계기로 독일과 이탈리아는 1936년에 협력관계를 맺어 다음해에는 일본을 포함한 일본, 독일, 이탈리아 방공 협정이 성립했다.
　1938년 독일은 오스트리아를 병합하고 게다가 체코슬로바키아에 수데텐 지방을 양도하도록 요구했다. 이것에 대해서 영국, 프랑스는 이 이상 영토를 요구하지 않는 것을 조건으로 이 요구를 승인했다. 그러나 독일은 영국, 프랑스와의 약속을 깨고 1939년 3월에 체코 슬로바키아의 남은 지역을 점령했다. 게다가 소련과 폴란드의 동서 분할을 약속하여 서로 영토를 침략하지 않는다고 하는 독소 불가침 조약을 맺었다. 그리고 1939년 9월 독일은 폴란드에 군대를 전진시켰다(폴란드 침공). 그 때문에 영국, 프랑스는 독일에 선전 포고하여 제2차 세계 대전 (1939~45)이 시작되었다.

○**제2차 세계 대전의 전개**
　1940년 소련은 발트 3국을 병합하고 독일은 북유럽에 이어서 프랑스에 침공하여 파리를 점령했다. 독일과 협력 관계였던 이탈리아도 영국, 프랑스에 선전 포고하여 독일, 이탈리아, 일본 사이에서 일·

독·이 삼국동맹이 맺어졌다.

　독일이 차례로 유럽의 각국을 점령하는 속에서 영국에서는 처칠 수상을 중심으로 독일 군대의 상륙을 막고 있었다. 프랑스에서도 드골 장군이 망명처인 런던에서 국민에 대해 레지스탕스(저항운동)를 호소했다. 1941년 6월 독일은 불가침 조약을 깨고 소련에 침공하였지만 소련군의 강한 저항에 부딪혔다(독소전).

　중립국이었던 미국은 1941년 3월에 무기 대여법을 제정하여 영국, 프랑스 등의 연합국을 지원했다.

## ○아시아·태평양 전쟁　(p.109 지도 참조)

　자원 획득을 위해 동남 아시아에 진출하려 했던 일본은 유럽에서 프랑스나 네덜란드가 독일에 점령당하자 1940년 9월에 프랑스령 인도차이나 북부에 군대를 보냈다. 게다가 다음해 4월에는 소련과 일소 중립조약을 맺어 독소전이 시작되자 프랑스령 인도차이나 남부에 군대를 파견했다. 이것에 대해 미국은 일본으로의 석유 수출을 금지하여 영국, 중국, 네덜란드와 함께 ABCD라인을 형성하여 일본에 대항했다.

　전쟁을 피하기 위한 일미교섭도 계속되었지만 교섭이 실패하자 1941년 12월에 일본군은 하와이의 진주만을 공격하여 미국, 영국에 선전포고하였다. 또한 같은 날 일본군은 말레이 반도에 상륙하여 아시아·태평양 전쟁(1941~45)이 시작되었다. 그리고 동맹 관계였던 독일, 이탈리아도 미국에 선전포고하였다. 이것에 의해 전쟁은 전 세계로 확대되어, 제2차 세계 대전은 미국, 영국, 프랑스, 소련을 중심으로 하는 연합국 측과 독일, 이탈리아, 일본을 중심으로하는 추축국 측과의 전쟁이 되었다.

　일본군은 개전 후 반년 정도 만에 동남 아시아와 태평양 지역의 여러 나라를 점령해 갔다. 그러나 1942년 6월의 미드웨이 해전에서 미국에 패배하였다. 이후 군사력에서 압도적으로 유리한 미국이 일본에 대한 반격 작전을 본격화하였다.

## ○제2차 세계 대전의 종결

　1943년 2월 독일은 스탈린그라드에서 소련에 패배하여 이후 독일군은 후퇴를 계속하게 되었다. 독일의 점령 지역에서는 유고슬라비아에서의 티토의 파르티잔(의용병) 등의 저항 운동이 강해졌다. 또 같은 해에 연합군이 시칠리아 섬에 상륙하여 이탈리아는 무조건 항복했다.

　이러한 전쟁 동안에 연합국 수뇌는 카이로 회담, 테헤란 회담을 열어 독일로의 반격 작전이나 전후의 영토 문제 등을 합의했다.

　1944년 6월 연합국 군은 북프랑스의 노르망디에 상륙하여 파리를 해방하였다. 그리고 1945년 5월에 베를린이 소련군에 점령되자 마침내 독일은 무조건 항복하였다.

　독일 항복 전인 1945년 2월에는 미국, 영국, 소련의 수뇌였던 루즈벨트, 처칠, 스탈린에 의해 크림 반도의 얄타에서 회담이 열려 프랑스를 포함한 4개국에서 독일을 분할 점령하는 것과 소련이 일본과의 전쟁에 참가하는 것 등이 합의되었다.

　1945년 4월 미국군이 오키나와에 상륙하고 7월에는 베를린 교외의 포츠담에서 연합국 수뇌에 의해 포츠담선언을 발표하여 일본에게 무조건 항복을 요구했다. 그러나 일본은 이것을 무시했기 때문에 미국은 8월 6일에 히로시마, 9일에는 나가사키에 원자폭탄을 투하했다. 게다가 소련이 일본과의 전쟁에 참전했다. 이 때문에 일본은 포츠담 선언을 받아들여 무조건 항복하였고 8월 15일 아시아·태평양 전쟁은 끝나게 되었다.

## [7] 냉전과 현대의 세계
### ❶냉전 체제의 구축
#### ○국제 연합(NU)의 성립

　연합국은 제2차 세계 대전이 끝나기 직전인 1945년 4~6월에 샌프란시스코 회의를 열었다. 그곳에서 UN헌장이 채택되어 같은 해 10월에 국제 사회의 평화와 안전의 유지 등을 목적으로 한 UN이 설립되었다(☞ p.219).

#### ○냉전의 개시

　제2차 세계 대전 후의 세계 질서의 회복은 미국 중심으로 진행되었으나 동유럽은 독일의 나치 지배로부터 해방한 소련이 세력 하에 두었다.

　이러한 소련의 움직임에 대해 영국의 처칠은 1946년에「철의 장막」연설을 통하여 소련이 동유럽에 세력권을 쌓고 있다고 비난하였다. 동유럽 제국에 잇따라 그리스나 터키의 공산화 움직임이 강해지자 미국의 트루먼 대통령은 1947년에 트루먼 독트린을 발표하여 공산주의가 유럽으로 확대되는 것을 방지하고자 하였다. 잇달아서 마샬 국무장관이 유럽의 경제 재정비를 위한 원조 계획인 마샬 플랜을 발표하여 서유럽 제국은 이것을 받아들였다.

　마샬 플랜을 받기를 거부한 소련, 동유럽 제국은 소련을 중심으로 코민포름(공산당 정보국)을 조직하여 사회주의 국가의 유대를 강화했다. 그리고 1949년에는 경제 협력을 위한 조직으로써 동유럽 경제 상호 원조회의(COMECON)를 설립하였다. 이것에 의해 미국을 중심으로 한 자유주의 제국(서측 제국)과 소련을 중심으로 한 사회주의 제국(동측 제국)과의 사이에서 전쟁 직전의 엄격한 대립이 계속되는 냉전이 본격화 되었다.

#### ○독일의 분열

　전후 독일과 그 수도의 베를린은 미국, 영국, 프랑스, 소련의 4개국에 의해 분할 점령되었다. 미국, 영국, 프랑스가 점령지의 통합을 진행하자 소련은 이것에 반대하여 1948년 서 베를린에 대한 통교를 금지하였다(베를린 봉쇄). 이것에 의해 미국, 영국, 프랑스가 통치하는 서독일과 소련이 통치하는 동독일의 대립은 결정적으로 되었다. 그리고 1949년에 서독에서는 독일 연방공화국이 성립하고 동독에서는 독일민주공화국이 성립하여 독일은 동서로 분열했다. 1961년에는 베를린 시가를 동서로 나누는 벽(베를린 장벽)이 건설되었다.

## ○군사 블록화 (p.111 표 참조)

소련에 의한 베를린 봉쇄로 동서양 제국의 긴장이 높아지자 1949년에 미국, 캐나다, 서유럽 제국의 12개국이 반 소련 군사 동맹인 북대서양 조약기구(NATO)를 결성하는 등 각지에서 미국을 중심으로 하는 집단 안전 보장 체제가 만들어졌다(☞p.218). 이것에 대해 1955년에 소련, 동유럽 제국의 8개국이 바르샤바 조약기구를 결성하여 서측 제국에 대항했다. 이러한 속에서 미국과 소련은 핵 병기 개발 경쟁의 시대에 들어섰다(☞p.227).

## ○냉전하의 유럽 제국 (p.111 지도 참조)

▶미국 : 미국 국내에서는 공산주의자와 그 지지자를 체포하거나 직장에서 추방하는 적색 분자 숙청(매카시즘)이 행해졌다.

▶프랑스 : 1944년의 파리 해방 후 레지스탕스(저항운동)를 지도한 드골이 임시 정부의 수상이 된 뒤 1985년에 대통령이 되었다.

▶동유럽 : 1956년에 헝가리에서 반 소련 폭동이 일어나고(헝가리사건), 1968년에 체코슬로바키아에서 민주화 운동이 일어났지만(프라하의 봄), 소련이 개입해서 진압되었다.

## ❷냉전 체제 하의 대립
## ○동서 대립에 의한 지역 분쟁

▶국공 내전 : 제2차 세계 대전 후 중국에서는 농민에게 지지받아 성장한 중국 공산당과 미국의 원조에 의지한 국민당이 대립하여 내전이 일어났다(국공내전). 결과는 공산당 군이 승리하여 1949년 10월에 모택동을 수석으로 하는 중화인민공화국이 성립하였다. 한편 장개석이 지도하는 국민당은 대만으로 도망쳤다.

▶인도차이나 전쟁 : 프랑스령 인도차이나의 베트남에서는 제2차 세계 대전 후인 1945년 9월에 독립운동의 지도자였던 호치민이 베트남민주공화국(북베트남)의 건국을 선언했다. 그러나 프랑스는 이것을 인정하지 않아 1946년 인도차이나 전쟁(1946~1954)이 시작되었다. 프랑스는 남부에 별개의 정권을 세워 미국으로부터의 군사 원조를 받았지만 1954년에 북베트남에 패배하여 제네바 휴전 협정이 맺어졌다. 이것에 따라 프랑스군은 물러났다.

▶한국 전쟁 : 일본의 식민지였던 조선은 제2차 세계

대전 후에 북위 38도선을 경계로 하여 북은 소련군, 남쪽은 미군의 관리 하에 놓여졌다. 그리고 1948년 남쪽에 대한민국이 성립하고 이어서 북쪽에는 조선민주주의인민공화국이 성립했다.

통일을 둘러싸고 대립이 계속되어 갔던 1950년 북조선군이 한국에 침공한 것으로부터 한국전쟁(1950~1953)이 일어났다. 북조선은 중국, 한국은 미국의 지원을 받아 격렬하게 전투를 전개했으나 1953년에 휴전협정이 맺어졌다.

## ○긴장 완화와 냉전 재개 (p.113 표 참조)

▶긴장 완화 : 소련에서는 1953년에 독재 체제를 취한 스탈린이 사망하자 흐루시초프를 중심으로 하는 집단 지도 체제를 취해 미국과의 평화 공존 노선으로 향했다. 1955년 미국, 영국, 프랑스, 소련 4개국의 수뇌가 모여 제네바 4거두 회담이 열렸다. 이것을 계기로 하여 냉전의 긴장완화 시대가 열려 합의에 의한 평화를 실현하자는 움직임을 보이게 되었다.

▶쿠바 위기 : 쿠바에서는 1959년에 카스트로가 중심이 된 혁명을 일으켜(쿠바혁명) 1961년에 신정권(카스트로 정권)이 탄생했다. 카스트로 정권은 사회주의선언을 발표하고 소련과의 관계를 깊이하고 소련은 쿠바에 미사일기지를 건설했다. 이것을 안 미국의 케네디 대통령이 1962년에 기지의 철수를 요구했기 때문에 미국과 소련에 의한 핵전쟁의 위기가 찾아 왔다(쿠바위기). 그러나 소련의 흐루시초프가 요구를 받아들여 핵전쟁은 피할 수 있었다.

▶베트남 전쟁 : 1955년 미국은 사회주의국인 북베트남에 대항하여 남부의 베트남공화국(남베트남)을 건국했다. 이 때문에 베트남은 남북으로 분열했다. 1960년 남베트남 해방 민족전선이 결성되자 1965년에 미국은 해방 민족전선을 지원하고 있는 북베트남에 대한 폭격을 개시하여 베트남 전쟁(1965~73)이 시작되었다. 그러나 소련, 중국이 북베트남을 지원해서 베트남 전쟁은 장기화되고 미국 국내에도 반전운동이 일어났다. 그 때문에 1973년 미국의 닉슨 대통령은 파리 평화 협정에 조인하여 베트남으로부터 철수했다. 1976년에 북베트남에 의해 남북은 통일되어, 베트남 사회주의 공화국이 성립되었다.

## ❸아시아, 아프리카 각국의 독립
## ○아시아의 독립 (p.113 그림 참조)

영국의 식민지였던 인도에서는 제2차 세계 대전 후 각지에서 영국에 대하여 독립운동이 일어났다. 그 결과 1947년에는 힌두교인 인도연방과 이슬람교인 파키스탄으로 나누어져 독립하였다. 그 다음해 양교도의 화해를 계속 설득했던 간디(☞ p.104)가 살해되었다.

일본의 지배하에 있었던 인도네시아는 제2차 세계 대전 후 수카르노를 지도자로 하여 독립을 선언했다. 그러나 식민지 지배를 부활하려 했던 네덜란드는 독립을 인정하지 않아 독립 전쟁이 일어났다. 그리고 1949년의 헤이그 협정에서 독립이 승인되었다.

## ○아프리카 제국의 동향과 독립
(p.114 그림 참조)

이집트에서는 1952년에 왕정에 대한 불만으로부터 혁명이 일어나 다음해 이집트공화국이 성립하였다. 1954년에 정권을 쥔 나세르는 영국이 권리를 쥔 수에즈 운하의 국유화를 선언했다.

1957년에 가나가 영국으로부터 독립하자 그 이후 이어서 아프리카 제국이 독립하였다. 특히 1960년은 17개 나라가 독립한 일로 인해 아프리카의 해라고 불렸다. 1963년에는 에티오피아에 아프리카 각국의 수뇌가 모여 회의가 열렸다. 그리고 「아프리카는 하나」 라는 슬로건을 토대로 식민지주의에 반대하고 서로 협력하는 것을 목적으로 하는 아프리카 통일기구 (OAU)가 결성되었다.

이것이 2002년에는 아프리카 연합(AU)으로 발전했다.

## ○제3세계(비동맹 제국)의 대두

냉전 체제가 계속되는 속에서 아시아, 아프리카, 라틴아메리카 제국 사이에서 미국측에도 소련측에도 속하지 않는 제3세계를 형성하려는 움직임이 나타났다.

1954년, 인도의 네루 수상과 중국의 주은래 수상이 회담하여 영토와 주권의 존중, 내정 불간섭, 평화적 공존 등의 평화 5원칙이 선언되었다. 다음해에는 일본, 중국을 포함한 아시아, 아프리카의 29개 국가의 대표가 인도네시아의 반둥에 모여 아시아, 아프리카회의(반둥회의)가 열렸다. 그리고 평화 5원칙을 구체화한 평화 10원칙이 채택되어, 반 식민지주의, 평화 공존을 세계에 호소했다. 이 반둥회의의 정신은 1961년에 유고슬라비아의 베오그라드에서 열렸던 제1회 비동맹 제국 수뇌회의에 계승되었다. 또한 필리핀(마르코스 정권), 인도네시아(수마트라 정권) 등에서는 1960년대 경부터 정치운동 및 사회운동을 억압하면서 공업화를 강행해가는 개발독재라 불리우는 체제가 등장했다.

## ❹석유 위기
## ○제1차 석유 위기(오일 쇼크)

중동에서는 제2차 세계 대전 중 나치스에 의한 유대인 박해(☞ p.106) 때문에 많은 유대인이 옛날에 살고 있던 지중해 연안에 있는 팔레스타인으로 옮겨 왔다(시오니즘). 그 때문에 그 지역에 사는 아랍인 (팔레스타인인)과의 사이에 대립이 생겼다.

제2차 세계 대전 후 UN은 팔레스타인을 유대인 국가와 아랍인 국가 두 개로 나눠서 예루살렘을 국제 관리 하에 둘 것을 제안했다. 이것에 의해서 1948년에 유대인의 국가인 이스라엘이 건국 되었다. 이로 인한 아랍의 여러 국가와 이스라엘과의 대립을 팔레스타인 문제라고 한다(☞ p.234). 아랍 제국은 이스라엘 건국을 받아들이지 않고 그 후 4회에 걸친 중동전쟁을 일으켰다.

1973년 10월, 이집트, 시리아는 공동으로 이스라엘을 공격했다(제4차 중동전쟁). 개전 직후 이스라엘은 힘든 입장에 있었지만 최종적으로 이스라엘은 승리했다. 이 전쟁에서 아랍석유수출국기구(OAPEC)는 이스라엘을 지원하는 국가로의 석유 수출을 제한하고 더욱이 석유수출국기구(OPEC)(☞ p.30)도 석유 수출 제한과 가격을 큰 폭으로 상승시켜서 여러 선진국은 경제적으로 큰 타격을 입었고 세계는 동시적으로 인플레이션이 늘어갔다. 이것을 제1차 석유 위기(오일쇼크)라고 한다.

그 후 1979년에 이스라엘과 이집트는 평화 조약을 맺고 시나이 반도가 이집트에 반환되었다. 그러나 평화를 실현한 이집트의 사다트 대통령은 1981년에 과격한 이슬람 교도에게 암살되었다. 그 후 평화 교섭도 별로 진전되지 않고 지금까지도 팔레스타인 문제는 해결되지 않고 있다.

## ○제2차 석유 위기

1979년, 이란에서는 미국의 지원 아래 근대화를 추진해 온 왕제가 무너지고 이슬람 부흥을 내건 종교 지도자 호메이니가 권력을 잡고 이란, 이슬람공화국이 건국되었다(이란 혁명)(☞ p.116). 이 사건을 계기로 아랍의 산유 제국이 원유 가격을 대폭 인상함으로써 제2차 석유 위기가 발생하여 세계 경제는 다시 불황이 되었다.

## ❺냉전 체제의 붕괴
## ○냉전 체제의 종결

1970년대 말부터 소련은 경제가 부진한 데다가 1979년의 아프가니스탄으로의 침공에 의해 미국과의 관계도 다시 악화되었다.

1985년 소련의 공산당 서기장이 된 고르바초프는 다음해부터 국내의 정치, 사회 체제의 재정비를 꾀하기 위해 페레스트로이카(개혁)를 개시하여 민주화, 자유화를 진행했다.

대외적으로는 미국과의 평화 공존 정책을 취하고 1988년부터 다음해에 걸쳐서 아프가니스탄으로부터 철수했다. 이것에 의해 냉전 체제를 끝나게 하려는 의지를 명확히 했다. 그리고 1989년 고르바초프와 미국의 부시 대통령이 지중해의 몰타에서 회담하여(몰타 회담) 냉전의 종말을 선언했다. 냉전이 끝남으로써 미국, 소련간의 핵병기 군비 축소가 진행되었다(☞ p.228).

## ○동구 혁명과 소련 해체   (p.116 그림 참조)

1989년 폴란드, 루마니아 등 동유럽의 사회주의 국가에서는 페레스트로이카의 영향을 받아 잇달아 공산당 정권이 무너지고 민주국가가 탄생하였다(동구혁명). 1989년 11월에는 1961년 이후 동서 대립의 상징이었던 베를린 장벽(☞p.111)이 붕괴되어 다음 해 10월에는 독일 통일이 실현되었다.

소련 국내에서는 동구 혁명의 영향을 받아 각 공화국이 소련으로부터 독립하려는 움직임이 강해졌다. 1991년 발트 3국(에스토니아, 라트비아, 리투아니아)가 잇달아 독립하여 다른 공화국도 러시아를 중심으로 독립국가 공동체 (CIS)를 결성했다. 이러하여 소련은 해체되었다.

## ○중동 정세   (p.117 그림 참조)

20세기 중반 이후 미국과 유럽의 근대화 정책 및 가치관을 부정하고 이슬람교의 사고방식에 따라 사회를 개혁하려는 이슬람주의가 대두했다.

이란에서는 1979년에 이란혁명이 일어나 미국과 연합하여 근대화를 진행해 왔던 이란의 왕정이 무너지고 호메이니를 최고 지도자로 하는 신정권이 탄생했다. 혁명의 확대를 두려워한 이라크의 후세인 대통령은 1980년에 이란을 침공하여 이란·이라크전쟁(1980~1988)을 일으켰다. 전쟁은 장기화되어 1988년까지 계속되었다.

이라크는 이란·이라크 전쟁에 의해 재정이 악화되었기 때문에 1990년에 석유를 노리고 쿠웨이트를 침공했다. 그 때문에 미국 중심의 다국적군이 조직되어 1991년에 이라크에 대한 공격이 개시되고 이라크를 쿠웨이트로부터 철수시켰다(걸프전 : 湾岸戦争-わんがんせんそう).

1989년의 소련 철수 후 아프가니스탄에서는 이슬람 원리주의의 탈레반이 정권을 쥐었다. 2001년 9월 미국에 동시다발 테러가 일어나 미국, 영국 군은 테러의 중심 인물을 은닉한 아프가니스탄에 대해 공중 폭격을 단행하고 새로운 정권을 세웠다.

게다가 미국, 영국은 이라크의 후세인 정권이 테러리스트를 지원하여 대량파괴 병기를 사용할 위험이 있는 것에 대해 2003년 3월에 이라크를 침공하여 후세인 정권을 쓰러트렸다(이라크전쟁).

2010년 말부터 2012년에 걸쳐서 북아프리카에서 중동지역의 여러 아랍 국가에서는 경제적 격차나 독재 정권에 불만을 갖는 사람들이 일어나 대규모의 민주화 운동이 벌어졌다. 2010년 12월에 튀니지에서 일어난 반정부 데모는 여러 아랍 국가에 퍼졌다(아랍의 봄). 튀니지, 이집트, 리비아 등에서는 민중의 대규모 데모로 장기 독재 정권이 무너졌지만, 시리아에서는 외국에서 무장 세력이 침입하여 격한 내전이 되었다. 그 중에서 IS(이슬라믹 스테이트)라는 과격파 조직이 탄생되어 근처 이라크와의 국경을 넘나들며

「이슬람 국가」의 수립을 일방적으로 선언하고 세력을 확대시켰다. 그 후 시리아는 정부·반정부·IS의 전투가 계속되고(2017년 10월에 IS는 붕괴) 많은 난민(☞p.235)이 유럽 등 국외로 빠져나가고 있다.

## ➏일본의 전후사 (☞ p.154, 206)
### ○점령하의 정치
▶간접통치 : 1945년 8월에 포츠담 선언을 받아들이고 무조건 항복한 일본은 미국을 중심으로 하는 연합국의 점령 아래에 있게 되었다. 도쿄에는 연합국 군 최고사령관 총사령부(GHQ)가 설치되고, 맥아더가 최고사령관에 임명 되었다. 이후 GHQ의 지령, 권고 아래에서 일본 정부가 통치를 하는 간접 통치가 진행되었다. 오키나와 등은 미국의 군정하에 두었다.

▶초기의 점령 정책 : GHQ에 의한 초기의 점령 정책의 목표는 일본의 비군사화, 민주화에 있었다. 그 때문에 일본 군대를 해체하고 극동 국제 군사재판(도쿄 재판)을 열어서 전쟁 지도자를 재판하고 군국주의자를 공직에서 추방하였다. 또한 여성에게 선거권을 부여하는 것이나 경제의 민주화(☞p.112) 등 다섯 항목에 걸친 5대 개혁 지령을 내걸었다. 정부는 이 지령에 근거하여 중의원 의원선거법을 개정하여 만 20세 이상의 남녀에게 선거권을 부여하고 부인 참정권을 인정했다. 다음해 1946년에는 전후 최초의 총선거가 실시되어 39명의 여성 국회의원이 탄생했다.

### ○점령 정책의 전환과 주권의 회복
▶점령 정책의 전환 : 동서 냉전이 동아시아에 퍼지면서 일본을 반공산주의의 거점으로 하기 위해 미국의 점령 정책은 일본 경제의 자립화를 도모하는 경제 부흥(☞p.155)으로 전환되었다. 1950년에 한국전쟁이 시작되면서 경찰예비군이 설치됨과 동시에 (☞p.196) 미국은 일본을 서방(자본주의) 진영에 편입하기 위해 일본과의 강화를 서둘렀다.

▶주권의 회복 : 1951년에 샌프란시스코 강화 회의가 열리고 일본과 서방 여러 국가 간에 샌프란시스코 평화 조약이 맺어져 그 다음해의 조약 발효에 의해서 일본은 독립을 회복하였다. 하지만 중화인민공화국은 회의에 초대받지 못하고 소련 등 동방의 여러 국가는 조인을 거부하였다. 또한 일본의 식민지였던 한국은 조약 조인의 대상국이 아니었다. 그로 인해 이러한 국가들과 개별적으로 조약을 맺어야 하는 것이 일본 외교의 과제가 되었다. 또한 평화 조약과 동시에 일미 안전 보장 조약이 맺어졌다(☞p.197). 일본은 주권을 회복했지만 이후도 정치적, 경제적으로 미국의 강한 영향력 아래에 있게 되었다.

### ○외교의 전개
하토야마 이치로 내각은 1956년에 일소 공동선언에 조인하였다. 그 결과 일본의 UN가맹을 거부하

고 있었던 소련과의 우호 관계가 회복되었기 때문에 UN에 가맹이 승인되었다.

1960년 기시 노부스케 내각은 일·미 안전보장 조약을 개정한 신 일·미 안전 보장 조약에 조인하였다(☞p.197). 이것에 의해 일·미 군사 동맹은 강화 되었지만 일본 국내에서는 격한 반대운동(안보투쟁)이 일어났다.

그 후 1964년에 성립한 사토 에이사쿠 내각은 7년 8개월에 걸쳐서 전후 최장 장기 정권이 되었다. 1965년에는 일·한 기본조약을 맺고 한국과의 국교를 정상화하였다. 또한 1971년에는 오키나와 반환 협정에 조인하고 다음해 협정 발효에 의해서 오키나와가 일본에 반환되었다. 이어서 1972년에는 「일본 열도 개조」를 언급하여 성립한 다나카 카쿠에이 내각은 일·중 공동성명에 조인하여 중국과의 국교 정상화를 실현하였다. 일·중 공동성명에 근거하여 1978년에는 후쿠다 타케오 내각 아래에서 일·중 평화우호 조약이 맺어졌다.

<오키나와의 미군기지 문제>
1971년에 오키나와 반환 협정이 조인되어 다음해에 협정이 발효되고 오키나와의 일본 복귀가 실현되었다. 하지만 미군기지의 대부분은 반환 되지 않고 오키나와에 남게 되었다. 오키나와 현의 면적은 일본 전체의 약 0.6%에 지나지 않지만 오키나와에 있는 미국군 기지의 면적은 오키나와 현 총 면적의 약 8%(오키나와 본토의 약 15%), 일본에 있는 미군기지 면적의 70%에 달한다. 기지의 정리, 축소가 요구되는 속에 기노완시에 있는 후텐마 기지(비행장)가 나고시 헤노고로 이전이 결정되어 현재 공사가 진행되고 있지만 이전 반대 운동이 이어지고 있다.

## Ⅲ 현대의 경제

### [1] 경제 체제
#### ❶자본주의 경제
○경제란 무엇인가
경제는 생활에 필요한 것인 재화(생산물)와 사람들의 욕구를 만족시키는 서비스(의료, 교육, 보험, 운수 등)를 생산하여 그것들을 교환, 유통, 분배, 소비하는 일을 말한다.

○자본주의 경제의 성립
18세기 후반에 영국의 산업 혁명(☞p.80)을 계기로 자본주의 경제가 성립하여 영국이나 프랑스의 근대 시민 혁명(☞p.76, 78)에 의해 19세기 초반에 유럽이나 미국을 중심으로 확대되었다.

○자본주의 경제의 특징　(p.122 표 참조)
자본주의 경제라는 것은 자본가 생산 수단(공장, 토지, 기계, 지본)을 소유하고 노동자가 노동력을 제공하여 이윤(이익)을 추구하는 경제 체제를 말한다.

<자본주의의 특징>
①생산 수단의 사유 : 생산 수단을 개인이 소유한다.
②자유 경쟁 : 경제 활동은 자유롭게 하고 정부의 개입을 받지 않는다.
③시장 경제 : 생산된 상품, 서비스는 모두 시장에서 매매된다.
④이윤 추구 : 경제 활동은 이윤 추구를 위해 한다.

○자본주의 경제의 문제점
자본주의 경제에서는 자본가와 노동자의 대립과 자유 경쟁에 패배한 기업의 도산 및 그것에 잇따르는 실업 문제가 나타나게 되었다. 또 호황(호경기) → 후퇴 → 불황(불경기) → 회복이라고 하는 경기 변동(경기 순환)이 일어나게 되었다(☞p.138).

게다가 자유 경쟁에 이긴 기업이 시장과 부를 독점하는 자본의 축적, 집중이 진행되어 독점 시장이 형성되게 되었다(☞p.134).

○자본주의 경제의 발달　(p.123 표 참조)
자본주의 경제는 18세기 후반~19세기 중반에 일어난 시민 혁명, 산업 혁명을 배경으로 성립한 산업 자본주의, 19세기 후반의 독점 자본주의, 20세기의 세계공황 후의 수정 자본주의(혼합 경제)라고 하는 단계를 지나 발달해 갔다.

| 18세기 후반~<br>산업자본주의<br>(야경국가) | ▷공장을 소유하는 산업자본가가 중심<br>▷자유경쟁, 자유무역이 진행<br>→작은 정부(저비용 정부)<br>▷애덤 스미스가 자유방임주의(레세페르)를 주장하다.(☞p.125) |
|---|---|
| 19세기 후반~<br>독점자본주의<br>(제국주의국가) | ▷자본의 축적과 집중이 진행, 독점 시장이 형성되었다.<br>▷국가와 연결하여 해외로 진출하였다. →제국주의(☞p.94) |
| 20세기~<br>수정자본주의<br>(복지국가) | ▷세계 공항(1922)에 의한 심각한 경제 위기(☞p.105)<br>▷국가가 시장에 개입하여 경기 조정 등을 도모하다. →큰 정부<br>▷케인즈가 재정지출에 의한 유효수요 창출을 주장하다(☞p.125).<br>→미국의 뉴딜 정책(☞p.105)<br>케인즈 이론의 채용 |
| 1980년대~<br>신자유주의<br>(신보수주의국가) | ▷제1차 석유 위기(1973)에 의한 선진국의 재정 악화<br>→반 케인즈주의(프리드만)(☞p.125)<br>▷경제의 자유화 등을 추진(작은 정부).<br>→미국의 레이거노믹스, 영국의 대처리즘, 일본의 나가소네 내각의 행정·재정 개혁(☞p.160) |

## ❷사회주의 경제
### ○사회주의 경제의 성립

산업혁명 후 자본주의가 발전하는 속에서 빈부의 격차나 자본가와 노동자의 대립 등이 커다란 문제가 되었다.

19세기 중반 쯤에 독일의 마르크스는 「자본론」 속에서 자본주의를 비판하여 자본주의 사회는 반드시 사회주의 사회로, 나아가서는 공산주의 사회로 이동할 것이라고 주장했다. 이 마르크스의 생각을 발전시킨 것이 레닌이다(「제국주의론」). 레닌은 1917년에 러시아 10월 혁명을 지도하여 세계 최초의 사회주의 국가가 탄생했다(☞p.101).

### ○사회주의 경제의 특징 (p.124 위 표 참조)

사회주의 경제란 자본가와 노동자의 대립을 없애는 평등한 사회의 실현을 지향하는 경제 체제이다.

<사회주의 경제의 특징>
①생산 수단의 공유 : 생산 수단을 국가 또는 집단이 소유한다.
②계획 경제 : 국가가 경제 활동을 관리하여 자유 경쟁을 인정하지 않는다.
→소련의 제1차 5개년 계획(1928~1932), 제2차 5개년 계획(1933~1937)
③사적 이윤의 금지 : 이윤은 국가나 조합의 것이 되며, 노동자에게 공평하게 배분된다.

### ○사회주의 경제의 문제점과 대책
(p.124 아래 표 참조)

사회주의 경제에서는 계획의 불완전함이나 실패로부터 물자 부족이나 물가 상승(인플레)이 일어났다. 또 이윤을 평등하게 분배하는 것 때문에 노동 의욕이 저하하여 생산성의 저하, 경제효율의 악화로 이어졌다. 그 때문에 구소련, 중국 등에서는 부분적으로 시장 원리, 분권적 계획 경제를 도입하게 되었다.

| 구 소련 | 고르바초프의 페레스트로이카(개혁)(1895~1995) : 시장 경제의 도입(☞p.115) |
|---|---|
| 중국 | 개혁개방 정책(1978~) : 생산 책임제, 경제 특구의 설치 →외국기업의 유치 |
| 베트남 | 도이모이(세신)정책(1986) : 시장 경제의 도입, 외국 자본의 도입 |

## ❸주요한 경제 학설
### ○중상주의와 중농주의 (16~18세기)

절대 왕정하의 유럽에서는 무역으로부터 얻을 수 있는 이익에 의해서만 국가, 사회의 부가 얻어질 수 있다고 하는 중상주의 사상이 지배적이었다. 그 때문에 수출을 늘리기 위한 국내산업 보호 정책을 취했다. 중상주의의 대표적인 경제학자로는 토마스 만(1571~1641)이 있다.

이것에 대조되게 케네(1694~1774)는 농업 생산에 의해서만 국가, 사회의 부가 얻어질 수 있다고 하는 중농주의를 주장했다.

### ○고전파 경제학과 역사학파 (18세기 후반~19세기) - 산업자본주의

산업 혁명 후 자본주의가 발전하자 보호 정책을 취한 중상주의를 비판하여 자유주의 경제를 토대로 자유 방임주의나 자유 무역 등을 주장하는 고전파 경제학이 발전했다.

애덤 스미스(1723~90)는 「국부론(제국민의 부)」에서 자유로운 경제 활동에 맡겨두면 「신의 보이지 않는 손」에 의해 시장은 자연히 밸런스가 지켜진다고 주장했다(자유 방임주의 - 레세페르). 또 국가는 국민의 경제 활동에 간섭하지 말고 국방, 사법, 공공사업 등 필요 최소한의 활동에 제한할 것을 주장했다(작은 정부, 값싼 정부).

맬서스(1766~1834)는 「인구론」에서 식량은 산술 급수적(1→2→3→…)으로 증가하는데 반해 인구는 기하급수적(1→2→4→8→16→…)으로 증가하기 때문에 인구를 억제하자고 주장했다. 리카도(1772~1823)는 「경제학 및 과세의 원리」에서 비교 생산비설에 의한 자유무역을 주장했다(☞ p.169).

이러한 고전파 경제학과는 반대로 역사학파의 중심 인물인 독일의 리스트(1789~1846)는 발달이 지체돼 있는 산업에는 보호 무역이 필요하다고 주장했다.

### ○근대 경제학파 (20세기)

1929년의 세계 공황(☞p.105)에 의해 자본주의 사회에서는 심각한 불황이나 실업이 일어났다. 이 때문에 케인즈(18883~1946)는 「고용, 이자 및 화폐의 일반이론」에서 경기 회복이나 실업자를 줄이기 위해서는 정부가 공공 투자 등을 시행하여 시장에 개입하고 수요를 늘려야한다고 주장했다(유효 수요의 창출, 큰 정부).

그러나 유효 수요 창출을 위해 국가가 국채를 발행하거나 통화량을 늘려 공공투자, 공공사업을 하기 때문에 재정 적자가 될 위험성이 있다. 그 때문에 프리드먼(1912~2006)은 「선택의 자유」에서 자유 방임주의의 부활(작은 정부)을 주장하여 경제 성장에 부합하는 통화 공급을 함으로써 경제의 안정이 이뤄진다고 주장했다(머니터리즘).

### ○주요 경제 사상

| | 경제학자 | 주의·주장 | 주된 저서 |
|---|---|---|---|
| 17세기 | 토마스 만 | 중상주의 | 「외국무역에 의한 영국의 재보」 |
| 18세기 | 케네 | 중농주의 | 「경제표」 |
| | 애덤 스미스 | 자유방임주의 | 「국부론(모든 국민의 부)」 |
| | 맬서스 | 중농주의 | 「인구론」 |

| | 리가도 | 비교생산비설 | 「경제학 및 과세의 원리」 |
|---|---|---|---|
| **19세기** | 리스트 | 보호무역 | 「정치 경제학의 국민적 체계」 |
| | 마르크스 | 사회주의 | 「자본론」 |
| | 레닌 | | 「제국주의론」 |
| | 왈라스 | 한계효용학설 | 「순수경제학개론」 |
| **20세기** | 케인즈 | 유효수요의 창출 | 「고용, 이자 및 화폐의 일반이론」 |
| | 프리드먼 | 머니터리즘 | 「선택의 자유」 |
| | 슘페터 | 기술혁신 | 「경제발전의 이론」 |

## [2] 경제 순환과 현대의 기업

### ❶국민 경제와 경제 순환
○경제 주체와 경제 순환이란 무엇인가
(p.127 표 참조)

현대의 경제는 기업, 가계, 정부 세 가지의 경제 주체로 이루어지며 서로 깊게 이어져 경제 활동을 하고 있다. 이 3개의 경제 주체의 사이에서 재화(생산물)와 서비스가 통화(☞p.142)를 사용하여 거래되는 흐름을 경제 순환이라고 한다.

### ❷현대의 기업
○기업이란 무엇인가

기업이라는 것은 생산, 판매, 운송, 금융 등의 경제 활동을 하는 조직이다.

기업에는 정부나 지방 공공 단체의 자본으로 공공의 이익을 위해 만들어진 공기업, 민간의 자본으로 이익을 얻기 위해 만들어진 사기업, 민간과 정부, 지방 공공 단체의 자본으로 만들어진 공사 합동 기업 등이 있다.

○회사 기업의 형태

사기업의 중심은 회사 기업이며 출자자(자금을 낸 사람)의 책임, 사람 수 등에 의해 주식회사, 합명회사 등으로 나누어진다. 출자자의 책임에는 회사가 도산했을 때의 회사의 채무(빚)를 출자액뿐만 아니라 전 재산을 내어 갚는 무한 책임과 출자액의 범위 내에서 책임을 지는 유한 책임이 있다. 주식회사의 출자자(주주)는 유한 책임 밖에 지지 않게 되어 있다.

### ❸주식회사
○주식회사의 특징

자본주의의 발달과 더불어 거액의 자금(자본금)을 모으는 데에 적합한 주식회사가 기업의 중심이 되었다. 주식회사는 주식이나 사채를 발행하여 많은 사람으로부터 자금을 모은다. 이것을 직접 금융이라 한다. 이 외에 은행으로부터의 대출에 의해서도 자금을 모으고 있다. 이것을 간접 금융이라고 한다. 일본은 미국과 비교해서 간접 금융의 비율이 높지만 요즘에는 직접 금융의 비율이 늘고 있다.

주식을 산 사람(출자자)은 주주가 되고 출자금은 자본금이 된다. 주식은 원칙적으로 다른 사람에게 자유롭게 양도하는 것이 가능하며 누구라도 자유롭게 증권시장을 통해 몇 주든 사는 것이 가능하다. 주주는 가지고 있는 주식 수에 따라 이익 배당(배당금)을 받는다.

<내부 유보와 자기자본•타인자본>

기업이 경제 활동을 통하여 얻은 이익 중에, 세금과 배당 등 외부에 지불하는 몫을 제외하고 사내에 비축하는 금액. 기업은 자기자본의 비율을 높여서 투자와 불황 때에 대비하는 자금조달 방식의 하나이다. 일본 기업의 내부 유보는 구미에 비교하여 비교적 높으며, 2018년 9월에는 약 446조엔이나 되었다. 이 내부 유보와 주식 발행에 의해 조정되는 자금을 자기자본이라 하며, 금융기관으로부터 빌리거나 사채 발행에 의해 조달하는 자금을 타인자본이라 한다.

○주식회사의 조직　　(p.129 표 참조)

회사의 기본적인 방침을 결정하는 것은 주주에 의해 구성된 주주 총회이다. 주주는 주주 총회에 출석하여 의결권을 사용하는 등 경영에 참가할 권리를 가지고 있다. 주주는 1주마다 하나의 의결권을 가지기 때문에 대주주 일수록 발언권이 강하다.

한편 회사의 업무를 결정하는 것에는 주주 총회에서 뽑힌 이사로 구성된 이사회가 있다. 이 이사회에서 대표 이사(사장)가 뽑힌다.

대규모화된 현대의 주식회사에서는 실제의 경영은 주주가 뽑은 경영자에게 맡기는 경우가 많다. 이것을 소유(자본)와 경영의 분리라고 한다.

○현대의 주식회사

주식회사에는 주주 등의 이사나 이익을 반영한 건전하고 효율적인 경영을 수행할 의무가 있다. 주주 총회에 의해 감사가 뽑혀 경영자가 적절히 업무를 수행하고 있는지 감사하고 있지만 충분히 체크 기능을 다하지 못하고 있다. 그 때문에 최근에는 경영자가 주주들이 기대하는 경영을 올바르게 수행하도록 사외이사를 도입하는 등 감시, 통제하는 기업통치(코퍼레이트 거버넌스)의 대처가 권장되고 있다.

또 법령이나 기업 윤리를 지키는 것(컴플라이언스)이 중시되고 있는 것 외에 기업에 의한 정보 공개(디스클로저)의 중요성도 높아지고 있다.

## [3] 시장과 가격

### ❶시장 경제의 구조
○시장이란 무엇인가

시장이라는 것은 파는 사람과 사는 사람이 연결하여 상품과 서비스의 판매, 교환이 이루어지는 장소를 말한다.

시장에는 생산물 시장, 금융 시장, 외환 시장, 노동 시장 등이 있다.

## ○시장 메커니즘

자유롭게 경쟁이 행해지고 있는 시장에서는 가격은 수요와 공급의 관계에 의해 정해진다.

그러나 시장에서는 수요와 공급이 언제나 일치하는 것은 아니다. 수요가 공급보다도 많은 때에는 물품 부족이 되고 공급이 수요보다 많은 때에는 팔다 남은 물건이 생긴다. 시장에서는 수요와 공급이 일치하지 않을 때에는 가격이 올라갔다 내려갔다 하는 것으로 수요와 공급의 불균형을 조절하는 구조가 있다. 이것을 시장 메커니즘이라고 한다.

## ❷수요와 공급의 법칙

○수요(demand)의 법칙　(p.130 위 그래프 참조)

어떤 상품의 가격이 올라가면 수요량은 감소하고 거꾸로 상품의 가격이 내려가면 수요량은 증가한다. 이것을 수요의 법칙이라고 한다. 그래프에서 나타내면 오른쪽으로 내려가는 곡선이 된다. 이것을 수요 곡선(DD곡선)이라고 한다.

○공급(supply)의 법칙　(p.130 아래 그래프 참조)

어떤 상품의 가격이 올라가면 공급량은 증가하고 거꾸로 상품의 가격이 내려가면 공급량은 감소한다. 이것을 공급의 법칙이라고 한다. 그래프로 나타내면 오른쪽으로 올라가는 곡선이 된다. 이것을 공급 곡선(SS곡선) 이라고 한다.

## ❸가격 메커니즘

○가격이 높은 경우 → 공급 > 수요

(p.131 그래프 참조)

가격이 높을 때(P2) 수요량은 적어진다(Q1). 그러면 수요량과는 반대로 공급량이 많아지기 때문에(Q4) 팔고 남은 물건(초과 공급)이 생긴다(Q4 - Q1). 이것에 대해 공급자는 가격인하에 의해 팔고 남은 상품을 전부 팔려고 한다. 그 결과 수요량은 증가하여 공급량은 감소한다.

○가격이 낮은 경우 → 수요 > 공급

(p.131 그래프 참조)

가격이 낮을 때(P1) 수요량은 많아진다(Q3). 그러면 수요량과는 반대로 공급량이 적어지기(Q2) 때문에 물품 부족(초과 수요)이 생긴다(Q3 - Q2). 이것에 대해 공급자는 가격 인상에 의해 보다 많은 이익을 얻으려고 한다. 그 결과 수요량은 감소하고 공급량은 증가한다.

○균등 가격　　(p.131 그래프 참조)

위와 같은 이유로부터 가격이 높은 경우도 낮은 경우도 가격은 P0으로 향한다. 이 P0을 균형가격이라

한다. 가격이 P0일 때 DD곡선, SS곡선은 균형점(E 점)에서 교차하고 공급=수요가 된다. 이렇게 가격의 상하 변동에 의해서 수요와 공급이 일치해 가는 것을 가격의 자동 조절 기능이라 하고 영국의 경제학자인 애덤 스미스(☞p.125)는 이것을 「신의 보이지 않는 손」이라 칭했다.

## ❹수요 곡선, 공급 곡선의 이동

○수요 곡선의 이동　　(p.132 위 그래프 참조)

▶수요 곡선의 오른쪽으로의 이동(DD → D'D') : 수요량은 증가 (Q0→Q2)하고 가격은 오른다 (P0→P2). 이것은 ①소비자의 소득의 상승이나 감세 등으로 자유롭게 사용할 수 있는 소득(가처분 소득)이 증가한 경우 ②상품이 유행하는 경우 ③경합 상품(대체재 : 빵↔쌀, 커피↔홍차 등)의 가격상승 ④세트로 팔리는 상품(보완재 : 빵+잼·버터, 커피+설탕 등)이 가격 인하한 경우 등이다.

▶수요 곡선의 왼쪽으로의 이동(DD → D"D") : 수요량은 감소(Q0 → Q1)하고 가격은 내린다(P0 → P1). 이것은 ①~④의 반대의 경우이다.

○공급 곡선의 이동　　　(p.132 아래 그래프 참조)

▶공급 곡선의 오른쪽으로의 이동(SS→S'S') : 공급량은 증가(Q0→Q2)하고 가격은 내려간다(P0→P1). 이것은 ①원재료비가 내려간 경우 ②새로운 생산기술의 개발(기술혁신) 등으로 대량 생산이 가능하게 되어 가격이 내려간 경우 ③농산물이 풍작인 경우 ④노동임금이 내려간 경우 ⑤법인 세율이 내려간 경우 등이 있다.

▶공급 곡선의 왼쪽으로의 이동(SS→S"S") : 공급량은 감소(Q0→Q1)하고 가격은 오른다(P0→P2). 이것은 ①~⑤의 반대의 경우이다.

## ❺수요, 공급의 가격 탄력성

수요, 공급의 가격 탄력성이라는 것은 어떤 상품의 가격이 변화한 때에 그 상품의 수요량과 공급량이 어느 정도 변화했는지를 나타내는 수치이다. 수량의 변화가 크면 가격 탄력성은 커지고 수량의 변화가 작아지면 가격 탄력성은 작아진다.

○수요의 가격 탄력성　　(p.133 위 그래프 참조)

▶기울기가 가파른 수요곡선 (D1) : 가격이 높아져도 사는 생활 필수품이나 대체재가 없는 상품 등은 가격의 변화(P2 - P1)에 따른 수요의 변화(Q3 - Q2)가 작다. 즉 수요의 가격 탄력성은 작다.

▶기울기가 완만한 수요곡선 (D2) : 가격이 높아지면 사지 않는 고급품이나 대체재가 있는 상품 등은 가격의 변화(P2 - P1)에 따른 수요의 변화(Q4 - Q1)가 크다. 즉 수요의 가격 탄력성은 크다.

○공급의 가격 탄력성 　(p.133 아래 그래프 참조)
▶기울기가 가파른 공급곡선 (S1) : 가격의 변화에 의해 곧바로 공급량을 조절할 수 없는 농작물 등은 가격의 변화(P2 - P1)에 의한 공급의 변화(Q3 - Q2)가 작다. 즉 공급의 가격 탄력성은 작다.
▶기울기가 완만한 공급곡선 (S2) : 가격의 변화에 의해 공급량을 조절할 수 있는 공업 제품 등은 가격의 변화(P2 - P1)에 의한 공급의 변화(Q4 - Q1)가 크다. 즉 공급의 가격탄력성은 크다.

### ❻시장의 실패
　시장의 실패라는 것은 시장 메커니즘에 의해 수요와 공급의 불균형이 조절되지 않는 것을 말한다. 시장의 실패로는 다음과 같은 것들이 있다.
▶공공재의 문제 : 도로, 항구, 공원 등의 사회자본과 경찰, 소방 등의 공공서비스를 공공재라고 한다. 공공재는 이익이 나오지 않기 때문에 시장에서는 적절하게 공급되지 않는다. 그 때문에 세금을 사용하여 정부가 공급한다.
▶외부 불경제와 외부 경제 : 외부 불경제는 공해(대기오염, 소음 등)나 환경 파괴 등 시장을 통하지 않고 어떤 사람이 다른 사람에게 불이익을 미치는 것을 말한다. 이것은 사회적으로 마이너스의 영향을 미치기 때문에 정부에 의한 규제나 보상이 필요해진다.
　한편 신 역사 건설에 의한 지역 경제의 활성화 등 어떤 사람이 다른 사람에게 플러스의 영향을 미치는 일을 외부 경제라고 한다. 이것도 시장을 통하지 않고 실행되기 때문에 시장의 실패라고 불린다.

### ❼독점, 과점
○시장의 독점화, 과점화
　시장의 독점화는 한 회사에서 시장을 독점하고 있는 상태이며 시장의 과점화는 소수의 대기업이 시장을 지배하고 있는 상태를 말한다. 독점, 과점의 시장에서는 자유로운 경쟁이 충분히 일어나지 않고 가격의 자동 조절 기능이 작동하지 않는다. 그리고 유력기업이 프라이스 리더(가격 선도자)가 되어 가격을 올리고 이것을 다른 회사가 따르기에 관리 가격이 형성된다. 이 경우 수요가 감소하거나 생산 코스트가 내려가도 가격은 충분히 내려가지 않기(가격의 하방 경직성) 때문에 기업 사이에서는 광고, 선전, 서비스 등 가격 이외의 경쟁(비가격 경쟁)이 심해진다.

○기업의 독점 형태　　(p.134 표 참조)
　기업의 독점 형태는 다음의 세 가지가 있다. 이 외에 다양한 업종의 기업을 매수, 합병 (M&A)하는 것으로 다각적 경영을 하는 콩글로머리트(복합기업)와, 다수의 국가에 자회사를 갖는 다국적 기업도 있다.

○독점 금지 정책
　독점이나 과점의 시장에서는 소비자나 중심 기업이 불이익을 받는 일이 있다. 그 때문에 공정하고 자유로운 경쟁을 목적으로 하여 독점을 금지하는 법이 정해졌다.
　미국에서는 1890년에 세계 최초의 독점 금지법인 셔먼법(반 트러스트법)이 제정되었다. 일본에서는 1947년에 독점 금지법이 제정되어 공정거래위원회가 그것을 감시하고 있다.

## [4] 국민 소득과 경기 변동
### ❶국민 소득
○국부(스톡)와 국민 소득(플로) (p.136 표 참조)
　국가의 경제 규모를 재는 척도에는 국부와 국민 소득 두 가지가 있다. 국부는 어느 시점(연말)에 국가가 보유하고 있는 토지, 지하 자원, 주택, 공장 등의 실물 자원과 외국에 가지고 있는 자산의 합계(스톡)를 말한다. 국민 소득이란 1년간 생산된 재화, 서비스의 합계를 말하며 1년간의 경제 활동의 양(플로)으로 나타내진다.
　국부인 자원이나 공장은 생산 수단이 되기 때문에 이것을 사용하여 새로운 생산이 행해져 국민 소득이 창출된다. 이것이 또 국부에 추가된다.

○GDP와 GNP　　(p.137 위 표 참조)
　국가의 1년간의 경제 활동의 양을 나타내는 척도에는 국내 총생산(GDP)과 국민 총생산(GNP)이 있다.
▶국내 총생산(GDP) = 국내의 총생산액 - 중간 생산물의 총액
　생산자의 국적에 관계없이 1년간 국내에서 생산된 부가가치의 합계로 이것은 총생산액에서 원재료나 연료 등의 중간 생산물의 총액을 뺀 것을 말한다. 국가의 경제 활동의 크기를 나타내는 것으로 세계적으로 넓게 사용되고 있다.
▶국민 총생산(GNP) = GDP + 해외로부터의 순소득
　국민이 1년간 국내, 국외에서 생산한 총생산액을 말하는 것으로 GDP에 해외로부터의 순소득(외국으로부터 받은 소득 - 외국에 지불한 소득)을 더한 것이다. 국민 총소득(GNI) 은 국민 총생산(GNP)과 같은 수치가 된다.
　이 GNP로부터 공장 설비나 기계 등의 가치의 감소분인 감가상각비(고정자본감모)를 뺀 것을 국민 순생산(NNP)이라고 한다. 게다가 NNP로부터 상품 가격안에 포함되어 있는 세금(간접세)과 정부가 특정의 산업을 보호, 육성하기 위해 낸 보조금을 뺀 것을 국민 소득(NI)이라고 한다.

○삼면 등가의 원칙　　(p.137 표 참조)
　국민소득은 생산, 분배, 지출 3개의 면으로 보는 것이 가능하다. 이것들은 같은 것을 다른 면으로 본 것

이기 때문에 그 금액은 같아진다. 이것을 삼면 등가의 원칙이라 한다.

국민 소득은 생산 활동에서 산출되어 시장에서 거래된다. 생산됐다고는 말할 수 없는 사회 보장 급부(☞p.248), 상속, 용돈(포켓머니) 등이나 시장에서 거래 되지 않는 가사 노동, 자원 봉사 등은 국민 소득에는 들어가지 않는다. 다만 예외적으로 자기 집의 집세나 농가의 자가 소비분(농가가 자기가 만든 농작물을 소비하는 분량)은 국민 소득에 포함된다.

## ❷경기 변동
○경기 변동(경기 순환)　(p.138 그래프 참조)
자본주의 경제에는 경기 변동(경기 순환)이 있어, 호황→후퇴→불황→회복을 반복한다.

| | |
|---|---|
| ①호황 | 수요가 증가하여 투자, 생산이 확대한다. 고용이나 소득도 증가한다. 물가가 올라가 인플레이션(☞ P.140)이 되기 쉽다. |
| ②후퇴 | 생산이 과다하여 가격이 내려가고 생산이 감소한다. 도산과 실업이 증가한다. |
| ③불황 | 생산이 늘지 않아 도산과 실업이 더욱 증가한다. 기업은 생산 조정과 재고 조정(재고품의 처분)을 추진한다. 물가가 내려가서 디플레이션(☞ P.140)이 되기 쉽다. |
| ④회복 | 재고 조정이 끝나고 생산이 다시 증가한다. 실업이 감소하고 수요가 회복한다. |

○경기 변동(경기 순환)의 파동
경기 변동(경기 순환)에는 다음 네 가지의 사이클(파동)이 있다.

| | 사이클 | 요인 |
|---|---|---|
| 키친 파동 | 약 40개월 | 재고 투자의 증감 (생산량의 조정) |
| 주글라 파동 | 8~10년 | 설비 투자의 증감 (기계의 교체 구입) |
| 쿠즈네츠 파동 | 15~25년 | 건축 투자의 증감 (건물의 재건축) |
| 콘트라티어프 파동 | 50~60년 | 기술 혁신, 자원 개발 |

## ❸경제 성장　(p.139 도표 참조)
국가의 경제 규모가 확대하는 것을 경제 성장이라 하고 국내 총생산(GDP)이 전년도에 비해 어느 정도 늘었는지를 나타내는 것이 경제 성장률이다. 그 중에 인플레이션 등 물가 상승분을 고려한 경제 성장률을 실질 경제 성장률이라 하고 물가 상승분을 고려하지 않은 것을 명목 경제 성장률이라고 한다. 명목 경제 성장률은 인플레인 때는 실질 경제 성장률보다도 커지고 디플레인 때에는 실질 경제 성장률보다 작아진다.

국내 총생산이 전년도에 비해서 감소하여 경제 성장률이 마이너스가 되면 마이너스 성장이라고 한다. 그 요인으로는 노동 인구의 감소와 원유 가격의 상승 등을 들 수 있다.

<명목 GDP와 실질 GDP>
명목 GDP는 물건이나 서비스의 부가가치(총생산에서 생산을 위해 소비한 가격을 뺀 금액)을 합계한 것이다.
실질 GDP는 명목 GDP에서 물가 변동 분을 제한 것이다.

## ❹인플레이션과 디플레이션
○물가와 물가 지수
물가라는 것은 여러 가지 상품(재화, 서비스)의 가격을 합하여 평균화한 것으로 기준이 되는 해의 물가를 100으로 하여 그것에 대해 다른 해의 물가를 나타낸 것을 물가지수라고 한다. 물가지수에는 기업 간에 거래되는 상품의 가격 변동을 나타내는 기업 물가지수와 소비자가 구입하는 상품이나 서비스의 가격의 변동을 나타내는 소비자 물가지수가 있다.

○인플레와 디플레
화폐의 가치가 내려가고 물가가 계속 오르는 것을 인플레이션(인플레)이라고 한다. 화폐의 가치가 올라가고 물가가 계속 내려가는 것은 디플레이션(디플레)이라고 한다.
또 불황(스태그네이션)과 인플레이션이 동시에 진행하는 경제 현상을 스태그플레이션이라고 한다. 불황인 때에는 물가가 내려가는 것이 일반적이었지만 1973년의 제1차 석유 위기(☞p.115)에 의해 석유 가격이 급격히 상승하여 물가가 계속 올랐기 때문에 선진국에서 스태그플레이션이 일어났다.

○인플레의 요인
▶수요 인플레(디맨드 풀 인플레) : 호황 등으로 수요가 공급을 윗 돌아서 물품 부족 현상이 생기는 일 때문에 발생한다. 그 외에 수요가 높아지는 이유에는 소득의 증가, 정부의 재정 지출의 증가, 통화의 대량 발행, 은행 대출의 증가, 수출의 증가 등으로 국내의 통화량이 증가하는 것을 들 수 있다.
▶비용 인플레 (코스트 푸시 인플레) : 임금이나 원재료비 등 생산 코스트가 상승하여 생산량이 감소하는 일 때문에 일어난다.

○인플레의 영향

　인플레가 진행되면 물가가 오르기 때문에 기업의 매상이 늘어 노동자의 임금도 오른다. 그러나 화폐의 가치가 내려가기 때문에 임금의 상승 이상으로 물가가 상승하면 국민의 생활은 힘들어진다. 특히 경제적 약자(연금 생활자 등)의 생활은 매우 힘들어지게 된다.

○인플레 대책

　인플레를 막기 위해 중앙은행은 통화 공급량을 줄이는 금융 정책을 취한다(☞p.144). 또 정부는 공공 사업을 줄이거나 해서 증세를 행하는 등의 재정 정책을 취한다(☞p.146).

○디플레의 요인

　불황 등으로 수요가 공급을 밑돌아 잉여 재고가 발생하는 일 때문에 발생한다. 그 외에 수요가 축소하는 이유로는 소득의 감소, 은행 대출의 감소, 정부의 재정 지출의 감소나 증세 등으로 국내의 통화량이 감소하는 것이 제기된다.

○디플레의 영향　　(p.141 그림 참조)

　인플레의 경우와는 반대로 디플레가 진행되면 물가가 내려가기 때문에 기업의 매출이 악화되어 노동자의 임금도 내려가고 구조 조정에 의한 인원 정리나 도산에 의해 실업이 발생한다. 소비가 감소하여 기업은 재고가 남는 것을 피하기 위해 상품의 가격을 더욱더 내리기 때문에 물가가 더욱 내려간다. 이것이 또 기업의 매출을 악화시킨다.

　이렇게 물가의 하락이 불황을 초래하고 더욱더 물가가 하락하여 경제 규모를 축소시켜가는 악순환을 디플레 스파이럴(나선형 디플레이션)이라 한다.

○디플레 대책

　디플레를 벗어나기 위해 중앙은행은 규제 완화를 시행하여 통화 공급량을 늘리는 금융 정책을 취한다(☞p.144). 또 정부는 공공 사업을 늘리거나 감세를 하는 등의 재정 정책을 취한다(☞p.146).

## [5] 금융 정책

### ❶통화

○통화의 종류와 역할

▶통화의 종류 : 통화라는 것은 재화(생산물)와 서비스의 교환(유통)의 수단으로서 사용되는 화폐(돈)를 말한다. 통화의 종류에는 현금 통화와 예금 통화 두 가지가 있다.

-현금 통화 : 지폐, 동전
-예금 통화 : 은행에 맡겨져 있는 돈
　보통 예금 : 언제든 자유롭게 출납이 가능한 예금
　당좌 예금 : 현금 대신에 수표나 어음으로 지불을

하기 위한 예금. 거래 금액이 큰 기업의 거래에서 사용된다.

▶통화의 역할 : 통화에는 다음 네 가지의 커다란 역할이 있다.

①가치의 척도 : 상품의 가치를 재는 기준이 된다. 즉 상품의 가치는 가격으로 나타낸다.

②교환의 수단 : 상품 교환의 중재를 한다.

③가치의 저장 수단 : 언제든지 상품과 교환할 수 있는 가치를 보존한다.

④지불의 수단 : 대금의 후불이나 세금의 지불 등에 사용된다.

○통화 제도

▶금본위 제도 (p.143 표 참조) : 금본위 제도는 금을 통화의 기준으로 하는 제도로 국가가 보유한 금의 양에 대응하여 금과 교환이 보증된 태환지폐를 발행하는 제도를 말한다. 세계에서 최초로 금본위 제도를 채용한 것은 영국으로(1816년), 일본도 1897년에 채용했다.

　금본위 제도에는 다음과 같은 장점과 단점이 있다.

-장점 : ①통화량이 안정하기 때문에 통화가치가 안정하여 인플레가 일어나기 어렵다.
　　　　②국제 거래를 금으로 실시하면 자동적으로 국제 수지의 균형이 지켜진다.
　　　　(국제 수지의 자동 조절 작용)

-단점 : 통화량의 조절이 어렵고 경기나 물가의 변동에 대응 할 수 없다.

▶관리 통화 제도 : 관리 통화 제도는 국가가 가지고 있는 금의 양에 관계없이 정부나 중앙은행 등이 통화량을 결정하여 금과 교환이 보증되지 않는 불환지폐를 발행하는 제도를 말한다. 1929년의 세계 공황 후(☞p.105) 각국은 불황 대책을 위해 통화량을 늘리는 필요에 부닥쳐 금본위 제도로부터 관리 통화 제도로 이행했다.

　관리 통화 제도에는 다음과 같은 장점과 단점이 있다.

-장점 : 통화량을 조절하기 쉽고 경기나 물가의 변동에 대응할 수 있다.

-단점 : 경기 대책으로 통화가 대량 발행되기 쉽기 때문에 인플레가 일어나가 쉽다.

### ❷금융

○금융이란 무엇인가

　금융은 기업, 가계(개인), 정부의 사이에서 행해지는 자금을 빌려 주고 갚는(대차) 것을 말한다. 자금의 대차는 은행 등의 금융 기관을 통해 이루어진다. 금융 기관은 예금 등의 형태로 가계나 기업으로부터 자금을 모아 그것을 자금을 필요로 하는 기업이나 가계 등에 빌려준다. 자금의 사용에 대해서 빌리는 사람이 빌려주는 사람에게 지불하는 돈을 이자(금리)라고 한다.

○은행의 역할

▶3대 업무 : 은행에는 주로 다음 세 가지의 업무가 있다.

①예금 업무 : 개인이나 기업으로부터 자금을 맡아 이자를 지불한다.

②대출 업무 : 기업이나 개인에게 자금을 빌려주고 이자를 받는다.

③환 업무 : 급료나 연금 등의 수입이나 공공 요금의 지불 등, 돈을 송금하거나 받거나 한다.

▶신용 창조 : 은행은 많은 예금자들이 예금을 맡기면 예금자가 언제든 현금을 인출 할 수 있게 그 일부를 지불 준비금으로써 남기고 그 외를 기업 등에 대출로 돌린다. 지불 준비금이란 은행이 지불 준비를 위해 현금이나 일본은행에 예금하는 것이 의무화된 것으로 은행의 예금 잔고에 대한 지불 준비금의 비율을 지불 준비율이라 한다(☞ p.145). 대출된 자금은 거래에 사용되고 지불을 받은 거래처의 기업에 의해 다른 은행에 예금된다. 그것이 또 대출된다. 이것을 반복함으로써 예금액의 몇 배 씩이나 되는 대출이 가능하다. 이것을 신용 창조라 한다.

❸일본은행과 금융 정책

○일본은행의 역할

국가의 금융, 통화 정책의 중심이 되는 은행을 중앙은행이라 하며 일본에는 일본우행이 그것에 해당한다. 중앙은행에 대하여 민간 은행을 시중은행이라 한다.

일본은행에는 다음 세 가지의 커다란 역할이 있다.

①유일한 발권은행 : 지폐(일본은행권)를 발행하는 유일한 은행이다.

②은행의 은행 : 시중은행으로부터 일정비율의 예금을 맡아 그 예금을 다른 금융기관에 자금으로써 대출한다.

③정부의 은행 : 정부를 대신해 세금 등 국가의 돈을 관리한다. 또 국채의 발행이나 외환의 결제처리를 한다.

○일본은행의 금융 정책 　　(p.145 표 참조)

일본은행은 국내에 유통하는 통화량(머니 서플라이)을 조절하는 것으로 물가의 안정과 경기의 조정을 꾀하는 금융 정책을 수행하고 있다. 즉 호황일 때는 통화량을 줄이는(금융 긴축)정책, 불황일 때는 통화량을 늘리는(금융 완화) 정책을 취한다.

금융 정책을 수행하기 위한 수단으로 다음 두 가지가 있다.

▶공개 시장 조작(오픈 마켓 오퍼레이션) : 일본은행이 금융 시장에 있어서 시중은행과 국채, 어음 등의 유가 증권(돈과 똑같은 가치를 같는 증권)을 매매하는 것에 의해 국내에 유통하는 통화량을 조절한다.

호황일 때는 유가 증권을 시중은행에 파는 판매 오퍼레이션을 함으로써 시중은행의 통화를 흡수하여 통화량을 줄인다. 불황인 때는 유가 증권을 시중은행으로부터 사는 구입 오퍼레이션을 함으로써 통화량을 늘린다.

▶지불 준비율 조작(예금 준비율 조작) : 시중은행은 예금의 일정 비율을 일본은행에 무이자로 맡기도록 법률로 의무화되어 있다. 이 일정 비율을 지불 준비율이라 한다.

일본은행은 지불준비율을 올렸다 내렸다 함으로써 국내에 유통하는 통화량을 조절한다. 호황일 때는 지불 준비율을 올림으로써 대출을 감소시켜 통화량을 줄인다. 불황일 때는 지불 준비율을 내림으로써 대출을 늘려 통화량을 늘린다.

| | 호황시<br>(인플레) | 불황시<br>(디플레) |
|---|---|---|
| 공개 시장 조작 | 매도 오퍼레이션 | 매입 오퍼레이션 |
| 지불 준비율 조작 | 지불 준비율을<br>인상 | 지불 준비율을<br>인하 |
| | ↓ | ↓ |
| 결과 | 통화량이 감소 | 통화량이 증가 |

❹오늘날의 금융 문제

○금융의 자유화

1980년대 이후 일본은 금융 기관의 국제 경쟁력을 강화하기 위해 지금까지의 호송선단방식에 따른 정부의 금융기관보호, 금융통제를 폐지하고 금리의 자유화나 금융 업무의 자유화를 진행해 갔다.

▶금리의 자유화 : 이전에는 어느 은행에서든 금리가 같다고 하는 금리 규제가 시행되고 있었지만 1994년에 보통 예금 금리가 완전히 자유화되었다.

▶금융 업무의 자유화 : 금융 기관 사이의 규제를 없애고 경쟁을 도입하는 것을 금융 업무의 자유화라고 한다. 국제 경쟁이 심각해진 1990년대 후반부터 프리(자유), 페어(공정), 글로벌(국제화)을 원칙으로 하는 금융 제도를 대폭 개정(금융 빅뱅)할 필요가 대두됨으로써 본격화되었다.

[6] 재정 정책

❶재정의 기능과 정책

○재정의 구조와 역할

재정이라는 것은 국가나 도도부현, 시읍면 등의 지방 공공 단체의 경제 활동이며 세금, 공채 등의 수입(세입)을 공공 사업, 사회 보장 등의 지출(세출)에 돌리는 구조를 말한다.

재정 역할에는 다음과 같은 세 가지가 있다.

▶자원 배분 조정 기능(공공재의 공급) : 도로, 항

구, 공원, 경찰, 소방 등 민간 기업이 공급하기 힘든 공공재, 공공서비스를 공급하여 자원 배분을 조정한다.

▶**소득 재분배 기능(소득 격차의 조정)** : 국민 소득(수입)의 격차를 줄이기 위해 누진과세 제도(소득에 따라서 세율을 올리는 제도)를 채용함으로써 사회보장 급부(☞p.248)를 시행하여 저소득자에게 소득을 재분배 한다.

▶**경기 조정 기능(경제의 안정화)** : 재정 정책에 의해 경기의 움직임을 조정한다. 호황인 때에는 통화량을 줄여 수요(경기)를 억누르고 불황인 때에는 통화량을 늘려 수요(경기)를 향상시킨다.

○**재정 정책**　(p.146 그림 참조)

경기의 움직임을 조정하는 재정 정책에는 다음 두 가지가 있다.

▶**피스컬 폴리시(보정적 재정 정책)** : 호황인 때에는 공공투자 등의 재정 지출을 줄이거나 증세를 행함으로써 통화량을 줄여 수요(경기)를 억제한다. 불황인 때에는 공공 투자 등의 재정 지출을 늘리거나 감세를 함으로써 통화량을 늘려 수요(경기)를 자극한다.

피스컬 폴리시는 일본은행이 시행하는 금융 정책(☞p.144)과 조율되어 행해지는 일이 많으며 이것을 폴리시 믹스라고 한다.

▶**빌트인 스태빌라이저(재정의 자동 안정화 장치)** : 재정에는 누진과세 제도와 사회보장 급부에 의해 자동적으로 경기의 움직임을 안정시키는 구조가 있다.

호황 때에는 국민의 소득이 늘고 누진과세로 인해 자동적으로 세율도 는다. 또 실업자가 줄기 때문에 자동적으로 사회 보장 급부도 준다. 이러하여 통화량은 감소하고 수요(경기)가 억제된다. 불황 때에는 소득이 줄지만 누진 과세로 자동적으로 세율도 준다. 또 실업자가 늘기 때문에 자동적으로 사회 보장 급부도 늘어난다. 이러하여 통화량은 증가하고 수요(경기)가 향상된다.

❷**일본의 재정 구조**

○**국가의 예산**

국가의 예산이란 일정 기간(회계 연도)에 있어서 국가의 세입(수입)과 세출(지출)의 계획을 말한다. 일본에서는 회계 연도(4월1일부터 다음해의 3월말까지) 마다 매년 내각이 예산안을 작성하여 국회의 승인을 얻어 성립한다(☞p.199). 또 예산에 추가나 수정을 한 것을 보정 예산이라 하며 이것에 대해서도 내각이 수정 예산안을 작성하여 국회에 제출하고 의결을 거쳐야한다.

국가의 예산에는 일반 행정에 관련된 일반 회계와 국가가 특정 사업을 시행하는 경우 등의 특별 회계가 있다.

○**세입과 세출**　(p.147 그래프 참조)

일반 회계의 세입에는 조세(세금)나 공채금(국채 등의 차입금)이 있고 세출에는 사회보장 관계비나 국채비(국채 등의 차입금의 변제), 지방재정비(지방교부세 교부금)(☞p.204)등이 있다.

장기화된 불황에 의한 세수입 부족 등으로 인해 공채금은 세입의 거의 절반을 차지하게 되었고 이것에 의해 세출에 차지하는 국채비도 증대하고 있다(2018년도 예산안은 23.30조엔). 또 고령화에 의한 사회보장 관계비도 증가하고 있다(☞p.248).

○**조세의 구조**　(p.148 표 참조)

조세에는 국가에 납부하는 국세와 지방 공공 단체에 납부하는 지방세가 있고 각각 직접세와 간접세로 나누어진다.

직접세는 개인이 납부하는 소득세나 기업이 납부하는 법인세 등 세금을 납부할 의무가 있는 사람이 부담하는 세금을 말한다. 간접세는 소비세처럼 상품이나 서비스의 가격에 포함되어 있는 세금으로 세금을 납부하는 사람과 부담하는 사람이 다른 세금이다.

직접세와 간접세에는 다음과 같은 장단점이 있다.

| | 장점 | 단점 |
|---|---|---|
| 직접세<br>(소득세,<br>상속세 등) | ▷소득세는 누진과세가 채용되어 고소득자일수록 많은 세금을 부담하기 때문에 소득격차에 의한 공평이 유지된다. 법인세는 일정 과세. | ▷직업의 종류에 따라 소득액을 정확하게 아는 것이 어렵기 때문에 같은 정도의 소득이라도 차이가 있다.<br>▷노동하여 수입이 증가하여도 세금으로 가져가기 때문에 노동 의욕이 저하한다. |
| 간접세<br>(소비세 등) | ▷소득세에 관계없이 같은 부담을 진다.<br>▷국가가 안정된 세수입을 얻는다. | ▷저소득자일수록 소득에 대한 소비의 비율이 커지고 세금의 부담이 무거워지는 역진성이 발생한다. |

○**직간비율의 재검토**　(p.149 그래프 참조)

국세의 직접세와 간접세의 비율(직간비율)을 보면 일본은 직접세의 비율이 높고 직접세 중심의 세제를 취해왔다.

그러나 누진과세에 의한 중세감이나 노동 의욕의 저하, 고령화에 동반하는 노동자의 감소나 사회 보장비의 증가 등으로부터 직간 비율의 재검토가 진행되고 있다.

1989년에 도입된 일본의 소비세는 현재 8%이고 이것은 선진국 중에서는 낮은 수준이다. 2019년 10월에는 10%로 올릴 예정이다(※편집자:실제 그대로 인상이 되었다).

## ○공채란
공채라는 것은 국가나 지방 공공 단체가 자금 부족을 메우는 목적으로 차입금을 하기 위해 발행하는 국채나 지방채를 말한다.

## ○국채 발행의 원칙
국채에는 도로나 항구의 건설 등 공공 사업에 해당하는 건설 국채와 일반회계의 세입 부족에 해당하는 적자 국채(특례 국채)가 있다 그러나 국채의 발행은 법률에 의해 엄격하게 제한되어 있다. 국채의 발행은 원칙으로써 금지되어 있지만 건설 국채는 예외적으로 인정하고 있다. 다만 적자 국채는 회계 연도마다 재정 특례법이라고 하는 법률을 제정하여 발행되고 있다. 또 국채 발행 시의 일본은행에 의한 인상은 원칙적으로 금지되어 있다. 국채는 민간 금융기관에 판매하고 그곳에서 일반 투자가에게 판매한다는 시중 소화의 원칙이 있다.

## ○국채 남발의 문제점
국채를 대량으로 발행하면 다음과 같은 문제가 발생한다.
▶인플레의 가능성 : 국채의 변제를 위해 통화가 대량 발행되어 인플레가 될 가능성이 있다.
▶재정의 경직화 : 국채의 변제를 위해 국채비가 증가하면 사회보장 관계비 등에 돌아가는 예산이 줄어 행정 서비스의 저하를 초래한다.
▶크라우딩 아웃(미는 효과) : 국채의 대량 발행에 의해 정부가 민간으로부터 자금을 조달하면 금리가 오르고 민간이 투자할 수 있는 자금이 적어진다.
▶세대간의 불공평 : 국채는 장래의 세대가 변제하게 되어 세대간의 불공평이 생긴다.

## ○일본의 국채 의존도와 잔고
(p.150 그래프 참조)
건설 국채는 1963~1964년의 올림픽 경기 후의 불황을 계기로 1965년부터 발행되게 되었다. 적자 국채는 제1차 석유 위기 후의 1975~1989년, 1994년 이후 매년 발행되고 있다.
이러한 재정 적자를 갚기 위해 매년 적자 국채가 발행되어 국채 의존도(일반 회계에서 차지하는 국채 발행액의 비율)는 2018년에 약 35%로 되어 있다. 또 2018년도 말의 국채 잔고(나라의 차입금의 양)는 약 1,107조엔이 될 전망이다. 이것은 일본의 국민 1인당 약 800만엔의 빚이 있다는 말이 된다. 일본의 GDP에 대한 채무 잔고는 선진국 중에서도 가장 높다.

# [7] 일본 경제의 발자취
## ❶제2차 세계 대전 이전의 일본 경제
## ○무역의 개시
17세기 중반 이후 일본인의 해외도항과 특정 국가, 지역 이외와 무역 등을 금지하는 쇄국 정책을 취하고 있던 일본은 1854년에 개국하였다(☞p.96). 그리고 1858년에 미국을 시작으로 영국, 프랑스, 네덜란드, 러시아와 통상 조약을 맺어(☞p.96) 1859년부터 요코하마, 나가사키, 하코다테에서 무역이 개시되었다. 무역품의 취급량은 요코하마 항이 가장 많고 무역상대국은 영국이 제 1위였다. 수출품은 생사, 차, 해산물 등 반제품이나 식료품이 중심이었고 수입품은 모직물, 면직물 등의 섬유 제품이 많았다.
최대의 수출 산업이 된 제사업(생사의 제조)에서는 공장에 노동자를 협업과 분업에 의해 제품을 만드는 매뉴팩쳐(공장제 수공업)로의 이행이 급속히 진행했다. 이것에 의해 생사의 수출이 큰 폭으로 늘었다. 생사는 제2차 세계 대전 전의 일본의 최대의 수출품이었다.

## ○식산 흥업
1868년 말에 새롭게 탄생한 메이지 정부는 근대 국가를 만들기 위해 유럽이나 미국의 경제 제도나 선진 기술을 도입하여 근대 산업을 육성하는 식산 흥업 정책을 추진했다. 1870년대에는 제사 등의 관영 공장(메이지 정부가 경영하는 공장)이 설립되고 철도가 건설되어 갔다.

## ○산업 혁명 - 자본주의의 성립
(p.152, 153 그래프, 표 참조)
▶경공업의 발전 : 1880년대 후반이 되자 기계에 의한 대량 생산이 이루게 되었다. 그리하여 일청전쟁(1894~1895)(☞p.97) 전후의 시기에 방적(면사의 제조), 제사 등 경공업을 중심으로 일본에도 산업 혁명이 시작되었다.
특히 방적업은 급성장하여 인도 등으로부터 값싼 면화를 수입하게 되어 중국이나 조선으로의 면사 수출이 증가했다. 제사업에서는 미국으로의 생사 수출이 증가하여 1909년에는 세계 제1의 생사 수출국이 되었다.
▶중공업의 발전 : 일본은 방적이나 제사 등의 경공업에 비해 철강이나 조선 등의 중공업이 뒤쳐져 있었다. 일청전쟁 후는 군사력의 강화나 철도의 건설을 위해 철의 수요는 계속 증가하게 되었지만 그 대부분을 수입에 의존하고 있었다. 그 때문에 메이지 정부는 1897년에 관영의 야하타 제철소를 설립했다. 그리하여 일러전쟁(1904~1905)(☞p.98) 전후의 시기에 중공업을 중심으로 산업 혁명이 일어나 자본주의가 본격적으로 성립하게 되었다.
▶사회 문제의 발생 : 공업화의 급속한 발전과 더불어 저임금, 장시간 노동 등의 노동 문제가 일어났다. 또 구리 광산으로부터 광독이 강으로 흘러들어가 주민에게 커다란 피해를 주는 등(아시오 광독 사건) 공해 문제도 발생했다.

○대전 경기 (p.152 아래 그래프 참조)

1914년에 제1차 세계 대전(☞ p.100)이 일어나자 일본 경제는 지금까지는 없던 호경기를 맞았다(대전 경기). 전쟁에 의해 유럽 제국으로부터 아시아 시장으로의 수출이 감소하여 일본의 면직물 수출이 증가했다. 또 미국으로의 생사 수출도 증가하였다.

한편 조선업, 화학 공업, 철강업 등도 발달하여 1919년에는 공업 생산액이 농업 생산액을 웃돌고 공업 노동자수도 100만명을 넘었다.

그리하여 일본은 제1차 세계 대전(1914~1918) 기간 동안 무역액을 4배로 늘렸다. 그리고 수출이 수입을 웃돌아 무역은 흑자가 되었다.

○공황의 시대

제1차 세계 대전이 끝나자 유럽 제국이 아시아 시장에 돌아왔고 또 1920년에는 주식시장의 대폭락으로 인해 일본 경제는 불황을 맞게 되었다(전후 공황).

1923년에는 관동대지진(☞ p.65)이 일어나 도쿄, 요코하마를 중심으로 커다란 피해가 나왔다. 이것에 의해 더욱 일본 경제는 타격을 받았다(진재 공황).

장기화된 불황이나 진재의 영향으로 1927년에는 중소 은행의 휴업과 도산이 잇달아 금융 공황이 일어났다. 이 공황에 의해 은행의 집중, 합병이 진행되어 미츠이, 미츠비시, 스미토모, 야스다, 다이이치 5대 은행이 지배력을 강화했다.

○세계 공황

제1차 세계 대전 중 다른 자본주의국가와 마찬가지로 일본은 금본위제(☞ p.142)를 정지하고 금의 수출을 금지하고 있었다. 장기간의 불황에 대해 통화량을 늘리는 것으로 일본경제는 인플레가 되어 갔다. 그 때문에 국제 경쟁력은 떨어져 무역 적자가 증가하여 갔다. 그래서 정부는 1930년에 금본위제로 복귀하는 금(수출) 해금을 단행했다. 그러나 전년도에 미국에서 시작된 세계 공황(☞p.105)의 확대를 받아 일본 경제도 심각한 공황이 되었다(쇼와 공황). 미국으로의 수출에 의지해 온 생사의 가격은 크게 내려가 생산지인 농촌은 큰 타격을 받았다. 또 많은 중소기업이 도산하는 한편 기업의 독점이 진행되어 대형 은행을 경영하는 미쓰이, 미쓰비시, 스미토모, 야스다 4대 재벌(☞ p.134)이 커다란 힘을 갖게 되었다.

○중화학 공업의 발전
(p.153 그래프, p.154 상단 표 참조)

심각한 불황 대책으로서 1931년 정부는 금의 수출을 다시 금지하여 다른 자본주의국가와 똑같이 관리 통화 제도(☞p.143)로 이행했다. 이것에 의해 정부는 통화를 자유롭게 발행하여 경제 전체를 컨트롤할 수 있게 되었다. 그 결과 엔저가 되어 수출이 늘었기 때문에 1933년 쯤에는 쇼와 공황 이전의 생산 수준

까지 회복되었다. 특히 면직물의 수출은 큰 폭으로 늘어 영국을 제외하고 세계 제1의 수출국이 되었다.

1931년의 만주사변(☞p.106) 이후는 군사비가 늘었기 때문에 제철, 조선, 전기기계, 화학, 항공기 등 군사에 관계한 산업을 중심으로 하는 중화학 공업이 급속히 발달했다. 그래서 1938년에는 중화학 공업의 생산액이 공업 생산 총액의 절반 이상이 되었다.

❷제2차 세계 대전 이후의 일본 경제
○경제의 민주화 (p.154 아래 표 참조)

제2차 세계 대전 후 일본은 미국을 중심으로 하는 연합국 군최고사령관 총사령부(GHQ)의 점령 하에 놓여졌다(☞p.117). GHQ는 일본 경제의 민주화를 진행시키기 위해 다음과 같은 개혁을 단행하였다.

▶재벌 해체 : 재벌은 군부와 강하게 맺어져 일본 경제를 독점하고 있었다. 그 때문에 GHQ는 1945년에 재벌 해체를 명령하여 다음해 재벌의 본체인 지주회사(모회사)를 해산시켰다. 1947년에는 지주회사와 카르텔을 금지하는 독점금지법과 기업의 자유경쟁을 진행시키기 위한 과도 경제력 집중 배제법을 제정했다(☞p.135).

▶농지 개혁 : 일본의 농업은 토지를 갖고 있지 않은 가난한 소작인이 지주에 지배당하는 기생지주제(지주, 소작제도)를 취하고 있었다. 그 때문에 GHQ는 농지개혁을 시행하도록 명령했다. 1946년에 자작농 창설 특별 조치법이 제정되어 지주의 토지는 국가에 사들여져 소작인에게 저렴하게 팔아 넘겨졌다. 농지개혁은 1950년까지 대부분 끝나 이것에 의해 자신의 토지(자작지)를 갖는 자작농이 큰 폭으로 늘었다.

▶노동의 민주화 : 1945년부터 1947년에 걸쳐 노동 삼법(☞p.166)이 제정되어 노동자의 권리가 보장되었다.

○경제 부흥

제2차 세계 대전 후 물자 부족에 의해 극심한 인플레가 되어 물가는 100배 가까이 올랐다. 그 때문에 일본 정부는 1946년에 금융 긴급 조치령을 발표하여 예금의 거래를 제한하는 등 통화량의 축소를 꾀했다. 그러나 효과는 일시적이었다.

또 일본 경제를 지탱하고 있던 중화학 공업의 생산은 대폭으로 감소했다. 이 때문에 1946년에 경사생산방식을 채용하여 자재, 자금을 석탄이나 철광 등의 국가의 경제를 지탱하는 산업에 집중시켰다. 그러나 자금을 모으기 위해 일본은행(☞p.144) 인수의 공채를 대량으로 발행하고 일본은행이 통화를 대량 발행했기 때문에 더욱 인플레가 진행됐다. (p.155 첫 번째 그래프 참조)

그래서 1948년 GHQ는 경제 안정 9원칙의 시행을 명령하고 미국의 은행가인 조셉 도지의 지도 아래 인플레 정책(금융긴축)이나 일본 경제의 자립화를 위한 정책이 시행되었다. 이런 정책을 도지 라인이라고 한다.

이것에 의해 인플레의 진행은 멈췄지만 역으로 극심한 디플레가 되어 중소 기업의 도산이나 실업자의 증가 등 심각한 불황이 되었다(도지 디플레). 또한 1949년에는 미국의 샤우프를 단장으로 하는 세제 사절단이 방일하였고 일본 정부는 그 권고에 따라 직접세(소득세) 중심주의와 누진과세 제도(☞ p.146)를 채용하였다.

&lt;도지 라인&gt;
▶건전 재정의 확립(적자를 허용하지 않는 초 균형 예산) → 경제의 안정, 인플레 대책
▶단일 환율제도의 설정(1달러=360엔) → 엔저에 의한 무역의 확대, 경제의 자립

○고도 경제 성장　(p.156 그래프 참조)
▶특수 경기 : 1950년에 한국전쟁(☞p.112)이 일어나자 미국 군으로부터 일본의 민간 기업으로의 주문이 급증하여 섬유제품, 금속, 기계 등의 생산과 수출이 증가했다. 그 결과 일본에서는 특수 경기가 일어나 도지 디플레에 의한 불황으로부터 벗어났다.
▶고도 경제 성장 : 1950년대 후반부터 일본은 대형 경기를 맞아 일본 경제는 급속히 성장하기 시작했다. 1960년에는 이케다 하야토(池田勇人) 내각이 10년 사이에 국민의 소득을 2배로 늘린다고 하는 국민 소득 배증 계획을 발표하여 윤택한 생활을 실현하기 위해 노력하자고 국민의 의욕을 자극했다. 해안에는 공업지대가 형성되어 철강, 조선, 석유화학 등의 중화학 공업이 발전했다. 그 후에도 호경기가 계속되어 일본의 국제 경쟁력은 높아지고 수출이 증가하여 갔다.
　일본은 1952년 국제통화기금(IMF)(☞ p174), 1955년에 무역과 관세에 관한 일반협정(GATT)(☞ p.174)에 가맹하였지만 경제가 곤란한 국가로서 다양한 특례 조치가 인정되고 있었다. 그러나 일본 경제가 발전하여 수출이 증가함에 따라 미국이나 서유럽 제국으로부터 비판이 높아졌다. 그 때문에 일본은 1963년에 수입 제한을 없애고 무역을 자유화하는 GATT 11조국으로 이행하였다. 또한 1964년에는 외환거래 시에 제한을 없애는 IMF 8조국으로 이행하였다. 이렇게 하여 일본은 국제 수지 악화를 이유로 수입 제한을 하거나 외국환 거래에서 직접 제한을 가하는 일이 불가하게 되었다. 나아가 같은 해에 경제협력개발기구(OECD)(☞p.231) 에 가맹하여 외국 기업의 일본 기업에 대한 투자 등 자본의 자유화가 의무화되었다. 이것에 의해 일본은 선진국의 울타리에 들어가고 1968년에는 GNP가 미국에 이어 세계 2위가 되었다.
　이처럼 일본 경제는 1955년부터 1973년의 제1차 석유 위기(☞ p.115)까지 연평균 약 10%의 경제 성장을 계속했다. 이것을 고도 경제 성장이라고 한다.
▶고도 경제 성장의 요인 : 고도 경제 성장의 국내적, 국제적 요인에는 다음과 같은 것이 있다.
▷국내적 요인
①국민의 저축률(수입에 대한 예금, 보험 등의 저축 비율)이 높았던 점…은행이 기업에 대량의 자금을 공급하는 것이 가능했다.
②기업의 설비 투자가 활발했던 점…특히 중화학 공업을 중심으로 대규모 기술 혁신이 행해졌다.
③양질의 노동력이 많이 있었던 점…농촌으로부터 젊고 교육 수준이 높은 노동자가 도시에 들어왔다.
④정부가 기업 우대 정책을 시행했던 점…저금리 정책이나 법인세율의 인하 등에 의해 기업이 대량의 자금을 사용할 수 있게 되었다.
▷국제적 요인
①엔저의 고정 환율이었던 점…1달러=360엔이라고 하는 엔저에 의해 수출이 증가했다.
②석유를 저렴하게 안정적으로 수입 할 수 있었던 점…에너지 공급은 석탄에서 석유로 수력발전에서 화력발전으로 옮겨져 중화학 공업화가 진행됐다.
③IMF, GATT 체제(☞p.176)를 토대로 자유 무역의 이익을 얻을 수 있었던 점

○고도 경제 성장의 결과
▶산업 구조의 고도화 (p.157 그래프 참조) : 고도 경제 성장은 제1차 산업에서 제2차, 제3차 산업으로의 대규모적인 노동력 이동을 일으켰다. 이것을 산업 구조의 고도화(☞p.31)라고 한다. 그 때문에 농업 인구의 감소나 고령화, 농촌 인구가 급속히 감소하는 과소화와 도시 인구가 급속히 증가하는 과밀화가 문제가 되었다. 또 대기업과 중소기업, 공업과 농업의 소득 격차가 심각해졌다. 그 때문에 정부는 1961년에 농업기본법을 제정하여 농업과 다른 산업과의 격차를 바로 잡으려 했다.
▶소비 혁명 : 고도 경제 성장에 의해 국민의 소득이 늘어 대량 소비의 시대를 맞았다. 1950년대 후반에는 흑백TV, 세탁기, 냉장고가 삼종 신기라고 불리고 일반 가정에 전기제품이 널리 보급되었다. 1960년대 후반에는 자동차, 에어컨, 컬러TV가 3C라고 불려 일반 가정에 확대되었다 이렇게 국민의 생활 수준은 크게 향상되었다(소비혁명).
▶공해 문제 (p.158 지도 참조) : 고도 경제 성장이 진행되는 한편에서는 공해가 다발하여 커다란 사회 문제가 되었다. 공해란 대기나 물의 오염 등에 의해 사람의 건강이나 생활 환경에 피해가 생기는 것을 말한다. 특히 욧카이치 천식, 이타이이타이 병, 미나마타 병, 니가타 미나마타 병은 4대 공해병이라고 불려 피해자 측은 기업을 상대로 재판을 일으켰다. 이러한 속에서 정부는 1967년에 공해 대책 기본법을 제정했다. 1971년에는 공해 대책이나 환경 보호를 실천하기 위해 환경청이 두어져 기업 우선에서 국민의 복지 우선으로 정책도 바뀌어갔다. 1970년대에 4

대 공해 재판은 모두 피해자 측이 승소하여 기업 측은 배상금을 지불하게 되었다.

## ○고도 경제 성장의 종말

▶달러 쇼크 : 무역 적자가 계속되어 갔던 미국에서는 1971년에 닉슨 대통령이 금과 달러의 교환을 정지했다(달러 쇼크 - 닉슨 쇼크). 그 후 일본이나 서유럽 제국은 1973년에 고정 환율제에서 변동 환율제로 이행했다(☞p.174). 이후 엔고가 급속하게 진행되어 수출이 폭락하고 엔고 불황이 되었다.

▶제1차 석유 위기(오일 쇼크) : 1973년에 제4차 중동 전쟁(☞ p.115)이 일어나자 석유수출국기구(OPEC)는 석유의 수출 제한과 가격 인상을 단행했다. 그 때문에 원유 가격이 크게 인상되어 제1차 석유 위기(오일 쇼크)가 일어났다. 제1차 석유 위기 후 세계 경제는 물자 부족으로 인한 물가 상승에 의해 불황 하에서의 인플레(스태그플레이션)가 되었다(☞ p.140).

일본에서는 1972년에 출범한 다나카 가쿠에이(田中角栄) 내각이 「일본열도 개조론」을 주창하여 대규모의 개발을 실행하고 고도 경제 성장을 더욱 진척시키는 정책을 펼쳤다. 이 때문에 토지 가격이 상승하여 급격한 인플레이션을 발생하고 있었다. 게다가 석유위기에 의한 물가의 비정상적인 급등이 중복됨으로써 광란 물가에 봉착하고 국민 생활에 심각한 영향이 나타났다. 값싼 석유에 지탱되고 있던 일본의 경제는 큰 타격을 받아 무역은 적자가 되고 1974년에는 전년도 보다 실질 GNP가 감소하여 전후 처음으로 마이너스 성장이 되었다. 이렇게 하여 일본의 고도 경제 성장은 끝났다.

▶선진국 정상회의(서밋) 개최 : 세계적 불황에 대응하기 위해 1975년 프랑스 파리 근교에 미국, 영국, 프랑스, 서독, 이탈리아, 일본의 선진 6개국 정상이 모여서 제1회 선진국 정상회의(서밋)를 개최하였다. 서밋은 그 후에 매년 개최되어 1976년에 캐나다, 1977년에 유럽공동체(EC, 후에 EU) 대표가 추가되었다. 1997년부터는 러시아도 참가하게 되어 주요국 정상회의(G8)로 불려 지게 되었다.

### <일본열도 개조론>

1972년 다나카 가쿠에이(田中角栄) 내각은 「일본열도 개조론」을 주창하여 도시부의 인구 과밀화나 농촌의 과소화 등을 없애기 위해 일본 전국에 고속도로나 신칸센 등의 교통망을 정비하는 등 대규모 개발을 했다.

## ○안정 성장(저성장)의 시대로
(p.159 아래 표, 그림 참조)

1979년에는 이란 혁명을 계기로 제2차 석유 위기가 일어났다(☞p.115).

두 번에 걸친 석유 위기에 의해 세계 경제는 크게 폭락했지만 일본 경제는 다른 나라보다 빠르게 불황에서 벗어났다.

그 요인으로는 ①정부가 대량의 적자 국채를 발행하여 재정 지출을 확대했던 것 ②철광, 석유화학, 조선 등 자원을 대량으로 사용하는 산업에서 전자기기(TV, 비디오 등)나 자동차 등 자원 절약(省資源), 에너지 절약형 산업으로 이행했던 것 ③각 기업이 인원을 줄이는 등의 감량 경영에 의해 코스트를 낮춰 국제 경쟁력을 회복하여 수출을 늘린 것 등이 꼽힌다.

그리하여 1985년경까지 경제 성장률이 연평균 4~5%의 안정 성장(저성장)의 시대를 맞았다.

▶무역 마찰 (p.159 표 참조) : 일본의 자동차나 전자기기가 주요한 무역 상대국인 미국이나 서유럽 제국에 대량으로 수출되어 일본의 무역 흑자는 증가했다. 한편 미국이나 서유럽 제국이 무역 적자가 된 것 때문에 무역 마찰 문제가 일어났다.

세계 경제가 폭락하는 가운데 1980년대부터 미국의 레이건 정권에 의한 레이거노믹스, 영국의 대처 수상에 의한 대처리즘 등 작은 정부를 지향하는 신보수주의(신자유주의)(☞ p.123)가 대두하였다. 일본에서도 1982년에 성립한 나카소네 야스히로(中曽根康弘) 내각이 신보수주의의 세계적인 흐름 속에 행재정 개혁을 추진하여 1985년에 덴덴공사(현재의 NTT), 전매공사(현재의 JT), 국철(현재의 JR) 등과 같은 국영 기업에 대해 민영화를 추진하였다. 또한 행정 서비스나 사회보장의 민영화도 진행되어 시장에서의 다양한 규제가 없어지고 경제의 자유화가 진척되었다.

또한 레이건 정권은 인플레 대책으로 고금리 정책을 펼쳤기 때문에 달러고가 되어 수입의 증가로 무역 적자가 더욱 진행되었다. 특히 자동차를 둘러 싼 일본과 미국의 무역 마찰은 심각해져 갔다.

## ○버블 경기 (p.160 그래프 참조)

무역 마찰 문제의 해결을 위해 1985년에 선진국 사이에서 환율을 저달러, 엔고로 하는 플라자 합의가 이루어졌다(☞ p.175). 그 결과 엔고가 급속도로 진행되어 일본의 수출은 폭락, 엔고 불황이 일어났다.

일본 정부는 엔고 불황 대책으로써 공공 사업비의 확대나 감세 등에 의해 국내의 소비를 늘리는 내수 확대를 노려 공정 이율(公定歩合 - こうていぶあい)을 2.5%로 인하하는 초저금리 정책 등을 실행했다.

이 초저금리 정책을 토대로 대량의 통화가 시장에 흘러들어 왔다. 또 엔고에 의해 수입 원료가 내려가 수입 산업에 돈이 남아도는 현상이 나타났다. 이렇게 생긴 남은 자금은 주식이나 토지 등의 자산 구입으로 향했다. 그 결과 국내에서는 1986년 말경부터 주식이나 토지의 가격이 급상승하여 그것이 더욱 많은 투자를 불렀다.

이것에 의해 이익을 얻은 사람들은 소비를 확대시켜 1986년부터 1991년까지 호경기가 계속되었다(버블경기).

또 남은 자금은 외국의 자산에도 투자되어 토지나 기업의 매수, 일본 기업의 해외 진출(다국적화)도 진행되어 1988년 말에는 대외 자산 잔고는 세계 제1위가 되었다. 한편 엔고에 의해 경쟁력을 잃은 국내의 제조업이 아시아를 중심으로 해외로 공장을 옮겼다. 이 때문에 일본의 국내 산업이 활력을 잃는 산업의 공동화가 진행됐다.

○헤이세이 불황

주식이나 토지 가격의 급격한 상승에 대해 정부는 1989년부터 공정 이율(일본은행이 시중은행에 자금을 대출할 때 발생하는 기준 금리)를 단계적으로 6%까지 인상하여 시장에 흘러들어가는 통화량을 감소시켰다. 이 때문에 주식이나 토지의 가격은 급격히 인하되어 소비가 폭락했다. 기업의 도산이 계속되어 대량의 자금을 대출하고 있던 금융기관은 불량 채권(회수할 수 없어진 금융 기관의 대출금)을 떠안게 되었다. 이것에 의해 버블 경제는 붕괴됐다.

기업은 사활을 걸고 사원을 줄이는 등 구조 조정을 진행했다. 이 때문에 실업자나 비정규 직원이 늘어 취직난이 발생했다(☞ p.166).

1997년에는 소비 세율이 3%에서 5%가 된 것으로 소비는 더욱 침체됐다. 또 같은 해에 아시아 통화위기(☞ p.175)가 일어난 일로 아시아로의 수출이 감소하는 등 불황이 더욱 심각해졌다. 이후 금융 기관의 불량 채권 문제는 더욱 심각해져 잇달아 은행이 도산했다. 정부는 불량 채권을 처리하기 위해 공적 자금(세금)의 도입에 의해 금융 시스템의 안정화를 꾀하는 것을 토대로 1998년에 금융감독청(2000년에는 금융청으로)을 두었지만 불량 채권의 처리는 좀처럼 해결되지 않았다.

이러한 가운데 1990년대 후반에는 소비의 침체로부터 물가가 계속 떨어져 기업의 매상은 악화했다. 그 때문에 기업은 노동자의 임금을 억제하고 그것이 또 소비를 침체시켜 물가를 내리고 더욱 기업의 매상이 악화된다고 하는 디플레 스파이럴(☞ p.141)이 되었다(헤이세이 불황). 1990년대부터의 10년 이상에 걸친 장기 불경기의 시대를 「잃어버린 10년」이라고 한다.

○세계 금융 위기와 일본 경제의 현황
(p.162 표 참조)

그 후 미국이나 중국으로의 수출이 증가한 것, 고이즈미 준이치로(小泉純一郎) 내각 하에서 불량채권 처리가 진행된 것, 기업이 구조조정에 의해 체질을 강화한 것 등을 배경으로 2002년경부터 경기는 회복되어 갔다. 그러나 2006년에 미국에서 소득이 낮은 사람을 대상으로 한 주택 담보 대출(住宅ロー

ン)을 금융 기관이 회수할 수 없게 된다고 하는 서브프라임론 문제가 일어났다. 이것에 의해 2008년에 미국의 대형 투자 은행 리먼 브라더스가 도산하여 세계적인 금융위기, 세계 동시 주가 하락(리먼쇼크)이 일어났다.

일본 정부는 경기 대책으로써 재정 규모를 확대시키고 세출은 계속 증가했다. 그 때문에 국채의 발행액도 늘어갔다(☞ p.147). 또 이 금융 불안으로 자금이 일본 엔에 모여 엔고가 되었다. 수출의 침체에 의해 실업자나 비정규직원이 증가하여 소비가 크게 침체되어 갔다. 또 기업은 판매량을 늘리기 위해 가격의 인하 경쟁을 강요받아 디플레가 더욱 진행되었다.

2012년 말에 탄생한 아베 신조(安部晋三) 내각은 「아베노믹스」라는 디플레이션에서 빠져 나오는 것에 중점을 둔 세 가지 경제정책 「세 개의 화살」을 주창하였다. 이 결과 엔고로부터 엔저가 되고 주가가 상승하는 등 대기업을 중심으로 경제가 회복해 갔다. 그러나 중소기업이나 지방 등에는 경기 회복효과가 미치지 못하고 있다는 목소리도 있다.

또한 2016년에 일본은행은 시중은행으로부터 예탁받는 당좌 예금 이자를 마이너스 0.1%로 하는 금융완화책(마이너스 금리)을 실시하였다. 이것은 시중은행이 일본은행에 돈을 맡기는 경우에 금리를 지불한다는 것을 의미한다. 그 목적은 시중은행의 자금을 적극적으로 기업에 융자나 주식으로 투자하게 하여 기업의 설비투자와 개인의 소비를 활성화시켜서 경제를 회복시키고 디플레이션으로부터 탈출하는 데에 있다.

<아베노믹스 「세 개의 화살」>

아베 수상의 아베+이코노믹스를 조합한 말로 아베 내각이 주창하는 경제 정책을 가리킨다. ①일본은행에 의한 금융 완화 정책에 의해 기업의 활동, 개인의 소비를 왕성하게 하여 디플레이션으로부터 탈출(담대한 금융 정책) ②공공 사업을 늘려서 고용을 발생시켜 국민의 소득을 늘린다(기동적인 경제 정책) ③민간기업을 위한 규제를 완화하고 새로운 산업을 육성하기 위한 지원을 한다(성장 전략)라는 「세 개의 화살」로 장기 디플레이션에서 탈출을 지향한다.

## [8] 일본 경제의 여러 문제

### ❶중소기업 문제
○중소기업의 지위와 역할

중소기업이란 종업원 수, 자본금 등이 중규모 이하인 기업을 말하는 것으로 일본에는 기업의 약 99%를 중소기업이 차지하고 있다. 노동자의 약 70%가 중소기업에서 일하고 있으며 생산액에서는 약 50%를 차지하고 있다. 이렇게 중소기업은 일본의 경제에 있어서 큰 역할을 맡고 있다.

중소기업에서는 대기업의 주문에 의해 부품 등을 제조하는 하청기업, 대기업으로부터 인재나 자금의 원조를 받는 계열 기업, 특정 지역의 특산품을 제조하는 지역 기업, 새로운 산업을 창출하는 벤처 기업이 있다.

## ○중소기업을 둘러싼 문제

중소기업은 대기업과 비교해서 설비가 적기 때문에 생산성(노동자 1인당 생산액)이 낮고 이익도 적다. 그 때문에 임금, 노동시간, 휴가 등 노동 조건에서 대기업과 격차가 생기고 있다. 이러한 대기업과 중소기업 사이의 경제 격차를 경제의 이중 구조라고 한다.

대기업의 하청의 경우 호황이 되면 주문은 늘지만 불황이 되면 주문이 줄거나 가격 인하의 요구나 하청 관계의 해소 등 경기 변동의 조정 밸브(밸런스를 취하는 움직임)로써 이용된다.

최근 대기업은 생산 코스트를 내리기 위해 부품을 해외의 저렴한 것으로 바꾸거나 공장을 해외에 옮기거나 하고 있다. 또 개발 도상국으로부터 값싼 수입 제품이 들어오는 등 중소기업을 둘러싼 환경은 가혹하다.

## ○중소기업 정책

경제의 이중 구조를 없애기 위해 정부는 1963년에 중소기업 기본법을 제정하여 중소기업의 보호, 육성을 꾀했다.

그 후 중소기업 중에는 지역 산업이나 벤처 기업을 세워 생존을 꾀하는 움직임도 활발해져 갔다. 이러한 움직임에 대해 정부는 1999년에 중소기업 기본법을 개정하여 약자 보호에서 의욕 있는 중소기업을 지원하는 정책으로 방향을 바꿔갔다.

## ❷소비자 문제

### ○소비자 문제

소비자 문제란 상품과 서비스의 거래 시에 소비자가 받는 피해나 불이익을 받는 것을 말한다. 대량 생산, 대량 판매, 대량 소비사회 아래에서 결함 상품(안정성에 결함이 있는 상품)이나 악덕 상법(소비자부터 돈을 속여서 빼앗는 상법)에 의한 소비자 피해가 사회 문제화되었다.

1962년에 미국의 케네디 대통령이 소비자의 네 가지의 권리(안전할 권리, 알 권리, 고를 권리, 의견을 반영시킬 권리)를 선언하여 일본의 소비자 운동에도 커다란 영향을 미쳤다.

### ○소비자 보호와 자립

1968년 소비자의 이익이나 안전을 지키기 위한 소비자보호 기본법이 제정되었다. 이것이 2004년에 소비자 기본법으로 개정되어 그 목적이 소비자 보호에서 자립한 소비자를 육성하는 것으로 변했다. 그리고 2009년에는 소비자청이 생겼다.

소비자 보호를 위한 대표적인 제도로써는 다음과 같은 세 가지가 있다.

▷**쿨링오프** : 방문 판매 등 일부 거래에 있어서는 일정

기간 이내라면 소비자로부터의 계약 취소가 인정된다.

▷**제조물 책임(PL)법** : 결함 상품에 의한 피해를 받은 소비자는 물품의 제조자(메이커)에 손해배상을 청구할 수 있다.

▷**소비자 계약법** : 강제적인 권유가 있거나 계약 내용이 부당한 경우에는 계약의 취소가 가능하다.

## ❸노동 문제

### ○노동 문제

노동 문제란 노동 조건, 고용, 소득의 불평등한 분배 등 자본주의 사회에 있어서 노동자와 자본가 사이에 생기는 여러 가지 문제를 말한다.

### ○노동 운동의 역사　　(p.165 표 참조)

노동 문제는 18세기 후반에 최초로 산업 혁명(☞p.80)이 일어난 영국에서 발생하여 이것을 해결하기 위해 노동자가 단결하여 자본가에 대항하는 노동 운동이 일어났다.

### ○노동자의 권리

제2차 세계 대전 후 일본국 헌법에 의해 모든 국민은 일할 권리(근로권)가 보장되어 노동자에게는 노동 삼권이 보장되었다

▷**단결권** : 노동조합을 결성하여 활동할 권리. 예전부터 노동 조합의 조직률은 높았으나, 현제에는 20%이하가 되어 있다.

▷**단체 교섭권** : 노동 조건 등에 대해 회사와 교섭할 권리

▷**단체 행동권(쟁의권)** : 노동 조건의 개선을 위해 파업(ストライキ) 등의 노동 쟁의를 행할 권리. 다만 공무원에게는 단체 행동권이 인정되지 않는다.

노동자의 기본적인 권리인 노동 삼권을 구체화하기 위해 노동 삼법이 제정되었다.

▷**노동 조합법** : 노동자에 대해 노동 삼권을 인정하고 회사의 노동 조합으로의 방해 행위를 금지하고 있다.

▷**노동 관계 조정법** : 노동 관계의 공정한 조정과 노동 쟁의의 예방, 해결을 꾀한다.

▷**노동 기준법** : 노동 조건의 최저 기준을 정하여 현재는 1일 8시간, 주 40시간 이내의 노동, 남녀 동일 임금 등을 정하고 있다.

### ○일본의 노동 문제

▶**일본적 경영 방식의 변화** : 일본적 경영 방식에는 한번 입사한 회사에서 정년 퇴직까지 고용되는 종신 고용제, 연령의 상승에 의해 임금도 상승하는 연공 서열형 임금제, 회사마다 노동조합을 결성하는 기업별 조합이 있다.

그러나 버블 붕괴 후(☞p.161)의 불황 속에 중도 채용(연도 도중의 경험자의 채용)의 증가, 능력급의 도입 등 예전부터의 일본적 경영 방식은 재고되고 있다.

또 기업은 경비를 줄이기 위해 정사원을 줄이고 계약사원, 파트타이머(단시간 노동자), 파견사원 등의 비정규 직원을 많이 채용하게 되었다. 비정규 직원은 기업에 있어서는 필요한 때에 필요한 노동력을 값싼 임금으로 모을 수 있다는 이점이 있지만 노동조건의 저하와 고용의 불안정화를 초래할 위험성이 있다. 게다가 기업이 새로운 고용을 억제하기 위해 특히 젊은이들 사이에서 아르바이트로 생계를 꾸리는 프리터나, 일 하지도 않고 학교에 다니지도 않는 니트라 불리는 사람의 수가 늘고 있다.

▶장시간 노동의 문제 : 현재의 노동 기준법에서는 노동 시간은 1일 8시간, 주 40시간 이내로 정해져 있다. 일본인의 연평균 노동시간은 17290시간으로 미국보다도 짧아지고 있다. 그러나 이것은 비정규 직원의 고용이 늘어나 파트타임 노동자가 증가했기 때문에 파트타임 노동자를 제외한 일반노동자의 연평균 노동시간은 2000시간을 넘고 있다. 그러나 다른 선진국과 비교하면 아직 노동 시간은 길고 실제는 1일 8시간을 넘어 잔업을 하는 케이스도 많이 보인다. 게다가 잔업비가 지불되지 않는 서비스 잔업이나 장시간 노동에 의한 노동 과다 때문에 돌연 사망하는 과로사 등의 문제가 일어나고 있다.

▶여성의 노동 문제 : 여성의 고용에 대해서는 1947년의 노동 기준법에서 남녀 평등과 여성의 보호가 정해져 여성의 심야 노동이나 휴일 노동은 금지되어 있었다. 그러나 1997년의 개정에 의해 그것이 인정되게 되었다. 또 1979년에 UN에서 여성 차별 철폐 조약이 채용되어 그것에 따라 일본에도 1985년에 남녀 고용기회 균등법이 제정되었다(☞p.252). 이것에 의해 여성에게도 남성과 같은 취직, 승진의 기회가 보장되었다.

그러나 차별을 없애는 것은 기업의 노력 의무라서 위반해도 벌칙은 없었다. 그 때문에 1997년 개정에서는 노력 의무에서 금지 규정으로 변경되었다, 또 기업의 성희롱(セクシャルハラスメント)방지의 의무가 추가되었다.

▶외국인 노동자 : 일본의 저출산 고령화에 의해 노동력이 부족해져 외국인 노동자가 증가했다. 그러나 관광 비자나 취학 비자로 일하는 불법 취업자의 증가, 노동 조건의 낮음, 의사 소통의 문제 등이 문제화하고 있다.

<노동 조합의 형태>
일본에서는 기업별 노동 조합이 많지만 미국이나 유럽의 국가에서는 직업별, 산업별 노동조합이 많다.

<여성의 연령별 노동력 비율의 변화>
(p.167 그래프 참조)
여성의 노동력 비율(15세 이상 인구에서 차지하는 여성 노동자의 비율)은 20대 전반까지 계속 상승, 20대 후반부터 30대에 걸쳐 저하, 40~50대에 다시 상승한다는 M자형이 된다. 이것은 결혼이나 출산, 육아의 시기에 일을 놓아 아이가 성장한 후에 다시 일하기 시작하는 것을 나타내고 있다.

예전부터는 결혼이나 출산, 육아를 위해 퇴직하고 아이가 성장한 후에 주로 파트타임이나 아르바이트의 비정규 직원으로써 일하는 케이스가 많았다. 그러나 최근에는 이전보다 결혼하지 않는 여성이 늘어(비혼화) 출산, 육아를 위해 퇴직하는 여성의 수가 줄고 있기 때문에 여성의 노동력 비율은 오르고 있다. 또 여성의 만혼화에 의해 노동력 비율이 내려가는 연령이 20대 후반에서 30대로 이동하고 있다.

<일본에 있어서의 외국인 노동자수>
(p.168 표 참조)
일본에는 제조업을 중심으로 외국인 노동자가 많으며 외국인 노동자 수는 약 130만명으로(2017년 10월 말 현재) 전년대비 약 19만 5천명(18.0%) 증가하여 3년 연속으로 과거 최고를 갱신하였다. 특히 베트남은 전년대비 39.7%, 네팔은 31.0%로 대폭 증가가 되었다.

## [9] 국제 경제 (1) - 무역과 환

### ❶무역과 국제 수지
○국제 분업
국제 사회에는 각국이 타국에 없는 상품이나 타국보다 저렴한 상품을 서로 수출하여 서로 이익을 창출한다고 하는 국제 분업이 성립하고 있다. 분업에는 선진국간 및 개발 도상국간에 하는 말하자면 경제 수준이 같은 국가끼리 무역을 하는 수평적 분업과, 선진국과 개발 도상국간에 하는 경제수준이 다른 국가끼리 무역을 하는 수직적 분업이 있다(☞p.230).

○무역의 형태
무역의 형태에는 국가의 통제나 보호를 받지 않고 자유롭게 무역을 하는 자유 무역과 국내 산업을 보호하기 위해 수입품에 높은 관세를 매기거나 수입 제한 등을 하는 보호 무역이 있다.

영국의 리카도는 「경제학 및 과세의 원리」에서 각국이 잘 하는 분야의 상품을 생산하여 무역에서 양국이 서로 이익을 얻는 비교 생산비설을 주장하여 자유 무역을 주장했다.

<비교 생산비설>     (p.169 표 참조)
비교 생산비설이란 무엇인가. 영국, 포르투갈 두국가의 나사(ラシャ・모직물)와 와인의 생산과 무역을 예로 생각해 보자.
우선 오른쪽 위의 표를 보고 각 나라에서 어느 상품이 적은 노동력으로 1단위 생산할 수 있는지를 비교한다.

(※나라와 나라와의 비교가 아니라 각 나라에서 어느 상품이 보다 적은 노동력으로 1단위생산할 수 있는지를 비교한다.)

그러면 영국은 나사, 포르투갈은 와인이 된다. 영국은 나사, 포르투갈은 와인을 전 노동력을 사용하여 생산하도록(특화한) 한 경우 오른쪽 중앙의 표처럼 생산성이 오른다.

이것을 상호 교환하면 오른쪽 아래의 표처럼 양국이 서로 이익을 얻는 것이 가능하다.

## ○세계 무역의 현상　(p.170 그래프 참조)

세계의 무역액을 보면 상위는 선진국이 차지하고 있다. 그러나 최근에는 중국이 수출입액이 모두 상위에 들어가 있다. 무역 의존도(GDP에 대한 수출입액의 비율)는 무역 중계 기지인 싱가포르가 세계 1위이다.

## ○국제 수지　(p.170 표 참조)

국제 수지란 국제 거래에 수반하는 한 나라에 있어서 1년간의 대외적인 통화의 수입, 지불 등의 합계액을 말한다. 2014년 1월 국제 수지의 통계 방법이 크게 바뀌었다. 물건이나 서비스(수송, 여행 등), 이자, 배당 등의 거래를 나타내는 경상 수지, 외국 정부 등에 대한 채무(차입금)의 면제 등을 나타내는 자본 이전 등 수지, 자산이나 채무의 움직임 등을 나타내는 금융 수지의 세 가지로 크게 나누어진다.

<국제 수지 통계표를 보는 법>
새로운 계산식에 의한 2010년과 2011년의 일본의 국제 수지 통계표를 보기로 합니다.
▷경상수지
①무역 수지 : 장기간 흑자가 계속되었으나 2011년은 동일본 대지진과 엔고의 영향으로 1963년 이래의 적자.
②서비스 수지 : 외국인 관광객 등의 감소와 일본인의 해외 여행이 증가했기 때문에 적자.
③제1차 소득 수지 : 해외 기업의 주식과 채권의 이자, 배당이 증가하였기 때문에 흑자.
④제2차 소득 수지 : ODA 등 해외에 원조금이 증가하였기 때문에 적자.
▷금융수지
①직접 투자 : 해외에 투자가 왕성하였기 때문에 대폭적으로 증가
②외화 준비 : 엔고 대책으로 정부가 대량으로 엔 매도, 달러 매입을 감행하였기 때문에 대폭으로 증가.

## ❷외환 시세(외환 환율)
### ○외환

외환이란 다른 통화를 가진 나라 사이의 거래를 현금으로 직접하는 것이 아니라 금융 기관을 통한 결제(지불)로 하는 구조이다.

결제에는 은행에 지불을 맡기는 외환 어음 (外国為替手形)이 사용되어 그것에 의해 자국 통화와 외국 통화가 교환되어 수입이나 지불이 이루어진다. 이때 다른 통화끼리 교환할 필요가 있는데 그 교환 비율을 외환 시세라고 하며 교환의 장소를 외환 시장이라고 한다. 외환 시장은 특정의 거래소가 있는 것이 아니라 인터넷이나 전화 등으로 거래된다.

## ○고정 환율제와 변동 환율제

외환 시세의 결정 방법에는 통화의 교환 비율이 고정되어 있는 고정 환율제와 교환 비율이 변동하는 변동 환율제로 두 가지가 있다.

## ○외환 시세의 변동 요인

변동 환율제 아래서는 외환 시세는 원칙적으로 외환 시장에 대한 통화의 수요와 공급의 관계에 의해서 변동한다. 수요가 늘어나면 환율은 올라가고 공급이 늘어나면 환율은 내려간다.

외환 시세의 변동은 여러 가지 요인에서 일어난다. 엔과 달러와의 경우에서 보면 다음과 같다.
▶엔고 - 엔의 통화 가치가 올라간다 → 엔의 환율이 올라간다.
①외환 시장에서 엔의 수요가 증가
②일본의 국제 수지가 흑자 → 달러를 엔으로 교환하여 지불
③일본이 고금리 정책을 편다 → 달러를 엔으로 교환해서 예금
④미국의 물가가 상승 → 일본의 수출 증가로 엔의 수요가 증가
▶엔저 - 엔의 통화 가격이 내려간다 → 엔의 환율이 떨어진다.
①외환 시장에서의 달러 수요가 증가
②일본의 국제 수지가 적자 → 엔을 달러로 교환하여 지불
③미국이 고금리 정책을 편다 → 엔을 달러로 교환하여 예금
④일본의 물가가 상승 → 일본의 수출 감소로 엔의 수요가 감소

## ○외환 시세 변동의 영향

엔고는 일본의 경제에 다음과 같은 영향을 미친다
①일본의 수출 상품 가격이 올라서 수출 경쟁력이 내려 간다.
　→수출량이 감소하고 수입량이 증가한다.
②일본의 수입품 가격이 내려가서 물가가 내려간다.
　→원재료 가격이 내려가 생산비가 내려간다.
③일본 제품이 외국 제품과 비교하여 비싸져 기업의 경영이 악화 한다.
　→공장의 해외 이전, 투자가 활발해지는 한편 국내 산업이 활력을 잃는다(산업의 공동화).

④국제 수지가 적자 경향이 되어 국내의 통화량이 감소한다.

→디플레, 불황이 된다.

⑤해외 여행 비용이 내려간다.

엔저의 경우는 이와 반대가 된다.

# [10] 국제 경제 (2) - 국제 경제의 구조

## ❶국제 통화 체제

○국제 통화 체제 - 브레튼 우즈 체제

(p.174 표 참조)

1929년의 세계 공황 후의 보호 무역 정책, 블록 경제권의 형성(☞p.105)은 제2차 세계 대전의 한 요인이 되었다. 그 반성으로부터 전후 새로운 제도를 토대로 자유 무역과 무역 확대를 목표로 하는 국제 경제 질서의 재정비를 꾀하게 되었다.

1944년 전후의 국제 통화 제도와 세계 경제의 운영에 대해 브레튼 우즈 협정이 맺어져 그 협정에 있어서 국제통화기금(IMF)과 국제부흥개발은행(IBRD)의 설립이 결정되었다.

| IMF | ▷1945년 설립(본부는 워싱턴), 일본은 1952년에 가맹.<br>▷외환 시세의 안정(금·달러본위제에 의한 고정환율제)에 의한 무역 확대와 가맹국이 출자한 자금을 근거로 국제수지 적자국에 단기 융자를 실행.<br>▷가맹국에 자국의 외환 시세의 번동을 상하 1% 이내로 억제할 것을 의무화. |
|---|---|
| IBRD | ▷1945년 설립, 일본은 1952년에 가맹.<br>▷전쟁으로 피해가 큰 나라의 부흥과, 개발 도상국의 개발 원조를 목적으로 장기 융자를 실행. |

금, 달러 본위제에 의한 고정 환율제(금 1온스 = 35달러로 하고 달러와 각 국의 통화를 고정하는 제도)를 기초로 하여 그것을 IMF와 IBRD가 유지하는 국제통화 체제를 브레튼 우즈 체제(IMF체제)라 한다.

○브레튼 우즈 체제의 붕괴

미국의 경제력을 배경으로 한 브레튼 우즈 체제는 1960년대에 크게 흔들렸다. 그 무렵 무역 적자와 베트남 전쟁의 부담에 의해 미국의 국제 수지가 적자가 되자 달러의 신뢰는 저하되어 각국은 달러를 금과 교환하는 움직임을 강화했다. 그 결과 미국으로부터 대량의 금이 유출되어 달러 위기가 심각해졌다(☞p.158). 미국의 닉슨 대통령은 1971년 8월에 달러를 지키기 위해 금과 달러와의 교환을 정지했다(달러쇼크 - 닉슨쇼크). 이것에 의해 금과 달러와의 교환을 보장한 브레튼 우즈 체제는 붕괴했다.

그 후 IMF 가맹국은 1971년 12월 워싱턴에서 스미소니언 협정을 맺어 미국에 유리한 저달러 환율을

변경하여(1달러=360엔에서 308엔으로) 고정 환율제의 붕괴를 막으려 했다. 그러나 미국의 국제 수지는 회복되지 않아 1973년에 각국은 변동 환율제로 이행했다. 1976년 IMF는 킹스턴 합의에서 변동 환율제를 정식으로 인정하여 고정 환율제의 시대는 완전히 끝났다.

변동 환율제 하에서 환율 시세를 안정시키기 위해 각국은 협력하여 시장에 개입하고 있다(협조 개입). 1985년의 플라자 합의(☞p.160)에서는 엔고, 저달러로의 협조 개입이 정해져 그 후의 일본과 미국의 무역에 크게 영향을 미쳤다. 그러나 엔고, 저달러가 너무 심해져 1987년의 루브르 합의에서 환율을 안정시키는 합의가 맺어져 다시 협조 개입이 실시되었다.

○아시아 통화 위기

세계의 금융 시장에서는 거액의 자금이 거래되고 있다. 선진국의 투자가는 각국의 주식이나 통화의 가격 인상, 가격 인하를 예상하여 국제 금융 시장에 많은 자금을 투자하고 있다. 그 중에서도 1960년대부터 1990년대에 걸쳐 현저한 경제 발전을 이룬 동아시아 여러 나라에 자금이 흘러들어 왔다. 그러나 1997년에 태국의 통화 바트(バーツ)가 대량으로 팔린 결과 바트 가격이 크게 내려갔다. 이것이 말레이시아, 인도네시아, 한국 등에도 영향이 확대되어 아시아 통화 위기로 발전했다.

## ❷국제 무역 체제 (p.176 표 참조)

1947년에 자유 무역의 추진, 세계 무역의 확대를 노린 국제 조약으로써 관세와 무역에 관한 일반협정(GATT)이 맺어졌다(1948년에 발효. 일본은 1955년에 가맹). GATT는 차별이 없는 자유로운 무역을 하기 위해 관세나 수입 제한 등의 무역 장애를 없애는 것을 목적으로 했다. 국제 무역 문제는 다국간의 무역 교섭의 장인 라운드(다각적 무역교섭)에서 합의되게 되었다.

그 후 우루과이라운드에서의 합의에 의해 1995년에 GATT 대신 강력한 상설의 국제기구로써 세계무역기구(WTO)가 설립되었다(본부는 제네바).

|  | GATT(1948~1995) | WTO(1995~) |
|---|---|---|
| 형태 | 가맹국 사이의 국제협정 (통제력이 약하다.) | 상설 국제기구 (통제력이 강하다.) |
| 무역의 대상 | 농업 분야를 제외한 물건의 무역만 | 물건의 무역+농업, 서비스 분야, 지적재산권 |
| 분쟁 처리 | 컨센서스 방식 (전체가맹국의 찬성으로 실시) →처리에 시간이 걸린다. | 네거티브 컨센서스 방식 (가맹국이 한 나라라도 찬성하면 실시) →처리의 강화, 스피드화 |

| 라운드<br>(다각적<br>무역교섭) | ▷케네디 라운드<br>(1964~1967)<br>광공업 제품의 관세<br>인하<br>▷도쿄 라운드<br>(1973~1979)<br>▷우루과이 라운드<br>(1986~1994)<br>•지적재산권의 보호<br>•농업, 서비스 분야<br>무역의 자유화<br>•WTO설치의 합의 | ▷도하 라운드<br>(2001~)<br>농업 문제 등을 둘러<br>싼 이해 대립으로<br>교섭 실패(2008년)<br>↓<br>자유무역협정(FTA)<br>과 환태평양 파트너<br>십(TPP)협정 등, 개<br>별적, 지역적인 자유<br>화 교섭이 활발화.<br>(☞p.179) |
|---|---|---|

**❸지역적 경제 통합** (p.177 지도 참조)

WTO와 같은 세계적 규모의 자유 무역 추진의 움직임에 대해 각국에서는 지역적 경제 통합 움직임도 진행됐다.

지역적 경제 통합이란 어느 일정 지역의 나라들이 모여 관세를 없애는 등 무역의 자유화를 꾀하고 지역 내의 경제를 발전시키자고 하는 움직임을 말한다.

○**유럽연합(EU)** (p.177 표, p.178 지도 참조)

1952년 프랑스, 서독일 등 6개국이 참가하여 유럽석탄철광공동체(ECSC)가 설립되었다. 그 후 1957년에 ECSC 참가 6개국 사이에서 맺어진 로마조약에서 유럽경제공동체(EEC), 유럽원자력공동체(EURATOM)가 설립되고 1967년에 세 개의 조직이 통합되어 유럽공동체(EC)가 성립했다. EC는 지역 내의 공업 제품의 관세를 없애고 지역 외에는 공통의 관세를 취하는 관세 동맹을 확립했다. 한편 EEC에 대향하여 완만한 경제 연합을 노린 나라들은 1960년에 영국을 중심으로 한 7개국에서 유럽자유무역연합(EFTA)을 결성했다. 그러나 1973년에 영국은 덴마크와 함께 EFTA를 탈퇴하여 EC에 가맹했다.

EC는 그 후 순조롭게 발전하여 1993년에는 EC의 시장 통합이 실현되었다. 그리고 1992년 마스트리히트 조약이 맺어져 유럽중앙은행(ECB)의 설립이나 단일 통화(유로)의 도입, 안전 보장의 확보, 유럽 시민권의 도입 등이 결정되어 EC는 유럽연합(EU)으로 발전했다.

1998년에는 EU의 금융정책을 관리하는 유럽중앙은행(ECB)이 설립되어 다음해에는 단일 통화인 유로가 도입되었다(영국, 스웨덴, 덴마크 등은 불참가).

또 2007년 12월에는 EU의 기본조약인 리스본 조약이 맺어졌고(2009년 발효) EU의 대통령이라 불리는 유럽이사회 상임의장과 외상의 포스트가 신설되었다. EU의 정치 구조는 전 가맹국의 정상과 상임의장이 참가하는 최고의사 결정기관인 유럽 이사회(EU 정상회의)가 기본 방침과 정책 방향성을 결정한다. 개별적, 구체적인 정책은 EU이사회(각료 이사회)에서 정리되고 EU가맹국의 시민으로부터 선출된 대표자로 구성되는 유럽이사회에 상정된다. 이 외에 정책을 집행하는 행정기관에 해당하는 유럽 위원회나 유럽 사법제

판소가 있다. 주된 기관은 벨기에의 브뤼셀에 두고 있다. 2019년 9월 현재 EU가맹국은 28개국이다.

현재 EU에서는 다양한 문제가 발생하고 있다. 그리스에서는 2012년과 2015년에 재정 악화로 인하여 유럽권으로부터 이탈 위기가 대두했다(그리스 위기). 프랑스에서는 2015년 파리에서 동시 다발 테러가 발생한 것을 받아서 반 이민, 반 EU, 보호주의를 주창하는 극우 정당이 대두하고 있다. 또한 영국에서는 2016년 6월의 국민투표의 결과 EU 이탈파가 승리하여 EU로부터 이탈이 결정되었고 2020년 1월 말에 이탈하였다. 이 요인으로는 이민 증가에 의한 고용과 치안의 악화, EU에 대한 많은 거출금과 지원의 부담 등에 대한 불만 등을 들 수 있다. 나아가 미국의 트럼프 대통령이 주창하는 자국 제일주의 등의 영향도 있어서 다른 EU 제국에도 포퓰리즘(대중 영합주의)이 확산되고 있고 이민 배제나 EU 이탈을 호소하는 정당이 지지를 모으고 있다.

○**그 외의 주요한 지역적 경제 통합**

유럽 이외의 지역에도 지역적 경제 통합이 진행됐다.
▷미국, 멕시코, 캐나다 협정(USMCA) : 1994년 미국, 캐나다, 멕시코 3개국 사이에서 무역의 자유화를 노리고 맺어진 NAFTA(북미자유협정)를 대신하는 새로운 무역협정. 미국의 개선 요구로 인하여「자유무역」의 문언을 빼고 보호주의의 성격이 강한 협정이 되었다. 2018년 9월 말 까지 각각의 2국간 교섭에 의해서 합의, 2020년 중에 발효예정.
▷ASEAN(경제)공동체(AEC) : 2015년 동남아시아 제국연합(ASEAN)의 가맹국이 ASEAN자유무역지역(AFTA)을 더욱 진화, 고도화시켜 하나의 시장을 주창해 발촉.
▷남미 남부 공동시장(MERCOSUR) : 1995년 브라질, 아르헨티나, 우루과이, 파라과이 4개국에 의한 관세동맹으로써 설립되었다(2006년에 베네수엘라가 가맹).
▷아시아 태평양 경제협력회의(APEC) : 1989년 일본, 미국, 캐나다 등의 선진국과 개발 도상국이 아시아, 태평양 지역의 경제 협력을 지향하는 조직으로써 설립되었다. 1994년에는 2020년까지 지역 내의 무역 자유화를 달성하는 보고르 선언이 채택되었다(2019년 9월 현재 21개국과 지역이 가맹).

**❹자유무역 협정과 경제연대 협정**
○**자유무역 협정(FTA)과 경제연대 협정(EPA)**

무역의 자유화를 추진하기 위한 교섭은 WTO를 무대로 하는 다국간의 교섭이 원칙이다. 그러나 선진국과 개발 도상국의 이해 대립 등으로부터 교섭은 진행되지 않고 그것에 비해 합의가 쉬운 두 국가간 또는 지역간의 자유무역 협정(FTA)과 경제연대 협정(EPA)이 맺어지는 케이스가 늘고 있다.

FTA란 특정한 나라나 지역 사이에서 관세를 없애

는 등 무역의 자유화를 진행하기 위해 맺어진 협정을 말한다. EPA란 FTA의 내용에 더해서 분쟁 해결 절차의 정비, 인적 교류의 확대, 지적 재산권의 보호 등 넓은 분야에서의 협력을 목적으로 하는 협정이다.

일본은 2002년에 싱가포르와 최초의 FTA, EPA를 맺고 2019년 3월 현재 ASEAN, EU 외의 14개국 지역 사이에 FTA, EPA를 맺고 있다. 또한 2017년 12월에 EU와 EPA 교섭이 결정되어 2019년 2월에 일본·EU 경제연대 협정이 발효되었다.

○환태평양 파트너십(TPP) 협정
(p.181 지도 참조)

최근 주목되고 있는 환태평양 파트너십(TPP) 협정이란 EPA의 하나로써 아시아, 태평양지역의 무역 자유화를 추진하는 경제연대 협정을 말한다. 2006년에 싱가포르 등 4개국에 의한 경제연대 협정으로 시작되어 그 후 미국, 호주 등이 참가를 표명하여 12개국 사이에서 교섭이 진행되고 있다. 일본도 2013년부터 교섭에 참가했지만 교섭 참가의 찬반을 둘러싸고 국내에서는 의견이 두 개로 나누어져 있다. 특히 TPP 협정은 농산물을 포함한 모든 품목에서 관세를 없애는 것을 원칙으로 하고 있기 때문에 농업 단체를 중심으로 강한 반대 의견이 높아지고 있다.

이러한 가운데 2016년 2월에 TPP 협정 서명식이 거행되어 각국은 현재 협정의 발효를 향해서 의회의 승인 등 국내 절차를 진행하고 있다. TPP 협정은 서명으로부터 2년 이내에 참가하는 12개국 모두가 국내 절차를 마치면 발효된다. 2년 이내에 절차를 마치지 못하는 경우에는 12개국의 GDP의 합계가 85% 이상을 차지하는 6개국 이상이 절차를 마치면 그 시점에서 60일 후에 협정이 발효되는 방식으로 되어 있다.

미국은 12개국의 GDP의 60%를 차지하고 있다. 그러나 2017년 1월에 탄생한 트럼프 대통령이 TPP 협정으로부터 이탈을 정식 표명하여 미국은 TPP로부터 이탈하였다. 그렇기 때문에 미국을 제외한 11개국이 협의하여 2018년 3월 칠레에서 TPP 11협정(환태평양 파트너십에 관한 포괄적 및 선진적 협정)이 서명되어 2018년 12월 말에 발효되었다.

○동아시아 지역 포괄적 경제연대(RCEP)

동아시아 지역 포괄적 경제연대(RCEP)란 ASEAN 10개국과 일본, 중국, 한국, 호주, 뉴질랜드, 인도 6개국이 교섭에 참가하고 있는 광역 자유무역 협정이다. 2011년에 ASEAN이 제안한 것을 시작으로 다음 해부터 교섭이 개시되어 참가 16개국 중에 GDP가 가장 큰 중국이 적극적으로 진행하고 있다.

「기본 방침」에서는 RCEP는 동아시아 전체에 걸친 고수준의 상호 이익이 되는 EPA라고 되어 있다. 관세의 자유화, 서비스 분야의 규제 완화나 투자의 자유화 등이 교섭 대상이 되고 있으며 발효하면 인구, 경제 규모, 무역 총액에서 세계 최대급의 광역 경제권이 출현하게 된다.

## Ⅳ 현대의 정치

## [1] 민주주의의 기본 원리

### ❶국가

○정치와 국가

▶정치의 역할 : 정치의 역할이란 ①국민의 안전을 지키고 평화의 실현을 도모하는 것 ②교육, 문화의 향상이나 산업의 육성, 사회 복지라는 공공의 이익을 충실하게 하는 것이다. 이러한 역할을 가진 정치의 장이 국가나 지방 공공 단체(지방 자치제)(☞p.203)이다.

▶정치 권력 : 정치에는 정책을 실행하기 위해 사람들을 따르게 하는 정치 권력이 필요하다. 그 때문에 국가의 기본법인 헌법이나 여러 가지 법률이 있다. 경찰이나 군대, 재판 등으로 따르게 하는 것은 최후의 수단이 되어야 한다.

○국가의 삼요소　　(p.184 표,그림 참조)

국가는 주권(국가의 정치 형태를 정하고 그것을 실행하는 것이 가능한 힘), 영역(주권이 미치는 범위), 국민이라는 3개의 요소로 이루어진다. 주권이 국민에게 있는 것을 국민 주권이라 한다. 또 영역은 영토, 영해, 영공으로 이루어진다.

<(배타적) 경제수역(EEZ)>

연안국이 어업자원이나 자원개발 등에 대해서 권리를 갖는 수역을 말한다. UN해양법 조약에 의해 해안선부터 200해리(약 3,700Km)까지로 되어 있다 (단, 영해는 제외).

○국가관의 변화 - 야경 국가에서 복지 국가로
(p.185 표 참조)

사람들의 국가관(이상적인 국가에 대한 사고 방식)은 시대에 따라 변화해 왔다. 시민 혁명에 의해 절대 왕정(16~18세기)이 무너져 18~19세기에 성립한 근대 사회에 있어서는 야경국가(소극 국가, 작은 정부, 입법 국가, 값싼 정부)가 20세기의 세계 공황 이후는 복지국가(적극 국가, 큰 정부, 행정 국가)가 1980년대 이후에는 신보수주의(신자유주의) 국가가 주류가 되었다.

| 18,19세기<br>(야경국가) | ▷국가가 국민 생활에 간섭하지 않는다 (소극 국가)<br>▷국가의 역할은 국방이나 치안 등에 한한다 (작은 정부)<br>▷입법이 정치의 중심이다 (입법 국가)<br>▷경제적으로는 애덤 스미스의 자유 방임주의(☞p.125)를 취한다 (값싼 정부) |
|---|---|

| 20세기<br>(복지국가) | ▷세계 공황(1929년)에 의한 심각한 경제 위기<br>　→미국의 뉴딜정책 (☞ p.105)<br>　…케인즈 이론(☞p.125)의 채용<br>▷국가가 빈곤이나 실업 등의 사회문제에 적극적으로 관여한다.(적극국가, 큰 정부)<br>▷행정의 역할이 커진다.(행정 국가) |
| --- | --- |
| 1980년대~<br>(신보수주의<br>국가)<br>(신자유주의<br>국가) | ▷제1차 석유 위기(1973)에 의한 선진국의 재정 악화<br>▷경제의 자유화 등을 실행한다.(작은 정부)<br>▷국유 기업의 민영화와 규제 완화를 실행한다.<br>　→미국의 레이건 노믹스, 영국의 대처리즘, 일본의 나카소네 내각의 행정, 재정 개각(☞ p.160)<br>　…반 케인즈주의(프리드만)<br>(☞ p.125) |

## ❷민주 정치의 성립
○민주 정치란 무엇인가
　민주 정치란 국민이 직접 또는 간접적으로 정치에 참가하는 정치 체제이다. 민주 정치는 고대 그리스의 아테네를 중심으로 하는 도시 국가(폴리스)에서 생겨나 발전했다.
○시민 혁명과 근대 민주 정치의 성립
　근대 민주 정치는 16~18세기의 유럽 각국에서 나타난 절대 왕정(절대주의)을 쓰러트린 시민혁명(☞ p.76, 78)에 의해 성립했다.
○사회 계약설
　사회 계약설은 시민 혁명에 의한 민주 정치의 성립에 커다란 사상적 영향을 미쳤다. 이것은 국민은 태어났을 때부터 생명, 자유, 평등, 재산 등의 권리(자연권)를 갖고 있고 그 권리를 보호받기 위해 국가에 권력을 부여하는 계약을 맺고 있다고 하는 사고방식이다. 영국의 홉스나 로크, 프랑스의 루소가 주장했다.

| 인물 | 주장 | 저서 |
| --- | --- | --- |
| 홉스<br>(1588~1679) | 만인의 만인에 대한 투쟁을 피하기 위해서는 강력한 국가가 필요하다.<br>→ 결과적으로 절대 왕정을 지지 | 「리바이어던」 |
| 로크<br>(1632~1704) | 정부로의 저항권(혁명권)을 인정한다.<br>→ 미국 독립선언에 영향을 미쳤다. | 「시민정부이론」<br>(통치 이론) |

| 루소<br>(1712~1778) | 인민 주권에 의한 직접 민주제<br>→프랑스 혁명에 영향을 미쳤다. | 「사회 계약론」 |
| --- | --- | --- |

## ❸근대 민주 정치의 기본 원리
○민주 정치의 사고와 기본 원리
　민주 정치의 사고는 미국의 링컨 대통령이 게티스버그에서 행한 「인민의 인민에 의한 인민을 위한 정치」라고 하는 연설에 잘 표현되어 있다(☞p.91).
　민주 정치의 기본 원리는 국민 주권, 법의 지배, 권력 분립, 인권 보장이라는 네 가지로 16~18세기의 유럽 각국에서 나타난 시민혁명에 의해 확립됐다.

○국민 주권
　국민 주권이란 나라의 정치 형태를 정하는 최종 결정권이 국민에 있다고 하는 사고 방식이다. 그를 위해서는 국민이 정치에 관여할 필요가 있고 그 형태로서 직접 민주제와 간접 민주제가 있다.

| 직접 민주제 | 모든 국민이 정치의 결정에 직접 참가한다. |
| --- | --- |
| 간접 민주제 | 선거에 의해 뽑힌 사람이 국민의 대표가 되어 정치의 결정을 한다. |

○법의 지배
　절대 왕정과 같은 권력자에 의한 사람의 지배에 대하여 의회에서 제정된 법에 권력자도 국민도 복종하는 것을 법의 지배(입헌주의)라고 한다. 이것은 법만 있으면 무엇을 하든지 좋다고 하는 법치주의와는 구별된다.

○권력 분립　(p.187 그림 참조)
　권력의 집중을 막기 위해 국가 권력을 나누어 서로 감시시키는 것으로 체크와 밸런스의 관계를 갖게 하는 구조를·권력 분립이라 한다. 프랑스의 몽테스키외(1689~1755)는 「법의정신」에서 입법권(법률을 제정하는 권한), 행정권(법률에 기초하여 정치를 하는 권한), 사법권(법률에 기초하여 재판을 하는 권한)의 삼권분립을 주장했다.

○인권 보장　(p.188 표 참조)
　시민혁명 이후 각국은 자유권(국가로부터의 자유)을 권리의 중심으로 하여 여러 가지 선언이나 헌법을 제정하여 자유, 평등을 시민에게 보장했다.
　그러나 19세기 말이 되자 자본주의의 발달에 의해 여러 가지 사회문제가 일어나 사회권(생존권)이 요구되게 되었다. 이 사회권을 처음으로 보장한 것이 독일의 바이마르헌법(1919)이다.

제2차 세계 대전 후에는 국제적으로 인권을 보장하는 움직임이 일어나 1948년에 UN총회에서 세계인권 선언이 채택되었다. 그리고 1966년에 국제인권규약이 채택되어(1976년 발효) 비준국에 규약의 실행이 의무화되었다.

## [2] 세계의 정치 제도

### ❶의원내각제와 대통령제

세계의 정치제도는 국가마다 다르며 권력 분립제를 채용하고 있는 국가와 중국과 같은 권력 집중제를 채용하고 있는 국가, 두 가지로 크게 나누어진다.

이 중, 권력 분립제는 영국이나 일본 등의 의원내각제와 미국으로 대표되는 대통령제로 나누어진다. 의원내각제란 내각(행정을 담당하는 최고기관)이 의회의 신임에 근거하여 성립하고 의회에 대해 정치상의 책임을 연대하여 부담하는 정치제도이다. 대통령제는 국민에 의해 직접 뽑힌 대통령이 행정의 장이 되는 정치제도이다.

### ❷영국, 미국의 정치 제도

○영국의 의원내각제 　(p.189 그림 참조)

| | |
|---|---|
| 불문헌법 | 헌법 법전(문서화한 헌법)을 갖지 않는 불문헌법의 국가에서 역사적 문서나 관습법, 재판소의 판례(지금까지의 판결례) 등에 의해 헌법을 구성하고 있다. |
| 국왕 | 국가의 상징이며 정치적 권한을 갖지 않는다. (「군림하지만 통치하지 않는다」) |
| 의회 | 국왕에 의해 임명된 귀족 등으로 이루어진 상원(귀족원)과 국민의 선거에 의해 뽑힌 의원으로 이루어진 하원(서민원)의 이원제. 하원이 상원에 우월하고 있다(하원은 의원의 임기가 짧고 해산도 있으며 국민의 의견을 강하게 반영할 수 있기 때문에 상원보다 강한 권한이 주어져 있다). 하원은 내각이 행하는 정치가 신뢰할 수 없는 경우 불신임의 결의를 하여 내각을 총사직시킬 수 있다. |
| 내각 | 내각은 행정을 담당하는 최고기관이며 하원의 신임에 기초해 성립한다.수상은 하원의 다수당(제1당)의 당수가 뽑힌다. 내각은 하원의 신임을 잃으면 하원의 해산이나 총사직을 행하고 의회에 대해 연대 책임을 진다. |
| 재판소 | 국가의 최고 사법기관은 최고재판소이다. 다만 위헌 입법 심사권(의회에서 제정된 법률이 헌법에 위반되지 않은지 어떤지를 판단하는 권한)은 없다. |
| 정당 | 보수당과 노동당 2대 정당제. 제1당은 내각을 조직하여 정권을 담당한다. 제2당은 다음의 정권 교체에 대비해 그림자 내각(섀도 캐비닛)을 조직한다. |

○미국의 대통령제 　(p.190 그림 참조)

| | |
|---|---|
| 연방제 | 미국은 50개의 주로 이루어진 연방 국가이며, 연방 정부의 권한은 군사나 외교에 한정된다. 주정부의 권한이 강하고 각 주에 헌법이 있으며 각각 재판소를 갖고 있다. |
| 대통령 | 대통령은 국민의 선거에 의해 뽑히며 국민에 대해 책임을 진다. 대통령 선거는 간접 선거로 국민이 대통령 선거인을 뽑고 그 선거인이 대통령을 뽑는다. 대통령의 임기는 4년으로 3선은 금지되어 있다(최장8년까지). 그 권한은 강해 ①군의 지휘권 ②의회에 대한 입법이나 예산의 심의(충분히 대화할 것)를 하도록 권하는 교서 송부권 ③가결(의회에서 승인하는 것)된 법안을 거부할 수 있는 법안거부권(다만 하원, 상원 각각 출석 의원의 3분의 2이상의 재가결이 있으면 재거부할 수 없다). ④상원의 동의를 얻어 조약을 맺는 조약체결권 등을 갖고 있다. 다만 대통령에게는 법안 제출권이나 의회의 해산권은 없다. |
| 연방의회 | 각 주로부터 2명씩 뽑힌 의원으로 이루어진 상원(임기 6년)과 각 주로부터 인구에 비례해 뽑힌 의원으로 이루어진 하원(임기2년)의 이원제이며 양원 모두 해산은 없다. 의회에는 대통령에 대한 불신임권은 없지만 탄핵(의회가 해임을 요구하는 것)에 의해 해임 가능하다. 양원은 원칙적으로 대등하지만 상원에는 고급 관리의 임명 동의권이나 조약체결 동의권이, 하원에는 예산 선의권(상원보다도 먼저 예산안을 심의하는 권한) 등이 인정되어 있다. |
| 재판소 | 연방 최고재판소의 재판관은 상원의 동의에 의해 대통령이 임명한다. 또 연방, 주 재판소의 모두가 위헌입법 심사권을 가지고 있다. |
| 정당 | 공화당과 민주당의 2대 정당제. 공화당은 북부를 중심으로 지지자가 많고 민주당은 남부를 중심으로 지지자가 많다. |

&lt;대통령령&gt;

대통령은 의회의 승인과 입법을 거치지 않고 연방 정부나 군에 명령할 수가 있다. 이것을 대통령령이라 하고 법률과 같은 효력을 가진다. 의회는 반대하는 법률을 만드는 것으로 대통령령에 대항할 수 있는 외에 최고재판소도 위헌 판결을 할 수가 있다.

&lt;프랑스, 독일, 러시아의 정치 제도&gt;

프랑스, 독일, 러시아에서는 대통령과 수상이 있는 반 대통령제를 채용하고 있다. 프랑스, 러시아의 수상은 대통령에 의해 임명되고 대통령의 권한이 강하다. 독일에서는 수상의 권한이 대통령보다도 강하다.

## [3] 일본국 헌법

### ❶일본국 헌법의 특징

○대일본 제국 헌법(메이지 헌법)

대일본 제국 헌법은 이토 히로부미 등이 군주권이 강한 독일(프로이센)의 헌법을 참고하여 작성하고 1889년에 천황이 정한 헌법(흠정헌법)으로써 국민에게 발표되었다(☞ p.96).

이 헌법에서는 천황 주권을 토대로 제국의회(중의원과 귀족원으로 이루어짐)는 천황의 협찬(찬동) 기관, 내각은 천황의 보필(보좌) 기관이며 재판소도 천황의 이름으로(대리로써) 재판하는 기관이라고 하는 것처럼 형식적인 삼권분립이었다. 또 천황과 황족 이외의 국민은 신민이라 불려 그 권리는 법률에 의해 제한하는 것이 가능했다.

○일본국 헌법의 기본 원리

제2차 세계 대전 후 일본은 미국을 중심으로 하는 연합국 군최고사령관 총사령부(GHQ)의 점령 하에 있었고 민주화가 진행되었다. 이것에 의해 1946년 11월 대일본 제국 헌법을 개정하는 형식으로 일본국 헌법이 제정되었다. 그 특징은 ①국민 주권 ②자유권, 평등권, 생존권 등의 기본적 인권의 존중 ③평화주의(전쟁 포기)의 삼대 원칙이 있다

### ❷국민 주권

○상징 천황제

일본국 헌법은 전문에 「여기에 주권이 국민에 존재하는 것을 선언한다」라고 하여 국민 주권이 제시되었다. 그리고 천황의 지위는 국가의 정치에는 관계하지 않는 상징이 되었다.

천황은 헌법에서 정해진 형식적, 의례적인 일(국사행위)만을 하게 되어 천황이 국사 행위를 하는 것에는 내각의 조언과 승인을 필요로 하고 내각이 그 책임을 지게 되었다.

○대표 민주제

일본국 헌법에서는 주권자인 국민은 선거에서 뽑힌 대표자를 통해 국가의 정치에 참가한다고 하는 간접 민주제(의회제 민주주의)를 기본으로 하고 있다. 그러나 일부에 직접 민주제도 채용하고 있다(☞p.195).

### ❸기본적 인권과 법의 지배

○일본국 헌법의 인권

기본적 인권은 인간이 태어나면서부터 가지고 있는 고유의 권리이다(고유성). 일본국 헌법은 기본적 인권을 「침해하는 것이 불가능한 영구의 권리(영구 불가침성)」라고 정의하고 국민에게 평등하게 주어지는 것(보편성)이라고 하고 있다. 따라서 법률에 의해 국민의 권리를 제한하는 것은 불가능하다.

일본국 헌법에서 보장되는 기본적 인권에는 자유권, 평등권, 사회권, 참정권, 청구권의 다섯 가지가 있다. 그 외에, 헌법에는 직접 정해져있지 않지만 사회의 변화에 대응한 새로운 인권이 있다. 다만 이 인권은 사회 전체의 행복이나 이익(공공의 복지)을 위해 제한을 받는 경우가 있다.

<국민의 삼대 의무>

일본국 헌법은 권리와 함께 의무도 정하고 있다
①교육을 받을 의무 ②근로의 의무 ③납세의 의무

○자유권

자유권이란 국민이 나라로부터 자유를 제한받지 않는 권리를 말하며 정신의 자유, 신체의 자유, 경제 활동의 자유 세 가지가 있다.

①정신의 자유 : 매사를 자유롭게 생각하거나 이것을 외부에 표현할 자유

▷사상, 양심의 자유 : 매사를 자유롭게 생각하거나 자신의 양심에 따르는 자유

▷신교의 자유 : 어떠한 종교를 믿어도 된다. 또 종교를 강제하지 않는다.

→국가와 종교의 유착을 금지 (정교분리의 원칙)

▷표현의 자유 : 집회, 결사(단체를 만드는 것), 언론, 출판의 자유

→검열 (내용의 감시)의 금지와 통신의 비밀을 보장

▷학문의 자유 : 연구나 학문을 하여 발표할 자유

②신체의 자유(인신의 자유) : 신체 활동의 자유를 빼앗기지 않는 것

▷법정 수속의 보장 : 법률의 올바른 수속에 의하지 않으면 처벌되지 않는다.

→죄형 법정주의 : 법률에 의해 범죄 행위와 그것에 대한 형벌이 정해져 있음.

▷영장주의 : 현행범(범죄를 하던 도중, 그 직후) 이외는 재판관이 발부하는 영장이 없으면 체포되지 않는다.

▷고문, 잔학형의 금지 : 무리하게 자백시키거나 심한 형벌을 금지한다.

→묵비권(자신에게 불리한 것은 대답하지 않아도 될 권리)가 인정된다.

→일본에는 사형제도가 있어 잔학형의 금지에 맞는지 문제가 되고 있다.

▷형사 피고인의 권리 : 공개 재판을 받을 권리, 변호인을 의뢰할 권리

③경제 활동의 자유 : 경제 활동을 보장할 것, 공공복지의 제한을 받는다.

▷거주, 이전, 취업 선택의 자유 : 어디에 살아도 어떤 직업을 가져도 상관없다.

▷재산권의 보장

○평등권

평등권이란 평등하게 살 권리를 말한다. 헌법에는

「인종, 신조(사고 방식), 성별, 사회적 신분 또는 가문(가족)」에 의한 차별을 금지하여 법 앞에서의 평등을 보장하고 있다. 또 누구라도 의무교육을 받을 수 있는 교육의 기회 균등이나 보통 선거, 평등 선거(☞ p.212)도 보장하고 있다. 그러나 현실에는 남녀 차별이나 외국인 차별, 한 표의 격차(☞ p.215) 등의 문제가 생기고 있다.

○사회권

사회권이란 인간다운 생활이 가능하도록 국가에 요구하는 권리이며 생존권, 교육을 받을 권리, 노동 기본권 세 가지가 있다.

| |
|---|
| ①생존권 : 모든 국민은 「건강하고 문화적인 최저한도의 생활」을 꾸려나갈 권리가 있다. |
| ②교육을 받을 권리 : 모든 국민은 교육을 받을 기회가 보장된다. <br>　→의무교육 (9년간)은 무상으로 받을 수 있다. |
| ③노동 기본권 <br>▷근로권 : 국가는 국민에 대해 일할 기회를 보장할 의무가 있다. <br>▷노동삼권 : 노동자에게는 단결권, 단체교섭권, 단체행동권(쟁의권)이 보장된다(☞p.166). |

○참정권

참정권이란 국민이 정치에 참가하는 권리를 말한다. 국민에게는 선거로 국가, 지방의 수장, 의원 등을 뽑거나 파면할 권리가 있다. 또 직접 민주제적인 참정권으로써 최고재판소의 재판관이 적임인지 정하는 국민심사, 헌법 개정을 위한 국민투표, 지방에 있어서 중요사항의 결정을 주민의 투표로 정하는 주민투표를 정해 놓고 있다. 다만 일본 국적을 가지지 않은 외국인에 대해서는 참정권이 인정되지 않고 있다.

<각국의 외국인 참정권>

유럽을 중심으로 약 40개국이 외국인의 참정권을 인정하고 있다. 유럽연합(EU) 가맹국은 서로의 국민에게 지방 선거권과 피선거권을 부여하고 있다. 뉴질랜드는 영주자에게 국정 선거권과 지방 선거권을 부여하고 있다. 한국은 영주 자격을 얻어 3년 이상 살고 있는 외국인에게 지방선거권을 주고 있다.

<투표를 의무화 하고 있는 국가>

세계에는 선거에 있어서 투표를 의무화하고 있는 나라가 있다. 호주, 싱가포르, 벨기에 등에서는 투표를 하지 않은 사람에게 벌금을 부과하는 등 엄격한 벌칙이 정해져 있다.

○청구권

청구권이란 기본적 인권이 침해받을 경우 국가에 규제나 보장 등을 청구하는 권리를 말한다. 이것에는 ①국가나 지방 공공 단체에 대해 법률의 제정이나 개정, 폐지 등의 요구를 할 수 있는 청원권 ②공무원의 불법 행위에 대하여 배상을 청구할 수 있는 국가 배상 청구권 ③재판을 받을 권리 ④재판에서 무죄가 된 경우에 배상을 청구할 수 있는 형사보상 청구권이 있다.

청구권은 외국인에게도 인정되어 있다.

❹**새로운 인권**

경제의 발전이나 사회 생활의 변화에 의해 헌법에는 직접 정해져 있지 않은 새로운 인권이 주장되게 되었다.

| |
|---|
| ①프라이버시의 권리 : 사생활이 공개되지 않을 권리 <br>　→개인 정보 보호법의 제정 (2003) |
| ②알 권리 : 국가나 지방 공공 단체에 정보의 공개를 요구할 권리 <br>　→정보 공개법의 제정 (1999) : 개인 정보, 기업정보, 외교·방위, 수사 정보 등은 공개하지 않아도 되는 것으로 되어 있음. |
| ③액세스권 : 개인이 매스미디어를 통해서 의견 표명을 할 권리 |
| ④환경권 : 인간으로써 생활하는데 적합한 환경을 요구할 권리. 일조권이나 혐연권 등이 있음. |
| ⑤평화적 생존권 : 전쟁이나 공포가 없는 평화적으로 살 권리 |
| ⑥초상권 : 자신의 초상(모습, 얼굴 등)을 허가 없이 촬영, 공개되지 않을 권리 |
| ⑦지적 재산권(지적 소유권) : 저작권이나 특허권(발명자가 그 발명을 독점할 수 있는 권리) 등이 있음 <br>▷UN의 전문 기관인 세계 지적 소유권기구 (WIPO)의 설립(1970) <br>▷지적재산 기본법의 제정(2002) |

❺**평화주의**

○평화 헌법

일본국 헌법은 평화에 대해 전문에서 평화가 언제까지나 계속될 것(영구적인 평화)을 원하고 헌법 제9조에서 ①국제 분쟁을 해결하는 수단으로써 전쟁을 영구적으로 하지 않는 「전쟁의 포기」 ②전력을 갖지 않는 「전력의 비소유」 ③국가가 외국과 전쟁을 하는 권한(교전권)을 인정하지 않는 「교전권의 부인」을 정하고 있다.

○자위대

1950년 한국전쟁(☞ p112)을 계기로 경찰 예비대가 조직되어 1954년에 자위대와 방위청 (2007년부터는 방위성)이 설치되었다. 자위대는 일본의 평화와 안전을 지키고 재해시의 구조활동 등을 주요한 임무로 하고 있다. 또 1992년부터는 UN의 평화 유지 활동 (PKO)을 위해 세계 각지에 자위대가 파견되고 있다(☞p.224).

○일본의 방위 원칙
일본의 방위 원칙으로는 다음과 같은 것이 있다.
▷전수 방위 (선제 공격의 금지) : 공격받은 경우에만 자국을 지키기 위해 공격을 한다.
▷문민 통제 (시빌리언 컨트롤) : 자위대의 최고 지휘권은 문민(군인이 아닌 사람)인 내각 총리대신이 갖는다.
▷비핵 삼원칙 : 핵병기를 「만들지 않고, 가지지 않고, 가지고 들어오지 않는다」

○일본의 안전 보장
1951년 샌프란시스코 평화 조약(☞p.118)이 맺어진 날에 일본과 미국 사이에서 일·미안전보장 조약이 맺어졌다. 그리고 미국 군의 기지가 일본에 두어지게 되었다. 1960년에는 신 일·미안전보장 조약이 맺어져(☞ p.118) 미국 군의 일본 방위의 의무화가 명확해졌다.
그 후 냉전 체제가 끝나고 일본은 미국과의 사이에 군사적인 협력 관계를 긴밀히 하고 1996년에 일미 안보 체제의 의의를 「아시아태평양지역의 안정」이라고 하는 일미 안보 공동 선언이 발표되었다. 이와 더불어 1997년에는 1978년에 합의한 일미 방위 협력을 위한 지침이 개정되어(신 가이드라인) 일본의 주변에 어떤 사태(무력 공격을 받는 일)가 있을 때에 자위대가 미국군의 후방 지원을 담당하게 되었다. 그것에 근거하여 1999년에는 주변사태법 등 신 가이드라인 관련법이 성립하여 일본 주변에서 전쟁이 일어날 경우에 대해 일본과 미국의 역할 분담 등이 결정되었다.
2015년에는 무력공격사태법 개정 등 안전 보장 관련법이 성립하여 집단적 자위권의 행사가 용인되는 등 일본의 안전보장 정책이 크게 전환되었다.

## [4] 일본의 통치 기구

### ❶일본의 정치 기구
○삼권 분립　 (p.198 그림 참조)
일본에서는 정치 권력을 입법, 행정, 사법의 세 가지로 나누고 입법을 국회, 행정을 내각, 사법을 재판소가 각각 가지고 있다. 이것은 삼권이 서로 「억제와 균형(체크 앤드 밸런스)」을 지켜 권력의 남용을 억제하는 것을 목적으로 하고 있다.

### ❷국회(입법)
○국회의 구조
국민의 대표 기관인 국회는 국권의 최고 기관이며 국가의 유일한 입법 기관이다.
▶이원제 : 국회는 중의원과 참의원으로 이루어진

이원제를 채용하고 있다.

| | 중의원 | 참의원 |
|---|---|---|
| 정수 | 465명 (소선거구 선출의원 289명) (비례대표 선출의원 176명) | 248명 (선거구 선출의원 148명) (비례대표 선출의원 100명) |
| 임기 | 4년, 해산 있음 | 6년, 해산 없음 (3년 마다 반수 개선) |
| 선거 | 소선거구 비례대표 병립제(☞ p.213) | 선거구제+비례대표제(☞ p.213) |

양원은 대등하지만 ①법률안의 의결(의회에서 결정하는 것) ②예산의 의결 ③조약의 승인 ④내각 총리대신의 지명에 대해서 양원의 의견이 다른 때에는 양원협의회가 열린다. 협의가 성립하지 않았을 경우에는 중의원의 의결이 국회의 의결이 된다(중의원의 우월). 이것은 중의원은 참의원에 비해 의원의 임기가 짧고 해산이 있으므로 국민의 의견을 강하게 반영하기 위해서이다.
▶위원회제도 : 양원 내에는 사전에 전문적인 심의를 하는 상임위원회(예산위원회 등)와 특별한 의제에 대해 필요에 의해 열리는 특별위원회가 마련되어 있다. 이 제도는 미국으로부터 도입되었다.
▶국회의 종류 : 국회의 종류에는 통상국회, 임시국회, 특별국회가 있다.

| 통상국회(상시회) | 매년 1월에 열린다. 회기는 150일간으로 1회 연장할 수 있다. 새해예산 등의 심의가 중심이 된다. |
|---|---|
| 임시국회(임시회) | 긴급한 의제가 있을 때 열린다. |
| 특별국회(특별회) | 중의원 해산 후의 총선거로부터 30일 이내에 열린다. 내각 총리대신의 지명이 행해진다. |

○국회의 권한
▶입법에 관한 권한 : 국회는 국가의 유일한 입법 기관으로 법률은 국회의 의결만으로 성립한다. 법안의 제출권은 의원, 내각, 양원의 위원회가 가지고 있다. 의원 제출의 법안은 의원 입법이라고 불리며 내각 제출의 법안은 행정 입법이라고 불린다. 법안은 위원회에서 법안의 실질적 심의, 가결(승인)을 거쳐 국회에서 심의, 가결된다.
그 외에 입법에 관한 권한에는 조약의 승인이나 국회의원이 헌법 개정의 심의를 요구하는 것이 가능한 헌법 개정의 발의가 있다.
▶재정에 관한 권한 : 국회는 내각이 작성한 예산을 심의하여 의결한다. 예산을 먼저 심의하는 것은 중

의원이다(예산의 선의권).
▶행정에 관한 권한 : 국회는 내각 총리 대신을 지명한다. 또 중의원만의 권한으로 내각의 해산이나 총사직을 요구하는 내각 불신임의 결의가 있다. 그 외에 양원에는 국가의 정치에 관한 조사를 하는 국정 조사권이 있으며 국회에 증인을 불러서 질문하거나 기록의 제출을 요구할 수 있다.
▶사법에 관한 권한 : 국회는 탄핵재판소를 설치해 재판관을 재판할 수 있다.

<미국과 일본의 법안제출권의 차이>
　일본은 내각이 제출하는 행정입법이 많으며, 약 70~80%를 차지하고 있다. 반면 미국은 대통령에게 법안 제출권이 없고 의원이 제출하는 의원입법권만 있다.

○의원의 특권
　국회의원에게는 자유로운 활동을 보장하기 위한 세 가지 특권이 주어져 있다.
①국가로부터 세비(의원활동에 대한 보수)를 받을 권리
②국회의 회기 중에는 체포당하지 않을 불체포 특권
③원내에서의 발언 등에 대해서는 원외에서 법적 책임을 묻지 않는 면책 특권

❸내각(행정)
○내각의 구조
▶의원내각제 (p.200 그림참조) : 일본에서는 영국에서 생겨난 의원내각제를 채용하고 있다. 의원내각제란 내각이 국회의 신임에 의거하여 성립하고 국회에 대해 연대하여 책임을 지는 제도를 말한다.
▶내각의 조직 : 내각 총리 대신(수상)은 국회의원 중에서 국회가 지명하며 천황이 임명한다. 내각 총리 대신은 중의원의 다수당(제1당)의 당수가 뽑히는 것이 일반적이다. 내각을 구성하는 국무 대신은 14명 이내(특별하게 필요할 경우에는 최대 17명까지)로 내각 총리 대신이 임명하며 과반수(반 이상)는 국회의원 중에서 뽑는다. 내각 총리 대신, 국무 대신은 모두 문민(직업 군인이 아닌 사람)이어야 한다. 내각의 방침은 모든 국무 대신(각료)이 출석하는 각료회의의 전회일치(전원 찬성)로 결정된다.

○내각의 권한
　내각은 행정을 담당하는 최고 기관으로 각료회의의 결정에 의거하여 행정을 행한다. 내각의 권한에는 예산의 작성이나 조약 체결 등의 일반 행정 사무와 최고재판소 장관 지명 등의 특별 사무가 있다.

○내각 총리 대신의 권한
　내각 총리 대신에게는 국무 대신의 임명, 파면권(해임시킬 권한), 행정기관(☞ p.211)의 지휘, 감독권 등이 있다.

○내각의 총사직
　내각의 총사직에는 다음의 세 가지 경우가 있다.
①중의원이 내각 불신임안을 가결하거나 내각 신임안을 부결(의회가 승인하지 않음) 했을 때에는 10일 이내에 중의원을 해산하거나 총사직해야 한다.
②중의원 해산 후의 총선거로부터 30일 이내에 열리는 특별 국회에서 내각은 총사직하고 새로운 내각 총리 대신의 지명이 이루어진다.
③내각 총리 대신이 결위되었을 때

❹재판소(사법)
○사법권의 독립
▶사법권의 독립 : 일본국 헌법에는 사법권은 모두 최고재판소 및 하급재판소에 속하도록 정해져 있다. 대일본 제국 헌법(☞ p.192)에는 군법회의 등의 특별재판소가 설치되어 있지만 일본국 헌법에서는 금지되어 있다.
　또 사법권의 독립을 지키기 위해 다음의 것들이 정해져 있다.
①재판관의 독립 : 재판관은 양심에 따라 독립하여 직무를 행하며 헌법, 법률만을 따른다
②재판관의 신분보장 : 재판관은 행정 기관에 의해 사직당하는 것이 불가능하다. 다만 부정행위가 의심되는 재판관을 재판하기 위해 국회에 설치되는 탄핵재판소의 재판 등 국민심사(☞ p.195)에 의해 사직당하는 경우도 있다.

○재판소의 권한
　모든 재판소는 법률, 조례(지방 공공 단체가 정한 법률), 행정 처분(행정 기관이 국민에 대해 법률에 의한 의무를 명하거나 권리를 부여하는 행위) 등이 헌법에 위반되지 않는지를 심사하는 위헌(입법)심사권을 갖는다

○재판 제도
▶재판소의 종류 : 재판소는 최고 재판소 이외에 하급 재판소로써 고등 재판소, 지방 재판소, 가정 재판소, 간이 재판소가 있다.
　최고 재판소는 위헌 심사의 최종 판단을 하는 종심 재판소이며 헌법의 파수꾼이라고도 불리고 있다. 최고 재판소는 재판소 내부의 규칙 제정이나 하급재판소 재판관의 지명 등도 행한다. 최고 재판소 장관은 내각의 지명에 의해 천황이 임명하며 그 외의 재판관은 내각이 임명하여 천황이 승인한다.
▶재판의 구조 : 재판은 공개가 원칙이며 판결에 불만이 있을 경우에는 3회까지 재판을 받을 수 있다(삼심제). 또 유죄가 정해진 뒤에도 중대한 의문이 있을 경우는 재판을 다시 하는 재심을 요구할 수 있다.
▶재판의 종류 : 재판의 종류에는 민사 재판과 형사 재판이 있다.

①민사 재판 : 개인과 개인, 개인과 회사 등의 분쟁에 대해 재판한다. 소송한 쪽을 원고라고 하며 소송당한 쪽을 피고라 한다.

②형사 재판 : 범죄를 범한 의심이 있는 사람(피의자)을 재판한다. 검찰관이 원고가 되어 피의자를 소송한다.

▶재판원 제도 : 재판원 제도란 선거인 명부로부터 뽑힌 재판원이 살인 등의 중대 사건인 형사재판의 제1심에서 재판관과 함께 재판을 하는 제도를 말한다. 국민의 목소리를 사법에 반영하는 것을 목적으로 2009년 5월부터 도입되었다.

&lt;국민의 사법 참가의 형태&gt;

국민이 형사 재판에 참가하는 제도를 도입하고 있는 나라는 다수이며 국가에 따라 그 형태는 다르다.

| | 판결 | 유죄, 무죄 | 형벌의 정도 | 임기 | 주요한 채용국 |
|---|---|---|---|---|---|
| 배심 제도 | 배심원만 | 판단함 | 판단 않는다 | 사건별 | 미국, 영국 |
| 삼심 제도 | 재판관과 공동 | 판단함 | 판단함 | 임기제 | 프랑스, 독일 |
| 재판원 제도 | 재판관과 공동 | 판단함 | 판단함 | 사건별 | 일본 |

**❺지방 자치**

○지방 자치의 기본 원칙

▶지방 자치의 의의 : 영국의 정치 학자 브라이스(1838~1922)는 「지방 자치는 민주주의의 학교」라고 주창했으며 프랑스의 정치학자 토크빌(1805~1859)도 지방 자치의 중요성을 강조했다.

▶지방 자치의 기본 원칙 : 지방 자치의 기본 원칙은 단체 자치와 주민 자치로 이루어져 있다. 단체 자치의 원칙이란 중앙 정부로부터 독립한 지방 공공 단체(도도부현, 시정촌)가 정치를 행한다는 원칙이다. 주민 자치의 원칙이란 지방의 정치는 주민의 의사에 의해 결정된다고 하는 원칙이다.

○지방 자치의 구조

지방 공공 단체에는 지방 의회와 수장(도도부현지사, 시정촌장)이 있다. 수장도 지방 의회의 의원도 주민의 직접 선거에 의해 뽑힌다.

지방 의회는 일원제이며 임기는 4년, 조례(지방 공공 단체가 정하는 법률)의 제정, 개정, 폐지 및 예산의 의결 등을 수행하고 수장의 불신임 결의권을 가지고 있다.

수장의 임기는 4년으로 의회의 해산권을 가지고 있다. 또 의결된 조례나 예산에 대해 재심의를 하도록 요구할 수 있다.

○직접 청구권

지방 자치에는 주민이 서명을 모아 지방의 정치에 직접 참가하는 직접 청구권이 인정되어 있다. 직접 청구권에는 수장에게 조례의 제정, 개정, 폐지나 사무의 감사를 청구할 수 있는 이니시어티브(주민 제안), 선거관리위원회에 지방 의회의 해산을 청구할 수 있는 해산 청구권, 의원이나 수장을 사직시키는 것을 청구할 수 있는 리콜(해직 청구권)이 있다. 또 중요 사항의 결정을 주민의 투표로 정하는 레퍼렌담(주민 투표)이 보장되어 있다.

○지방 분권   (p.204 그래프 참조)

▶지방 분권의 배경 : 지방 자치는 일본국 헌법으로 보장되었지만 지방 공공 단체는 국가로부터 강한 지휘, 감독을 받아 권한이나 재원 등의 자주성은 약했다. 그 때문에 지방 공공 단체가 자립적으로 지역의 운영이 가능하지 않는 등 많은 문제가 생겼다. 1990년대가 되어 지방 공공 단체가 권한이나 재원을 가지고 지역의 정책을 실행할 수 있도록 지방 분권이 발달하게 되었다.

▶지방 분권의 추진 : 1999년에 지방 분권 일괄법이 제정되어 국가와 지방 공공 단체가 대등의 관계인 것이 확인되어 일이나 권한이 조금씩 국가로부터 지방에 옮겨지게 되었다. 그 결과 지방 공공 단체의 사무는 지방이 독자적으로 행할 수 있는 자치 사무(도시 계획의 작성, 병원, 약국 개설의 허가, 음식점 영업의 허가 등)과 국가로부터 위탁된 법정 수탁 사무(국정 선거, 호적, 외국인 등록의 사무, 여권의 교부 등)로 나누어졌다.

▶지방 재정의 현상 : 지방 분권의 추진이 불황 등과 겹치므로써 지방의 세입(수입)은 크게 줄어 차입금인 지방채의 발행이 증가해 갔다. 그 때문에 지방 재정은 계속 악화되어 차입금이 변제되지 않고 재정이 성립되지 않게 된 지방 공공단체도 나타났다.

| | 청구의 종류 | 필요한 서명수 | 청구처 | 처리 |
|---|---|---|---|---|
| 이니시어티브 (주민 제안) | 조례의 제정, 개정, 폐지 | 유권자의 50분의 1이상 | 수장 | 의회의 과반수로 의결 |
| | 사무의 감사 | | 감사 위원 | 감사결과를 공표 |
| 리콜 | 의회의 해산 | 유권자의 3분의 1이상 | 선거 관리 위원회 | 주민투표의 과반수의 찬성으로 해산, 해직 |
| | 의원, 수장의 해직 | | | |

# [5] 정당과 정당 정치

## ❶정당

### ○정당

정당이란 정치에 대해 같은 생각이나 주장을 가진 사람들이 정책의 실현을 목적으로 결성한 정치 단체를 말한다. 정당에는 국민의 여러 가지 의견이나 요구를 정치에 반영시키며 그를 위한 정책을 국민에 전하는 역할이 있다.

### ○정당 정치

정당이 정치 운영의 중심적인 역할을 완수하고 있는 정치를 정당 정치라고 한다. 의원내각제 아래에서는 일반적으로 선거로 국민의 지지를 얻어 의회에서 다수를 차지한 정당(제1당)의 당수가 내각 총리 대신(수상)이 되어 내각을 조직하여 정치를 행한다(정권을 담당한다). 이것을 정당 내각이라 한다.

정권을 담당하는 정당은 여당, 이 이외의 정당은 야당이라고 불린다. 하나의 정당이 내각을 조직하는 것이 단독 정권이며 복수의 정당이 여당으로써 내각을 조직하는 것이 연립 정권(연립내각)이다.

### ○정당제의 형태

정당제의 형태에는 민주주의의 많은 나라에서 볼 수 있는 다당제, 미국, 영국과 같은 2대 정당제, 사회주의 국가에서 볼 수 있는 1당제의 세 가지가 있다.

|  | 장점 | 단점 |
|---|---|---|
| 다당제 | 여러 가지의 국민 의견을 반영할 수 있다. | 연립 정권이 되어 정치가 불안정하기 쉽다. 정치 책임이 명확해지기 어렵다. |
| 이대정당제 | 정치가 안정되기 쉽다. 정권 교체가 쉽다. 정치 책임이 명확해 지기 쉽다. | 여러 가지 국민의 의견을 반영할 수 없다. |
| 일당제 | 강력한 정치가 실현가능하다 정권이 장기화, 안정화하기 쉽다 | 정권 교체가 불가능하다 독재 정치가 되기 쉽다 |

### ○압력 단체

압력 단체란 자신들의 요구를 정부나 국회, 정당 등에 적극적으로 요청하여 실현시키는 집단을 말한다. 정당과의 차이는 정권 획득을 노리고 있지 않다는 것이다.

## ❷일본의 정당 정치

### ○전쟁 전의 정당 정치

일본의 정당은 국회의 개설이나 헌법의 제정을 요구하는 자유 민권 운동이 고조되는 속에 1880년대 초에 탄생했다.

정부도 입법 국가 건설을 위해 헌법 제정의 준비를 진행했고 1885년에 내각 제도를 도입하여 이토 히로부미가 최초의 내각 총리 대신(수상)이 되었다. 1890년에는 대일본 제국 헌법이 제정되어(☞p.192) 다음해부터 의회가 열렸다. 그러나 헌법에는 의원 내각제에 대한 규정은 없어 실력이 있는 정치가나 관료 등이 중심이 되어 의회나 정당을 무시하고 내각을 조직했다(초연 내각).

일청 전쟁(☞ p.97) 후, 이 때까지 대립하고 있었던 정부와 정당은 군비 확대 등을 진행하기 위해 협력하게 되었다. 그리고 1898년에 일본 최초의 정당 내각인 제1차 오쿠마 시게노부(大隈重信) 내각이 탄생했다. 이 내각에서는 군부(육군, 해군) 대신을 제외하고 모든 각료(대신)가 정당에 속하고 있었다. 1918년에는 중의원 의원이고 정당의 당수이기도 한 하라다 카시(原敬)가 수상이 되어 최초의 본격적 정당 내각을 조직했다.

그 후 1924년부터 중의원에서 다수를 차지하는 정당(제1당)이 정권을 담당하는 정당 내각의 시대를 맞았다. 그러나 1929년의 세계 공황(☞p.105) 이후 군부가 대두하여 1932년에 수상인 이누카이 츠요시(犬養毅)가 암살되어(5.15사건) 약 8년간 계속되었던 정당 정치는 끝났다.

### ○전쟁 후의 정당 정치　(p.208, p.209 참조)

▶점령 통치 하의 정치 : 제2차 세계 대전 후 일본은 미국을 중심으로 하는 연합국 군최고사령관 총사령부(GHQ)의 점령 하에 놓여졌다(☞ p.117). 그 가운데 정당도 차례차례로 부활, 결성되어 일본자유당과 일본사회당, 일본공산당 등이 탄생했다.

1946년에 일본국 헌법이 제정되자 의원내각제(☞p.200)가 채용되어 내각 총리 대신은 통상적으로는 중의원 제1당의 당수가 되었다.

▶정국의 흐름 : 1946년 실시된 전후 최초의 총선거에서 일본자유당이 제1당이 되고, 제1차 요시다 시게루(吉田茂) 내각이 탄생했다. 1947년에는 일본국 헌법(☞ p.192)의 시행에 맞추어 중의원, 참의원 의원 총선거가 실시되어 일본사회당이 제1당이 되고 가타야마 테츠(片山哲) 내각, 이어서 민주당의 아시다 히토시(芦田均) 내각이 조직되었다. 그러나 다른 정당과의 연립 내각이었던 것 때문에 정국은 불안정하고 어느 것이나 단명으로 끝났다. 1948년 보수 정당인 민주자유당의 요시다 시게루가 1당 단독으로 제2차 내각을 조직하여 다음해 선거에서도 민주자유당이 절대 다수의 의석을 획득하여 이후 1954년

제5차 내각까지 이어지는 장기 보수 정권이 되었다.

▶55년 체제의 성립 : 1951년 샌프란시스코 강화 회의가 열려 샌프란시스코 평화 조약이 서측 제국과의 사이에서 맺어졌다. 이것에 의해 일본은 독립을 회복했다(☞p.118). 그 평화 조약을 둘러싸고 일본사회당은 소련 등 동측 제국을 포함한 나라들과의 강화를 주장하는 좌파와 서측 제국과의 강화에 찬성하는 우파가 대립하여 두 개로 분열했다.

1955년 분열해 있던 일본사회당이 다시 하나가 되었다. 이것에 대해 여당이었던 보수 정당인 일본민주당과 자유당이 합동하여 자유민주당(자민당)을 결성했다(보수합동). 그 이후 국회의원의 약 3분의 2를 차지하는 여당인 자유민주당과 약 3분의 1을 차지하는 야당인 일본사회당의한 55년 체제(1955~1993)가 성립했다.

▶55년 체제의 붕괴 : 55년 체제 아래에서 경제 성장을 중시했던 자유민주당에 의한 장기 안정 정권이 계속되었다. 그러나 1976년에 전후 최대의 독직사건인 록히드 사건이 밝혀져 다니카 가쿠에이 수상이 체포, 기소되는 등 정치 부패 사건이 차례로 일어나자 자유민주당을 향한 국민의 불만은 높아졌다. 그리고 1993년의 중의원 의원 총선거에서 자유민주당은 반 이상에 도달하지 못하고 패했다. 그 결과 자유민주당 정권을 대신해 일본사회당을 포함한 비 자민당인 8당파에 의한 연립 정권(호소가와 모리히로 내각)이 탄생함으로써 55년 체제는 붕괴했다.

▶현대의 정치 정세 : 1994년 비 자민당의 연립내각이 불과 9개월 만에 붕괴하자 자유민주당은 오랫동안 대립하고 있던 일본사회당과 연립하여 정권을 되찾았다. 그 후 자유민주당은 연립상대를 바꿔가면서 정권을 계속 지켰다. 자유민주당의 장기 정권이 계속되던 중 1996년에 자유민주당에 대항하는 세력을 모아 민주당이 결성되었다.

2001년 자유민주당의 고이즈미 준이치로(小泉純一郎) 내각이 탄생하여 5년 반의 장기 정권이 되고 「성역 없는 구조계획」을 추진하였다.

2009년에는 민주당이 총선거에서 과반수를 크게 상회하는 의석을 획득하며 제1당이 되어 제2차 세계대전 후 최초의 본격적인 정권 교체가 실현되고 민주당 정권이 탄생했다(하토야마 유키오 내각). 국민은 2대 정당제를 기대했지만 민주당은 매니페스토(국민에게 제시한 약속)가 실현 불가능하여 많은 의원이 민주당으로부터 떠나갔다. 그리고 2012년의 총선거에서는 자유민주당이 대승하여 다시 정권은 자유민주당에 돌아갔고 아베 신조 내각이 탄생했다.

## [6] 현대 정치의 여러 문제

### ❶행정 기능의 확대와 민주화

○행정 기능의 확대

현대의 국가는 야경 국가(작은 정부, 입법 국가)에서 복지 국가로의 이행에 의해 행정의 일이 많아진 것과 더불어 복잡화, 전문화 되어 행정의 역할이 커졌다(큰 정부, 행정 국가)(☞ p.185). 이러한 행정 기능의 확대에 의해 입법 면에서는 국회가 법률을 제정하고 구체적인 내용은 행정이 정하는 정령(행정 명령) 등에 맡기는 위임 입법이 늘고 있다. 법안의 제출에 대해서도 국가의 행정 기관인 중앙 부처의 관료(상급의 국가 공무원)가 만든 법안을 내각을 통해 국회에 제출하는 내각 제출 법안(행정 입법)이 증가하고 있다(☞p.199).

또 실제의 업무를 수행하는 중앙 부처는 여러 가지 허가, 인가의 권한(허인가권)을 가지고 있어 국민 생활 및 경제 활동에 커다란 영향력을 가지고 있다.

○행정 기능의 확대에 따른 문제점

행정 기능의 확대에 따라 중앙 부처의 관료가 행정을 실질적으로 수행하여 정치로의 발언권이 강해지게 되었다. 이러한 관료 중심으로 행해지는 정치를 관료 정치(☞ p.243)라고 한다. 관료 정치의 남용은 국회의 입법 기능의 저하 등을 초래하여 의회제 민주주의가 형태뿐인 것이 될 위험성이 있다. 또 정치가, 관료, 재계(기업)가 서로 강하게 결탁하여 권력을 남용하거나 정치와 돈을 둘러싼 문제 등 정치 부패가 일어나고 있다.

이러한 행정 기능의 확대에 의한 권력의 남용, 정치의 부패를 막기 위해 행정의 민주화에 대처하는 것이 중요하다.

국회에 의한 국정 조사권(☞ p.200)을 적극적으로 사용하는 것이나 정치적 중립을 목적으로 두게 된 행정위원회의 권한 강화가 요구된다.

또 국민도 정보 공개 제도를 사용하여 행정을 체크하는 것이 필요하다.

### <옴부즈맨 (행정 감찰관) 제도>

스웨덴에서 시작한 제도. 감시원인 옴부즈맨이 행정을 감시, 조사하여 부정을 바로 잡도록 요구하는 제도. 일본에서는 지방적인 수준에서 도입이 진행되고 있지만 국가적인 규모로는 아직 제도화되고 있지 않다.

### ○행정 개혁 (p.211 표 참조)

확대한 행정의 업무를 줄이고 관료 정치에서 정치가 중심의 정치로 지향하기 위해 행정의 슬림화나 효율화 등의 행정 개혁이 진행되었다.

2001년 중앙부처를 1부 22부처에서 1부 12부처로 하여 슬림화했다. 그리고 내각 총리 대신이 강한 권한으로 정책 조정을 행하도록 내각부가 두어졌다.

그러나 일본의 재정은 위기적인 상황이어서(☞ p.150) 앞으로도 행정 개혁을 진행할 필요가 있다.

## ❷선거와 정치 참가

### ○선거의 원칙

민주적인 선거를 실행하기 위해서는 다음 다섯 가지의 원칙이 있다. ①성별이나 재산(납세액) 등에 의한 제한이 없이 일정의 연령에 달한 모든 사람이 선거권을 갖는다는 보통선거 ②1인 1표로, 1표의 가치가 평등하다는 평등선거 ③국민이 직접 투표하는 직접선거 ④누구에게 투표했는지를 다른 사람에게 알리지 않는 비밀선거 ⑤어느 후보자에 투표해도 좋다는 자유선거이다.

### ○일본 선거 제도의 역사

일본의 선거 제도는 1889년에 대일본 제국헌법과 동시에 제정된 중의원 의원 선거법에서 시작된다. 그리고 다음해인 1890년에 최초의 선거가 행해졌다. 그러나 그 때는 세금을 15엔이상 납부하는 25세 이상의 남성에게만 선거권이 주어진 제한 선거였다.

그 후 조금씩 제도가 개정되어 1925년에는 납세액에 관계없이 25세 이상의 남성에게 선거권이 주어지는 남자 보통 선거가 실현됐다. 그러나 여성에게 선거권은 없었고 제2차 세계 대전 후인 1945년에 20세 이상의 남녀에게 선거권이 주어지기 시작하여 처음으로 여성의 참정권이 확립했다. 2015년에는 공직선거법이 개정되어 선거권 연령이 18세 이상으로 내려졌다.

| 1889년 | 25세 이상의 남성 | 15엔 이상 납세 | 제한 선거 |
|---|---|---|---|
| 1925년 | 25세 이상의 남성 | 제한없음 | 남자 보통 선거 |
| 1945년 | 20세 이상의 남녀 | 제한없음 | 보통 선거 |
| 2015년 | 18세이상의 남녀 | 제한없음 | 보통 선거 |

### <세계에서 최초로 보통 선거가 인정된 나라>

세계에서 최초로 남성의 보통 선거권이 인정된 국가는 프랑스(1848)다. 또 세계에서 최초로 국정 레벨에서 여성의 보통 선거권이 인정된 국가는 뉴질랜드(1893)다.

### <세계 각국의 선거권 연령>

선거권 연령은 세계 8할 이상의 국가에서 「18세 이상」으로 인정되고 있으나, 한국에서는 「18세 이상」(※2019년 12월 개정), 말레이시아, 싱가포르 등은 「21세 이상」, 아랍에미리트에서는 「25세 이상」으로 되어 있다. 한편 선거권 연령을 끌어내리는 움직임도 있어 호주에서는 2007년에, 알젠친에서는 2012년에 18세에서 16세로 내렸다.

### ○선거 제도

주된 선거 제도에는 소 선거구제, 대 선거구제, 비례 대표제로 세 가지가 있다.

| 선거 제도 | 내용 | 특징(장단점) |
|---|---|---|
| 소 선거구제 | 1개 선거구에서 1명을 뽑는다. | (장)선거 비용이 적게 든다.<br>(장)대정당의 후보자가 당선되기 쉽고 정국이 안정되기 쉽다. |
| | | (단)지지자가 적은 소정당의 후보자는 당선되기 어렵다.<br>(단)사표(낙선자에 투표된 표)가 많아져 국민의 의견을 반영하기 어렵다.<br>(단)특정한 정당에 유리해지도록 선거구를 정하는 게리맨더링의 위험이 있다. |
| 대 선거구제 | 1개 선거구에서 2명 이상을 뽑는다. | (장)지지자가 적은 소정당의 후보자라도 당선되기 쉽다. |
| | | (장)사표가 적어져 국민의 의견을 반영하기 쉽다. |
| | | (단)선거 비용이 많이 든다.<br>(단)소당 분립이 되어 정국이 안정되지 않는다. |
| 비례 대표제 | 정당의 득표 수에 비례하여 의석(의원의 자격)을 분배한다 → 돈트방식 | (장)지지자가 적은 소정당의 후보자라도 당선되기 쉽다.<br>(장)사표가 적어져 국민의 의견을 반영하기 쉽다. |
| | | (단)정당을 뽑기 때문에 후보자와 국민과의 관계가 약해진다.<br>(단)소당 분립이 되어 정국이 안정되지 않는다. |

<비례 대표제 (돈트방식)>

비례 대표제의 의석 배분에 사용되는 계산방식(정수 - 당선하는 사람 수 가 6명인 경우)

| 정당명 | A당 | | B당 | | C당 | |
|---|---|---|---|---|---|---|
| 득표수 | 1000표 | | 700표 | | 300표 | |
| ÷1 | 1000 | 1위 | 700 | 2위 | 300 | 6위 |
| ÷2 | 500 | 3위 | 350 | 4위 | 150 | |
| ÷3 | 333.3 | 5위 | 233.3 | | 100 | |
| ÷4 | 250 | | 175 | | 75 | |
| 당선인수 | 3명 | | 2명 | | 1명 | |

①각 정당의 득표 수를 1, 2, 3...순서로 인원수에서 나눈다.
②나눈 답이 큰 순으로 인원 (6명)을 배분한다.
③각 당의 당선자 수가 정해진다.
④각 정당 명부의 상위부터 당선자가 정해진다.

○일본의 선거 제도  (p.214 표 참조)
중의원에서는 소선거구와 비례대표 병립제, 참의원에서는 선거구제와 비례대표제를 채용하고 있다(☞p.199).

○공직 선거법
일본의 선거 제도에 대해서는 1950년에 제정된 공직 선거법에 명시되어 있다. 그곳에서는 입후보의 신고 전에 선거 운동을 하는 사전 운동의 금지. 1집씩 집을 방문하는 호별 방문의 금지, 투표를 얻기 위한 서명 운동의 금지, 선거 운동의 책임자가 선거 위반으로 유죄가 되면 후보자의 당선이 무효가 되는 연좌제 등이 정해져 있다. 1994년의 공직 선거법 개정에서 연좌제가 강화되어 5년간 입후보 금지가 추가되었다.
또 그 후의 개정에서 선거일 전에 투표 가능한 기일전 투표 제도나 외국 거주 일본인의 투표를 인정하는 재외 투표 제도가 도입된 것 외에 지방 선거에 한해 전자 투표가 가능하게 되었다. 또 인터넷을 사용하여 선거 운동이 가능하게 되었다.

○선거 제도의 문제점
민주주의 하에서는 1표의 가치는 평등해야 한다. 그러나 의원 1인당 유권자수(투표권을 가진 사람의 수)가 많은 도시부의 선거구에서는 1표의 가치는 낮아지고 의원 1명당 유권자수가 적은 지방의 선거구에서는 한 표의 가치는 높게 되어 있다. 이것을 한 표의 격차라고 한다.

| 선거수 | A구 | B구 |
|---|---|---|
| 의원정수 | 6명 | 2명 |
| 유권자수 | 600만명 | 40만명 |
| 의원1명/유권자수 | 100만명 당 1명 | 20만명 당 1명 |

↘다섯 배의 차이↙

그 때문에 1표의 격차가 있는 채로 실시된 선거의 무효를 주장하는 재판이 반복해서 있어왔다.
지금까지 최고재판소는 중의원, 참의원 의원 선거에 대하여 가끔 위험 또는 위헌 상태라고 하는 판결을 내려 왔다. 정부는 그 대응으로써 의원 정수의 조정이나 선거구 재조정을 통하여 「1표의 격차」를 시정하려 했다. 2014년에는 중의원 소선거구에 대해서 유권자수가 적은 다섯개의 현에서 선거구를 줄이고 의석을 늘리지 않는 「0증 5감」을 실시하여 의원 정수를 480에서 475로 했다. 나아가 2016년에는 공직 선거법이 개정되어 소선거구를 「0증 6감」, 비례 대표제를 「0증 4감」으로 하여 의원정수를 10개 줄여서 465로 하게 되었다. 또한 2020년 이후에는 인구비에 따라서 정수 배분을 수정하는 아담스 방식이 도입될 예정이다.
그 외의 문제로서는 젊은 세대를 중심으로 선거 투표율이 저하하여 정치에 대한 불신감과 관심의 저하가 확대되고 있다.

❸여론과 매스미디어
여론이란 공공의 문제에 대한 국민 전체의 의견을 말하며 국가의 정책 결정에 커다란 영향력을 가지고 있다. 현재 여론 형성에 큰 역할을 하고 있는 것이 신문, TV, 잡지 등의 매스미디어이며 입법, 행정, 사법의 삼권에 이어서 제4의 권력이라고 불리고 있다.
그 반면 매스미디어는 매출이나 시청률을 높이기 위해 커머셜리즘(상업주의)과 센세이셔널리즘(선정주의)이 되기 쉽고 정부, 권력이 사이에 개입하여 정보 조작이나 여론 조작이 행해질 위험성도 있다. 그 때문에 매스미디어에는 공정, 중립적인 보도가 요구된다. 또 국민이 적극적으로 미디어에 반론, 접근할 수 있는 액세스권(☞ p.196)의 확충, 수용자의 정보 선택 능력(미디어 리터러시)의 향상 등이 요구된다.

## V 현대의 국제사회

### [1] 국제 연합(UN)과 국제 기구

❶국제 사회의 성립과 국제법
○국제 사회의 성립
국제 사회란 주권 국가(다른 나라의 지배, 간섭을 받지 않는 독립한 국가)로 구성된 사회를 말한다. 독일을 중심으로 일어난 삼십년 전쟁(1618-1648)의 강화 조약인 베스트팔렌 조약 (1648)에 의해 유럽에서의 주권 국가 체제가 확립했다.

○국제법
국제 사회가 성립하자 국가간에 룰이 필요하게 되었다. 그것은 국제법이라고 불리고 네덜란드의 정치학자 그로티우스(1583~1645)가 「전쟁과 평화의 법」에서 그 필요성을 주장했다. 이 때문에 그로티우스는 국제법의 아버지라고 불린다.

19세기의 산업 혁명(☞ p.80)에 의한 국제 무역의 발전을 배경으로 다수의 국제 조약이 맺어져 국제법은 점점 정비되어갔다.

## ❷국제 연맹
### ○안전 보장　(p.219 상단 표 참조)
19세기의 제국주의 시대에는 전쟁은 위법이 아니고 국가로서 당연한 권리라고 되어 있었다. 그 때문에 자국의 안전을 지키기 위해서는 다른 나라와 군사 동맹을 맺어 적국과 군사력의 균형(밸런스)을 유지하는 방법이 취해졌다. 이것을 세력 균형(밸런스 오브 파워) 방식이라고 한다.

세력 균형 방식은 제1차 세계 대전 이전의 삼국 협상(영국, 프랑스, 러시아)과 삼국 동맹 (독일, 오스트리아, 이탈리아)으로 대표 된다(☞ p.99). 그러나 세력의 균형이 무너진 것이 제1차 세계 대전의 요인이 되었기 때문에 제1차 세계 대전 후 새롭게 집단 안전 보장 방식이 채용되었다. 이것은 세계의 모든 나라를 하나의 국제 조직에 가맹시켜 위법한 전쟁을 한 나라에 대해서는 집단으로 경제 제재를 가하는 것으로 전쟁을 막는 방법이다. 그 후 제2차 세계 대전이 끝날 무렵에 채택된 UN헌법에서는 개별적, 집단적 자위권은 국가의 고유 권리로써 인정되고 있다(☞ p.197).

### ○국제 연맹
제1차 세계 대전의 반성에서 집단 안전 보장의 생각을 토대로 만들어진 것이 국제 연맹 (1920)이다. 미국 대통령 윌슨은 제1차 세계 대전이 끝날 무렵인 1918년에 평화 원칙 14개조를 발표하여 그 속에서 국제 평화 기구의 설립을 제안했다.

그 후 제1차 세계 대전의 강화 조약인 베르사유 조약(1919)에 의해 설립이 정해져 1920년에 국제 연맹이 설립되었다(☞ p.102). 당초 가맹국은 42개 국으로 본부는 스위스 제네바에 두었다. 그러나 국제 연맹에는 몇 개의 커다란 결점이 있고 힘이 약했기 때문에 제2차 세계 대전을 막는 것이 불가능했다.

### <국제 연맹의 결점>
①총회, 이사회에서 모든 가맹국에 의한 전회 일치제…1개 나라에서라도 반대가 있으면 아무것도 정해지지 않는다.
②위법한 전쟁을 한 나라에 대한 제재는 경제 제재만으로 하고 군사 제재는 불가능하다.
③미국이 불참가…설립 당초 소련, 독일은 미가맹, 그 후 일본, 독일, 이탈리아가 탈퇴

## ❸국제 연합(UN)과 국제기구
### ○설립 과정과 목적
제2차 세계 대전 중인 1941년 미국의 루즈벨트 대통령과 영국의 처칠 수상이 대서양 헌장을 발표하여 국제 연맹에서의 반성으로부터 새로운 평화 기구의 설립을 제안했다.

그 후 1945년 6월의 샌프란시스코 회의에서 국제 연합 헌장이 채택되어 국제 연합(UN)이 설립되었다. 당초의 가맹국은 51개 국으로 본부는 뉴욕에 두었다(2017년 3월 현재의 가맹국은 193개국. 가장 최근에 들어온 가맹국은 남수단).

UN의 목적은 ①국제 사회의 평화와 안전의 유지 ②각국의 우호 관계의 촉진 ③경제적, 사회적, 문화적, 인도적인 국제 협력의 달성 ④UN이 국제 활동의 중심이 되는 것(UN 중심주의)이다.

### <국제형사재판소(ICC)>
전쟁 범죄 등의 중대 범죄를 저지른 개인을 재판하는 경우에는 상설 재판소로써 국재형사재판소(ICC)가 있다. 2002년에 네덜란드의 헤이그에 설립되었다.

### ○UN의 조직
UN의 주요한 조직으로서는 ①총회 ②안전보장이사회(안보리) ③경제사회이사회 ④신탁통치이사회 ⑤국제사법재판소 ⑥사무국으로 여섯 개가 있다.

| | |
|---|---|
| 총회 | ▷구성 : 모든 가맹국으로 구성된 최고기관<br>▷임무와 권한 : 국제 평화와 안전에 관한 문제의 합의 등<br>▷표결 : 1국 1표의 투표권을 가지고 다수결을 채용.<br>　중요 사항은 3분의2 이상, 일반 사항은 과반수의 찬성이 필요 |
| 안전 보장 이사회 (안보리) | ▷구성 : 다섯개의 상임이사국과 10개의 비상임이사국으로 총 15개국<br>▷상임이사국 (5개국) : 미국, 영국, 프랑스, 러시아, 중국<br>▷비상임이사국 (10개국) : 아시아2, 아프리카3, 중남미2, 유럽 등 3 - 임기 2년, 매년 5개국 개선<br>▷임무와 권한 : 전쟁을 방지하여 국제 평화를 유지한다<br>　→위반국에 대해 군사 제재가 가능<br>▷표결 : 각 이사국은 한 표의 투표권을 가짐.<br>　중요 사항은 상임이사국 모두의 찬성이 필요 (대국 일치의 원칙).<br>　상임이사국은 거부권을 가짐 |
| 국제 사법 재판소 (ICJ) | ▷국가간의 분쟁을 재판하는 상설재판소. 재판을 열기 위해서는 분쟁 당사국 양방의 합의가 필요 → 법적 구속력이 있음.<br>▷판사는 총회와 안보리의 투표로 뽑힌 15명으로 구성됨 |
| 사무국 | ▷구성 : 사무총장과 전문직, 일반직 직원<br>▷임무와 권한 : UN 운영에 관한 모든 사무를 담당 |

○주요한 UN의 기관

UN에는 총회에 의해 설립된 상설기관, UN과 연계하고 있는 전문기관, UN과 밀접한 관계에 있는 관련 기관 등이 있다.

| | |
|---|---|
| UN아동기금 （UNICEF） | 개발 도상국의 아이들의 생활, 보건위생, 교육의 향상을 꾀한다. |
| UN개발계획（UNDP） | 세계의 개발과 그것에 대한 원조를 한다 : 1994년의 보고서에서 「인간의 안전보장」이 처음으로 공공연히 거론되어 개개의 인간을 공포와 결핍의 위협으로부터 보호한다는 것이 제시되었다. |
| UN난민고등판무관사무소 （UNHCR） | 난민의 국제적 보호나 제3국으로의 정착 등을 돕는다(☞ p.235). |
| UN무역개발회의 （UNCTAD） | 개발 도상국의 경제개발과 남북간의 경제격차를 없앤다(☞ p.231). |
| 국제노동기구 （ILO） | 노동자의 노동 조건과 생활 조건의 개선을 꾀한다. : 베르사유 조약(1919) (☞ p.102)에 의해 설립 |
| UN식량농업기구（FAO） | 국민의 영양 수준, 생활 수준의 향상을 지향한다. |
| UN교육과학문화기구 （UNESCO） | 교육, 과학, 문화의 연구와 보급을 행한다. : 세계유산의 등록과 보호 |
| 세계보건기구 （WHO） | 전염병을 없애기 위한 활동, 재해의 원조나 인구 문제 등에 대해 대응한다. |
| 국제부흥개발은행 （IBRD） | 개발 도상국의 공업, 농업개발 등에 대한 융자를 행함. 세계은행이라고도 한다 (☞ p.156, 174). |
| 국제통화기금 （IMF） | 통화에 관한 국제 협력과 국제 무역의 확대, 균형을 꾀한다(☞ p.156, 174). |
| 국제원자력기구 （IAEA） | 원자력의 평화 이용을 추진하여 군사 목적으로의 사용을 막는 것을 목적으로 한다. |
| 세계무역기구 （WTO） | 세계 무역의 자유화를 지향한다.… GATT(☞ p.176)에서 발전 |

○UN의 문제점

UN에는 다음과 같은 문제가 있다.

①재정 문제 : UN의 운영 자금인 분담금을 지불하지 않고 있는 가맹국이 있다. 한편 PKO(☞ p.223)의 지출이 늘고 있다.

②안전보장이사회 개혁 : 상임 이사국을 늘리려고 하는 움직임에 대해 반대의 목소리가 있다.

③구 적국 조항을 UN 헌장에서 삭제하는 문제 : UN 헌장에는 제2차 세계 대전에서 연합국의 적이었던 일본, 독일 등이 아직도 적국으로 되어 있다. 1995년의 총회에서 삭제가 결의되었지만 아직도 삭제되어 있지 않다.

④다수결 주의 : 분담금을 많이 내고 있는 나라가 1국 1표제를 비판하고 있다.

⑤기구의 거대화와 활동의 증대 : 효율적인 조직 운영이 어려워지고 있다.

<UN 분담금>

UN 분담금의 분담률은 지불 능력 및 국민소득, 인구에 따라 결정된다. 2019년도의 분담금 거출 상위 3개국은 미국(22%), 중국(12%), 일본(8.5%).

<국제 연맹과 UN(국제 연합)의 비교>

| | 국제 연맹 | UN(국제 연합) |
|---|---|---|
| 성립 | 1920년 베르사유 조약 | 1945년 샌프란시스코 회의 |
| 본부 | 제네바 | 뉴욕 |
| 가맹국 | 당초의 가맹국 42개국 →미국 불참가, 일본, 독일, 이탈리아 탈퇴 | 당초의 가맹국 51개국 (현재193개국) →안보리의 상임이사국 중심 |
| 표결 | 총회, 이사회 : 전회 일치제 | 총회 : 다수결제 안보리 : 상임이사국에 거부권 |
| 제재 | 경제 제재 | 경제 제재 + 군사 제재 |

국제 연맹에서는 일본은 영국, 프랑스, 이탈리아와 함께 상임이사국이 되었다.

## [2] 국제 평화와 국제 협력

### ❶UN 평화 유지 활동

○UN군

UN 헌장에는 무력 분쟁이 일어났을 때는 UN군(UNF) 의 파견 등 군사 제재가 가능하다고 되어 있다. 그러나 5대국(☞ p.220)의 의견 대립 때문에 정식적인 UN군은 지금까지 한 번도 파견되지 않았다.

○UN 평화 유지 활동(PKO)　(p.224 지도 참조)

UN군을 대신하는 것으로써 평화 유지 활동(PKO)이 행해지고 있다. PKO는 안전보장이사회(안보리) (☞ p.220)의 결의(또는 총회의 결의)에 의해 운용이 정해진다. 그 후 가맹국이 자주적으로 제공한 인원을 UN이 파견하는 것으로 되어 있다.

PKO는 다음과 같은 원칙 아래에 실시하고 있다.

**<PKO의 4원칙>**
①정전(전쟁이나 분쟁의 일시적인 정지)의 합의가 있다.
②수용국(분쟁 당사국)의 동의나 요청이 있다.
③중립성을 지킨다.
④무기의 사용은 자위(자기 자신을 지키는 일)의 경우에만.

PKO의 주요한 활동으로써 정전 합의 후 자위를 위한 무기를 가지고 분쟁 지역의 치안 회복에 임하는 UN 평화 유지군(PKF), 정전 합의가 지켜지고 있는가를 감시하는 정전 감시단, 선거가 올바르게 실시되고 있는지를 감시하는 선거감시단 등이 있다. (p.223 표 참조)

최근 UN 자신의 활동과는 별개로 걸프전(湾岸戦争)(☞ p.116)과 같이 안보리의 결의에 의해 지지를 받은 다국적 군의 파견도 늘고 있다.

**<UN 소말리아 PKO - 평화 강제의 실패>**

동아프리카의 소말리아에서는 1991년부터 내전에 의해 대량 살상이 행해져 많은 피난민이 생겼다. 그래서 1993년에 안보리는 미국 군을 중심으로 하는 다국적 군을 소말리아에 파견하여 평화 강제를 수행하여 최초의 PKO를 실시했다. 그러나 이 PKO는 수용국의 동의 없이 파견되어 다국적 군에게도 많은 희생자가 생김으로써 1995년에 소말리아에서 완전 철수했다. 그리하여 평화 강제는 실패했다.

**❷일본의 국제 공헌**

○일본의 PKO 활동　(p.225 지도, 표 참조)

일본은 1991년의 걸프전쟁(☞ p.116)에서 처음으로 해상 자위대를 페르시아 만으로 파견했다. 이것에 대해 일본 국내에서는 자위대의 해외 파견은 헌법 위반이라는 비판이 일어났다. 그 때문에 일본 정부는 1992년에 PKO 협력법을 제정하여 UN의 요청이 있으면 자위대를 해외에서 활동시키는 것이 가능하게 되었다. 그리고 같은 해에는 자위대를 캄보디아로 파견하여 물자의 수송 등 후방 지원을 했지만 평화 유지군(PKF)으로의 참가는 보류했다.

그러나 2001년의 PKO 협력법 개정에 의해 PKF로의 참가도 가능하게 되었다.

일본의 PKO 참가는 PKO 4원칙에 ⑤독자 판단에 의한 철수를 추가한 「5원칙」을 토대로 행해지고 있다. 또한 2015년에 PKO 협력법이 개정되어 출동경호(떨어진 곳에 있는 UN이나 민간 NGO 직원, 타국 군의 병사가 무장 집단 등에 습격을 당한 경우에 출동하는 임무와 임무 수행을 위한 무기 사용이 가능하게 되었다.

○정부개발원조(ODA) 란

정부개발원조(ODA)란 개발 도상국의 경제 개발이나 복지의 향상을 목적으로 가맹 선진국이 개발 도상국 등에 부여하는 자금과 기술 협력 등의 경제 원조다.

개발원조위원회(DAC)(☞ p.231)에서는 가맹 선진국이 국민 총소득(GNI)(☞ p.136)의 0.7% 이상을 ODA로써 제공할 것을 목표로 하고 있다(p.225 표 참조).

○일본의 ODA의 특징　(p.226 그래프 참조)

1992년 일본 정부는 ODA에 관해서 환경과 개발을 양립시키고 군사 목적으로의 사용을 피하는 등 ODA 4원칙을 제시했다. 2003년에는 ODA의 기본 방침에 「국익 중시」가 더해져 국가의 이익이나 발전에 연결되는 ODA를 늘려가게끔 되었다.

일본의 ODA의 총액은 1991년으로부터 2000년까지 10년 연속으로 세계 1위였지만 일본 경제의 악화에 의해서 예산이 줄어들고 현재는 세계 4위로 떨어졌다.

정부는 2015년에 ODA 대강을 개정하고 지금까지 금지해 왔었던 타국의 군대에 물자, 기술 지원을 비군사 분야에 한정하여 인정하였다. 그래서 ODA의 목적으로서 「국제 사회의 평화와 발전에 공헌한다」는 것에 더하여, 「국익의 확보에 공헌한다」는 문언을 처음으로 더하여 일본의 안전 보장이나 경제적인 이익으로 이어지는 지원을 중시하는 자세를 확실히 하였다.

**<일본의 ODA의 특징>**
①총액은 많지만, GNI에 대한 비율이 꽤 적다
②다른 DAC 가맹국에 비교하여 정부 대여(차관)가 많고, 증여가 적다(2017년은 0.23%).
③인도 원조나 사회 인프라(의료, 교육시설 등)의 비율이 낮고, 경제 인프라(공항, 항만, 댐 등)의 비율이 높다.
④원조 대상국이 아시아에 집중하고 있다(2017년에는 인도에 대한 ODA액이 최대).

**❸비정부 조직**

○비정부 조직(NGO)이란 무엇인가

비정부 조직(NGO)은 이익 추구를 목적으로 하지 않고 국경을 넘어 평화, 인권, 환경 문제 등 지구 전체의 이익을 위해 행동하는 조직으로써 그 대다수가 UN 등의 국제 조직과 협력하여 국제 평화에 중요한 역할을 완수하고 있다.

○세계에서 활동하는 주요한 NGO

세계에는 많은 NGO가 있다. 대표적인 국제 NGO에는 다음과 같은 것들이 있다.

| | |
|---|---|
| 국제적십자 | 1863년에 스위스에서 설립. 전장에서 부상자의 보호에 나선다. |

| | |
|---|---|
| 앰네스티인터네셔널 (국제앰네스티) | 1961년에 활동을 시작하여 사형폐지 등 국제적인 인권 보호에 나서는 세계 최대의 NGO |
| 국경없는 의사단 | 1971년에 결성. 전쟁터, 재해 피해지, 난민 캠프 등에서 의료 활동에 나선다. |
| 그린피스 | 1971년에 설립. 환경, 평화 운동에 나선다. |
| 퍼그워시 회의 | 과학자에 의한 핵병기 폐절운동 조직(☞ p.228) |
| 세계자연보호기금 (WWF) | 1961년에 스위스에서 설립. 야생 동물의 보호, 환경 파괴의 방지 등에 나선다. |

일본에도 많은 NGO가 있지만 소규모에 예산도 적고 인원수도 부족하다. 또 유럽이나 미국과 같이 정부가 NGO를 지원하는 체제가 이루어져 있지 않다.

<민간 비영리 조직(NPO)>
복지, 교육, 환경, 마을 만들기 등의 활동을 하는, 이익 추구를 목적으로 하지 않는 민간 단체를 말한다. 일본에는 1998년에 특정 비영리활동 촉진법(NPO법)이 성립했다.

## ❹군비 축소(군축)의 흐름
### ○핵 철폐와 군축 운동
제2차 세계 대전이 끝날 무렵 미국은 원자 폭탄(원폭)의 개발에 성공하였고 1945년 8월에 일본의 히로시마와 나가사키에 원폭을 투하했다. 1949년에는 소련도 원폭 개발에 성공했다.

이러한 미국과 소련에 의한 핵병기의 개발 경쟁 속에서 1950년에 스웨덴에서 핵병기의 사용금지 등을 호소하는 스톡홀름 어필이 채택되었다. 이것을 계기로 반핵(핵병기의 제조, 실험, 소유, 사용 등에 반대하는 것)과 평화 운동이 활발해졌다.

그러나 1952년에 미국이 수소 폭탄(수폭)의 개발에 성공하자 다음해에는 소련도 수폭을 개발하여 경쟁은 더욱 심해져 갔다. 이러한 속에서 1954년에 미국이 행한 수폭 실험에서 일본의 어선인 제5 후쿠류마루가 피폭되는 사건이 일어났다. 이것에 의해 원수폭 반대의 여론이 높아져 1955년에 히로시마에서 제1회 원수폭 금지 세계대회가 열렸다. 같은 해 핵과 전쟁의 폐지를 호소하는 러셀•아인슈타인 선언이 발표되어 1957년부터는 핵 철폐를 지향하는 과학자 회의인 퍼그워시 회의가 열리고 있다.

### ○국제적 핵 관리교섭
핵 보유국 사이에서도 핵의 관리가 지향되게 되어

1963년에는 부분적 핵실험 정지 조약 (PTBT), 1968년에는 핵 확산 방지 조약(NPT), 1996년에는 포괄적 핵실험 금지 조약(CTBT)이 맺어졌다.

2017년 7월에 핵병기의 사용, 개발, 실험, 제조, 보유, 이전 등 폭 넓게 금지하는 핵병기금지조약이 UN에서 채택되었다. 그러나 미국 등의 핵보유국과 대부분의 NATO 회원 국가가 참여하지 않을뿐더러 유일한 피폭국가인 일본도 참가하지 않았다.

| | |
|---|---|
| 부분적 핵실험 정지조약 (PTBT) 1963 | 지하를 제외한 핵실험을 금지한다. : 미국, 영국, 소련은 가맹. 프랑스, 중국은 미가맹 |
| 핵 확산 방지조약 (NPT) 1968 (1970년 발효) | 미국, 영국, 소련, 프랑스, 중국 이외의 나라에 대해 핵 보유를 인정하지 않는다. 1995년에 무기한 연장이 합의되었다. : 프랑스, 중국은 1992년에 가맹. 인도 등은 미가맹 |
| 포괄적 핵실험 금지조약 (CTBT) 1996 | 폭발을 동반하는 모든 핵 실험을 금지한다. : 미국, 중국이 비준하고 있지 않아서 미발효 |

### ○미국, 소련(러시아) 2국간의 핵 관리교섭
(p.229 지도 참조)
1970년대에 들어서자 미국과 소련 사이에서 전략 핵병기(도시나 중요한 시설 등을 공격하는 핵병기)에 관한 제한 교섭이 시작되어 1972년에 제1차 전략병기 제한 조약(SALT Ⅰ), 1979년에는 제2차 전략병기 제한 조약(SALT Ⅱ)이 맺어졌다.

| | |
|---|---|
| 제1차 전략 병기 제한 조약(SALT Ⅰ) - 1972 | 장거리 핵 미사일의 보유량에 제한을 둔다. :핵 탄두의 수는 제한 없음 |
| 제2차 전략 병기 제한 조약(SALT Ⅱ) -1979 | 중, 단거리 핵 미사일 보유량에 제한을 둔다. :소련의 아프가니스탄 침공에 미국이 반발하여 실패 |

그 이후 1985년에 소련에서 고르바초프 정권이 탄생하여 1989년에 냉전이 끝남으로서 미국과 소련(러시아) 사이에서 군축이 진행되었다. 1987년에 중거리 핵전력(INF) 전폐조약, 1991년에 제1차 전략병기 삭감조약(START Ⅰ), 1993년에 제2차 전략병기 삭감조약(START Ⅱ)이 맺어졌다.

2010년에 미국과 러시아 사이에서 신 전략병기 삭감조약(신 START)이 맺어져 핵탄두 수의 배치에 제한이 생겼다(2011년 발효).

| 중거리 핵전력 (INF) 전폐조약 1987 | 중거리 핵미사일을 전부 폐지함 : 핵탄두는 제외 →미국이 이탈을 표명 (2019년 8월에 실효) |
|---|---|
| 제1차 전략 병기 삭감조약 (START I) 1991 | 사상 최초의 핵탄두의 삭감 : 삭감의 중심은 구식인 것 |
| 제2차 전략 병기 삭감조약 (START II) 1993 | 핵탄두의 큰 폭의 삭감 : 미발효인 채로 무효가 됨. →신 전략병기 삭감조약 (신 START)의 발효 (2011) |

## [3] 남북 문제

### ❶남북 문제

○남북 문제란 무엇인가

남북 문제란 주로 남반구에 많은 개발 도상국과 북반구에 많은 선진국과의 경제 격차로부터 발생하는 갖가지 문제이다.

○경제 격차의 요인 - 모노컬쳐 경제

(p.230 그림 참조)

개발 도상국의 대부분은 식민지 지배를 경험한 적이 있어 식민지 시대에 유럽 본국으로부터 1차 산품(농산물이나 광물 자원 등 미가공이며 자연으로부터 취한 그대로의 것)의 생산이나 수출을 강요받아 왔다(☞ p.92). 예를 들면 쿠바의 설탕, 가나의 카카오콩, 케냐의 차 등이 있다. 국내의 생산이나 수출이 1차 산품에 많이 의존하고 있는 경제를 모노컬쳐 경제라고 하며 개발 도상국의 다수는 모노컬쳐 경제로부터 벗어나지 못했기 때문에 경제적 자립이 늦어졌다.

국제 무역에서는 각국이 자신 있는 분야의 제품을 생산하여 그것을 교환하는 국제 분업이 이루어지고 있다. 선진국은 서로 공업 제품을 생산하여 교환하고 있다(수평적 분업). 선진국과 개발 도상국 사이에서는 비싼 공업 제품과 값싼 1차 산품을 교환하고 있다(수직적 산업). 이 때문에 선진국과 개발 도상국과의 경제 격차는 커지고 있다.

○남북 문제 대책

선진국은 1961년에 경제협력개발기구(OECD)의 하부 기구로써 개발 도상국으로의 원조 문제를 다루는 개발원조위원회 (DAC)를 설립했다(☞ p.225).

또 개발 도상국 쪽의 적극적 요청에 의해 UN은 1964년에 남북 문제를 다루는 상설 기구로써 UN무역개발회의(UNCTAD)를 설립했다(☞ p.221). 그것은 다음 세 가지를 목표로 하고 있다. ①1차 산품 가격의 안정화 ②개발 도상국에 유리한 관세를 허가하는 것(일반 특혜 관세의 공여) ③ODA(☞ p.225) 등 경제 협력의 추진이다.

1974년에는 UN의 특별 총회에서 신국제경제질서(NIEO) 수립에 관한 선언이 채택되어 개발 도상국은 천연 자원에 대한 보유국의 항구주의(영구적 주권)와 1차 산품의 가격 인상 등을 요구하여 선진국과 대등한 무역질서의 확립을 요구했다.

<경제협력개발기구(OECD)>

선진국의 경제 협력 조직. 가맹국의 경제 발전과 무역의 확대를 꾀함과 동시에 개발 도상국의 개발, 원조를 수행한다. 「선진국 클럽」이라고도 불린다.

### ❷남남 문제

1970년대 이후 개발 도상국 사이에서도 경제 격차가 생겨 대립이 일어나게 되었다. 이것을 남남 문제라고 한다.

풍부한 자원을 가진 중동의 산유국이나 신흥 공업 지역(NIEs)이라고 불리는 공업화가 진행된 국가에서는 사람들의 생활도 비교적 풍부하다. 그러나 특히 사하라 사막 이남의 아프리카(사헬)에 많고 경제 발전이 뒤쳐져 빈곤으로부터 벗어날 수 없는 후발 개발 도상국(LDC)에서는 사람들의 생활도 매우 괴롭다.

이러한 개발 도상국이 안고 있는 문제는 여러 가지가 있다.

## [4] 민족 문제

### ❶인종, 민족 문제

○인종, 민족이란 무엇인가

인종이란 피부색, 신장, 머리의 모양, 머리카락, 눈의 색깔 등 외견상의 특징으로 분류되고 백색 인종(코카소이드), 황색 인종(몽골로이드), 흑색 인종(니그로이드)의 3개로 크게 구분된다. 민족이란 언어, 사회적 습관, 종교 등 문화를 공유하는 집단을 말한다.

지금까지 세계 각지에서 인종 대립이나 민족 대립이 반복적으로 일어나 큰 문제가 되고 있다. 특히 민족 대립은 종교, 언어 분쟁 등이 심각화하여 분리, 독립 운동으로까지 발전하는 일이 있다. 또 민족 분쟁은 많은 난민(☞ p.235)을 만들어 국제 문제로 발전하는 경우도 있다.

○인종 차별 문제

인종 차별 문제란 다른 신체적 특징을 가진 인간 집단을 차별하는 사회 문제를 말한다. 그 전형적인 예가 흑인 차별 문제이다.

▶미국 : 복잡한 인종, 민족 구성을 가지고 있어 인종의 샐러드 보울이라고 불리고 있다. 그 속에는 유럽계의 백인이 약 80%를 차지하고 17~18세기에 아프리카로부터 노예로 데려와진 사람들의 자손인 아프리카계 미국인(흑인)도 10% 이상을 넘으며 특히 남부의 주에 많이 살고 있다. 미국에서는 백인의 흑인에 대한 차별이 심각한 사회 문제가 되어왔다.

1863년 링컨 대통령이 노예 해방 선언(☞ p.91)을 발표하여 흑인 노예가 해방되었지만 그 후도 차별은 계속되었다. 1955년 남부의 앨라배마 주에서 일어난 버스 보이콧 사건을 계기로 공민권 운동(흑인 차별에 대한 항의 운동)이 일어났다. 그 중심이 된 킹 목사는 비폭력 주의를 주장하여 1963년의 워싱턴 대행진에서 운동의 열기는 크게 달아올랐다. 그리고 다음해 공민권법이 제정되어 법률상의 차별은 없어졌다. 그 후 어퍼머티브 액션 정책(소수 민족의 직업, 교육 상의 차별 등을 없애는 정책)이 취해져 흑인의 사회적 지위는 향상되었다. 2009년에는 오바마가 미국 역사상 처음으로 아프리카계(흑인)의 대통령이 되었다(~2017년).

▶남아프리카 : 남아프리카에서는 소수의 백인이 다수의 흑인을 차별하는 인종 격리 정책(아파르트헤이트)을 채택하고 있었다. 그러나 국제적인 압력도 있어 1991년에 폐지되었다. 그리고 1994년 아프리카 민족회의(ANC)의 의장이며 반 아파르트헤이트 운동의 대표적 지도자인 넬슨 만델라가 대통령으로 뽑혔다.

▶호주 : 19세기에 영국계 이민자가 많이 정착한 호주는 백인 이외의 이민을 제한하여 백인만의 사회를 지키려하는 백호주의 정책을 취하고 있었다(☞ p.249). 그러나 1973년에 폐지되었다.

이렇게 세계 속에 존재하는 인종 차별에 대해 1965년에 UN총회에서 인종 차별이 없는 국제 사회의 건설을 목표로 하는 인종 차별 철폐조약(☞ p.188)이 채택되었다.

○민족 문제, 민족 분쟁   (p.233 지도 참조)

민족 문제, 민족 분쟁이란 민족, 종교, 언어, 자원, 영토, 경제 격차 등의 문제에 의해 일어나는 대립, 분쟁을 말한다. 1989년에 냉전이 끝남으로써 다발했다.

| | |
|---|---|
| ①퀘벡 분리, 독립운동 (캐나다) | 프랑스계 주민이 많은 캐나다, 퀘백 주의 독립 운동(☞ p.249) |
| ②북아일랜드 문제 | 다수파 프로테스탄트계 주민과 영국으로부터의 독립과 아일랜드로의 병합을 요구하는 소수파 가톨릭계 주민의 분쟁 |
| ③벨기에의 언어분쟁 | 북부 네덜란드 언어권 지역과 남부 프랑스 언어권 지역의 대립 |
| ④바스크인의 독립 운동 | 스페인 북부에 사는 바스크인의 독립 운동 |
| ⑤코소보 분쟁 | 세르비아 코소보 자치주의 알바니아계 주민의 독립운동 →독립선언(2008) |
| ⑥키프로스 문제 | 남부의 그리스계 주민과 북부의 터키계 주민의 대립. 남부만이 EU에 가맹 |
| ⑦팔레스타인 문제 | 팔레스타인인(아랍인)과 유대인의 분쟁(☞ p.114) |
| ⑧쿠르드인 문제 | 이란, 터키, 이라크의 국경 지역에 사는 쿠르드인의 독립 운동 |
| ⑨체첸 분쟁 | 이슬람교도가 많은 러시아 체첸공화국의 독립운동 |
| ⑩수단 내전 | 북부의 이슬람계 아랍인과 독립을 요구하는 남부의 비이슬람계 흑인의 분쟁 →남수단 독립 (2011) |
| ⑪소말리아 내전 | 경제 격차를 배경으로 한 소말리아인 부족간의 분쟁 |
| ⑫르완다의 민족 대립 | 소수파 민족(투치족)과 다수파 민족(후투족)의 분쟁 |
| ⑬카슈미르 분쟁 | 카슈미르 지방을 둘러싼 인도와 파키스탄의 분쟁 |
| ⑭티벳 독립 운동 | 중국, 티베트 자치구의 독립운동 |
| ⑮아체 독립 운동 | 인도네시아의 수마트라 섬 북부 아체주의 독립 운동 |
| ⑯타밀인 문제 | 스리랑카의 신할라인(불교도)과 타밀인(힌두교도)의 분쟁 |

❷에스니시티

현대 국가의 내부에는 문화, 언어, 습관, 종교, 출신, 신체적인 특징 등을 공유하고 또한 아이덴티티(「우리」라는 의식)를 갖는 민족 집단(에스닉 그룹)이 많이 존재 하고 있다. 이 민족 집단이 갖는 귀속 의식이나 결집 원리를 에스니시티라고 부른다. 이것은 이민국가 다민족 국가인 미국에서 1970년대에 제기 된 개념이다. 에스니시티에 근거한 권리의 주장은 국민 중에 존재하는 다름을 강조하고 집단으로서의 독자성과 국민이 복잡성을 갖는 것을 인정하고자 하는 것이다.

에스니시티의 문제는 선주 민족의 문화적인 존엄과 권리의 회복을 추구하는 운동과 깊게 관계하고 있다. 최근 북아메리카의 인디언(☞ p.90)이나 이누이트는 퍼스트네이션(네이티브 아메리칸) 등으로 불리게 되었다. 그 외 호주의 아보리지니와 일본의 아이누 등 선주민 문제를 생각 할 때도 에스니티는 중요한 의미를 갖고 있다.

<아이누 민족>

아이누라는 것은 아이누어로 「인간」을 의미하는 말이다. 옛날 아이누는 홋카이도를 중심으로 혼슈

북부 등에 살고 문자를 갖고 있지 않으면서 아이누 어라는 공통의 언어를 사용하고 있었다. 그 뒤 홋카이도를 중심으로 사할린 남부, 치시마 열도 등에 살게 되어 지금에도 홋카이도에는 「~나이(작은 강을 의미한다)」「~베쯔(큰 강을 의미한다)」 라는 아이누어의 지명이 많이 남아 있다.

하지만 메이지 시대에 들어서 정부는 홋카이도의 아이누를 일본인에 동화시키는 정책을 폈고 1899년에 홋카이도 구토인 보호법을 제정하여 아이누가 갖고 있는 전통적인 생업이나 문화를 부정하고 차별을 고정화하였다. 제2차 세계 대전 후 1997년에 아이누 문화 진흥법이 제정되고 정부는 겨우 아이누를 선주 민족으로서 인정 하였다(☞ p.61, 252).

### ❸난민 문제   (p.235 그래프 참조)

난민이란 인종, 종교, 국적이나 정치적 입장의 차이에 의해 정부로부터 박해를 받거나 무력분쟁 등으로 다른 나라로 피난한 사람들을 말한다(빈곤 등의 경제적 사정에 의한 경제 난민은 포함되지 않음). 지역별로는 아프가니스탄, 이라크, 미얀마의 로힝야 난민 등 아시아와 오세아니아가 약 40%로써 가장 많다.

최근에는 국경을 넘지 않고 국내에서 피난 생활을 보내고 있는 국내 피난민도 증가하고 있어 난민 30%에 대해 국내 피난민이 50%에 육박했다.

이 난민에 대해서는 UN난민고등판무관사무소 (UNHCR)(☞ p.221) 등의 국제기관이나 NGO에 의한 구원 활동이 행해지고 있다. 또 1951년에는 UN 총회에서 난민의 지위에 관한 조약(☞ p.188)이 채택되어 박해하는 나라로 난민을 송환하는 것을 금지하는 등 난민의 보호가 계획되었다. 일본도 1981년에 비준했지만 난민 수용에 소극적이어서 2018년에 난민으로 인정된 것은 약 1만명의 신청에 대해서 42명에 불과하다.

## [5] 지구 환경 문제

### ❶여러 가지 지구 환경 문제

○지구 환경 문제란 무엇인가

지구 환경 문제란 지구 온난화, 산성비 등의 환경 피해가 국경을 넘어 지구 규모로 확대되고 있는 문제를 말한다.

○지구 온난화   (p.237 p.238 그래프 참조)

지구 온난화의 원인은 지구의 주변에 온실 효과 가스가 늘고 있는 것이다. 온실 효과 가스는 이산화탄소($CO_2$)나 메탄가스 등으로 이루어져 있어 지구로부터 우주에 열을 발사하는 적외선을 흡수하여 지구의 온도를 높게 하는 효과가 있다. 그 중에서도 석유, 석탄 등의 화석 연료를 태우는 것에 의해 나오는 이산화탄소는 배출량이 많아 지구 온난화에 커다란 영향을 끼치고 있다.

1880년대부터 현대까지 약 100년간 지표면의 온도는 약 0.6도 상승하여 21세기 중반에는 1.5~3.5도의 온도 상승이 예상되고 있다. 그 결과 남극의 빙하가 녹아 해수면이 상승하거나 어떤 지역에 비가 격하게 내리는 등의 이상 기상, 내륙 지역의 건조화 등의 영향이 걱정되고 있다. 2019년부터 2020년에 걸쳐서 호주에서는 대규모의 삼림화재가 발생하였다.

대책으로써 1992년 지구 서밋(☞ p.238)에서는 대기 중의 온실 효과 가스 농도의 안정화를 노리는 기후변동 구조조약(지구 온난화 방지조약)이 채택되었다. 그리고 1997년에 지구 온난화 방지 교토회의 (COP3)가 열려 선진국은 온실 효과 가스의 배출량을 줄이는 것을 목표로 하는 교토의정서가 채택되었다. 그러나 미국은 개발 도상국에도 온실 효과 가스의 배출량을 줄이는 것을 요구하고 의정서에서 탈퇴하였으며 더욱이 중국, 인도 등이 참가하지 않는 등 개발 도상국을 포함하는 새로운 규칙이 필요하게 되었다.

2015년 기후변동 구조조약 제21회 체결국회의 (COP21)에서 교토의정서에 대신하여 파리협정이 모든 가맹국의 합의로 채택되었다. 2016년에는 171개국과 지역이 파리협정에 서명하고 그 후 미국, 중국, 일본 등이 비준함으로써 협정이 발효되었다. 법적인 구속력이 있고 21세기 말에는 온실 효과 가스 배출량은 실질적으로 0을 지향하고 있다. 그러나 미국의 트럼프 대통령이 협정에서 탈퇴를 표명함으로써 앞으로 어떻게 될지 걱정된다.

<파리 협정>

2020년 이후의 지구 온난화 대책에 대한 새로운 국제적 구조
①세계적인 평균 기온의 상승을 산업혁명 이전에 비교하여 2℃ 낮게 할 것을 전 세계의 목표로 한다(노력 목표는 1.5℃)
②각 국이 온실 효과 가스를 줄이는 목표를 만들어, 5년 마다 재검토한다.
③선진국은 개발 도상국을 지원하기 위하여 자금을 제공하고, 도상국도 자주적으로 자금을 제공한다(p.237 도표 참조).

<수몰 위기에 있는 나라>

투발루 등의 태평양 제국이나 인도양 위의 몰디브 등의 섬 나라에서는 지구 온난화 등에 의한 해면 상승으로 인해 국토가 수몰할 위험에 있다.

○오존층의 파괴

냉장고, 에어컨, 스프레이 캔 등에 사용되고 있는 프레온가스는 태양으로부터의 자외선을 흡수하는 오존층을 파괴하는 원인이다.

그 결과 강한 자외선이 직접 지표에 내리쬐어져 피

부암 등의 위험이 증대하고 있는 지역도 있다. 또 앞으로 세계적으로 농작물의 수확이 줄어 삼림이 고갈되는 등의 영향도 우려되고 있다.

대책으로써 1985년에 오존층을 지키기 위한 빈 조약이 맺어져 1987년에 프레온가스의 사용을 규제하는 등의 몬트리올 의정서가 채택되었다. 또 1989년에 오존층에 커다란 영향을 미치는 특정 프레온의 사용을 20세기 중에 모두 폐지하기로 한 헬싱키 선언이 발표되었다. 이러한 규제에 따라서 오존층은 회복해 가고 있다.

○산성비

공장의 연기나 자동차의 배기가스 등으로부터 대기 중에 나오는 유황산화물($SOx$)이나 질소산화물($NOx$) 등이 원인으로 산성비($pH5.6$이하의 비)가 발생하고 있다.

산성비는 삼림을 고갈시키고 호수나 늪에 사는 생물을 죽이며 문화적 건조물을 파괴하는 등 여러 가지 문제를 초래하고 있다. 특히 유럽이나 북아메리카에서의 피해가 심각하다.

○사막화

사막화란 가축을 대량으로 방목하거나 화전 농업에 의해 삼림을 파괴하는 일 등에 의해 일어난다. 그 면적은 매년 확대되고 있으며 특히 아프리카의 사헬(사하라 사막의 남쪽의 반건조 지역)이나 중앙아시아에서 사막화가 심각해지고 있다.

대책으로써 UN식량농업기구(FAO)는 정부개발원조(ODA)(☞ p.225)에 의한 사막화를 막는 기술의 보급 활동이나 식림(나무를 심는) 사업을 행하고 있다. 1994년에는 UN에서 사막화 방지조약이 채택되었다.

❷국제적인 환경 보전

○UN인간환경회의(UNCHE)

1972년 스웨덴의 스톡홀름에서 환경 문제에 대해 최초로 국제적으로 합의하는 UN인간환경회의(UNCHE)가 열렸다. 이 회의에서는 「하나뿐인 지구(only one earth)」를 슬로건으로 인간 환경 선언이 채택되어 지구 환경의 보호가 인류 공통의 목적인 것을 확인했다. 이 목적을 실현하는 기관으로써 환경 문제를 전문으로 다루는 UN환경계획(UNEP)을 케냐의 수도 나이로비에 두었다.

그러나 개발 도상국은 환경을 지키기 위해 개발을 제한하는 일에 반발했다.

○UN환경개발회의(지구 서밋 - UNCED)

환경과 개발의 양립을 목적으로 1992년에 브라질의 리우데자네이루에서 UN환경개발회의(지구 서밋)가 열렸다.

이 회의에서는 「지속 가능한 개발」을 슬로건으로

지구 사회에 걸친 환경보전의 이상적인 자세를 나타내는 리우 선언과 구체적인 행동 계획인 어젠다21(21세기로 향하는 환경 보호 행동 계획)이 채택되었다.

그 외에 생물 자원의 보전 등을 목적으로 하는 생물다양성 조약, 기후 변동 구조 조약(지구 온난화 방지 조약) 등도 채택되었다.

<지속 가능한 개발>

미래 세대도 지구의 자연 환경의 은혜를 받을 수 있도록 경제 발전을 하여야 하며 환경 보전과 개발은 분리할 수 없다는 새로운 개발 방법.

○야생 생물 종의 감소

야생 생물 종의 감소란 「생식 수의 감소」와 「멸종에 의한 종의 감소」를 포함한다. 인류는 지구 생태계의 일원으로서 다른 생물과 공존하고 있으며 또한 생물을 식량, 의료, 과학 등에 폭 넓게 이용하고 있다. 최근 야생 생물의 종의 멸종이 과거에 없었던 속도로 진행하여 산림 감소, 벌채 등에 의해서 생물의 생식 환경 악화나 생태계의 파괴에 대한 걱정이 심각해 졌다.

이것이 가장 많이 진행되고 있는 것은 아프리카, 라틴아메리카, 동남아시아 등의 열대우림이다. 그래서 자연 환경 보호에 관한 국제 조약이 결성되어 있으나 이러한 지역에서는 빈곤과 사회 제도 등의 문제가 있어 해결이 어렵다.

| 람사르 조약(1971) | 수조(물새)를 보호, 보전하기 위해 국제적으로 중요한 습지를 지정, 등록하고 보전을 꾀한다. |
|---|---|
| 워싱턴 조약(1973) | 멸종의 두려움이 있는 희귀한 야생 동식물종의 국제 거래를 규제한다. |
| 생물다양성 조약(1992) | 개별 야생 생물종과 특정 지역의 생태계에 한하지 않고 지구적 규모의 확대로 생물다양성을 생각하고 그 보전을 지향한다. |

○환경세

환경세란 지구 온난화를 막기 위해 환경에 악 영향을 주는 행동이나 제품에 매겨지는 세금을 말한다. 환경세의 하나로 탄소세(석유, 석탄, 천연가스 등의 화석 연료에 포함되는 탄소의 양에 비례해서 부과되는 세금)가 있고 탄소세를 매김으로써 $CO_2$ 배출량을 줄이거나 에너지 절약 기술의 개발이 진전되는 것이 기대되고 있다.

환경세는 핀란드 등의 북유럽이나 독일, 영국 등의 서유럽 나라에서 도입되어 있고 일본에서도 2012년에 원유나 천연가스 등에 세금을 매기는 지구 온난화 대책세(환경세)가 도입되었다.

○환경 NGO

지구 환경 문제를 해결하기 위해 국가의 이익에 관계 없이 지구적 규모로 활동을 하고 있는 것이 환경 NGO이다. 1992년의 지구 서밋에서도 2,400명의 NGO 대표가 참가하여 중요한 역할을 하고 있다.

대표적인 환경 NGO로써는 세계자연보호기금(WWF)과 그린피스(☞ p.227) 등이 있다.

○일본의 대처

1993년에 공해대책기본법(☞ p.158) 대신 환경 정책 전체에 관한 기본 방침을 나타내기 위해 환경기본법이 제정되었다. 1997년에는 개발이 자연 환경에 어떤 영향을 주는 지를 사전에 조사, 예측, 평가하는 환경 어세스먼트법이 제정되었다. 2000년에는 자원의 재이용을 나타낸 순환형 사회 형성 추진 기본법이 제정되어 식품 리사이클법 등도 제정되었다. 그리고 환경 행정의 중요성으로 인해 2001년에 환경청은 환경성이 되었다.

<심각한 해양 오염 - 플라스틱 쓰레기 문제>

우리들 주변에는 페트병, 식품 쟁반, 빨대, 비닐 봉투 등 수 많은 플라스틱 제품이 넘치고 있다. 이러한 플라스틱 쓰레기가 대량으로 바다에 흘러들어 심각한 문제를 일으키고 있다. 또한「마이크로 플라스틱(플라스틱 쓰레기가 자외선 등으로 열화하여 잘게 파쇄된 주로 5mm 이하의 알맹이)」이 바다의 생태계와 환경에 악 영향을 미치는 것으로 걱정하고 있다.

2015년 9월에 UN에서「지속 가능한 개발 목표(Sustainable Development Goals : SDGs)(☞ p.257)」가 채택되어 모든 UN가맹국이 2030년까지 달성해야 할 17행동계획을 목표로 채택했다. 목표의 하나인「바다의 풍요로움을 지키자」에서는 2025년까지 해양 쓰레기를 포함한 모든 종류의 해양 오염을 방지하고 대폭 감소시킬 것을 제시했다. 또한 2018년 10월에 EU의회에서 1회용 플라스틱 제품의 사용을 금지하는 법안이 가결되는 등 각국에서도 대책이 진행되고 있다.

## Ⅵ 현대의 사회

## [1] 현대 사회의 특성

### ❶대중 사회

○대중 사회의 성립　(p.242 그래프 참조)

대중 사회란 민주주의의 발달이나 자본주의의 발달에 의한 대량 생산이나 대량 소비, 매스미디어의 발달 등에 의해 사고 방식이나 생활 양식(라이프 스타일)이 평균화된 대중(다수의 시민)에 의해 움직여지는 사회를 말한다.

○대중 사회의 인간상

미국의 사회학자 리스먼(1909~2002)은「고독한 군중」에서 대중 사회 인간의 성격은 다른 사람의 의견이나 평판에 신경을 써서 다른 사람과 똑같이 행동을 취하는 타인 지향형이라고 하였다. 독일 출신의 사회 학자 프롬(1900~1980)은「자유로부터의 도주」에서 대중은 강력한 지도자가 나타나면 자유를 버리고 따라 간다고 경고하고 있다.

### ❷관리 사회(조직화 사회)

○관리 사회란

관리 사회란 사회, 조직의 거대화, 복잡화에 더불어 효율이 중시됨에 따라 개인이 스스로 판단하여 행동하지 않게 되는 사회를 말한다.

○관료제 (뷰로크라시)와 그 문제점

관료제는 거대한 조직을 효율적으로 관리, 지배하는 시스템이다. 독일의 사회학자 막스 베버(1864~1920)는「지배의 사회학」에서 관료제는 합리적인 규칙에 의한 지배, 피라미드 형의 상하 관계(히에라르키), 문서 주의, 일이나 기술의 전문화 등을 특징으로 하고 있다고 했다. 관료제는 규칙을 중시하기 때문에 규칙만 지키면 좋다고 하는 규칙 만능 주의나 형식 주의, 책임을 피하려고 하는 무사 안일(事なかれ) 주의가 되기 쉽다. 또 조직 안에서 각 부서가 협력하는 일 없이 자신이 속한 부서의 상황이나 이해 관계를 우선하는 할거 주의(なわばり主義 - 섹셔널리즘)를 낳기 쉽다는 문제가 있다.

### ❸정보 사회

○정보 사회란

정보 사회란 정보 기술(IT)의 이용이나 작용이 중요한 역할을 하는 사회를 말한다. 현대에는 신문, 잡지, TV등의 매스미디어가 발달하여 인터넷 등에 의해 대량의 정보 전달(매스커뮤니케이션)이 가능하게 되었다. 특히 인터넷, 위성방송 등의 뉴미디어는 정보를 서로 전달하는 것을 가능하게 하여 고도 정보화 사회를 초래했다.

일본에서는 2001년에 고도 정보 통신 네트워크 사회의 형성을 목표로 하는 IT기본법(고도 정보 통신 네트워크 사회 형성 기본법)이 제정되었다. 여기에서는 인터넷에 의해 상품을 매매하는 전자 상거래(e-커머스) 추진 등이 다루어져 있다. 또 사무소나 가정의 전자화가 진행되어 회사와 자택이나 자택 근처의 작은 사무소를 컴퓨터 네트워크로 연결하여 작업장으로 하는 SOHO(Small Office Home Office)라고 불리는 근무 형태도 가능하게 되었다.

○정보 사회의 이점과 문제점

사회의 정보화는 문화의 국제화와 생활의 풍족함

을 낳았다. 또 여론 형성에 필요한 판단자료를 제공해서 민주주의의 확대에 도움을 준다는 이점이 있다. 그러나 사회의 정보화가 진행됨과 함께 여러 가지 문제가 생기고 있다. 개인용 PC나 인터넷을 활용할 수 있는 사람과 할 수 없는 사람의 사이에는 정보 격차(디지털 디바이드)가 생겨 그것에 의해 취직의 기회를 놓치거나 편리한 서비스를 받지 못하게 된다는 새로운 불평등이 확대되고 있다. 또 정보화에 적응하지 못하고 정신적인 압박을 받는 테크노 스트레스나 개인 정보의 유출에 의한 프라이버시의 침해, 불법 복제에 의한 저작권 같은 지적소유권의 침해, 인터넷에 의한 범죄도 문제가 되고 있다.

## [2] 일본의 인구와 저출산, 고령사회

### ❶일본의 인구
○일본의 인구 변동　(p.244 그래프 참조)

제2차 세계 대전 전 일본은 출생률, 사망률 모두가 높은 다산다사였지만 전후가 되자 다산소사가 되어 인구는 급증하여 갔다. 그러나 1974년 이후 합계 특수 출생률(여성이 낳는 아이 수의 평균치)은 계속 감소하여 소산소사가 되어 저출산 고령화가 진행되고 일본의 총인구도 감소하고 있다(☞ p.44).

### ❷고령 사회
○고령 사회란

UN에서는 65세 이상의 인구가 총 인구의 7% 이상이 된 사회를 고령화 사회, 14% 이상이 된 사회를 고령 사회라고 하고 있다. 일본은 1970년에 고령화 사회를 맞았고 1994년에는 고령 사회에 들어갔다.

○고령 사회의 배경, 영향과 대책

| 배경 | ▷의료의 진보나 식생활의 향상, 사회 보장 제도의 충실 등에 의한 평균 수명의 증가 →일본인의 평균 수명 : 남성 80.98세 여성 87.14세 (2016)<br>▷저출산화의 진행 (p.245 그래프 참조) |
|---|---|
| 영향 | ▷연금, 의료, 간호 등 젊은 세대의 사회 보장 비용 부담의 증가(☞ p.248)<br>▷사회보장 급부의 감소와 자기 부담의 증대<br>▷노동력 인구(15~64세)의 감소에 의한 경제 성장의 저하<br>▷지역 사회 활력의 저하 |
| 대책 | ▷고령자의 고용 확보 : 60세 정년제에서 65세 정년제로의 도입으로<br>▷고령자 의료제도 : 75세 이상의 후기 고령자 전부가 보험료를 부담한다.<br>▷간호의 지원 : 간호보험법(2000년)에 의해 40세 이상 전 국민으로부터 간호보험료를 모아 65세 이상부터 간호 서비스를 받게 된다. |

<노멀라이제이션>

고령자, 장애자가 지역 안에서 평범하게 살 수 있는 사회를 만들어야한다는 사고방식. 그것을 실현하기 위해서 정신적, 신체적인 장벽을 제거하는(배리어 프리) 사회를 만들 필요가 있다.

### ❸저출산 사회
○저출산 사회란

저출산 사회란 태어나는 아이의 수가 감소하여 아이의 수가 고령자(65세 이상) 인구보다도 적어진 사회를 말한다. 일본은 1970년대 중반 이후 합계 특수 출생률의 저하에 의해 저출산이 계속되어 2005년에 인구감소 사회에 들어갔다.

○저출산 사회의 배경, 영향과 대책

| 배경 | ▷결혼 연령의 고령화 (만혼화)<br>　→평균 초혼 연령 : 남성 31.1세 여성 : 29.4세 (2016)<br>▷여성의 고학력화와 경제적 자립, 사회 진출 등에 의한 결혼하지 않는 사람의 증가 (비혼화)<br>→ 생애 미혼율 : 남성 23.37%, 여성 14.06% (2015)<br>　→(p.246 표 참조)<br>▷육아에 대한 경제적 부담<br>▷육아와 일을 양립할 수 있는 환경이 충분히 갖추어져 있지 않음 |
|---|---|
| 영향 | ▷노동력 인구 (15~64세)의 감소에 의한 경제 성장의 저하<br>▷지역 사회의 활력의 저하<br>▷연금, 의료, 간호 등 젊은 세대의 사회 보장 비용 부담의 증가(☞ p.248) |
| 대책 | ▷정부, 지방 자치체에 의한 여성에 대한 지원 체제의 정비, 환경 만들기<br>▷육아, 개호 휴업법(1999년 시행, 2009년 개정) … 출산 후의 일정 기간(최대 1년반) 아이의 양육을 위해 직장을 쉬는 것이 인정되었다.<br>▷남녀 공동 참여 사회기본법 (1999) … 남녀가 함께 가정 생활과 다른 활동을 양립할 수 있는 사회의 실현을 지향한다. |

### ❹지역 사회의 변모

일본에서는 21세기에 들어와 인구감소와 더불어 과소화, 고령화가 진행되어 존속이 위험한 취락(한계 취락)과, 지방 재정의 악화(☞ p.204) 등에 의해 공공 서비스를 제공할 수 없는 시정촌이 늘고 지역 사회의 쇠퇴가 큰 문제로 되었다. 농산촌의 쇠퇴는 산과 삼림 등 국토와 자연의 황폐로 연결된다. 이러한 상황에 대해서 정부는 2005년에 지역재생법, 2007년에 지방 재정 건전화법을 제정하여 지방 재생을 추진하고 있다.

# [3] 사회 보장 제도

## ❶사회 보장의 역사

사회 보장이란 질병, 부상, 노화, 출산, 실업, 빈곤 등의 생활상의 문제에 대해 국가가 국민에 대해서 최저 한도의 생활을 보장하는 것을 말한다.

19세기에 있어서는 질병, 빈곤 등은 개인의 책임이며 국가는 딱히 아무것도 하지 않았다(야경 국가, 작은 정부)(☞ p.185). 그 때문에 17세기 초에 영국에서 제정된 엘리자베스 구빈법도 국왕이 빈곤자를 은혜에 의해 구한다는 생각에 의하고 있다.

이윽고 국가에는 사회 보장의 의무가 있다고 하는 복지 국가(☞ p.185)의 사상이 생겨 19세기 후반 독일의 수상 비스마르크가 세계에서 최초로 사회보험 제도를 정비하였다(☞ p.88).

20세기에 들어가자 사회보장이 본격적으로 정비되어 미국에서는 뉴딜 정책(☞ p.105) 하에서 1935년에 사회보장법이 제정되었다. 영국에서는 1942년에 베버리지 보고가 발표되어 태어나서부터 죽을 때까지 사회 보장을 받을 수 있다고 하는「요람에서 무덤까지」를 슬로건으로 한 사회 보장 제도가 정비되었다.

또 1944년에 국제노동기구(ILO)가 필라델피아 선언을 채택하여 완전 고용이나 사회 복지의 향상 등 사회 보장의 국제적 기준을 제시했다.

일본에서는 제2차 세계 대전 후 일본국 헌법에서「건강하고 문화적인 최저 한도의 생활(생존권)」이 보장되어 사회 보장 제도가 본격적으로 정비되어 갔다.

<일본과 미국의 사회 보장 제도의 차이>

일본에서는 1960년대 전반까지 모든 국민이 의료 보험에 가입하는 국민 개보험, 모든 국민이 연금제도에 가입하는 국민 개연금이 실현했다. 미국에서는 개인주의 사상이 강해 민간보험이 발달해 있기 때문에 공적인 사회보장 제도는 그다지 정비되어 있지 않다.

## ❷사회 보장과 사회 복지

일본의 사회보장 제도는 사회 복지, 사회 보험, 공적 부조, 공중 위생 네 가지로 이루어져 있다.

| 사회 복지 | 사회적으로 약한 입장에 있는 고령자나 신체 장애자, 아동 등에 대해 사회복지 시설의 설치, 운영으로 안심하고 생활할 수 있도록 돕는 제도 |
|---|---|
| 사회 보험 | 질병, 실업, 노동재해 등에 대해 현금이나 의료 서비스의 급부를 행하는 공적인 보험제도. 의료보험, 연금보험, 고용보험 등이 정비되어 있다. |
| 공적 부조 | 국가가 생활에 곤란한 사람들에 대해 최저 한도의 생활을 보장하는 것으로 자립을 도우려는 제도 |
| 공중 위생 | 국민의 건강을 지켜 그 향상을 노리기 위해 보건소 등이 중심이 되어 전염병을 예방하거나 환경 위생의 향상을 노리는 제도 |

일본은 고령 사회를 맞아 연금, 의료, 복지 등의 사회 보장 비용이 증대하고있다. 2015년도의 급부액은 약 115조엔으로 국가나 지방 자치체의 재정을 압박하고 있다(☞ p.204). 그 때문에 국민 부담률은 앞으로도 더욱 높아질 것으로 예상되고 있다(p.248 중간 그래프 참조).

<국민 부담률>　(p.248 아래 그래프 참조)

국세와 지방세의 국민 소득에 대한 비율을 조세 부담률이라고 하며 이것에 사회 보장 부담을 합한 것이 국민 부담률이다.

일본의 국민 부담률은 미국보다 높고 유럽 각국보다 낮은 것이 특징이다.

# [4] 다문화 이해

## ❶국제화 사회

### ○국제화의 진행

현대는 교통, 통신의 발달에 의해 사람, 물건, 돈, 정보 등이 국경을 넘는 보더레스화(무국경화)와 글로벌화(지구규모화)가 진행되고 있다.

### ○국제화의 문제

국제화가 진행됨에 따라 여러 가지 문제가 일어나고 있다. 행동의 방식이나 사고 방식의 차이(컬쳐 쇼크)에서부터 대립이 생기는 문화 마찰, 선진국에 있는 외국인 노동자의 증가(☞ p.168)에 의한 외국인 차별 문제, 불법 취직 문제, 참정권의 문제(☞ p.195) 등이 있다.

## ❷다문화주의

### ○문화 상대주의

문화 상대주의란「모든 문화는 그 우열을 외부로부터 절대적인 척도로 측정하는 것은 불가능하다」즉, 서로 다른 문화의 사이에서 상하나 우열을 인정하지 않는다는 사고방식이다. 자국이나 자민족의 문화가 가장 우월하다고 하는 자민족 중심주의(에스노센트리즘)에 대항하여 다문화와의 공생을 목표로 하는 사고 방식으로써 등장했다.

### ○다문화주의

다문화주의는 국가, 사회 속에서 복수의 다른 인종, 민족, 집단의 문화나 언어를 존중하는 것에 의해 공생의 길을 찾자고 하는 생각이다. 이문화주의라고도 한다.

캐나다와 호주에서 정책으로써 도입되어 있다.

| 캐나다 | 프랑스계 주민이 많은 퀘벡 주에서는 영국계 주민에 의한 지배와 차별에 대한 반발이 강하다(☞ p.233). |
|---|---|

| | |
|---|---|
| | 그 때문에 정부는 영어와 프랑스어를 공용어로 하여 영국, 프랑스계 주민의 평등화를 지향해 왔다. |
| 호주 | 1970년대 전까지는 백인 우월 정책인 백호주의(☞ p.233)를 취하고 있었지만 최근 아시아, 태평양지역과 경제적, 문화적 결속을 강화하고 있다. 동남아시아 사람들과 교류를 깊게 하여 적극적으로 이민을 받고 있다. |

## [5] 생명 윤리

### ❶과학 기술의 발달
○생명 공학(바이오테크놀로지)

생명 공학(바이오테크놀로지)이란 생명의 구조를 응용하여 인간의 생활에 도움이 되게 하는 첨단기술을 말한다. 생명 공학은 유전자의 구조를 밝히는 것에 의해 크게 발달하여 유전자 재조합에 의해 작물이 만들어지며 가축의 클론도 탄생하고 있다.

최근에는 사람의 피부 등에서 채취한 세포에 복수의 유전자를 넣음으로써 만들어진 iPS 세포가 재생 의료 방면에서 주목받고 있다.

○클론 기술

클론 기술이란 어떤 개체와 완전히 같은 유전자를 가진 개체를 만드는 기술을 말한다. 1996년에 영국에서 클론 양이 탄생하여 일본에서도 1998년에 클론 소가 만들어졌다.

클론 기술은 클론 인간 탄생의 위험성이 있기 때문에 일본에서는 법률에 의해 인간에 대한 응용을 금지하고 있다.

### ❷생명 윤리(바이오에식스)
○생명 윤리

의료 기술의 발달은 인간의 사생관(사는 것과 죽는 것에 대한 사고 방식)을 크게 변화시켜 의학 분야에 머무르는 것이 아닌 문제도 생기게 되었다. 그 때문에 넓은 관점에서 사람의 생명의 이상적인 자세를 생각할 필요성이 생겨 새로운 윤리 문제를 낳았다. 이러한 문제를 연구하는 분야를 생명 윤리(바이오에식스)라고 한다.

○장기 이식과 뇌사

1997년 죽은 사람의 장기를 다른 사람에게 이식하는 장기 이식법이 제정되어, 지금까지는 심장사를 사람의 죽음으로 판단하고 있었지만, 장기 이식의 경우에 한하여 뇌사(뇌의 기능이 정지하여 회복할 수 없는 상태)를 사람의 죽음이라고 하였다.

법률로 장기 이식은 가능해졌지만 일본에서는 장기 제공자(도너)의 수가 그다지 늘지 않고 있다. 이것은 신체를 정신과 나눌 수 없는 것으로 생각하는 전통적인 사생관에 의해 가족의 동의를 좀처럼 얻을

수 없는 점도 영향을 주고 있다.

○존엄사와 안락사

의료 기술의 진보에 의해 환자에게 고통을 주거나 환자 본인이 원하지 않는 연명 치료(회복의 전망이 없는 환자의 생명을 늘리기 위한 치료)가 행해지게 됨으로부터 퀄리티 오브 라이프(생명의 질)에 대하여 논의되게 되었다. 자신의 생명을 어떻게 끝낼 것인가는 본인의 결정이 존중되어야 한다. 이러한 생각에 따라 리빙 윌(생전 유언)에 의해 존엄사와 안락사가 주장되고 있다.

존엄사란 연명 치료를 거부하고 인간다운 자연스러운 죽음을 맞는 것을 말한다. 안락사란 심한 고통으로 괴로워하고 있는 환자 본인의 희망에 의해 의사가 약 등으로 죽음에 이르는 처치를 하는 것을 말한다.

안락사는 네덜란드, 벨기에 등에서는 인정되고 있지만 일본에서는 인정되지 않고 있다.

## [6] 불평등의 시정

### ❶법 앞에서의 평등
○일본국 헌법에 있어서의 평등권

일본국 헌법은「모든 국민은 법 앞에서 평등하다」라고 규정하여 모든 차별을 금지하고 있다(☞ p.194). 그리고 평등권을 구체화한 법률을 제정하여 그 철저함을 목표로 하고 있다.

○여러 가지 차별

헌법에서 평등권이 정해져도 여성에 대한 차별 문제나 아이누 민족(☞ p.235), 재일 한국·조선인에 대한 민족 차별과 신체, 정신, 지적인 장애가 있는 사람에 대한 차별은 지금도 남아 있다.

### ❷차별 해소 대처

일본 정부는 법률을 제정하는 등 차별을 없애기 위한 조치를 하고 있지만 실제로 차별은 없어지지 않고 있다. 그것은 차별을 하는 사람들의 의식의 문제이거나 이해부족 때문이기도 하다.

▶여성 차별 : 여성에 대한 모든 차별을 없애기 위해 1979년에 UN총회에서 여성 차별 철폐 조약이 채택되었다. 일본은 1985년에 비준하여 다음해에 남녀 고용 기회 균등 법이 제정되었다(☞ p.167).

▶민족 차별 : 아이누 민족에 대한 차별에 대해 1997년에 아이누 문화 진흥법을 제정하여 아이누의 명예가 존중되는 사회의 실현을 노렸다. 2007년에 UN총회에서 선주민(어떤 민족이 이주하기 전부터 그곳에 살고 있던 사람들)의 권리 선언이 채택되어 다음해 일본의 국회에서「아이누 민족을 선주 민족으로 하는 것을 요구하는 결의」가 채택되었다(☞ p.235).

재일 한국·조선인에 대해서는 지방 참정권은 부여되지 않고, 취직에 있어서의 차별을 받는 등의 상황

이 계속되고 있다.

▶장애자 차별 : 장애가 있는 사람들의 인권을 존중하여 장애자가 참가하기 쉬운 사회를 만들어가는 것을 목적으로 2006년에 UN총회에서 장애자 권리조약(☞ p.188)이 채택되었다. 그러나 일본은 국내법의 미정비 등을 이유로 들어 이것에 비준하지 않고 있다.

## [7] 식료, 에너지, 환경 문제

### ❶ 식료 문제

○세계의 식료 수급

세계적으로 보면 식료 생산량은 증가하고 있고 세계 전체 인구를 부양할 수 있을 만큼의 곡물이 생산되고 있다. 그럼에도 불구하고, 개발 도상국에서는 식료 부족 때문에 인구의 12.9%가 영양 부족이다. 영양 부족이나 기아에 고통 받는 사람은 2015년 시점에서 대략 전인구의 11%에 달하는 7억 9,500만명 (9명 중 1명)이 된다.

한편 선진국에서는 전 세계로부터 많은 식재를 모아서 포식이라고 불릴 정도로 대량으로 식료를 얻고 있음에도 불구하고 많은 식료가 소비 되지 않고 버려지고 있다.

이러한 문제가 일어나는 이유로서 ①식료의 생산, 공급량에 지역차가 있고 지역에 따라서는 인구를 충족하는 식료 생산이 되지 않는 점 ②곡물의 생산량 중 식용으로 소비되는 것은 절반 이하이고 가축의 먹이나 바이오 연료(☞ p.38)와 같은 식용 이외의 소비가 증가하는 경향이 있는 점이 예로 들어 진다.

<헝거 맵> (p.253 지도 참조)

「헝거 맵」이란 세계의 기아 상황을 나타낸 세계 지도로서 국가별로 영양 부족 인구의 비율을 5단계로 색으로 구분한 것이다. UN의 기관에서 기아 문제에 대처하는 세계식량계획(WFP)이 UN 식량농업기구(FAO) 등 통계에 의해서 작성 되고 있다.

기아 인구의 비율이 가장 높은 나라에서는 전 인구의 35% 이상의 사람들이 영양부족 상태에 놓여 있다.

○개발 도상국의 식료 문제

개발 도상국 중에서는 식료 생산량이 인구 증가에 따라가지 못하고 식료 부족인 국가가 있는 한편 홍수나 가뭄 등의 자연 재해에 의해서 식료 생산량이 저하하는 국가도 있다. 또한, 분쟁, 내전 등 정정이 불안정인 국가가 많고 식료의 안정 공급을 어렵게 하고 있다.

이러한 지역에서는 수출용 상품 작물을 단일 재배하는 모노 컬처 경제의 국가도 많고(☞ p.230) 유효한 식료 증산을 추진하는 일이 늦어지기 쉽다. 그 때문에 곡물 공급을 UN식량농업기구(FAO)의 요청에 의한 해외로부터의 수입에 기대고 있다. 또한 외화 획득을 위해서 수출용 작물을 우선하기 때문에 국내의 식료

수요의 확보가 불가능하고 식료 부족에 의한 영양 부족이나 기아라고 하는 식료 문제가 심각화하고 있다.

지역별 기아 인구를 보면 아시아가 최대로 전 세계의 3분의 2를 차지하고 있다. 1960년대부터 70년대에 걸쳐 동남아시아와 남아시아에서는 식료 생산량을 늘리기 위해서 수확이 많은 곡물의 개발이나 대규모의 기계화, 화학비료를 도입하는 녹색 혁명이 진행되었다. 그 결과 기아 인구는 감소하고 있다.

또한 지역별로 기아 인구의 비율이 가장 높은 것은 사하라 사막의 남쪽에 있는 사헬에 위치한 여러 아프리카 나라로, 4명에 1명이 영양 부족이다. 이 지역에서는 인구 증가에 의해서 사막화가 진행되고 있다(☞ p.238).

○선진국의 식료 문제

EU가맹국이나 아프리카 등의 선진국에서는 주요 농산물을 정부가 일정 가격에 구입하여 그 이상 저렴하게 되는 것을 막는 지지 가격을 정해서 생산 과잉에 의한 가격의 하락을 방지하는 예가 많다.

일본처럼 농업 생산량이 낮은 나라에서는 식료를 해외로부터 수입에 의존하게 되어 식료자급률이 저하되기 쉽다(☞ p.67).

선진국을 중심으로 세계에서 생산되는 식료의 약 3분의 1, 연간 약 13억 톤의 식료가 버려지고 있다. 이것은 20억 인구를 부양하는 것이 가능한 양이다. 세계 전체의 식료 문제나 환경 문제를 해결하기 위해서는 남은 음식 등 식품 낭비나 식료의 폐기를 줄이는 대처도 필요하다.

### ❷ 자원, 에너지 문제 (☞ p.35)

○한정적인 자원

20세기에 들어서 에너지 자원이나 원료 자원의 소비량은 급격하게 증가하고 있지만 이러한 생산이나 소비에는 지역차가 보인다. 화석 연료의 생산은 개발 도상국에 많은 것에 비해서 소비는 선진국 편이 많다. 자원의 매장량은 한정되어 있고 석유는 약 50년, 석탄은 약 110년에 자원이 없어진다고 한다.

○자원 내셔널리즘 (p.255 그래프 참조)

에너지 자원이나 원료 자원의 분포를 보면, 원유는 서아시아 (중동)에서 많이 생산된다. 옛날 산유국은 개발 도상국인 곳이 많고, 석유 자원을 채굴하는 기술이나 자금이 없었다. 그 때문에 선진국의 거대 기업이 세계 원유의 채굴에서부터 판매까지를 독점하였다. 이러한 기업을 메이저(국제 석유 자본)라 하고 산유국은 한정된 이권료(산유국이 메이저 등에 원유 채굴권을 인정하는 대신 받는 이익)를 받을 뿐이며 이익의 대부분은 선진국이 갖고 있다.

1960년대 이후 개발 도상국에서는 자국의 자원을 경제적 자립과 발전에 연결시키려고 하는 자원 내셔널리즘의 움직임이 높아졌다. 서아시아 등 산유국

에서는 메이저 산유회사를 국유화하는 등 생산의 주도권을 확립하였다. 1960년대에는 석유수출국기구(OPEC)(☞ p.30)가 설립되고 1973년의 제4차 중동전쟁에 즈음하여 원유 수출 삭감과 원유 가격의 상승을 단행하여 제1차 석유 위기(오일 쇼크)를 일으키고 세계 경제에 큰 영향을 주었다(☞ p.114).

○대체 에너지와 재생 가능 에너지
 화석 연료는 21세기 중에 고갈 위기를 직면하는 재생 불가능한 자원인 동시에 지구 온난화의 큰 요인이기도 하다. 이러한 화석 연료의 대체 에너지로서 원자력 발전이 미국, 러시아, 프랑스, 일본 등 많은 나라에서 도입되었다. 하지만 원자력 발전은 방사능 누출 등 사고에 대하여 안전성의 문제, 핵연료인 플루토늄이 핵병기에 전용되는 우려도 있다. 독일에서는 2011년에 발생한 후쿠시마 원자력 발전소 사고(☞ p.65)를 계기로, 2022년 말 까지 모든 원자력 발전소를 폐지하는 것을 결정하고 있다.
 석유 위기 이후 1980년대에 들어서면 선진국에서는 재생 에너지에 대한 관심이 높아지고 1990년대에 들어서면 자연 환경에 친화적이며 자원의 고갈이 걱정 없는 풍력, 지열, 태양열, 바이오매스 등의 재생 가능 에너지로 전환이 진행되고 있다(☞ p.38). 하지만 발전에 드는 비용이 높고 출력이 불안정 하는 등 해결해야 하는 문제들도 많다.

❸환경 문제
○여러 가지 환경 문제
 환경 문제는 인류의 활동과 연관되어 일어나기 때문에 그 발생 이면에는 지역적인 특징이 있다. 예를 들어 건조한 초원 지대에서는 과도한 방목이나 경작에 의해서 사막화가 진행된다. 공업 지대로 부터 바람을 맞는 쪽에서는 화석 연료의 소비에 의해서 산성비의 피해가 보인다.
 또한 지역사회가 자연 재생 능력이나 정화 능력을 상회하여 자연 환경을 바꾸거나, 농약이나 폐기물 등 분해하기 힘든 화학 물질을 대량으로 사용, 폐기하면 대기 오염, 수질 오염 및 생태계의 파괴, 생물다양성의 감소 등 여러 가지 환경 문제가 발생한다. 지구 환경 문제란 이러한 지역에서 발생한 환경 파괴가 겹쳐져서 지구적 규모로 된 것이다. 그러한 의미에서 이산화탄소의 배출량 증가에 의해서 일어나는 지구 온난화는 진정으로 지구의 생물 전체에 큰 영향을 끼치는 지구적 규모의 문제인 것이다.

○환경 문제의 대처
 지구 환경 문제에 대해서는 지역, 국가의 틀을 넘어서 국제적인 대처가 필요하다. 해결하기 위해서는 그 원인이 되는 인류의 활동을 개선하여 지속 가능한 개발(☞ p.238)을 목표로 하는 것이 요구된다. 그

것에는 개발의 제한이나 식림을 진행하는 것뿐만 아니라 교육 등을 통해서 세계의 많은 사람들에게 환경 문제의 중요성을 널리 퍼뜨려야 한다.

○지속 가능한 사회의 실현을 목표로
 환경 문제는 자원 에너지 문제, 도시, 식료, 인구 문제 등과 함께 서로 관련되는 지구적 문제다. 선진국과 개발 도상국에서는 환경과 개발을 둘러싸고 의견, 이해의 대립이 보인다. 그러나 모든 사람들 그리고 미래 세대를 위해서도 환경뿐만 아니라 경제, 사회면에서 건전하게 지속 가능한 사회의 실현을 향하여 의견의 차이를 뛰어 넘어 협력해야 한다.

<레이첼 카슨「침묵의 봄」>
 레이첼 카슨(1907~1964)은 미국의 해양 생물 학자로 1962년 출판된「침묵의 봄」속에서 농약으로 대량 사용된 화학 물질의 위험성을「봄이 되어도 새소리마저 들리지 않는다」는 예로써 호소하였다. 이 책의 출판을 계기로 환경 문제에 대한 관심이 높아졌다.

<지속 가능한 개발 목표(Sustainable Development Goals = SDGs)>
 2015년 9월에 UN 서밋에서, 2015년부터 2030년까지의 장기적인 개발 목표로서「지속 가능한 개발을 위한 2030 어젠다」가 채택되었다. 17개의 골(목표)과 169개의 타겟(구체 목표)으로 구성되어 지구상「누구 한 사람도 남기지 않는다(leave no one behind)」고 선서하였다. 이 목표는 개발 도상국뿐만 아니라 선진국 자신이 대처해야 할 유니버설(보편적)인 것이다.
 1. 빈곤을 없애자 2. 기아를 제로로 3. 모두에게 건강과 복지를 4. 질 높은 교육을 모두에게 5. 양성 평등을 실현하자 6. 안전한 물과 화장실을 전 세계로 7. 에너지를 누구에게나 그리고 클린하게 8. 일하는 보람도 경제 성장도 9. 산업과 기술 혁신의 기반을 만들자 10. 사람과 국가의 불평등을 없애자 11. 계속 살 수 있는 마을 만들기를 12. 만드는 책임, 사용하는 책임 13. 기후 변동에 구체적인 대책을 14. 바다의 풍요로움을 지키자 15. 육지의 풍부함도 지키자 16. 평화와 공정을 모두에게 17. 파트너십으로 목표를 달성하자

# 일본유학시험 모의시험

# 종합과목

출제 : 이사지 야스나리
제공 : 주식회사 아스크 출판

# 모의시험에 도전해 보세요!

## 시험 실시에 대한 요령

① 실제 본시험에 임하는 자세로 대응해 주세요.

② 충분한 시험시간(80분)을 준비하셔서 한번에 시험을 마쳐 주세요.

③ 조용한 공간에서 시험을 실시해 주세요.

④ 재시험을 위하여 해답용지는 복사하여 사용하세요.

⑤ 시험을 마치고 채점을 해 보세요.

   (해답은 120페이지 참조)

⑥ 시험 결과를 점수화하기는 어려우므로 점수에 연연하지 마시고 자신이 틀린 문제를 체크하여 복습해 보세요.

⑦ 틀린 문제에 대해서는 본문의 해당 부분에서 참고해 주시기 바랍니다.

日本留学試験　模擬試験

第1回

# 総合科目
## （80分）

問1　次の会話を読み、下の問い(1)～(3)に答えなさい。

生　徒：最近、地球の温暖化がよく話題にのぼりますね。

先　生：そうです。その大きな要因は、化石燃料の燃焼による二酸化炭素（$CO_2$）の発生にあります。₁過去100年の間に平均気温はおよそ0.5度高くなっています。

生　徒：地球温暖化の他にも、₂地球規模での環境の汚染と破壊が大きな問題となっているんですね。

先　生：そのため、こうした地球環境問題に対して、これまでにも₃様々な国際的な合意がなされてきました。かけがえのない宇宙船「地球号」の乗組員として、私たち自身も地球環境問題に真剣に向き合う必要があります。

(1)　下線部1に関して、気温上昇の影響についての記述として最も適切なものを、次の①～④の中から一つ選びなさい。

　①　広範囲に酸性雨を降らせ、樹木の立ち枯れや湖沼の魚が死滅するといった被害が引き起こされる。

　②　氷河などがとけることで海水面が上昇し、海面からあまり高くない土地では津波の被害を受けやすくなる。

　③　オゾン層の破壊が進み、強い紫外線が地表に達することで健康被害や穀物生産に影響をもたらす。

　④　地球規模での気候変動をもたらし、超大型のハリケーンの発生や異常気象を引き起こすとも考えられている。

(2)　下線部2に関連して、砂漠化が進行している地域として最も適当なものを、次の地図中の①～④の中から一つ選びなさい。

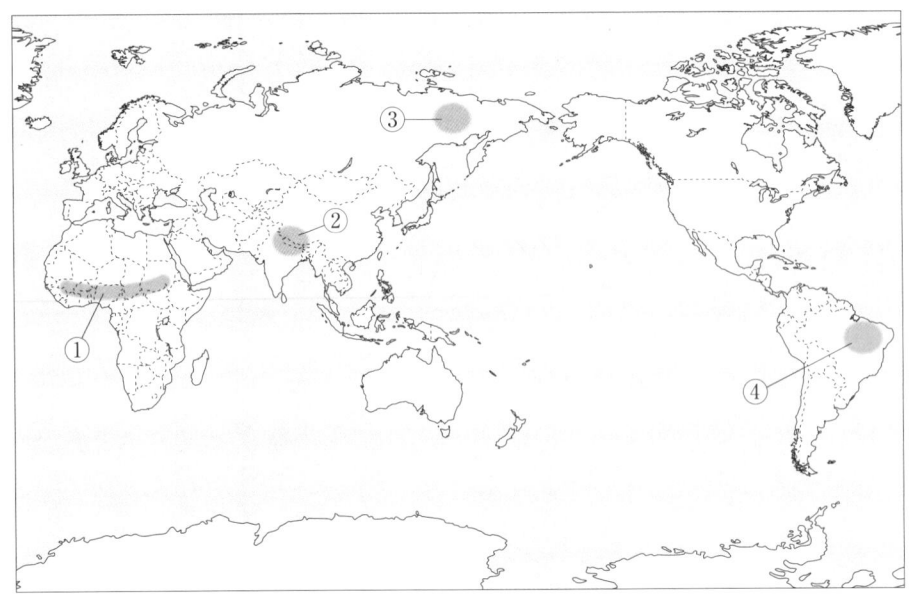

(3) 下線部**3**の様々な国際的な合意について、1992年の国連環境開発会議、いわゆる「地球サミット」が開催された都市として最も適切なものを、次の①～④の中から一つ選びなさい。

① ストックホルム（Stockholm）

② 京都

③ リオデジャネイロ（Rio de Janeiro）

④ モントリオール（Montreal）

問2　次のグラフは、2009年から2015年までの日本・韓国（Korea）・インド（India）・オーストラリア（Australia）の工業生産指数を示したものである。グラフ中のA～Dに当てはまる国の組み合わせとして正しいものを、下の①～④の中から一つ選びなさい。

（2010年平均＝100）

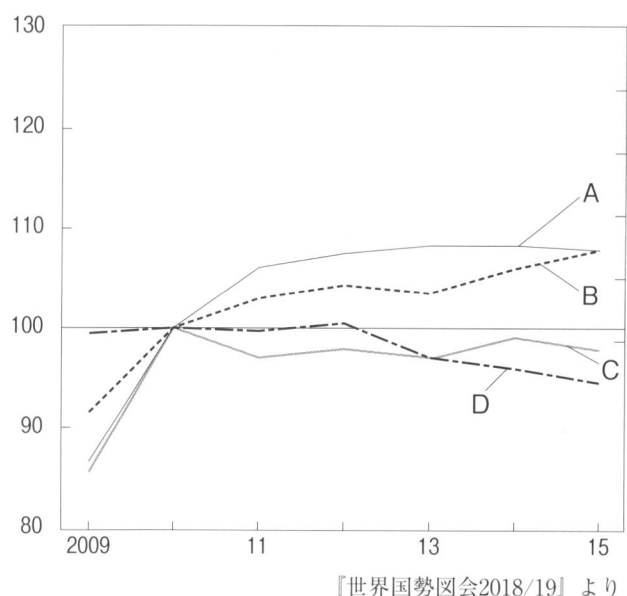

『世界国勢図会2018/19』より

|   | A | B | C | D |
|---|---|---|---|---|
| ① | 韓国 | オーストラリア | インド | 日本 |
| ② | インド | 韓国 | オーストラリア | 日本 |
| ③ | 日本 | オーストラリア | インド | 韓国 |
| ④ | 日本 | インド | 韓国 | オーストラリア |

問3　株式会社に関する記述として最も適当なものを、次の①〜④の中から一つ選びなさい。

①　株主は自らが取締役などとなって、会社の経営に参加することが多い。
②　株主は会社が倒産した場合には、無限責任を負わなければならない。
③　株式会社が株式を発行して資金を調達することを、間接金融という。
④　経営の基本的な方針は、最高意思決定の機関である株主総会で決定される。

問4　日本の国内総生産（ＧＤＰ）に含まれるものとして正しいものを、次の①〜④の中から一つ選びなさい。

①　日本人が海外で得た所得
②　外国人が日本国内で得た所得
③　日本人が国内外で得た所得
④　外国人が海外で得た所得

問5　財政に関する次の文章の空欄　a　〜　c　に入る語句の組み合せとして最も適切なものを、下の①〜④の中から一つ選びなさい。

　　政府が収入（歳入）を得て、それを支出（歳出）する経済活動を財政という。財政には大きな3つの役割がある。第一に社会資本の整備や公共サービスの提供という　a　機能、第二に格差を是正するための　b　機能、第三に経済を安定化させるための　c　機能である。

|   | a | b | c |
|---|---|---|---|
| ① | 資源配分調整 | 所得再配分 | 景気調整 |
| ② | 所得再配分 | 資源配分調整 | 所得再配分 |
| ③ | 資源配分調整 | 景気調整 | 所得再配分 |
| ④ | 所得再配分 | 景気調整 | 資源配分調整 |

問6　日本の労働問題に関する記述として最も適当なものを、次の①〜④の中から一つ選びな
　　さい。

　　①　終身雇用制、年功序列型賃金制、産業別組合という雇用慣行があった。
　　②　近年、雇用形態は契約社員・パートタイマー・派遣社員などに多様化している。
　　③　国連で女性差別撤廃条約が採択されると、直ちに男女雇用機会均等法が制定された。
　　④　公務員を含めて、すべての労働者に争議権などの労働三権が保障されている。


問7　次の図は、供給曲線SSがS'S'に移動したことを示している。このような変化が起こる原
　　因として最も適当なものを，次の①〜④の中から一つ選びなさい。

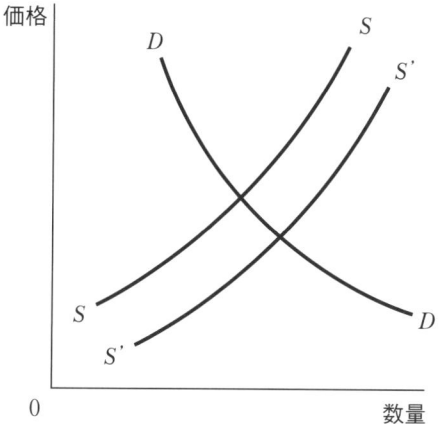

　　①　生産技術の進歩
　　②　原材料価格の上昇
　　③　代替財の値下げ
　　④　可処分所得の増加

**問8** 国際収支に関する次の文章の空欄 a ～ c に当てはまる語の組み合わせとして最も適当なものを、下の①～④の中から一つ選びなさい。

　　国際収支は、大きく a 収支と b 収支とに分けられる。 a 収支は、モノの取引の収支と輸送などのサービスの取引の収支を合わせた貿易・サービス収支、海外からの利子・配当金などの第1次 c 収支、政府の無償資金援助（ＯＤＡ）や国際機関に出す分担金などを表す第2次 c 収支からなる。一方 b 収支は、資産や債務の動きなどを表す直接投資や証券投資などからなっている。

|   | a | b | c |
|---|---|---|---|
| ① | 経常 | 金融 | 所得 |
| ② | 金融 | 経常 | 経常 |
| ③ | 経常 | 所得 | 金融 |
| ④ | 所得 | 経常 | 金融 |

**問9** 国際経済体制に関する次の文章を読んで、下の問い(1)、(2)に答えなさい。

　　1995年、 a を発展的に解消し、情報通信や金融、知的所有権などのサービス貿易にまで、貿易ルールを拡大した b が結成された。この国際機関の本部は c に置かれている。

⑴　次の文章の空欄 a ～ c に当てはまる語の組み合わせとして最も適当なものを、下の①～④の中から一つ選びなさい。

|   | a | b | c |
|---|---|---|---|
| ① | ＩＭＦ | ＯＥＣＤ | ジュネーブ |
| ② | ＷＴＯ | ＩＭＦ | ニューヨーク |
| ③ | ＧＡＴＴ | ＷＴＯ | ジュネーブ |
| ④ | ＯＥＣＤ | ＧＡＴＴ | ニューヨーク |

注）IMF（International Monetary Fund）、WTO（World Trade Organaization）
　　GATT（General Agreement on Tariffs and Trade）
　　OECD（Organization for Economic Cooperation and Development）

⑵　下線部の知的所有権として最も適当なものを、次の①～④の中から一つ選びなさい。

　①　請願権　　　②　アクセス権　　　③　プライバシー権　　　④　特許権

問10 次のグラフは1950年代以降の経済成長率の推移を示したものである。これを見て、下の
問い(1)、(2)に答えなさい。

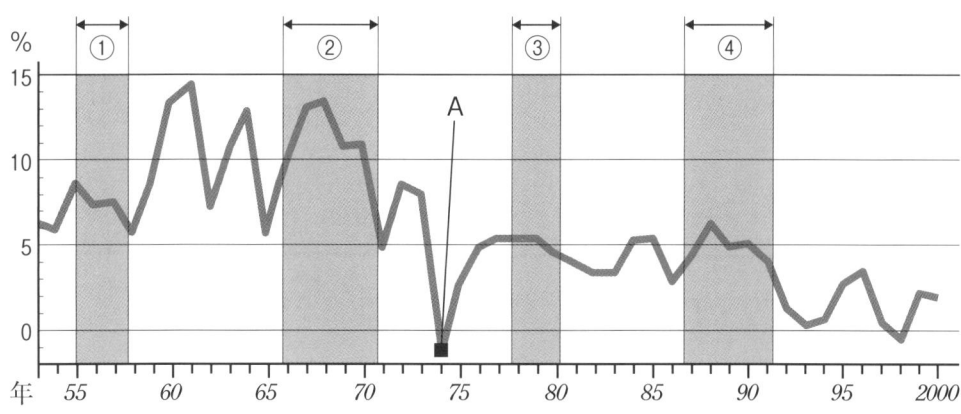

（経済企画庁『国民所得統計年報』などより作成）

(1) グラフ中のAの時期に経済成長率は戦後初めてのマイナス成長となったが、その原因
として最も適切なものを、次の①〜④の中から一つ選びなさい。

① プラザ合意
② 第一次石油危機
③ アジア通貨危機
④ 湾岸戦争

(2) バブル景気の時期を示しているものを、グラフ中の①〜④の中から一つ選びなさい。

問11 次の文章を読み、下の問い(1)、(2)に答えなさい。

1993年、マーストリヒト条約が発効し、₁ヨーロッパ連合（ＥＵ）が発足した。1999年には共通通貨であるユーロが導入され、その後、₂バルト三国を含む東欧諸国がＥＵに加盟するなど2019年３月現在、ＥＵ加盟国は28ヵ国であるが、イギリスがＥＵ離脱を決めるなど混乱している。

(1) 下線部１に関して、ＥＵの本部が置かれている国を、次の地図中の①～④の中から一つ選びなさい。

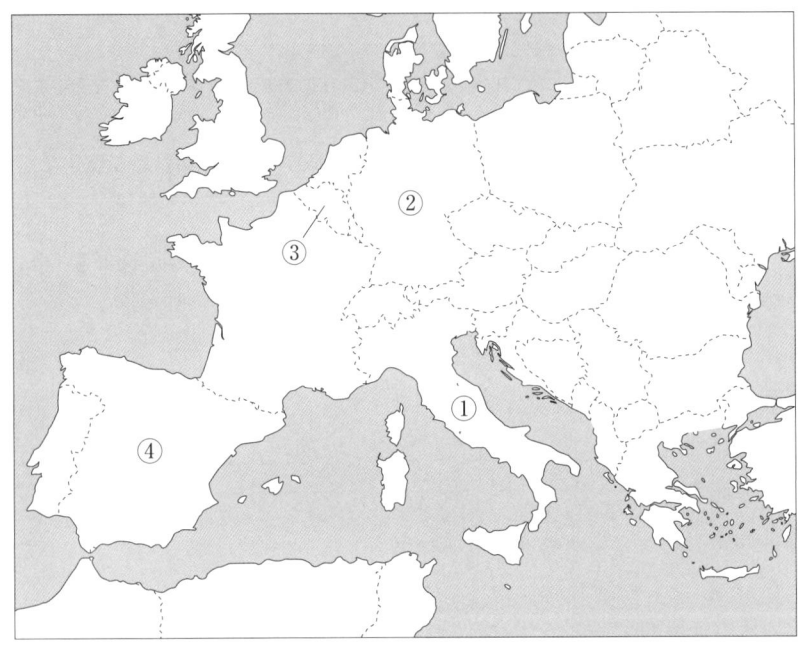

(2) 下線部２のバルト三国に含まれない国を、次の①～④の中から一つ選びなさい。

① エストニア（Estonia）

② ルーマニア（Romania）

③ ラトヴィア（Latvia）

④ リトアニア（Lithuania）

問12 社会契約説や権力分立に関する思想家の説明として最も適切なものを、次の①〜④の中から一つ選びなさい。

① ホッブズ（Hobbes）は『法の精神』を著し、闘争を回避するため自然権のすべてを統治者に委譲することを説いた。

② ロック（Locke）は『リヴァイアサン』を著し、執行（行政）・立法・司法の三権分立の考えを示した。

③ ルソー（Rousseau）は『社会契約論』を著し、人民主権・直接民主制を主張してフランス革命に影響を与えた。

④ モンテスキュー（Montesquieu）は『市民政府二論』を著し、国民主権・間接民主制を主張した。

問13 次の文章の空欄 a 、 b に当てはまる語句の組み合わせとして最も適当なものを、下の①〜④の中から一つ選びなさい。

1948年の国連総会において、個人と国家が達成すべき人権保障の共通の基準を示した a が採択された。しかし、これには法的拘束力がなかったため、1966年に国連総会において人権の国際的な保障を目的に b が採択され、批准国にはその履行を義務づけた。

|  | a | b |
|---|---|---|
| ① | 権利の宣言 | 権利の章典 |
| ② | 国際人権規約 | 権利の宣言 |
| ③ | 世界人権宣言 | 国際人権規約 |
| ④ | 権利の章典 | 世界人権宣言 |

問14 アメリカの政治制度に関する記述として最も適当なものを、次の①〜④の中から一つ選びなさい。

① 大統領は国民の直接選挙によって選ばれ、任期は4年とされている。

② 大統領は法案拒否権や議会の解散権など、強大な権限を持っている。

③ 連邦議会は上院と下院からなり、上院に条約締結などの同意権がある。

④ 民主党と共和党の二大政党制を採用し、交互に大統領を出している。

問15 日本の国会に関する記述として最も適当なものを、次の①～④の中から一つ選びなさい。

① 国権の最高機関であって、唯一の立法機関である。
② 衆議院にのみ国政全般に関する調査を行う国政調査権がある。
③ 日本国憲法の改正は衆参両議員の過半数の賛成で成立する。
④ 罷免の訴追を受けた裁判官を裁く特別裁判所が設置されている。


問16 新しい人権に関する記述として最も適当なものを、次の①～④の中から一つ選びなさい。

① 私生活をみだりに公開されない権利をプライバシーの権利という。
② 国家や地方公共団体に情報の公開を求める権利をアクセス権という。
③ 個人がマス・メディアを通じて意見表明を行う権利を知る権利という。
④ 個人の人格にかかわる事項を自分自身で決定する権利を生存権という。


問17 次の文章を読み、文章中の空欄 a ～ e に入る語句の組み合せとして正しいものを、下の①～④の中から一つ選びなさい。

　日本では、満 a 以上の男女に等しく選挙権が与えられている。選挙区制には1選挙区から複数を選出する b 選挙区制と、1選挙区で1人を選出する c 選挙区制があるほか、各政党の得票数に応じて議席を配分する比例代表制がある。
　 b 選挙区制では死票が d 、少数政党でも議席を確保できるが、小党が分立して政局が不安定になり、また選挙費用がかさむという問題がある。そのため現在、 e 議員選挙では c 選挙区制と拘束名簿式の比例代表制をとり入れた選挙制度を採用している。

| | a | b | c | d | e |
|---|---|---|---|---|---|
| ① | 20 | 大 | 小 | 多く | 参議院 |
| ② | 18 | 大 | 小 | 少なく | 衆議院 |
| ③ | 20 | 小 | 大 | 少なく | 衆議院 |
| ④ | 18 | 小 | 大 | 多く | 参議院 |

問18　第二次世界大戦以後の日本の政治・外交に関する記述として最も適切なものを、次の①
　　　〜④の中から一つ選びなさい。

　　　①　サンフランシスコ講和会議が開かれ、すべての交戦国と平和条約が調印されて日本
　　　　は独立を回復した。
　　　②　平和条約と同時に日米安全保障条約が締結され、自衛隊を創設した。
　　　③　分裂していた日本社会党が再統一すると、保守陣営も合同して自由民主党を結成した。
　　　④　沖縄返還協定が結ばれて、ソ連（USSR）の占領下にあった沖縄の返還が実現した。

問19　アメリカの社会学者であるリースマン（David Riesman）が『孤独な群衆』の中で規定
　　　した大衆社会の人間像として最も適切なものを、次の①〜④の中から一つ選びなさい。

　　　①　外部指向型　　　　②　伝統指向型　　　　③　内部指向型　　　　④　他人指向型

問20　次の表は、大陸別の高度分布の割合を示したものである。表中のA〜Cに当てはまる大
　　　陸名の組み合わせとして最も適当なものを、下の①〜④の中から一つ選びなさい。

（単位：％）

| 高度（m）／大陸 | 200m以下 | 200〜500m | 500〜1000m | 1000〜2000m | 2000〜4000m | 4000〜5000m | 5000m以上 |
|---|---|---|---|---|---|---|---|
| 南極 | 6.4 | 2.8 | 5.0 | 22.0 | 63.8 | 0.0 | － |
| オーストラリア | 39.3 | 41.6 | 16.9 | 2.2 | 0.0 | 0.0 | － |
| A | 52.7 | 21.2 | 15.2 | 5.0 | 2.0 | 0.0 | － |
| 北アメリカ | 38.0 | 29.8 | 19.2 | 5.6 | 5.0 | 2.2 | 0.0 |
| 南アメリカ | 29.9 | 30.7 | 12.0 | 16.6 | 10.8 | 0.0 | 0.0 |
| B | 9.7 | 38.9 | 28.2 | 19.5 | 3.7 | 0.0 | 0.0 |
| C | 24.6 | 20.2 | 25.9 | 18.0 | 7.2 | 5.2 | 1.1 |

（『理科年表』より作成）

| | A | B | C |
|---|---|---|---|
| ① | アフリカ | アジア | ヨーロッパ |
| ② | ヨーロッパ | アフリカ | アジア |
| ③ | アフリカ | ヨーロッパ | アジア |
| ④ | アジア | ヨーロッパ | アフリカ |

問21　次の図は、赤道上空から見た地球の大気の大循環を示したものである。図中のAの風として最も適当なものを、下の①〜④の中から一つ選びなさい。

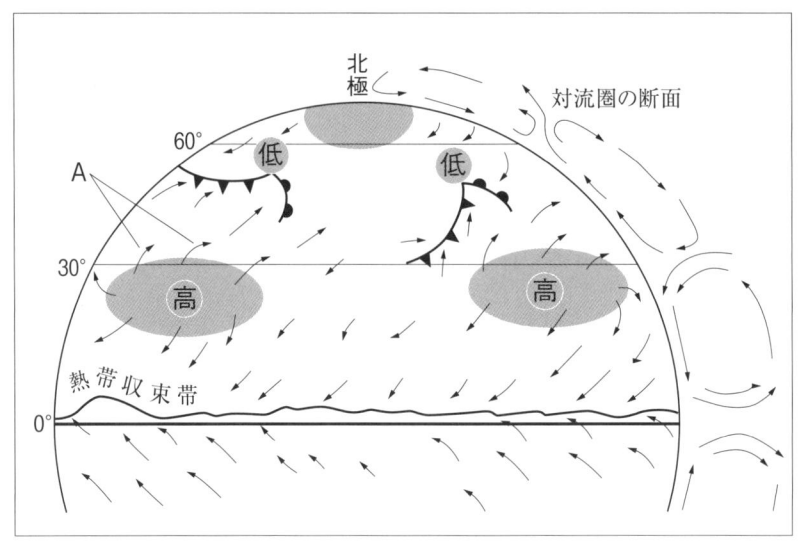

① 季節風　　　② 貿易風　　　③ 局地風　　　④ 偏西風


問22　次のグラフは2010年10月から2011年9月までの1年間の関東・東北・北海道における人口増減率を示したものである。特に東北地方で大幅に人口が減少しているが、その理由として最も適当なものを、下の①〜④の中から一つ選びなさい。

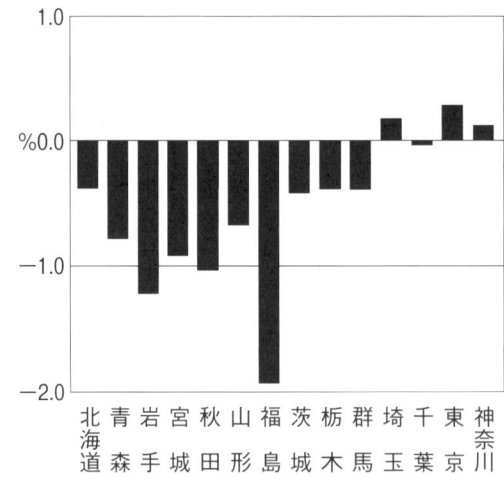

（『日本国勢図会 2012/13』より）

① 長引く不況により現金収入を得るために都会へと流出したため
② 原子力発電所の事故による放射能汚染に対する不安が増大したため
③ 減反政策や農産物の輸入自由化によって離農者が多くでたため
④ 東北地方太平洋沖地震によって火山活動が活発になったため

問23 モノカルチャー経済に関する記述として最も適当なものを、次の①～④の中から一つ選びなさい。

① 外国資本を受け入れることでしか経済が発展せず、外国経済の状況に左右される。
② 債務の増大によって、積極的な経済政策の実施による経済発展ができない。
③ 主として単一の農産物や鉱物資源の生産に特化し、国際市場の動向などに左右される。
④ 官僚や軍部などによって、開発による利益が独占されて経済発展ができない。

問24 次のグラフは、主要国における食料自給率（カロリーベース）の推移の試算を示したものである。A～Dに当てはまる国名の組み合わせとして正しいものを、下の①～④の中から一つ選びなさい。

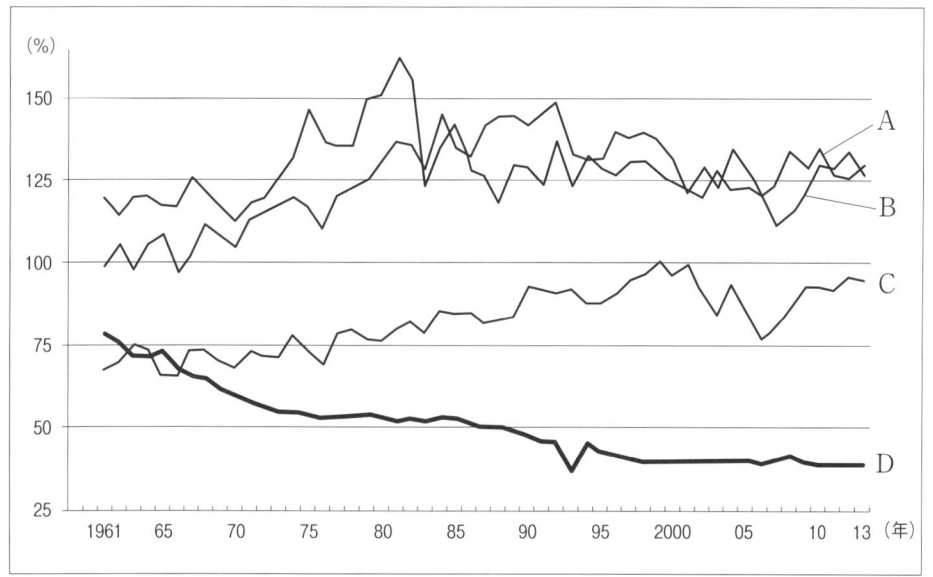

（農林水産省ウェブサイトより作成）

|  | A | B | C | D |
|---|---|---|---|---|
| ① | フランス | 日本 | アメリカ | ドイツ |
| ② | アメリカ | ドイツ | フランス | 日本 |
| ③ | フランス | アメリカ | 日本 | ドイツ |
| ④ | アメリカ | フランス | ドイツ | 日本 |

問25　次の表は、2017年における日本の主要輸出品の輸出先の上位３ヵ国とその貿易額の割合を示したものである。表中のA〜Cに当てはまる輸出品名の組み合わせとして正しいものを、下の①〜④の中から一つ選びなさい。

（単位：％）

|  | A |  | B |  | C |  |
|---|---|---|---|---|---|---|
| 1位 | 中国 | 16.8 | アメリカ | 38.6 | パナマ | 42.5 |
| 2位 | 韓国 | 13.7 | オーストラリア | 6.8 | シンガポール | 16.8 |
| 3位 | タイ | 13.4 | 中国 | 4.7 | マーシャル諸島 | 11.0 |

（『日本国勢図会 2018/19』より作成）

注）タイ（Thailand）、パナマ（Panama）、シンガポール（Singapore）、

マーシャル諸島（Republic of the Marshall Island）

|  | A | B | C |
|---|---|---|---|
| ① | 鉄鋼 | 自動車 | 船舶 |
| ② | 自動車 | 船舶 | 鉄鋼 |
| ③ | 船舶 | 鉄鋼 | 自動車 |
| ④ | 自動車 | 鉄鋼 | 船舶 |

問26　次のグラフは、世界恐慌中の４ヵ国の工業生産の推移を示したものである。これに関して、下の問い(1)、(2)に答えなさい。

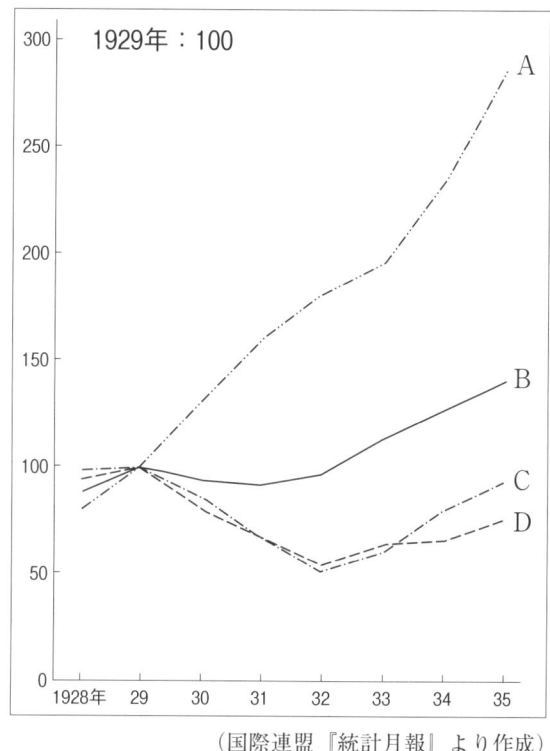

（国際連盟『統計月報』より作成）

(1)　Ａ〜Ｄ国の組み合わせとして最も適当なものを、次の①〜④の中から一つ選びなさい。

|  | A | B | C | D |
|---|---|---|---|---|
| ① | 日本 | アメリカ | ソ連 | ドイツ |
| ② | アメリカ | ドイツ | 日本 | ソ連 |
| ③ | ソ連 | 日本 | ドイツ | アメリカ |
| ④ | ドイツ | ソ連 | アメリカ | 日本 |

(2)　世界恐慌を克服するため、アメリカが実施したニューディール政策に取り入れられた経済理論の提唱者として最も適当なものを、次の①〜④の中から一つ選びなさい。

①　ミルトン・フリードマン（Milton Friedman）
②　デイヴィド・リカード（David Ricardo）
③　J.M. ケインズ（John Maynard Keynes）
④　アダム・スミス（Adam Smith）

問27　イギリスで始まった産業革命が諸国へ波及していった順序として最も適切なものを、次の①〜④の中から一つ選びなさい。

　　　① ロシア → フランス → 日本 → アメリカ
　　　② フランス → アメリカ → ロシア → 日本
　　　③ アメリカ → フランス → 日本 → ロシア
　　　④ フランス → ロシア → アメリカ → 日本


問28　ラテンアメリカ諸国の多くはかつてヨーロッパの国々の植民地であったが、そのうちポルトガルの植民地であった国として最も適切なものを、次の①〜④の中から一つ選びなさい。

　　　① アルゼンチン（Argentina）
　　　② ブラジル（Brazil）
　　　③ ペルー（Peru）
　　　④ ベネゼエラ（Venezuela）


問29　第一次世界大戦に関する記述として最も適当なものを、次の①〜④の中から一つ選びなさい。

　　　① サライェヴォ事件をきっかけに、ドイツがアメリカに宣戦布告して大戦が始まった。
　　　② 連合国側に立って参戦した日本は、アジアにおけるドイツの根拠地であった香港を占領した。
　　　③ 大戦中にロシアでは革命が起こり、史上初の社会主義政権であるソヴィエト政権が誕生した。
　　　④ 大戦後には、民族自決の原則によってアジア・アフリカに多数の独立国家が誕生した。

問30　次の地図は、帝国主義時代におけるイギリスの３Ｃ政策とドイツの３Ｂ政策を示したも
　　　のである。地図中のＡ～Ｃに当たる都市の組み合わせとして最も適当なものを、下の①～
　　　④の中から一つ選びなさい。

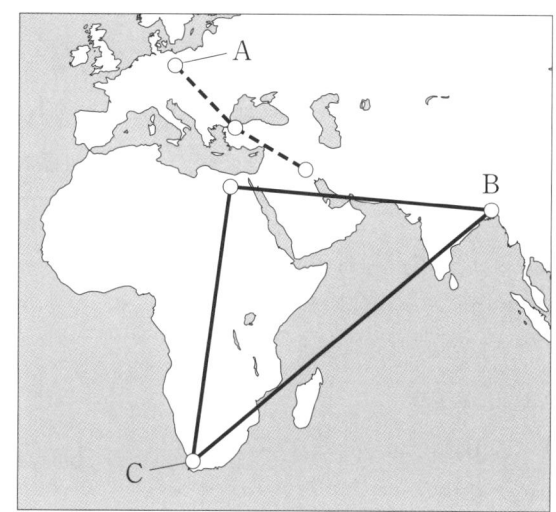

|     | A | B | C |
| --- | --- | --- | --- |
| ① | ベルリン | カルカッタ | ケープタウン |
| ② | カルカッタ | ベルリン | ケープタウン |
| ③ | ベルリン | ケープタウン | カルカッタ |
| ④ | ケープタウン | ベルリン | カルカッタ |

注）ベルリン（Berlin）、カルカッタ（Calcutta）、ケープタウン（Cape Town ）

**問31** 今日の国際政治に関する次の文章を読んで、下の(1)～(3)の問いに答えなさい。

　　第二次世界大戦終結後、アメリカとソ連（ＵＳＳＲ）の両超大国を頂点とする東西両陣営による、₁冷戦と呼ばれる対立が始まった。その一方で、米ソ両陣営に属さない₂第三勢力が台頭していった。

　　1980年代後半に入ると、ソ連で始まった改革は国内外に大きな影響をもたらし、₃1989年12月に開かれた米ソ首脳会談によって、冷戦の終結が宣言された。しかし、その後は地域紛争や民族紛争、テロリズムが多発し、世界は新たな国際関係のあり方を模索している。

(1)　下線部１に関連して冷戦中の出来事Ａ～Ｄを年代順に並べたものとして最も適当なものを、下の①～④の中から一つ選びなさい。

　　Ａ　朝鮮戦争（Korean War）
　　Ｂ　キューバ危機（Cuban crisis ）
　　Ｃ　中華人民共和国の建国
　　Ｄ　ヴェトナム戦争（Vietnam War ）

　　①　Ｂ → Ｃ → Ｄ → Ａ　　　②　Ｂ → Ｄ → Ａ → Ｃ
　　③　Ｃ → Ａ → Ｂ → Ｄ　　　④　Ｃ → Ｂ → Ｄ → Ａ

(2)　下線部２に関連して、1954年のネルー（Nehre）と周恩来の会談でまとめられた平和五原則の内容として誤っているものを、次の①～④の中から一つ選びなさい。

　　①　領土保全と主権の尊重
　　②　非暴力・不服従
　　③　内政不干渉
　　④　平和的共存

(3)　下線部３の会談に出席したソ連の共産党書記長の名前を、次の①～④の中から一つ選びなさい。

　　①　ゴルバチョフ（Mikhail Gorbachev）
　　②　スターリン（Iosif Stalin）
　　③　フルシチョフ（Nikita Khrushchev）
　　④　エリツィン（Boris Nikolaevich Yeltsin ）

日本留学試験　模擬試験

第2回

# 総合科目
（80分）

問1　次の文章を読み、下の問い(1)～(4)に答えなさい。


　1896年、最初の近代オリンピック競技大会が古代オリンピック発祥の地であるアテネ（Athens）で開かれた。その後、オリンピックは現在まで4年ごとに行われている。また、1924年からは₁冬季オリンピックも開かれるようになった。しかし、この間には₂2つの世界大戦や米ソの対立などによって中止や参加がボイコットされた大会もある。開催地の多くは欧米であり、まだアフリカ大陸では開催されていない。

　1960年からは₃身体障害者（physically handicapped person）を対象とした、もう一つのオリンピックであるパラリンピック（Paralympic Games）が、オリンピック競技大会の終了直後に同じ場所で開催されている。そして、2016年の大会からは₄難民選手団（Refugee Olympic Athletes Team）が結成され、南スーダン（South Sudan）などの出身者10名がオリンピックに参加した。


(1)　下線部1に関して、冬季オリンピックが開催された場所として正しいものを、次の地図中の①～④の中から一つ選びなさい。

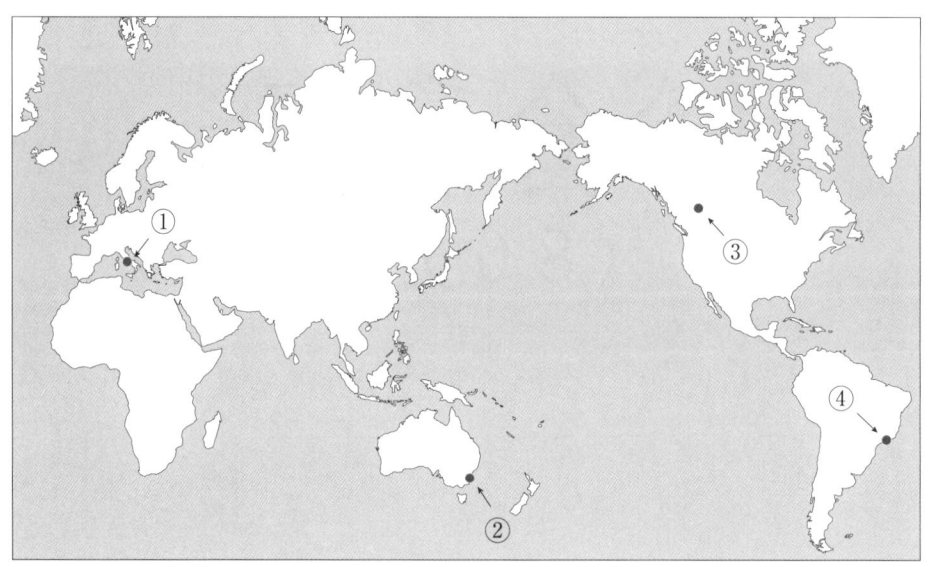

(2)　下線部2に関する記述として最も適当なものを、次の①～④の中から一つ選びなさい。

　①　第一次世界大戦は、ヨーロッパのみが戦場であった。
　②　第一次世界大戦の講和会議がアメリカで開かれ、ワシントン条約（Washington-Convention）が結ばれた。
　③　第二次世界大戦は、ドイツ（Germany）がフランスに侵攻したことで始まった。
　④　第二次世界大戦は、日本がポツダム宣言（Potsdam Declaration）を受諾したことで終結した。

(3)　下線部３に関して、障害者の人権及び基本的自由の享有を確保し、障害者の固有の尊厳の尊重を促進することを目的として、2006年に国連総会において障害者権利条約が採択された。この条約以前に国連総会で採択された人権保障に関する条約などの記述として最も適当なものを、次の①～④の中から一つ選びなさい。

① 　難民の地位に関する条約（Convention Relating to the Status of Refugees）が採択されたが、難民の受け入れを認めない日本は批准していない。
② 　反アパルトヘイト（Anti-apartheid）運動の弾圧などをきっかけに、人種差別撤廃条約（International Convention on the Elimination of All Forms of Racial Discrimination）が採択された。
③ 　女性差別撤廃条約（Convention on the Elimination of all Forms of Discrimination against Women）が採択されたが、日本はいまだに批准していない。
④ 　子どもを大人に保護される対象と明確に位置づけるため、子どもの権利条約（Convention on the Rights of the Child）が採択された。

(4)　下線部４に関して、難民の国際的保護などにあたる国際連合の機関として最も適当なものを、次の①～④の中から一つ選びなさい。

① 　ＵＮＣＴＡＤ
② 　ＦＡＯ
③ 　ＵＮＨＣＲ
④ 　ＷＨＯ

問2 次の文章を読み、下の問い(1)～(4)に答えなさい。

　　南半球に位置するオセアニア（Oceania）は、18～19世紀にかけてヨーロッパ諸国の植民地となった。₁イギリス（United Kingdom）の植民地となったオーストラリア（Australia）やニュージーランド（New Zealand）では、イギリスからの移民が先住民の土地を奪いながら、開拓をすすめていった。現在では、多数のアジア系移民を受け入れ₂多文化社会へと変わりつつある。

　　広い国土を有するオーストラリアの気候は変化に富んでいる。内陸部は砂漠気候が広がり、その周囲はステップ気候、南東部とニュージーランドは西岸海洋性気候が、₃南西部などは地中海性気候に区分されるなど、多様な気候区が存在する。また、₄オーストラリアは鉱産物やエネルギー資源を多く有しており、ニュージーランドとともに農業も盛んである。

(1)　下線部1に関して、イギリスと旧イギリス植民地から独立した国々とが構成するゆるやかな国家連合体であるイギリス連邦（Commonwealth of Nations）に加盟している国として誤っているものを、次の①～④の中から一つ選びなさい。

　　①　カナダ（Canada）
　　②　インド（India）
　　③　南アフリカ（South Africa）
　　④　ブラジル（Brazil）

(2)　下線部2に関する記述として最も適当なものを、次の①～④の中から一つ選びなさい。

　　①　オーストラリアの先住民は、アボリジニと呼ばれている。
　　②　オーストラリアでは、英語のほかに先住民の言語が公用語とされている。
　　③　ニュージーランドでは、アジア系移民の人口が多くを占めている。
　　④　ニュージーランドでは、長い間にわたって白豪主義がとられていた。

(3) 下線部3に関して、地中海性気候を示す雨温図として最も適当なものを、次の①～④の中から一つ選びなさい。

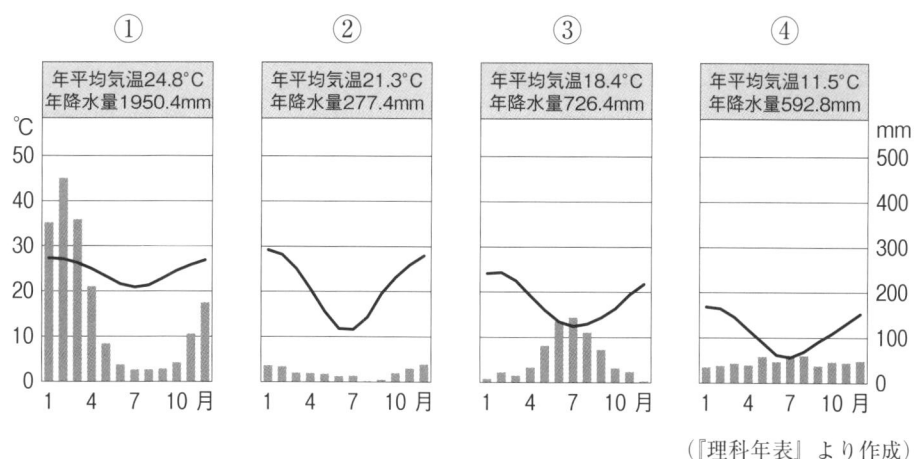

(『理科年表』より作成)

(4) 下線部4に関して、次の表は2016年のオーストラリアの輸出品と、その貿易額と割合の上位5位までを示したものである。表中のA～Cに当てはまる輸出品目の組み合わせとして正しいものを、下の①～④の中から一つ選びなさい。

| 輸出品目 | 百万ドル | ％ |
| --- | --- | --- |
| A | 39,692 | 20.9 |
| B | 29,580 | 15.6 |
| 金（非貨幣用） | 14,067 | 7.4 |
| 液化天然ガス | 13,369 | 7.0 |
| C | 8,280 | 4.4 |

(『世界国勢図会2018/19』より作成)

| | A | B | C |
| --- | --- | --- | --- |
| ① | 鉄鉱石 | 肉類 | 石炭 |
| ② | 石炭 | 鉄鉱石 | 肉類 |
| ③ | 鉄鉱石 | 石炭 | 肉類 |
| ④ | 石炭 | 肉類 | 鉄鉱石 |

問3　経済学者とその学説に関する説明として最も適当なものを、次の①〜④の中から一つ選びなさい。

① J.M.ケインズ（John Maynard Keynes）は、『経済学および課税の原理』を著して、比較生産費説による自由貿易を主張した。

② アダム・スミス（Adam Smith）は、『雇用・利子および課税の一般理論』を著して、発達の遅れている産業には保護貿易が必要であると主張した。

③ フリードマン（Milton Friedman）は、『選択の自由』を著して、経済成長に見合った通貨供給を行うべきだと主張した。

④ リカード（David Ricardo）は、『国富論』を著して、自由な経済活動を重視すべきだと主張した。


問4　市場の独占・寡占市場に関する記述として正しいものを、次の①〜④の中から一つ選びなさい。

① 価格の自動調節作用が機能して、自然に適正価格が形成されるようになる。

② 寡占市場では、価格の下方硬直性が生じるため、価格が急激に上昇していく。

③ 寡占市場では、広告・宣伝・サービスなどの非価格競争が激しくなる。

④ 企業合同ともいわれるカルテルは、日本では独占禁止法によって禁止されている。


問5　景気変動の4つの局面に関する次の文章中の空欄　a　〜　d　に当てはまる語の組み合わせとして最も適当なものを、下の①〜④の中から一つ選びなさい。

　好況期には、需要が　a　し、投資も活発になるため、生産も拡大する。しかし、物価が上昇して　b　になりやすい。こうして後退期に入り、不況期になると、投資は削減されて生産は減少し、賃金の低下によって需要は　c　していく。また、物価も下落して　d　になりやすい。企業は在庫調整などをすすめ、これが一段落すると、やがて回復期に入っていく。

|   | a | b | c | d |
|---|---|---|---|---|
| ① | 増加 | インフレーション | 減少 | デフレーション |
| ② | 減少 | インフレーション | 増加 | デフレーション |
| ③ | 増加 | デフレーション | 減少 | インフレーション |
| ④ | 減少 | デフレーション | 増加 | インフレーション |

注）インフレーション（inflation）、デフレーション（deflation）

**問6** 通貨の４つの役割として<u>誤っているもの</u>を、次の①～④の中から一つ選びなさい。

① 価値の尺度（scale）
② 交換の手段
③ 支払いの手段
④ 預金の手段

**問7** 日本銀行に関する記述として正しいものを、次の①～④の中から一つ選びなさい。

① 政府の銀行として日本政府の国庫金の出納を行っている。
② 日本政府が発行する赤字国債を直接引き受けている。
③ 好況時には金融の引き締めを行うため、買いオペレーションを行う。
④ 不況時には金融緩和を行うため、支払準備率を引き上げる。

**問8** 消費税（付加価値税）に関する次の文章を読み、小売業者が支払う消費税額として正しいものを、下の①～④の中から一つ選びなさい。

> 商品Ｘを製造した企業が、５万円で卸売業者に出荷した。この卸売業者は７万円で小売業者に売却し、10万円の売り上げがあった。なお、税率は10％とする。

注）卸売業者（wholesaler）、小売業者（retailer）

① 3,000円
② 5,000円
③ 7,000円
④ 10,000円

問9　次のグラフは、日本、韓国（Korea）、スウェーデン（Sweden）、アメリカにおける女性の年齢階級別労働力率を示したものである。日本を示すものを、グラフ中の①～④の中から一つ選びなさい。

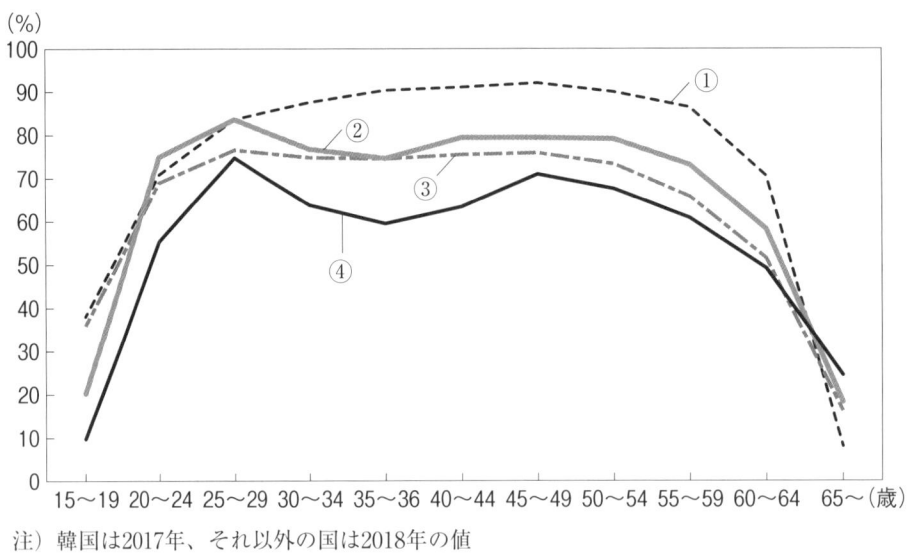

注）韓国は2017年、それ以外の国は2018年の値

（内閣府『男女共同参画白書　令和元年版』より）

問10　世界の持続可能性をおびやかす社会的・生態的な課題に対応するため、2015年の国連サミットにおいて、「持続可能な開発目標」（Sustainable Development Goals：SDGs）が採択された。そこでは、2016年から2030年までの世界全体で取り組む17のゴール（大きな目標）が示された。下の図A～Dは、そのSDGsのゴールを示したロゴ（logotype）の一部である。その目標の説明として誤っているものを、下の①～④の中から一つ選びなさい。

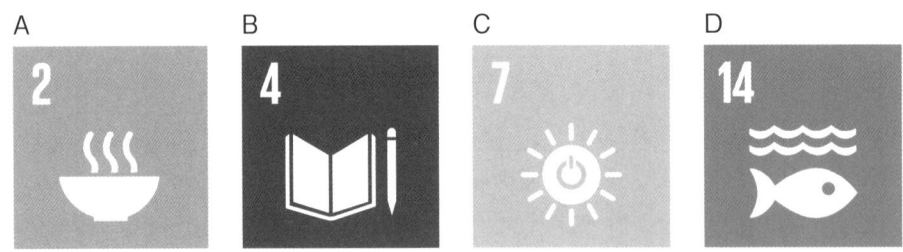

（国際連合広報センターのサイトより）

① Aは、飢餓に終止符を打ち、食料の安定確保と栄養状態の改善を達成し、持続可能な農業を促進すること。

② Bは、すべての人に包摂的で質の高い教育を確保し、生涯学習を促進すること。

③ Cは、手ごろな価格で、信頼できる持続可能な現代的エネルギーをすべての人が利用できるようにすること。

④ Dは、気候変動とその影響に取り組むため、緊急の対策を取ること。

問11　次のグラフは、東京、デリー（Delhi）、ロンドン（London）、ニューヨーク（New York）の都市域における1950年・1970年・1990年・2015年の人口の推移を示したものである。このうち、デリーを示しているものとして正しいものを、下の①～④の中から一つ選びなさい。

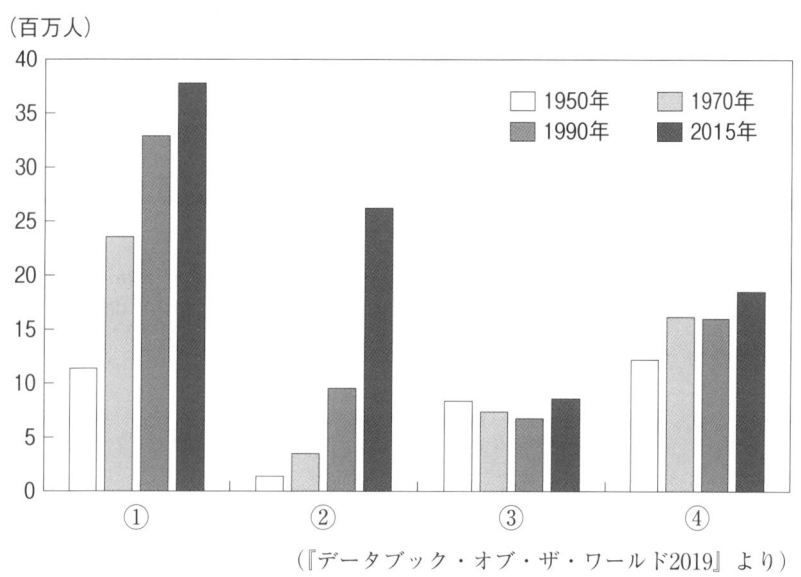

（『データブック・オブ・ザ・ワールド2019』より）

**問12** スイス（Switzerland）は４つの公用語があり、次の地図はその言語分布を示したものである。このうち、フランス語の分布地域として正しいものを、下の①〜④の中から一つ選びなさい。

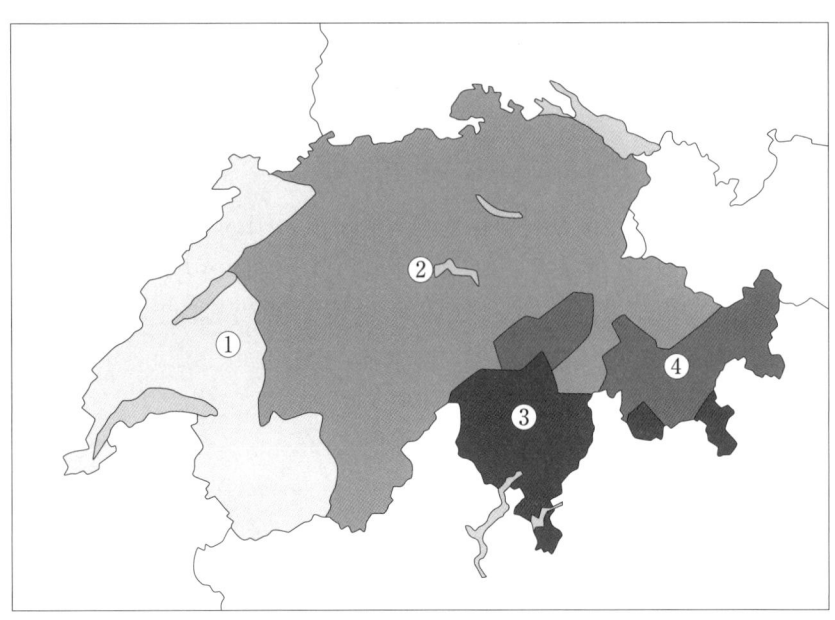

**問13** 次の表は、日本、スウェーデン（Sweden）、フランス、アメリカの国民負担率を示したものである。表中のA〜Dに当てはまる国の組合せとして正しいものを、下の①〜④の中から一つ選びなさい。

|   | 租税負担率（％） | 社会保障負担率（％） |
|---|---|---|
| A | 24.9 | 17.6 |
| B | 25.0 | 8.3 |
| C | 40.5 | 26.6 |
| D | 51.8 | 5.1 |

（『日本国勢図会2018/19』より作成）

|   | A | B | C | D |
|---|---|---|---|---|
| ① | スウェーデン | フランス | アメリカ | 日本 |
| ② | アメリカ | スウェーデン | 日本 | フランス |
| ③ | 日本 | アメリカ | フランス | スウェーデン |
| ④ | フランス | 日本 | スウェーデン | アメリカ |

問14 次のグラフは、日本の一次エネルギー供給割合の推移を示したものである。グラフ中のa～dに当てはまるものの組み合わせとして最も適当なものを、下の①～④の中から一つ選びなさい。

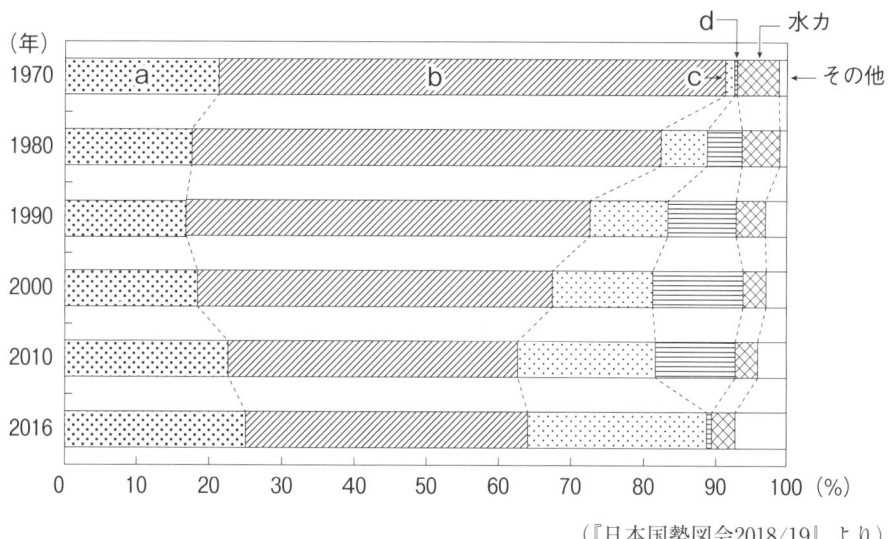

（『日本国勢図会2018/19』より）

|  | a | b | c | d |
|---|---|---|---|---|
| ① | 石油 | 原子力 | 石炭 | 天然ガス |
| ② | 石炭 | 石油 | 天然ガス | 原子力 |
| ③ | 天然ガス | 石炭 | 石油 | 原子力 |
| ④ | 石油 | 天然ガス | 原子力 | 石炭 |

**問15** 次の図は2016年の日本を含めた国・地域間の輸出入額を示したものである。A～Cに当てはまる国・地域の組み合わせとして最も適当なものを、下の①～④の中から一つ選びなさい。

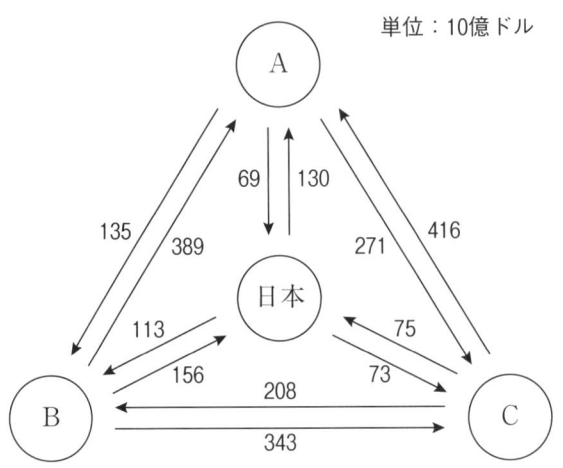

（『世界国勢図会2018/19』より作成）

|   | A | B | C |
|---|---|---|---|
| ① | 中国 | ＥＵ | アメリカ |
| ② | アメリカ | ＥＵ | 中国 |
| ③ | ＥＵ | 中国 | アメリカ |
| ④ | アメリカ | 中国 | ＥＵ |

注）中国（China）、ＥＵ（European Union）

**問16** 民族集団がもつ帰属意識や結集原理のことを何と呼ぶか。最も適当なものを、次の①～④の中から一つ選びなさい。

① エスニシティ（ethnicity）
② アファーマティヴ・アクション（affirmative action）
③ アイデンティティ（identity）
④ マルティ・カルチュラリズム（multi culturalism）

**問17** 国家観に関する次の文章を読み、文章中の空欄 a ～ d に入る語句の組み合わせとして正しいものを、次の①～④の中から一つ選びなさい。

　18 ～ 19世紀には、国家は個人の自由な活動に介入せず、国防や治安など必要最小限のことのみを行うという役割が求められた。ドイツの社会主義者の a は、これを b と呼んで批判した。20世紀に入って資本主義経済が発展すると、経済的な格差が拡大した。そのため、国家は貧困や失業などの社会問題に積極的に取り組むべきだという c の役割が求められるようになった。第二次世界大戦中の d のベバリッジ報告の社会保障の構想のなかで、その完成がめざされた。

|    | a      | b      | c      | d      |
|----|--------|--------|--------|--------|
| ① | ラッサール | 福祉国家 | 夜警国家 | アメリカ |
| ② | ラッサール | 夜警国家 | 福祉国家 | イギリス |
| ③ | マルクス | 福祉国家 | 夜警国家 | イギリス |
| ④ | マルクス | 夜警国家 | 福祉国家 | アメリカ |

注）ラッサール（Ferdinand Lassalle）、マルクス（Karl Marx）

**問18** 現在のアメリカやヨーロッパ諸国の大統領は、国ごとに役割や権限が異なっている。これに関する説明として最も適当なものを、次の①～④の中から一つ選びなさい。

① アメリカの大統領は、国民から直接選ばれるため大きな権限を持っている。

② フランス（France）の大統領は、首相や閣僚の任免権を持ち、議会に対して責任を負う。

③ ドイツ（Germany）の大統領は、国家元首として国を代表するが、政治的権限はない。

④ ロシア（Russia）の大統領は、首相の任命権や連邦議会の解散権を持っている。

問19 日本国憲法は1946年11月3日に公布され、翌年5月3日に施行された現在にいたっている。下の史料はその日本国憲法の前文の一部である。史料中の空欄 a ～ c に入る語句の組み合わせとして正しいものを、次の①～④の中から一つ選びなさい。

日本国民は、正当に選挙された a における代表者を通じて行動し、われらとわれらの子孫のために、諸国民との協和による成果と、わが国全土にわたって自由のもたらす恵沢を確保し、政府の行為によって再び b の惨禍が起こることのないようにすることを決意し、ここに c が国民にあることを宣言し、この憲法を確定する。

|   | a | b | c |
|---|---|---|---|
| ① | 国会 | 戦争 | 主権 |
| ② | 行政 | 戦争 | 権利 |
| ③ | 国会 | 革命 | 権利 |
| ④ | 行政 | 革命 | 主権 |

問20 次の図は、日本の国会、内閣、裁判所の三権の分立を示したものである。図中のA～Cに当てはまる語の組み合わせとして最も適当なものを、下の①～④の中から一つ選びなさい。

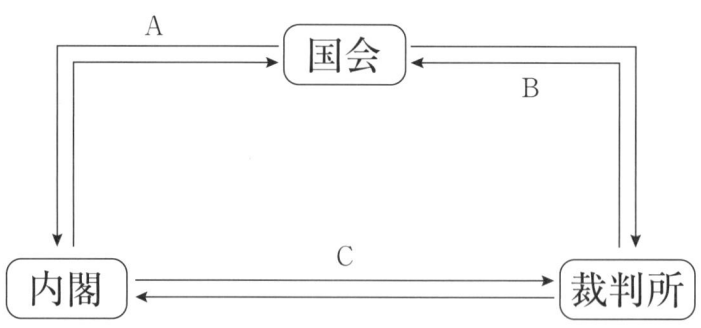

|   | A | B | C |
|---|---|---|---|
| ① | 違憲立法審査 | 国政調査権 | 裁判官の弾劾裁判 |
| ② | 国政調査権 | 違憲立法審査 | 裁判官の弾劾裁判 |
| ③ | 違憲立法審査 | 国政調査権 | 最高裁判所長官の指名 |
| ④ | 国政調査権 | 違憲立法審査 | 最高裁判所長官の指名 |

問21 戦争に反対する人が反戦ビラ（Anti-war villa）を配布するため自衛隊官舎内に立ち入り、住居侵入の罪で逮捕・起訴された。この事件は、日本国憲法が保障するどのような権利を制限することにつながるか。最も適当なものを、次の①〜④の中から一つ選びなさい。

① 信教の自由
② 表現の自由
③ 思想・良心の自由
④ 学問の自由

問22 日本の地方自治に関する記述として最も適当なものを、次の①〜④の中から一つ選びなさい。

① 地方自治の本旨は、団体自治と住民自治の2つの原理からなっている。
② 地方公共団体の長（首長）は、地方議会の議員のなかから選ばれる。
③ 住民の権利として、首長や議員の解職を請求できるイニシアティブが認められている。
④ 地方公共団体の財源は、地方税の収入が大きな割合を占めている。

問23 55年体制下の日本の政治に関する記述として最も適当なものを、次の①〜④の中から一つ選びなさい。

① 自由民主党と日本社会党の二大政党が、政治の主導権をめぐって対立した。
② 汚職事件であるロッキード事件によって、田中角栄前首相が逮捕された。
③ 長期政権となった小泉純一郎内閣が、「聖域なき構造改革」をすすめた。
④ 自由民主党が総選挙で敗れ、細川護熙内閣が誕生して55年体制は崩壊した。

問24 2017年に、国際連合で核兵器禁止条約（Treaty on the Prohibition of Nuclear Weapons）が採択されたが、核保有国などはこれに参加していない。核保有国として誤っているものを、次の①〜④の中から一つ選びなさい。

① パキスタン（Pakistan）
② フランス（France）
③ インド（India）
④ ドイツ（Germany）

問25　次の表は、国際連盟（League of Nations）と国際連合（United Nations）の違いを示したものである。表中の欄　a　～　d　に当てはまる語の組み合わせとして最も適当なものを、下の①～④の中から一つ選びなさい。

|  | 国際連盟 | 国際連合 |
|---|---|---|
| 成立 | 1920年、　a　条約 | 1945年、サンフランシスコ会議 |
| 本部 | ジュネーブ | 　c　 |
| 表決 | 　b　制 | 　d　制 |

|  | a | b | c | d |
|---|---|---|---|---|
| ① | ヴェルサイユ | 多数決 | ワシントン | 全会一致 |
| ② | マーストリヒト | 全会一致 | ワシントン | 多数決 |
| ③ | ヴェルサイユ | 全会一致 | ニューヨーク | 多数決 |
| ④ | マーストリヒト | 多数決 | ニューヨーク | 全会一致 |

注）ヴェルサイユ（Versailles）、マーストリヒト（Maastricht）、

ワシントン（Washington）、ニューヨーク（New York）

問26　次のA～Dは、フランス革命（French Revolution）とその後の出来事に関する記述である。これらを年代順に並べたものとして正しいものを、下の①～④の中から一つ選びなさい。

A　ロベルピエール（Robespierre）が、独裁政治（Dictatorship）を行った。

B　ナポレオン（Napoleon Bonaparte）が、モスクワ遠征（Moscow Expedition）を行ったが敗北した。

C　ラ・ファイエット（La-fayette）らによって、人権宣言（Declaration of human rights France）が出された。

D　パリ（Paris）の市民が、バスティーユ牢獄（Bastille prison）を襲った。

①　D → C → A → B

②　C → D → B → A

③　D → A → C → B

④　A → D → B → C

問27　次の地図は、アメリカ合衆国の領土拡大を示したものである。地図中のA～Dに当て
　　　はまるものの組み合わせとして最も適当なものを、下の①～④の中から一つ選びなさい。

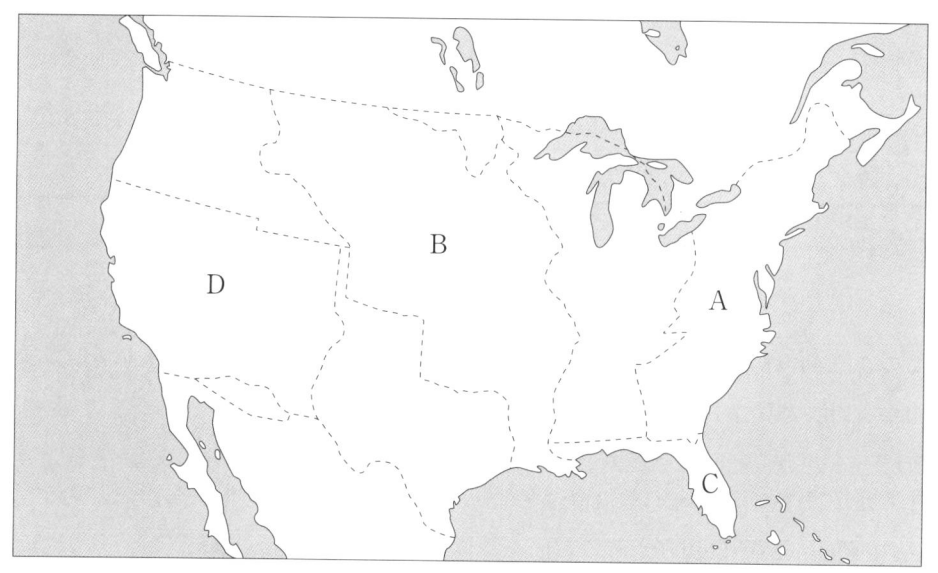

|  | A | B | C | D |
|---|---|---|---|---|
| ① | フランスから購入 | メキシコから獲得 | スペインから購入 | 独立当初の13州 |
| ② | 独立当初の13州 | フランスから購入 | スペインから購入 | メキシコから獲得 |
| ③ | 独立当初の13州 | スペインから購入 | メキシコから獲得 | フランスから購入 |
| ④ | スペインから購入 | 独立当初の13州 | フランスから購入 | メキシコから獲得 |

注）スペイン（Spain）、メキシコ（Mexico）

問28　ウィーン体制（Vienna System）に関する記述として最も適当なものを、次の①～④の
　　　中から一つ選びなさい。

　　①　ウィーン議定書が調印されて、ベルギー（Belgium）がオランダ（Netherlands）
　　　を併合した。
　　②　ロシア（Russia）、プロイセン（Prussia）、オーストリア（Austria）、イタリア（Italy）
　　　が四国同盟を結んだ。
　　③　オスマン帝国（Ottoman Empire）の支配下にあったギリシア（Greece）が独立を
　　　果たした。
　　④　フランスでは王政が復活したが、七月革命によって国王が処刑された。

問29 19世紀末から20世紀初めにかけてヨーロッパ諸国によって行われたアフリカ（Africa）の分割に関して、植民地とならなかった国の組み合わせとして正しいものを、次の①〜④の中から一つ選びなさい。

① エチオピア（Ethiopia）、モロッコ（Morocco）
② エチオピア、リベリア（Riberia）
③ エジプト（Egypt）、モロッコ
④ エジプト、リベリア


問30 ロシア革命（Russian Revolution）に関する記述として最も適当なものを、次の①〜④の中から一つ選びなさい。

① 第一次世界大戦戦（World War Ⅰ）直前に、ロシア二月革命が起こってロマノフ（Romanov）朝は倒れた。
② ボリシェヴィキ（Bolshevik）の指導者スターリン（Stalin）が、ロシア十月革命で臨時政府を倒した。
③ ソヴィエト（Soviet）政権は、ドイツと単独講和を結んで第一次世界大戦から離脱した。
④ 革命に干渉するため、アメリカを主力とする連合国軍がシベリア（Siberia）に出兵した。


問31 スペイン内戦（Spain Civil War）に国際義勇軍（International Armed Forces）として参加し、その経験をもとに『誰がために鐘は鳴る』（For Whom the Bell Tolls）という小説を書いた人物として正しいものを、次の①〜④の中から一つ選びなさい。

① ヘミングウェイ（Ernest Hemingway）
② トルストイ（Leo Tolstoy）
③ ドストエフスキー（Fyodor Dostoyevsky）
④ マルロー（Andre Malraux）

問32 第二次世界大戦（World War Ⅱ）後の世界の動きに関する記述として最も適当なものを、次の①〜④の中から一つ選びなさい。

① アメリカのトルーマン・ドクトリン（Truman Doctrine）に対抗して、ソ連を中心にコミンフォルム（Cominform）を組織した。

② アフリカ諸国が次々に独立し、1960年は「アフリカの年」といわれた。

③ インドネシア（Indonesia）でアジア・アフリカ会議（Afro-Asian Conference）が開かれ、平和五原則が宣言された。

④ ソ連（USSR）解体後、東ヨーロッパ（Eastern Europe）諸国では東欧革命が起き、共産党政権が崩壊していった。

第1回

【問1】（1）④　（2）①　（3）③
【問2】②
【問3】④
【問4】②
【問5】①
【問6】②
【問7】①
【問8】①
【問9】（1）③　（2）④
【問10】（1）②　（2）④
【問11】（1）③　（2）②
【問12】③
【問13】③
【問14】③
【問15】①
【問16】①
【問17】②
【問18】③
【問19】④
【問20】②
【問21】④
【問22】②
【問23】③
【問24】④
【問25】①
【問26】（1）③　（2）③
【問27】②
【問28】②
【問29】③
【問30】①
【問31】（1）③　（2）②　（3）①

第2回

【問1】（1）③　（2）④　（3）②　（4）③
【問2】（1）④　（2）①　（3）③　（4）③
【問3】③
【問4】③
【問5】①
【問6】④
【問7】①
【問8】①
【問9】②
【問10】④
【問11】②
【問12】①
【問13】③
【問14】②
【問15】④
【問16】①
【問17】②
【問18】③
【問19】①
【問20】④
【問21】②
【問22】①
【問23】②
【問24】④
【問25】③
【問26】①
【問27】②
【問28】③
【問29】②
【問30】③
【問31】①
【問32】②

# 第1回

# 総合科目 解答用紙 JAPAN & THE WORLD ANSWER SHEET

名 前
Name

| 解答番号 | 解 1 | 答 Answer 2 | 3 | 欄 4 |
|---|---|---|---|---|
| 1(1) | ① | ② | ③ | ④ |
| 1(2) | ① | ② | ③ | ④ |
| 1(3) | ① | ② | ③ | ④ |
| 2 | ① | ② | ③ | ④ |
| 3 | ① | ② | ③ | ④ |
| 4 | ① | ② | ③ | ④ |
| 5 | ① | ② | ③ | ④ |
| 6 | ① | ② | ③ | ④ |
| 7 | ① | ② | ③ | ④ |
| 8 | ① | ② | ③ | ④ |
| 9(1) | ① | ② | ③ | ④ |
| 9(2) | ① | ② | ③ | ④ |
| 10(1) | ① | ② | ③ | ④ |
| 10(2) | ① | ② | ③ | ④ |
| 11(1) | ① | ② | ③ | ④ |
| 11(2) | ① | ② | ③ | ④ |
| 12 | ① | ② | ③ | ④ |
| 13 | ① | ② | ③ | ④ |
| 14 | ① | ② | ③ | ④ |
| 15 | ① | ② | ③ | ④ |

| 解答番号 | 解 1 | 答 Answer 2 | 3 | 欄 4 |
|---|---|---|---|---|
| 16 | ① | ② | ③ | ④ |
| 17 | ① | ② | ③ | ④ |
| 18 | ① | ② | ③ | ④ |
| 19 | ① | ② | ③ | ④ |
| 20 | ① | ② | ③ | ④ |
| 21 | ① | ② | ③ | ④ |
| 22 | ① | ② | ③ | ④ |
| 23 | ① | ② | ③ | ④ |
| 24 | ① | ② | ③ | ④ |
| 25 | ① | ② | ③ | ④ |
| 26(1) | ① | ② | ③ | ④ |
| 26(2) | ① | ② | ③ | ④ |
| 27 | ① | ② | ③ | ④ |
| 28 | ① | ② | ③ | ④ |
| 29 | ① | ② | ③ | ④ |
| 30 | ① | ② | ③ | ④ |
| 31(1) | ① | ② | ③ | ④ |
| 31(2) | ① | ② | ③ | ④ |
| 31(3) | ① | ② | ③ | ④ |

# 第 2 回

# 総 合 科 目 解 答 用 紙

## JAPAN & THE WORLD ANSWER SHEET

名 前
Name

| 解答番号 | 解 答 欄 Answer | | | |
|---|---|---|---|---|
| | 1 | 2 | 3 | 4 |
| 1(1) | ① | ② | ③ | ④ |
| 1(2) | ① | ② | ③ | ④ |
| 1(3) | ① | ② | ③ | ④ |
| 1(4) | ① | ② | ③ | ④ |
| 2(1) | ① | ② | ③ | ④ |
| 2(2) | ① | ② | ③ | ④ |
| 2(3) | ① | ② | ③ | ④ |
| 2(4) | ① | ② | ③ | ④ |
| 3 | ① | ② | ③ | ④ |
| 4 | ① | ② | ③ | ④ |
| 5 | ① | ② | ③ | ④ |
| 6 | ① | ② | ③ | ④ |
| 7 | ① | ② | ③ | ④ |
| 8 | ① | ② | ③ | ④ |
| 9 | ① | ② | ③ | ④ |
| 10 | ① | ② | ③ | ④ |
| 11 | ① | ② | ③ | ④ |
| 12 | ① | ② | ③ | ④ |
| 13 | ① | ② | ③ | ④ |
| 14 | ① | ② | ③ | ④ |

| 解答番号 | 解 答 欄 Answer | | | |
|---|---|---|---|---|
| | 1 | 2 | 3 | 4 |
| 15 | ① | ② | ③ | ④ |
| 16 | ① | ② | ③ | ④ |
| 17 | ① | ② | ③ | ④ |
| 18 | ① | ② | ③ | ④ |
| 19 | ① | ② | ③ | ④ |
| 20 | ① | ② | ③ | ④ |
| 21 | ① | ② | ③ | ④ |
| 22 | ① | ② | ③ | ④ |
| 23 | ① | ② | ③ | ④ |
| 24 | ① | ② | ③ | ④ |
| 25 | ① | ② | ③ | ④ |
| 26 | ① | ② | ③ | ④ |
| 27 | ① | ② | ③ | ④ |
| 28 | ① | ② | ③ | ④ |
| 29 | ① | ② | ③ | ④ |
| 30 | ① | ② | ③ | ④ |
| 31 | ① | ② | ③ | ④ |
| 32 | ① | ② | ③ | ④ |

<저자소개>

**이사지 야스나리**

　1962년 출생. 가쿠슈인대학 대학원 인문과학연구과 후기박사과정 학점 취득(사학전공). JASSO도쿄일본어교육센터 강사. 같은 학교에서 약 25년에 걸쳐 세계사→종합과목을 담당. 『논어』 의 「어떤 것이라도 배우고 생각하는 것이 필요하다」 는 말을 좌우명으로 매일 학생들을 대하고 있다.

## 일본유학시험 대비 개념서 하이레벨 종합과목 [개정제2판]
## 별책　한국어 본문 번역본·모의시험

발　행　일 : 2020년 07월 15일 초판1쇄

　　　　　　2023년 11월 24일 초판2쇄

저　　　　자 : 이사지 야스나리

발　행　인 : 송 부 영

발　행　처 : (주)해외교육사업단

출 판 등 록 : 제16-1456호

주　　　　소 : 서울특별시 서초구 강남대로 381, (두산709호)

전　　　　화 : 02-736-1010

이　메　일 : song@hed.co.kr

홈 페 이 지 : www.hedgroup.co.kr

---

글로벌 인재육성, 1984년설립

(주)해외교육사업단